Renate Oldermann

Gotteslob und Tagewerk

Lebenswirklichkeit und Sozialstruktur geistlicher Frauen
im Mittelalter und in der Frühen Neuzeit
am Beispiel des Stifts Börstel

OSNABRÜCKER GESCHICHTSQUELLEN UND FORSCHUNGEN

Herausgegeben vom Verein für Geschichte und Landeskunde von Osnabrück

53

Renate Oldermann

Gotteslob und Tagewerk

Lebenswirklichkeit und Sozialstruktur geistlicher Frauen im Mittelalter und in der Frühen Neuzeit am Beispiel des Stifts Börstel

Osnabrück · 2014

Selbstverlag des Vereins

Gedruckt mit Fördermitteln

der Landschaft des ehemaligen Fürstentums Osnabrück

und der Klosterkammer Hannover.

KLOSTERKAMMER
HANNOVER

ISBN 978-3-9813796-4-8
ISSN 0474-814 X

Gesamtherstellung Steinbacher Druck GmbH, 49080 Osnabrück
Printed in Germany · 2014

Inhalt

Vorwort

Am Anfang dieser Arbeit standen die Verzeichnung des Archivs von Stift Börstel und die Ausrichtung einer Ausstellung zum 750jährigen Jubiläum des Stifts. Jahre später hatte ich erneut die Gelegenheit, das Stiftsarchiv zu bearbeiten. Aus der Auswertung der Quellen entstand die vorliegende Arbeit. Für die kritische Durchsicht des Manuskripts danke ich Herrn Prof. Dr. Thomas Vogtherr, Universität Osnabrück. Ebenso danke ich der Vorsitzenden des Vereins für Geschichte und Landeskunde von Osnabrück, Frau Dr. Birgit Kehne, für ihre Bereitschaft, das Buch in die Reihe der Osnabrücker Geschichtsquellen und Forschungen aufzunehmen.

Für den großzügigen Druckkostenzuschuss gilt mein Dank der Landschaft des ehemaligen Fürstentums Osnabrück sowie der Klosterkammer Hannover.

Renate Oldermann   Bremen, im Juli 2014

Einführung

Untersuchungsziele, Forschungszusammenhang, Methoden

Die Eckdaten der Geschichte des Klosters Börstel reichen von der Gründung als Zisterziensernonnenkloster durch das oldenburgische Grafenhaus um 1244 über die monastische Reform um 1464 und die Einführung der lutherischen Reformation ab 1531 bis zur Umwandlung in ein adeliges Damenstift um 1674. Aufgehoben während der französischen Besatzungszeit im Jahre 1813, wieder eingesetzt unter kurhannoverscher Regierung um 1814, wird Stift Börstel bis heute als freiweltliches Damenstift mit zwei Plätzen für Katholikinnen fortgeführt. Die Ansiedlung des Klosters erfolgte im Hochstift Osnabrück, das von seiner Einrichtung um 789 bis zur Säkularisation 1803 zu den geistlichen Fürstentümern innerhalb des Heiligen Römischen Reiches Deutscher Nation zählte.[1] In diesem im Nordwesten des alten Reiches gelegenen Territorium befanden sich bis 1500 nur sechs Frauenklöster, von denen das an der nördlichen Grenze des Fürstbistums gelegene Kloster Börstel sowie das benachbarte Kloster Bersenbrück[2] und das Kloster Rulle[3] nach den Regeln des Zisterzienserordens lebten, jedoch dem Orden nicht inkorporiert waren. Drei weitere Klöster – Gertrudenberg,[4] Malgarten[5] und Oesede[6] – gehörten zum Orden der Benediktinerinnen. Daneben übte der Bischof von Osnabrück sein geistliches Amt über weitere Klöster in benachbarten Territorien und Grafschaften aus.[7] Dazu zählten das Benediktinerinnenkloster Herzebrock,[8] das Prämonstratenserkloster Clarholz,[9] das Augustiner-Chorfrauenstift Quernheim[10] sowie die drei nicht inkorporierten Zisterzienserinnenklöster Schale,[11] Leeden[12] und Gravenhorst.[13]

---

1 Erwin GATZ, (Hrsg.), Die Bistümer des Heiligen Römischen Reiches von ihren Anfängen bis zur Säkularisation, Freiburg 2003, S. 529-539; Wolfgang SEEGRÜN, Das Bistum Osnabrück, Bd. 1: Das Mittelalter (Geschichte des Bistums Osnabrück in 6 Bänden), Kehl 1995.

2 Gerd AHLERS, Art. Bersenbrück, in: Ulrich Faust (Hrsg.), Die Männer- und Frauenklöster der Zisterzienser in Niedersachsen, Schleswig-Holstein und Hamburg (Germania Benedictina 12), München 1994, S. 63-89.

3 Werner DELBANCO, Art. Rulle, in: Faust (Hrsg.), Die Männer- und Frauenklöster, S. 636-654.

4 Roswitha POPPE, Art. Gertrudenberg, in: Ulrich Faust (Hrsg.) Die Frauenklöster in Niedersachsen, Schleswig-Holstein und Bremen (Germania Benedictina 11), St. Ottilien 1984, S. 475-486.

5 Theodor SCHULER, Art. Malgarten, in: Faust (Hrsg.), Die Frauenklöster, S. 403-420.

6 Wolfgang SEEGRÜN, Art. Oesede, in: Faust (Hrsg.), Die Frauenklöster, S. 459-471.

7 Wolfgang SEEGRÜN, Die Ordensinstitute der Diözese Osnabrück in Erneuerung, Reformation und katholischer Konfession, in: Karl Georg Kaster/Gerd Steinwascher (Hrsg.), 450 Jahre Reformation in Osnabrück. Ausstellungskatalog (Osnabrücker Kulturdenkmäler 6), Bramsche 1993, S. 217-235, hier S. 217ff.; Gerhard STREICH, Klöster, Stifte und Kommenden in Niedersachsen vor der Reformation, Hildesheim 1986.

8 Edeltraud KLUETING, Art. Herzebrock, in: Karl Hengst (Hrsg.), Westfälisches Klosterbuch: Lexikon der vor 1815 errichteten Stifte und Klöster von ihrer Gründung bis zur Aufhebung, Bde. 1-3, Ahlen/Münster 1992-2003, Bd. 1, S. 441-447.

9 Johannes MEIER, Art. Clarholz, in: Hengst (Hrsg.), Westfälisches Klosterbuch 1, S. 185-190.

10 Helmut HÜFFMANN, Art. Quernheim-Augustinerinnen, in: Hengst (Hrsg.), Westfälisches Klosterbuch 2, S. 269-275.

11 Wolfgang SEEGRÜN, Art. Schale, in: Hengst (Hrsg.), Westfälisches Klosterbuch, 2, S. 321-323.

12 Wolfgang SEEGRÜN, Art. Leeden, in: Hengst (Hrsg.), Westfälisches Klosterbuch 1, S. 495-499.

13 Manfred WOLF, Art. Gravenhorst, in: Hengst (Hrsg.), Westfälisches Klosterbuch 1, S. 370-375.

Während der zweiten Hälfte des 15. Jahrhunderts hatten alle Klöster der Diözese Anteil an den monastischen Reformbewegungen, deren geistliche Impulse von der durch die Windesheimer Kongregation verbreiteten Erneuerungsbewegung der Devotio moderna ausgingen[14] und für die Benediktiner aus dem Umfeld der Kartäuser stammten.[15] Als Betreiber der Reform, deren Ziele die Rückbesinnung auf verinnerlichte Frömmigkeit, praktische Nächstenliebe und geistliche Betätigung waren, traten entweder die Landesherren, der Bischof oder auch die einzelnen Institute selbst auf. Einen weiteren Einschnitt in das geistliche Leben der Frauenklöster bildete die lutherische Reformation, deren Neuerungen in den einzelnen Instituten in unterschiedlicher Weise aufgenommen wurden.[16] Kloster Börstel öffnete sich bereits um 1531 der lutherischen Reformation, in deren Folge sich das geistliche Leben des Konvents während eines Zeitraums von hundert Jahren vom römisch-katholischen Ritus hin zum evangelisch-lutherischen Bekenntnis wandelte. Nach Abschluss des Westfälischen Friedens wurde Stift Börstel als einzige geistliche Einrichtung im Hochstift Osnabrück der Augsburgischen Konfession zugezählt, während die übrigen Klöster bei der katholischen Konfession verblieben. Zwei Stiftsplätze blieben für Katholikinnen reserviert, acht Kapitularinnen hatten lutherischer Konfession zu sein. Für das Hochstift Osnabrück bildete sich als verfassungsrechtliche Besonderheit unter den Fürstentümern des Reiches die alternierende Regentschaft katholischer und evangelischer Bischöfe, die so genannte „alternative Sukzession", heraus.[17]

Die Untersuchung nimmt Herkunft, Lebenswege und Handlungsspielräume der monastischen Frauen in den Blick, die sich aufgrund ihrer Entscheidung für das geistliche Leben in Börstel auf dauerhafte Weise mit dem gewählten Ort verbanden. Sie zeichnet das Leben von Generationen von Frauen nach, die in je unterschiedlicher Weise eingebunden waren in die Auseinandersetzung mit den Widrigkeiten ihrer natürlichen Umwelt und in die Anpassung ihrer Lebensverhältnisse an die langsam, jedoch unaufhörlich sich vollziehende Entwicklung und Veränderung ihres gesellschaftlichen Umfeldes. Gemeinsame Basis all dieser vergangenen Existenzen in vorreformatorischer Zeit waren der Ort, der qua Ordensregel zur Beständigkeit verpflichtete, und die Aufgabe, Gott zu loben sowie mit dem stellvertretenden Gebet für das Seelenheil der Menschheit Schaden von ihr abzuwenden. Motiv der Entscheidung für diese Form der weiblichen Lebensgestaltung waren die Fundierung im

---

14 Wilhelm KOHL, Die Windesheimer Kongregation, in: Kaspar Elm (Hrsg.), Reformbemühungen und Observanzbestrebungen im spätmittelalterlichen Ordenswesen, Berlin 1989, S. 33-58.

15 Paulus BECKER, Benediktinische Reformbewegungen im Spätmittelalter, in: Untersuchungen zu Kloster und Stift (Studien zur Germania Sacra 14), Göttingen 1980, S. 167-187.

16 Einen knappen Überblick zu den Verhältnissen in Niedersachsen bietet Ernst SCHUBERT, Die Reformation und ihre Folgen, in: Bernd Ulrich Hucker, Ernst Schubert, Bernd Weisbrod (Hrsg.), Niedersächsische Geschichte, Göttingen 1997, S. 274-280; für Osnabrück grundlegend Karl Georg KASTER/Gerd STEINWASCHER (Hrsg.), 450 Jahre Reformation in Osnabrück. Ausstellungskatalog (Osnabrücker Kulturdenkmäler 6), Bramsche 1993.

17 Mark Alexander STEINERT, Die alternative Sukzession im Hochstift Osnabrück. Bischofswechsel und das Herrschaftsrecht des Hauses Braunschweig-Lüneburg in Osnabrück 1648-1802 (Osnabrücker Geschichtsquellen und Forschungen 47), Osnabrück 2003.

Glauben und die persönliche Frömmigkeit. Sie bildeten die Grundlage der klösterlichen Lebensform und prägten in einem das gesamte Dasein bestimmenden Maß das Leben und Handeln der Nonnen. Das von den Sanktimonialen siebenmal am Tag gesungene Gotteslob gliederte den klösterlichen Tagesablauf, die Liturgie der zahlreichen in vorreformatorischer Zeit gefeierten Festtage bestimmte den klösterlichen Jahresrhythmus.

Die Spiegelung monastischer Lebensläufe, soweit sie, wenn auch immer nur fragmentarisch, der Überlieferung zu entnehmen ist, erlaubt Einblicke in die unterschiedlichsten Aspekte eines geistlichen Frauenlebens. Die Äbtissin eines mittelalterlich-frühneuzeitlichen Frauenklosters war, wie am Beispiel Börstels zu zeigen sein wird, in mehrfacher Hinsicht gefordert. Neben der Verantwortlichkeit für die substantiellen Belange der Frauen ihres Konvents war sie der Gestaltung des geistlichen Lebens verpflichtet. Als Vorsteherin eines größeren Wirtschaftsbetriebes trug sie zudem die Verantwortung für die Verpflegung und Unterbringung einer beträchtlichen Anzahl unter ihrem Schutz stehender und ihrer Versorgung anvertrauter Menschen aus dem Umfeld der Dienstleute und der eigenbehörigen bäuerlichen Bevölkerung. Das komplizierte System einer klösterlichen Grundherrschaft, seine Haushaltsführung und die Einbindung einer Vielzahl von in Abhängigkeit stehender, aber auch von den Vorteilen dieser Einrichtung profitierender Menschen schlägt sich in der Haushalts-Buchführung des Stifts nieder. Darüber hinaus stand die Äbtissin an der Schnittstelle zur Außenwelt und hatte sich während des Mittelalters mit einer von ritterschaftlichen Fehden geprägten, rechtlich sehr labilen und oft feindlichen Umwelt auseinanderzusetzen. Da das Kloster nicht inkorporiert war, war von Seiten des Ordens kein Schutz zu erwarten, andererseits erwies sich der Gestaltungsspielraum der Klostergemeinschaft als relativ groß, da keine institutionelle Kontrolle zum Tragen kam.[18] Als eine weitere Herausforderung stellte sich das Verhältnis zum Landesherrn dar, dessen Umgang mit dem Konvent zwar moderat war, der jedoch während der Frühen Neuzeit die Gastungspflicht des Klosters oft genug bis an die Grenzen beanspruchte. Eine neue Qualität erreichten die Herrschaftsbeziehungen während der Gegenreformation, als der katholische Fürstbischof Franz Wilhelm von Wartenberg mit der verstärkten Einflussnahme im geistlichen Bereich landesherrliches Kirchenregiment zu etablieren versuchte.

Unterstützt in ihren Aufgaben wurde die Vorsteherin durch ihre Mitschwestern, die verschiedene Ämter ausübten und als Kellnerin oder Kämmerin für die Verwaltung und Organisation des Stiftshaushaltes verantwortlich oder als Küsterin für die Ausstattung der Kirche zuständig waren. Als Angehörige des Niederadels, dem die Frauen in der Regel entstammten, waren sie von Haus aus zur Übernahme der Verantwortung für ein Hauswesen sozialisiert sowie im günstigsten Fall in einer klösterlichen Schule erzogen worden, wo sie Grundkenntnisse des Lesens und Schreibens erwarben. Mit dem Eintritt in die klösterliche Gemeinschaft konnten diese Frauen ihre praktischen wirtschaftlichen Kenntnisse und sozialen Fähigkeiten ge-

---

18 Vgl. dazu Kaspar ELM, Westfälisches Zisterziensertum und spätmittelalterliche Reformbewegung, in: Westfälische Zeitschrift 128 (1978), S. 9-32.

winnbringend für das Ganze einbringen und Verantwortung übernehmen, was besonders während des 30jährigen Krieges einzige Überlebenschance in einer von Plünderungen und Einquartierungen bedrohten Lebenswelt war. Auch nach dem Eintritt in die monastische Gemeinschaft standen die jungen Frauen keineswegs gesellschaftlich isoliert da. Das familiäre Netzwerk, dem sie entstammten, hatte insbesondere in den Frauenklöstern eine nicht zu unterschätzende stabilisierende Funktion, stellte allerdings auch Anforderungen an die jungen Frauen, die von dort aus weiterhin für den Familienverband tätig waren. Die zentrale Lage des Stifts zwischen den niederstiftischen Ämtern Vechta, Meppen und Cloppenburg am Nordrand des Hochstifts Osnabrück ließen den Ort zudem zur Anlaufstelle für zahlreiche Reisende von unterschiedlicher Herkunft werden.

Geistliches Leben und soziales Miteinander, Alltagsbewältigung und Herrschaftskontakte sind die Determinanten, die die klösterliche Lebenswelt der geistlichen Frauen bestimmten. Diese Lebenswelt erfuhr zunächst durch das bischöfliche Reformgebot des 15. Jahrhunderts, dann durch die Impulse der neuen lutherischen Theologie gravierende Veränderungen, auf die die Konvente nicht nur im geistlichen, sondern auch im sozialen Bereich zu reagieren hatten. Die Teilhabe an der Devotio Moderna setzte neue Impulse für das geistliche Leben, veränderte die Ausdrucksformen der Frömmigkeit und hatte Auswirkungen auf die materielle Lebensgrundlage des Konvents. Mit der Aufhebung der Klausur infolge der Reformation wandelte sich die über Jahrhunderte erprobte Form weiblicher Lebensgestaltung und eröffnete neue Handlungsspielräume. Die klösterliche Lebenswelt war mithin nicht statisch, sondern einem ständigen Wandel unterworfen. Dies wird nicht nur in der Veränderung der äußeren Rahmenbedingungen des klösterlichen Lebens deutlich, sondern betraf auch die Mentalität der Frauen, ihr Bewusstsein von sich selbst und ihre Vorstellung von der Sinnhaftigkeit ihres Seins. Einen Ansatzpunkt zur Erfassung des mentalen Wandels bietet jedoch erst die Analyse der Testamente des 17. Jahrhunderts. Spuren dieses Wandlungsprozesses im sakralen wie auch im profanen Bereich lassen sich darüber hinaus an den aus dieser Zeit erhaltenen Sachzeugnissen ablesen. Die unveränderlichen Determinanten, die dem Alltag und dem Dasein der Frauen ihre Konturen gaben, einerseits und die Auswirkungen des religiösen und gesellschaftlichen Wandels auf das Bewusstsein der gläubigen Frauen andererseits lassen zusammengenommen die Lebenswirklichkeit der geistlichen Frauen während des Untersuchungszeitraums deutlich werden.[19]

Dem bis hierher skizzierten Ansatz folgend orientiert sich die Untersuchung primär an den Persönlichkeiten der Äbtissinnen und Konventualinnen, die das Schicksal der

---

19 Der Begriff Lebenswirklichkeit nimmt den von Rudolf Vierhaus entwickelten Ansatz auf, der die historische Lebenswelt aus mehreren sich ergänzenden Aspekten des gesellschaftlichen und kulturellen Umfelds, der Wahrnehmung und Erfahrung des Menschen rekonstruiert. (Rudolf VIERHAUS, Die Rekonstruktion historischer Lebenswelten, in: Hartmut Lehmann (Hrsg.), Wege zu einer neuen Kulturgeschichte (Göttinger Gespräche zur Geschichtswissenschaft 1), Göttingen 1995, S. 7-28, hier S. 22). Die Klostergemeinschaften können demnach als Beispiel für soziale Verhältnisse der *longue durée* gelten, in der Beständigkeit, nicht Veränderung den Lebensweg, das Denken und Handeln der Menschen bestimmt.

ihnen anvertrauten Einrichtung bestimmten. Aus den ihre Amtszeit jeweils prägenden politischen Ereignissen und religiösen Umbrüchen und dem von persönlicher Kompetenz geprägten Umgang mit diesen Herausforderungen lässt sich ein Bild der einzelnen Phasen des untersuchten Zeitraumes gewinnen. In der Zusammenschau werden sowohl die generationenüberdauernde Beibehaltung von Traditionen als auch der langsam sich vollziehende Wandel des geistlichen und sozialen Lebens deutlich.

Einordnung in den Forschungszusammenhang

Das im Zuge der neuen Frauenbewegung der siebziger Jahre des 20. Jahrhunderts erwachte Interesse an dem spezifisch weiblichen Anteil an der Geschichte, aber auch an ihren Desideraten, wirkte impulsgebend auf die Ansätze und Ziele der historischen Wissenschaft und etablierte schließlich mit eigenen Fragestellungen die historische Frauenforschung. Deren Interesse war primär auf die Erforschung der durch die geschlechtsspezifische Sozialisation geprägten Lebensperspektiven und Handlungsspielräume von Frauen gerichtet.[20] Zu den Erkenntniszielen der inzwischen etablierten Gender Studies zählten neben der Hinterfragung des Rollenverständnisses von Mann und Frau die Analyse des frauenspezifischen Anteils an der Gestaltung der gesellschaftlichen Verhältnisse und deren Abhängigkeit von den durch die Sozialisation erworbenen geschlechtsspezifischen Verhaltensmustern. Stand zu Beginn der historischen Frauenforschung zunächst die sowohl literarische als auch wissenschaftliche Annäherung an die Lebenssituation von Frauen aus der arbeitenden und dienenden Bevölkerung im Fokus, so rückte bald auch der Anteil der ‚bessergestellten' weiblichen Existenzen vor allem im Hinblick auf ihre bis dahin kaum beachtete Rolle in Wissenschaft und Kunst in das Blickfeld der Forscherinnen. In zahlreichen Überblickswerken und einer Fülle von Einzeluntersuchungen entstanden seitdem Analysen zu den verschiedensten Aspekten weiblicher Lebensentwürfe, zur Schreibkultur, dem Anteil am künstlerischen Schaffen, zu Herrschaftsfunktionen, zur Religiosität und vielem mehr.[21]

Die Wahrnehmung der Frauenklöster als weibliche Lebensperspektive für das Hoch- und Spätmittelalter wurde von Opitz und King angestoßen.[22] Sie stellten heraus, dass

---

20 Vgl. dazu Karin HAUSEN, Heide WUNDER (Hrsg.), Frauengeschichte – Geschlechtergeschichte (Geschichte und Geschlechter 1), Frankfurt 1992.

21 Annette KUHN u. a. (Hrsg.), Frauen in der Geschichte, 8 Bände, Düsseldorf 1979-1986; Edith ENNEN, Frauen im Mittelalter, München ⁵1994; Heide WUNDER, „Er ist die Sonn', sie ist der Mond". Frauen in der Frühen Neuzeit, München 1992; Arlette FARGE u. a. (Hrsg.), Geschichte der Frauen, 3. Bd., Frühe Neuzeit, Hamburg 1994; Neuere Literaturberichte bei Hans-Werner GOETZ, Frauen im Früh- und Hochmittelalter. Ergebnisse der Forschung, in: Annette Kuhn/Bea Lundt (Hrsg.), Lustgarten und Dämonenpein. Konzepte von Weiblichkeit in Mittelalter und Neuzeit, Dortmund 1997, S. 21-28; Gabriela SIGNORI, Frauengeschichte / Geschlechtergeschichte / Sozialgeschichte. Forschungsfelder – Forschungslücken: eine bibliographische Annäherung an das späte Mittelalter, in: Kuhn/Lundt (Hrsg.), Lustgarten und Dämonenpein., S. 29-53.

22 Claudia OPITZ, Frauenalltag im Mittelalter. Biographien des 13. und 14. Jahrhunderts (Ergebnisse der Frauenforschung 5), Weinheim/Basel 1985; Margret KING, Frauen in der Renaissance, München 1993.

die Übergabe weiblicher Familienmitglieder in ein Kloster nicht nur von religiöser Haltung geprägt, sondern auch Teil der familiären Vorsorge für das eigene Geschlecht war. Das stellvertretende Gebet für das familiäre Seelenheil wurde der jungen Nonne mit standesgemäßer Lebenshaltung und darüber hinaus der Teilhabe an Bildung und Herrschaftsfunktionen honoriert.[23] Die erzieherische und weit über die Grenzen weisende kulturelle Funktion der seit dem 8. Jahrhundert im altsächsischen Gebiet gehäuft entstandenen adeligen Kanonissenstifte war Gegenstand zahlreicher weiterer Untersuchungen[24] und wurde in der Doppelausstellung „Krone und Schleier"[25] ausführlich gewürdigt. Bildung und Frömmigkeit speziell in niedersächsischen Frauenklöstern standen jüngst im Fokus einer Ausstellung der Herzog August Bibliothek Wolfenbüttel, deren Begleitband den aktuellen Forschungsstand wiedergibt.[26] Weiterführende Untersuchungen zur Geschichte dieser Einrichtungen im Zeitalter der Konfessionalisierung waren Thema der Essener Forschungen zum Frauenstift.[27]

Im Zuge der Aufwertung kulturgeschichtlicher Methoden rückte zudem das Interesse an der Adelskultur, das heißt an den das Selbstverständnis und das Handeln prägenden mentalen Einstellungen und Werthaltungen der adeligen Familien in den Mittelpunkt des Forschungsinteresses.[28] Dabei geriet auch das Leben der Frauen in Klöstern und Stiften als eine Sonderform adeliger weiblicher Lebensgestaltung in den Fokus und wurde auf seine Motive und seinen Gehalt hin befragt. Untersuchungen zur adligen Lebensführung, zum standesgemäßen Leben und Wirtschaften, zu den familiären und persönlichen Verbindungen und zu den altersentsprechenden Aufgabenbereichen von Frauen machten den spezifischen Beitrag der weiblichen Vertreterinnen dieses Standes deutlich.[29]

---

23 Franz STAAB, Standesgemäße Lebensform und Frauenfrömmigkeit. Bemerkungen zu einem Langzeitphänomen, in: Kurt Andermann (Hrsg.), Geistliches Leben und standesgemäßes Auskommen. Adelige Damenstifte in Vergangenheit und Gegenwart (Kraichtaler Kolloquien 1), Tübingen 1998, S. 147-161.

24 Michel PARISSE, Die Frauenstifte und Frauenklöster in Sachsen vom 10. bis zur Mitte des 12. Jahrhunderts, in: Stefan Weinfurter (Hrsg.), Die Salier und das Reich, Bd. 2: Die Reichskirche in der Salierzeit, Sigmaringen 1991, S. 465-501; Katrinette BODARWÉ, *Sanctimoniales litteratae*. Schriftlichkeit und Bildung in den ottonischen Frauenkommunitäten Gandersheim, Essen und Quedlinburg, Münster 2004; Martin HOERMES/Hedwig RÖCKELEIN, Gandersheim und Essen. Vergleichende Untersuchungen zu sächsischen Frauenstiften, Essen 2006.

25 Jutta FRINGS (Hrsg.), Krone und Schleier, Katalog der Essen-Bonner Doppelausstellung, München 2005; Jeffrey F. HAMBURGER (Hrsg.), Frauen – Kloster – Kunst, Turnhout 2007.

26 Britta-Juliane KRUSE, Rosenkränze und Seelengärten. Bildung und Frömmigkeit in niedersächsischen Frauenklöstern (Ausstellungskatalog der Herzog August Bibliothek Nr. 96), Wolfenbüttel 2013.

27 Ute KÜPPERS-BRAUN, Thomas SCHILP (Hrsg.), Katholisch – Lutherisch – Calvinistisch. Frauenkonvente im Zeitalter der Konfessionalisierung (Essener Forschungen zum Frauenstift 8), Essen 2010.

28 An Stelle der Auflistung der wichtigsten Überblickswerke sei auf die Einführung in dem Tagungsband: Heike DÜSELDER u. a. (Hrsg.), Adel und Umwelt. Horizonte adeliger Existenz in der Frühen Neuzeit, Köln/Weimar/Wien 2008 verwiesen.

29 Johannes ARNDT, Möglichkeiten und Grenzen weiblicher Selbstbehauptung gegenüber männlicher Dominanz im Reichsgrafenstand des 17. und 18. Jahrhunderts, in: Vierteljahresschrift für Sozial- und Wirtschaftsgeschichte 77 (1990), S. 153-174; Heiner

Für den heutigen niedersächsischen Raum liegt eine Untersuchung über die verfassungsmäßigen Strukturen in den Lüneburger Frauenklöstern vor.[30] Eine weitere volkskundlich angelegte Arbeit widmet sich dem Alltagsleben nach der Reformation in dem zu den Lüneburger Klöstern zählenden Kloster Ebstorf.[31] Für die Region, in der das heutige Stift Börstel liegt, entstand in neuerer Zeit nur eine Arbeit über das Kloster Bersenbrück,[32] dessen Geschichte allerdings ausschließlich unter dem wirtschaftlichen Aspekt ausgewertet wurde.

Unter den Studien zur Alltagsgeschichte stehen neben einer volkskundlichen Untersuchung zum Miteinander der drei Stände im Westfalen der Frühen Neuzeit[33] mehrere Einzeluntersuchungen zu verschiedenen Aspekten des Alltagslebens in westfälischen Klöstern, die auf der Auswertung der Registerüberlieferung beruhen.[34] Selten ist bisher die editorische Erschließung von Quellen zum klösterlichen Alltag, wie sie am Beispiel des Obernkirchener Rechnungsbuches und anhand der Osnabrücker Stadtrechnungen des 15. Jahrhunderts durchgeführt wurde.[35] Die kürzlich vorgelegte

BORGGREFE/Vera LÜPKES, (Hrsg.), Adel im Weserraum um 1600. Katalog zur Ausstellung im Weserrenaissance-Museum Schloß Brake, München/Berlin 1996; Beatrix BASTL, Tugend, Liebe, Ehre. Die adelige Frau in der Frühen Neuzeit, Wien/Köln 2000; Anke HUFSCHMIDT, Adlige Frauen im Weserraum zwischen 1570 und 1700: Status, Rollen, Lebenspraxis, Münster 2001; Heide WUNDER (Hrsg.), Dynastie und Herrschaftssicherung. Geschlechter und Geschlecht, Berlin 2002; Martina SCHATKOWSKY (Hrsg.), Witwenschaft in der Frühen Neuzeit. Fürstliche und adelige Witwen zwischen Fremd- und Selbstbestimmung, Leipzig 2003; Heike DÜSELDER (Hrsg.), Adel auf dem Lande. Kultur und Herrschaft des Adels zwischen Weser und Ems 16. bis 18. Jahrhundert (Materialien und Studien zur Alltagsgeschichte und Volkskultur Niedersachsens, Heft 36), Cloppenburg 2004. Britta-Juliane KRUSE, Witwen: Kulturgeschichte eines Standes in Spätmittelalter und Früher Neuzeit, Berlin 2007.

30 Ida-Christina RIGGERT, Die Lüneburger Frauenklöster (Veröffentlichungen der Historischen Kommission für Niedersachsen und Bremen 37: Quellen und Untersuchungen zur Geschichte Niedersachsens im Mittelalter 19), Hannover 1996.

31 Hanna DOSE, Evangelischer Klosteralltag. Leben in Lüneburger Frauenkonventen 1590-1710, untersucht am Beispiel Ebstorf (Veröffentlichungen der Historischen Kommission für Niedersachsen und Bremen 35: Quellen und Untersuchungen zur allgemeinen Geschichte Niedersachsens in der Neuzeit 12), Münster 1994; Renate OLDERMANN, Kloster Walsrode – Vom Kanonissenstift zum evangelischen Damenkloster. Sozial- und theologiegeschichtliche Grundlagen des Lebens in einem mittelalterlich-frühneuzeitlichen Konvent, Bremen 2004.

32 Otto ZU HOENE, Kloster Bersenbrück. Das ehemalige adelige Zisterzienserinnenkloster St. Marien zu Bersenbrück, 2 Bde., Osnabrück 1977-78.

33 Gertrud ANGERMANN, Volksleben im Nordosten Westfalens zu Beginn der Neuzeit. Eine wachsende Bevölkerung im Kräftefeld von Reformation und Renaissance, Obrigkeit und Wirtschaft (Minden, Herford Ravensberg, Lippe) (Beiträge zur Volkskultur in Nordwestdeutschland 89), Münster/New York 1995.

34 Vgl. dazu Heinrich RÜTHING, Sankt Marien vor der Reformation. Ein Einblick ins kirchliche Leben Bielefelds anhand von Rechnungsbüchern, in: Altenberend, Johannes/Vogelsang, Reinhard/Wibbing, Joachim (Hrsg.), St. Marien in Bielefeld 1293-1993. Geschichte und Kunst des Stifts und der Neustädter Kirche, Bielefeld 1993, S. 103-132; Olaf SCHIRMEISTER, Essen, Trinken und dem Herrgott wohlgefällig. Das Nahrungswesen des ehemaligen Reichsstifts Herford, in: Heimatjahrbuch für den Kreis Herford (1993), S. 25-54; Bernd-Wilhelm LINNEMEYER, Stift Quernheim: Untersuchungen zum Alltagsleben eines Frauenkonvents an der Schwelle zur Reformation, in: Westfälische Zeitschrift 144 (1992), S. 21-88.

35 Matthias SEELIGER, (Bearb.), Rechnungsbuch des Stifts Obernkirchen 1475-1479 (Schaumburger Studien 47), Rinteln 1987; Ilse EBERHARDT, *Van des stades wegene ut-*

Arbeit „Summa Summarum"[36] schließt hier eine Forschungslücke hinsichtlich der Wirtschaftsaktivitäten eines Klosters im Osnabrücker Raum.

Quellen

Der methodische Ansatz der vorliegenden Untersuchung beruht auf der Analyse der wirtschaftlich-sozialen und der kirchlich-religiösen Determinanten klösterlicher Lebenswirklichkeit. Als wichtigstes Hilfsmittel zur Untersuchung dieser Aspekte erweisen sich die Quellen zur Alltagsgeschichte, die innerhalb des archivalischen Fundus des Stifts Börstel bisher weitgehend unbeachtet geblieben sind. Die Auswertung der Quellen zur Haushaltsführung des Stifts und zur sozialen Einbindung der geistlichen Frauen ermöglicht es, bisher nicht wahrgenommene Zusammenhänge aufzuzeigen und ein lebendiges Bild der alltäglichen Daseinsbewältigung sowie der sozialen Kommunikationsstrukturen zu zeichnen. Der archivalische Quellenbestand des Stifts Börstel umfasst den gesamten zeitlichen Rahmen von der Gründung bis zur Gegenwart. Als Schriftquellen für das Mittelalter liegen in ununterbrochener Abfolge die Urkunden seit 1246 vor. Die kontinuierliche Überlieferung für die frühe Neuzeit setzt mit den jeweils von Michaelis bis Michaelis geführten Korn- und Geldregistern des Jahres 1556 ein. Ein singuläres Register von anderer Anlageform und Intention hat sich aus dem Jahr 1524/25 erhalten. Für diese Untersuchung werden die Rechnungsbücher der Jahre 1556 (Beginn der Registerführung) bis 1675 (Statutengebung als evangelisches Damenstift) ausgewertet, die als geschlossene Reihen vorliegen und somit eine verlässliche Grundlage zur Erforschung von 120 Jahren klösterlicher Alltagsgeschichte darstellen. Die Vollständigkeit der Register und die im Großen und Ganzen nach einheitlichem Schema geführten Einträge erlauben als „Histoire serielle" eine vergleichende Langzeituntersuchung der Wirtschaftsführung des Stifts. Die Tiefe der möglichen Analyse ist dabei abhängig von der Mitteilsamkeit des jeweiligen Schreibers bzw. der Schreiberin. Für Börstel liegt der erfreuliche Fall vor, dass den Registereinträgen häufig ein narratives Element innewohnt, das über die stereotyp wiederkehrenden Einnahme- und Ausgabevermerke hinaus einen tieferen Einblick in die klösterliche Lebenswirklichkeit gibt. Besonders in der ältesten Phase der Registerführung bringen sich einige Schreiber mit Erklärungen des Zweckes einer bestimmten Ausgabe oder der Zusammenhänge, in denen diese nötig wurden, selbst ein, nehmen einige Male sogar Wertungen vor und gewähren dadurch Einblicke in das frühneuzeitliche Denken. Ausführliche Quellenzitate, die, um den Lesefluss nicht zu behindern, in den Anmerkungen wiedergegeben werden, verfolgen den Zweck einer möglichst authentischen Abbildung

---

gegeven unde betalt. Städtischer Alltag im Spiegel der Stadtrechnungen von Osnabrück (1459-1519), Osnabrück 1996. Vgl. auch Kurt SEIDEL, Klosterrechnungen als Geschichtsquelle, in: Deutsche Geschichtsblätter 12 (1911), S. 292-297; Gerhard JARITZ, Die Reiner Rechnungsbücher (1399-1477) als Quelle zur klösterlichen Sachkultur des Spätmittelalters, in: Funktion der schriftlichen Quellen in der Sachkulturforschung (Veröffentlichungen des Instituts für Mittelalterliche Realienkunde 1), Wien 1976.

36 Gudrun GLEBA/Ilse EBERHARDT, Summa Summarum: spätmittelalterliche Wirtschaftsnachrichten und Rechnungsbücher des Osnabrücker Klosters Gertrudenberg; Transkription und Kommentar (Westfalen in der Vormoderne 9) Münster 2011.

frühneuzeitlichen Denkens und Handelns. Die Wiedergabe der plastischen und direkten Ausdrucksweise ermöglicht so auch auf der sprachlichen Ebene eine Annäherung an die Mentalität des frühneuzeitlichen Menschen. Die Texte sind in mittelniederdeutscher Sprache abgefasst, ergänzt durch lateinische Satzanfänge (*item*) und buchführungstechnische Formeln wie *summa summarum* oder *facit* sowie Begriffe aus dem Rechtswesen. Auch die Ziffern sind römisch, arabische Ziffern setzen sich mit der Wende zum 17. Jahrhundert durch.

Anhand der prosopographischen Auswertung der Urkunden und Archivalien lassen sich die Namen der ehemaligen Konventualinnen ermitteln sowie ihre Familien- und Verwandtschaftskreise darstellen. Die daraus abzulesenden Biographien – deren Zusammenfassung im Anhang Nr. 2 wiedergegeben wird – bieten nicht nur einen Beitrag zum Verständnis weiblicher Lebenswirklichkeit in der Frühen Neuzeit, sondern stellen auch ein Abbild der familiären und gesellschaftlichen Verknüpfung des frühneuzeitlichen Niederadels der Region dar.

Ergänzend zur Auswertung der klösterlichen Schriftkultur sind die gegenständlichen Quellen heranzuziehen, die in Börstel in reichem Maße vorhanden sind. Zu den materiellen Relikten zählen zum einen die Klosterkirche selbst mit ihren im Inneren bewahrten Zeugnissen sakraler Sach- und Erinnerungskultur. Zum anderen vermitteln das, obwohl nur noch von zwei Kreuzgängen umgebene, dennoch aussagekräftige Klausurquadrum und die auf dem Stiftsgelände erhaltenen Wirtschaftsgebäude einen Eindruck frühneuzeitlicher klösterlicher Lebensrealität. Auf der visuellen Ebene werden auch einige dieser Realien sowie die Spuren erfasst, die die geistlichen Frauen durch Autographe und Siegelabdrucke auf Archivalien oder in seltenen Fällen in bildlicher Weise hinterlassen haben.

Editorische Notiz

Die Wiedergabe der Quellenzitate folgt grundsätzlich den von Johannes Schultze aufgestellten Empfehlungen.[37] Quellenzitate wurden buchstabengetreu übernommen, lediglich abgekürzte Endsilben und Doppelungen stillschweigend aufgelöst. Zeichensetzung, Getrennt- und Zusammenschreibungen wurden dem modernen Gebrauch angeglichen. Die selbst innerhalb eines Dokumentes häufig uneinheitliche Schreibweise von Personennamen in mittelniederdeutscher Form wurde im Text zugunsten der heute gebräuchlichen Schreibweise der Vornamen aufgelöst, bei den Nachnamen wird die Originalschreibweise der am häufigsten vorkommenden Variante übernommen.

---

37 Johannes SCHULTZE, Richtlinien für die äußere Textgestaltung bei Herausgabe von Quellen zur neueren deutschen Geschichte, in: Heinemeyer, Walter (Hrsg.), Richtlinien für die Edition landesgeschichtlicher Quellen, Marburg/Köln 1978, S. 25-36.

Abkürzungen

d. = denarius, pfennig
e.f.g. = euer fürstliche gnaden
e.l. = euer liebden
ergen. = ergenannt
erw. = ehrwürden
f.g. = fürstliche gnaden
fl. = gulden
g. = gnädig
gst. = gnädigst
g. = gulden
gg. = goldgulden
hn. = herrn, herren
j. = jungfer
m.g.h. = mein gnädiger herr
sch. = scheffel
ß = schilling
w. = würdig

I. Das Zisterzienserinnenkloster Marienberg / Börstel

I.1. Die Anfänge des Klosters

1. 1. Die Gründung

Im Zuge der religiösen Erneuerungsbewegung des 12. Jahrhunderts drängten zahlreiche gläubige Frauen, vor allem aus den nördlichen Ländern Europas, in die neu gegründeten Reformorden der Prämonstratenser und Zisterzienser, um dort ein Leben in freiwilliger Armut und evangelischer Strenge unter genauer Befolgung der Benediktsregel – der *puritas regulae* – zu führen.[38] In Deutschland entstand als ältestes Zisterzienserinnenkloster bereits um 1188 das Kloster Wöltingerode. Im Verlauf der ersten Hälfte des 13. Jahrhunderts folgten ca. fünfzehn weitere Frauenzisterzen,[39] die zwar nach den Konstitutionen des Zisterzienserordens lebten, ihm aber rechtlich nicht angehörten.[40]

Zu diesen Neugründungen zählte auch das Kloster Börstel, dessen Gründer die Grafen Otto I. und sein Neffe Johann I. von Oldenburg waren. Eine Stiftungsurkunde ist nicht erhalten, das Gründungsdatum ist unbekannt. Einer Nachricht folgend, die sich nach den Aufzeichnungen des Oldenburger Superintendenten Hermann Hamelmann[41] noch 1581 in einem alten Chorbuch der Börsteler Kirche befunden hat,[42] wurde das Kloster am 24. September 1244 gegründet, dem Festtag der nur von den Zisterziensern verehrten Heiligen Andochius, Thyrsus und Felix.

Die Gründungsnachricht im verschollenen Chorbuch wird bestätigt durch die älteste Börsteler Urkunde vom Juni 1246, womit gesichert ist, dass das Kloster zu diesem Zeitpunkt bereits existierte. In dieser Urkunde überträgt der Osnabrücker Bischof Engelbert von Isenburg (1239-1250) dem Konvent den Hof Schlingmann bei Menslage sowie drei weitere Höfe in der Bauerschaft Herbergen.[43] 1247 gibt der Abt von

---

38 Vgl. Herbert GRUNDMANN, Religiöse Bewegungen im Mittelalter, Darmstadt 1961; Brigitte DEGLER-SPENGLER, Die religiöse Frauenbewegung des Mittelalters. Konversen – Nonnen – Beginen, in: Rottenburger Jahrbuch für Kirchengeschichte 3 (1984), S. 75-88; Peter DINZELBACHER/Dieter BAUER (Hrsg.), Religiöse Frauenbewegung und mystische Frömmigkeit im Mittelalter, Köln/Wien 1988; Arnold ANGENENDT, Geschichte der Religiosität im Mittelalter, Darmstadt 1997.

39 Vgl. Maren KUHN-REHFUS, Zisterzienserinnen in Deutschland, in: Elm, Kaspar/ Joerißen, Peter/Roth, Hermann (Hrsg.), Die Zisterzienser. Ordensleben zwischen Ideal und Wirklichkeit. (Schriften des Rheinischen Museumsamtes 10), Köln 1981, S. 125ff.; Ambrosius SCHNEIDER (Hrsg.), Die Cistercienser. Geschichte, Geist und Kunst, Köln 1986; Ulrich FAUST, Zisterzienser in Norddeutschland, in: Faust (Hg), Die Männer- und Frauenklöster, S. 15-28.

40 Ausnahme ist das möglicherweise inkorporierte Kloster Lilienthal bei Bremen. Vgl. Nicolaus HEUTGER, Zisterzienser-Nonnen im mittelalterlichen Niedersachsen, in: Citeaux 38 (1987), S. 195.

41 Hermann Hamelmann (1526-1595) war erster lutherischer Superintendent in Oldenburg und Herausgeber der oldenburgischen Kirchenordnung 1573. Vgl. Hermann LÜBBING, Oldenburg. Historische Konturen, Oldenburg, 1971, S. 147 f.

42 Hermann ONCKEN, Zur Gründung des Cistercienserinnenklosters in Menslage-Börstel, in: Osnabrücker Mitteilungen (im Folgenden OM) 19 (1894), S. 208.

43 Roland RÖLKER/ Werner DELBANCO (Bearb.), Urkundenbuch des Stifts Börstel (im Folgenden UB), (Osnabrücker Urkundenbuch 7), Osnabrück 1996, 1.

Corvey, Graf Hermann von Holte, die Erlaubnis zur Gründung des Klosters und weist ihm ein eigenes Kirchspiel mit zehn Bauerschaften und zwei Kotten zu, die bisher zum Kirchspiel Löningen gehörten.[44] Abt Hermann, dem diese Befugnis als Abt von Meppen und Patron der Löninger Kirche zustand,[45] übertrug dem Konvent 1250 außerdem das Erbe Eilmann in Schandorf[46] und förderte auf diese Weise die Entwicklung des Klosters in doppelter Weise.

Erster Siedlungsort der Frauenzisterze um 1244 war ein oldenburgischer Meierhof[47] in Menslage, ihren Chordienst hielten die Nonnen in der Menslager Marienkirche. Ab 1251 erfolgte die Verlegung des Klosters in den Börsteler Wald, was aus der Abfolge der folgenden Beurkundungen deutlich wird. Am 31. Juli 1250 übertrug Graf Otto I. von Oldenburg dem Konvent die Menslager Kirche und eine damit verbundene Memorienstiftung.[48] Zwei Tage später, am 2. August 1250, nahmen Otto I. und Johann I. die ursprüngliche Dotierung des Klosters zurück und räumten dem Konvent freie Güter „zum ewigen Besitz" in der Bauerschaft Berge ein.[49] Anstelle des oldenburgischen Meierhofs in Menslage mit fünf Kotten sowie dem von Bischof Engelbert herrührenden Erbe Schlingmann mit zwei Kotten erhielt der Konvent Grundbesitz mit Holzungen, Eigenbehörigen und allem Zubehör in Berge sowie drei weitere Bauerngüter in *Scatlage,* Bocken und Renslage. Lediglich das Patronat über die Menslager Kirche verblieb beim Kloster. Von diesem Zeitpunkt an wird die Translation nach Börstel vorbereitet worden sein.

1251 ergänzte der Konvent selbst seine erste Güterausstattung durch den Ankauf des halben Börsteler Waldes für einhundert Mark Silber von Graf Otto I. von Tecklenburg[50] und seiner Frau Mechthild.[51] Den Kauf bestätigte Bischof Bruno von Isenburg (1251-1258), nachdem Otto ihm als seinem Lehnsherrn den Wald zuvor resigniert hatte. Bischof Bruno schenkte dem Konvent – „damit dieses Kloster den Zuwachs umso besser nutzen möge"[52] – gleichzeitig das Zehntrecht über alles urbar gemachte Ackerland in diesem Wald.

---

44 UB 2.
45 Hermann DELLA VALLE, Kirchen und altkirchliche Einrichtungen des Osnabrücker Landes, in: Osnabrücker Heimatbuch, 1. Heft, Heimatgeschichte, Osnabrück 1923, S. 82-93.
46 UB 8.
47 Meierhöfe wurden zu Zeiten der Christianisierung oft zur Sicherung des befriedeten Landes errichtet. Menslage war möglicherweise der Ort einer alten karolingischen Königsburg, für deren Anlage als Wasserburg einige Anzeichen sprechen: Der Hof war umflossen von der Hase, dem Bühnenbach, einem Kanal und einem nicht vorhandenen vierten Flusslauf. Bis zur Ablösung 1851 blieb der Meierhof im Besitz des Stifts Börstel. Vgl. Otto HUGO, Der Meyerhof zu Menslage, in: Bersenbrücker Kreisblatt 13. und 15. September 1941.
48 UB 9.
49 UB 10.
50 Zu der ausgeprägten Stiftungstätigkeit Graf Ottos vor allem zugunsten von Zisterzienserinnenklöstern vgl. Diana ZUNKER, Adel in Westfalen. Strukturen und Konzepte von Herrschaft (1106-1235) (Historische Studien 472), Husum 2003, S. 198-248.
51 UB 11.
52 UB 12 *Insuper, ut idem cenobium eo melius suscipiat incrementum.*

Der Gründungslegende[53] des Klosters zufolge nahmen die Menslager Nonnen die dreimalige nächtliche Wanderung eines wundertätigen Marienbildes in den Börsteler Wald als Zeichen, hier ihr Kloster neu zu errichten. Diese noch heute erhaltene spätromanische Skulptur gehörte offensichtlich zum ersten Ausstattungsgut des Konvents (Abb. 1).

Abb. 1: Skulptur Thronende Maria, um 1230

Realer Hintergrund des Umzugs von Menslage nach Börstel waren vermutlich zum einen die fehlenden Bedingungen für eine ausreichende Kontemplation der Nonnen. Die in Menslage sich nach Lingen, Löningen und Quakenbrück verzweigenden Straßen und die Nähe der in Quakenbrück um 1236 fertiggestellten Burg waren einer vorschriftsmäßigen Klausur wohl nicht gerade förderlich. Zum anderen fehlte die Möglichkeit, in der bereits besiedelten Gegend um Menslage einen geschlossenen Komplex für die Klosterwirtschaft zu erwerben. Bessere Bedingungen für den entstehenden Konvent fanden sich dagegen im Börsteler Wald, der im Westen, Norden und Osten im weiten Bogen vom Hahnenmoor umspannt wird. Gegen Süden bildet eine niedrige Hügelkette in west-östlicher Richtung eine natürliche Grenze gegen die Ansiedlungen in Grafeld, Berge und Anten.

---

53 Hans SUDENDORF, Beiträge zur Geschichte des Landes Osnabrück bis 1400, Osnabrück 1840, S. 16, Anm. 2.

Im hügeligen Waldgelände entsprangen verschiedene Quellen, aus denen die Wasserkraft zum Betrieb der Korn-, Öl- und Walkmühle gewonnen und die zur Sicherung der Fastenkost angelegten Fischteiche gespeist werden konnten. Wald und Heide ermöglichten Schweinemast und Schnuckenzucht, das nahe Hahnenmoor bot reichliche Torffeuerung. Hier waren alle Voraussetzungen gegeben, um ein der zisterziensischen Vorschrift entsprechendes regelkonformes Leben in Armut, Weltabgeschiedenheit und Gemeinschaft führen zu können.

Allerdings fand der Konvent bei der Verlegung des Klosters in den Börsteler Sundern auch bereits erschlossenes Siedlungsland vor, da sich in Börstel – der oben erwähnten Hamelmannschen Nachricht zufolge – vor der Klostergründung bereits eine Burg der Grafen von Oldenburg befunden hatte. Die Anlage einer solchen Turmhügelburg oder Motte[54] ist deutlich erkennbar in einer kolorierten Lagezeichnung, die sich im Statutenbuch des Stifts von 1763 findet.[55] (Abb. 2) Auf den Überresten der Burg mag nach der Ansiedlung des Konvents der Kornspeicher errichtet worden sein, der erstmals in einer Urkunde des Jahres 1404 als *unsen koren spykere ton Borstloe*[56] erwähnt wird.

Die Annahme von der bereits vor der Ansiedlung des ersten Konvents vorhandenen Altsiedlung konnte zudem durch eine Grabung bestätigt werden, die den kryptaähnlichen Raum unter dem Hochchor der Kirche als Untergeschoss eines ehemaligen Steinwerks ausweist.[57] Dieser wohl schon von den Anwohnern der ersten oldenburgischen Siedlung als Kapelle genutzte Raum wird auch dem ersten Konvent als Sakralraum, die übrigen Gebäude zur ersten Unterkunft gedient haben.

Nach der Gründung und ersten Ausstattung ihres Klosters suchten die Nonnen um Schutz in Rom nach.[58] Mit zwei in Lyon ausgestellten Diplomen von 1247 nimmt Papst Innozenz IV. das Kloster des Zisterzienserordens unter seinen Schutz und bestätigt ihm den Besitz seiner Güter. Einmalig wird in diesen Diplomen das Kloster als *monasterium de Valle Rosarum* bezeichnet.[59]

---

54 Eine Motte (frz. Klumpen, Erdsode) ist ein vorwiegend in Holzbauweise errichteter Burgtyp, dessen Hauptmerkmal ein künstlich angelegter Erdhügel mit einem meist turmförmigen Gebäude ist.

55 Niedersächsisches Landesarchiv - Standort Osnabrück (im Folgenden NLA OS) Dep 91 b Akz. 2011/059 Nr.185, S.14.

56 UB 170.

57 Michael HURST, Bauarchäologische Untersuchung der Krypta, 1998 (Mschr.). Registratur Stift Börstel.

58 Vgl. Wolfgang SEEGRÜN, Art. Börstel, in: Faust (Hrsg.), Die Männer- und Frauenklöster, S. 90-107, hier S. 92.

59 UB 3 und 4.

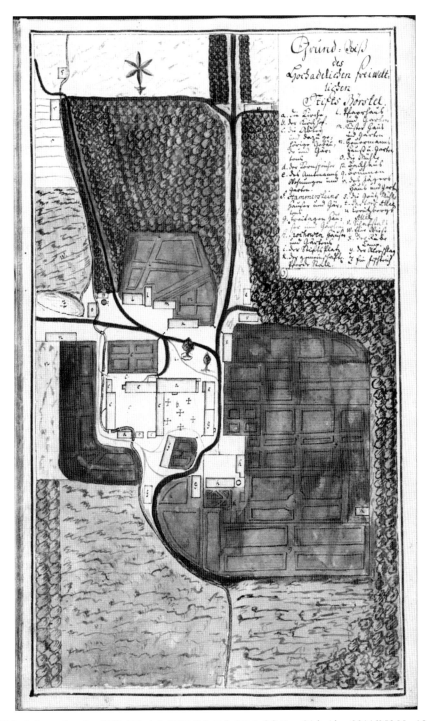

Abb. 2: Lageplan des Stifts Börstel, 1763 (Motte). NLA OS Dep 91 b Akz. 2011/059 Nr. 185

1. 2. Die oldenburgische Familienstiftung

Der Konvent sollte dem Orden der Zisterzienser angehören. Zeuge der Übertragung der Menslager Kirche war neben anderen der *Cellerarius* Arnoldus aus dem Zisterzienserkloster in Hude. Die Nennung dieses Mönches und bauliche Parallelen zur Huder Klosterkirche[60] sind jedoch die einzigen Hinweise auf eine Verbindung Börstels zum Zisterzienserorden. Die Oldenburger Stifter allerdings geboten die strenge Einhaltung der Klausur und begründeten dies mit den Worten: „Damit aber der kostbare und wünschenswerte Schatz der jungfräulichen Unschuld nicht durch die verderbliche Fäulnis der Versuchungen und Geldgeschäfte von jemandem möge entwendet werden."[61] Sie verfügten, die Pforten des Klosters mit drei Schlössern zu verschließen, zu denen die Äbtissin, die Priorin und der Propst je einen Schlüssel in Verwahrung zu halten hatten. Gerd Ahlers wertet diese „ungewöhnlich präzisen Bestimmungen der Grafen" hinsichtlich der doppelten Klausur als Absicht der Stifter, „ihre Klostergründung auf eine Ordensinkorporation vorzubereiten".[62]

Statt des gemeinen Ortsnamens Börstel bestimmten die Oldenburger fortan den ansehnlicheren Namen Marienberg – *Mons sancte Marie* – für das Kloster.[63] Die Stiftung verknüpften sie mit einem Jahresgedächtnis zur Minderung der Sünden der Stifter und ihrer Vorfahren, nämlich der Eltern Graf Ottos, Mauritius und Salome, und von Ottos Bruder Christian II. (1209-1233), des Vaters von Graf Johann, deren Andenken die Börsteler Sanktimonialen in ihren Anniversarien alljährlich mit Vigilien und Totenmessen feiern sollten. Die neu erbaute Kirche sollte – der Schenkungsurkunde von 1250 zufolge – Jesus Christus, der Jungfrau Maria, dem Apostel und Evangelisten Johannes und den Heiligen Nikolaus und Katharina geweiht sein.

Der politische Hintergrund, vor dem diese Familienstiftung zu sehen ist, bot den Beteiligten gleich zweifachen Anlass Sühne zu leisten. Zum einen galt Graf Mauritius (1167-1211) als der Verantwortliche für den an seinem Bruder Christian 1192 begangenen Mord, der ihm die Alleinherrschaft brachte. Zum anderen waren Otto I. und Johann I. die territorialpolitischen Gewinner des gegen die aufständischen Stedinger Bauern mit großen Verlusten geführten Kreuzzuges.[64]

Die Schenkungsurkunde von 1250 nennt weder den Namen der ersten Äbtissin noch finden sich Aussagen über die Herkunft und die Zusammensetzung des Ursprungskonvents. In der Regel setzten die Stifter eine Tochter zur Vorsteherin der Kloster-

---

60 Vgl. Georg DEHIO, Handbuch der Deutschen Kunstdenkmäler, Bremen Niedersachsen, Berlin/München 1992, S. 133.
61 UB 10 *Verum ne thesaurus virginalis innocentie preciosus ac desiderabilis pestifera temptationum rubigine et viciorum loculis subduci valeat ab aliquo.*
62 Gerd AHLERS, Weibliches Zisterziensertum im Mittelalter und seine Klöster in Niedersachsen (Studien zur Geschichte, Kunst und Kultur der Zisterzienser 13), Berlin 2002, S. 148.
63 Diesen Namen behielt das Kloster, oft in der Kombination *in Borstelo,* bis 1320 (UB 90) bei. Danach setzte sich die Bezeichnung Börstel durch.
64 Vgl. Heinrich SCHMIDT, Grafschaft Oldenburg und oldenburgisches Friesland in Mittelalter und Reformationszeit, in: DERS./Albrecht Eckhardt (Hrsg.), Geschichte des Landes Oldenburg, Oldenburg 1987, ⁴1994, S. 118f.

gründung ein, was auch für Börstel zu vermuten ist und sich durch einen Blick auf die engere Verwandtschaft Ottos und Johanns bestätigt. Seit 1207 stand dem Stift Bassum eine Cousine des Grafen Mauritius, Beatrix von Oldenburg-Wildeshausen,[65] als Äbtissin vor. 1209 trat dort ebenfalls die Schwester Ottos, Salome, als *filia parvula* ein und amtierte von 1243 bis 1276 als Äbtissin.[66] Angesichts dieser Familientradition ist die Vermutung naheliegend, dass entweder eine Tochter Ottos oder Johanns erste Äbtissin von Börstel wurde. Da Johanns einzige Tochter Hadewig mit Ekbert von Bentheim verheiratet[67] war, bleibt nur eine Tochter Ottos. In den Stammtafeln Albrechts[68] finden sich für Otto drei Kinder, von denen Lübbing[69] zwei als Heinrich und Salome benennt. Salome war mit Gerbert von Stotel verheiratet, eine zweite Tochter könnte die gesuchte Börsteler Äbtissin gewesen sein. Das Fehlen des Namens in der Schenkungsurkunde hätte dann den naheliegenden Grund, dass er bereits in der Gründungsurkunde verzeichnet war und deshalb 1250 als bekannt vorausgesetzt wurde. In dieser verlorenen Urkunde werden auch die üblichen Aussagen zur Größe des Konvents und zur Herkunft der Nonnen zu vermuten sein, die den Ministerialen-Geschlechtern der oldenburgischen Grafen entstammt sein dürften.

Nach den verschiedenen Schenkungen während der Gründungsphase konnte Kloster Marienberg in der zweiten Hälfte des 13. und im 14. Jahrhundert seinen Besitzstand durch Ankauf von Gütern und Zehntrechten erheblich erweitern.[70] Zur wirtschaftlichen Sicherung trug außerdem das Eigentum des Klosters an den drei Patronatskirchen in Menslage, Berge und Herzlake bei. Neben der Oldenburger Filialkirche in Menslage hatte der Konvent bald nach 1250 das Patronat über die Kirche zu Berge erhalten. Das Patronat zu Herzlake erwarb er 1263 durch Kauf von der Kirche zu Nordhausen.[71] Zwei Vikarien (Altarstiftungen) zu Berge[72] und zu Menslage[73] kamen 1360 (bis 1422) bzw. 1366 an das Kloster.[74]

Die Erwerbsphase war gegen Ende des 14. Jahrhunderts so weit abgeschlossen, dass das Kloster wirtschaftlich und rechtlich auf solider Grundlage stand. Der Zulauf von

---

65 Tochter des Grafen Heinrich I. von Wildeshausen und der Salome von Geldern. LÜBBING, Oldenburg, S. 193; Jürgen ASCH, Art. Bassum, in: Faust (Hrsg.), Die Frauenklöster, S. 43-61, hier S. 59.

66 Bernd Ulrich HUCKER, Stift Bassum. Eine 1100jährige Frauengemeinschaft in der Geschichte (Schriften des Instituts für Geschichte und Historische Landesforschung Vechta 3), Bremen 1995, S. 112.

67 UB 41.

68 Albrecht ECKHARDT, Stammtafeln, in: Schmidt/Eckhardt (Hrsg.), Geschichte des Landes Oldenburg, S. 976ff.

69 LÜBBING, Oldenburg, S. 194.

70 Vgl. zur Güterentwicklung des Klosters Börstel: SUDENDORF, Beiträge, S. 15-25; Adolf VON DÜRING, Geschichte des Stifts Börstel, in: OM 18 (1893), S. 235ff.

71 UB 20.

72 UB 140.

73 UB 149.

74 Das Patronat über die Marienkirche zu Menslage nimmt die Äbtissin von Börstel bis zum heutigen Tage wahr, die Patronate über die nach der Reformation katholischen Pfarren von Berge und Herzlake verlor das Stift in den zwanziger Jahren des 20. Jahrhunderts.

Konventualinnen in das neu gegründete Kloster scheint groß gewesen zu sein, denn bereits wenige Jahre nach der Gründung – im Oktober 1278 – konnten Börsteler Zisterzienserinnen zur Unterstützung in die Klosterneugründung im tecklenburgischen Schale[75] entsandt werden.[76]

Die Gründung des Klosters Börstel am Nordrand des entstehenden Hochstifts Osnabrück war für das Haus Oldenburg zunächst von strategischer Bedeutung für die Sicherung seines Einflussbereiches gegen die Tecklenburger,[77] deren Besitzrechte sich im Norden und Westen des Hochstifts festigten.[78] Nach dem Rückzug der Oldenburger aus dem Hasegau seit der Mitte des 14. Jahrhunderts verlagerte sich die Schutzherrschaft über das Kloster dann von der oldenburgischen Stifterfamilie auf die bischöflichen Landesherren des Hochstifts Osnabrück, die mit dem Kloster nun über einen Stützpunkt an der Nordgrenze ihres Gebietes gegen das Niederstift Münster verfügten. Als Gegenleistung für diese Schutzherrschaft hatte das Kloster Spanndienste für den Bischof zu leisten sowie jährliche Naturalabgaben und Geldzahlungen an die Stellvertreter des Landesherrn im Amtshaus Fürstenau zu erbringen.

1.3. Leben nach der *Carta caritatis*

1.3.1. Gemeinschaft

Obwohl Börstel wie fast alle Frauenzisterzen dem Zisterzienserorden nicht inkorporiert war, lebte der Konvent entsprechend dem Wunsch der Stifter nach der zisterziensischen Ordensverfassung, deren Grundlage die *Carta caritatis* bildete.[79] Danach verpflichtete sich ein Zisterzienserkonvent zu einem Gemeinschaftsleben in der apostolischen Nachfolge Christi. Das gemeinsame Leben umfasste die Gemeinschaft des Glaubens, des Gebetes und des Güterbesitzes und richtete sich nach der Regel des hl. Benedikt, die in 73 Kapiteln den Rhythmus von Gebet und Arbeit und die Form des Miteinanders festlegte.[80] Der *Opus Dei* genannte Gottesdienst umfasste

---

75 Kloster Schale, *ad scalam Dei* – zur Leiter Gottes, zur Himmelsleiter, Niedergrafschaft Lingen, Kirchspiel Freren, heute Ortsteil der Gemeinde Hopsten. SEEGRÜN, Art. Schale, in: Hengst (Hrsg.), Westfälisches Klosterbuch, S. 321-323.

76 Gustav RÜTHNING (Hrsg.), Grafschaft Oldenburg von 1482 bis 1550 (Oldenburgisches Urkundenbuch 3), Oldenburg 1927, Nr. 634.

77 Über die Strategien der Tecklenburger zum Ausbau ihrer Territorialherrschaft vgl. ZUNKER, Adel in Westfalen, S. 198-248.

78 Wolfgang BOCKHORST, Geschichte des Niederstifts Münster (Veröffentlichungen der Historischen Kommission für Westfalen 22: Geschichtliche Arbeiten zur westfälischen Landesforschung 17), Münster 1985, S. 83. Die Gründung von Klöstern oder der Erwerb von Vogteirechten über bestehende kirchliche Einrichtungen waren ein bewährtes Muster der Territorialgründung. Aus vielen Einzelrechten (Gerechtsamen) entstanden im Spätmittelalter schließlich geschlossene Territorien, in die verschiedene Rechtsansprüche vormaliger Adelsgeschlechter aufgingen.

79 Vgl. Hildegard BREM/Alberich Martin ALTERMATT (Hrsg.), *Einmütig in der Liebe:* Die frühesten Quellentexte von Cîteaux lateinisch-deutsch (Quellen und Studien zur Zisterzienserliteratur 1), Langwaden 1998.

80 Regula Benedicti. Die Benediktusregel lateinisch/deutsch, hrsg. im Auftrag der Salzburger Äbtekonferenz, Beuron 1992.

Gebet, Chorgesang und geistliche Lesung sowie praktische Tätigkeit gleichermaßen. Dem Lobe Gottes dienten demnach nicht nur die Gebetszeiten, sondern auch die alltäglichen Verrichtungen und die notwendigen Arbeiten. Gebet und Arbeit sollten sich gegenseitig durchdringen und in einem ausgewogenen Rhythmus zueinander stehen. Zu den sieben Tugenden, die Voraussetzung des Miteinanders im Kloster waren, gehörten die Fähigkeiten des Hörens, des Schweigens, des Gehorsams, der Demut, der Klugheit, der Freude und der Liebe. Gottesliebe und Nächstenliebe – im gegenseitigen Dienen und in der Beziehung untereinander – waren Grundvoraussetzungen des Gemeinschaftslebens. Als Lebens- und Hausordnung bestimmte die Benediktsregel den Tages- und Jahresrhythmus des täglichen Lebens im Kloster.

Zur Gemeinschaft des Klosters gehörten der Konvent aus durchschnittlich zwölf Nonnen, die Äbtissin, der Propst, der Prokurator, der Schaffner, die Laienschwestern und das Gesinde. Dem Propst oblag bis zur Mitte des 15. Jahrhunderts die geistliche Betreuung des Konvents und die Vertretung des Klosters nach außen. Seit dem Jahr 1319 sind Kapläne aus der Diözese Osnabrück nachzuweisen, die den Gottesdienst an den verschiedenen Altären besorgten und die seelsorgerische Betreuung des Konvents übernahmen. Der Prokurator stand der Klosterwirtschaft vor, der Schaffner war für Rechnungsführung und Schreibdienste verantwortlich. Laienschwestern verrichteten die in der Küche, dem Garten, der Wäscherei, der Weberei und dem Brauhaus anfallenden Arbeiten. Sie gehörten dem Konversenstand an und hatten wie die Konventualinnen das Keuschheits-, Armuts- und Gehorsamsgebot zu befolgen, unterlagen jedoch nicht der strengen Klausur.[81]

Vor ihrem Eintritt in ein Kloster durchlief die angehende Zisterzienserin ein einjähriges Noviziat. Danach leistete sie das Gelübde, das aus drei Teilen bestand: der *Conversio morum* – dem klösterlichen Tugendwandel mit dem Versprechen immerwährender Keuschheit und Verzichtleistung auf alles Sondereigentum –, der *Stabilitas loci* – dem Versprechen der dauerhaften Bindung an den einmal gewählten Ort – und der *Oboedientia sub abbate* – dem Gehorsam gegenüber der Äbtissin.[82] Nach ihrer Einkleidung in das weiße Gewand des Zisterzienserordens erhielt sie im Kloster freie Unterkunft, Kost und Bekleidung. Dafür brachte sie bei ihrer Aufnahme als Geschenk eine Ausstattung mit, später war die Übertragung von Liegenschaften, Häusern oder Renten aus ihrem Privatbesitz Voraussetzung für den Verbleib.

Jede Nonne wurde von der Äbtissin mit einem Konventsamt betraut. Nachweisbar seit 1274 sind die Ämter der Kellnerin (*celleraria*), der Kämmerin (*cameraria*) und der Krankenwärterin (*infirmaria*)[83] und seit 1319 der Küsterin (*custodia*) und der

---

81 Margit MERSCH, *Conversi* und *conversae* in den Nonnenklöstern der Zisterzienser, in: Renate Oldermann (Hrsg.), Gebaute Klausur. Funktion und Architektur mittelalterlicher Klosterräume (Veröffentlichungen des Instituts für Historische Landesforschung der Universität Göttingen 52), Bielefeld 2008, S. 63-80, hier S. 63ff.

82 Max HEIMBUCHER, Die Orden und Kongregationen der katholischen Kirche, München 1965, S. 159ff.

83 Alle drei Ämter erwähnt in UB 29.

Kantorin (*cantrix*).[84] Als Stellvertreterin der Äbtissin fungierte eine Priorin (*priorissa*).[85] Die Kellnerin beaufsichtigte das aus Stiftungen und Vermächtnissen erwachsene Konventsvermögen. Daneben verwaltete sie die Armenkasse, die ihre gesonderten Einkünfte aus verschiedenen Legaten und Abgaben aus hörigen Stätten bezog. Die Kämmerin betreute die Verarbeitung und Ausgabe der im Kloster produzierten Leinen- und Wollstoffe. Über den Eigenbedarf des Klosters hinaus wurde Leinen zur Entlohnung des Gesindes, aber auch als allgemeines Zahlungsmittel verwandt. Auf die Einrichtung einer Krankenstation (*infirmaria*) verweist die Stiftung von Hausbesitz, um davon die Kranken zu versorgen.[86] Die dort tätige Nonne wird Kenntnis in der Kräuterheilkunde besessen, die Kranken gepflegt und die Toten für das Begräbnis hergerichtet haben. Die Küsterin betreute die Ausstattung der Klosterkirche. Ein kleiner Anbau im Osten der Kirche, die alte Küsterei, diente der Aufbewahrung der für dieses Amt notwendigen Utensilien wie Paramente, liturgische Geräte und Schriften. Für die durch die Benediktsregel festgelegte Abfolge der Horengesänge war die Kantorin verantwortlich, die auch bestimmte, wer die Lesungen und Gebete vorzutragen hatte.

Neben ihren Amtsaufgaben führten die Nonnen Handarbeiten aus, etwa Paramentenstickereien, oder widmeten sich der Vervielfältigung und Illuminierung von Handschriften.[87] Hinweise auf die Ausführung solcher Tätigkeiten in Börstel sind erhaltene Sachüberreste: Ein besticktes Leinenfragment aus dem 14. Jahrhundert könnte Teil eines von einer Nonne gearbeiteten Altartuches gewesen sein. Einen Leinenlappen mit Farbresten und ein Tintenhörnchen aus Rinderhorn werden die Nonnen zum Illuminieren von Handschriften in der Schreibstube verwendet haben.

Wichtigstes Recht des Konvents war die unter Leitung der Priorin durchzuführende freie Wahl der Äbtissin, deren Bestätigung anschließend vom Osnabrücker Bischof einzuholen war. Aus dem 13. und dem 14. Jahrhundert sind nur die Vornamen der Äbtissinnen bekannt. Zwischen 1274 und 1283 wird in den Urkunden dreimal Äbtissin Hildegundis erwähnt. Mit der ersten Erwähnung dieses Namens erfolgte auch die erste Siegelung einer Börsteler Urkunde.[88] Der Siegelabdruck zeigt eine Äbtissin mit erhobenem Haupt und gefalteten Händen kniend vor der auf einem Thron sitzenden gekrönten Gottesmutter mit dem Kind im linken Arm. Die Umschrift des mandelförmigen Siegels lautet: *S(IGILLUM) ABB(A)TISSE MONASTERII IN BORSTEL(O)* (Abb. 3).

---

84 Beide Ämter erwähnt in UB 89.
85 Erstmals erwähnt in UB 99 (1323).
86 UB 29.
87 Vgl. Helmar HÄRTEL, Adressbuch der Sammlungen mittelalterlicher Handschriften in Niedersachsen (Mittelalterliche Handschriften in Niedersachsen Heft 1), Wolfenbüttel 1976. In dem Börstel benachbarten Zisterzienserinnenkloster Bersenbrück ist ein Kommentar zur Apokalypse des Johannes entstanden. Otto ZU HOENE, Die Apokalypse aus dem Kloster Bersenbrück, San Francisco 1970.
88 UB 29.

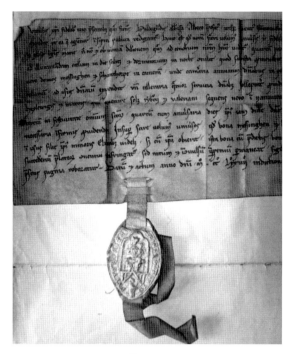

Abb. 3: Beurkundung einer Stiftung durch Äbtissin Hildegundis und den Konvent, Ausschnitt mit Siegel. NLA OS Dep 91 a Nr. 28

1.3.2. Lebensbedingungen

Askese in Bezug auf Ernährung, Bekleidung und Unterbringung bestimmte die Lebensweise der Zisterzienserinnen. Die übliche Ernährung der Nonnen durch Getreidespeisen, grobkörniges Brot und Bier wurde ergänzt durch sicherlich sehr willkommene Zuwendungen zur Verbesserung der täglichen Kost. Bereits wenige Jahre nach der Ansiedlung in Börstel stiftete 1274 eine begüterte Frau namens Heilwig Einkünfte aus Grundbesitz für die Ausrichtung von vier jährlichen Festessen.[89] 1294 stellte der Priester Johannes aus Badbergen zwei Malter Korn zur Verfügung, die nach seinem Tod für ein jährliches Festmahl an seinem Todestag verwendet werden sollten.[90]

Im Jahre 1309 weist Bischof Engelbert II. von Weihe (1309-1320) die Vorsteher der Patronatskirchen von Herzlake, Berge und Menslage an, ihre Zahlungen an den Konvent nach dessen rechtmäßigem Bedürfnis zu leisten.[91] Auf Mark und Schilling werden die einzelnen Summen festgelegt, die den „Gott Tag und Nacht dienenden" Nonnen jährlich zu Ostern und im September zur Verfügung zu stellen sind. Von diesen Geldern sollten die Nonnen im Advent und während der 40tägigen Fastenzeit

---

89 UB 29.
90 UB 60.
91 UB 75 *Taliter necessitate legitima ... pensata.*

vor Ostern, „wenn nämlich mehr und anstrengendere Stundengebete zu verrichten waren", ein besseres Bier und eine kräftigere Speise als üblich erhalten. „Wenn das Lob und die Ehre Gottes und seiner glorreichen Mutter lauter erklinge – so der Bischof – sollten die Kräfte derer, die den Dienst verrichten, nicht nachlassen und nicht dahinschwinden."

Auch der Kleriker Eberhard von Recklinghausen stellte 1319 die Hälfte seiner Einkünfte aus einem Haus in Hollrah im Kirchspiel Löningen zur Verfügung, um davon nach seinem Tod einmal im Jahr eine gute Mahlzeit für den Konvent ausrichten zu lassen.[92] Zwei weitere besondere Mahlzeiten stiftete Äbtissin Hildegundis II. in den Jahren 1343 und 1344.[93] Eine bessere Bewirtung der Konventualinnen am Fest der Übertragung der Dornenkrone des Herrn (4. Mai) veranlasste 1363 der Vikar der Johanniskirche in Osnabrück, Johann Voremann.[94] Zum letzten Mal stellten 1385 Mitglieder der Familie von Bra dem Konvent Mittel für zwei zusätzliche Mahlzeiten im Jahr zur Verfügung.[95]

Dass es in den Klostermauern recht kalt war, ist leicht vorstellbar und veranlasste die erwähnte Frau Heilwig, für die Ausstattung der Nonnen mit pelzbesetzten Kleidern zu sorgen.[96] Auch Priester Johannes aus Badbergen stellte den Verkaufserlös von vier Maltern Roggen und einem Fass Butter für die Anfertigung von neuen Kutten, aber auch von härenen Bußgewändern zur Verfügung.[97]

Wie aus der Stiftung des Eberhard von Recklinghausen ersichtlich ist, wurden die Mahlzeiten im Remter[98] eingenommen. Die Nacht verbrachten die Nonnen im gemeinsamen Dormitorium, für dessen Beleuchtung sich wiederum Frau Heilwig verdient machte.[99] Sie war es auch, die der Küsterin Einkünfte für die Beleuchtung der Kirche und für die Anschaffung von Messwein zur Verfügung stellte.

1.3.3. Gotteslob

Grundidee des monastischen Lebens war der ständige und stellvertretende Gottesdienst für alle Gläubigen zum Erlangen des göttlichen Heils, der aus dem täglich gesungenen Lob Gottes und den Gebeten zu den kanonischen Gebetszeiten sowie der privaten Schriftlesung bestand.

Getreu dem Psalmwort: *Sieben Mal am Tage singe ich Dein Lob* (Psalm 119, 164) versammelten sich die Nonnen zu den kanonischen Gebetszeiten auf der Nonnenempore. Kurz vor zwei Uhr nachts feierten sie die Vigilien, einen Gebetsdienst, der aus Psalmgesängen und Lesungen und einer anschließenden Meditation bestand. Um sechs Uhr folgten die Prim und um neun Uhr die Terz. Die Zeit ab neun Uhr war der

---

92 UB 89.
93 UB 119 und 126.
94 UB 144.
95 UB 155.
96 UB 29.
97 UB 60.
98 UB 89.
99 UB 29.

weltlichen Arbeit vorbehalten, unterbrochen nur durch die Gebetszeit zur Sext um zwölf Uhr. Die Arbeitszeit schloss mit der Non, einer kleinen Gebetszeit um fünfzehn Uhr. Ein halbstündiges Gebet zur Vesper um siebzehn Uhr leitete den Abend ein. Nach der Essenszeit zwischen siebzehn und achtzehn Uhr und der anschließenden Gesprächszeit beendete die Komplet, das Nachtgebet, den Tag. Gegen neunzehn Uhr begaben sich die Nonnen zur Nachtruhe.

Die persönliche Schriftlesung, die *Lectio divina*, als zweiter Teil des Gottesdienstes, vollzog sich in drei Schritten: Lesung, Meditation und *oratio*, der Antwort auf das Wort Gottes. Für die private Lektüre und für das Chorgebet stand dem Konvent eine Bibliothek zur Verfügung. Handschriftenfragmente des 14. Jahrhunderts aus dem Stiftsarchiv belegen die Nutzung eines Breviers, einer Bibel und eines lateinischen Vokabulars.[100]

Geben uns die schriftlichen Quellen nur einige wenige Hinweise auf das geistliche Leben der Nonnen, so vermag die weitgehend im Originalzustand erhaltene Klosterkirche als wichtigstes Sachzeugnis weit mehr, sich in das sakrale Zeremoniell der Sanktimonialen einzufühlen. Die aus Ziegelsteinen errichtete Klosterkirche verkörpert bis heute das Bauideal der weißen Mönche von künstlerischer Sparsamkeit, Einfachheit und Reinheit und legt so ein anschauliches Zeugnis zisterziensischen Geistes ab.[101] Das Charisma der Schlichtheit, das den Besucher noch immer berührt, blieb der im 16. Jahrhundert protestantisch gewordenen Kirche weit mehr erhalten als vielen Kirchenbauten in katholischen Gebieten, deren spätere Barockisierung dem ursprünglichen Bau- und Ausstattungsideal der Zisterzienser widersprach.[102]

Der Baubeginn der Kirche ist wie bereits erwähnt auf das Jahr 1251 zu datieren. Der Dachstuhl wurde nach dendrochronologischer Untersuchung ab 1285 begonnen und nicht vor 1290 fertiggestellt.[103] Die im Übergang von der Spätromanik zur Frühgotik errichtete schlichte Saalkirche hat einen geraden Ostabschluss und folgte in ihrer ursprünglichen Raumaufteilung einer strengen Dreiteilung. Je ein Drittel des Kirchengebäudes nahmen die für den Laienstand vorgesehene Unterkirche und die darüber liegende Nonnenempore ein, ein weiteres Drittel die Oberkirche mit dem höher gelegenen Hauptchor. Unterkirche und Nonnenempore waren auf den der Maria geweihten Hauptaltar ausgerichtet. Beide Gruppen von Gläubigen konnten so ohne Blickkontakt zueinander an der Zelebration des Messopfers teilhaben.

Entsprechend dem Gebot der künstlerischen Zurückhaltung, das alle von Gott ablenkenden Gestaltungsmittel ablehnte, stand der Innenraum der Börsteler Kirche in schlichter Ziegelsichtigkeit ohne Wandmalereien. Die ursprüngliche Fensterbemalung war schwarzweiß und mit dem Dekor eines Ahornblattes versehen. Das älteste

---

100 Für die Identifizierung der Fragmente danke ich Dr. Sven Limbeck von der Herzog August Bibliothek Wolfenbüttel.
101 Vgl. George DUBY, Die Kunst der Zisterzienser, Stuttgart 1993, S.55ff.
102 Vgl. die Aufsätze in Johann Michael FRITZ (Hrsg.), Die bewahrende Kraft des Luthertums. Mittelalterliche Kunstwerke in evangelischen Kirchen, Regensburg 1997.
103 Dendrochronologische Gutachten der Fa. Erhard Preßler, Gesten im Emsland, zur Stiftskirche, 1987, Registratur Stift Börstel.

erhaltene Kerzenleuchterpaar der Börsteler Kirche aus dem 13./14. Jahrhundert ist aus Zinn gefertigt und folgte damit dem Ausstattungsgebot, Gold und Silber für die liturgischen Geräte zu vermeiden.

Der sich nördlich der Kirche anschließende Klausurbereich war von einem ehemals vierflügeligen Kreuzgang[104] umgeben, der den Nonnen als Meditations- und Prozessionsraum diente und den als Begräbnisstätte genutzten Kreuzhof umschloss (Abb. 4). Hier befand sich auch der Zugang zu einem separaten schmalen Oratorium, dem vermutlich ältesten Bauteil der Kirche. Seine Funktion als erster Sakralraum des Konvents wird deutlich an den hier in reichem Maße vorhandenen Nischen zur Aufnahme liturgischen Geräts (Abb. 5).

Abb. 4: Südlicher Kreuzgang Richtung Osten

---

104 Der Nordflügel wurde 1678 niedergelegt, der Westflügel nach 1685 in das Kapitelhaus integriert.

Abb. 5: Nische im Oratorium   **Abb. 6**: Portal zur Nonnenempore

Bereits an den drei Eingangsportalen der Klosterkirche lassen sich die Vorschriften der regelgerechten Klausur ablesen. Während der Zutritt für die Laiengemeinde vom Kirchenvorplatz aus durch das Südportal erfolgte, betraten die klosterinternen Gruppen den Gottesdienstraum durch zwei Zugänge aus dem Kreuzgang von der Nordseite her. Das östliche der beiden Portale diente den Laienschwestern, deren Wohnraum sich im Obergeschoss des Ostflügels befand, als direkter Zugang zu ihrem Chorgestühl in der Unterkirche. Das westliche Portal führte die Nonnen vom Kreuzgang aus über eine Treppe auf die über der Unterkirche gelegene Nonnenempore. Dieses kleine spätromanische Portal ist das in Maß und Gestaltung aufwendigste unter den drei Zugängen zur Kirche. Die Einstellung eines Rundstabs und die Akzentuierung durch Basen, Kapitelle und einen Wirtel aus Naturstein verweisen auf die Bedeutung dieses Zugangs und auf den Stellenwert des liturgischen Gesangs und des Stundengebets der Nonnen (Abb. 6).

Gregorianischer Choral und Psalmengesang als Teil des *Opus Dei* waren eine besondere Domäne der Zisterzienser. Bei der Neuaufnahme der Novizinnen spielte daher auch deren musikalische Bildung, die schöne Stimme oder die Fähigkeit, ein Instrument zu spielen, eine wichtige Rolle. Die Bedeutung der liturgischen Musik und des Gebets für die Börsteler Zisterzienserinnen lässt sich noch heute an dem Oratorium auf der Nonnenempore ablesen, wo zwei in nur noch unvollständig erhaltenen lateinischen Majuskeln auf hellen geschlemmten Scheiben aufgebrachte Gebote aus der Benediktusregel auf die Einhaltung der Horen hinweisen. An der Südwand steht ein Text aus dem Prolog der Regel: „Eilet Brüder, so lang ihr das

Licht des Lebens habt, damit euch nicht die Finsternis des Todes überfalle."[105] Die Figur im Mittelstück der Scheibe wird entweder die hl. Scholastika oder Bernhard von Clairvaux dargestellt haben. An der Nordseite finden sich die in Kap. 43 (Über die Pünktlichkeit bei Chorgebet und Mahlzeit) und Kap. 19 (Über das Verhalten beim Chorgebet) der Benediktsregel formulierten Anweisungen zur monastischen Musikübung: „Mit höchster Eile komme man herbei zum Dienste Gottes. Und stehen wir so beim Chorgebet, dass unser Geist im Einklang sei mit unserer Stimme."[106] Hier befand sich die Figur des hl. Benedikts, wahrscheinlich mit dem Buch der Benediktsregel in der Hand, der auf das Hauptanliegen der Zisterzienser, die Reinheit der Regel zu verwirklichen, hinwies.[107] Um das Gotteslob zu besserem Gehör zu bringen, ließen die Baumeister der Kirche an der West- und Nordseite des Oratoriums halbrunde Tontöpfe vermauern, die die Akustik der gesungenen Psalmen verstärkten.

Auch die Spiritualität der Zisterzienserinnen, die sich besonders in der Marien- und Christusfrömmigkeit äußerte, hat in Börstel ihre Spuren hinterlassen. So galt die besondere Verehrung der Nonnen jener aus der ersten Hälfte des 13. Jahrhunderts stammenden Madonnenskulptur, die als wundertätig galt. Ausdruck der Christus-mystik ist die Feier des Festes der Übertragung der Dornenkrone Christi (4. Mai), für deren Ausrichtung 1363 der bereits erwähnte Vikar Johann Voremann dem Konvent vier Mark echter und guter Denare stiftete.[108] Daneben ist nicht auszuschließen, dass dem Kloster eine Heilig-Blut-Reliquie geschenkt wurde. Nach dem erwähnten Eintrag im Chorbuch war die Reliquie bereits zum Zeitpunkt der Translation im Besitz des Klosters, denn dort heißt es über die Verlegung: *translatum est ad locum istum, qui decoratus est sanguine Christi.*"[109] Überbringer der Reliquie könnte der 1192 ermordete Kreuzfahrer Christian gewesen sein, der bei seiner Rückkehr aus Jerusalem Reliquien in kostbaren Behältnissen mit sich führte. Der Verfasser der kurz nach 1305 entstandenen *Historia monasterii Rastedensis* berichtet über ihn, dass er silberne und goldene Kreuze mit Reliquien von Heiligen mit sich führte, die bei der Freveltat nicht entwendet wurden.[110] Ein solches Kreuz könnte nach Christians Ermordung durchaus seinen Weg in die oldenburgische Klostergründung Mens-lage/Börstel gefunden haben.

Weitere Verehrung galt dem Evangelisten Johannes, dessen Altar sich auf der Non-nenempore befand. Die Altäre der Heiligen Nikolaus und Katharina befanden sich in der Unterkirche und waren so auch den Laien zugänglich. Vor allen Altären war – der oldenburgischen Stiftungsurkunde zufolge – wöchentlich eine Messe zu lesen.

---

105 *Currite, fratres, dum lumen vitae habetis, ne tenebrae mortis vos comprehendant.*
106 *Summa festinatione curratur ad opus divinum. Et sic stemus ad psallendum, ut mens nostra concordet voci nostrae.*
107 Vgl. L. Niehus, Börstel: Alte Inschriften (Mschr.). Registratur Stift Börstel.
108 UB 144.
109 Oncken, Gründung, S. 208.
110 Georg Waitz (Hrsg.), Monumenta Germaniae Historica (im Folgenden MGH), Scripto-res, Hannover 1880 (Nachdruck Stuttgart 1974), Bd. 25, S. 505 *Hic Christianus multas cruces aureas et argenteas de peregrinatione sacri sepulcri Domini plenas sanctorum reliquiis portavit, que adhuc in isto loco pro sacro sunt recondite sacramento.*

Die Bedeutung der Verehrung des hl. Nikolaus ist aus verschiedenen Stiftungen abzulesen. 1323 stiftete Priester Hermann Honeke den Altären der Jungfrau Maria und des hl. Nikolaus Einkünfte in Höhe von vier Maltern Korn, für die der Konvent allwöchentlich montags eine Messe für die Verstorbenen, mittwochs eine Messe zur Vergebung der Sünden und samstags eine Messe zu Ehren der Jungfrau Maria zu feiern hatte.[111] 1343 stellte die Nonne Petronilla nach ihrem Tod die ererbten Einkünfte von drei Maltern Winterkorn zur Versorgung eines Kaplans für den Dienst am Nikolausaltar zur Verfügung.[112]

1.3.4. Memoria

Neben der Stundenliturgie und der Schriftlesung hatten die Konventualinnen der Gläubigen zu gedenken, die sich durch fromme Stiftungen zugunsten des Klosters jährliche Totengedächtnisse erworben hatten. Solche Anniversarien wurden als Memorie mit Vigilien und Messen begangen, wobei die Memorie als ein Austausch materieller Gabe und spiritueller Gegengabe definiert werden kann.[113] Die Seelgeräte[114] bestanden aus liturgischen Geräten oder Gewändern, aus Land- oder Rentenschenkungen oder aus den oben beschriebenen Mahlzeiten zur Versorgung der betenden Gemeinschaft. Im Gegenzug erwarben die Wohltäter die Aufnahme in das liturgische Gedenken des Klosters, das entweder an deren Todestagen oder an den Gedenktagen von Heiligen vor den verschiedenen Altären stattfand. Festgehalten wurden die vereinbarten Tage des Totengedächtnisses in einem Nekrologium, das sich jedoch für Börstel nicht erhalten hat.[115]

Neben dem liturgischen Gedenken hatte die Memorie auch einen Gemeinschaft stiftenden Aspekt, denn mit der Verlesung ihrer Namen wurden die Verstorbenen nach mittelalterlicher Vorstellung wieder gegenwärtige Mitglieder der Gemeinschaft und auf diese Weise dem Vergessen entzogen. Diese soziale Dimension, die in den übermittelten Namenslisten der Memorienbücher deutlich wird, ist nicht nur Beleg individuellen und kollektiven Gedenkens, sondern auch Zeugnis der *longue durée* klösterlicher Gemeinschaften.[116]

---

111 UB 100.

112 UB 118 *Ad procurandum capellanum altaris sancti Nicholai.*

113 Vgl. Otto Gerhard OEXLE, Memoria und Memorialüberlieferung im frühen Mittelalter, in: Frühmittelalterliche Studien 10 (1976), S. 70-95, hier S. 87ff.; Joachim WOLLASCH, Art. „Memoriale", in: Lexikon für Theologie und Kirche (im Folgenden LTK), begründet von Michael Buchenberger, Freiburg ³1993-2001, Bd. 7, S. 94f.

114 Seelgeräte – Vermögen, das zum Heil der Seele testamentarisch der Kirche oder den Armen zugewandt wurde. Vgl. Axel FRHR. VON CAMPENHAUSEN, Die kirchlichen Stiftungen in Vergangenheit und Gegenwart, in: Jahrbuch der Gesellschaft für Niedersächsische Kirchengeschichte (im Folgenden JGNKG) 82 (1984), S. 113-143.

115 Eindrucksvolles Dokument einer solchen Gebetsverbrüderung ist der *liber vitae* des Klosters Corvey, der, entstanden um die Mitte des 12. Jahrhunderts, insgesamt 76 Klöster aufweist, die untereinander das Totengedächtnis pflegten. Vgl. Karl SCHMID/Joachim WOLLASCH, (Hrsg.), Der Liber Vitae der Abtei Corvey. 2 Bde. (Veröffentlichungen der Historischen Kommission für Westfalen 40: Westfälische Gedenkbücher und Nekrologien 2), Wiesbaden 1983.

116 Vgl. Aubrey POMERANCE, Art. „Memorbücher", in: Religion in Geschichte und Gegenwart (im Folgenden RGG), hrsg. von Kurt Galling, Tübingen 1998-2002, Bd. 5, Sp. 1026f.

Ein erstes Jahresgedächtnis hatte im Jahre 1249 Graf Heinrich V. von Oldenburg-Wildeshausen gestiftet und es an die Bedingung einer Memorie für seinen Vater sowie an seine Aufnahme und die seiner Eltern und Brüder in die Gebetsbruderschaft des Klosters geknüpft.[117] Ein weiteres umfangreiches Familiengedächtnis fundierten wie bereits erwähnt im folgenden Jahr Otto I. und Johann I. von Oldenburg. In der Folge zeichneten die verschiedenen Linien des Hauses Oldenburg für den Hauptteil aller Stiftungen bis zur Mitte des 14. Jahrhunderts verantwortlich.[118] Für sie war die Sicherung der Memoria ihrer Vorfahren zugleich Teil des adligen Selbstverständnisses.

Neben den Angehörigen des Hauses Oldenburg finden sich begüterte Landadelige aus der Umgebung, Osnabrücker Kleriker sowie Angehörige des Konvents. Schwerpunkt der Stiftungstätigkeit war das von Pest und Fehden besonders gezeichnete 14. Jahrhundert, in dem die zunehmende Sorge um das Seelenheil zahlreiche Menschen zum Erwerb einer Memorie veranlasste. Zu den ritterschaftlichen Familien der Umgebung zählten die bereits erwähnte Stifterin Heilwig, an die an ihrem Todestag und dem ihrer Eltern und ihres Ehemannes zu erinnern war. 1290 kauften der Knappe Bertram gen. Sprik und 1303 der Ritter Konstantin Proit und seine Frau Walburgis[119] ein Jahresgedächtnis für den Zeitpunkt ihres Todes. Vier Mitgliedern der Familie von Bra,[120] die sich 1385 eine Memorie sicherten, war am Tag der Verkündigung Mariae (25. März) und der Geburt Johannes des Täufers (24. Juni) zur Vesper mit feierlicher Vigil und am Morgen mit Seelmessen zu gedenken.

Unter den Klerikern, die sich Memorien sicherten, finden sich die bereits erwähnten Johannes aus Badbergen,[121] Eberhard von Recklinghausen,[122] 1323 Hermann Honeke[123] und Johann Voreman.[124] Vor 1404 hatte Bischof Dietrich von Horne (1376-1402) eine Memorie für elf Mark erworben.[125] 1406 wurden 8 Mark zugunsten des Bischofs Johannes II. Hoet (1350-1366) gestiftet.[126] 1420 befreite Bischof Otto II. von Hoya (1410-1424) den vom Kloster gekauften Hof und Zehnten zu Elbergen von der ihm zustehenden Lehnware[127] mit der Verfügung *up dat de juncfrouwen in dem vorg(enompten) cloestere ton Borstlo unsem herren gode sovyl debet deynen und in synen deynste bliven mogen und kunnen.*[128]

---

117 UB 6.
118 Renate OLDERMANN, Stift Börstel, eine oldenburgische Familienstiftung, in: OM 114 (2009), S. 11-30, hier S. 21ff.
119 UB 48 und 66.
120 UB 155.
121 UB 60.
122 UB 89 und 118.
123 UB 100.
124 UB 144.
125 UB 170.
126 UB 172.
127 Lehnware oder lat. Laudemium – Abgabe an den Lehnsherrn für erteilte oder erneuerte Investitur.
128 UB 179.

Vier Vermächtnisse wurden von Konventsangehörigen selbst gestiftet. 1343 wünschte die Nonne Petronilla eine an jedem Sonntag und Montag zum Gedächtnis mehrerer Klosterangehöriger zu feiernde Vigilie.[129] 1343 und 1344 erbat Äbtissin Hildegundis II. ein Gedächtnis für ihr eigenes Seelenheil und das ihrer Eltern und Vorfahren.[130] 1387 erwarb die Nonne Jutta von Lunne drei jährliche Seelgedächtnisse mit Messe und Vigilien für sich und *ere olderen*.[131] Dabei könnte es sich um den zwischen 1362 und 1379 als Zeuge belegten Friedrich von Lunne[132] und seine Frau Wobbe gehandelt haben, die 1383 selbst zwei Renten zur Bekleidung der Armen der Stadt Osnabrück stifteten.[133]

Die aus den Vermächtnissen und Memorienstiftungen eingehenden Gelder wurden von der Kellnerin verwaltet und ausschließlich für die Konventualinnen verwendet. Die in die Kellnereikasse eingegangenen Vermögenswerte beliefen sich bei der Aufzeichnung der Stiftsstatuten im Jahr 1763 auf 1.128 Reichstaler, die jährlich 49 Reichstaler Zins einbrachten.[134] Die Zusammenstellung der Jahresgedächtnisse macht den Umfang der vom Konvent neben den kanonischen Gebetszeiten wahrzunehmenden Gebetsleistungen für Stifter und deren Familien deutlich. Sie zeigt auch, welche kultisch-religiöse Bedeutung die Klosterkirche St. Marien als Ort des Totengedenkens und der Fürbitte während des 13. und 14. Jahrhundert hatte. Für die Stifterfamilien bot sich mit den Zuwendungen die Möglichkeit, durch karitative Leistungen an die Klostergemeinschaft das liturgische Andenken an ihre Familien zu sichern.

II.2. Die monastische Reform des 15. Jahrhunderts

2.1. Abkehr von der Regeltreue

Die Reihe der Memorienstiftungen fand ihren vorläufigen Abschluss zu Beginn des 15. Jahrhunderts während des Abbatiats der Äbtissin Mette von Dincklage (1404-1422),[135] die zugleich die erste Äbtissin ist, deren Name Aufschluss über ihre Herkunft gibt. Mit den drei Vermächtnissen für das Seelenheil der oben genannten Bischöfe zwischen 1404 und 1420 wurden zum letzten Mal Einkünfte zugunsten des Klosters ausgesetzt.[136] Danach blieben Schenkungen und die damit verbundenen Jahresgedächtnisse für mehr als sechzig Jahre aus.

---

129 UB 118.

130 UB 119 und 126.

131 UB 156.

132 Hermann QUECKENSTEDT, Die Armen und die Toten. Sozialfürsorge und Totengedenken im spätmittelalterlich-frühneuzeitlichen Osnabrück (Kulturregion Osnabrück 8), Osnabrück 1997, S. 95.

133 Erich FINK, Das älteste Stadtbuch von Osnabrück (Osnabrücker Geschichtsquellen 4), Osnabrück 1927, Nr. 102 und Nr. 114.

134 NLA OS Dep 91 b Akz. 2011/059 Nr. 185, P. 426.

135 Die in Klammern aufgeführten Jahreszahlen bezeugen hier und für alle weiteren Jahresangaben die erste und letzte Erwähnung einer Klosterangehörigen, was nicht gleichbedeutend mit Einführung und Ausscheiden sein muss.

136 UB 170, 172, 179.

Ursache der nachlassenden Stiftertätigkeit war der durch die allmähliche Ausbildung der weltlichen Herrschaft der Bischöfe bedingte krisenhafte Fehdezustand, in dem sich das Hochstift bereits seit dem 14. Jahrhundert befand.[137] Im Westen und Norden des Diözesangebietes beeinträchtigten Grenzhändel und Fehden mit den Tecklenburgern, im Osten und Süden mit den Grafen von Ravensberg, Hoya, Diepholz und Schaumburg die Wahrnehmung der weltlichen Gewalt im Hochstift durch die geistlichen Landesherren. Nachdem Bischof Dietrich von Horne mit dem Sieg über die Tecklenburger die nordwestlichen Grenzgebiete befrieden konnte, hatte das Bistum ab 1410 ein halbes Jahrhundert lang die Versuche der Häuser Hoya und Diepholz abzuwehren, Einfluss auf die politische Entwicklung im Hochstift zu nehmen. Außenpolitisch banden Konflikte mit den Stiften Paderborn, Minden, Münster und Utrecht die Kräfte des Bischofs.

Im Inneren rieben sich die Angehörigen der dienstverpflichteten Adelsfamilien in zahllosen Händeln, Raubzügen und Feindseligkeiten untereinander und gegen die Landesherren auf. Dieser Zustand der Friedlosigkeit und Verwilderung, von dem besonders das Osnabrücker Nordland betroffen war, erfasste alle Lebensbereiche und ließ die Fehdetreibenden auch vor den geistlichen Einrichtungen nicht halt machen. Im Zuge dieser Entwicklung ließ auch der Stellenwert Börstels als geistliche Einrichtung und die Akzeptanz unter den Gläubigen nach.

Neben der nachlassenden Stiftungstätigkeit scheint der Konvent auch von der schlechten Wirtschaftsführung seines Propstes betroffen gewesen zu sein. Propst Friedrich von Langen, der zwischen 1404 und 1418 als Verwalter der Klostergüter urkundlich nachzuweisen ist,[138] hatte offensichtlich Einkünfte veruntreut. Das wird aus der Auflage deutlich, mit der Bischof Otto von Hoya 1420 den bereits erwähnten Kaufvertrag über den Zehnten zu Elbergen versah. Ausdrücklich bestimmte er, dass die daraus fließenden Einkünfte dem Konvent zustehen und *nicht an eren provest, wanner se eynen hebben,* gehen sollten.[139] 1429 war von Langen offensichtlich entlassen, denn 1429 ist er Domvikar in Osnabrück und bestätigt, keine Urkunden des Klosters mehr in seinem Besitz zu haben.[140]

Mit dem Ausbleiben der aus den Seelvermächtnissen fließenden Einkünfte stagnierte der Zufluss an Mitteln, die den Nonnen zuvor zur besseren Verpflegung und Ausstattung zur Verfügung gestanden hatten. Um dem entgegen zu wirken, bemühte sich der Konvent – die Kämmerin Elske Gliderinch (1406-1421), die Priorin Aberta Drake (1418-1422), die Küsterin Taleke Brussel (1421) sowie Elseke Randes (1422) –, die verbliebenen Gelder aus Stiftungen und Vermächtnissen langfristig sicher in Immobilien anzulegen. Dieser Vorgang wird in einer Urkunde von 1419 beschrieben:[141] Demnach kaufte die Kellnerin für 27 Mark das Erbe Tolke in Bippen. Die

---

137 Vgl. Johann Carl Bertram STÜVE, Geschichte des Hochstifts Osnabrück bis zum Jahre 1508, Jena Osnabrück 1853.
138 UB 171 bis 177.
139 UB 179.
140 UB 184.
141 UB 178.

Mittel für den Kauf seien *van zelegave utgecomen,* stammten also aus den in die Kellnereikasse geflossenen Einkünften aus Seelgeräten. Der Hof mit seinem Zubehör sollte auch in Zukunft bei dem Kellneramt bleiben und die abgeworfenen Erträge *to nutticheit unde to behoff der gmeynen juncfrouwen des conventes ten Borstlo* verwendet werden. Nach diesem Muster erfolgten 1421 auch die Belehnung mit einem Hof und Zubehör durch den Abt von Corvey zugunsten der *erwerdighen gheisteliken juncvrowen to dem Borstele*[142] und 1440 der Kauf eines Hofes für acht Mark *to behoff eres closters unde conventes ton Borstlo.*[143]

Die beschriebenen Transaktionen sprechen für ein zunehmend eigenverantwortliches Handeln des Konvents in finanziellen Angelegenheiten. Die Funktion von Äbtissin Mette von Dincklage beschränkte sich dagegen auf die Wahrnehmung offizieller Pflichten wie der Beurkundung rechtserheblicher Vorgänge zwischen außerklösterlichen Parteien, für die sie 1418 und 1421 gemeinsam mit ihren Amtsjungfern den Verkauf einer Holzberechtigung und eines Grundstücks bezeugte.[144] Mit der offensichtlichen Stärkung der Position des Konvents einher ging der Alleingang Einzelner. So erhielt Conegonde Hokenese (1380-1399) von ihren Eltern, dem Osnabrücker Ratsherrn Johann Hokenese und seiner Frau Jutta, zu ihren Lebzeiten eine jährliche Rente von zwei Mark aus einem am Westerberg in Osnabrück gelegenen Grundstück.[145] Nach ihrem Ableben fiel die Rente in einen Fonds zur Bekleidung der Armen von Osnabrück zurück.[146] 1422 erwarb die Konventualin Elseke Randes für zwölf Mark eine jährliche Rentenzahlung von zwölf Schilling aus einem Hof des Klosters im Kirchspiel Berge.[147] In dieser von Äbtissin Mette von Dincklage und Priorin Aberta Drake besiegelten Vereinbarung wird Elske die vorrangige Auszahlung ihrer Rente eingeräumt, die sie zwischen Michaelis und Martini erhalten soll, bevor *unsen provest eder jemant van des conventes weghen anders jenige rente van bore* ziehe.[148] Einen weiteren privaten Rentenkauf im Wert von vier Mark tätigte 1431 die Konventualin Lucke Hesterberges (1431-1439), die dafür eine jährliche Rente von drei Schilling bezog.[149]

Mit dem zunehmend eigenständigen Agieren einiger Konventualinnen änderte sich auch die Verwendung der erworbenen Zinsen. Bereits 1387 war die Konventualin Jutta von Lunne im Besitz eines Vermögens von zwölf Mark, das sie dem Kloster

---

142 UB 181.
143 UB 188.
144 UB 177 und 180.
145 Horst-Rüdiger JARCK (Bearb.), Urkundenbuch der Stadt Osnabrück 1301 – 1400 (Osnabrücker Urkundenbuch 6), Osnabrück 1989, Nr. 998.
146 QUECKENSTEDT, Die Armen, S. 87f.
147 Bei den frühneuzeitlichen Rentenkäufen wurden Grundstücke oder Häuser der Rentenverkäufer mit einem Kredit belastet und den Rentenkäufern zu einem fest vereinbarten Termin eine jährliche Rentenzahlung zugesichert. Die Rentenverkäufe wurden zumeist auf Wiederkauf abgeschlossen, um durch die Rückzahlung des Kapitals eine Ablösung zu ermöglichen. Vgl. W. TRUSEN, Art. „Rentenkauf", in: Handwörterbuch zur deutschen Rechtsgeschichte (im Folgenden HRG) hrsg. von Albrecht Cordes, Berlin 2010, Bd. 4, Sp. 897-901.
148 UB 183.
149 UB 185.

für den Neubau einer Küche – *de tymmerynghe unzer kokene* – zur Verfügung stellte. Äbtissin und Konvent sagten ihr dafür eine Rente von neun Schilling auf Lebenszeit zu. Nach alter Tradition verfügte Jutta, dass der Erlös nach ihrem Tod dem Kellnereivermögen zufließen[150] und für sie und ihre Eltern dreimal im Jahr ein Seelengedächtnis gehalten werden solle. Anders dagegen der Umgang mit dem finanziellen Erlös bei den oben erwähnten Nonnen Elseke Randes und Lucke Hesterberges: Keine der beiden vereinbarte die Weiterverwendung des Rentenerlöses für ein Jahresgedächtnis nach dem Tod. Der Rentenerwerb hatte hier wohl einzig den Sinn, den Lebensunterhalt zu bestreiten oder aufzubessern. Diese Möglichkeit, aus eigenen Einkünften eine Rente zu erwerben, weist nicht nur auf die Tolerierung von Privateigentum hin, sondern auch auf eine beginnende Aufweichung der *vita communis*.

Diese Tendenz wird noch deutlicher, als nach 1431 Lucke Hesterberges das Amt der Äbtissin übernahm. Mit der Zuweisung von Vermögenswerten aus dem Besitz des Klosters an die Kellnereikasse verbesserte sie die finanzielle Grundlage des Konvents und schuf so die Voraussetzung für die Aufteilung der Einkünfte in einzelne Pfründe. 1439 verkaufte sie ein Erbe in Herzlake und kaufte von dem Erlös von acht Mark eine Rente *to nud unde behoff unses convent*(es), mithin zugunsten des Kellnereivermögens. Die jährlich am Martinstag einkommende Rente von acht Schilling sollte, wie es in der Beurkundung heißt, den Nonnen jeweils zu Weihnachten *na utwysinghe der olden sate des closters ton Borstlo* ausgeteilt werden.[151] Mit dieser Vereinbarung wird erstmals die Zuteilung eigenen Geldes an die Nonnen deutlich. Verantwortlich für den Verkauf und die Rentenanlage war neben Lucke Hesterberges die Priorin Oda von Knehem (1439-1491), wohl eine Tochter aus der Familie des Boldewin von Knehem zu Schulenburg.[152] Offensichtlich unterstützten beide Dignitäten nicht nur den Wunsch der Nonnen nach einer Ausstattung mit eigenen finanziellen Mitteln, sondern ermöglichten auch offiziell den Besitz von Privateigentum. Die damit verbundene Stärkung der Position des Konvents geht einher mit dem Faktum, dass ab 1439 kein Propst mehr in Börstel erwähnt wird. Der letzte Propst Matthias übte sein Amt zwischen 1431 und 1439 aus.[153] Danach nahmen Äbtissin und Amtsjungfern die Administration des Klosters und seine Vertretung gegenüber der Außenwelt eigenständig wahr.

Leicht vorstellbar ist es, dass sich die Konventualinnen, die nun entweder über private oder aus dem Kellnereivermögen zugewiesene finanzielle Einkünfte verfügten, einen Privathaushalt einrichteten, und der gemeinsame Tisch und das gemeinsame Schlafen im Dormitorium nach und nach obsolet wurden. Das wiederum wird nicht nur zum Schwinden des Gemeinschaftsgefühls und der Verantwortlichkeit für den Klosterbetrieb, sondern auch zu einer nachlassenden Teilnahme am gemeinsamen Gottesdienst und an den Stundengebeten geführt haben. Zwar lassen sich Klagen über eine Vernachlässigung der gottesdienstlichen Verpflichtungen während der

---

150 UB 156.
151 UB 187.
152 Zu den biographischen Angaben und genealogischen Verbindungen vgl. hier und im Folgenden die Kurzbiographien der Nonnen und Konventualinnen im Anhang 2.
153 UB 185 und 187.

Amtszeiten Mette von Dincklages und Lucke Hesterberges den Quellen nicht entnehmen, jedoch spricht einiges für eine geringere öffentliche Akzeptanz Börstels als monastischer Einrichtung. Neben dem Ausbleiben von Stiftungen ist erkennbar, dass die Funktion des Klosters als Ort für Beurkundungen und Zeugenschaften in den Angelegenheiten der Eigenbehörigen[154] weitgehend zum Erliegen kam. Von dem zuletzt genannten Verkauf eines Hofes (1439) an stagnierte die Urkundenausfertigung mit einer Ausnahme im Jahr 1448 gar über fünfundzwanzig Jahre lang. Während dieses Vierteljahrhunderts fehlen alle weiteren Nachrichten von Äbtissin, Priorin und Konvent.[155] Erst 1464 setzt mit dem Amtsantritt von Äbtissin Cäcilia von Heede (1464-1496) die Urkundenüberlieferung wiederum ein und erlaubt einen Einblick in den Fortgang des klösterlichen Lebens in Börstel.

2.2. Monastische Reformen im Hochstift

Eng verbunden ist die erneute quellenmäßige Präsenz Börstels mit der Person Bischof Konrads von Diepholz (1455-1482), dem es nach Jahrzehnten der Gewaltherrschaft gelungen war, nach und nach Bündnisse und Verträge mit den benachbarten Bistümern, vor allem mit Bischof Albert von Minden abzuschließen, mit dem seine Vorgänger seit 1419 in ständigen Auseinandersetzungen gestanden hatten.[156] In der Folgezeit war endlich die Möglichkeit gegeben, auch die Verhältnisse im Inneren des Landes zu befrieden. Eine 1461 von den Ständen bewilligte Schatzung erlaubte es dem Bischof, Schulden zu tilgen, die Verwaltung des Landes zu ordnen, die Ämter neu zu besetzen und das Rechtswesen zu stärken. Rechtssprechung durch die Richter der Gogerichte oder durch den Bischof und seine Räte, in schweren Fällen im Beisein von Domkapitel und Rat der Stadt Osnabrück, rückten wieder an die Stelle des seit mehr als einem Jahrhundert praktizierten Faustrechts.

Dass auch das Kloster Börstel von diesen Fehden betroffen war, zeigen zwei Vereinbarungen, in denen die Abschwörung von Fehden beurkundet wird: 1470 schwört Tebbe ton Oldenhus vor dem Richter zu Menslage und den Geschworenen *mit sinen upgerichteden, liffliken vingeren* einen Eid, dass er *sodane ungeborlike vede*, die er gegen das Kloster, seine Eigenbehörigen und seine Güter geführt hat, einstellen wird.[157] 1493 werden *schade und unde unwylle*, die zwischen Äbtissin Cäcilia von Heede und dem Konvent einerseits und einem gewissen Albert Kykebusch andererseits vorgefallen sind, vor dem Häuptling Dido Manninga zu Lütetsburg beigelegt, wobei dem Kykebusch vom Kloster sieben Gulden gezahlt und ein Frei- und Geleitbrief ausgestellt werden.[158] Gern wüsste man mehr über die Ursachen dieser Fehden, die jedoch aus den Quellen nicht abzulesen sind.

---

154 Zur Stellung der Eigenbehörigen vgl. Kap. II.2.2.1.
155 Nicht unerwähnt soll allerdings der Gedanke bleiben, dass auch Verluste in der urkundlichen Überlieferung für das Vakuum während des 15. Jahrhunderts verantwortlich sein können. Da aber keine Nachrichten von einem Brand in der Kirche und der Vernichtung des dort aufbewahrten Archivgutes vorliegen, auch sonst die kontinuierliche urkundliche Überlieferung nicht unterbrochen ist, ist die Vermutung eher unwahrscheinlich.
156 STÜVE, Geschichte 1, S. 391ff.
157 UB 193.
158 UB 202.

Während Bischof Konrads Amtszeit gerieten auch die geistlichen Institutionen in den Blick, deren allgemeine Reformbedürftigkeit Gegenstand der konziliaren Diskussion der Kirche während der ersten Hälfte des 15. Jahrhunderts war.[159] Die Notwendigkeit geistlicher Neuorientierung im Reich war durch Konflikte im kirchlichen Bereich, insbesondere durch das seit 1378 bestehende Große Schisma, während dessen drei Päpste die rechtmäßige Nachfolge beanspruchten, deutlich geworden. Der allgemeine Niedergang betraf nicht nur den Klerus, sondern auch die Ordenskirchen,[160] deren Reform auch die Landesherrschaften unterstützten, die sich dadurch sowohl Einfluss auf die geistlichen Korporationen als auch eine Stabilisierung ihrer Territorialherrschaften versprachen. Im weltlichen Bereich beförderten die seit der Mitte des 14. Jahrhunderts in Europa sich ausbreitende Pest, Hungersnöte und die spätmittelalterliche Agrardepression negative Auswirkungen auf die demographische Entwicklung.[161] Entsprechend standen auf dem Konstanzer Konzil (1414-1418)[162] die Reform der weltlichen und geistlichen Institutionen, die Überwindung des Schismas und die Eindämmung der Auswüchse des geistlichen Lebens (Ablassmissbrauch, Verweltlichung und Pfründenanhäufung) im Vordergrund. Die dort entwickelten Reformideen zielten auf eine Renaissance traditioneller Wertvorstellungen und die verstärkte Wahrnehmung der geistlichen Pflichten.

In den drei westfälischen Bistümern Münster, Paderborn und Osnabrück fand die Rezeption der Reformideen ihren Ausdruck in der Wahl von Reformbischöfen, zu denen im Fürstbistum Osnabrück Konrad von Diepholz (1455-1482) und sein Nachfolger Konrad von Rietberg (1482-1508) zählten.[163] Beide konnten an das aus dem Basler Konzil (1431-1449)[164] erwachsene Reformschrifttum anknüpfen, dessen Umsetzungsvorschläge regelmäßige Visitationen im kirchlichen Bereich und die

---

159 Vgl. Dieter MERTENS, Monastische Reformbewegungen des 15. Jahrhunderts. Ideen – Ziele – Resultat, in: Ivan Hlavacek/Alexander Patschovsky (Hrsg.), Reform von Kirche und Reich zur Zeit der Konzilien von Konstanz (1414-1418), Konstanz 1996, S. 157ff.

160 Zum Rhythmus von Niedergang und Reformbewegung in der Geschichte der Ordenskirchen vgl. Kaspar ELM, Verfall und Erneuerung des Ordenswesens im Spätmittelalter. Forschungen und Forschungsaufgaben, in: Untersuchungen zu Kloster und Stift (Studien zur Germania Sacra 14: Veröffentlichungen des Max-Planck-Instituts für Geschichte 68), Göttingen 1980, S. 198ff.

161 Vgl. Joachim LEUSCHNER, Deutschland im späten Mittelalter (Deutsche Geschichte, Bd. 3), Göttingen ²1983, S. 196f.; ELM, Verfall und Erneuerung, S. 206f.

162 Vgl. Heribert MÜLLER/Johannes HELMRATH, Die Konzilien von Pisa (1409), Konstanz (1414-1418) und Basel (1431-1449). Institution und Personen (Vorträge und Forschungen LXVII), Stuttgart 2007.

163 Beide Landesherren zeichneten sich durch ein persönliches langanhaltendes Reformengagement aus, wobei die Frage, ob die Früchte der Reformen mehr dem geistlichen oder weltlichen Aspekt des landesherrlichen Herrschaftsausbaus nutzbar gemacht werden sollten, hier nicht zu erörtern ist. Die Herkunft aus angrenzenden Landesherrschaften und der Werdegang beider Bischöfe vom Domherrn zu Köln, dem Zentrum der Gelehrsamkeit und der theologischen Disputation, zum Bischof von Osnabrück, prädestinierte sie zur Weitergabe des reformerischen Gedankenguts und zur Einbindung in den durch die Konzilien angestoßenen kirchlichen Reformprozess. Vgl. Gudrun GLEBA, Reformpraxis und materielle Kultur. Westfälische Frauenklöster im späten Mittelalter (Historische Schriften 462), Husum 2000, S. 54ff.

164 Vgl. Stefan SUDMANN, Das Basler Konzil: Synodale Praxis zwischen Routine und Revolution (Tradition – Reform – Innovation, Studien zur Modernität des Mittelalters 8), Frankfurt 2005.

Einberufung jährlicher Synoden empfahlen. Der zentralen Bedeutung des mittelalterlichen Mönchtums für das Seelenheil entsprechend richteten sich die geistlichen Erneuerungsbemühungen auch auf das Kloster- und Ordenswesen. Die von der Synode entwickelten Fragenkataloge für die Reform der Klöster spiegeln das Interesse der Visitatoren an der Wahrnehmung der gottesdienstlichen Verpflichtungen und der Ausgestaltung der Liturgie, der Einhaltung der Klausur durch die Ordensmitglieder sowie an der Verbesserung der wirtschaftlichen Verhältnisse in den Klöstern wider.[165]

Befördert wurde die monastische Erneuerung in den Klöstern durch das Wirken der in der zweiten Hälfte des 14. Jahrhunderts entstandenen so genannten Windesheimer Kongregation, einer Gruppe von nach der Augustinerregel lebenden Regularkanonikern, die sich einem Leben in strengster Observanz und im Sinne der Frömmigkeitsbewegung der Devotio moderna verschrieben hatten.[166] Hier fand sowohl die Frömmigkeit von Laien wie auch von Ordensleuten eine neue Ausdrucksform. Demut und Askese prägten das tägliche Leben, Bibellektüre und tägliche Meditation besonders über die Passion Christi bestimmten das geistliche Leben der Devoten. Der persönliche Zugang zu verinnerlichter Frömmigkeit erwuchs aus der Konzentration auf den leidenden Christus. Ihren literarischen Niederschlag fand die Spiritualität der Devotio moderna in den Vier Büchern der „Imitatio Christi" des Thomas a Kempis (1380-1471).[167] In den Benediktinerklöstern wurde die neue Frömmigkeitsbewegung durch die 1446 begründete Bursfelder Kongregation initiiert.[168] Als führender Vertreter der Reform in den niedersächsischen Frauenklöstern im Sinne der Devotio moderna trat der Augustinerpropst Johannes Busch (1399-1479)[169] hervor, der Reformen in zahlreichen Calenberger, Lüneburger und Schaumburger[170] Frauenklöstern durchführte. In einer von ihm verfassten vierteiligen Chronik schilderte er die Zustände in den Klöstern und die Abläufe der Reform.[171]

---

165 Vgl. Georg MÜLLER, Visitationsrezesse als Geschichtsquelle, in: Deutsche Geschichtsblätter 8 (1907), S. 287-316; Ernst Walter ZEEDEN, Einführung, in: Ernst Walter Zeeden (Hrsg.), Kirche und Visitation, Beiträge zur Erforschung des frühneuzeitlichen Visitationswesens in Europa, Stuttgart 1984, S. 10ff.

166 Vgl. Kaspar ELM, Monastische Reformen zwischen Humanismus und Reformation, in: Lothar Perlitt (Hrsg.), 900 Jahre Kloster Bursfelde, Göttingen 1994, S. 63ff; Wilhelm KOHL, Die devotio moderna in Westfalen, in: Jaszai Geza (Hrsg.), Monastisches Westfalen, Klöster und Stifte 800-1800, Katalog und Ausstellung, Münster 1982, S. 203-207.

167 Thomas VON KEMPEN, Von der Nachfolge Christi, übers. von Albert Plag, Stuttgart 1960.

168 Vgl. Paulus VOLK, Fünfhundert Jahre Bursfelder Kongregation, Münster 1950; Walter ZIEGLER, Die Bursfelder Kongregation in der Reformationszeit (Beiträge zur Geschichte des alten Mönchtums und des Benediktinerordens Heft 29), Münster 1968; Hans-Walter KRUMWIEDE, Die Bursfelder Reform. Zur Dialektik christlicher Existenz, in: JGNKG 76 (1978), S. 155-168; Walter ZIEGLER, Art. Bursfelde, in: Ulrich Faust (hrsg.), Die Benediktinerklöster in Niedersachsen, Schleswig-Holstein und Bremen (Germania Benedictina 6), St. Ottilien 1979, S. 80-100.

169 Johannes MEYER, Johannes Busch und die Klosterreform des fünfzehnten Jahrhunderts, in: JGNKG 47 (1949), S. 43-53, hier S. 43ff.

170 Vgl. Renate OLDERMANN, Stift Fischbeck – Eine geistliche Frauengemeinschaft in mehr als 1000jähriger Kontinuität (Schaumburger Studien 64), Bielefeld 2005, ² 2010, S. 68ff.

171 Grube, Karl (Bearb.), Des Augustinerpropstes Johannes Busch Chronicon Windeshemense und Liber de reformatione monasterium (Geschichtsquellen der Provinz Sachsen und angrenzender Gebiete 19), Halle 1886.

Zentrum der geistlichen Erneuerung im Osnabrücker Raum war das Augustiner Chorherrenstift Frenswegen bei Nordhorn. Um 1427 erwuchs aus dem Reformgeist die Gründung des an der Nord-Ost-Grenze der Grafschaft Tecklenburg nahe Osnabrück gelegenen Klosters Osterberg,[172] in dem sich Kreuzherren, nach der Augustinerregel lebende Regularkanoniker, niederließen. Für die Frauenklöster[173] bildete sich als Reformzentrum das Benediktinerinnenkloster Herzebrock[174] heraus, dem sich die Schwesterklöster benediktinischer Observanz Gertrudenberg, Malgarten und Oesede anschlossen. In internen Chroniken werden die Vernachlässigung des Gottesdienstes, die Missachtung der Klausur und die Disziplinlosigkeit im Umgang miteinander beklagt. Güterverluste und Verschuldung hatten eine desolate wirtschaftliche Lage der Klöster zur Folge, die ihren Bewohnerinnen nicht einmal mehr den täglichen Lebensunterhalt garantieren konnten. Die Reformanweisungen richteten sich auf die Erneuerung der Gelübde von Armut, Keuschheit und Gehorsam. Einhaltung des Schweigegebots im Klausurbereich und Verzicht auf Privateigentum galten als Voraussetzungen für eine Erneuerung des geistlichen wie des wirtschaftlichen Lebens. Die Wechselwirkung zwischen monastischer Spiritualität und klösterlicher Prosperität wurde in der Folge deutlich, als die von der Reform erfassten Klöster eine außerordentliche Blütezeit erlebten.

Durchgeführt wurden die Reformen sowohl aus klösterlicher Eigeninitiative als auch auf bischöflichen Befehl. In fast allen Konventen leisteten die nicht Reformwilligen Widerstand gegen die Änderungen vor allem im Bereich der persönlichen Lebensführung und der klösterlichen Entscheidungsautonomie.[175] Neben der Wiedereinführung der Gemeinschaft bei Tisch und im Schlafsaal erregte die Einführung einheitlicher Standards bei der Aufnahme neuer Konventualinnen – Auflagen zu Herkunft, Höchstzahl und Mindestalter – Unwillen. In den Konventen, die ohne engere Anbindung an einen Orden allein der Jurisdiktionsgewalt des Bischofs unterstanden, lag die Gefahr einer restriktiven Durchführung monastischer Reformen nahe. So scheint es auch in Börstel gewesen zu sein.

---

172 Hans Ulrich WEIß, Art. Osterberg, in: Hengst (Hrsg.), Westfälisches Klosterbuch 2, S. 172-175.
173 STÜVE, Geschichte 1, S. 414ff.
174 Edeltraud KLUETING, Das Kanonissenstift und Benediktinerinnenkloster Herzebrock (Germania Sacra, Neue Folge 21: Die Bistümer der Kirchenprovinz Köln: Das Bistum Osnabrück 1), Berlin/New York 1986; DIES., Art. Herzebrock, in: Hengst (Hrsg.), Westfälisches Klosterbuch 1, S. 441-447.
175 Vgl. die Darstellung der Haltung der Wienhäuser Äbtissin Katharina von Hoya und ihres Konvents bei Inge MAGER, Bemühungen um die Klosterkonvente im fünfzehnten Jahrhundert. Grundzüge der Windesheimer und Bursfelder Reform, in: Jobst Reller, Martin Tamcke, Trinität und Christusdogma. Festschrift für Jouko Martikainen (Studien zur Orientalischen Kirchengeschichte 12), Münster 2001, S. 223-243, hier S. 231ff.

2.3. Reform in Börstel – Die Äbtissinnen Cäcilia von Heede (1464-1496) und Margareta von Dedem (1496-1531)

Während für die Konvente von Herzebrock und Gertrudenberg Reformberichte vorliegen,[176] lässt sich die Reformbedürftigkeit Börstels lediglich aus den Urkunden ablesen, die wie bereits ausgeführt auch hier auf ein Abweichen von der durch die Benediktsregel vorgegebenen klösterlichen Ordnung schließen lassen. Dazu gehören die Tolerierung von Privateigentum und die Einführung des Pfründensystems, die gemeinsam die Grundlagen für eine Aufweichung des Gemeinschaftslebens und der von den Stiftern geforderten Klausur schufen. In der Wahrnehmung der Öffentlichkeit führten diese Tendenzen offensichtlich zu einer verminderten religiösen Akzeptanz des Klosters, als deren deutlichstes Zeichen das Ausbleiben von Memorienstiftungen gewertet werden kann. Dass diese Auflösungstendenzen auch dem Osnabrücker Bischof nicht verborgen blieben, zeigen die Umstände des Äbtissinnenwechsels 1464. Auf Äbtissin Lucke Hesterberges war zunächst die bisherige Priorin Oda von Knehem gefolgt. Im August 1464 erging dann die landesherrliche Wahlbestätigung für Äbtissin Cäcilia von Heede.

Die Auflagen, die Konrad von Diepholz bei der Bestätigung der Äbtissin Cäcilia formulierte, lassen eine bischöfliche Reforminitiative deutlich werden.[177] Zum einen verpflichtet Konrad den Konvent, der gewählten Äbtissin zu gehorchen, ihr Ehrfurcht zu erweisen und sie nach dem Brauch des Konvents zu inthronisieren und zu investieren. Aus diesen Ermahnungen ist abzulesen, dass Konrad eine neue, von außen kommende Äbtissin einsetzte und es für notwendig erachtete, den Konvent an die dem altem Herkommen gemäße Einführung der Äbtissin und das Gebot des Gehorsams ihr gegenüber zu erinnern. Noch deutlicher wird die Einsetzung einer Reformäbtissin aus der zweiten Ermahnung Konrads, die Äbtissin an den Erträgen und Einkünften der Abtei ausreichend teilhaben zu lassen, was der Konvent offensichtlich verweigert hatte. Weiterhin gibt die Urkunde zu verstehen, dass die bisherige Äbtissin Oda von Knehem freiwillig resigniert habe. Wahrscheinlicher ist es allerdings, dass sie dem Druck des Bischofs weichen musste. Der gesamte Vorgang deutet auf den aus anderen Klöstern bekannten Reformverlauf hin, nach dem zur Neuordnung eines reformbedürftigen Klosters die Äbtissin eines bereits reformierten Klosters eingesetzt, die bisherige Vorsteherin dagegen abgesetzt wurde oder sich aufgrund ihrer Vorbehalte gegen das Reformwerk zurückzog. In diesem Fall ist erkennbar, dass Oda von Knehem zwar ihr Amt zur Verfügung stellen, nicht jedoch das Kloster verlassen musste, da sie 1491 noch einmal im Zusammenhang mit einem Rentenkauf genannt wird.

---

176 Franz FLASKAMP, Anna Roedes spätere Chronik von Herzebrock. Eine westfälisch-mundartliche Quelle der Osnabrücker Klostergeschichte, in: JGNKG 68 (1970), S. 75-146.; Johann Itel SANDHOFF, Die Gertrudenberger Chronik vom Jahre 1759. Hrsg. v. Hans-Hermann Breuer (Beiträge zur Geschichte und Kulturgeschichte des Bistums Osnabrück, 2), Osnabrück 1939.
177 UB 191.

An der Reform beteiligt waren möglicherweise Abgesandte des neu gegründeten Reformklosters Osterberg, dessen Prior Theoderich aus Warburg bereits 1462 bei der Reform des Benediktinerinnenklosters Herzebrock geholfen hatte.[178] Diese Vermutung wird gestützt durch den noch ein Jahrhundert später nachzuweisenden Kontakt zu den Mönchen von Osterberg, als das Stift 1586 mit dem Prior von Osterberg über den Tausch einer Eigenbehörigen in Verhandlung trat.[179] Auffällig ist, dass diese Beziehung singulär ist und sich kein vergleichbarer Kontakt mit anderen Mönchsklöstern in den schriftlichen Quellen des Klosters nachweisen lässt.

Die neue Äbtissin Cäcilia von Heede war die Tochter des Ministerialen Werenbold von Heede und der Walburgis von Langhals, Erbtochter des im Emsland gelegenen Gutes Landegge. Heede, nördlich von Haren gelegen und ein Lehen des Bischofs von Münster, ging 1467 im Erbvertrag mit seinem Bruder in den Besitz Werenbolds über. Spuren der Familie haben sich in der um 900 errichteten Pfarrkirche erhalten, über die die Familie von Heede das Patronat ausübte. 1484 erweiterten die Eltern Cäcilias die Kapelle zu einer einschiffigen Kirche und stifteten ein Pfarrhaus mit Landbesitz. Im Inneren der mit gotischen Fresken geschmückten St. Petrus-Kirche findet sich noch heute eine Gedenkplatte zu Ehren der Stifter, außen am Chor des Ziegelbaus ein spätmittelalterliches Kreuzigungsrelief mit Maria und dem Kirchenpatron.

Ob Cäcilia zuvor bereits Vorsteherin eines anderen Klosters war, ließ sich nicht ermitteln. Von den Mitgliedern ihres Konvents sind in der bischöflichen Wahlbestätigung nur die Namen der Priorin Mechthildis Hekes (1464) und der Seniorin Margareta Tutinges (1464) erwähnt. Während ihrer Amtszeit führte Cäcilia ihrem Konvent elf neue Konventualinnen zu, die in der Wahlanzeige ihrer Nachfolgerin 1496 erstmals erwähnt werden: Es waren dies die Kellnerin Beke Giffende (1472-1497), Elisabeth von Knehem (1491-1496), Margareta von Dedem (1496-1531), die Priorin Juthmodis von Swendorp (1496-1497), die Unterpriorin Stynegundis von Brae (1496), Elisabeth (1496) und Margareta von Anten (1496), Cäcilia Eissinck (1496-1546), Beata Schade (1496-1556), Elisabeth Schütte (1496-1561) und Elisabeth Hermelinck (1496-1562). Zu den *cetereque sanctimoniales,* den nicht Genannten, gehörte die Konventualin Figge Langhals (1482).[180]

Während die Familien von Knehem und von Anten im Amt Fürstenau bzw. Vörden ansässig waren, Margareta von Dedem aus der Grafschaft Bentheim kam, stammten Figge Langhals, die Schwester der Mutter von Äbtissin Cäcilia, Stynegunde von Brae zu Campe, Cäcilia Eissinck und die ab 1508 als Kellnerin tätige Beata Schade aus dem niederstiftischen Amt Meppen.

Elisabeth Schütte – von 1506 bis 1561 Kämmerin – könnte aus der Familie des Osnabrücker Ratsherrn Johann Schütte (†1504) und seiner Frau Geseke abstammen. Auch die Spur Elisabeth Hermelings führt nach Osnabrück, wo in den Osnabrücker

---

178 Hans Ulrich WEIß, Art. Osterberg, in: Hengst (Hrsg.), Westfälisches Klosterbuch 2, S. 173.
179 S. Kap. II. 2.3.2.
180 Erwähnt im UB 194.

Stadtrechnungen zwischen 1494 und 1501 ein Meister Hermeling erwähnt wird.[181] Elisabeth Hermeling wird als Küsterin genannt und war von 1508 bis 1562 mit einer Unterbrechung Priorin.

Mit diesen Angaben lassen sich erste Angaben zu Stand und Herkunft der Konventualinnen des 15. Jahrhunderts treffen. Bis auf Äbtissin Lucke Hesterberges (1439) waren im 15. Jahrhundert alle Äbtissinnen von adeligem Stand. Auch die Priorinnen waren überwiegend adeliger Herkunft, die Konventualinnen kamen dagegen sowohl aus dem Niederadel des Niederstifts Münster, des Hochstifts Osnabrück und der Grafschaft Bentheim als auch aus Osnabrücker Patrizier-Familien.

2.3.1. Liturgische Erneuerung

Wichtiger Bestandteil der Reforminitiative Bischof Konrads war neben dem Gehorsamsgebot die erneute Verpflichtung des Konvents auf die zisterziensische Ordensregel: *ut tibi tamquam vere ipsarum abbatisse secundum regulam sancti Benedicti ac ordinis cystercien(sis) in omnibus licitis obediant.*[182] Dass die Einschärfung der Benediktsregel einen Impuls zur Intensivierung des geistlichen Lebens setzte, lässt sich daraus ablesen, dass just um diese Zeit die Verehrung einer Heilig-Blut-Reliquie in Börstel aktenkundig wird. Wie bereits ausgeführt war das Kloster vermutlich schon seit der Gründungszeit im Besitz der Reliquie, von der in den folgenden zwei Jahrhunderten urkundliche Hinweise allerdings fehlen. Dies kann ein Überlieferungszufall sei, der Kult könnte jedoch im Lauf der Zeit auch an Bedeutung verloren haben und die Reliquie in Vergessenheit geraten sein. In diesem Fall hätte die monastische Reform den Anstoß gegeben, sich der Heiligblut-verehrung erneut zu erinnern. Nicht auszuschließen ist allerdings auch ein Neuerwerb der Reliquie im Spätmittelalter.

Erstmals wird die Benennung von Kloster und Konvent *to behoff des hilgen blode*(s) im Jahre 1484 bei der Beurkundung eines Rentenverkaufs gewählt.[183] Auch das Blatt eines Missales[184] aus der Patronatskirche in Menslage, das in seiner Zweitverwendung als Einband eines Pfarrregisters erhalten blieb, könnte im Zusammenhang mit der Heiligblutverehrung in Börstel stehen. Es zeigt den Gekreuzigten mit dem aus seinen Wunden tropfenden Blut, das von vier Engeln in Kelchen aufgefangen wird. Die im spätmittelalterlichen Frömmigkeitsbrauchtum sehr beliebte Heilig-Blut-Reliquie, die auch das Kloster Rulle zu einem Wallfahrtsort der Heiligblutverehrung werden ließ, mag auch in Börstel als Mittel zur Wiederbelebung des gottesdienstlichen Lebens eingesetzt worden sein und so zur Hebung der Reputation des Klosters als geistliches Zentrum im Osnabrücker Nordland beigetragen haben.

Bezeichnenderweise nahm auch die Stiftungstätigkeit während der Reformzeit wieder einen Aufschwung. 1482 erbat Daye Langhals für sich und ihre verstorbenen

---

181 EBERHARDT, *Van des stades wegene utgegeven unde betalt.* S. 400, 408, 418, 427, 434.
182 UB 191.
183 UB 196: *des closters und convent*(es) *ton Borstlo to behoff des hilgen blode.*
184 NLA OS Rep 2 Nr. 179, als Leihgabe im Kulturgeschichtlichen Museum Osnabrück.

Angehörigen – den Ehemann Conrad und den Sohn Claus – eine Memorie auf ewige Zeiten, wofür sie dem Kloster ihren ererbten Zehnten in Flechum übertrug.[185] Daye war neben Figge und Walburgis die dritte Schwester aus der mütterlichen Familie Cäcilia von Heedes. Hier wird erstmals der enge generationsübergreifende Familienzusammenhang zwischen den Mitgliedern des Konvents wie auch die Einbindung der klosterfernen Angehörigen als Stifter deutlich.

Kurz darauf, um 1484, erwarb der Börsteler Vogt Heinrich von Oldenzaal ein Gedächtnis mit Vigilien und Seelmessen an seinem Sterbetag für sich, seine Eltern und Freunde, wofür er eine Rente von zwei Goldgulden aussetzte, aus der den Nonnen an diesem Tag eine Zukost gereicht werden sollte.[186] Daneben wurden drei Güterübertragungen ohne die Gegenleistung eines Seelgedächtnisses beurkundet, ein Gedenken wurde aber sicherlich erwartet.[187] Lambert Tribbe gar, Domherr zu Minden, vermachte dem Kloster zwei Einkünfte, eine von neun Gulden aus einer Hauptsumme von hundertfünfzig Gulden und eine andere von vier Mark aus einer Hauptsumme von 64 Mark.[188] Mit ihren Stiftungen und Spenden honorierten die Menschen offensichtlich die Rückkehr der Nonnen zu einem regelkonformen Leben und vertrauten erneut auf die Bedeutung der fürbittenden Gemeinschaft für das Seelenheil des Einzelnen. Auch in den Klöstern Rulle, Quernheim und Leeden, in denen Konrad von Rietberg 1485 Reformen durchgeführt hatte,[189] sowie in den Klöstern Gertrudenberg, Willebadessen und Vinneberg[190] stieg die Stiftungstätigkeit. In der Stadt Osnabrück kam die neue Frömmigkeit insbesondere in der Einrichtung von Bruderschaften und in Armenstiftungen zum Ausdruck.[191]

Zur Nachfolgerin Cäcilias wählte der Konvent die ebenfalls aus dem Emsland stammende Margareta von Dedem zu Schulenburg (1496-1531),[192] eine Tochter des Arnold von Dedem zu Esche und der Adelheid von Schonefeld genannt von Grasdorf. Während die alte Burg Esche, nördlich von Neuenhaus in der Obergrafschaft Bentheim gelegen, in den Besitz von Arnolds Bruder Hermann überging, schuf Arnold aus dem Erbgut seiner Frau, dem Schultenhof in Veldhausen, das herrschaftliche Gut Schulenburg, auf dem Margaretha geboren wurde. An der von Margaretha und ihrer Familie besuchten Johannes-Kirche in Veldhausen findet sich ein Stein mit der programmatischen Inschrift *Columna Ecclesia Est Unicus Christus*.

Im Verlauf ihrer Amtszeit führte Äbtissin Margaretha vier neue Stiftsjungfern ein: Geseke von der Recke (1508-1575), Tochter aus einem Meppener Burgmannsgeschlecht und spätere Unterpriorin, und Anna von Schagen (1510) zu Norberding, Amt Vechta, stammten beide aus dem Niederstift. Mit der Einführung Anna von

---

185 UB 194.
186 UB 195.
187 UB 192, 228/29, 242.
188 UB 210 und 211.
189 STÜVE, Geschichte 1, S. 437.
190 GLEBA, Reformpraxis, S. 176ff.
191 QUECKENSTEDT, Die Armen, S. 156ff.
192 UB 204.

Schagens wird erstmals die Vergabe einer Präbende an eine Prezistin[193] durch Bischof Erich II. von Braunschweig-Grubenhagen (1508-1532) aktenkundig. Zwei weitere Konventualinnen waren im Hochstift beheimatet: Leneke Vincke (1531-1532) zu Ostenwalde, Amt Grönenberg, und die spätere Priorin Anna von Knehem (1531-1535), deren Familie auf den Gütern Schulenburg und Horst im Amt Fürstenau und Gut Sögeln im Amt Vörden ansässig war.

Die Intensivierung des geistlichen Lebens und die Wiederbelebung der persönlichen Frömmigkeit setzten sich auch unter der Ägide Margareta von Dedems fort. Ihren äußeren Ausdruck fanden sie in der Anfertigung zweier bis heute erhaltener Skulpturen, die der Kontemplation und inneren Sammlung der geistlichen Frauen einen sinnlichen Anhaltspunkt boten. Beide Plastiken – Anna Selbdritt und Christus am Kalvarienberg – entstanden zu Beginn des 16. Jahrhunderts in der Werkstatt des Meisters von Osnabrück.[194] Eine der beiden farbig gefassten Figurengruppen, die Anna Selbdritt, greift die seit dem Ende des 15. Jahrhunderts in Stadt und Bistum Osnabrück gewachsene Annenverehrung auf, der sich auch Äbtissin Margareta offenbar besonders verpflichtet fühlte. Zu ihren Lebzeiten stellte sie eine Memorie von vierundvierzig Talern bereit, aus deren Zinseinnahmen jährlich am St.-Annen-Tag (16. August) rheinischer Wein gekauft und zu gleichen Teilen an die Nonnen und ihren Kaplan verteilt wurde.[195] Dafür hatten die Nonnen an jedem Dienstag zur Ehre Gottes die St.-Annen-Messe zu singen. Zur Unterstützung dieser Feier könnte das gegen 1515 fertig gestellte[196] Andachtsbild der Anna Selbdritt aufgestellt worden sein.

Ein Blick in die Umgebung zeigt, dass Börstel mit der Verehrung der heiligen Anna nicht allein stand.[197] Zentren von Prozessionen und Wallfahrten zu Ehren der heiligen Anna waren das Gertrudenkloster in Osnabrück mit einem eigenen Annenaltar, vor dem jährlich am 26. Juli eine Prozession stattfand, sowie das Gnadenbild der Heiligen in St.-Annen bei Melle.[198] Auch im Kloster Herzebrock stiftete nach 1475 eine

---

193 Das Recht der ersten Bitten oder Preces Primariae erlaubte einem Landesherrn, nach seinem Regierungsantritt die jeweils erste frei werdende Präbende einer geistlichen Institution nach eigenem Wunsch, zumeist an weibliche Angehörige verdienter Beamten, zu vergeben.

194 Hans-Joachim MANSKE, Der Meister von Osnabrück (Osnabrücker Geschichtsquellen und Forschungen 21), Osnabrück 1978; DERS., Der Meister von Osnabrück und sein Kreis. Plastik aus dem frühen 16. Jahrhundert. Ausstellungskatalog, Osnabrück 1979, Nr. 21, 20.

195 Die Memorienvereinbarung selbst existiert nicht mehr, in einer Urkunde von 1574 (UB 309) wird jedoch auf die Memorie Bezug genommen und die Umwandlung der Weinausgabe in eine Rentenzahlung für die Stiftsjungfern beurkundet.

196 Roswitha POPPE, Mittelalterliche Plastik in Börstel, in: Niederdeutsche Beiträge zur Kunstgeschichte 5 (1966), S. 133-160, S. 148ff.

197 Vgl. Bernd MOELLER, Frömmigkeit in Deutschland um 1500, in: Archiv für Reformationsgeschichte 56 (1956), S. 5-31, hier S. 10.

198 Hugo HOYER, Untersuchungen über die Reformationsgeschichte des Fürstentums Osnabrück unter den Bischöfen Erich II. von Grubenhagen und Franz I. von Waldeck, in: JGNKG 32/33 (1927/28), S. 76-200, hier S. 114; KASTER/STEINWASCHER (Hrsg.), 450 Jahre Reformation in Osnabrück, Katalog Nr. 18.14, S. 345f.

Begine aus dem Haus Rosental[199] in Münster ein Bild der heiligen Anna.[200] In Osnabrück richteten 1496 Alecke Schürmann und ihre Tochter gleichen Namens das St.-Annen-Gasthaus für zwölf alleinstehende arme Frauen ein.[201] 1510 erhob Bischof Erich II. von Braunschweig-Grubenhagen das Annenfest zu einem Feiertag und verlegte es vom 26. Juli auf den 16. August.

Steigende Einkünfte aus den Memorien und der Heiligblutverehrung ermöglichten auch die Fertigung einer zweiten Figur aus der gleichen Werkstatt,[202] mit der an die zisterziensische Christusmystik angeknüpft wurde. Die Skulptur stellt einen auf einem Hügel sitzenden Christus dar, der mit gebundenen Händen an dem senkrechten Kreuzholz im Hintergrund lehnt. Kreuz, Totenkopf, Gebein, Hammer und Nägel zu Füßen der Skulptur verweisen auf den Kalvarienberg. Unübersehbar sind die Spuren der Geißelung Christi, die am ganzen Körper blutige Wunden hinterlassen hat. Die Körperhaltung drückt stilles Erdulden der Folter aus und gemahnt an Christi Opfertod für den sündigen Menschen. Auf sinnfällige Weise unterstützte die Figur des blutbefleckten Schmerzensmannes die Nonnen bei ihrer meditativen Vertiefung in die Leidensgeschichte Christi.

Die beiden Skulpturen, die dem so genannten Snetlage-Meister zugeschrieben werden[203] und als Besonderheit beide aus dem selten verwandten Lindenholz gearbeitet sind, lassen das Bemühen des Konvents erkennen, auf künstlerische Weise die Erneuerung des religiösen Lebens in Börstel zum Ausdruck zu bringen. Im Unterschied zu den Benediktinerinnenklöstern Herzebrock, Gertrudenberg und Oesede, die bei der reformbedingten Ergänzung ihrer Kirchenausstattung eine besondere Pracht entfalteten, zeigen die in Börstel erhaltenen Befunde, dass man hier dem zisterziensischen Ausstattungsideal treu blieb. Während der Chor des Klosters Oesede eine neue Ausmalung erhielt und neue Tafel- und Altarbilder im Kloster Gertrudenberg mit teuren Goldfarben gefasst wurden,[204] sind solche Aufwendungen für Börstel nicht nachzuweisen. Mit der Verwendung des seltenen Lindenholzes gab der Konvent wie zuvor der Qualität gegenüber der Außenwirkung den Vorzug. Von den in anderen Klöstern zu diesem Zeitpunkt erworbenen Kirchenkleinodien (Monstranzen, Kreuze und Leuchter) und liturgischen Textilien haben sich für Börstel keine Beispiele erhalten.

2.3.2. Innere Stabilisierung und wirtschaftliche Konsolidierung

Neben der Erneuerung des geistlichen Lebens werden die Auswirkungen der monastischen Reform auch in der wirtschaftlichen Konsolidierung Börstels deutlich. Möglich wurde sie durch die maßvolle Politik der Bischöfe Konrad von Diepholz

---

199 Wilhelm KOHL, Art. Münster – Beginenhaus Rosental, in: Hengst (Hrsg.), Westfälisches Klosterbuch, 2, S. 124-126.
200 FLASKAMP, Anna Roedes spätere Chronik, S. 120.
201 STÜVE, Geschichte 1, S. 441; QUECKENSTEDT, Die Armen, S. 156ff.
202 POPPE, Mittelalterliche Plastik, S. 153ff.
203 So genannt nach seinem Hauptwerk, dem Retabel des Domdechanten Lambert von Snetlage im Osnabrücker Dom, datiert um 1517.
204 Deren Kosten beliefen sich allein auf neunzig Mark. GLEBA, Reformpraxis, S. 170.

und Konrad von Rietberg, denen es gelungen war, auch in dem besonders gefährdeten und von Fehden und Kriegszügen bedrohten Osnabrücker Nordland relativen Frieden und Sicherheit herzustellen. Die zunehmende Sicherheit, die das Kloster infolge der Reform offensichtlich bot, findet ihren Niederschlag in dem freiwilligen Eintritt in die Eigenbehörigkeit des Klosters.[205] Zwischen 1486 und 1528 wird das Kloster fünfmal, bevorzugt von Witwen und jungen Frauen, aufgesucht, die hier Schutz und Auskommen erwarteten und sich dafür freiwillig in die Hörigkeit begaben. Der Freikauf aus der Eigenbehörigkeit ist dagegen nur einmal 1496 bezeugt.[206]

Auf eine Intensivierung des wirtschaftlichen Handelns deutet die Häufung von beurkundeten Rechtsgeschäften, besonders in der Amtsperiode Margareta von Dedems seit 1496, hin. Verantwortlich für den Abschluss dieser Rentenverträge waren die Kellnerin Beke Gyffende,[207] die Kämmerin Elisabeth Schütte[208] und die Kellnerin Beata Schade,[209] die diese Geschäfte wie bisher zugunsten des Konvents aushandelten und Kapitalüberschüsse zum Kauf von Renten nutzten, um daraus sicherere jährliche Einnahmen zu beziehen. Beata Schade tätigte dreimal Rentenkäufe für die Kellnereikasse (1508, 1514 und 1528) in Höhe von einmal acht und zweimal sechzehn Mark und erzielte daraus eine jährliche Einnahme von einer halben bzw. einer Mark, was dem gängigen Zinssatz von 6,25 Prozent entsprach. Daneben tätigten die ehemalige Äbtissin Oda von Knehem und ihre Schwester Elisabeth 1491 sowie Cäcilia Eissinck 1499 private Rentengeschäfte aus eigenem Vermögen.[210]

Zu Beginn der zwanziger Jahre scheint es Unstimmigkeiten über die Verteilung der Kellnereigelder und der Abteieinkünfte gegeben zu haben, denn in einer den Konflikt beendenden Vereinbarung heißt es, dass zwischen Äbtissin und Konvent bis hierher *hader, twygdracht, gram und unwylle gewezen*.[211] Der Streit zwischen beiden Parteien war offensichtlich so eskaliert, dass er von außen geschlichtet werden musste. 1524 reiste Bischof Erich persönlich zur Untersuchung nach Börstel,[212] um anschließend den Drosten von Fürstenau, Eberhard Möring,[213] und den Knappen Johann von Snetlage als Schiedsrichter mit der Schlichtung zu beauftragen. Deren Schiedsspruch lautete, der Konvent habe der Äbtissin die Hebung aller Pachtgelder, ausstehenden Schulden, Renten und Einnahmen aus der Klosterwirtschaft zu überlassen, die Äbtissin habe ihrerseits den Jungfern ihre Präbende rechtzeitig auszu-

---

205 UB 197, 212, 213, 232 und 236.
206 UB 203.
207 UB 196.
208 UB 214.
209 216, 226 und 235.
210 UB 199 und 208.
211 UB 233.
212 NLA OS Dep 91 b Akz. 2011/059 Nr. 770 6v: *Item als myn gnedyge her hyr was up dey elven dusent megede* (21.10.) *do gehalt.* Für den Bischof wurden Wein, Bier, Trocken- und Frischfisch, Weißbrot und Gewürze eingekauft.
213 Eberhard Möring († vor 1544), Rentmeister, später Drost zu Vörden und Fürstenau, ∞ 1525 mit Anna von Bippen, erbaute die Wasserburg Schlichthorst. Rudolf VOM BRUCH, Die Rittersitze des Fürstentums Osnabrück, Osnabrück 1930, (Nachdruck Osnabrück 1983 und 2003), S. 332.

zahlen.[214] Ab Michaelis 1526 – so die Anweisung der fürstlichen Beamten – sollte die Äbtissin ein Register über Einnahmen und Ausgaben des Klosters führen. Mit dem landesherrlichen Schiedsspruch wurde die finanzielle Versorgung der Jungfern aus den klösterlichen Gesamteinnahmen durch die Äbtissin festgeschrieben. Dies spiegelt sich in dem Rechnungsregister von 1525 und allen weiteren ab 1556[215] wider, in denen die Zahlung von einem Schilling „Schuhgeld" pro Jungfer und Jahr aus den Einnahmen des Stifts verzeichnet ist.[216] Diese Vereinbarung macht deutlich, dass die bischöfliche Reforminitiative das Pfründensystem nicht zu beenden vermochte und Konvents- und Abteivermögen weiterhin getrennt blieben.[217]

Die Präbendenvereinbarung und die damit gewährleistete Verfügung über private Einkünfte standen einer Intensivierung des Gemeinschaftslebens offensichtlich nicht entgegen. In der Wahlanzeige Margareta von Dedems werden 1496 zehn Nonnen namentlich genannt, 1524 gehörten dem Konvent bereits neunzehn Frauen an.[218] Das offensichtliche Anwachsen des Konvents scheint eine Reaktion auf die positive Resonanz der reformierten Einrichtung im Umland gewesen zu sein und machte die Erweiterung des bisher genutzten Wohnraums dringend nötig. Seit der Gründung lebten die Nonnen im Konventsgebäude im Westflügel des Klausurgevierts, das zunächst wohl als Fachwerkbau errichtet worden war. Nun wurde ein neues Wohngebäude aus Backstein aufgeführt, in dessen Untergeschoss das Refektorium und im Obergeschoss ein geräumiger Schlafsaal mit abgeteilten Zellen für jede Nonne eingerichtet wurden.[219] Wie bisher stand das Konventsgebäude in engem räumlichen Zusammenhang mit der Kirche und dem als Meditations- und Prozessionsraum genutzten Kreuzgang und entsprach so den baulichen Bedingungen für die Befolgung des Klausurgebots. Das neu entstandene stattliche Gebäude verkörperte nun auch nach außen die gestiegene finanzielle Liquidität, die es dem Konvent ermöglichte, Verbesserungen im Bereich der klösterlichen Baukultur vorzunehmen und das Wohngebäude den neuen Ansprüchen entsprechend aufzuwerten und zu erweitern.

Zusammenfassend muss konzediert werden, dass zwar – anders als in den Osnabrücker Reformklöstern Herzebrock oder Gertrudenberg – für Börstel keine chronikalischen Reformberichte vorliegen, die Durchführung einer monastischen Reform im letzten Drittel des 15. Jahrhunderts jedoch anhand der urkundlichen Überlieferung und der Indizien im Bereich von Bau- und Sachkultur mit einiger Sicherheit erschlossen werden kann. Zulauf von Gläubigen der Umgebung um der Heilig-Blut-

---

214 UB 233: *Also dat gemelthe ebdysse den conventz junckffern nu vorthmer erhe pravene in mathen, de nu syn, umd beess her gegeven tho erhen gewontlycken tyden vorsschaffen lathen sall und will.*

215 Die Register zwischen 1524/25 und 1556 fehlen.

216 NLA OS Dep 91 b Akz. 2011/059 Nr. 770 8v *Item gegeven den junferen sco gelt xix ß.*

217 Noch in dem Lager- und Statutenbuch von 1763 werden die Einnahmen aus Pachten und Gefällen von allen für die Kellnereikasse erworbenen Höfen, Geldrenten und verzinstem Kapital verzeichnet.

218 NLA OS Dep 91 b Akz. 2011/059 Nr. 770 8v *Item gegeven den junferen sco gelt xix ß.*

219 Bernd ADAM, Bauhistorische Untersuchung des Nonnenhauses, 2006 (Mschr.). Registratur Stift Börstel.

Reliquie willen und deren erneute Stiftungsbereitschaft, Ergänzung der Ausstattung der Kirche, schließlich auch das Anwachsen des Konvents und die Erneuerung von Gebäuden sind Ausdruck der Reformtätigkeit der beiden Äbtissinnen Cäcilia und Margareta.

Nicht anders als in ähnlichen reformierten Klöstern wurde diese spätmittelalterliche Blütezeit schon bald durch eine neue Entwicklung, die lutherische Reform, überlagert und weitergeführt. Auch die lutherischen Reformatoren wählten das Leben nach dem Evangelium zum Leitbild ihrer Theologie, verwarfen jedoch Stiftungsleistungen zum Gewinn göttlicher Gnade und die Anrufung der Heiligen als unbiblisch. Im Unterschied zu altgläubigen Vorstellungen stand jenseits aller kirchlich-institutionellen Gnadenmittel Jesus Christus als alleiniger Vermittler zwischen Gott und Mensch, und die Rechtfertigung des Menschen durch Gott wurde als allein durch den Glauben möglich begriffen.[220]

---

220 Vgl. Robert STUPPERICH, Die Reformation in Deutschland, Gütersloh ²1980, S. 25ff.; Bernd MOELLER, Deutschland im Zeitalter der Reformation (Deutsche Geschichte 4), Göttingen ²1981, S. 53ff.

II. Stift Börstel in der Frühen Neuzeit

II.1. Äbtissin Beata Schade (1532-1556)

1.1. Die lutherische Reformation im Hochstift

Dass erste Zeugnisse gottesdienstlicher Erneuerung in Börstel in die Jahre 1531 und 1532 fallen, ist im Zusammenhang mit der Osnabrücker Reformationsgeschichte zu sehen, für die das Jahr 1532 durch den Amtsantritt Bischof Franz von Waldecks[221] (1532-1553) eine entscheidende Zäsur bedeutete. Obwohl der Augustinermönch Gerhard Hecker bereits seit 1521 in mehreren Kirchen der Stadt Osnabrück evangelisch gepredigt hatte, konnte sich hier die lutherische Reform zunächst nicht konsequent durchsetzen.[222] Erst nach der Wahl Franz von Waldecks zum Bischof von Münster und Osnabrück im Juni 1532, kam es zur Festigung der reformatorischen Bewegung, die durch die öffentliche Disputation der 44 Thesen des Predigers Dietrich Buthmann im selben Jahr unterstützt wurde.[223]

Franz von Waldeck verbanden enge Beziehungen mit dem Lehnsherrn seiner Familie, Landgraf Philipp von Hessen, durch den er früh mit der reformatorischen Bewegung in Berührung gekommen war. Der hessischen Einflusssphäre, in der sich Franz konfessionell und politisch bewegte, standen allerdings die kaisertreuen und katholischen Domkapitel in seinen Bistümern entgegen, so dass er von Beginn seiner Regentschaft an zwischen zwei politischen und konfessionellen Lagern stand. Zwischen 1533 und 1535 nahmen ihn zunächst die Ereignisse um die Niederschlagung des Täuferreichs[224] in Münster in Anspruch. Während seine Bestrebungen anfangs dahin gingen, das kirchliche Leben auf der Grundlage des alten Glaubens zu erneuern, brachte das Ende des Täuferkrieges offensichtlich den Bruch mit der alten Kirche und führte zur Anerkennung der lutherischen Glaubensmaximen. Wie aus einer Mitteilung an den Landgrafen Philipp von Hessen deutlich wird,[225] beabsichtigte Franz, mit Philipps und der Hilfe anderer evangelischer Stände die neue Lehre

---

221 Alois SCHRÖER, Art. Franz, Graf von Waldeck, in: Erwin Gatz, Die Bischöfe des Heiligen Römischen Reiches. Ein biographisches Lexikon, 3 Bde., Berlin 1990-2001, S. 190-192.

222 Zur Reformation in der Stadt Osnabrück vgl. Heide STRATENWERTH, Die Reformation in der Stadt Osnabrück (Veröffentlichungen des Instituts für Europäische Geschichte Mainz 61), Wiesbaden 1971, S. 29-95; Alois SCHRÖER, Die Reformation in Westfalen. Der Glaubenskampf einer Landschaft, Bd. 2: Die evangelische Bewegung in den geistlichen Landesherrschaften und den Bischofsstädten Westfalens bis zum Augsburger Religionsfrieden (1555), Münster 1983, S. 474-510. Zur Reformation im Hochstift SCHRÖER, Reformation in Westfalen 2, S. 197-237; Robert STUPPERICH, Westfälische Reformationsgeschichte, Bielefeld 1993, S. 161ff.

223 Vgl. Bernd MÖLLER, Die öffentliche Disputation des Predigers Dietrich Buthmann 1532, in: Kaster/Steinwascher (Hrsg.), 450 Jahre Reformation, S. 91-96.

224 Vgl. Karl-Heinz KIRCHHOFF, Das Reich der „Wiedertäufer" zu Münster, Münster [4]1984; Stupperich, Reformationsgeschichte, S. 108-131.

225 Hans-Joachim BEHR, Franz von Waldeck, Fürstbischof zu Münster und Osnabrück, Administrator zu Minden (1491-1553). Sein Leben in seiner Zeit (Veröffentlichungen der Historischen Kommission für Westfalen XVIII: Westfälische Biographien 9), 2 Teilbände, Münster 1996-1998. Bd. 1, S. 272.

einzuführen, wobei er – so Behr – zweifellos die Möglichkeit zur Säkularisation seiner Stifte und die Einrichtung einer Erbdynastie im Auge hatte.[226]

Nachdem auf dem Reichstag zu Regensburg 1541 deutlich geworden war, dass es nicht mehr allein um die Reform von Missbräuchen in der katholischen Kirche, sondern um die Substanz des Glaubens ging, verstärkten Rat und Bürgerschaft von Osnabrück ihre Bemühungen zur Einführung der Reformation. Vom Bischof autorisiert, verpflichtete die Stadt den Lübecker Superintendenten Hermann Bonnus[227] als Reformator für Osnabrück, der am 2. Februar 1543 seine erste Predigt in der Marienkirche hielt. Bonnus erarbeitete eine Kirchenordnung,[228] die von Franz von Waldeck am 11. Mai 1543 bestätigt wurde. Für den Bereich der gesamten Diözese – das Hochstift Osnabrück und das Niederstift Münster – folgte nur wenig später eine Landkirchenordnung, eine verkürzte Fassung der städtischen Kirchenordnung.[229] Von diesem Zeitpunkt an wurden evangelische Prediger eingestellt und alle Städte, Kollegien und Klöster im Hoch- und Niederstift aufgefordert, die neue Kirchenordnung anzunehmen.[230] In der nahe Börstel gelegenen Stadt Quakenbrück, der Heimatstadt des Hermann Bonnus, erließen Burgmannen und Rat sogleich Verordnungen zur Einführung der Reformation und zur Akzeptanz der Kirchenordnung. Dem Sylvesterkapitel zu Quakenbrück stellte Bonnus eine Gottesdienstordnung zur Verfügung, die auch in den übrigen Kollegiatkirchen der Diözese Gültigkeit erlangte.[231]

Hermann Bonnus besuchte selbst zahlreiche Kirchspiele und lud die Geistlichen zu Pastoralkonferenzen ein, um sie mit den Grundzügen der reformatorischen Theologie und den Bestimmungen der Kirchenordnung vertraut zu machen.[232] Der behutsame Umgang mit den alten religiösen Gepflogenheiten verhalf der Kirchenordnung zu großem Erfolg.[233] Die Geistlichen wurden zu regelmäßiger Predigt in der niederdeutschen Volkssprache, zur Auslegung des lutherischen Katechismus und zur

---

226 Die Umwandlung seiner drei Bistümer in weltliche Fürstentümer hätte ihm nicht nur die finanziellen Möglichkeiten zum Schuldenabtrag eröffnet, sondern auch eine Legalisierung der lebenslangen Beziehung zu seiner Lebensgefährtin Anna Pohlmann ermöglicht, mit der er neun Kinder hatte. SCHRÖER, Reformation in Westfalen 2, S. 235 Anm. 150.

227 Vgl. Hermann ROTHERT, Hermann Bonnus, der Reformator des Osnabrücker Landes. Ein Lebensbild, in: Jahrbuch des Vereins für Westfälische Kirchengeschichte 51/52 (1958/59), S. 161-175; Sabine PETTKE, Hermann Bonnus – Ein Reformator der zweiten Generation, in: Kaster/Steinwascher (Hrsg.), 450 Jahre Reformation, S. 242-248.

228 Christliche Kirchenordnung der Stadt Osnabrück, verfaßt von Magister Hermann Bonnus. Gedruckt im Jahre 1543, in: Emil SEHLING (Hrsg.), Die evangelischen Kirchenordnungen des XVI. Jahrhunderts (im Folgenden EKO), Bd. 7.II.1, Tübingen 1963, S. 247-248 und 264.

229 *Kerckenordnung vor de landkercken des stifts Osenbrugge.* EKO 7.II.1., S. 222-226.

230 RUNGE, Friedrich (Hrsg.), Die niederdeutsche Bischofschronik bis 1553: Übersetzung und Fortsetzung der lateinischen Chronik Ertwin Ertmans durch Dietrich Lilie. (Osnabrücker Geschichtsquellen und Forschungen 2), Osnabrück 1894 (Nachdruck Osnabrück 1977, S. 149.

231 Tim UNGER, Das Niederstift Münster im Zeitalter der Reformation. Der Reformationsversuch von 1543 und seine Folgen bis 1620, Vechta 1996, S. 26.

232 HOYER, Untersuchungen, S. 163-200; Franz FLASKAMP, Ein Zwischenbericht der Osnabrücker Reformationsgeschichte, in: JGNKG 58 (1960), S. 113-134.

233 SCHRÖER, Reformation in Westfalen 2, S. 197-237 und 274-510.

Austeilung des Abendmahls in beiderlei Gestalt verpflichtet. Die Verehrung der Heiligen blieb im lutherischen Sinne in Form von Gedenkfeiern bestehen, die liturgischen Gewänder fanden weiterhin Verwendung, und auch die Beichte blieb bestehen. Diese Beibehaltung der gewohnten Formen in neuer theologischer Ausdeutung erleichterte der Bevölkerung die Akzeptanz des reformatorischen Gottesdienstes. Seit dem Sommer 1543 setzte sich in allen Pfarrkirchen des Hochstifts lutherischer Gottesdienst durch.[234] Während das Domkapitel sich gegen die bischöfliche Reformation stellte, trat der überwiegende Teil des Stiftsadels zur neuen Lehre über und verblieb bei diesem Bekenntnis.[235]

1.2. Die Reformation in Börstel

Franz von Waldeck hatte die Klöster der Diözese nicht angetastet, jedoch die Einführung der lutherischen Gottesdienstordnung verlangt. Während die benediktinischen Frauenklöster Herzebrock, Gertrudenberg, Malgarten und Oesede dieser Forderung nicht nachkamen, zeigten sich die Zisterzienserinnenklöster Bersenbrück, Rulle und Börstel offen für die Reform. In den Klöstern der Benediktinerinnen mag ein Grund für das Festhalten am katholischen Ritus das lange währende Nachwirken der Bursfelder Reform gewesen sein. In den Zisterzienserinnenklöstern scheint auf der anderen Seite die lutherische Auffassung von der Rückkehr zum Leben nach dem Evangelium als Reflex auf die ursprüngliche zisterziensische Bewegung verstanden und umgesetzt worden zu sein.

Über das Reformationsgeschehen in Börstel sind wir allein durch Urkundentexte der Jahre 1531 und 1532 unterrichtet, die in ihren Formulierungen eine Veränderung gegenüber den altkirchlichen Gepflogenheiten deutlich werden lassen. Bis zur lutherischen Reformation war den Stiftern einer Memorie ein Jahresgedächtnis mit Vigilien am Vorabend und Seelenmessen am Todestag der Verstorbenen zugesichert worden. Das Jahresgedächtnis dagegen, für das die Witwe Elisabeth Westerwolde am 28. August 1531 den Jungfern eine Rente von zweieinhalb Gulden aussetzte,[236] sollte mit Loben, Danken und der Bitte an den allmächtigen Gott, für das Seelenheil der Stifterin zu sorgen, begangen werden. Allein das Gebet zählte jetzt, nicht mehr die zuvor üblichen Vigilien und Messen, die nach dem lutherischen Verständnis von der göttlichen Gnade überflüssig waren. Diese liturgische Neuerung ist Ergebnis der lutherischen Buß- und Rechtfertigungslehre und bringt den reformatorischen Wandel in Börstel zum Ausdruck: Aus der katholischen Seelmesse war die lutherische Fürbitte geworden.

Einen weiteren Hinweis auf den Einzug reformierten Gedankenguts gibt die in den Urkunden vollzogene Benennung Börstels. Nachdem in Folge der monastischen

---

234 BEHR, Waldeck 1, S. 289.
235 D. DÖKEL, Geschichtliche Mitteilungen über das Fürstentum Osnabrück, besonders über das Kirchspiel Essen, 1919, S. 29; Hans-Joachim BEHR, Die Haltung der Osnabrücker Ritterschaft zur Reformation, in: Kaster/Steinwascher (Hrsg.), 450 Jahre Reformation, S. 531-540, hier S. 532.
236 UB 241.

Reform seit 1484 und zuletzt 1528 bei einer Beurkundung stets die Bezeichnung von dem *hylligen blode unde conventus ton Borstel*[237] gewählt wurde, fehlt ab 1531 der Hinweis auf die zuvor verehrte Reliquie. Die nun gewählte Formulierung[238] *wy ghemenen conventus iuncferen des closters thon Borstel* lässt auf eine veränderte Bewertung des von der Reliquie ausgehenden Heilsversprechens und auf eine Beendigung dieses Kults schließen.

Schließlich deutet die am 6. April 1532 noch an Bischof Erich II. von Braunschweig-Grubenhagen gerichtete Anzeige des Klosters Börstel über die Wahl der Äbtissin Beata Schade[239] (1532-1556) auf die Einführung einer evangelischen Äbtissin hin. Diese Wahl wird „nicht mehr mit dem Hochamt zum Heiligen Geist, sondern unter ‚Anrufung der Göttlichen Gnade‘ vorgenommen."[240] Zeugen bei der Wahl waren die vermutlich lutherischen Kapläne Bartholomäus Niggemann und Ludolf Erffmann: *viris dominis Ptholomeo Nygeman et Ludolpho Erffman capellanis in Borstel clericis Osnaburgensis diocesis.* Für das lutherische Bekenntnis Niggemanns spricht, dass dieser – was bisher nicht bekannt war – in der Folgezeit als Prediger in Berge tätig war. Beleg dafür ist eine Schuldverschreibung von 1551, die Niggemann mit den Worten beglaubigte: *Ptolemeus Niggemann tempore pastor in Berge pastor coranus omnibus.*[241] Ab Pfingsten 1557 führte dann der verheiratete Pastor Hermann Huls den evangelischen Gottesdienst in Berge weiter.[242]

Zwar schweigen die Quellen zum Ablauf der Reformation in Börstel, aber nicht anders als in den übrigen Landgemeinden werden die Konventualinnen die Predigten des Bartholomäus Niggemann angehört und die neuen lutherischen Maximen erörtert haben. Wie Beispiele aus anderen Regionen zeigen[243] wurde die Auseinandersetzung mit dem reformatorischen Gedankengut gerade in den Frauenklöstern besonders intensiv geführt. Dies ist verständlich, war doch die Spiritualität in den Frauenklöstern und vor allem in denen, die Teilhabe an der monastischen Reform gehabt hatten, besonders ausgeprägt. Sowohl die am alten Glauben festhaltenden wie auch die der neuen Bewegung aufgeschlossenen Nonnen setzten sich nachdrücklich mit der lutherischen Erkenntnis von der Rechtfertigung des Menschen allein aus dem Glauben und den Konsequenzen für das liturgisch-sakrale Zeremoniell auseinander.

Noch ein weiterer Aspekt darf nicht außer Acht gelassen werden: Wie die bisherige Untersuchung erkennen lässt, zeigten die Börsteler Nonnen im Umgang mit ihren eigenen Lebensgrundlagen mehrfach eine sehr entschlossene Haltung. Die Einfüh-

---

237 UB 236.
238 UB 241.
239 UB 243.
240 Wolfgang SEEGRÜN, Art. Börstel, in: Faust (Hrsg.), Die Männer- und Frauenklöster, S. 90-107, hier S. 93.
241 NLA OS Dep 91 b Akz. 2011/059 Nr. 474.
242 Vgl. dazu Kap. II.1.4.2.
243 Beispielhaft der Disput zwischen Caritas Pirckheimer und Philipp Melanchthon 1525, dargestellt von Martin JUNG, Nonnen, Prophetinnen und Kirchenmütter, Leipzig 2002, S. 77-120.

rung des Pfründensystems ab 1430, der Konflikt um die Einkünfte aus dem Abteivermögen, der 1464 Bischof Konrad von Diepholz zu Reformen veranlasste und zuletzt – 1525 – die durch landesherrlichen Schiedsspruch erfolgte Präbendenvereinbarung, die die dauerhafte Substituierung der Stiftsjungfern aus den klösterlichen Gesamteinnahmen festschrieb, lassen ein hohes Maß an Durchsetzungsvermögen erkennen, wenn es um die Grundlagen ihrer Existenzsicherung ging. So vorbereitet war es nur noch ein kleiner Schritt bis zur Lockerung der Klausur und dem Beginn einer individuelleren Lebensweise. Von vorrangiger Bedeutung war es, dass die klösterliche Identität gewahrt blieb und die soziale Sicherheit, die sich innerhalb der Klostermauern bot, nicht gefährdet wurde, Dass sich ihnen ohne den klösterlichen Schutz gar keine oder lediglich eine sehr unsichere Lebensperspektive bot, war den Frauen durchaus bewusst,[244] denn anders als für die Mitglieder der Mönchsklöster, die rasch neue Erwerbsquellen als Pfarrer und Lehrer im kirchlichen Dienst nutzen konnten, gab es für ausgetretene Nonnen – abgesehen von Eheschließung und Haushaltsführung – keine Möglichkeiten des Broterwerbs.

Einfluss auf die konfessionellen Entscheidungen werden darüber hinaus die Familien der Konventualinnen genommen haben, die überwiegend dem reformatorischen Lager zuzurechnen sind. Für ein knappes Jahr war zu diesem Zeitpunkt Leneke Vincke (1531-1532) Äbtissin, die drei weitere Konventualinnen einführte:[245] Anna von Smerten (1532-1543) und Christina von Bra zu Campe (1532) aus dem Amt Meppen sowie Anna von Dincklage aus dem Amt Vechta (1532-1564).

Die Familien der Kämmerin Elisabeth Schütte und der Küsterin Elisabeth Hermeling zählten zum Osnabrücker Patriziat, das sich wie erwähnt früh zur lutherischen Reformation bekannt hatte.[246] Leneke Vincke und Anna von Knehem waren im Hochstift Osnabrück beheimatet. Sechs weitere Konventualinnen – Geseke von der Recke, Cäcilia Eissinck und Beata Schade sowie die neu aufgenommenen Anna von Dincklage, Anna von Smerten und Christina von Bra – stammten aus dem Niederstift, wo sich die neue Lehre ebenfalls schon früh durchgesetzt hatte.

Die im Niederstift gelegenen Ämter Vechta, Meppen und Cloppenburg gehörten im Bereich weltlicher Herrschaftsausübung zum Oberstift Münster, in ihrer geistlichen Zuständigkeit jedoch zum Bistum Osnabrück,[247] weshalb sich die Reformation in den niederstiftischen Ämtern weit besser durchsetzen konnte, als in denen des Oberstifts Münster. Bereits 1530 predigten in Vechta der Prädikant Johannes von Zwolle und in den übrigen Kirchen des Amtes seine Mitstreiter Hermann Düker und Johan-

---

244 Martin JUNG, Fliehen oder bleiben? Der reformatorische Disput um das Klosterleben, in: Heidemarie Wüst, Jutta Zahn (Hrsg.), Frauen der Reformation (Tagungstexte der Evangelischen Akademie Sachsen-Anhalt 5), Wittenberg 1999, S. 131-143.
245 UB 243.
246 Vgl. Olaf SPECHTER, Vom mittelalterlichen Patriziat zum neuzeitlichen Honoratiorentum – Neue Formen der Elitebildung im 16. Jahrhundert, in: Kaster/Steinwascher (Hrsg.), 450 Jahre Reformation, S. 553-570, hier S. 556.
247 Vgl. zur geschichtlichen Entwicklung: Werner SCHWEGMANN, Die Visitationen im Niederstift Münster 1613 bis 1631. Ein Beitrag zur Geschichte der Gegenreformation im Bistum Münster (Quellen und Beiträge zur Kirchengeschichte des Oldenburger Landes 3) (Diss. 1950), Vechta 1999, S. 23ff.; UNGER, Niederstift Münster.

nes Asverus im lutherischen Sinne.[248] Im Amt Meppen hatte die Reformation 1538 festen Fuß gefasst.[249] 1543 befahl Franz von Waldeck von seiner Residenz Fürstenau aus den Drosten zu Cloppenburg, Wilke Steding,[250] und zu Vechta, Johann von Dincklage d. Ä., alle Pfarrer aus den Ämtern des Niederstifts nach Vechta zu laden und sie von Hermann Bonnus über die Inhalte der lutherischen Lehre unterrichten zu lassen.[251] Die Kirchenordnung des Bonnus von 1543 blieb im Niederstift Münster fast siebzig Jahre in Geltung. Widerstände seitens der Geistlichkeit gegen die reformatorischen Neuerungen gab es keine, alle Pfarrstellen blieben im Besitz ihrer Inhaber, die neue Lehre wurde bereitwillig angenommen.[252] Die engen Beziehungen, die die niederstiftischen Familien nach Börstel hatten, werden nicht nur Einfluss auf die Besetzung der Präbenden mit Mitgliedern der eigenen Verwandtschaft, sondern auch auf die Haltung des Konvents zur neuen Lehre gehabt haben.

Eine der Konventualinnen stand in besonderer Nähe zur reformatorischen Bewegung: Anna von Dincklage (1532-1564) war eine Tochter des Burgmannes von Vechta, Herbord von Dincklage (†1522) und der Anna von Haren zu Hopen (†1547). Annas Bruder, Johann von Dincklage d. Ä., war der erwähnte Drost zu Vechta und enge Vertraute Bischof Franz von Waldecks. Er ist als ein häufiger Besucher Börstels nachgewiesen und wird seine Ansichten mit seiner Schwester ausgetauscht haben. Auch mit ihrer Schwester Leneke stand Anna im Austausch. Leneke, die ab 1550 Küsterin im Stift Herford[253] war, besuchte Börstel im Juni 1558.[254] Anna von Dincklage bekleidete von 1556-1564 das Amt der Kellnerin.

248 Wilhelm KOHL, Vechta unter münsterischer Herrschaft (1252-1803), in: Beiträge zur Geschichte der Stadt Vechta 1, Vechta 1992, S. 63-96, S. 74ff.; Gerd STEINWASCHER, Reformation und Gegenreformation im Niederstift Münster, in: Kaster/Steinwascher (Hrsg.), 450 Jahre Reformation, S. 201-209, hier S. 202ff.; Heinrich HACHMÖLLER, Die Reformation im Oldenburger Münsterland, in: Jahrbuch für das Oldenburger Münsterland 1985, S. 96-108, hier S. 96. Tim UNGER, Niederstift Münster, S. 41, verweist allerdings darauf, dass das Wirken dieser Prediger quellenmäßig nicht belegt ist.

249 Bernhard Anton GOLDSCHMIDT, Geschichte der Grafschaft Lingen und ihres Kirchenwesens insbesondere, Osnabrück 1850 (Nachdruck Osnabrück 1975), S. 35f. Franz Fischer, Die Reformationsversuche des Bischofs Franz von Waldeck im Fürstbistum Münster (Beiträge für die Geschichte Niedersachsens und Westfalens, Heft 6), Hildesheim 1907, S.23.

250 Wilken Steding (†1570)1534-1540 Drost zu Wildeshausen, 1536 Drost zu Delmenhorst, 1539 Drost zu Cloppenburg, 1541 Drost zu Vechta. Carl Heinrich NIEBERDING, Geschichte des ehemaligen Niederstifts Münster und der angränzenden Grafschaften Diepholz, Wildeshausen usw. Ein Beitrag zur Geschichte und Verfassung Westphalens, 3 Bde., Vechta 1840-1852 (Nachdruck Vechta 1967), Bd. 2, S. 437; BEHR, Waldeck 1, S. 335ff.

251 Gustav RÜTHNING (Bearb.), Urkundenbuch von Süd-Oldenburg (Oldenburgisches Urkundenbuch 5), Oldenburg 1930, Nr. 1034; UNGER, Niederstift Münster, S. 36f.

252 Christian HOFFMANN, Von der Osnabrücker Fürstenreformation zur münsterischen Rekatholisierung, in: Michael Hirschfeld (Hrsg.) Region und religiöse Identität. Das Oldenburger Münsterland als konfessioneller Erinnerungsort, Cloppenburg 2008, S. 10-33, hier S. 16.

253 Magdalena (Leeneken) von Dincklage († vor 1595). Johannes VON BOESELAGER u. a., Im Schatten der Reichsabtei, Stift St. Mariae auf dem Berge vor Herford, in: Westfälische Zeitschrift 140 (1990), S. 119. Die Reichsabtei Herford war seit 1565 ebenfalls lutherisch. HENGST (Hrsg.) Westfälisches Klosterbuch 3, S. 220.

254 NLA OS Dep 91 b Akz. 2011/059 Nr. 772 18r: *Item Leneken van Dyncklage ii sch haveren vor twe reysyge perde in vigilia Petri und Pauli (29.6.) gedaen.*

Die Akzeptanz der lutherischen Reformation bedeutete dabei keinen radikalen Bruch mit den altkirchlichen Traditionen. Wurde auch der Laienkelch gereicht, in deutsch gepredigt und gesungen, die Anbetung der Heiligen und die Ausführung der Seelmessen aufgegeben, so bewegte sich der evangelische Gottesdienst doch „anfänglich im großen und ganzen in den übernommenen katholischen Formen."[255] Nach damaligem Verständnis handelte es sich ja nicht um eine Neugründung der Kirche, sondern vielmehr um eine Neuordnung, eine Reform der bestehenden Gottesdienstliturgie. Auch die monastischen Traditionen des geistlichen Lebens blieben gewahrt. Nach wie vor fand sich der Konvent zu den Horen auf dem ehemaligen Nonnenchor zusammen. Der dabei geübte Chorgesang entwickelte sich aus der Horenordnung des Hermann Bonnus für die Klöster und Stifte des Bistums Osnabrück von 1543.[256] Danach waren Stundengebete zur Matutin, täglich morgens von sechs bis sieben Uhr, zur Prim, der ersten Stunde des Tages, von acht bis neun Uhr, und zur Vesper, von zwei bis drei Uhr nach Mittag vorgesehen. Die Stundengebete umfassten den Gesang der Antiphon, von drei bis vier Psalmen sowie Lesungen des Evangeliums. Predigtgottesdienste waren für mittwochs, freitags und sonntags angesetzt. Die Horenordnung des Hermann Bonnus knüpfte an die Gewohnheiten der Chorsängerinnen an, jedoch nach einer lutherisch modifizierten Ordnung. Den Anweisungen der Reformatoren entsprechend war der vertraute Ritus nicht abgeschafft, sondern vorsichtig reformiert worden.

1.3. Das Ende der Klausur

1.3.1. Neun neue Konventualinnen

Mit Beata Schade hatte der Konvent 1532 die Tochter einer mittlerweile im Amt Vechta ansässigen einflussreichen Familie zur Äbtissin gewählt. Zwar war Beata Schade als Tochter des emsländischen Adeligen Heinrich Schade und der Else von Vullen noch auf der alten Rundburg Wesuwe geboren worden, in der nächsten Generation zog sich die Familie jedoch aus der unwirtlichen und feuchten Burg zurück, deren Terrain mit der zugeschütteten Gräfte südlich des Kirchdorfes Wesuwe noch heute deutlich zu erkennen ist. Ein beidseitig vom Moor umgebener erhöhter Sandweg führte direkt auf die im 8. Jahrhundert gegründete Kirche St. Clemens zu. Den Erweiterungsbau der Kirche aus dem Jahre 1509 veranlassten vermutlich Beatas Eltern. Eine Inschrift verweist auf die Grundsteinlegung des Turmes, der den ursprünglichen hölzernen Glockenturm ersetzte. Aus Beatas Lebzeiten finden sich der aus dem 13. Jahrhundert stammende Taufstein auf vier Löwenfüßen und das Weihwasserbecken, beides aus Bentheimer Sandstein gearbeitet. Unter den Nichten Beatas waren Anna Schade, von 1560-1588 Priorin[257] im evangelischen Kloster Bersenbrück,[258] und Frederke, von 1573-1588 Äbtissin im Kloster Rulle.[259]

255 Ernst Walter ZEEDEN, Die Entstehung der Konfessionen. Grundlagen und Formen der Konfessionsbildung im Zeitalter der Glaubenskämpfe, München/Wien 1965, S. 82.

256 *Exercitium ... pro ecclesiis collegiatis* 1543. EKO 7.II.1., S. 229-231.

257 Haimar BRÜNGER, Die älteren Linien der adeligen Familien von Schade, in: Jahrbuch für das Oldenburger Münsterland (1982), S. 67-74 hier, S.71.

258 AHLERS, Art. Bersenbrück, in: Faust (Hrsg.), Die Männer- und Frauenklöster, S. 63-89.

Während Beatas Amtszeit lösten sich die alten monastischen Verhältnisse langsam zugunsten einer stiftischen Lebensweise auf. Zwar fehlen bedauerlicherweise die Haushaltsregister aus ihrer Amtsperiode, der von ihr vollzogene Wandel lässt sich jedoch an den Verhältnissen ablesen, die zu Beginn der Amtszeit der folgenden Äbtissin Mette Maneel 1556 gut dokumentiert sind. Zu diesem Zeitpunkt galten zumindest zwei der drei Gebote des benediktinischen Gelübdes, die conversio morum und die stabilitas loci, nicht mehr. Die Aufhebung des Armutsgebotes – als Teil der conversio morum – wird deutlich aus den Belegen für die Führung eigener Haushalte durch die Stiftsjungfern. Von der Beendigung der stabilitas loci – der Bindung an den einmal gewählten Ort – zeugen die Jungfern, die auf ihre Präbenden verzichteten und das Kloster verließen. Auf das Ende der Klausur verweisen auch die Ausgaben für die Aufnahme und Bewirtung von Gästen und für das Ausreisen der Stiftsjungfern zu ihren Familienangehörigen und Freunden. Lediglich das dritte Gelübde, die oboedientia sub abbate – der Gehorsam gegenüber der Äbtissin –, blieb nach wie vor beachtet. Auch ein urkundlicher Hinweis zeugt von der neuen Lebensweise: Während sich Börstel in der Urkunde der Wahlanzeige Beata Schades 1532 noch als dem Orden der Zisterzienser zugehörig bezeichnete, wird zehn Jahre später, 1542, bereits als Stift und Konvent zu Börstel geurkundet.[260]

Wie vor der Reformation übten die Konventualinnen verschiedene Ämter aus. Den Titel der Seniorin trug die am längsten anwesende Stiftsjungfer, die zumeist gleichzeitig Priorin, Stellvertreterin der Äbtissin, war und durch die Unterpriorin unterstützt wurde. Das nächsthöchste Amt in der Rangfolge war das der Kellnerin, gefolgt von dem der Kämmerin. Erstmals erwähnt wird das Amt einer Spiekerjungfrau, die die Getreidevorräte verwaltete. In der Kirche war nicht mehr nur die Küsterin tätig, sondern nun auch eine Sangmeisterin, die den Chorgesang leitete. Die Amtsjungfern bezogen für ihre Tätigkeit und die damit verbundenen Auslagen eine Sonderration Roggen. Die nicht mit einem Amt betrauten Frauen stellten Garn und Tuche her. Leinen wurde im Kloster gewebt und Tuche in der Walkmühle gewalkt. Die Tuchproduktion richtete sich jedoch nur nach dem Eigenbedarf und kam im Gegensatz zu Schafwolle und Fellen nicht in den Verkauf. Weitere Tätigkeitsfelder waren der Anbau, die Ernte und die Verarbeitung von Obst und Gemüse sowie die Bereitstellung von Unterkünften und die Verpflegung der Gäste.

Während ihrer Amtszeit nahm Beata Schade neun weitere Frauen auf. Bereits 1535 wird Mette Maneel (1535-1575) als Kellnerin genannt, eine Tochter des Gottschalk Maneel zu Klein-Landegge im Amt Meppen und der Agnes von Heede. Agnes war eine Schwester der Äbtissin Cäcilia von Heede, und so ist der Weg der Mette in das Kloster gut nachzuvollziehen, in dem bereits ihre Tante Äbtissin war. Von den weiteren Frauen fehlen die Aufnahmejahre, sie werden alle erstmals 1556 bei der Wahl Mette Maneels zur Äbtissin erwähnt.[261]

---

259 DELBANCO, Art. Rulle, in: Faust (Hrsg.), Die Männer- und Frauenklöster, S. 636-654, hier S. 647.
260 UB 268: *stifft [ ] und conventus thon Borstell.*
261 UB 288.

Zwei Frauen kamen aus dem Amt Vechta: Margaretha von Schagen zu Norberding (1556-1574), die Tochter Armgards und Roleffs von Schagen (†1582),[262] übernahm nach dem Tod Anna von Dinklages 1565 das Amt der Kellnerin. Eine weitere junge Frau mit Namen Anna von Dincklage (1556-1592) dürfte die Tochter des Johann (†1560) und der Sophie von Dincklage gewesen sein, die ihren Sitz auf der zum Gut Dinklage gehörenden Hugoburg hatten. Anna war die Schwester des Drosten zu Cloppenburg Hugo von Dincklage und hatte starken Rückhalt in ihrer Familie. Nicht nur ihre Schwägerin Göste kam 1558 und 1571 und 1582 als Witwe[263] zu Besuch nach Börstel, auch deren Kinder Kunecke,[264] Johann, Heinrich und Roleff waren zwischen 1558 und 1571 insgesamt vierundzwanzigmal Gäste. Anna von Dincklage bekleidete nach dem Tod Geseke von der Reckes 1575 das Amt der Unterpriorin.[265]

Drei Frauen waren im Kirchspiel Veldhausen in der Obergrafschaft Bentheim beheimatet: Katharina von Dedem (1556-1587), die Tochter Arnold von Dedems zu Schulenburg, war eine Großnichte der Äbtissin Margareta von Dedem, also wie Mette Maneel familiär vorbelastet. Mehrfach erhielt sie für jeweils mehrere Tage Besuch von ihrem Vater. Katharina ist die erste Stiftsjungfer, für die sich ein eigener Haushalt und die Beschäftigung einer Magd namens Gertrud nachweisen lassen.[266] Nach dem Tod Elisabeth Hermelings 1562 übernahm sie das Amt der Priorin und wird von 1577 bis 1587 als Seniorin bezeichnet.[267] Ihre Schwester Lyse von Dedem (1556) wird nur einmal bei der Unterzeichnung der Wahl Mette Maneels genannt.

Der Vater von Heyke von den Oldenhus (1556-1567) könnte der Drost zu Steinfurt Ambrosius von Viermund gewesen sein, der 1563 mit dem Erbe und Gut Oldenhaus belehnt wurde und den Namen des Familiensitzes übernahm. Besuche von Kerstin von Oldenhus – 1568 auch *Olthuses froulben* genannt – möglicherweise ihre Mutter oder eine Schwägerin, sind für 1560 und 1567 nachgewiesen. Alle drei Frauen werden dem lutherischen Bekenntnis angehört haben, das Graf Arnold von Bentheim 1544 eingeführt hatte.[268]

Zwei weitere Frauen gehörten zum Niederadel der Grafschaft Lingen, die gemeinsam mit der Grafschaft Tecklenburg zwischen 1534 und 1541 von Graf Konrad von

---

262 NLA OS Dep 91 b Akz. 2011/059 Nr. 773 19r: *Item up sondach Exaudi Roleff van Schagens knecht i sch haveren vor i perdt gemetten.*

263 NLA OS Dep 91 b Akz. 2011/059 Nr. 795 31r: Item *de wittfrowe v. Dincklage hir i nacht gewest vor ire perde ii sch haver.*

264 NLA OS Dep 91 b Akz. 2011/059 Nr. 783 21r: Item *up dach Egidii (1.9.) junffer Kunecke van Dincklage ii sch haveren vor ii perde gemetten.*

265 NLA OS Rep 100 Abschn. 338a Nr. 3 Fol. 9r-10v.

266 NLA OS Dep 91 b Akz. 2011/059 Nr. 788 20v: Item *Kathrenen van Dedem ii sch haveren gemetten vor ii perde de der ere junffer Gerdruth halleth.*

267 UB 311, 313, 324 und 327.

268 1587 vollzog Graf Arnold II. den Wechsel zum reformierten Bekenntnis. J.F.G. GOETERS, Die Reformation in der Grafschaft Bentheim und die Entstehung der reformierten Landeskirche, in: Reformiertes Bekenntnis in der Grafschaft Bentheim 1588-1988 (Das Bentheimer Land 114), Bad Bentheim 1988, S. 61-112, hier S. 101ff.; Rudolf RÜBEL, Graf Arnold von Bentheim-Steinfurt, in: Hohmann (Hrsg.) Westfälische Lebensbilder 9 (1962), S. 18-33.

Tecklenburg reformiert worden war.[269] Margaretha Budde (1556-1575), eine Tochter des Lambert Budde zu Hange (†1552) und der Petronella von Snetlage, stammte aus dem Kirchspiel Freren. Ihr Vetter, der Domherr Giselbert Budde,[270] hatte 1532 zum Wahlkapitel Franz von Waldecks gehört.[271] Sowohl Margarethas Bruder Johann Budde (†1571) als auch seine Tochter Petronella hielten sich zwischen 1558 und 1573 mehrfach einige Tage in Börstel auf. Eine Schwester Margarethas könnte Elisabeth Budde gewesen sein, die 1565 den Oldenburger Drosten Rembert Bernefür zur Querlenburg[272] heiratete, der zu den häufigsten Gästen des Stifts zählte, wo er zwischen 1557 und 1574 sechzehnmal abstieg. Gut vorstellbar ist es, dass er dort Margarethas Schwester kennen lernte. Elisabeth Bernefür verweilte zu Allerheiligen und vor Weihnachten 1570 allein und zu Pfingsten 1571 und im Juli 1574 gemeinsam mit ihrem Mann in Börstel. Margaretha Budde nutzte die neu gewonnenen Freiheiten für eigene Reisen, die sie Jahr für Jahr, häufig zu Ostern, vermutlich zu ihrer Verwandtschaft führten.

Wie Margaretha Budde stammte auch Lucretia von Langen, gen. Kreyenribbe (1556-1611) aus dem Kirchspiel Freren. Sie war die Tochter des Gerhard von Langen genannt Kreyenribbe (†1590) zu Beesten, und der Margarethe von Dincklage, einer Schwester der Kellnerin Anna von Dincklage und des mehrfach erwähnten Drosten zu Vechta, Johann von Dincklage d. Ä. Lucretias Ausritte – 1561 nach Dinklage und 1571 und 1573 mit unbekanntem Ziel – fanden ohne Begleitung statt. 1575 wird sie zur Äbtissin gewählt. Beider Väter, Lambert Budde und Gerhard von Langen gen. Kreyenribbe, mussten 1551, als nach der Niederlage des Schmalkaldischen Bundes 1548 die Grafschaft Lingen in kaiserliche Hände überging, Kaiser Karl V. den Treueid leisten.[273]

Als letzte Stiftsjungfer hatte Beata Schade Goswyne Droste (1557-1572) in den Konvent geholt, die bei der Wahl Mette Maneels 1556 noch ihr Schuljahr ableistete und nicht stimmberechtigt war. Erst im Januar 1557 wurde sie vollwertiges Mitglied des Konvents und bezog ihren Schilling Schuhgeld. Goswyne Droste könnte eine Tochter des Heidenreich Droste zu Vischering, Drost zu Horstmar und Vörden, gewesen sein und zeichnete sich durch ein besonders unstetes Leben aus. Wohin ihre zahlreichen Reisen gingen, lässt sich den Aufzeichnungen kaum entnehmen. Möglicherweise war die noch junge Frau zunächst von Heimweh geplagt und reiste zu ihrer Familie zurück. Darauf deutet hin, dass sie zu Pfingsten 1559 und zu Ostern 1561 jeweils mit dem Gespann eines Drosten zurückgebracht wird. Noch im selben

269 Vgl. SCHRÖER, Reformation in Westfalen, 1, 2. Teil, 8, S. 184f.
270 Kanoniker von 1528 bis 1582. Christian HOFFMANN, Osnabrücker Domherren 1567-1624. Geistliche Karriereprofile im konfessionellen Zeitalter, in: OM 100 (1995), S. 11-41, Nr. 3.
271 STÜVE, Geschichte 2, S. 153, 193, 195; BEHR, Waldeck 1, S. 34. Epitaph und Grabstein Buddes befanden sich bis zum 19. Jahrhundert im Osnabrücker Dom. Sabine WEHKING, Die Inschriften der Stadt Osnabrück (Die Deutschen Inschriften 26: Göttinger Reihe 3), Wiesbaden 1988, Nr. 139.
272 Rembert von Bernefür (1537-1602), Drost zu Oldenburg, 1556-1561. NIEBERDING, Niederstift 2, S. 423.
273 GOLDSCHMIDT, Lingen, S. 53.

Jahr, nach Fronleichnam, überbringt der Diener ihrer Mutter ihr eine Nachricht oder ein Geschenk. Mitte Dezember erhält sie Besuch von ihrem Bruder, der auch in den folgenden Jahren in Börstel weilt. Den Monat August 1562 ist Goswyne wiederum abwesend und wird vom Gespann des Fürstenauer Drosten Franz von Lüning nach Börstel zurückgeholt. Das Osterfest 1564 verbringt sie auf Schloss Dankern, dem Sitz des Franz von Beesten. Zur Kirchmesse ist sie nach einer weiteren Reise zurück in Börstel. Auch 1565 pendelt sie zwischen Börstel und einem unbekanntem Ziel. Nach einigen Jahren der Sesshaftigkeit verbringt sie die Zeit zwischen Ostern und Himmelfahrt 1571 wiederum auf Schloss Dankern. Die Nachricht von einer weiteren Reise zu Pfingsten 1572 ist das letzte Lebenszeichen von ihr. Möglicherweise hat sie in Dankern eine neue Bleibe gefunden.

Drei der von Beata Schade aufgenommenen Stiftsjungfern stammten aus dem Niederstift Münster, davon eine aus dem Amt Meppen und zwei aus dem Amt Vechta. Drei kamen aus der Grafschaft Bentheim, zwei aus der Grafschaft Lingen, eine vermutlich aus dem Oberstift Münster. Aus dem Hochstift selbst fand in ihrer Amtsperiode niemand Eingang in das Stift. Bis auf Goswyne Droste werden aufgrund ihrer Herkunft aus evangelisch gewordenen Territorien alle Stiftsjungfern lutherischen Glaubens gewesen sein. Die auffallende Präsenz von Frauen aus dem Niederstift und der Grafschaft Lingen wird ihre Ursache darin gehabt haben, dass sich hier bis zur Reformation fast keine Klöster befanden. Die Ämter Meppen und Cloppenburg waren eher dünn besiedelt, hier fehlten die ökonomischen Voraussetzungen, die den wenigen Adelsfamilien eine Stiftung ermöglicht hätten.[274] Die meisten Adelsgüter lagen im Amt Vechta. Die zentrale Lage Börstels an der südlichen Grenze des Amtes Cloppenburg und mittig zwischen den Ämtern Meppen und Vechta ließ das Kloster daher zu einem Stützpunkt der niederstiftischen Familien werden, während familiäre und soziale Kontakte in das Oberstift sehr selten waren.[275] Die heimatlichen Rittersitze der Frauen lagen in einer Entfernung von vierzig bis fünfzig Kilometer, ließen sich also während einer bis eineinhalb Tagesreisen erreichen. Die meisten der niederadeligen Familien der Börsteler Stiftsjungfern hatten erst während des 15. und 16. Jahrhunderts einen Rittersitz auf dem Lande errichten können und waren zuvor als Dienstmannen und Ministeriale auf den befestigten Häusern der Landesherren ansässig. Bemerkenswert ist es, dass während zweier Jahrhunderte[276] fast alle Äbtissinnen aus dem Emsland stammten. Deren Familiensitze reihten sich an den Uferrücken von Vechte, Dinkel, Ems und Hase aneinander und waren durch den von Westfalen nach Ostfriesland führenden Han-

---

274 Gerd STEINWASCHER, Klöster im Emsland vom Spätmittelalter bis zur Mitte des 20. Jahrhunderts, in: Jahrbuch des Emsländischen Heimatbundes (im Folgenden JEHB) 45 (1999), S. 108-143, hier S. 111.

275 Christian HOFFMANN, Der Streit um das geltende Reichsrecht. Die Auseinandersetzung der Stände im Niederstift Münster mit Fürstbischof Ferdinand von Bayern um die Freistellung der Augsburgischen Konfession, in: Gerd Steinwascher (Hrsg.), Krieg – Konfessionalisierung – Westfälischer Frieden, S. 229-269, hier, S. 231.

276 Beginnend mit Cäcilia von Heede 1464 wurde die Reihe erst mit der Wahl von Magdalena von Dorgelo aus dem Amt Vechta 1646 beendet. Einzige Ausnahme ist die von 1530 bis 1531 residierende Äbtissin Leneke von Vincke, die aus dem Hochstift Osnabrück stammte.

delsweg miteinander verbunden. Zentrum des Emslandes war Meppen, wo sich seit 1374 der Sitz des emsländischen Drosten befand. Die emsländischen Rittersitze lagen im Umfeld der bischöflichen Burgen an Hase und Ems, meist abseits der Dörfer in isolierter Lage, waren durch eine Gräfte befestigt oder in einer Flussschleife gelegen. Die Besitzungen zumeist nur vom Umfang eines größeren Bauernhofes, waren äußerst bescheiden, die Wohngebäude einstöckig und aus Fachwerk errichtet. Die emsländischen Äbtissinnen waren also von Haus aus an einen Lebensstil gewöhnt, der mit der bescheidenen Ausstattung und der abgeschiedenen Lage Börstels in Einklang stand.

Entsprechend dieser geographisch-sozialen Vernetzung hatten die familiären Verbindungen der Börsteler Stiftsjungfern einen großen Stellenwert. Die prosopographische Untersuchung zeigt, dass fast alle Frauen miteinander in einem näheren oder weitläufigeren verwandtschaftlichen Verhältnis standen. Die Tante Mette Maneels und die Großtante Katharinas von Dedem waren bereits Äbtissinnen, die Tante Lucretia von Langens Kellnerin des Stifts. Der ausgeprägte frühneuzeitliche Familiensinn pflegte nicht nur die Beziehungen zu den Lebenden, sondern hielt auch die Erinnerung an die Vorfahren wach, so dass den Stiftsjungfern die Beziehungen zu ihren verstorbenen Vorgängerinnen selbstverständlich präsent waren. Einige Frauen hatten verwandtschaftliche Beziehungen zu fürstlichen Beamten: Der Bruder der älteren Anna von Dincklage, gleichzeitig der Onkel Lucretia von Langens, war Drost zu Vechta, der Vater von Heyke von dem Oldenhaus Drost zu Steinfurt. Bruder und Neffe der jüngeren Anna von Dincklage waren Drosten zu Cloppenburg, Goswyne Droste war möglicherweise die Tochter des Drosten zu Horstmar und Vörden.

Auch nach ihrem Eintritt ins Stift waren die geistlichen Frauen keinesfalls aus der Welt und zählten weiterhin zum Familienverband. Die Vielzahl der Kontakte macht deutlich, dass das Wohlergehen von Töchtern und Schwestern den Familien weiterhin am Herzen lag. Die männlichen Familienangehörigen standen ihren weiblichen Verwandten mit Rat und Tat zur Seite und unterstützten sie in schwierigen Situationen. Dies wird besonders deutlich in dem im Folgenden zu beschreibenden Konflikt um die Darlager Mühle. Blieben die älteren Stiftsjungfern zunächst noch an den Ort gebunden, so kündigte sich in der jüngeren Generation bei Margarethe Budde, Lucretia von Langen und Goswyne Droste bereits eine neue Dimension des stiftischen Lebens an. Alle drei reisten ohne Begleitung zu Verwandten und Freunden, wobei ihnen ein Pferd zur Verfügung stand. Obwohl eingebunden in den klösterlichen Tagesablauf und Jahresrhythmus, war den Stiftsjungfern um die Mitte des 16. Jahrhunderts bereits eine begrenzte Teilhabe am gesellschaftlichen Leben möglich.

1.3.2. Außenbeziehungen und Konflikte

Mehrfach tritt das Stift unter der Ägide Beata Schades als Geschäftspartner in Erscheinung. 1536 tauschte sie für 26 Gulden ein schlechteres Landstück gegen eine Wiese mit besserem Boden.[277] Zwischen 1543 und 1554 sind viermal Rentenkäufe

---

277 UB 253.

in Höhe von 20 Talern, 11 und 32 Mark und 26 Gulden beurkundet, die jährliche Renteneinkünfte von mehreren Talern erbrachten. Die bei diesen Transaktionen eingesetzten 52 Gulden, 20 Talern und 43 Mark stellen eine recht beachtliche Summe dar,[278] wenn sie auch über einen Zeitraum von knapp zwanzig Jahren verteilt sind. Ausführende waren Anna von Smerten, Cäcilia Eissinck, die Kellnerin Mette Maneel und die Kämmerin Elisabeth Schütte. Während Anna von Smerten mit privatem Vermögen arbeitete,[279] erfolgten die drei weiteren Käufe[280] *to behoff dem (!) ghemeynen juncffruen des klosters*[281] also zugunsten des Konventsguts.

Häufiger als in Geschäftsbeziehungen tritt das Stift bei der Wahrnehmung der Interessen der Eigenbehörigen in Erscheinung. Sechsmal erteilte Äbtissin Schade ihre Zustimmung zu Verkauf und Verpfändung von eigenbehörigem Besitz.[282] Viermal tauschte das Stift weibliche Eigenbehörige mit weiblichen Unfreien[283] von Adligen der Umgebung – 1542 mit Tobe Vanck, 1542 mit Boldewyn Voß, 1545 mit Johann von Snetlage und 1552 mit Grete Voß – und einmal, 1535, mit dem Kloster Bersenbrück. Weitere acht Freilassungen von Eigenbehörigen wurden unter der Zeugenschaft des Stifts von umliegenden adeligen Gutsherren in Börstel besiegelt. Zehnmal wird die Aufnahme in die Hörigkeit des Stifts Börstel[284] und nur einmal der Freikauf einer jungen Eigenbehörigen beurkundet.[285] Es spricht für den guten Leumund des Stifts, dass sich neun ehemals Freie, davon acht junge Frauen und Witwen, in die Abhängigkeit und den Schutz des Konvents begaben.

Ging es allerdings um die Wahrung alter Besitzstände waren Äbtissin und Konvent selbstbewusst bereit, ihre Rechte zu verteidigen. Gleich zu Beginn von Beatas Amtszeit flammte ein alter Streit um die vom Kloster betriebene Darlager Mühle an der Hase in Menslage auf. Zum Betrieb dieser Mühle hatte das Stift einen Rückstau errichten lassen, über den sich Burgmänner und Markgenossen von Quakenbrück vehement beklagten, da ihre Felder unter Wasser gesetzt und ihre Ernten verdorben wurden. Zur Beilegung des Interessenskonflikts um den Mühlenstau hatte bereits 1509 Bischof Erich II. von Braunschweig-Grubenhagen einen gütlichen Verhörtag anberaumt, ihn aber dann wegen anderer wichtiger Termine absagen müssen. Da es noch keine institutionalisierte Gerichtsinstanz gab, mussten Versammlungen zur Konfliktbereinigung von Fall zu Fall einberufen und ein „gütlicher Tag" oder ein „Verhörtag" angesetzt werden. Hatte der Landesherr keine Zeit, unterblieb die Un-

---

278 Im Mittelalter und der frühen Neuzeit waren verschiedene, in unterschiedlichen Territorien geprägte Münzsorten im Umlauf. Eine Liste der in Börstel gängigen Münzen findet sich im Anhang. Vgl. Niklot KLÜßENDORF, Münzkunde (Hahnsche Historische Hilfswissenschaften 5), Hannover 2009, S. 76ff; Für Osnabrück ermittelte Gerhard Twelbeck, Maß und Münzen in Osnabrück (masch.), Osnabrück 1969, die gängigen Einheiten.
279 UB 271.
280 UB 277, 280 und 284.
281 UB 277.
282 UB 251, 254, 258, 268, 273 und 278. Vier weitere Kaufverträge zwischen anderen Partnern werden in Börstel verwahrt.
283 UB 252, 269, 276 und 282; NLA OS Dep 91 b Akz. 2011/059 Nr. 1779 (1542).
284 UB 244, 245, 255, 267, 270, 272, 281, 285 und 286; NLA OS Dep 91 b Akz. 2011/059 Nr. 1779 (1546).
285 UB 275.

tersuchung des Streitfalls. Bischof Erich schärfte Äbtissin Margareta von Dedem lediglich ein, sie möge die Schütte hochziehen *und deselven schutten nicht weder nederfallen laten,* damit *dat water synen fryen lop und fluyt haben moge.*[286] Kein Wunder, dass in Sachen Hasestau alles beim Alten blieb.

Nach dem Ableben Erichs im Mai 1532 wandten sich die Betroffenen Ende August mit einer erneuten Beschwerde zunächst an seine Statthalter in Fürstenau und im Dezember an den neu gewählten Bischof Franz von Waldeck. Dieser ließ noch vor Ostern 1533 von Iburg aus ein mahnendes Schreiben an Äbtissin Beata Schade ergehen, musste jedoch weitere Schritte wegen seiner Einbindung in den münsterischen Täuferkrieg zunächst aufschieben. Erst nach der Unterwerfung der Täufer setzte Franz von Waldeck im Juni 1535 einen Verhörtag in Quakenbrück an, zu dem Äbtissin, Konvent, Burgmänner und Erbexen[287] geladen wurden. Erneut führten die Anlieger der Hase bittere Klage darüber, dass der Mühlenstau den Besitz der armen Leute, ihre Weiden, Wiesen, Ackerland und Gärten verderbe und vernichte und diese deshalb in Schulden gerieten. Wenn der Stau bestehen bleibe, seien sie gezwungen, ihre Höfe zu verlassen und aus dem Lande zu ziehen. Forderung der Anlieger sei es deshalb, die Schütte zwischen dem 1. Mai und dem St. Bartholomäus-Tag (24.8.) hochzuziehen, *up das se unverdorfen mochten bliven.* Die bewegte Klage der Haseanrainer und ihre Drohung, außer Landes zu gehen, werden dem Landesfürsten eine Warnung gewesen sein, die Angelegenheit nicht auf die leichte Schulter zu nehmen. Immerhin hatten die 1525 im Reich ausgebrochenen Bauernkriege mit der Niederschrift der bekannten Zwölf Artikel insgesamt zu einem erstarkten Selbstbewusstsein der bäuerlichen Bevölkerung geführt. Die Aufstände hatten zwar das Osnabrücker Land nicht berührt, im benachbarten Niederstift war es jedoch 1533/34 im Amt Vechta zu einem Bauernaufstand gekommen, bei dem 300 Bauern dem Bischof die Leistung von Schanzarbeiten in Münster verweigert hatten.[288] Die Drohung der Landsassen, ihre Höfe zu verlassen, ließ zudem eine erhebliche finanzielle Einbuße für das Amt befürchten.

Die Wertigkeit, die Franz von Waldeck der Streitigkeit beimaß, lässt sich darin ablesen, dass er den Verhörtag sozusagen mit seiner Regierungsspitze bestückte. Von Seiten der Landesregierung traten der Hofmeister Friedrich von Twiste,[289] der Kanzler Dr. Johann Merckel,[290] der Offizial Johann Mellinckhus,[291] und der Drost zu

---

286 NLA OS Dep 91 b Akz. 2011/059 Nr. 650. Hier auch die folgenden Zitate.

287 Unter den Markgenossen bildeten die Erbexen eine Gruppe, die mit besonderen Vorrechten bei der Verfügung über den Bestand der Marken ausgestattet war. Vgl. Hans-Joachim BEHR, Forst und Jagd im Osnabrücker Raum vom 17. Jahrhundert bis zur Gegenwart, in: OM 77 (1970), S. 125-161, hier S. 126.

288 Werner DOBELMANN, Jagd und Fischerei im Osnabrücker Nordland, in: Mitteilungen des Kreisheimatbundes Bersenbrück (im Folgenden MKHB) 9 (1961), hier S. 51; Bau- und Kunstdenkmäler des Herzogtums Oldenburg, Heft 2, Amt Vechta, 1900 (Nachdruck Osnabrück 1976), S.55f.

289 Friedrich von Twiste (†1559), 1530 Hofmarschall des Bischofs Franz von Waldeck, Drost zu Wittlage und Sassenberg, ∞ mit Elisabeth von Canstein. BEHR, Waldeck 2, S. 29 Anm. 24.

290 Johann Merckel (†1538) Dechant des Kollegiatstifts St. Johann zu Osnabrück, 1529 Leiter der Osnabrücker Kanzlei. BEHR, Waldeck 2, S. 63 Anm. 72.

Fürstenau Eberhard Möring auf. Friedrich von Twiste war nach der im September 1536 beschlossenen Hofordnung als ranghöchster Beamter für die Aufsicht aller Ämter bei Hofe und die Ausführung der Befehle zuständig. Kanzler Johannes Merkel, der einzige gelehrte Jurist bei Hof, beriet den Fürsten in juristischen Fragen und überwachte den Schriftverkehr. Beide Hofbeamten waren 1530 zum Reichstag nach Augsburg entsandt worden. Höchste Gerichtsbeamte zur Vertretung der landesherrlichen und der geistlichen Gerichtsbarkeit waren für das Amt Fürstenau Drost Eberhard Möring und als Vertreter des Domkapitels und Bevollmächtigter des Bischofs der Offizial Johann Mellinckhus. Da die Landesverwaltung insgesamt noch wenig differenziert war und feste bischöfliche Verwaltungsbehörden erst im Entstehen waren,[292] kümmerten sich Bischof und Räte persönlich um alle Regierungsgeschäfte, eben auch um den Menslager Konflikt. Von Seiten der Landstände waren die Domherren Gyseke Voß[293] und Otto von Dincklage,[294] Klaus von Heueren und der Osnabrücker Bürgermeister Martin von Horsten[295] anwesend. Das nach umfänglicher Beratung der Beteiligten errichtete Notariatsinstrument zur Beilegung des Streits hielt den bischöflichen Befehl fest, alle Stauungen abräumen und den Hasefluss reinigen zu lassen, damit die Wasserflut ihren Gang nehmen könne und die Ernte nicht weiter schädigen würde. Die Quakenbrücker Markgenossen hatten also ihren Kampf gegen die partikularen Sonderrechte des Stifts zunächst gewonnen.

Äbtissin und Konvent akzeptierten das Urteil jedoch nicht und beriefen sich auf ihre althergebrachten Mühlenprivilegien, die sich seit mehr als zweihundert Jahren im Besitz des Klosters befänden und nach den Urteilen der früheren Bischöfe Konrad von Rietberg und Erich von Grubenhagen auf ähnlichen Verhörtagen bestätigt worden seien. Entsprechend erging die untertänigste Bitte des Konvents an Bischof Franz, das Stift bei seinen alten Rechten zu belassen. Eine weitere Einlassung von Seiten des Landesherrn erfolgte zunächst nicht. Mittel zur Durchsetzung des Urteils gab es nicht.

Die Verhandlungen um den Hasestau zeigen beispielhaft die Strategien der Konfliktbeilegung in der frühen Neuzeit, in der ein staatliches Gewaltmonopol und die

---

291 Johann Mellinckhus, gen. von Emden, von 1538 bis 1561 Stiftsdechant von St. Johann zu Osnabrück, „der die Reformation in St. Johann am nachdrücklichsten gefördert hatte" (SCHRÖER, Reformation in Westfalen 2, S. 233). 1534-1544 bischöflicher Offizial zu Osnabrück (BEHR, Waldeck 1, S. 341; BEHR, Waldeck 2, S. 462 Anm. 627). Zur Armenstiftung Mellinckhus' in Osnabrück vgl. QUECKENSTEDT, Die Armen, S. 231f.

292 Die älteste erhaltene Regierungsordnung für die bischöfliche Kanzlei entstand 1585 (Max BÄR, Abriß einer Verwaltungsgeschichte des Regierungsbezirks Osnabrück (Quellen und Darstellungen zur Geschichte Niedersachsens 5), Hannover/Leipzig, 1901, S. 6-7). Vgl. auch Ernst SCHUBERT, Vom Gebot zur Landesordnung. Der Wandel fürstlicher Herrschaft vom 15. zum 16. Jahrhundert, in: Thomas A. Brady (Hrsg.), Die deutsche Reformation zwischen Spätmittelalter und Früher Neuzeit, München 2001, S.19-61, hier S. 26-33.

293 Giesebert Voß, Domherr zu Osnabrück, 1532 an der Wahl Franz von Waldecks beteiligt. BEHR, Waldeck 1, S. 34.

294 Otto von Dincklage, Domherr zu Osnabrück, 1532 an der Wahl Franz von Waldecks beteiligt. BEHR, Waldeck 1, S. 34.

295 Martin von Horsten, wohlhabender Kaufmann, unterstützte die Reformation. SPECHTER, Mittelalterliches Patriziat, S. 557.

Gewaltenteilung mit unabhängiger Rechtsprechung noch wenig ausgeprägt waren bzw. ganz fehlten. Zwar gab es weltliche und nach kanonischem Recht urteilende geistliche Gerichte, doch waren diese „eher Machtmittel in der Hand der Gerichtsherren als unabhängige Organe der Rechtsprechung."[296] Man setzte daher auf Vermittlung durch Personen, deren Aufgabe es nicht war zu richten, sondern die allein aufgrund ihrer hochrangigen Position über ein besonderes Prestige verfügten, auch Bindungen zu beiden Parteien hatten, und deren Ratschläge zur Beilegung des Konfliktes daher von beiden Seiten akzeptiert werden konnten.

Einige Jahre ruhte der Streit, bis die Quakenbrücker im Oktober 1546 einen erneuten Verhörtag wegen des Hasestaus an der Darlager Mühle durchsetzen konnten.[297] Tagungsort war der Kirchhof von Menslage, nicht ungewöhnlich in Zeiten, als die Judikatur noch unter freiem Himmel stattfand. Auch diesmal waren unter großem Personalaufwand die Beistände beider Parteien vertreten. Auf landesfürstlicher Seite erschienen als Land- und Hofräte die Domherren Herbord von Bar d. Ä.[298] und Amelung von Varendorp,[299] der Jurist Dr. Joest Roland,[300] die Drosten zu Fürstenau Swithard von Bockel,[301] zu Wittlage Albert von dem Bussche,[302] zu Wildenau Ludolf Klenke[303] und zu Horstmar und Vörden Heydenreich Droste. Der Konvent war durch Beata Schade und vier Amtsjungfern vertreten und wurde durch die so genannten guten Freunde aus der Ritterschaft unterstützt: neben Johan Mellinckhus durch den Drosten zu Vechta, Johann von Dincklage d. Ä., und die adeligen Landsassen Lambert Budde und Hugo von Dincklage. Heydenreich Droste, Johann und Hugo von Dincklage sowie Lambert Budde zählten als Angehörige von Stiftsjungfern zum engsten Freundeskreis des Stifts.

In der Gerichtsverhandlung beklagten sich Äbtissin und Berater über die dem Stift bisher zugefügte Beschneidung seiner Rechte: Während der Sedisvakanz des bischöflichen Stuhls 1532 habe sich die gemeine Landschaft kommissarische Rechtsgewalt über Äbtissin, Konvent und Güter angemaßt, was gegen alles Recht

---

296 Gerd ALTHOFF, Die Bösen schrecken, die Guten belohnen. Bedingungen, Praxis und Legitimation mittelalterlicher Herrschaft, in: Gerd Althoff, Hans-Werner Goetz, Ernst Schubert (Hrsg.), Menschen im Schatten der Kathedrale, Darmstadt 1998, S.16.
297 NLA OS Rep 100 Abschn. 338a (Stift Börstel).
298 Herbord von Bar d. Ä., Kanoniker von 1513 bis 1557, 1517 Domherr zu Münster, 1536 Domdechant (Christian HOFFMANN, Ritterschaftlicher Adel im geistlichen Fürstentum. Die Familie von Bar und das Hochstift Osnabrück: Landständewesen, Kirche und Fürstenhof als Komponenten der adeligen Lebenswelt im Zeitalter der Reformation und Konfessionalisierung 1500-1651 (Osnabrücker Geschichtsquellen und Forschungen 39), Osnabrück 1996, S. 224, Anm. 5). Grabplatte und Epitaph befanden sich bis zum 19. Jahrhundert im Dom zu Osnabrück. WEHKING, Inschriften, Nr. 108 und 109.
299 Amelung von Varendorp, Kanoniker von 1518 bis 1553, Propst zu Quakenbrück. BEHR, Waldeck 2, S. 66 Anm. 92.
300 Dr. Joest Roland, 1538-1544 Kanzler, 1553-1556 Bürgermeister zu Osnabrück, ∞ mit Hille von Ankum. BEHR, Waldeck 2, S. 102, Anm. 191.
301 Swithard (Schweikhard) von Bockel († vor 1564), bis 1547 Amtmann zu Fürstenau und Haselünne. BEHR, Waldeck 2, S. 422, Anm. 576.
302 Albert von dem Bussche zu Ippenburg und Hünnefeld, 1520 Drost zu Wittlage, ∞ mit 1512 mit Helene Busschen. BEHR, Waldeck 2, S. 250 Anm. 376.
303 Ludolf Klenke zu Hämelschenburg, Drost zu Wildenau. BEHR, Waldeck 2, S. 563.

und Billigkeit gewesen wäre. Nach der Wahl Franz von Waldecks habe man sich bei ihm über die Kommissare sehr beschwert und ihn gebeten, diese von weiteren Maßnahmen gegen das Stift und seine Güter abzuhalten. Dafür hätten sie ihm versprochen, sich gegen ihn, ihren Landesfürsten, geistlichen Ordinarius und Richter, gehorsam zu verhalten. Trotz der Vermahnungen des Bischofs hätten die Kommissare ihre Tätlichkeiten gegen sie jedoch fortgesetzt. Deshalb bitte der Konvent nun demütig, die fürstlichen Räte mögen sie mit dem gegen sie ergangenen Urteil nicht länger beschweren, sondern sie und ihr Erbgut bei ihrer alten Gerechtigkeit belassen, bis sie nach ordentlicher Gerichtsverhandlung daraus gewiesen würden: *bis so lange dat wy myt ordenliken rechte und rechtes erkantniße dar van und uth verwysen.* Im Gegenzug zur Wahrung ihrer Mühlenprivilegien verspricht die Äbtissin den Gehorsam gegenüber ihrem Landesherrn. Dass sie der Urteilsfindung keinen bindenden Charakter zuspricht, erhellt aus dem Hinweis darauf, dass sie sich nur einem ordentlichen Gericht unterwerfen würde. Das zeigt zudem, wie wenig gefestigt die Landesherrschaft zu diesem Zeitpunkt war und von welchem Selbstbewusstsein die Amtsführung der Äbtissin Beata Schade getragen wurde.

Nachdem die Räte die unnachgiebige Haltung des Konvents mit der Gegenpartei beraten hatten, zog deren Vertreter, der Domherr Giselbert Budde, die Klage zurück. Ohne Kläger und ohne weiteren Befehl – wie es heißt – wurde der Tag beendet, wofür sich Äbtissin und Jungfern bei den Räten bedankten, nicht ohne einen Verweis auf die ihnen entstandenen hohen Unkosten. Diese wollten sie allerdings gern übernehmen, wenn sie zu keiner weiteren Verhandlung verpflichtet würden. Die noch im selben Monat, am 28. Oktober 1546, an Bischof Franz erfolgte Zahlung von sechzig Talern,[304] die er mit den Worten *darmede sie sich gegen uns erkant und verehret* quittierte, legt die Vermutung nahe, dass hinter den Kulissen verhandelt wurde und sich Äbtissin und Konvent ihre dauerhafte Verfügungsgewalt über den Hasestrom mit einer Gegenleistung in Form einer „Verehrung" an den Bischof erkauft hatten.

1.3.3. Der Widerruf Franz von Waldecks

Die weitere konfessionelle Entwicklung im Hochstift fand in Börstel keinen sichtbaren Niederschlag. Bereits Anfang 1546 hatten die Osnabrücker Domherren eine Häresie-Klage gegen den Bischof in Rom angestrengt. Nach der Niederlage des Schmalkaldischen Bundes und der Gefangennahme seiner Führer drohte Franz von Waldeck die Absetzung durch Kaiser und Papst. Osnabrück fiel mit kaiserlichem Mandat im August 1547 wegen Unterstützung des Landgrafen von Hessen in die Acht. Mit Mandat vom August 1547 erzwangen die domkapitularischen Archidiakone die Wiederaufnahme des katholischen Gottesdienstes. Auf dem Landtag zu Oesede gab Franz am 12. Mai 1548 schließlich dem Drängen des Osnabrücker Domkapitels nach und widerrief die Kirchenordnung des Hermann Bonnus und die von ihm erlassenen Reformationsverfügungen. Doch zu diesem Zeitpunkt waren der größte Teil der Bevölkerung in Stadt und Land Osnabrück und die Ritterschaft be-

---

304 NLA OS Dep 91 b Akz. 2011/059 Nr. 277.

reits evangelisch.[305] An Marien- und Katharinenkirche wurde lutherisch gepredigt, lediglich die Kapitulare von St. Johann und dem Dom hielten am katholischen Gottesdienst fest. Das änderte sich auch nach dem Widerruf des Bischofs nicht, als die Archidiakone erneut die Aufforderung erließen, unverzüglich die alte kirchliche Ordnung, die Messfeier und das liturgische Zeremoniell wiederaufzunehmen.[306] Die Katharinen- und Marienkirche blieben aus Mangel an katholischen Geistlichen drei Jahre lang, von 1548-1550, geschlossen und die Evangelischen ohne Gottesdienst.[307] Eine völlige Rekatholisierung von Stadt und Stift erwies sich als unmöglich. Statt der Rückkehr zur alten Kirche betrat das Land zunächst „konfessionelles Niemandsland".[308]

Franz von Waldeck selbst stand innerlich weiterhin auf dem Boden der *Confessio Augustana*[309] und konnte insbesondere in der Zölibatsfrage aufgrund seiner persönlichen Lebenssituation keine eindeutige Position beziehen. Obwohl er auf der Frühjahrssynode vom 12. Februar 1549 die *Formula reformationis* des Kaisers – die Proklamation der katholischen Reform des kirchlichen Lebens für die geistlichen Stände – für rechtsverbindlich erklärte, billigte er in seiner Diözese weiterhin Laienkelch und Priesterehe und verhielt sich so im Sinne des Augsburger Interims von 1548, das beides bis zur Klärung durch ein Konzil freistellte.[310] In der Folge entwickelte sich in den meisten Gemeinden eine religiöse Mischform, in der evangelisch gepredigt und das Abendmahl in beiderlei Gestalt ausgeteilt wurde, die vertrauten Zeremonien, Altäre, Heiligenbilder und liturgische Gewänder jedoch erhalten blieben.[311] Die Mehrheit des Osnabrücker Stiftsadels, um 1625 fast 70%, blieb lutherisch.

---

305 Hermann ROTHERT, Das Glaubensbekenntnis der Osnabrücker Ritterschaft im Jahre 1625, in: OM 46 (1924), S. 142-150, hier S. 143.
306 Die niederdeutsche Bischofschronik 2, S. 290f.; HOYER, Untersuchungen, S. 119; SCHRÖER, Reformation in Westfalen 2, S. 232f., S. 507ff.; NLA OS Rep 100 Abs. 367 Nr. 7 Bl. 57.
307 DÖKEL, Geschichtliche Mitteilungen, S. 31.
308 HOFFMANN, Adel, S. 147.
309 Nach dieser von Philipp Melanchthon 1530 verfassten wichtigsten Bekenntnisschrift nannten sich die Lutheraner „Religionsverwandte Augsburgischen Bekenntnisses".
310 Wilhelm-Josef GROßE-KRACHT, Das Bistum Osnabrück unter Einwirkung der Trienter Konzilsbeschlüsse bis zur großen Synode von 1628, Theol. Diss. (Mschr.), Freiburg 1944, S. 14.
311 Theodor PENNERS, Zur Konfessionsbildung im Fürstbistum Osnabrück. Die ländliche Bevölkerung im Wechsel der Reformationen des 17. Jahrhunderts, in: JGNKG 72 (1974), S. 25-50.

II. 2. Äbtissin Mette Maneel (1556-1574)

Deutlicher zeichnen sich aus den Quellen die Person und das Wirken der Äbtissin Mette Maneel und die Viten ihrer Konventsangehörigen ab. Dies hängt mit der Überlieferung des pragmatischen Schriftguts in Form von Rechnungsregistern des Stifts ab 1556 zusammen, in denen sich neben der Abrechnung der Einnahmen und Ausgaben von Naturalien und Geld auch die Verzeichnung der Haferausgaben finden: *Wath von haveren vor fremde perde gemetten ys.* Aus der peniblen Verzeichnung der Mengen und der Empfänger des Stiftshafers, teilweise auch des Reisezwecks ergibt sich ein umfassender Überblick über das Kommen und Gehen im Stift. Die geregelte Buchführung ermöglicht daher neben Kenntnissen über das Stift als Wirtschafteinheit auch Einblicke in die Auflösung der Klausur und die Entwicklung des sozialen und geistlichen Lebens nach der Reformation.

1. Der Konvent

1.1. Die Wahl

Wahl und Einführung Mette Maneels fanden nach dem Tod Beata Schades im Juli 1556 statt. Für die von allen Stiftsjungfern unterschriebene Wahlanzeige[312] erhielt ein Advokat einen Goldgulden. Die Einsegnung in der Kirche nahm der Pastor aus Badbergen vor, der für seine Amtshandlung und das Wegegeld mit einem Goldgulden entlohnt wurde. Dass ein Organist namens Luder aus Badbergen das Zeremoniell begleitete, gibt den ersten Hinweis auf das Vorhandensein einer Orgel in der Stiftskirche zu Börstel. Für seinen Dienst nahm er einen halben Taler Lohn und einen Viertel Taler für Schuhe sowie drei Ellen[313] Lederlaken entgegen.

Nach der Einführung der Äbtissin übermittelte der Bote Johann Kulen dem Domscholaster Giselbert Budde zu Hange in Gesmold die Wahlanzeige.[314] Mit Giselbert Budde, der 1546 an dem Menslager Verhörtag teilgenommen hatte, stand das Stift offensichtlich in enger Verbindung. Buddes Wertschätzung zeigt sich darin, dass der Dompropst dem Stift in seinem Testament ein Legat über fünfzig Taler aussetzte.[315]

Ein weiterer Bote, Gyse Lampe, brach nach Osnabrück auf, um den Landesherrn, Bischof Johann von Hoya (1543-1574), von der vollzogenen Wahl zu benachrichtigen. Die Einholung der bischöflichen Konfirmation war eine aufwändige und teure Angelegenheit, für die das Stift dem Bischof eine Gebühr von fünfzig Talern und dem Kanzler für die Ausfertigung der Urkunde noch einmal zehn Taler zu zahlen

---

312 UB 288.

313 Ein Osnabrücker Laken hatte 40 Ellen bzw. 48,8 Meter. Vgl. Hermann WIEMANN, Die Osnabrücker Stadtlegge, in: OM 35 (1910), S. 1-76.

314 NLA OS Dep 91 b Akz. 2011/059 Nr. 771 (1556) 4r: *Item Kulen Johann gegeven v ß vor eynen wech to Gesmell gedaen na heren Gyseken Budden.* In Gesmold lebte die Schwester seines Vaters, Marie Budde, die Witwe des Drosten von Grönenberg, Cord von dem Bussche. VOM BRUCH, Osnabrück, S. 190.

315 NLA OS Dep 91 b Akz. 2011/059 Nr. 796 (1582/83) 12v: *Item wegen weilant des erwurdigen edlen und ernvesten herr Gisberdt Budden, dombprovest to Oßnabrugh, darmit siner erw. gotzaliger uns in sinem testamente und lesten willen legirt und begavet hefft to unsers stifts beste und nutz, l (=50) daler.*

hatte. Der Rentmeister zu Fürstenau, der in dieser Angelegenheit gemeinsam mit dem Beauftragten des Konvents, Hake van Heek,[316] nach Osnabrück reiste, erhielt einen Goldgulden. In Osnabrück war der Hofstaat des Bischofs – der Kammerherr, der Koch und der Mundschenk – für die Unterbringung und die Verpflegung der Delegation mit jeweils einem halben bis zwei Talern zu entlohnen. Mit geringeren Summen wurden der Kammerherr des Drosten zu Fürstenau und sein Pförtner bedacht. Für die Knechte der Börsteler Abordnung musste die Unterbringung in einer Herberge und der Verzehr von Bier und Branntwein finanziert werden.

Mette Maneel wird zu Beginn ihres Abbatiats in den schriftlichen Quellen als *erbare und geystlyke junnffer Mette Maneell, abbatissa (*alternativ: *domina edder ffrouwe) des lovelyken styfftes und godeshuses ton Borstel* tituliert. Ab 1560 setzte sich die Bezeichnung Äbtissin durch. Im internen Schriftgut wird sie als die ‚würdige Frau‘ bezeichnet. Selbstverständlich siegelte die adelige Frau mit ihrem Petschierring, der neben dem Familienwappen die Initialen ihres Namens enthielt.

1.2. Familie Maneel

Mette Maneel war auf dem Rittersitz Klein-Landegge aufgewachsen, den ihre Mutter Agnes von Heede ihrem Gemahl zugebracht hatte und dessentwegen Gottschalk von Maneel 1495 zum münsterischen Landtag geladen wurde. Die bei Haren an der Ems gelegene Burg Landegge war bis zum Ende des 14. Jahrhunderts der wichtigste Stützpunkt des Bischofs von Münster, der von hier aus den Handel zu Wasser und zu Lande zwischen dem Rheinland und Friesland kontrollierte. Von dem ehemaligen Rittersitz zeugt die 1960 rekonstruierte Fachwerkkapelle St. Laurentius aus dem Jahr 1686 mit freistehendem hölzernem Glockenturm. In ihrem Inneren finden sich ein Taufstein aus Bentheimer Sandstein und eine alte Kastentruhe aus der Zeit Mettes.

Während ihrer gesamten Amtszeit erfuhr Äbtissin Mette außerordentlich viel Unterstützung durch ihre Familie. Aus der Familie ihrer Mutter suchten ihr Vetter Wermbold von Heede zu Gosenburg, Richter in Düthe, und dessen Sohn Melchior zwischen 1562 und 1572 mehrfach das Stift auf. Aus der väterlichen Familie gehörte der Sohn von Mettes Bruder Hermann Maneel, Gottschalk (†1609), zu den häufigsten Gästen Börstels. Er besuchte seine Tante zwischen 1560 und 1574 mehr als sechzigmal (!), davon einige Male in Begleitung seines Sohnes Johann Maneel (†1624). Die Beiden reisten in der Regel mit zwei Pferden an und blieben einen Tag und eine Nacht. Die Häufung der Besuche zu Beginn der 70er Jahre (von 1571 bis 1573 ist Gottschalk jährlich bis zu zwölfmal anwesend) wird mit der zunehmenden Bedrohung durch den 1568 ausgebrochenen niederländisch-spanischen Erbfolgekonflikt zu tun gehabt haben, der in den insgesamt achtzig Jahre währenden Freiheitskampf der protestantischen Niederlande gegen das katholische Spanien überging. Vermutlich überbrachten die Junker Nachrichten über die Ereignisse im Hochstift

---

316 Hake von Heek (†1558), Burgmann der Stiftsburg Iburg, belehnt mit Gut Lengerich 1533, 1516 ∞ mit Elisabeth von Cappel zu Wallenbrück (Rudolf VOM BRUCH, Die Rittersitze des Emslandes, Münster 1962, S. 133). Teilnehmer am Einzug Bischof Franz' in Münster 1533. BEHR, Waldeck 2, S. 67.

und im Emsland und berieten und unterstützten ihre Verwandten in Börstel. Ein weiterer Anreiz, Börstel zu besuchen, scheint von den dort gefeierten Festen ausgegangen zu sein. So verweilte Gottschalk Maneel zu Fastnacht 1566 und 1572 jeweils vier Tage, zum Maifest 1568 drei Tage und zum ersten Advent 1571 gemeinsam mit seinem Sohn drei Tage. Auch Sohn Johann zog es mit mehr als zwanzig Besuchen immer wieder nach Börstel. Im Juni 1573 zum Johannisfest blieb Johann allein fünf Tage. Zu Epiphanias 1561 ist auch Jungfer Goeste Maneel anwesend, vielleicht eine Tochter des Gottschalk.

Auch Mettes Schwester Fye Maneel und ihre Tochter Geseke von Bra gingen in Börstel ein und aus. Fye und Geseke reisten zu Ostern 1558 an, von wo aus Geseke weiter nach Hunteburg fuhr. Fyes Enkel, Steven von Bra, zählte zu den häufigsten Besuchern der jüngeren Generation. Seine insgesamt fünfzehn Besuche verteilten sich auf die Jahre 1568 bis 1574, in denen er jährlich ein- bis zweimal, oft in Begleitung des Junkers Matthäus von Quernheim, in Börstel abstieg. Bereits der bis hier aufgezeigte Besucherverkehr vermittelt den Eindruck, dass es sich bei Mette Maneel um eine außerordentlich familienorientierte und sozial aufgeschlossene Äbtissin gehandelt haben muss. Einen Hinweis auf den konfessionellen Status der Familie Maneel gibt eine Bittschrift, die 1614 bei Einleitung der Gegenreformation im Niederstift von 36 Vertretern der niederstiftischen Stände unterzeichnet wurde, zu denen auch Mettes Großneffen Johann und Nicolaus von Maneel gehörten.[317]

1.3. Zehn Biographien

Zum Konvent Mette Maneels gehörten 1556 zwölf Stiftsjungfern, im Verlauf ihrer Amtszeit nahm sie als Ersatz für die Verstorbenen zehn weitere Frauen auf. Als erste entrichtete Sophie von Wullen (1558-1625) im Februar 1558 dreißig Taler Einkleidungsgeld.[318] Sophie stammte von der im Amt Iburg gelegenen Wullenburg und war die Tochter von Gerlach von Wullen und Katharina von Dincklage, einer Schwester der jüngeren Anna von Dincklage, und so wird Sophie durch die Vermittlung ihrer Tante nach Börstel gekommen sein. Bereits im Juni 1557 war Gerlach von Wullen im Stift erschienen, um seine Tochter in Vorschlag zu bringen.[319] Sophies Familie weist charakteristische Züge eines noch ungezügelten frühneuzeitlichen Sozialverhaltens auf. Von ihren Brüdern wurde Asche wegen Brandstiftung enthauptet und Heinrich wegen Mordes an seinem Schwager hingerichtet. Bruder Jasper war dagegen Domherr zu Minden und eine Schwester, Immeke von Wullen, lebte im Augustinerinnenstift Quernheim.[320] Im Gegensatz zu ihren Mitschwestern hatte Sophie fast keine Außenkontakte. Lediglich 1603 und 1605 sind Besuche bei ihrer

---

317 Franz BÖLSKER-SCHLICHT, Die Gegenreformation im münsterschen Amt Meppen, in: Steinwascher (Hrsg.) Krieg – Konfessionalisierung, S. 157-227, hier S. 179.
318 NLA OS Dep 91 b Akz. 2011/059 Nr. 772 (1557/58) 25r: *Item entfangen van Ffyen van Wullen yn erer kledynge xxx jochymdaller vrygdages na Appollonie* (9.2.).
319 NLA OS Dep 91 b Akz. 2011/059 Nr. 771a (1556/57) 22r *Item Gerlach van Wullen ii sch haveren vor ii perde saturdages na Corporis Christe*.
320 HÜFFMANN, Art. Quernheim-Augustinerinnen, in: Hengst (Hrsg.) Westfälisches Klosterbuch 2, S. 269-275.

Verwandtschaft in Loxten erwähnt, von denen Sophie durch Else von Dincklage[321] zurückgebracht wurde.

Sophie besaß zwei Häuser mit Gärten, von denen die eine *behausinge* am nordwestlichen Ende des Kreuzgangs stand, die andere *in den umbganges muren befassett* war. Mit der Nennung der beiden Häuser in Sophies Testament ist der früheste archivalische Beleg für Hausbesitz von Stiftsdamen in Börstel gegeben. Von den Gärten war einer am Hause gelegen, der andere wurde *beister garde* (Rinderweide) genannt. Laut Inventar von 1626 befanden sich in dem Haus, in dem die Magd Taleke wirtschaftete, ein Bett mit Zubehör und zwei Kojen, ein *kleiderschaf, ein groß ferkantich disch, benke und sessell.* In der Küche gab es *eine richtebank, so hardt am scharthstein gestanden,* und *ein molkenschaff.*[322] Sophie scheint recht wohlhabend gewesen zu sein, denn neben ihrem Hausbesitz war sie auch solvent genug, um 1584 und 1597 dem Kolon Gerd zur Bornehorst aus Dalvers einmal zwanzig und einmal zwölf Taler Kredit zu gewähren.[323] Ab 1600 war Sophie Siegeljungfer[324] und Seniorin des Stifts.

Einen guten Einblick in ihre Familienstrukturen erlaubt das 1625 von ihr verfasste Testament,[325] in dem sie – *nachtem sie zu ihren hohen alter gekommen* – aus ihrem privaten Vermögen verschiedene Legate aussetzte. Der größere Teil ihres Vermögens in Höhe von zweihundert Reichstalern ging an ihre *hertlieben weschen und blueds vorwantinne* Eva Hake, jetzt Frau des Jasper Dorgelo zu Lethe. Ihr Haus vermachte sie ihrer Cousine,[326] der Stiftsjungfer Elisabeth Kerstapel. Weitere Legate setzte sie den Töchtern ihres Bruders Caspar (Jasper) von Wullen, Gertrud und Catharina, sowie der Tochter einer weiteren Schwester, Sophia Vinke, jetzt Witwe Mahler zu Lübbecke, aus. Ein interessantes Beispiel für soziale Fürsorge in den Frauenklöstern ergibt sich aus der Verfügung über das Legat von fünf Reichstalern für die bereits verstorbene Nichte Catharina von Wullen. Ihr Nachlassverwalter Cord von Wullen sollte das Geld für das unmündige und elternlose Kind Catharinas verwenden, das *von ehrliebenden adelichen jungfern zu Herforde auff dem Berge erhalten wirdt.*[327]

Ihren Mitschwestern vermachte sie zur Verbesserung ihrer Lebenshaltung vierzig Reichstaler und eine Schuldverschreibung über zwanzig Reichstaler. Den Stiftsarmen setzte sie eine jährliche Rente von fünf Reichstalern aus, die aus der Vermietung eines ihrer Häuser gezahlt werden sollten.[328] Eine der beiden Schlafkojen ging

---

321 Else von Dorgelo zu Schleppenburg und Lethe 1593 ∞ mit Johann von Dincklage zu Loxten (†1618). VOM BRUCH, Osnabrück, S. 346f.; Gustav NUTZHORN, Zur Geschichte der Familie von Dorgelo, in: Oldenburgische Familienkunde 11, Heft 2 (1969), S. 23-45, hier S. 30.
322 NLA OS Dep 91 b Akz. 2011/059 Nr. 200.
323 NLA OS Dep 91 b Akz. 2011/059 Nr. 474.
324 Erstmals erwähnt in UB 353.
325 NLA OS Dep 91 b Akz. 2011/059 Nr. 18.
326 Beider Großmütter Mette und Aleke von Buck waren Schwestern. VOM BRUCH, Osnabrück, S. 41 und 45.
327 Olaf SCHIRMEISTER, Art. Herford – Damenstift St. Marien, in: Hengst (Hrsg.), Westfälisches Klosterbuch, 1, S. 412-421. VON BOESELAGER, Im Schatten der Reichsabtei.
328 NLA OS Dep 91 b Akz. 2011/059 Nr. 18: *5 reichs dllr ußgeben den armen, so belagt werden sollen und jarlich die armen die rente zu geneisen haben.*

an ihre Magd Elisabeth, weil sie ihr lange Zeit gedient und Trost gespendet hatte, ein Beleg dafür, dass die sozialen Beziehungen der Stiftsjungfern nicht vor Standesgrenzen halt machen mussten. Das Testament Sophie von Wullens schloss mit der Bitte, sie *christlich und ehrlich nach landes und stifftes Borstel gebrauch zu der erde* zu bestatten. Sophie starb 1625, nachdem sie fast siebzig Jahre Stiftsjungfer in Börstel gewesen war. Bei der in diesem Jahr vorgenommenen Visitation des Hochstifts bezeichnete sie sich als katholisch. Eine letzte Unterschrift unter die Stiftsrechnung setzte sie am 29. April 1624.

Ostern 1561 wurde Heilwig von Langen (1561-1580) eingeführt,[329] eine Tochter des Engelbert von Langen (†1590) zur Westkreyenburg und der Katharina von und zu Clae. Engelbert war seit 1545 Burgherr der im Amt Meppen gelegenen Fresenburg und bis 1555 Inhaber des Burggerichts der Stadt Meppen.[330] Bereits 1558 und 1560 hatte er für die Aufnahme seiner Tochter geworben, wohnte auch ihrer Einführung 1561 bei und war erneut zu Martini 1564 anwesend. Heilwigs Bruder Engelbert (†1626) gehörte wie die Brüder Maneel 1613 zu den Unterzeichnern der auf die Beibehaltung der Augsburgischen Konfession zielenden Bittschrift.[331] Besucher aus der verzweigten Familie waren 1569 Heilwigs Bruder Heinrich von Langen[332] und ihr Vetter aus der Linie Ostkreyenburg, Roleff von Langen.[333] Auf seine der Pfarrkirche zu Bokeloh gegenüber erwiesene Mildtätigkeit weist eine Inschrift an dem 1512 errichteten Turm der Kirche hin: *Rolef van Langen durch milder art, gaf sine gaben ganz ungespart.* Heilwig von Langen ist die erste Stiftsjungfer, die sich nachweislich verheiratete. 1580 wurde sie die Ehefrau des verwitweten Rembert von Bernefür zu Querlenburg, der, wie erwähnt, zuvor mit der Schwester Margaretha Buddes, Elisabeth, verheiratet war.

Nur wenige Tage nach Heilwigs Einführung, am Sonntag nach Ostern, zog Anna Brawe (1561-1600) in Börstel ein,[334] eine Tochter des Quakenbrücker Burgmannes Heinrich Brawe zu Schleppenburg (†1560) und der Anna von Scharpenberg. Heinrich war bereits zu Weihnachten 1556 im Stift, um eine Exspektanz für seine Tochter zu erwirken, starb aber noch vor ihrer Einführung. Den Kontakt zu Anna hielt ihr Bruder Hermann Brawe zu Campe, der sie zwischen 1570 und 1574 zweimal jährlich – teilweise begleitet von seiner Frau Else – aufsuchte. Annas Neffe Heinrich Brawe zu Campe gehörte ebenfalls zu den Unterzeichnern der emsländischen Bittschrift in Religionssachen von 1613.[335] Anna pflegte freundschaftliche Beziehungen

329 NLA OS Dep 91 b Akz. 2011/059 Nr. 775 (1560/61) 22r: *Item entfangen xxx jochymdaler donderdages na Paschen van Heylewych van Langen in erer kledynge.*
330 Geschichte der Stadt Meppen, hrsg. von der Stadt Meppen, Endredaktion Regina Holzapfel, Meppen 2006, S. 107, 187.
331 BÖLSKER-SCHLICHT, Gegenreformation, S. 179.
332 NLA OS Dep 91 b Akz. 2011/059 Nr. 783 (1568/69) 21r: *Item sondages na Corporis Christe Hendricke van Langen ii sch haveren vor ii perde gemetten.*
333 Roleff von Langen 1532 ∞ mit Rotgera von Münster. VOM BRUCH, Emsland, S. 110.
334 NLA OS Dep 91 b Akz. 2011/059 Nr. 775 (1560/61) 22r: *Item entfangen xxx jochymdaler up sondach Quasimodogeniti van Annen Brabben ynkledynge.*
335 BÖLSKER-SCHLICHT, Gegenreformation, S. 179.

zu den benachbarten Adelsfamilien: Mit Clamor von dem Bussche zu Ippenburg[336] ritt sie im November 1571 aus. 1577 wird sie von Nicolaus von Snetlage[337] von einem Aufenthalt in Lonne zurückgebracht.[338] Ab 1598 wird Anna als Siegeljungfer und Seniorin bezeichnet und begleitet noch 1599 die Äbtissin Lucretia von Langen nach Winkum zu einer Leibzuchtsregelung. Da ab 1600 Sophie von Wullen als Seniorin bezeichnet wird, muss Anna in diesem Jahr verstorben sein.

Agnese Voß zu Bakum (1562-1623), die Tochter von Bernd Voß und Elske Schade, wurde 1562 Stiftsjungfer.[339] Ihre Familie gehörte zu den ältesten Burgmannsfamilien des Amtes Vechta. Giesbert Voß, wohl Agneses Großvater, war 1535 Teilnehmer am Verhörtag in Menslage. Der Kontakt zwischen Agnese und ihrer Familie war außerordentlich rege. Jahr für Jahr wurde sie aus Börstel zu einem Besuch in Bakum abgeholt, 1563 weilten ihre Mutter, die *Voßessche,* und danach bis 1572 fünfmal ihr Bruder Jasper Gyse Voß in Börstel. Auf seinem Grabstein wurde 1607 mit der Datierung des Sterbedatums nach dem julianischen Kalender[340] die lutherische Gesinnung des Verstorbenen betont.[341] Agneses Schwester Elsa Voß, die 1585 zwei Tage in Börstel ist und ihre Schwester in den letzten Lebensjahren regelmäßig für mehrere Wochen besuchte, wird ab 1615 als Dechantin in Herford bezeichnet.[342] Auch die nächste Generation ist in Börstel präsent. Ab 1593 ist Jahr für Jahr Jasper Gyses Sohn Bernd Gier Voß (†1651) – einige Male mit seinen beiden Brüdern Otto und Rave Voß – zu Besuch. 1603 heißt es, dass die beiden *by ere modderen mitdach geholden,* 1606, dass Rave Voß *hir gewest by syner moddern twe nachte.* Die Neffen bezeichneten ihre Tante als ihre *moddern* und nahmen gern die Annehmlichkeiten wahr, die ihnen der eigene Hausstand Agneses bot. Bernd Gier Voß revanchierte sich mit Fahrdiensten, wenn es darum ging, Elsa Voß aus Herford abzuholen oder Agnese nach Bakum zu bringen. 1608 starb Bernd Gier Voß' Frau Agnesa von Schlon, erst 25 Jahre alt, bei der Geburt ihres ersten Sohnes. Von ihr hat sich in der Kirche zu Bakum ein Epitaph erhalten. Auch Bernd Gier Voß positionierte sich nach

---

336 Clamor von dem Bussche (†1573) zu Ippenburg, Hünnefeld und Lohe, Amt Wittlage, 1559 ∞ mit Anna von Ascheberg. VOM BRUCH, Osnabrück, S. 218.

337 Nicolaus von Snetlage (†1596) ∞ mit Ilse v. Monnich zu Eickhoff. Bei der Erbteilung mit seinem Bruder Rudolf 1568 erhielt Nicolaus Lonne. VOM BRUCH, Emsland, S. 23.

338 NLA OS Dep 91 b Akz. 2011/059 Nr. 790 (1576/77) 21v: *Item Schnetlage twe perde damit juffer Brawe hir wedder gebracht.*

339 NLA OS Dep 91 b Akz. 2011/059 Nr. 776 (1561/62) 25r: *Item 30 jodr van Berendt Vos den sondach na Epiphanie do Nese Vos gkledeth worth.*

340 Papst Gregor XIII. hatte durch die Bulle vom 24. Februar 1582 einen neuen Kalender eingeführt, in dem ab dem 4. Oktober 1582 die zehn Tage übersprungen werden sollten, die der bislang geltende, astronomisch ungenaue Kalender Julius Caesars inzwischen vorangeeilt war. Die Protestanten verweigerten bis 1700 die Anerkennung dieser allein kraft päpstlicher Autorität eingeführten Reform.

341 Franz HELLBERND, Alte Grabplatten und Epitaphe in Südoldenburg, in: Jahrbuch für das Oldenburger Münsterland (1974), S. 176-191, hier S. 181ff.

342 NLA OS Dep 91 b Akz. 2011/059 Nr. 828 (1614/15) 21r: *Item den 14. Jan. für der decheninne zu Hervorde J. Voß pferde 2 sch.* Gemeint ist das evangelische Stift St. Mariae auf dem Berge vor Herford. Bei Olaf SCHIRMEISTER (Hrsg.), Fromme Frauen und Ordensmänner. Klöster und Stifte im heiligen Herford, Bielefeld 2000, S. 416-419, wird Elsa Voß als Dechantin für 1631/1650 genannt. VON BOESELAGER, Im Schatten der Reichsabtei, S. 115, gibt für Ilsabe von Voß als Dechantin die Jahre 1631-1653 an.

Beginn der Gegenreformation als Lutheraner und unterzeichnete 1613 gemeinsam mit elf weiteren niederstiftischen Adeligen eine Supplik an Fürstbischof Ferdinand, in der um die Beibehaltung der Augsburgischen Konfession gebeten wurde.[343]

1577 übernahm Agnese von der verstorbenen Margaretha von Schagen das Amt der Kellnerin,[344] das sie bis zu ihrem Lebensende innehatte. Spätestens seit 1582 führte sie einen eigenen Haushalt und verkaufte dem Stift 1583 und 1584 aus ihrer eigenen Zucht ein Kalb für jeweils eineinviertel Taler. Ein von ihr gewährter Kredit über zwanzig Taler wurde 1614 zurückgezahlt. Die Hauswirtschaft führte eine Magd namens Armgard, die 1614 ebenfalls als Kreditgeberin über vierzig Taler auftrat. 1605 übernahm Agnese die Erziehung der Tochter des oldenburgischen Hofmeisters Herbord von Kobrinck zu Fikensolt, der 1605 Drost von Neuenburg wurde.[345] Seine Frau, Elisabeth von Almesloh, übergab ihre Tochter persönlich in die Obhut Agneses.[346] Zu einer Aufnahme gelangte das Mädchen jedoch nicht, stattdessen erhielt später ihre Cousine Elisabeth von Kobrinck eine Präbende. Agnese Voß verstarb nach 61jähriger Zugehörigkeit zum Stift im Juli 1623.[347]

1566 wurde Adelheid von Dedem (1566-1599) eingeführt, deren Vater Balthasar von Dedem ein Bruder der Priorin Katharina von Dedem war, die auch das Einführungsgeld für ihre Nichte bezahlte.[348] Adelheids Bruder, Johann von Dedem, war zu Fronleichnam 1562[349] und zu Martini 1565 im Stift, um die Aufnahme Adelheids vorzubereiten. Ihre beiden Schwestern waren ebenfalls geistlich: Margareta von Dedem lebte im evangelischen Kloster Weersel,[350] Anna von Dedem war Kellnerin im katholischen Kloster Wietmarschen.[351] Beide Schwestern besuchten Börstel im Sommer 1597. Nach dem Tod Katharina von Dedems 1587 übernahm Adelheid von ihrer Tante nicht nur das Amt der Priorin, sondern auch deren Haushalt. 1593 stellte sie dem Kolon Hermann Dresman aus Grafeld einen Kredit über vierzig Taler zur Verfügung,[352] für den sie jährlich zu Michaelis einen Taler Rente und eine Fuhre

---

343 HOFFMANN, Streit um das Reichsrecht, S. 244.
344 UB 311.
345 Christian HOFFMANN, Die Familie von Kobrinck und ihre Besitzungen. Ein Adelsgeschlecht im Niederstift Münster und in den angrenzenden Territorien vom 14. bis zum 18. Jahrhundert, in: Heike Düselder (Hrsg.), Adel auf dem Lande, S. 213-252, hier S. 223.
346 NLA OS Dep 91 b Akz. 2011/059 Nr. 818 (1604/1605) 21r: *Herbodt Kobrinck sin husfruwe hir gewest i nacht, do sie ihr dochter by j Voß brachte.*
347 NLA OS Dep 91 b Akz. 2011/059 Nr. 838 (1623/1624) 11v: Roggenausgabe: *Sonnabentz nach Margarethe* (13.7.) […]. *Für die anderen stifftsjunffern 1 molt.* NB: *daß letzste für j. Voß saligen.*
348 NLA OS Dep 91 b Akz. 2011/059 Nr. 780 (1565/66): *Item entfangen xxx jochymdaler van Katharenen van Dedem van wegen Alheydes van Dedem erer kledynge gegeven up sondach Oculi.*
349 NLA OS Dep 91 b Akz. 2011/059 Nr. 776 (1561/62) 18v: *Item Alheyts broder van Dedem ii sch haveren gemetten vor i perdt gudensdages und donderdages na Corporis Christi .*
350 1142 gegründetes Benediktinerinnenkloster, südwestlich von Nordhorn, nördlich von Oldenzaal in den Niederlanden gelegen. Ab 1523 Umwandlung in ein freiweltliches adeliges Damenstift. Johannes Nicolaas HINKE, Het Stift te Weersel, 1999, ²2002.; W.H. DINGELDEIN, Acht eeuwen Stift Weersel, 1150-1950, Hengelo 1991.
351 1152 gegründetes Benediktinerinnenkloster, östlich von Nordhorn in der Grafschaft Bentheim gelegen, 1675 Umwandlung in ein freiweltliches adeliges Damenstift. Wilhelm KOHL, Art. Wietmarschen, in: Faust (Hrsg.), Die Frauenklöster, S. 542-549.
352 NLA OS Dep 91 b Akz. 2011/059 Nr. 1560.

Holz für ihre Küche erhielt.[353] Aus ihrer eigenen Wirtschaft verkaufte sie dem Stift 1597 für zehn Taler mehrere Speckseiten. 1598 wird Adelheid als Siegeljungfer genannt. Als sie nach Pfingsten 1599 starb, reisten beide Schwestern und weitere Verwandte zu ihrer Beisetzung nach Börstel.[354]

Agnese von Dorgelo (1570-1631), deren Einführungsgelder um Allerheiligen 1570 gezahlt wurden,[355] war eines von fünfzehn Kindern des Otto von Dorgelo (†1584) zu Brettberg und der Elske von Korff-Schmiesing zu Tatenhausen (†1607). Otto, den ein ausgeprägtes Familienbewusstsein auszeichnete, notierte getreulich die Geburtsdaten seiner sämtlichen fünfzehn Kinder,[356] ein für die frühe Neuzeit seltener Vorgang. Danach war Agnese im Februar 1556 geboren und bei ihrer Aufnahme vierzehn Jahre alt. Von ihren Schwestern waren Elseke (*1553) Nonne im Stift Schildesche,[357] Dorothea (*1561) 1629 Pröpstin im Stift St. Marien in Herford[358] und Margarethe (*1574) ebenfalls Stiftsjungfer in Börstel. Aus dem Familienzweig der Dorgelo zu Lethe trat Lucke,[359] die sich 1582/83 in Börstel aufhielt, 1598 in das Kloster Gertrudenberg ein. Deren Schwester Engel (Anna) Dorgelo war von 1554 bis 1596 Äbtissin in Malgarten.[360] Agnese verfügte demnach über außerordentlich zahlreiche Verbindungen in evangelische und katholische geistliche Häuser. Ab 1573 reiste sie regelmäßig nach Haus und erhielt häufig Besuch von ihrer Mutter Elske. Im Sommer 1598 übernachtete ihr Bruder Rotger von Dorgelo (*1575, †1613) in Börstel. 1600 und 1620 ist ein weiterer Bruder, der katholische Osnabrücker Domherr Otto von Dorgelo[361] (*1565, †1624) zu Besuch. Entsprechend der familiären konfessionellen Verortung wird sich Agnese bei der noch zu beschreibenden Visitation 1625 als katholisch bezeichnen. In ihrem Testament setzte sie 1631 der Stiftskirche zehn Reichstaler zur

353 NLA OS Dep 91 b Akz. 2011/059 Nr. 474: *Und dan noch einen dach jarliches holth to voren udt dem Borsteler holte an ehre kocken tom Borstel.*

354 NLA OS Dep 91 b Akz. 2011/059 Nr. 812 (1598/99) 17v: *Item j. Alheidt van Dedem ere susters und sunsten blodesverwanten hir gewesen twe nachte, vor ere perde gedaen vi schepel.*

355 NLA OS Dep 91 b Akz. 2011/059 Nr. 785 (1570/71) 25r: *Item de werdige domina hefft entfangen sondages vor Omnez sanctoris (1.11.) xxx jochemdaler van der van Dorgeloe van erer dochter Nesen wegen thor inkledinge.*

356 Harald SCHIECKEL, Zur Familie von Dorgelo auf Brettberg im 16. Jahrhundert, in: Oldenburgische Familienkunde 12, Heft 4 (1970), S. 259-261.

357 Joachim WIBBING, Art. Schildesche, in: Hengst (Hrsg.), Westfälisches Klosterbuch 2, S. 329-335.

358 Bei SCHIRMEISTER, Art. Herford, in: Hengst (Hrsg.), Westfälisches Klosterbuch, 1, S. 412-421, fehlt die Angabe der Pröpstin auf S. 416. Genannt dagegen bei VON BOESELAGER, Im Schatten der Reichsabtei, S. 120.

359 NUTZHORN, Familie von Dorgelo S. 29; STÜVE, Geschichte 2, S. 384.

360 NUTZHORN, Familie von Dorgelo, S. 30; SCHULER, Art. Malgarten, in: Faust (Hrsg.), Die Frauenklöster, S. 403-420.

361 Otto von Dorgelo, Kapitular in Osnabrück von 1582 bis 1625, 1612 Propst am Dom zu Münster. (HOFFMANN, Domherren, Nr. 34). Otto von Dorgelo hatte von 1583 bis 1590 am Collegium Germanicum in Rom studiert und gehörte zu den dezidierten Vertretern der katholischen Reformpartei. Gemeinsam mit den Domkapitularen Nicolaus von Bar (HOFFMANN, Domherren, Nr. 8), Gottschalk von Ledebur (HOFFMANN, Domherren, Nr. 23) und Johann von Beverförde (HOFFMANN, Domherren, Nr. 25) enthielt er sich 1591 bei der Wahl Philipp Sigismunds zum Bischof von Osnabrück der Stimme und bereitete später die katholische Restaurierung des Hochstifts vor. Bruno KRUSCH, Die Wahlen protestantischer Bischöfe von Osnabrück vor dem Westfälischen Frieden, in: OM 33 (1908) S. 217-274, hier S. 233; GROßE-KRACHT, Trienter Konzil, S. 61; NUTZ-HORN, Familie von Dorgelo S. 35.

verziehrungh darinn verhandenen altaren und bildern zur gedechtnus[362] aus und führte damit eine Familientradition fort. Bereits 1609 hatte ihr Bruder Otto die St. Gertruds-Kirche in Lohne um einen Chor erweitern lassen und einen neuen Altar und Chorgestühl gestiftet.[363] Otto wird auch die Errichtung des Epitaphes für die Eltern Otto und Elske veranlasst haben, das, ehemals im Erbbegräbnis der Familie aufgestellt, heute seinen Platz in der westlichen Vorhalle der Pfarrkirche St. Gertrud zu Lohne hat (Abb. 7, S. 75). Die aus weißgrauem Sandstein gefertigten plastischen Bilder zeigen das Ehepaar mit Trauringen an den Fingern und zum Gebet gefalteten Händen. Otto ist in Ritterrüstung dargestellt, Helm und Handschuhe liegen zu seinen Füßen. Elske trägt Halskrause und ein als Stola getragenes Nackentuch.[364] Das Grabmal ist ein einzigartiges Zeugnis der Eltern einer Stiftsjungfer.

Agnese bewohnte ein Haus, in dem ihre Magd Adelheid den Haushalt führte.[365] Dem Stift stellte sie 1613 einen Kredit über hundertfünfzig Taler zur Verfügung, von denen hundert Taler mit fünf Prozent verzinst, die weiteren fünfzig Taler mit Naturalien vergütet wurden. Von 1612 bis 1628 war Agnese Priorin, ab 1628 Seniorin und Siegeljungfer. Ein seltenes Zeugnis eines Krankheitsfalles gibt die Nachricht, dass sie im Februar und April 1612 in Begleitung von Elisabeth Kerstapel nach Osnabrück reiste, um einen Arzt aufzusuchen. Als Agnese 1631 starb, hatte sie 61 Jahre in Börstel gelebt. Ihrer Verwandtschaft hinterließ sie zehn[366] und den Armen fünfzig Reichstaler.[367]

Aus nächster Nähe, dem südlich von Löningen gelegenen Gut Huckelrieden, stammte Lucke Steding (1570-1581) die gleichzeitig mit Agnese eingeführt wurde. Lucke war die Tochter von Hendrick Steding († um 1590) und Johanna von Dinklage zu Schulenburg. Die Familie Steding besaß ein Erbbegräbnis vor dem Chor der St. Vitus-Kirche zu Löningen und hatte dort auch einen Altar fundiert.[368] Zweimal, 1566 und 1569, hatte Luckes Vater in Börstel um die Aufnahme seiner Tochter gebeten, bevor er nach Ableistung des Schuljahres am 6. November 1570 die Einführungsgelder zahlte.[369] Am Dreikönigstag 1572 empfing der Konvent die beiden neuen Jungfern Agnese und Lucke mit frischen Fischen, einem besonderen Leckerbissen.[370] Nach Weihnachten 1573 und im Sommer 1576 besuchte *die Stedingesche*

---

362 NLA OS Dep 91 b Akz. 2011/059 Nr. 474.
363 NIEBERDING, Niederstift 2, S. 413.
364 Bernhard GROßE-KLÖNNE, St. Gertrud Lohne, Lohne 1991.
365 NLA OS Dep 91 b Akz. 2011/059 Nr. 810 (1596/97) 13v: *Item Alheidt in j. Dorgeloes huse …*
366 NLA OS Dep 91 b Akz. 2011/059 Nr. 847 (1631/32) 2v: *Item der Gotsaligen junffern Agnesen von Dorgeloe verwandten, laut des testaments von den 150 rthlrn., so bei diesem stiffte belegt gewesen, bezahlt 10 tr.*
367 NLA OS Dep 91 b Akz. 2011/059 Nr. 185 Fol. 344: *Die hochwürdige hochwohlgeb. Fräulein Capitularinn Agnes von Dorgelo hat denen Armen vermachet 50 Rt.*
368 1651 wurde dieser in die Gutskapelle zu Huckelrieden transloziert. Alfred BENKEN, Rund um St. Vitus Löningen, in: Löninger Blätter, Heft 1 (1993/94), S. 3-5, hier, S. 3.
369 NLA OS Dep 91 b Akz. 2011/059 Nr. 785 (1570/71) 25r: *Item de werdige domina hefft entfangen up dach Leonardi Confessores (6.11.) xxx jochemdaler van Hendreck Stedynge van wegen syner dochter Lucken inkledinge.*
370 NLA OS Dep 91 b Akz. 2011/059 Nr. 786 (1571/72) 27r: *Item kegen Hilligen Derkonnige vor iii dubbelde krossen versche* (sic) *vessche gekofft vor de junfferen dar mede tho entfangen.*

ihre Tochter und bis 1581 mehrfach im Jahr ihr Vater. Danach verliert sich Luckes Spur. Wie die meisten Adelsfamilien des Niederstifts hatten sich auch die Stedinge der lutherischen Reformation zugewandt. Luckes Großvater war der bereits erwähnte Drost Wilke Steding, ein treuer Gefolgsmann Franz von Waldecks. 1535 hatte er den Ausschlag für den Sieg der bischöflichen Truppen über die von den Täufern eingenommene Stadt Münster gegeben und Franz von Waldeck 1543 bei der Einführung der Reformation im Amt Cloppenburg unterstützt. Für seine Verdienste hatte Steding das Amt Wildeshausen als Erblehen erhalten. Luckes Bruder Wilke Steding war ab 1588 Drost zu Cloppenburg und wurde 1613, weil er sich nicht zur katholischen Kirche bekennen wollte, auf Befehl Fürstbischof Ferdinands seines Amtes entsetzt.[371] Seine Söhne Christoph Ludolf und Arendt Steding gehörten 1614 zu den Unterzeichnern der gegen die Gegenreformation gerichteten Bittschrift.[372]

Ohne dass darüber ein Registereintrag vorliegt, muss spätestens 1574 auch Gertrud von Althaus (1574-1646) aufgeschworen worden sein, die am 10. August 1575 die Wahlanzeige der neuen Äbtissin Lucretia von Langen mitunterzeichnete. Gertrud, deren Vater vermutlich Dietrich von Althaus (†1585) war, stammte aus der Bauerschaft Grasdorf in der Obergrafschaft Bentheim und könnte eine Nichte der Heyke von den Oldenhus gewesen sein. 1573 waren ihr Bruder Johann von Althaus[373] und 1574 ihre Mutter im Stift, wohl um Gertruds Aufnahme zu erbitten. Neben Johann wird ein Bruder Wennemann erwähnt. Von ihren vier Schwestern waren Anna von Althaus Nonne im Kloster Wietmarschen und Elisabeth von Althaus von 1600 bis 1637 Äbtissin im Kloster Weerselo.[374] Die dritte Schwester Heidewich von Althaus (1604) war mit Lubbert Steveninck in Schüttorf verheiratet.[375]

Gertrud bewohnte ein Haus, zu dem ein Viehstall und ein Garten gehörten und in dem sie häufig Gäste beherbergte. Ab 1577 sind mehrfach die Frau ihres Bruders, Apollonia von Althaus, *uth stifft Munstr,* und 1583 vier Tage ihr Bruder Johann bei ihr. Zur Kirchmesse 1584 stellte sich für mehrere Tage ihre gesamte Verwandtschaft ein.[376] Im Herbst 1591 und zu Pfingsten 1592 erhielt Gertrud Besuch von einer vierten Schwester,[377] die während des zweiten Aufenthalts starb[378] und zu deren Begräbnis Nicolaus von Snetlage und der Haselünner Richter Roleff Monnich zum Eickhof[379]

371 HOFFMANN, Streit um das Reichsrecht, S. 258.
372 HOFFMANN, Streit um das Reichsrecht, S. 264.
373 NLA OS Dep 91 b Akz. 2011/059 Nr. 787 (1572/73) 22r: *Item den sondach na Visitationis Marie und den maendach dar na Johann van Oldenhuiß iiii sch haveren vor ii perde gemetten.*
374 Für diese Auskunft danke ich Herrn Conrad Gietman, Den Haag.
375 NLA OS Dep 91 b Akz. 2011/059 Nr. 2 und UB 395 und 397.
376 NLA OS Dep 91 b Akz. 2011/059 Nr. 798 (1584/85) 24v: *Item erstlich tor kerckmiße j. Olthuiß ihre verwanten hir ein tydtlancke gewest vor derselven perde in alles gemetten i molt i sch haver.*
377 NLA OS Dep 91 b Akz. 2011/059 Nr. 798 (1584/85) 22v: *Item j. Althuiß er suster hir gewesen vor ire perde ii sch.*
378 NLA OS Dep 91 b Akz. 2011/059 Nr. 805 (1591/92) 20v: *Item alß j. Althuiß verstorven, sint Sneetlage und Roleff Monnick up der begreffniße gewest vor ire perde iiii sch.*
379 Rudolf Monnich (†1611) zum Eickhof, 1. ∞ mit Elisabeth von Langen zu Westkreyenburg (†1589), 2. 1605 ∞ mit Walburg von Suttholte. VOM BRUCH, Emsland, S. 94.

anreisten. Neben ihrem Bruder, der häufig für mehrere Tage bei ihr übernachtete, erhielt sie 1596 Besuch der jungen Junker Roleff und Bernd Monnich, wohl die Söhne des Cord Monnich, die zwei Nächte bei ihr blieben. 1598 nach Ostern ist ein weiterer *edelman* zu Gast, der als ihr Vetter bezeichnet wird. Anfang 1605 weilte ihr Schwager Lubbert Stevinck mit zwei Brüdern sechs Tage im Stift. Gegen Weihnachten 1605 kamen für vier Tage zwei Brüder und ihr Schwager mit ihren Ehefrauen zu Besuch. Gertrud selbst hielt sich zu Weihnachten 1601 und zu Ostern 1603 zu Haus auf. Nach dem Tod Adelheid von Dedems um 1600 übernahm Gertrud das Amt der Priorin und wird außerdem 1606 als Sangmeisterin bezeichnet. 1611 wird sie zur Äbtissin gewählt. In ihrem Testament hinterließ sie den Armen und dem Konvent aus einem Kapital von jeweils hundert Reichstalern eine jährliche Rente von fünf Reichstalern.

Letzte Einführungen unter Mette Maneel waren Benedicta von Beesten (1574-1587) und Gertrud von Langen, die ihre Einkleidungsgelder beide am 21. September 1574 zahlten.[380] Erstmals wird deutlich, dass auch der Bischof über die Einführungen informiert wurde, denn der Bote überbrachte eine Mitteilung *der vorgegevene proven halver*[381] nach Fürstenau. Benedicta war die Tochter des Franz von Beesten zu Dankern im Amt Meppen und der Benedikte von Plettenberg zu Walle und Overkamp. Franz sprach zwischen 1560 und 1570 fünfmal in Börstel vor, wohl um eine Exspektanz für seine Tochter zu erwirken. 1564 und 1574 kam auch *Plettenborch van Melle,* der Bruder ihrer Mutter Benedikte und spätere Drost des Amtes Reckenberg nach Börstel. Während Benedicta 1578 und 1579 nach Dankern ritt, fand sich die Familie von Beesten 1580 in Börstel ein. Sowohl ihre Mutter Benedikte als auch ihr Neffe Caspar von Beesten, der Sohn ihres Bruders Otto, übernachteten mehrfach. In den folgenden Jahren bis Ostern 1587 kamen abwechselnd Vater, Mutter oder Neffe Caspar. Danach gibt es keinen Hinweis mehr auf Benedicta. Auch die Familie von Beesten zählte zu jenen Adelsfamilien, die sich der Rekatholisierung im Niederstift dauerhaft verweigerten. Benedictas Neffe, Caspar von Beesten, lehnte noch 1625 eine Rückkehr zum Katholizismus ab.[382]

Gertrud von Langen (1574-1600) war die Tochter des Heinrich von Langen zur Westkreyenburg (†1616) und der Hille von Aswede (†1606) zu Arkenstede. Heinrich, ein Bruder der oben genannten Heilwig von Langen, bat 1569 um die Aufnahme seiner Tochter.[383] 1590 erwarb er aus dem Besitz der Familie von Knehem das im Amt Vörden gelegene Rittergut Sögeln. Das Allianzwappen des Ehepaares Langen/Aswede von 1600 findet sich noch heute am Torhaus der alten Wasserburg

380 NLA OS Dep 91 b Akz. 2011/059 Nr. 788 (1573/74) 25r: *Item entfangen van Benedicta van Beesten xxx daler up avent Mathei Apostolii* (21.9.) *van erer inkledinge.* Ebd.: *Item entfangen van Gerdruth van Langen xxx daler up avent Mathei* (21.9.) *van erer inkledinge.*

381 NLA OS Dep 91 b Akz. 2011/059 Nr. 788 (1573/74) 28v: *Item eynen boden thor Ffastennouwe genommen, da na myn g. h. is gewesen der vorgegevene proven halver und em gegeven v orth dalers.*

382 BÖLSKER-SCHLICHT, Gegenreformation, S. 220.

383 NLA OS Dep 91 b Akz. 2011/059 Nr. 783 (1568/69) 21r: *Item sondages na Corporis Christe Hendricke van Langen ii sch haveren vor ii perde gemetten.*

Sögeln. Gertrud von Langen reitet Jahr für Jahr nach Haus, 1585 kehrt auch ihr Vater für zwei Tage in Börstel ein. 1593 ist Heinrich in seiner Eigenschaft als Drost zu Fürstenau und Vörden gemeinsam mit seiner Frau und dem Rentmeister Hermann Morrien[384] in Börstel.[385] 1596 leiht er dem Stift hundert Taler, Gertrud der Äbtissin vierzig Taler. In seinem 1610 aufgesetzten Testament verfügte Heinrich ausdrücklich die evangelische Erziehung seines Erben, des Sohnes seines Bruders Engelbert zu Westkreyenburg, Heinrich Adam von Langen.[386] Gertruds Eltern wurden im Erbbegräbnis auf dem Chor der Martinskirche zu Bramsche beigesetzt. Das plastische Epitaph von 1616 zeigt ihren Vater in voller Ritterrüstung an der Seite seiner Gemahlin. Wie bei Agnese von Dorgelo legt auch bei Gertrud von Langen ein steinernes Bild Zeugnis des vergangenen Lebens der Eltern ab (Abb. 8).

Abb. 7: Lohne, St. Gertrud, Grabmal Otto und Elske von Dorgelo, 1584

Abb. 8: Bramsche, St. Martin, Grabmal Langen/Aswede, 1616

384 Hermann Morrien (1592-1624) 1583 ∞ mit Anna von der Borch. NLA OS Erw A 14 Nr. 35.
385 NLA OS Dep 91 b Akz. 2011/059 Nr. 806 (1592/93) 23v: *Item Hinderich von Langen, drost, samt sin hiusfrauwe und Hermann Morrien, rentmeister, in der Pingsten wechen hir gewest* […] *vor ire perde i molt haver.*
386 HOFFMANN, Streit um das Reichsrecht, S. 234. Heinrich Adams Geschwister waren dagegen katholisch. Bruder Otto war Domherr zu Osnabrück, seine Schwestern Hiskia Sidonia und Anna Margarethe hatten Präbenden in den altkirchlichen Damenstiften Nottuln und Borghorst. Ebd.

1.4. Die Sozialstruktur des Konvents

Die prosopographische Untersuchung der von Mette Maneel ab 1556 neu aufgenommenen zehn Stiftsjungfern ermöglicht aufgrund des reichlicher fließenden
Quellenmaterials tiefere Einblicke in die Sozialstruktur des Konvents. Unverändert
ist dessen überwiegende Herkunft aus den landsässigen Familien des Niederstifts
Münster, wobei drei Stiftsjungfern aus dem Amt Meppen, zwei aus dem Amt Vechta
und eine aus dem Amt Cloppenburg stammten. Zwei Jungfern waren in der Grafschaft Bentheim beheimatet, je eine kam aus den osnabrückischen Ämtern Iburg und
Fürstenau. Mittlerweile hatte die Herkunft von einem Rittergut eine zentrale Bedeutung für das Selbstverständnis der adeligen Stiftsjungfern gewonnen, war doch
mit dem Besitz des landtagsfähigen Gutes eine Reihe von Privilegien für die Familie
verbunden. Der eigene Grundbesitz war von Lasten und Abgaben befreit, vor dem
Landgericht besaß der Landadelige einen eigenen Gerichtsstand. Die Angelegenheiten der abhängigen Bauern oblagen im Bereich der niederen Gerichtsbarkeit
seiner Rechtssprechung. Die männlichen Familienoberhäupter, Väter oder Brüder
der Stiftsjungfern, waren Mitglied in der osnabrückischen[387] oder münsterschen[388]
Landstandschaft, hatten auf den Landtagen das Recht, über Steuererhebungen und
Gesetzesreformen zu entscheiden und konnten so einen direkten Einfluss auf die
Politik des Landesherrn ausüben. Die nachgeborenen Söhne besetzten die Kano-
nikate der Domkapitel von Osnabrück und Münster. Im 16. und 17. Jahrhundert
hatten die Landtage auf landesherrliche Initiative hin eine organisatorische Verfesti-
gung erfahren. Aus den in diesem Rahmen aufgestellten Matrikeln entwickelte sich
neben der adeligen Abstammung das landtagsfähige Gut als Zulassungskriterium zur
ritterschaftlichen Landtagskurie. Diese Kriterien flossen auch in die Aufnahmepraxis
des Stifts ein, in das seit Beginn des 16. Jahrhunderts nur Frauen von ritterschaftlichen Gütern Eingang fanden.

Mehrere Stiftsjungfern trafen bei ihrer Einführung auf Familienangehörige. Sophie
von Wullen, Adelheid von Dedem und Gertrud von Langen fanden bei ihrer Aufnahme in Börstel Schwestern von Mutter oder Vater vor. Diese familiären Verbindungen werden den häufig noch jungen Mädchen die Eingewöhnung in die neue
Umgebung erleichtert haben. Die Tanten ihrerseits werden sie ,unter ihre Fittiche‘
genommen haben. Bereits einige Jahre vor der Aufnahme der jungen Frauen sprachen Familienangehörige bei Äbtissin Mette und dem Konvent vor, um eine Präbende für Töchter oder Schwestern zu erwerben. Bei den ausgeprägten Kontakten
zum ritterschaftlichen Umfeld sprach es sich schnell herum, wenn in Börstel eine
Stiftsjungfer erkrankte oder verstarb. Die weiblichen Angehörigen informierten ihre
Familien und machten sich für die Aufnahme einer der ihren in den Konvent stark.

---

387 Im Hochstift Osnabrück war das zuvor persönliche Recht der Landtagsfähigkeit seit 1550
an den Besitz eines landtagsfähigen Gutes geknüpft. Als um 1575 die Aufnahme in die
Matrikel im Wesentlichen abgeschlossen war, betrug die Zahl der landtagsfähigen Güter
einschließlich der zehn Quakenbrücker Burgmannshöfe 74. VOM BRUCH, Osnabrück, S. 6.
388 Für das Burgmanns-Kollegium zu Vechta wurde 1608 eine Matrikel aufgestellt, nach der
die Deputationsfähigkeit an den Besitz eines adeligen Gutes gebunden war. Auf dem
Landtag von 1626 wurden Ritterbürtigkeit und der Besitz eines adeligen Gutes endgültig
zur Voraussetzung der Landtagsfähigkeit. NIEBERDING, Geschichte 2, S. 328.

Siebenmal waren es die Väter, zweimal die Brüder und einmal die Mutter, die diese Aufgabe wahrnahmen. Obwohl der Weg ins Stift über die Kontakte der weiblichen Verwandtschaft vorbereitet wurde, waren es dann in der Regel die Väter, die als Verantwortliche für ihre Töchter auftraten.

Auch nach der Aufnahme hielten die Stiftsjungfern und ihre Familien engen Kontakt zueinander. Dabei war es durchaus üblich, dass eine Stiftsjungfer sich allein zu Pferd zu den Familiengütern aufmachte und im Gegenzug weibliche Familienangehörige, Schwestern oder Mütter, ebenfalls ohne Begleitung zum Gegenbesuch nach Börstel kamen. Außerfamiliäre Kontakte lassen sich für Anna Brawe nach Ippenburg, für Agnese von Dorgelo zur Fresenburg und nach Osnabrück und für Gertrud von Althaus zur Familie Monnich nachweisen. Über ebenfalls geistlich gewordene Schwestern bestanden Kontakte in andere Klöster und Stifte. Schwestern hatten Sophie von Wullen im Stift Quernheim, Agnese Voß und Agnese von Dorgelo im Stift St. Marien vor Herford, Agnese von Dorgelo außerdem im Stift Schildesche sowie eine weitere Verwandte im Kloster Gertrudenberg. Über Adelheid von Dedem und Gertrud von Althaus wird eine besondere Verbindung zu den Stiften Wietmarschen in der Grafschaft Bentheim und Weersel in der niederländischen Region Twente deutlich. Beide Familien aus der Obergrafschaft Bentheim hatten ihre Stammsitze nahe bei einander nördlich und südlich von Neuenhaus, an der Dinkel gelegen. Beide Eltern schickten jeweils zwei Töchter in die nordöstlich und südwestlich von Neuenhaus gelegenen Stifte Wietmarschen und Weersel, die historisch eng miteinander verbunden waren und die gleiche Entwicklung von einem Doppelkloster über ein Benediktinerinnenkloster zum Damenstift genommen hatten. Eine jeweils dritte Tochter wurde im weiter entfernten Börstel untergebracht. Die Wahl der gleichen Orte für die Töchter aus einer Region zeigt, dass offensichtlich gewisse Vorlieben bestanden, vielleicht auch befreundete Mädchen auf gemeinsame Unterbringung drangen. Die Kontakte reichten demnach über das Hochstift hinaus in andere Territorien[389] wie das Stift Paderborn, die Grafschaften Ravensberg und Bentheim sowie in die Niederlande und verdeutlichen das enge familiäre Netz, das Klöster und Stifte der verschiedenen Regionen miteinander verband.

Daneben bestanden verwandtschaftliche Beziehungen zum Osnabrücker Domkapitel und zu den fürstlichen Beamten. Ein Onkel von Anna Brawe war Hermann Brawe, ein enger Vertrauter Franz von Waldecks. Ein Bruder Agnese von Dorgelos war der katholische Domherr Otto von Dorgelo. Vettern Margaretha Buddes und Gertrud von Langens waren ebenfalls Domherren zu Osnabrück. Der Vater Heilwig von Langens war Richter in Meppen, Großvater und Bruder Lucke Stedings waren Drosten zu Cloppenburg, der Vater Gertrud von Langens wurde 1593 Drost zu Fürstenau. Die engen familiären Beziehungen, die die Stiftsjungfern mit dem Kreis der Standesvertreter und Funktionsträger des Landesherrn verbanden, ermöglichten

---

389 Vgl. Alwin HANSCHMIDT, Stifte und Klöster in der Zeit der Reformation, der Katholischen Reform und der Aufklärung (ca. 1530-1803), in: Hengst (Hrsg.), Westfälisches Klosterbuch 3, S. 201-244, hier S. 205, 222; DERS., Klosterpolitik der weltlichen und geistlichen Landesherren Westfalens in der Frühen Neuzeit (ca. 1530-1800), in: Westfälisches Klosterbuch 3, S. 335-384, hier, S. 340, 345, 376.

einerseits die Protektion Börstels, bargen andererseits jedoch auch die Gefahr einer unerwünschten Einflussnahme in Börsteler Verhältnisse. Die Familien der aus dem Niederstift Münster stammenden Stiftsjungfern waren im Verlauf des 16. Jahrhunderts überwiegend zum lutherischen Bekenntnis übergetreten. Zwar gibt es keine Quellen in Form von Testamenten oder Eheverträgen, die eindeutige Hinweise auf die Konfession des Adels im Niederstift geben,[390] doch lässt sich die konfessionelle Verortung der Familien rückwärtig aus der Zeit der Gegenreformation erschließen. Zahlreiche der niederstiftischen Familienangehörigen – die Großneffen von Mette Maneel, der Bruder Heilwigs und Onkel Gertruds von Langen sowie die Neffen von Anna Brawe, Agnese Voß, Benedicta von Beesten und Lucke Steding – zählten zu den Unterzeichnern der an die Räte und das Domkapitel von Münster gerichteten Bittschrift, die den Verbleib bei der zu jenem Zeitpunkt bereits seit siebzig Jahren ausgeübten Augsburgischen Konfession einforderte.[391] Lediglich die Familie von Dorgelo zu Bretberg war bei der alten Kirche verblieben.

1.5. Die Lebensgewohnheiten

Da sich in Börstel vor dem 17. Jahrhundert keine schriftlichen Statuten erhalten haben, ist es umso wichtiger, die archivalischen Quellen auf die Aussagen zu den so genannten *consuetudines* des Konvents zu befragen. Diese Gewohnheiten, die jedes Kloster für sich entwickelte, ergänzten von Beginn an die offiziellen monastischen Regeln, im vorreformatorischen Börstel die Benediktsregel. Eine neuer Brauch wird zu Beginn der Ägide Mette Maneels mit der Einführung einer Einkleidungsgebühr von dreißig Talern fassbar. Es ist zu vermuten, dass dies notwendig war, um den Andrang der interessierten Bewerberinnen nach der Öffnung der Klausur in Grenzen zu halten, zumal es im gesamten Niederstift Münster keine weitere vergleichbare geistliche Einrichtung gab.

Nach der Einführung erhielt jede Jungfer neben Kost und Unterkunft jährlich einen Schilling so genanntes Schuhgeld zum Kauf von Kleidung und Schuhen, der zu wechselnden Terminen, zumeist zwischen Neujahr und Pfingsten ausgezahlt wurde. Weitere Geldeinkünfte ergaben sich aus zwei Legaten. Die Zinsen von zweieinhalb Talern aus der Stiftung der verstorbenen Frau von Westerwolde[392] wurden jeweils im Herbst ausgezahlt. Bei einer Durchschnittsanzahl von dreizehn Stiftsjungfern erhielt jede vier Schilling. Neben dieser auch als Präsenzgeld bezeichneten Einnahme verteilte die Äbtissin zwischen Fasten und Pfingsten Zinsen in Höhe von einem Taler und zwei Schilling aus einem Legat der verstorbenen Äbtissin Margareta von Dedem (1496-1529) über vierzehneinhalb Taler.[393] Die jährlichen Gesamt-

---

390 HOFFMANN, Streit um das Reichsrecht, S. 233.
391 Niedersächsisches Landesarchiv - Standort Oldenburg (im Folgenden NLA Ol) Best. 111, Nr. 275, Fol. 7v.
392 NLA OS Dep 91 b Akz. 2011/059 Nr. 771 (1556) 6r: *Item den junfferen ii ½ jochymdaller gegeven to presentie up dach Kalixte* (14.10.), *dath up dach decollationis Johannis* (29.8) *vorschreven was van wegen der sellygen Westerwoldesschen.*
393 NLA OS Dep 91 b Akz. 2011/059 Nr. 771a (1556/57) 25v: *Item maendages na Iudica den junfferen gegeven vyffteenden halven jochymdaller van tynse van sellyger Magareten van Dedem wegen.* (Nach der damaligen Rechnungsweise bedeutete ein halb nicht addiert, sondern substrahiert.)

einkünfte von etwa einem Taler und sechs Schilling waren ziemlich niedrig und konnten wohl nur die dringendsten Bedürfnisse befriedigen.

Fünf Frauen (von Wullen, Voß, von Dedem, von Dorgelo und von Althaus) führten einen eigenen Haushalt, was sich aus der Beschäftigung einer Magd erschließen lässt. Für Sophie von Wullen und Gertrud von Althaus lässt sich zudem Hauseigentum nachweisen. Mit dem Verkauf von Naturalien aus der eigenen Wirtschaft konnten diese Jungfern bisweilen sogar Versorgungsengpässe im Stiftshaushalt ausgleichen. Die haushaltsführenden Stiftsjungfern waren überdies vermögend genug, um Kredite im Umfang von zwanzig bis vierzig Talern zu vergeben; deutlich höher war mit hundertfünfzig Talern der Kredit, den Agnese von Dorgelo gewähren konnte. Zu den solventesten Stiftsjungfern zählten demnach Sophie von Wullen, Agnese von Dorgelo und Gertrud von Althaus. Diese drei setzten auch testamentarische Legate an die Armen in Höhe von fünf, fünfzig und hundert Talern, von Wullen und von Althaus dazu an den Konvent in Höhe von sechzig und hundert und von Dorgelo auch für die Kirche in Höhe von zehn Talern aus. Mit den testamentarischen Verfügungen zugunsten der Armen werden erstmals karitative Elemente sichtbar, die für ein verstärktes Bewusstsein sozialer Verantwortung einzelner Stiftsjungfern sprechen.

Die Beweggründe der jungen Frauen, in das Stift einzutreten, lassen sich nur schwer erkennen. Ob und wie weit die persönliche Neigung zum geistlichen Leben einen Ausschlag gegeben hat, wissen wir nicht. Einzelne Beispiele aus dem Weserraum belegen allerdings, dass junge Frauen wie die 15jährige Helene von Fürstenberg (1581 bis 1647) sich durchaus gegen die Pläne der Familie für eine Eheschließung durchzusetzen wussten und sich aus innerer Überzeugung für ein Leben in einer geistlichen Einrichtung entschieden. Am Beispiel der Anna von Münchhausen (1605 bis 1634), die mit 28 Jahren ihren Wunsch verwirklichte, in ein evangelisches Stift einzutreten, wird überdies deutlich, dass es sich um eine echte Glaubensentscheidung gehandelt hat.[394] In Börstel scheint es die Regel gewesen zu sein, dass die jungen Mädchen schon früh von ihren Eltern in das Stift eingekauft wurden. Dieser Schritt wird für die jungen Frauen nicht ungewöhnlich gewesen sein, wussten sie doch von zahlreichen weiblichen Familienangehörigen, die bereits in geistlichen Einrichtungen lebten. Auch ließ die für einige Familien nachgewiesene generationenübergreifende Beliebtheit Börstels das Stift in vielen Fällen zu einem Familientreffpunkt werden. Ein weiter gehendes Mitspracherecht bei der Entscheidung über den zukünftigen Lebensweg wird im frühneuzeitlichen Verhaltenskodex junger adeliger Frauen nicht vorgesehen sein. Den Eintritt der jungen Mädchen begleiteten feste Rituale, die sich ganz an dem Muster sich verheiratender Bräute orientierten. Ein feierlicher Gottesdienst und ein anschließendes Festmahl bildeten den zeremoniellen Rahmen der Einführung. Das Ende der Stiftsjungfern ist nicht in allen Fällen genau auszumachen. Von den zehn neu aufgenommenen trat Heilwig von Langen durch Eheschließung aus, Gertrud von Langen zog sich, wie noch zu zeigen sein wird, als Mätresse eines Domherrn um 1600 aus dem Stift zurück. Der frühzeitige

---

394 HUFSCHMIDT, Leben in Stiften und Klöstern, S. 98f., 108.

Tod Adelheids von Dedem ist erkennbar durch die Anreise ihrer „Blutsverwandten" zur Beisetzung. Anna Brawe, Sophie von Wullen und Agnese von Dorgelo starben im hohen Alter als Seniorinnen, Agnese Voß ebenfalls nach langer Zugehörigkeit zum Konvent und Gertrud von Althaus als Äbtissin. Der lange Zeitraum von sechzig bis siebzig Jahren, den diese fünf in Börstel verbrachten, deutet daraufhin, dass sie bereits als sehr junge Mädchen aufgenommen wurden. Unklar ist der Verbleib von Benedicta von Beesten und Lucke Steding, deren Spuren sich verlieren, ohne dass eine Eheschließung oder der Tod aktenkundig ist.

Nur einmal schlägt sich ein Konflikt um die Verteilung des Erbes einer Verstorbenen in den Quellen nieder, der die Stimmung im Konvent nachweislich trübte. In den zwölf Monaten zwischen Oktober 1573 und Oktober 1574 waren zwei Jungfern verstorben, denn das zuletzt ausgezahlte Schuhgeld reduzierte sich von 14 auf 12 Schilling. Eine der Verstorbenen war Margarethe von Schagen, die beim Rechenschaftsbericht vom 18. Dezember 1573 noch als Kellnerin genannt wird, am 14. Dezember 1574 jedoch nicht mehr. Die jährlich zu vergebenden zweieinhalb Taler aus der Stiftung Westerwolde wurden den Jungfern am Donnerstag und Freitag vor Michaelis 1574 durch den Schreiber ausgezahlt.[395] Jede Jungfer erhielt dabei 4 Schilling, es wurden also 52 Schilling durch 13 geteilt. Die 1574 verstorbene Margarethe von Schagen bzw. ihre Erben wurde dabei offensichtlich nicht mehr mitgezählt, denn es heißt von dem Geld ausdrücklich *und necht in selligen Schagen register angereknet*. Offensichtlich bestanden die Jungfern darauf, dass die Einkünfte dieser Verstorbenen mitverteilt wurden, also den Lebenden zugute kamen. Der Anteil der zweiten Verstorbenen, also der vierzehnten, wurde dagegen wohl deren Erbmasse zugeschlagen. Stutzig macht es, dass ausdrücklich erwähnt wird, die würdige Domina habe das Geld durch den Schreiber auszahlen lassen, was sie offensichtlich während der vorangegangenen Jahre stets selbst getan hat. Dass dieses vom Üblichen abweichende Verfahren Folge einer Verstimmung zwischen Konvent und Äbtissin war, erhärtet sich durch den Hinweis, die würdige Frau sei *van der junfferen wegen* nach Fürstenau gefahren.[396] Offensichtlich hat sie sich mit dem Drosten oder mit dem dort weilenden Bischof persönlich in der Finanzangelegenheit beraten.

2. Der Stiftshaushalt

Wichtigste Aufgabe Mette Maneels war es, alljährlich vor dem Konvent Rechenschaft über ihre Amtsführung und die Verwaltung der Stiftsgüter abzulegen. Dabei unterstützten sie der Kaplan und der Schreiber, die den Stiftsjungfern Einkünfte und Ausgaben nach Ausweis der Register darlegten. Bis 1573 führte Johann Buschmann die Register, der als *de erszamen und fromen heren Johann Buschman tor tydt eren*

---

[395] NLA OS Dep 91 b Akz. 2011/059 Nr. 788 (1573/74) 28v: *Item den junfferen ii ½ daler gegeven, herkomme van der selligen Westerwoldesschen wegen, donderdages und veertach vor Mechaelis, de de werdege domina dorch den schrevor den junffern hefft delen und geven lan und eyn jede 4 ß entfangen und necht in selligen Schagen register angerekned.*

[396] Ebd.: *Item ½ daler thor Vastennouwe in de koken gegeven do de werdige domina dar was van der junfferen wegen und 2 ß und 3 d den portiner.*

cappellaen edder prester[397] bezeichnet wird.[398] Da er vermutlich als einziger in der Lage war, leserlich zu schreiben, hatte der ehemalige Kaplan nach der Reformation anstelle seines geistlichen Amtes die Aufgabe übernommen, die Haushaltsbuchführung zu dokumentieren. In seiner winzigen Schrift verzeichnete er gewissenhaft sämtliche Einnahmen und Ausgaben und dokumentierte mit näheren Angaben zur Notwendigkeit eines Einkaufes viele Bräuche und Ereignisse des Stiftslebens. Deutlich wird seine geistliche Herkunft an der großen Vertrautheit mit dem mittelalterlichen Heiligenkalender, an dem er seine Buchführung ausrichtete. Dieser Jahreskalender orientierte sich im Gegensatz zu dem von Bonnus geprägten Festkanon[399] weiterhin an den Gedenktagen von Märtyrern, Bischöfen, Heiligen und Aposteln. Neben den drei von Bonnus belassenen Marienfesten Mariae Lichtmess (2.2.), Mariae Verkündigung (25.3.) und Mariae Heimsuchung (2.7.) dienten Buschmann auch die Feste Mariae Himmelfahrt (15.8.), Mariae Geburt (8.9.) und Mariae Empfängnis (8.12.) sowie die viermal jährlich zu feiernden Fastentage, die so genannten Quatembertage zur Orientierung. Die weiteren bis 1575 den Börsteler Jahreskalender prägenden Heiligen finden sich im Anhang Nr. 5.

Das Amt des Schreibers oder Verwalters hatte bis 1560 Rotger Dobelhoff inne. Während Buschmann als qualifiziertester Mitarbeiter sieben Taler Winter- und sechs Taler Sommerlohn erhielt, wurde der Schreiber für seine Tätigkeit mit je dreieinhalb Talern Sommer- und Winterlohn entlohnt. 1562 löste ihn ein neuer Verwalter ab, kurioserweise ebenfalls mit dem Namen Johann Buschmann, jedoch von Beruf Notar, dem im Dezember 1569 Gerhard Arsneck folgte, der bis 1580 für das Stift tätig war.

2.1. Grundbesitz

Grundlage der Stiftswirtschaft waren die aus der Verpachtung des Grundbesitzes einkommenden Kornrenten, Naturalien und Gelder. Um 1500 besaß das Stift ca. 130 Höfe, die als Streubesitz in den Kirchspielen Menslage, Berge, Bippen, Ankum, Löningen, Herzlake und Lengerich gelegen waren. Dieser Grundbesitz war als hörige Stätte (so genanntes Erbe) an einen Kolon (Meier) oder Kötter ausgegeben, der ein erbliches Nutzungsrecht an dem Besitz hatte. Zu den Leistungen des Meiers an das Stift zählten Naturalabgaben an Roggen, Gerste, Hafer, Heu, Hühnern, Bohnen und Butter sowie eine geringe Geldrente. Des weiteren hatte der Kolon dem Stift nach Bedarf Hand- oder Spanndienste zu leisten. Das Zinskorn wurde teils in Form der sich jährlich verändernden vierten Garbe aus der Ernte, teils durch festgesetzte Pacht entrichtet. Die Kolonen lieferten das Korn unregelmäßig über das Jahr verteilt, zu verschiedenen Terminen und in unterschiedlichen Mengen ab. Oftmals zahlten

---

397 NLA OS Dep 91 b Akz. 2011/059 Nr. 771 (1556) 12r.

398 Die Bezeichnung Priester und Kaplan hielt sich noch lange nach der Einführung der Reformation. Auch Bonnus verpflichtete in der Kirchenordnung Pastoren und *Cappellane* auf die Kenntnis des Katechismus. Vgl. DÖKEL, Geschichtliche Mitteilungen, S. 80.

399 Der Festkanon war in Anlehnung an den 1528 in Wittenberg erarbeiteten Kalender entwickelt worden. Vgl. Petra SAVVIDIS, *Van den festen und virdagen* – Die reformatorische Umgestaltung des Kirchenjahres, in: Kaster/Steinwascher (Hrsg.), 450 Jahre Reformation, S. 327-349, hier S. 333f.

sie anstelle des Korns eine Kuh, Gänse oder eine Geldsumme. Dabei hatte ein Molt[400] Roggen den Gegenwert von 3 Talern und eine Kuh den Wert von 9 bis 18 Scheffeln Roggen. Waren die Kolonen zahlungsunfähig, ließen sie sich das Korn von einer der Amtsjungfern vorstrecken[401] oder verschoben die Zahlung auf ein späteres Jahr.

Die Kolonen waren eigenbehörig, das heißt persönlich unfrei, und mancherlei Beschränkungen hinsichtlich ihrer Wirtschaftsführung und der Familienorganisation unterworfen.[402] In allen Fragen, die das Erbe betrafen, bei der Veräußerung von Grund und Boden, der Belastung mit Hypotheken oder der Verpfändung, musste der Konsens der Äbtissin eingeholt werden. Das gleiche galt für Eheschließungen und Brautschatzregelungen, Altenteils- und Erbschaftsvereinbarungen, die nur mit Einwilligung des Stifts abgeschlossen werden durften. Für alle diese Amtshandlungen hatte der Kolon Gebühren, die so genannten ungewissen Gefälle, zu entrichten. Für die Übernahme des Hofes durch den Anerben bei gleichzeitiger Verheiratung waren Auffahrtsgelder zu entrichten, bei Eheschließung und Übernahme des Hofes durch die Anerbin wurden diese Gebühren Einfahrtsgelder genannt. Die Höhe von Auffahrts- und Einfahrtsgeldern oder der Wert des Brautschatzes der Frau richteten sich nach dem Wert des Hofes. Starb ein Kolon oder seine Frau, mussten Sterbefallgelder entrichtet werden, die etwa die Hälfte der Vermögenswerte ausmachten. Für die Entlassung aus der Hörigkeit des Stifts hatten die Kolonen eine Freikaufsgebühr zwischen 2 und 15 Reichstalern zu entrichten.

Eine Gruppe mit speziellen Rechten und Pflichten bildeten die Heuerleute, eine regionale Besonderheit in Nordwestdeutschland.[403] Die sieben Börsteler Heuerlinge bewirtschafteten ihre in unmittelbarer Nähe zum Stift gelegenen Höfe und bezahlten einen Teil ihrer Pacht durch Arbeitsleistung. Sie waren als Handwerker oder Tagelöhner tätig, wobei die jeweiligen Familien über Generationen den Zimmermann, den Maurer und den Tischler stellten.[404] Einer der Heuerhöfe, das so genannte Vorwerk, produzierte für die Eigenwirtschaft des Stifts.

Daneben besaß das Stift um 1500 das Zehntrecht in der Bauerschaft Ehren und erwarb 1581 den Zehnten in Menslage. Der Zehnte war ursprünglich eine zur wirtschaftlichen Sicherung der Geistlichkeit bestimmte Abgabe, die als Reallast auf

---

400 1 Molt = 1 Malter = 12 Scheffel.

401 NLA OS Dep 91 b Akz. 2011/059 Nr. 771a (1556/57) 4v: *Oldenhuyß gyfft vyfftehalleff molt wynterroggen,* [...] *noch betaleth i molt roggen, dat he van iunffer Recken gedyngeth hefft gudensdages nach Conversionis Pauli,* [...] *noch betaleth ix sch roggen sundages vor Laurentii, dar vor i koe yn bethalynge genomen.*

402 Vgl. Heinrich HIRSCHFELDER, Herrschaftsordnung und Bauerntum im Hochstift Osnabrück im 16. und 17. Jahrhundert (Osnabrücker Geschichtsquellen und Forschungen 16), Osnabrück 1971, bes. Kap. 2 und 3.

403 Vgl. Franz BÖLSKER-SCHLICHT, Sozialgeschichte des ländlichen Raumes im ehemaligen Regierungsbezirk Osnabrück im 19. und frühen 20. Jahrhundert unter besonderer Berücksichtigung des Heuerlingswesens und einzelner Nebengewerbe, in: Westfälische Forschungen 40 (1990), S. 223-250, hier S. 223ff..

404 Vgl. Renate OLDERMANN, Studien zur Geschichte von Stift Börstel. (Schriften zur Kulturgeschichte des Osnabrücker Landes 9), Osnabrück 1999, hier S. 134ff.

allen freien oder unfreien Höfen ruhte und aus der die Kirche nach einem bestimmten Schlüssel die Ausgaben des Sprengels zur Bauunterhaltung, Besoldung der Pfarrer und zur Armenfürsorge finanzierte.[405] Zu unterscheiden sind der Frucht- oder Kornzehnt, dessen Höhe sich nach dem jährlichen Ernteertrag richtete, und der Blutzehnt, der den zehnten Teil des jährlich auf einem Hof geborenen Jungviehs umfasste. Im Laufe der Zeit wurde der Zehnte durch eine feste Geldzahlung, die Zehntlöse, ersetzt und für einen Zeitraum von vier, sieben oder zwölf Jahren festgelegt. Nachdem der Zehnte schon frühzeitig seinen Charakter als kirchliche Abgabe verloren hatte, behandelte die Kirche ihn wie Grundbesitz, der wie andere Güter an geistliche Institutionen und adelige Grundherren zu Lehen ausgegeben, verpfändet und getauscht werden konnte. Größte Besitzer von Zehntrechten waren das Domkapitel, die Klöster und Stifte.

2. 2. Einkünfte

Die Korneinnahmen und ihre Verwendung werden im Folgenden für 1557, das Jahr der ersten Verzeichnung, beispielhaft dargestellt. Die Einnahmen an Roggen beliefen sich auf 209 Molt, wobei 170 Molt von den Pachthöfen, 5 Molt von dem Ehrener Zehnten, 22 Molt aus dem Vorwerk und 12 Molt aus der Verpachtung der Menslager und der Stiftsmühlen stammten. 118,5 Molt Roggen wurden zu Brot verbacken, 9 Molt als Schweinefutter verbraucht, 19 Molt verkauft, 7 Molt gegen Schlachtvieh getauscht, 10 Molt als Saatgut verwendet und 12,5 Molt als Renten ausgegeben. Der Überschuss von ca. 35 Molt blieb als Reserve. Rentenzahlungen gingen an die Amtsjungfern, von denen die Küsterin 2,5 Molt Roggen, die Kellnerin 3 Molt und die Priorin 4 Molt erhielten. 1 Molt empfing der Pastor zu Berge. Jährlich 2 Molt Roggen und 2 Molt Hafer hatte Börstel dem Landesherrn als Äquivalent für die Versorgung seiner Jagdhunde zu liefern.[406] Die Versorgung der Meute, die in der jagdarmen Zeit ursprünglich Aufgabe der Klöster und der Eigenbehörigen war, hatte Bischof Erich in eine Kornabgabe umgewandelt.

145 Molt wurden an *wytkorn* eingenommen, wobei unter diesem Titel sowohl Gerste als auch Hafer und Sommerroggen subsumiert wurden. Weizen wurde in Börstel, anders als beispielsweise im Kloster Gertrudenberg, nicht angebaut.[407] 121 Molt Gerste wurden zu Malz verarbeitet und zum Brauen von Bier verwendet, 9 Molt Hafer bzw. Gerste[408] zu Grütze verkocht und an Gänse und Hühner verfüttert und 10 Molt als Saatgut verwendet. 3 Molt Hafer dienten als Pferdefutter und 2 Molt als Hundehafer. An weiteren Naturalien lieferten die Eigenbehörigen gleichbleibend 2 Molt Bohnen, 75 *verndell*[409] Butter, 17 Fuder Heu und 135 Hühner.

---

405 Vgl. Werner DOBELMANN, Das Zehntwesen im Osnabrücker Nordland, in: MKHB 15 (1968), S. 43-106, hier S. 46f.
406 NLA OS Dep 91 b Akz. 2011/059 Nr. 771a (1556/57) 9v: *Item mynen g. f. und heren ii molt roggen und ii molt haveren vor hunde korn bet. maendages na Palm.*
407 GLEBA, Reformpraxis, S. 155.
408 Beides wurde in den Registern gleichgesetzt.
409 ỿerndink, verdel = der vierte Teil einer Gewichtseinheit, ein Viertel.

Als Geldzins flossen 6 Mark[410] und ein Schilling in die Stiftskasse. Hinzu kamen die Geldeinnahmen aus den ungewissen Gefällen und der Erlös aus dem Verkauf von Roggen, dessen Wert pro Molt 1557 wie 1574 gleichbleibend bei 3,5 Talern lag.[411] Außerdem verkaufte das Stift Ochsen- und Rinderfelle, Schafwolle und -felle und bezog Mastgelder für das im klösterlichen Hudewald eingetriebene fremde Vieh.[412] Die jährlichen Geldeinnahmen variierten stark, was auch mit dem Rechnungssystem zusammenhing, indem beispielsweise die Bezahlung alter Schulden zu den Ausgaben oder einmalige Einnahmen aus Verkäufen zur Einnahme addiert wurden. Zur Rechnungslegung wurden die Einnahmen und Ausgaben gegeneinander aufgerechnet und der Überschuss oder der Minderbetrag in die Rechnung des Folgejahres übernommen. Zu Beginn der Amtszeit Mette Maneels, 1557, betrugen die Einnahmen 329, die Ausgaben 326 Taler. Gegen Ende ihrer Amtsperiode, 1573, wurden 507 Taler eingenommen und 467 Taler ausgegeben. Die Einnahmen aus dem Roggenverkauf stiegen während der Amtszeit Mette Maneels von 66,5 auf 126 Taler. Die Gelder wurden „zur Erhaltung von Küche und Keller" verwandt, worunter der Zukauf von Lebensmitteln, die Entlohnung des Gesindes, das Entgelt für Dienstleistungen und die Ausgaben für Baumaßnahmen und Anschaffungen zu verstehen sind.

Die Ausgaben Mette Maneels für den Stiftshaushalt beliefen sich auf durchschnittlich 350 Taler, die Einnahmen auf weniges mehr. Während ihrer gesamten Amtszeit führte sie einen schuldenfreien Haushalt. Nur dreimal wurden Finanztransaktionen vorgenommen: 1559 wird der Kauf einer jährlichen Rente von 12 Schilling beurkundet, die Elisabeth Schütte als Kämmerin für 16 Mark von einem Kolon in der Bauerschaft Anten erwarb.[413] 1563 kaufte die Kellnerin Anna von Dinklage für 50 Taler eine Rente über 3 Taler.[414] 1574 erwarb der Konvent für 44 Taler eine Rente über 2 Taler.[415] Die einzige Schuld, eine Summe von 6 ½ Stiegen[416] (=110) Gulden, die das Stift dem 1556 verstorbenen Domscholaster Hermann Brawe in Osnabrück schuldig war, löste Mette Maneel 1559 durch den Erlös aus dem Verkauf einer Pröve[417] für 80 Taler ab. Das Geld war der Erbin Aleke Brawe in Osnabrück mit jährlich 5 ½ Talern verzinst worden. Bei der Rückzahlung des Geldes wurde die Menge von Gulden und Talern gleichgesetzt. Da jedoch der Gulden mehr wert war

---

410 1 Mark = 12 Schilling.
411 Das ist ein leichter Anstieg gegenüber dem von Stüve für 1516 ermittelten Preis von 36 d pro Scheffel, was drei Talern pro Molt entspricht. Johann Carl Bertram STÜVE, Gewerbewesen und Zünfte in Osnabrück, in: OM 7 (1864), S. 23-227, hier S. 41f.
412 Aus dem einzigen, aus der Amtszeit Margarethe von Dedems erhaltenen Rechnungsregister des Jahres 1524/25 (NLA OS Dep 91 b Akz. 2011/059 Nr. 770) geht hervor, dass in diesem offensichtlich guten Mastjahr außer den klostereigenen und denen von zwei Eigenbehörigen 170 fremde Schweine in den Klostersundern eingetrieben wurden. Bei einer Mastzeit von fünf bis sieben Wochen und einem Schilling wöchentlichem Mastgeld ergab sich eine Geldeinnahme von 85 Mark.
413 UB 292.
414 UB 299.
415 UB 309.
416 1 styge = 20 Zähleinheiten. Nach damaliger Rechnungsweise wurde die halbe Stiege abgezogen und nicht addiert.
417 Ein lebenslanges Wohn- und Versorgungsrecht im Stift.

als der Taler, wurden als Ausgleich zusätzlich für jeden der 110 Taler 18 Pfennige, insgesamt eine Summe von 7 Talern und 18 Schilling, gezahlt.[418]

2.3. Der tägliche Speiseplan

Mehr als die Hälfte der Geldeinnahmen verschlang der Zukauf von Butter, Fisch und Salz, Nahrungsmittel, die nicht oder nicht in ausreichender Menge aus der Klosterwirtschaft gewonnen werden konnten. Bei nur geringfügig geändertem Verbrauch wurden 1556/57 (in Klammern die Werte für 1573/74) für Butter als teuerstes Gut 112,5 (153) Taler, für Fisch 50 Taler und für Salz 14 (35) Taler ausgegeben. Butter und Salz weisen somit eine deutliche Preissteigerung auf. Alle drei Produkte wurden überwiegend in Friesland – Aschendorf, Emden und Weener –, seltener in Bremen eingekauft. Im Gegensatz zu vergleichbaren westfälischen Klöstern, die ihren Bedarf überwiegend in Deventer und Zwolle deckten,[419] nutzte Börstel die durch die Wasserstraßen Ems und Hase gegebene gute Anbindung an Friesland. Einkäufer waren der Schreiber, der Schlachter oder die Äbtissin selbst.

Butter kauften die Börsteler bei einem Händler namens Johan Prycker in Emden, in Aschendorf oder in Weener. Der Preis für die durchschnittlich benötigten sieben Fass Butter war starken Schwankungen unterworfen. Pro Fass waren 1556 21,5 Taler, 1558 dagegen nur 13 Taler zu zahlen. In den folgenden Jahren stieg der Preis kontinuierlich an, bis 1574 35 Taler pro Fass zu zahlen waren. Entsprechend kaufte das Stift in dem teuren Jahr 1574 nur 5,5 Fass Butter. Zum Preis für die Butter kamen Übernachtungs- und Verpflegungskosten der Einkäufer hinzu. Frachtgeld musste für den Transport von Friesland aus per Schiff über die Ems nach Meppen, von dort über die Hase nach Haselünne und weiter mit dem Fuhrwerk nach Börstel gezahlt werden. Viele Menschen waren an dem Umschlag der Waren über den Wasser- und Landweg beteiligt: Neben den *puntekerls*[420] auf den Frachtschiffen hatten Träger und Fuhrleute die schweren Fässer und Holztonnen zusammenzuschnüren und zu transportieren. 1557 entstanden für den Transport von 8 Fass Butter 2,5 Taler Übernachtungs- und Verzehrkosten, Wagengeld, Zoll und Fuhrgeld[421] sowie noch einmal zwei Gulden Fuhrgeld von Finkenhorn (*Wyneken horen*) nach Haselünne. Insgesamt stellte der Ankauf von Butter den höchsten Ausgabenposten des Stifts dar. Für Ankauf und Transport von 8 Fass Butter waren im Juni 1557 127,5 Taler

---

418 NLA OS Dep 91 b Akz. 2011/059 Nr. 773 (1558/59) 25v: *Item de werdyge frouwe up dach Bernhardi (20.8.) tho Ossenbrugge van Aleken Brabben affgeloseth sestehalleff styge golt gl van sellygen her Hermann Brabben domscholaster er overgegeven, dar vor gegeven sestehalleff styge jochymdaller und up yderen daler gegeven 18 d, maketh yn summa 7 jochymdaller und 18 ß, dar noch up gegeven v ½ jochymdaller tho renthe, dar noch entboven.*

419 Vgl. für Vinnenberg: GLEBA, Reformpraxis, S. 157, und für Quernheim: LINNEMEIER, Quernheim, S. 44.

420 Der Begriff *Püntekerl* ist abgeleitet von der Bezeichnung Pünte für die schachtelartigen Schiffe, die auf der Ems zwischen Ostfriesland und dem Münsterland unterwegs waren. Sie konnten bei günstigem Wind gesegelt werden, mussten aber zumeist getreidelt, vom Ufer aus durch Menschenkraft gezogen werden.

421 NLA OS Dep 91 b Akz. 2011/059 Nr. 771a (1556/57) 26r: *Dan en bonne* (Gasthaus) *gekosteth myth wage gelde, tollen und voergelde und terynge ii ½ jochymdaller.*

und von nur 6,5 Fass 1573 sogar 153 Taler zu zahlen. Diese Verteuerung fiel auch Kaplan Buschmann auf, der 1573 vermerkte: *de hebben de 6 ½ vatt botteren gekos-teth, er se hyr thor stede gekomen synnen.*[422]

Evident ist der Bedarf an Fisch insbesondere während der Fastenzeit vor Ostern und im Advent, für den im Schnitt 45 bis 50 Taler zu zahlen waren. Eingekauft wurden durchschnittlich 2 Tonnen[423] Rötschar (Stockfisch) und 8 Tonnen Hering. Dabei wurde zwischen besserem Hering (*vul herynges)* für den Konvent und minderwerti-gem (*holherynges*[424] oder *ledych herynges*[425]) für das Gesinde unterschieden. Als weitere Fischsorten verzehrten die Stiftsjungfern Schollen und Butt, Bremer Aale und Lachse.[426] Fischhändler waren Hermann Kulen in Bremen, bei dem regelmäßig Rötschar, einmal auch Isländer Hering gekauft wurde, und der schon erwähnte Johann Prycker in Emden. In der näheren Umgebung erwarb man Hering und Rötschar bei Johann Clawes und bei Swaker in Haselünne sowie bei Lüdeke in An-kum. Die Kosten von 25,5 Talern, die zu Ostern 1557 für den Einkauf von Fisch entstanden, setzten sich folgendermaßen zusammen: 1,5 Tonnen Rötschar, die Tonne zu 8 Talern, 3 Tonnen Vollhering, die Tonne zu 3 3/4 Taler, und eine Tonne Leichthering für 2,5 Taler. Gegen Mitwinter 1557 war der Fisch teurer. Gekauft wurden eine Tonne Rötschar für 9 Taler und 5 Schap, 2 Tonnen Vollhering, die Tonne zu 4 Taler und 2 Tonnen *ledych herynges*, die Tonne zu 3 Talern und 5 Schap. Die Kosten betrugen bei geringerer Menge vierundzwanzig Taler. Insgesamt wurden im Jahr 1557 für zweieinhalb Tonnen Rötschar und 5 Tonnen Voll- und 3 Tonnen Leichthering rund fünfzig Taler bezahlt. Hinzu kamen wiederum die Trans-portkosten. Der in Emden erworbene Hering musste gewogen und verpackt und nach Haselünne verfrachtet werden, Zoll war in Nienhaus zu entrichten. In Haselünne kamen ein Schilling Fuhrgeld und 18 Denare zum Binden der Tonnen hinzu. Zum Kaufpreis für den Hering traten somit gut 3 Taler Transportkosten hinzu. In der ersten Hälfte ihrer Amtszeit fuhr Äbtissin Maneel selbst zum Herings-kauf nach Emden. Ab 1570 unternahm sie derartige Reisen nicht mehr, sondern ließ durch den Rentmeister zu Fürstenau,[427] Hermann Toidtmann, oder durch Herbord von Elmendorp[428] Rötschar in Bremen besorgen, dessen Preis bei 9 Talern pro Tonne lag. Hering wurde ab 1572 bei Rolef Bramsche in Fürstenau gekauft, wo er deutlich teurer war. Die Tonne Vollhering kostete nun 5,5 Taler, die Tonne Leicht-hering 5 Taler, dafür wurden die Transportkosten eingespart.

---

422 NLA OS Dep 91 b Akz. 2011/059 Nr. 787 (1572/73) 28r.
423 Die Tonne wurde zu 223 bis 245 Pfund gerechnet.
424 NLA OS Dep 91 b Akz. 2011/059 Nr. 771a (1556/57) 25v.
425 NLA OS Dep 91 b Akz. 2011/059 Nr. 772 (1557/58) 21r.
426 NLA OS Dep 91 b Akz. 2011/059 Nr. 786 (1571/72) 27r: *Item vor orth dalers Bremer ale lathen brengen. Item vor vi ß ii punth lasses lathen brengen.*
427 NLA OS Dep 91 b Akz. 2011/059 Nr. 785 (1570/71) 27r: *Item den renthemester thor Ffastennowe betaleth xvi jochemdaler und iii orth in Vigilia Mathee (24.2.) vor twe tunnen rotscharres, dath hunderth tho Bremen vor iii daler und i orth engekofft, hebben dar thor stede gewogen v hunderth und xv punth.*
428 NLA OS Dep 91 b Akz. 2011/059 Nr. 786 (1571/72) 27r: *Item Herbordt van Eldendorpe ix daler gegeven und v grothen vor eyne tunnen rotschars van Bremen mede gebracht up dach Hieronimi. (26.7.)*

Die gewaltige Menge von 8 bis 12 Tonnen Salz jährlich benötigte das Stift nicht nur zum Konservieren von Fleisch, Fisch und Lebensmitteln, sondern auch zum Haltbarmachen von Tierfellen und -häuten. Der Preis für die aus Aschendorf bezogene Tonne Salz betrug 1557 einen Taler 6 Schap. Hinzu kamen die Frachtkosten für den Weg, den das Salz von Aschendorf über Meppen nach Haselünne nahm. Im August 1557 erhielten die puntekerls 12 Schap, dazu einen Schilling Brückengeld, der in Meppen zu bezahlen war. Für die Versorgung der Pferde in Aschendorf waren 6 Schap sowie in Haselünne 2 Schap für Bier und ein Lübischer Gulden für Verpflegung zu zahlen. Von Haselünne ging es mit der Fuhre nach Wettrup, wo 3 Brabant Stüber als Zoll für drei Wagen zu entrichten waren. Insgesamt betrugen die Gesamtkosten für den Kauf von 12 Tonnen Salz 1557 16 Taler zuzüglich Frachtkosten von 2 Talern und 6 Schap, insgesamt 18 Taler, 6 Schap.[429] Zehn Jahre später wird das Salz als Lüneburger Salz bezeichnet und überwiegend in Quakenbrück gekauft. Dort kostet die Tonne 1567 3,5 Taler und ist somit teurer, dafür fallen die Frachtkosten weg. 1574 werden für 10 Tonnen in Quakenbrück gekauftes Lüneburger Salz 35 Taler bezahlt, mehr als das Doppelte gegenüber dem Jahr 1557.

Zu den weiteren Lebensmitteln des täglichen Bedarfs zählte der zum Bierbrauen notwendige Hopfen. 1557 wurden über das Jahr verteilt insgesamt 12,5 Molt Hopfen, überwiegend aus Brabant und bei den Kolonen der Umgebung für insgesamt 9 Taler eingekauft. 1558 sind es sogar 27 Molt Hopfen. Ab 1559 ist ein Hopfengarten erwähnt, in dem alljährlich im Sommer Tagelöhner zum Umgraben eingesetzt werden. In den folgenden Jahren verringerte sich der Zukauf an Hopfen. Frischfleisch, so genannte Mastrinder oder Mastkälber, lieferten die Bauern der Umgebung. Seltener ist der Kauf von Käse aus Holland erwähnt, was auf eigene Herstellung schließen lässt.

Viermal im Jahr, zu Weihnachten, Ostern, Pfingsten und zur Kirchmesse am Sonntag nach Dionysius (9.10.)[430] fuhr das Stiftsgespann zum Einkauf besonderer Lebensmittel nach Osnabrück oder nach Lingen. Dort wurden Weißbrot, Kuchen und Gewürze, speziell zur Kirchmesse Rüben und Wurzeln und zur Fastenzeit Reis, Erbsen, Baum- und Rübenöl eingekauft. 1565 wird mit dem Hinweis, dass das Baumöl zum Anmachen von Salat verwendet wird,[431] ein einziges Mal auf frisches Gemüse verwiesen, das ansonsten in den Registern nicht vorkommt, da es genau wie das Obst im Stiftsgarten angebaut wurde.

---

429 NLA OS Dep 91 b Akz. 2011/059 Nr. 771a (1556/57) 26r: *Item tho Asschendorper kerckmysse gekofft xii tunnen soltes, de tunne xxi schap, ys de summa xvi jochymdaller und ryder. Item gegeven xii schap van Asschendorpe wenthe Haselunne den puntekerls to vrachte und to Meppen i ß vor bruggengeld, to Asschendorpe vi schap vor voer den perden, ii schap vor beer und i lubbeschen to Lunne vorterth, de men dat solt hallede, und iii Brabant st to Wettorpe gegeven vor iii wagen to tollen.*

430 Der Vergleich der Eintragungen in den Rechnungsregistern ergab als Termin des Kirchweihfestes den Sonntag nach Dionysius (9.10.). Dieser Termin wird heute in Börstel nicht mehr wahrgenommen, das Fest gehört somit zu den vergessenen Traditionen.

431 NLA OS Dep 91 b Akz. 2011/059 Nr. 780 (1565/66) 26r: *I punth wette boem olies umme sellath tho maken.*

Zum Süßen der Speisen verwandte man Honig und Trockenfrüchte, von denen neben *prumen* (Pflaumen) auch exotische Früchte wie Feigen, Rosinen und Mandeln genannt werden. Zucker gab es in unterschiedlicher Form – als Zuckerhut (*hovetsucker)* oder in Brotform (*backen suekers*) – und Zubereitung - etwa als *karnarden suckers, mandelen sucker, ffyolen suckers* und *sucker up klanmere.*

Der Besuch des Bischofs Johann von Hoya im September 1562 erlaubt einen Blick in die frühneuzeitliche Herrschaftsküche. Die bei dieser Gelegenheit zur Verfeinerung der Speisen verarbeiteten Zutaten – weten meles (Weißmehl), weten broth, rochen – und exotischen Gewürze – pepers, gegeneren (Ingwer), kaneles (Kaneel), blomen (Gewürznelken), muscaten negelle (Muskat), galvyanes (Galgant), safferanes (Safran) und pardys korne (Paradieskorn) – blieben allerdings dem Landesherrn und den Besuchern vorbehalten. Der tägliche Börsteler Speiseplan war eher bescheiden: Roggenbrot, verbacken zu schonebrode oder klenebrode, Bier, Hülsenfrüchte und Wurzelgemüse bildeten die Nahrungsgrundlage, bisweilen ergänzt durch eines der von den Eigenbehörigen gelieferten Hühner. Selten wurde der Speiseplan durch Frischfleisch bzw. in der Fastenzeit Fisch angereichert. Weißbrot und frische Fische für die Jungfern gab es nur viermal im Jahr zu den besonderen Festtagen. Die Börsteler Verpflegung entsprach somit nicht den gehobeneren Ansprüchen an eine standesgemäße Verpflegung, wie sie für andere westfälische Frauenklöster ermittelt wurden.[432]

2.4. Gesinde und Handwerker

Neben der Überwachung der Einkünfte und der Versorgung der Stiftsfamilie mit Nahrungsmitteln und Dingen des täglichen Bedarfs oblag der Äbtissin die Anstellung und Anleitung des Gesindes sowie die Auftragsvergabe an verschiedene Handwerker. Im Stiftshaushalt und auf dem Wirtschaftshof waren etwa zwanzig Personen tätig, die neben ihrem Lohn freie Kost und eine Schlafgelegenheit auf dem Stiftsgelände hatten. Zum „Dienstvolk" im Haushalt gehörten 1556/57 (mit in Klammern angegebenem Jahresverdienst) der Bäcker (drei Taler), die Köchin Kathrina (zweieinhalb Taler), der Schlachter Hermann (zwei Mark), die Küchenmägde Grete (zwei Mark) und Geseke (eine Mark) und der Kellermeister Johann (eine Mark, vier Schilling). Die Mägde bewohnten eine Gesindestube im Ostflügel der Klausur, die Knechte waren im Viehstall untergebracht.

In der Stiftswirtschaft waren der Müller (vier Taler), der Schulte[433] (drei Taler), die Meierin (zwei Mark drei Schilling), die Viehmagd (zwei Mark) und der Junge im Viehhaus (eine Mark), der Schäfer (zwei Mark), der Kuhhirte (zwei Mark), der Schweinehirte (vierzehn Schilling), der Lämmerhirte (ein Schreckenberger) sowie drei bis vier Knechte (zweieinhalb Taler), einer davon als Brauknecht im Brauhaus, beschäftigt. Außerdem wurde der Müller in Menslage mit drei Talern entlohnt. 1556

---

432 GLEBA, Reformpraxis, S. 159.

433 Kurzform von Schultheiß, der Gerichtsbeamte, der „die Schuld heischt". (Lexikon des Mittelalters (im Folgenden LMA) Bd. 7, Sp. 1591f.) Der Schulte übernahm im Auftrag des Stifts das Einsammeln und Eintreiben der bäuerlichen Zinsabgaben.

wurden insgesamt einundfünfzig Taler (1573 zweiundfünfzig Taler) für Gesindelohn ausgegeben. Zu Beginn ihrer Tätigkeit erhielten die Dienstleute einen Taler Wein-kaufsgeld,[434] zu Weihnachten einen Schilling Opfergeld.[435] Jahreslöhne von zwei bis drei Talern für die Knechte waren nicht eben üppig. Die Mägde verdienten mit zwei Mark sogar nur die Hälfte. Sie konnten nur überleben, weil sie zusätzlich freie Kost und Logis im Stift erhielten.

Einige der Arbeitsleute erwarben mit einer einmaligen Geldzahlung eine so genannte Pröve, ein lebenslanges Wohn- und Versorgungsrecht im Stift. Der 1558 aufgesetzte Vertrag, mit dem sich Arend und Grete van der Huyslage für achtzig Joachimstaler ihre Altersversorgung sicherten,[436] gibt einen guten Einblick in die Gepflogenheiten des frühneuzeitlichen Arbeitslebens: Ab Michaelis 1558 sollten Arend als Schulte und Grete als Meierin dreißig Jahre lang unentgeltlich Dienst im Stift tun und während dieser Zeit ein als Vorwerk bezeichnetes Heuerhaus als kostenlose Unterkunft nutzen. Während der Dienstzeit stand ihnen jährlich ein Hemd und jedes zweite Jahr ein grauer Rock sowie pro Jahr zwei Paar Schuhe zu. Als Altersversorgung wurden dem Ehepaar für jeden Sonnabend sieben Roggenbrote, alle drei Wochen zwei Ringel Bier, pro Jahr etwas Butter und je ein Scheffel Salz und Grütze zugesichert. Während der Fastenzeit erhielten sie zwei Pfund Öl und jeden Sonnabend vierzehn Heringe. Zur Mastzeit duften sie zwei Schweine ins Klosterholz treiben. Sollte einer von ihnen sterben, erhielt der Überlebende die Hälfte der vereinbarten Nahrungsmittel. Da die beiden bei Vertragsabfassung noch junge Leute waren, galt, dass, falls Gott ihnen noch Kinder schenken würde und sie einen eigenen Hausstand gründen wollten, ihnen das eingezahlte Geld und der Lohn für die gearbeiteten Jahre mit Zins erstattet werden sollte. Für den Fall, dass ihnen der Dienst im Verlauf der Jahre zu schwer würde, vereinbarte man die Reduzierung der Arbeitszeit auf 27 Jahre. Dieser Fall trat 1579 ein, als beide vorzeitig ihr Dienst-verhältnis lösten. Für die noch vereinbarten neun Jahre Arbeitszeit kauften die bei-den sich mit der Zahlung von 125 Talern los. Der Wert ihrer beider Arbeit pro Jahr wurde demnach mit vierzehn Talern berechnet.[437]

1569 kaufte sich auch der alte Viehknecht Tebbe Busch für siebzig Taler eine Pröve zur Alterssicherung. Dafür erhielt er in der Küche täglich zwei Mahlzeiten und eine

---

434 Der Weinkauf war eine Art Gebühr bei der Besiegelung eines Rechtsgeschäftes, das ursprünglich durch einen gemeinsamen Trunk bekräftigt wurde.

435 Das Opfergeld war eine Gabe, die an den kirchlichen Festtagen ursprünglich nur an Geistliche ausgeteilt wurde. Später wurde es zu einem allgemeinen Geldgeschenk für Angehörige des Stifts, einer Art Trinkgeld. Auch die Stiftsjungfern und die Beamten des Amtshauses Fürstenau erhielten ein Opfergeld. (Karl SCHILLER/August LÜBBEN, Mittel-niederdeutsches Handwörterbuch, Bd. 1-6, Bremen 1875-1881 (Nachdruck Münster 1931).. Das Opfergeld betrug 1557/8 16 ß, 1559 17 ß, 1560/61 18 ß, 1562 17 ß, 1563 bis 1574 18 ß.

436 NLA OS Dep 91 b Akz. 2011/059 Nr. 773 (1558/59) 23r: *Item Arendt van der Huyslage und Grethe syn echte huysfrouw van der Gevemollen geboren hebben eyn prebende ge-kofft van der werdygen frouwen und semptlycken junfferen, dar vor gegeven und the wyllen betaleth iiii styge jochymdaller.*

437 NLA OS Dep 91 b Akz. 2011/059 Nr. 792 (1578/79) 17r: *Item van dem schulten und der meierschen vor ix jare de se noch uttodene in dem vorwercke plichtich waren, de se heb-ben utgekofft, davor gegeven vi stige daler und v daler.*

Kanne Bier. Im Krankheitsfalle sollten ihm die Mahlzeiten in das Viehhaus gebracht werden, wo er sein Lager hatte. Jeden Sonnabend empfing er zusätzlich ein Roggenbrot und alle drei Wochen einen halben Ringel Bier. Während der Mastzeit konnte auch er ein Schwein füttern.[438]

Die beiden Verträge machen einiges über die Lebenswelt der Prövener deutlich. Zum einen zeigt sich ein fürsorgender Weitblick, der, ausgehend von der zeitigen Lebenssituation, auch Veränderungen im Leben des Ehepaares van der Huyslage mit bedenkt, die dann auch tatsächlich eintraten. Zum anderen verweisen die zwei Mahlzeiten, die der alte Viehknecht pro Tag erhält, und der Hinweis auf die Lagerstatt im Viehhaus, wobei es sich um nicht mehr als ein einfaches Bett gehandelt haben wird, auf die Kargheit der Lebensverhältnisse der unteren Schichten. Das enge Zusammenleben der Mägde in der Gesindestube und der Knechte in den Unterkünften auf dem Stiftshof wird von gegenseitiger Abhängigkeit geprägt worden sein und einiges an Anpassung verlangt, jedoch auch Schutz und Identität geboten haben.

Neben dem Gesinde waren zahlreiche Handwerker in Börstel tätig. Auf die zeitweilige Tätigkeit einer Weberin weisen die Ausgaben von 39 Brabant Stüver für 39 Ellen doppeltbreiten Stoffes hin, der zum Verbleib in der Abtei bestimmt war.[439] Die Herstellung von 72 Ellen Laken wird mit sechs Schilling entlohnt.[440] Einige Male ist die Herstellung eines grauen Rockes für einen der Arbeitsleute erwähnt. Die Weberin war offensichtlich nur für die Anfertigung der Grundausstattung der Klosterangehörigen zuständig. Über den Eigenbedarf hinaus wurde dagegen Wolle produziert, die als *hervest und klatwullen* zu den Einnahmeposten in der Stiftsrechnung zählte und 1575 36 Taler einbrachte.

Für die Herstellung ihrer Kleidung waren die Stiftsjungfern selbst verantwortlich, wie die Auflistung von zwei Spinnrädern, mehrerer Packen Leinen und von Garn in dem Inventar einer Stiftsdamenwohnung von 1673 belegt.[441] Edlere Stoffe für ihre Kleidung besorgten sich die Jungfern auf Märkten selbst oder ließen sie sich von Besuchern mitbringen. 1562 wird die Herstellung von zwei neuen Pelzdecken erwähnt, die zuvor von einem Pelzer in Fürstenau gegerbt worden waren.[442]

---

438 NLA OS Dep 91 b Akz. 2011/059 Nr. 784 (1569/70) 23r: *Item dyth jegenwordege jar hebben de werdige domina und semptlichen junfferen Busch Tebben eren olden bouwknecht eyne prebende vorkofft, also dath he des dages twe maell in de koken schall gaen und etten myth den bouwvolke und i kannen beers thor maeltydt hebben und offt he vorkrancked, dath he nicht in de koken konde kommen, so sal men em de kost in dath bouwhuiß senden, dar he syne legerunge hebben schall, dar tho alle saturdage eyn roggen und umme de iii wecken eynen halven ringel beers und eynes swynes ackern wen Godt mast gifft.*
439 NLA OS Dep 91 b Akz. 2011/059 Nr. 773 (1558/59) 26r: *Item gegeven xxxix Brabant stuver vor xxxix ellen twybredes tho worcken, dat hyr tho des huses besten blyven schall.*
440 NLA OS Dep 91 b Akz. 2011/059 Nr. 774 (1559/60) 25r: *Item eyner weversschen gegeven vi ß und ii d vor iii ½ styge und ii elle lakens to worcken.*
441 NLA OS Dep 91 b Akz. 2011/059 Nr. 25. Dieser Beleg stammt zwar aus späterer Zeit, ein Jahrhundert zuvor wird das Arbeiten mit Textilien jedoch eher noch selbstverständlicher gewesen sein.
442 NLA OS Dep 91 b Akz. 2011/059 Nr. 776 (1561/62) 21v: *Item den peltzer thor Ffasten-*

Jahr für Jahr arbeitete vor Ort der Schuhmacher Meister Hermann Vysscher aus Quakenbrück, der jährlich 44 bis 55 Paar Schuhe für das Dienstvolk anfertigte und dem als Bestandteil des Lohnes je ein Paar Winter- und ein Paar Sommerschuhe zustand. Für seine Arbeit erhielt Meister Hermann ca. 1,5 Taler. Bevor es an die Anfertigung der Schuhe ging, kaufte er Felle und nach Bedarf Kork für die Sohlen. Die Kosten für 50 Paar Gesindeschuhe beliefen sich auf 3 Taler und einen halben Schilling, das Einzelpaar kostete somit ca. 1,5 Schilling. Ein Paar Schuhe aus *synnen leer*,[443] feinerem Leder, das die Weberin Anne Borch für ihre Arbeit am Webstuhl benötigte, kostete 1570 6,5 Schilling.[444]

Zweimal im Jahr, im Mai und im Herbst, kamen zwei bis vier Schafscherer, von denen jeder 21 Groschen verdiente. Im Sommer wurden mehrere Tagelöhner zum Torfstechen und zum Dreschen des Ehrener Zehnten hinzugezogen. Alljährlich bot ein Kesselflicker seine Dienste an. Für den Kauf von je einem Dutzend Zinntellern und Richtfässern nahm er 1572 14 Pfund altes Zinn im Wert von 1,5 Talern in Zahlung, so dass nur noch gut 2 Taler hinzuzuzahlen waren. Kleinere Ausbesserungsarbeiten an den Gebäuden und Arbeiten im Garten verrichteten die Heuerleute.

2.5. Tausch von Eigenbehörigen

Neben der Betreuung des Gesindes kümmerte sich die Äbtissin um die Belange der Eigenbehörigen. Jahr für Jahr wurden eigenbehörige Personen zum Wechsel gegeben, das heißt, zwei verschiedene Grundherren tauschten zwei Eigenbehörige untereinander aus. Dies war dann der Fall, wenn jemand auf einen fremden Hof, der nicht Eigentum des Stifts war, einheiraten und dort arbeiten wollte. Als Ausgleich für den Verlust der wechselnden Person, die dem Stift weiterhin leibeigen blieb, musste eine leibeigene Person aus der anderen Grundherrschaft in das Stift hinüberwechseln. Dieser Wechsel konnte nur mit Einwilligung des Konvents und der Gegenseite geschehen und wurde gegen eine Gebühr beurkundet. Im August 1565 heiratete die dem Stift eigenbehörige Gebba, Tochter von Diderich und Hillen Wolteken, auf den Hof Stier nach Handrup in das Kirchspiel Lengerich.[445] Im Gegenzug wurde Anna, Tochter von Jasper und Swanke Rorman, nach Börstel übergeben. 1566 tauschte das Stift mit Hofbesitzern in der Grafschaft Lingen vier junge Mädchen aus, was der dortige Rentmeister Friedrich von Limburg als eine *westphalische und landes gebrueckliche wesselinge* beurkundete.[446] Das Stift zahlte dafür eine Gebühr von vier

---

nouwe, mester Hermanne, vor xxiiii schape velle to gerven vor eyn yder 8 d geregenet und twe nye pels decken tho negen edder maken vor eyn yder 4 ß gegeven, maketh ii marck, bezahlt Feria […] Pentecostes.

443 sinnen – schlüpfen; leer kontrahiert von ledder.
444 NLA OS Dep 91 b Akz. 2011/059 Nr. 784 (1569/70) 25v: *Item mester Hermann de schomaker xi velle gelodeth, dath veel iii ½ ß, maketh in summa i daler und xvii ½ ß, und vifftch par scho gemaketh, dath par scho vi d, maketh i daler iiii ß und Borch Annen i par scho van synne leer gemaketh 5 ½ ß vor i ß karck, summa iii daler vii ß.*
445 NLA OS Dep 91 b Akz. 2011/059 Nr. 1779.
446 NLA OS Dep 91 b Akz. 2011/059 Nr. 780 (1565/66) 25r: *Item iiii ß gesanth yn kerspell van Lengereck iiii megeden tho orkunde de hyr van dem heren tho Lynge thor wessell gegeven synnen, geschen up Sunthe Anthonius* (17.1.) *aventh.*

Schilling. Weitere Eigenbehörige tauschte Mette Maneel mit landsässigen Adels-familien der Umgebung:[447] 1563 wurden die Mägde Hille und Debekke mit Heinrich von Langen zur Schwakenburg,[448] 1570 Talke und Hille mit Elisabeth von Langen zur Kreyenburg[449] und Lonne getauscht. 1573 wechselten die Knechte Johann und Heinrich zwischen Nicolaus von Snetlage zu Lonne und dem Stift, 1574 fand der Tausch dreier Knechte mit Ilsa von Dincklage[450] statt.[451]

Zwei Frauen – eine gemeinsam mit ihrer Tochter – gaben sich dem Stift zu eigen, weil sie einen Eigenbehörigen heirateten, ein weiterer frei Geborener begab sich in die Unfreiheit, weil er auf einen hörigen Hof des Stifts zog.[452] Nur ein Eigenbehöri-ger kauft sich gegen eine *genochliche summe geldes* 1563 frei.[453]

Geriet ein Hof in Schulden oder mussten die Erbverhältnisse geklärt werden, berief das Stift einen Schuldentag ein, bei dem neben einem Richter als Vertreter des Stifts der Schulte Arend van der Huyslage und der Kaplan Buschmann anwesend waren. Konkursverfahren wurden 1567/68 beim Vollerbe Hollrah in Winkum/Löningen und 1569/70 beim Vollerbe Alves in Andorf eröffnet. Im Januar 1569 fand in Lingen im Beisein des Richters Roleff Monnich aus Haselünne ein Verhörtag gegen den Halb-erben Schlump in Wettrup/Lengerich statt, um eine Eigentumsregelung mit dessen Kindern auszuhandeln.

2.6. Bautätigkeiten und Ausstattung

Ein weiterer Aufgabenbereich der Äbtissin war die Instandhaltung der Stifts-gebäude, für die Maurer, Säger, Zimmerleute und Dachdecker aus der Umgebung hinzugezogen wurden. Anhand der Ausgaben für Bau- und Ausbesserungsarbeiten lässt sich ein Bild der vorhandenen Stiftsbauten, ihrer Lage und Funktion erschlie-ßen. Erste Nachrichten über Bauarbeiten an der Kirche liegen für das Jahr 1556/57 vor, als ein Maurer namens Eylerd mit drei Schilling für Arbeiten entlohnt wurde, die er noch im Auftrag der verstorbenen Äbtissin Beata Schade an der Kirche aus-geführt hatte. Im August 1558 arbeiteten die Maurer Hinrich und Meinhard Malek zehn Tage an der Neueindeckung des Kirchendaches.[454] Gleichzeitig wurde der

---

447 NLA OS Dep 91 b Akz. 2011/059 Nr. 1779.
448 Am Südrand von Andrup gelegen. VOM BRUCH, Emsland, S. 96.
449 Elisabeth von Langen, geb. von Gropeling, Witwe des Herbord von Langen zu Ost-kreyenburg (†1562). VOM BRUCH, Emsland, S. 110.
450 Ilsa von Dincklage, geb. von Groppelingen, Witwe des Dieterich von Dincklage (†1569) zu Dincklage (Diederichsburg). NIEBERDING, Niederstift, 2, S. 397.
451 NLA OS Dep 91 b Akz. 2011/059 Nr. 788 (1573/74) 26v: *Item den sondach Judica iii ß en dath Kerspell Byppen gesanth vor orkunde iii knechten de hyr van der van Dinklage tho Wessel gegeven synnen.*
452 UB 301, 303 und 300.
453 UB 298.
454 NLA OS Dep 91 b Akz. 2011/059 Nr. 772 21v: *Item Hyndreg und muer Meynhardt Malek x dage gearbeydeth up der kercken to decken und des dages vordeneth xxii d, ma-keth eyn ydern xviii ß iiii d betalet, und den kalck vorer des dages xviii d, maketh xv ß betalet up dach Oswaldi* (5.8.) *und Dominici* (8.8.) *22r: Item Gysen Lampen gegeven vii ß vor vii dage kalck up de kercken to wynden.*

Dachfuß durch größere Horizontalverstrebungen verstärkt.[455] Weitere sieben Tage waren 1568 der Maurer Bernd Buter und seine Helfer auf dem Kirchendach und dem Kreuzgang tätig.[456] Der Maurer erhielt einen Tageslohn von 20 bis 22 Groschen, der Kalkfahrer 18 Groschen und der Helfer, der den Kalk mit einer Winde auf das Kirchendach beförderte, 12 Groschen. Geht man für den Maurer von einer durchschnittlichen Fünftagewoche und ca. 44 Wochen Arbeit pro Jahr aus,[457] so verdiente er mit jährlich knapp 17,5 Talern mehr als doppelt so viel wie der geldliche Anteil der Einkünfte des Amtmannes von 7 Talern ausmachte, der allerdings dazu noch freie Wohnung und Kost erhielt. Die Materialkosten betrugen für 100 Strohdocken einen Taler, für eine Tonne Kalk 3,5 Schilling, für die (Kuh-)Haare, die in den Kalk geschlagen wurden, 11 Groschen und für 100 Dachziegel ebenfalls einen Taler.[458]

Das Konventhaus im Westflügel des Klausurbereichs wird im Unterschied zu den übrigen Fachwerkgebäuden als Steinhaus oder nach seiner ursprünglichen Funktion als Dormitorium bezeichnet. Nach dem Amtsantritt Mettes werden dort Jahr für Jahr Erneuerungsarbeiten durchgeführt. 1557/58 wurde ein neuer Boden in dem Steinhaus gelegt. Vor Ostern 1560 arbeiteten zwei Maurer achtzehn Tage auf dem Dach des Dormitoriums und verlegten 300 Strohdocken.[459] Im folgenden Jahr 1561 wurden 300 in Haselünne gekaufte Backsteine vermauert.[460] Zugleich besserte ein Glaser aus Fürstenau die Fenster in den Kammern und Stuben aus. Mit der Nennung von Stuben, wobei diese Bezeichnung für einen beheizbaren Raum steht, und Kammern ist der früheste Hinweis auf die Abtrennung einzelner Räume im ehemaligen Dormitorium gegeben und somit der erste Beleg für das seit der Reformation übliche separate Wohnen.

---

455 Dendrochronologisches Gutachten der Fa. Preßler, März 2008, Registratur Stift Börstel.

456 NLA OS Dep 91 b Akz. 2011/059 Nr.782 25v: *Item Buter Berend gegeven xii ½ ß vor vii ½ dach deckens up der kercke und den gang und vordeneth des dages xx d. Item xi d gegeven vor hare dath in den kalck geslagen is. Item Oldemans Gerde gegeven i daler vor hunderth dackschoven. Item Molynck Alberdt gegeven vi ß vor iiii dage kalck vorens, vordeneth des dages xviii d.*

457 Die Woche hatte sechs Arbeitstage. Aufgrund der zahlreichen kirchlichen Feiertage gab es aber auch Wochen mit lediglich drei bis vier Arbeitstagen, so dass ein Durchschnitt von fünf Tagen wahrscheinlich ist. Unter Berücksichtigung der Winterpause ab Allerheiligen und Zeiten der Nichtbeschäftigung wurden für das Osnabrücker Arbeitsjahr 44 Wochen ermittelt. Vgl. EBERHARDT, *Van des stades wegene utgegeven unde betalt*, S. 92ff. hier S. 96.

458 NLA OS Dep 91 b Akz. 2011/059 Nr. 832 (1618/1619) 4v: *Für 200 dacksteine zu Schwestrup einkauffen laßen und damit deß stiftz gebauw theilß zu repariren 2 thlr.*

459 NLA OS Dep 91 b Akz. 2011/059 Nr. 774 24r: *Item Ludeken tho Wynecken gegeven iii jochymdaller vor iii hunderth dackschoven up dem dormiter vordeketh vrygdages na Letare. Item Muern Meynardt gegeven iii marck vor xviii dage decken up dem dormeter.* 24v: *Item Rullebome gegeven i daler und i schrekenberger vor xvi dage arbeydens up dem dormeter.*

460 NLA OS Dep 91 b Akz. 2011/059 Nr. 775 25r: *Item iii hunderth backstenes to Lunne gekofft, dar vor gegeven i daler wenyger iii zypharth.*

Auf einem weiteren Gebäude, der *olden kemnade*, wurde nach Pfingsten 1564 zwei Tage lang gedeckt.[461] Dass es sich bei der Kemenate ebenfalls um ein beheizbares Gebäude handelte, geht aus der Nachricht hervor, dass Meister Johann zu Lindlage 1566 fünf Tage *in den oven* auf der Kemenate arbeitete.[462] In der Kemenate ist die Wohnung der Äbtissin zu vermuten, die jedoch noch nicht als Abtei bezeichnet wird. Geht es um Anschaffungen für dieses Haus, so wird von *tho des huses besten* oder *up dem huse*[463] gesprochen.

Im Nordflügel lagen die zur Versorgung der Stiftsgemeinschaft nötigen Räume: die Jungfernküche, das Backhaus (mit Backofen, Teigtrog und Mehlkisten), das Brauhaus (mit Braupfanne und Hopfenkörben) und der Malzboden. Butterkeller und Molkenkammer sind unter dem Hochchor der Kirche zu vermuten. Backhaus und Butterkeller waren besonders gefährdete Räumlichkeiten, für die 1556 und 1566 neue Schlösser angefertigt werden mussten, was auf zuvor begangene Diebstähle schließen lässt. Als Gebäude für Werkräume und Unterkünfte des Gesindes diente das so genannte Tobenhaus[464] im Ostflügel. Ein eigenes Holzhaus bewohnte der Bäcker.

Die zahlreichen Ausbesserungsarbeiten an den Wirtschaftsgebäuden vermitteln auch Kenntnis von der Gebäudesituation außerhalb der Klausur. Zu den Vorratshäusern zählten eine Heu- und eine Torfscheune sowie der Kornspeicher, für den bereits 1524 die Anfertigung neuer Schlüssel nötig war. 1572/73 musste das zerbrochene Dach der Torfscheune gedeckt werden, *dath de wint tho brocken hadde.* An Viehställen werden ein großes und ein kleines Viehhaus, Schweinestall, Hühnerstall und zwei Pferdeställe genannt. Die Stiftsanlage war umfriedet, der Zugang führte durch eine mit Stroh gedeckte Pforte.

Zu den häufigsten Bauarbeiten während der Amtszeit Mette Maneels zählten diejenigen an den Wassermühlen des Stifts. Die „niederste" Mühle diente als Walk- und Ölmühle, die „oberste" Mühle als Bockmühle, die 1561 offensichtlich erneuert wurde. Neben Ausbesserungsarbeiten waren Kamm- und Wasserräder auszuwechseln, Mühlsteine aus Osnabrück zu holen und Zimmerarbeiten auszuführen. Daneben besaß das Stift eine Mühle und eine Scheune in Menslage, an der ebenfalls alle paar Jahre umfangreiche Arbeiten vorgenommen wurden. Zu den Arbeiten an den Nutzflächen des Stiftsbezirks zählten die Reparaturen an einem 1556 erwähnten Deich, dem *abeken dyck*, und die Pflege des bereits erwähnten Hopfengartens.

Selten sind die Hinweise auf die Ausstattung der Gebäude. 1556 erwarb die Äbtissin für einen halben Taler zwei Messingleuchter, 1573 für einen Viertel Taler ebenfalls einen neuen Leuchter. Der Verbrauch an Lampenöl bezifferte sich im August 1564 auf zehn Pfund. Daneben verwendete man Wachs und Tran für die Herstellung von Lichtern. Mit der Anschaffung eines Tresors 1560, der *up dem huse blyven schall,*

---

461 NLA OS Dep 91 b Akz. 2011/059 Nr. 778 23r: *Item Kordes Alberd gegeven iiii ß vor decken und stoppen i ½ dage up der olden kemnade.*
462 NLA OS Dep 91 b Akz. 2011/059 Nr. 780 26r.
463 NLA OS Dep 91 b Akz. 2011/059 Nr. 773 (1558/59) 26r; NLA OS Dep 91 b Akz. 2011/059 Nr. 774 (1559/60) 25r.
464 von mndt. tobehoringe – Zubehör, Pertinenzien.

ist kein Geldschrank, sondern ein offener Schrank gemeint, in dem man Geschirr und Gläser ausstellen konnte. 1574 wurde auf dem Fastenmarkt in Osnabrück eine Eierkuchenpfanne für sechs Schilling erworben. Und auch der Kauf eines eisernen Nachttopfes 1565 zählte zu den Notwendigkeiten des täglichen Lebens. Für den täglichen Bedarf kaufte man außerdem alljährlich ein Fass Seife sowie Papier und Siegelwachs für den Schreiber ein.

Einen neuen Wagen für das Stiftsgespann stellten 1572 zwei Zimmerleute aus Quakenbrück direkt vor Ort her. Sie arbeiteten 24 Tage an dem neuen Wagen, der ein Verdeck aus elfeinhalb Ellen *borgen* Tuch erhielt, vermutlich eine wasserabweisende Hülle aus Leder. Die Anfertigung eines Wagenkorbs im Folgejahr kostete einen halben Taler. Ein gleichbleibend hoher Einkaufsposten war der Kauf von Eisennägeln, die in der Vielzahl der Baumaßnahmen Verwendung fanden. Für die Erneuerung von Verschleißteilen an den vielen schmiedeeisernen Gerätschaften des klösterlichen Wirtschaftsbetriebs erhielt der Schmied in Bippen rund sieben Taler im Jahr.

3. Die Außenkontakte

3.1. Besuche aus der Ritterschaft

Bereits die Untersuchung der Beziehungen der Stiftsjungfern zu ihren Familien ließ ein reges soziales Leben im Börstel der frühen Neuzeit erkennen. Zum gesellschaftlichen Umfeld gehörten darüber hinaus zahlreiche Besucher aus der Ritterschaft, die nicht zur unmittelbaren Verwandtschaft gehörten sowie diverse Funktionsträger und Standesvertreter und nicht zuletzt der Landesherr selbst. Häufigste Besucher in den ersten Jahren von Mettes Amtszeit sind Claus und Steven Rusche zu Strohe aus dem Kirchspiel Langförden im Amt Vechta, die Söhne des Meinhard Rusche, der 1563 zum Apostelfest selbst einmal Gast ist. Von 1556 bis 1565 sind Steven und Claus jährlich zwei bis dreimal in Börstel anwesend: 1560 zur Kirchmesse, 1561 vier Tage zur Fastnacht und zwei Tage zum Johannisfest. 1562 feiert Steven wiederum den Fastnachtsabend und das Pfingstfest in Börstel. 1563 ist er zu Jahresbeginn und zum Nikolaustag, 1564 und 1565 wiederum mehrere Tage zur Kirchmesse gegenwärtig. Ein letztes Mal sind beide Brüder gemeinsam zum Johannisfest 1571 in Börstel. Ihre insgesamt fünfzehn Besuche überwiegend zu Kirchweih, Fastnacht und dem Johannisfest sprechen dafür, dass diese Feste in Börstel ausgiebig gefeiert wurden und es den Brüdern Rusche in Gesellschaft der Börsteler Stiftsjungfern gut gefallen haben muss. Zur Kirchweih im Oktober gehörte nicht nur ein besonderes Festmahl, es wurde auch zum Tanz aufgespielt und auf dem Stiftshof wurden Verkaufsbuden aufgeschlagen. Doch nicht nur die Rusches, viele weitere adelige Junker weilten während der Amtszeit Mette Maneels in Börstel und geben – wie die folgende Tabelle zeigt – signifikante Beispiele von der nun vollzogenen Aufhebung der Klausur.

Besucher aus der Ritterschaft: Herkunft, Zeitraum, Häufigkeit

Jasper Schwenke zu Fresenburg[465]	Amt Meppen	1556-1558	3x
Johann von Dincklage d.Ä.[466]	Amt Vechta	1556-1567	6x
Claus und Steven Rusche zu Strohe[467]	Amt Vechta	1556-1571	15x
Steven van Bra zu Campe[468]	Amt Meppen	1556-1574	15x
Hake von Heek zu Lengerich[469]	Gft. Lingen	1557	1x
Rembert von Bernefür zu Querlenburg[470]	Amt Vechta	1557-1573	16x
Balthasar von Ripperda[471]	Gft. Lingen	1558	1x
Hermann und Otto von dem Schwege[472]	Amt Hunteburg	1558, 1565	2x
Heinrich von Dincklage[473]	Amt Vechta	1558-1571	9x
Gerhard von Quernheim zu Böckel[474]	Gft. Ravensberg	1559-1566	6x
Franz von Lüning zu Schlichthorst[475]	Amt Fürstenau	1559-1567	4x
Roleff Monnich zum Eickhof[476]	Amt Meppen	1559-1572	12x
Wilke Steding zu Huckelrieden[477]	Amt Cloppenburg	1560	1x
Gerd Nagel aus Meppen[478]	Amt Meppen	1561	1x
Gottschalk Maneel zu Landegge[479]	Amt Meppen	1561-1574	61x

---

465 Jasper Schwenke, Burgmann zu Fresenburg. VOM BRUCH, Emsland, S. 9.
466 Johann von Dinklage d. Ä. (†1587) ∞ mit Rixa van Düren (†1574), Drost zu Vechta 1540-1587. NIEBERDING, Niederstift 2, S. 420.
467 Claus Rusche zu Strohe, Kirchspiel Langförden, und sein Bruder Steven, Söhne des Meinhard Rusche. NIEBERDING, Niederstift 2, S. 406.
468 Steven van Bra ∞ mit Irmgard von Donop (†1597). VOM BRUCH, Emsland, S. 27.
469 Hake von Heek (t 1558), Burgmann zu Iburg, 1516 ∞ mit Elisabeth von Cappel zu Wallenbrück. VOM BRUCH, Emsland, S. 132f.
470 Rembert von Bernefür (* 1537, †1602), Drost zu Oldenburg, 1556-1561, 1. 1565 ∞ mit Elisabeth Budde, 2. 1580 ∞ mit Heilwig von Langen. NIEBERDING, Niederstift 2, S. 423.
471 Balthasar von Ripperda ∞ mit Sophie von Valke zu Venhaus, Kirchspiel Lengerich. VOM BRUCH, Emsland, S. 137.
472 Hermann von dem Schwege zu Schwege, Kirchspiel Hunteburg, und sein Sohn Otto (†1575). VOM BRUCH, Osnabrück, S. 233f.
473 Heinrich von Dincklage, Sohn des Drosten zu Cloppenburg Hugo von Dinklage (†1575), Domherr zu Osnabrück. NIEBERDING, Niederstift 2, S. 393.
474 Gerhard von Quernheim ∞ mit Dorothea von Nagel zu Thuine, Grfsch. Lingen. VOM BRUCH, Emsland, S. 146.
475 Franz von Lüning (†1573) 1549 ∞ mit Helene von dem Bussche-Hünnefeld, Drost zu Fürstenau und Vörden. STÜVE passim; VOM BRUCH, Osnabrück, S. 332f.; HOFFMANN, Adel, S. 173; BEHR, Waldeck 2, S. 444.
476 Roleff Monnich (†1611) zum Eickhof, Richter zu Haselünne, 1. ∞ 1568 mit Elisabeth von Langen zu Westkreyenburg (†1589) 2. ∞ 1605 mit Walburg von Südholz-Rhaden. NIEBERDING, Niederstift 2, S. 373, 380.
477 Wilke Steding (†1570), Drost zu Wildeshausen 1534-1540, zu Delmenhorst 1536, zu Cloppenburg 1539, zu Vechta 1541. NIEBERDING, Niederstift 2, S. 437; BEHR, Waldeck 1, S. 335ff.
478 Vermutlich Besitzer des Nagelshofs in Meppen (VOM BRUCH, Emsland, S. 61). Gerhard Nagel 1547 als Bürge erwähnt (BEHR, Waldeck 1, S. 401).
479 Gottschalk Maneel (†1609) ∞ 1574 mit Beke von Hermeling. VOM BRUCH, Emsland, S. 43.

Johann Maneel zu Landegge[480]	Amt Meppen	1561-1574	22x
Arend von Knehem zu Schulenburg[481]	Amt Fürstenau	1561-1564	3x
Heye von Westerwolde[482]	?	1562	1x
Conrad Sweder von Amelunxen zu Gesmold[483]	Amt Grönenberg	1562	1x
Johann von Dincklage d.J.[484]	Amt Vechta	1562-1571	8x
Meinhard Rusche zu Strohe[485]	Amt Vechta	1563	1x
Heinrich von Snetlage zu Lonne[486]	Amt Fürstenau	1563	1x
Jasper von Quernheim[487]	Amt Vechta	1563, 1573	2x
Johann von Plettenberg zu Walle[488]	Amt Grönenberg	1564, 1574	2x
Nicolaus von Bar zu Barenau[489]	Osnabrück	1565, 1568	2x
Nicolaus von Snetlage zu Lonne[490]	Amt Fürstenau	1566-1574	7x
Amelung und Boldewin von Varendorf zu Sutthausen[491]	Amt Iburg	1568, 1570	2x
„Bastard" von Snetlage[492]		1569	2x
Cord und Johann von Knehem zu Sögeln[493]	Am Vörden	1569-1570	4x
Cord Monnich zum Eickhof[494]	Amt Meppen	1569-1573	15x
Hermann Maneel zu Landegge[495]	Amt Meppen	1570	1x

---

480 Johann Maneel (†1624), Sohn des Gottschalk Maneel, ∞ mit Anna Maria von Torney zu Beel. VOM BRUCH, Emsland, S. 43.

481 Arend von Knehem ∞ mit Anna von Schagen. VOM BRUCH, Osnabrück, S. 364.

482 Möglicher Nachkomme der Witwe Elisabeth Westerwolde, die 1531 eine Seelmesse stiftete. UB 241.

483 Cord Sweder von Amelunxen (†1601) ∞ mit Marie von Korff-Schmising zu Tatenhausen. VOM BRUCH, Osnabrück, S. 186, 194.

484 Johann von Dinklage d. J. (†1590) ∞ mit Gertrud von Merfeld. Drost zu Cloppenburg 1571-1588. NIEBERDING, Niederstift 2, S. 392f.

485 Meinhard Rusche ∞ mit Mette. BEHR, WALDECK 1, S. 223f, 239, 2, S. 282.

486 Heinrich von Snetlage († 1557) ∞ mit Gertrud von Holle. VOM BRUCH, Emsland, S. 23.

487 Jasper von Quernheim 1585 ∞ mit Anna von Sütholte-Madras. (NIEBERDING, Niederstift 2, S. 380.) Weigert sich 1615, die Einkünfte der Kapelle zu Sütholte für den neu eingesetzten katholischen Geistlichen freizugeben. (HOFFMANN, Streit um das Reichsrecht, S. 257).

488 Johann von Plettenberg (†1591) ∞ mit Helene von Vincke zu Ostenwalde, 1584 Drost zu Reckenberg. VOM BRUCH, Osnabrück, S. 160.

489 Nicolaus v. Bar (1537-1604), Domherr zu Osnabrück 1546 bis 1604. 1561 Propst zu Quakenbrück, 1600 Dompropst. VOM BRUCH, Osnabrück, S. 280, 316; HOFFMANN, Domherren, Nr. 8.

490 Nicolaus von Snetlage ∞ mit Ilse von Monnich zu Eickhoff. VOM BRUCH, Osnabrück, S. 327.

491 Amelung von Varendorf 1589 ∞ mit Anna von Stael, Drost zu Iburg und Reckenberg 1601-1620, Boldewin wohl sein Bruder. VOM BRUCH, Osnabrück, S. 86; HOFFMANN, Adel, S. 217ff.

492 NLA OS Dep 91 b Akz. 2011/059 Nr. 783 21r: *Item in Vigilia Ascensionis eynen bastarde van Snetlage i sch haveren vor i perdt gemetten* […] *und up dach Laurentti eynen bastard van Snetlage i sch haveren gemetten.*

493 Claus und Johann von Knehem standen im Kriegsdienst und starben 1579 an der Pest. VOM BRUCH, Osnabrück, S. 284.

494 Cord Monnich (†1600) zum Eickhof 1580 ∞ mit Mette von Südholz-Tribbe. NIEBERDING, Niederstift 2, S. 380.

Reineke Hake zu Scheventorf[496]	Amt Iburg	1570	1x
Herbord von Haren zu Hopen[497]	Amt Vechta	1570	1x
Roleff von Dincklage[498]	Amt Vechta	1570-1574	3x
Herbord van Elmendorp zu Füchtel[499]	Amt Vechta	1570-1574	12x
Clamor von dem Bussche zu Ippenburg[500]	Amt Wittlage	1571	2x
Albert von Lüning[501]	Amt Fürstenau	1571	1x
Matthäus von Quernheim zu Böckel[502]	Gft. Ravensberg	1572-1574	5x
Otto Kobrinck zu Altenoythe[503]	Amt Vechta	1573	2x
Hermann Weddesche zu Bomhoff[504]	Amt Vechta	1573	1x

Die Börsteler Haferregister, die Auskunft über alle Besucher geben, lesen sich mit ihrer Vielzahl von Eintragungen wie das *Who is who* der Münsterischen und Osnabrücker Stiftsritterschaft. Von den einundzwanzig Besuchern aus dem Niederstift waren zwölf im Amt Vechta, acht im Amt Meppen und einer im Amt Cloppenburg ansässig. Von den zwölf Gästen aus dem Hochstift stammten fünf aus dem Amt Fürstenau, je zwei aus den Ämtern Iburg und Grönenberg, je einer aus den Ämtern Vörden, Hunteburg und Wittlage sowie einer aus der Stadt Osnabrück. Je zwei Junker reisten aus den Grafschaften Ravensberg und Lingen an.

Doch nicht nur die adeligen Junker weilten oft und gern in Börstel, auch Frauen, die nicht zur engeren Verwandtschaft der Stiftsjungfern gehörten, machten sich ohne Begleitung eines männlichen Familienangehörigen auf den Weg nach Börstel. Da oft nur ein oder zwei Pferde zu versorgen waren, scheinen die Damen kleine Ein- oder Zweispänner genutzt zu haben oder selbst geritten zu sein. Besonders die Ehefrauen der Drosten scheinen – vielleicht auf Wunsch ihrer Ehemänner – den Kontakt zu Mette Maneel gesucht zu haben. Am Sonntag zur Kirchmesse 1556 stattete die Frau des Drosten zu Fürstenau, Franz von Lüning, Helene von dem Busche, der neuen Äbtissin ihren Antrittsbesuch ab. Zwischen 1557 und 1574 wird viermal Heilke von Brae,[505] die Frau des Drosten des Emslandes, Johann von Scharpenberg, unter der

---

495 Hermann Maneel, Bruder von Mette Maneel, 1543 ∞ mit Clemense von Nagel. VOM BRUCH, Emsland, S. 43.
496 Reineke Hake (†1592) ∞ mit Johanna von Ketteler zu Middelburg, 1585 Mitglied des Regierungskollegiums. VOM BRUCH, Osnabrück, S. 37.
497 Herbord von Haren (†1616) zu Hopen, Kirchspiel Lohne, ∞ mit Margarethe v. Schade zu Ihorst. NIEBERDING, Niederstift 2, S. 421; BRÜNGER, Die älteren Linien, S. 70.
498 Roleff (Rudolf) von Dincklage (†1575), Domherr zu Bremen und Minden, Propst zu Wildeshausen. NIEBERDING, Niederstift 2, S. 393.
499 Herbord van Elmendorp. NIEBERDING, Niederstift 2, S. 354, 424.
500 Clamor von dem Bussche (†1573) zu Ippenburg, Hünnefeld und Lohe 1559 ∞ mit Anna von Ascheberg. VOM BRUCH, Osnabrück, S. 218.
501 Sohn des Drosten Franz von Lüning.
502 Sohn oder Enkel des Gerhard von Quernheim.
503 Otto VI. von Kobrinck, Burgmann zu Vechta. HOFFMANN, Familie von Kobrinck, S. 222.
504 Hermann Weddesche zu Bomhof, Kirchspiel Langförden. NIEBERDING, Niederstift 2, S. 405.
505 Tochter des Hermann v. Brae zu Campe, Schwester des Steven von Brae, des Ehemannes von Fye Maneel. VOM BRUCH, Emsland, S. 90.

Bezeichnung die *Scharpenborgessche* als Besucherin erwähnt. Göste von Holle, die Frau des Drosten Hugo von Dinklage zu Cloppenburg, kam 1558 und im April 1571 zu Besuch.

Eine Frau von Südholte zog vermutlich die Fäden für eine Eheschließung ihrer Töchter. Sie ist dreimal, 1557, 1561 und 1563, zu Gast in Börstel und könnte die Mutter einer der drei Erbtöchter der drei Südholteschen Güter gewesen sein, die später alle Junker heirateten, die zum Besucherkreis Börstels gehörten. Mette von Südholz-Tribbe heiratete 1580 Conrad Monnich, Anna von Südholz-Madras 1585 Caspar von Quernheim und Wolberg von Südholz-Rhaden 1605 Rudolf Monnich zum Eickhof.[506]

Ein weiterer Grund für einen Besuch in Börstel wird der Wunsch nach Aufnahme einer Tochter im Stift gewesen sein. 1561 ist Dorothea Kerssenbrock,[507] 1563, 1571 und 1574 eine Jungfer von Quernheim zu Gast in Börstel. Weitere Besucherinnen sind im August 1563 für vier Tage Anna von Haren,[508] die Mutter Herbords von Haren, und zu Pfingsten 1571 Frau von Schwege aus Hunteburg, die Frau des Hermann von Schwege. Zwei Besucherinnen des Jahres 1573 sind im September Frau von Elmendorf[509] und im Dezember Ilse von Snetlage, die Frau des Nicolaus von Snetlage.

Nur zweimal schlagen sich Kontakte zu anderen Klöstern in den Registern nieder. Zu Pfingsten 1567 ist die Äbtissin des Klosters Malgarten, Engel von Dorgelo, in Börstel zu Gast. Zu einem Gegenbesuch reist Mette Maneel im August 1572. Zu Pfingsten 1571 reiste Mette in das Stift Wietmarschen. Ein Austausch mit Äbtissinnen anderer Klöster fand demnach nur selten statt.

Die Vielzahl der Besucher zeigt die Einbindung Börstels in ein weitgespanntes gesellschaftliches Kommunikationsgeflecht. Mag der eine oder andere Besucher das Stift lediglich als Zwischenstation und Herberge auf einer weiteren Reise genutzt haben, so scheint doch die überwiegende Zahl der Gäste im Kontakt mit den Bewohnerinnen gestanden zu haben. Vielfach wird es darum gegangen sein, Nachrichten und Informationen zu verbreiten und miteinander zu erörtern. Daneben werden Neuigkeiten aus den landsässigen Adelsfamilien der Umgebung ausgetauscht worden sein. Die Stiftsjungfern erfuhren so alles über Sterbefälle, Eheverbindungen, Geburten und sonstige Vorkommnisse in den einzelnen Familien und konnten diese Informationen an die eigene Verwandtschaft weitergeben. Für die jüngeren weiblichen Verwandten konnten so die Fäden geknüpft werden für eine Aufnahme in Börstel oder in einem anderen Stift. Die Stiftsgemeinschaft hatte auf diese Weise nicht nur die Funktion einer umfassenden Nachrichtenbörse, sondern bildete auch

---

506 NIEBERDING, Niederstift 2, S. 380.
507 Vermutlich die Ehefrau des Jobst von Kerßenbrock zu Schmalenau, Amt Grönenberg, VOM BRUCH, Osnabrück, S. 159.
508 Anna v. Langen 1538 ∞ mit Caspar von Haren († vor 1568). VOM BRUCH, Osnabrück, S. 157 f.
509 Vermutlich die Ehefrau des Herbord von Elmendoff zu Füchtel.

ein soziales Netzwerk, das Familienangehörigen und Freunden vielerlei Hilfestellungen geben konnte.[510]

Die erstaunlich hohe Anzahl von Besuchen der Junker von den umliegenden Rittergütern scheint auch für Börstel die These Anke Hufschmidts[511] zu bestätigen, dass viele heiratswillige und verwitwete Männer auf der Suche nach einer von Status und Erziehung angemessenen Lebenspartnerin die Stifte in ihre Brautschau einbezogen. Dabei waren es seltener die Stiftsjungfern selbst, die zur Ehe schritten, vielmehr konnten hier im standesgemäßen Rahmen erste Kontakte für eine angemessene Liaison von Schwestern, Nichten und Freundinnen geknüpft werden. Hatte die Benediktusregel geboten, „Sich dem Treiben der Welt zu entziehen" (RB 4,20), so verdeutlicht wohl nichts mehr die Entwicklung zum stiftischen Leben als die Häufung von Besuchern zum Fastnachtsabend, zu Ostern, Pfingsten und zur Kirchmesse.

3.2. Fürstliche Beamte

In ständigem Kontakt stand das Stift darüber hinaus mit seinem Landesherrn bzw. dessen Beamten, den Drosten, Rentmeistern, Richtern und Vögten. Diese Amtspersonen bzw. ihre Knechte und Diener suchten Börstel in verschiedenen Angelegenheiten auf, mussten beköstigt und untergebracht und ihre Pferde mit Heu gefüttert werden. Im Gegenzug wurden Börsteler Boten oder der Amtmann selbst zur fürstlichen Kanzlei als oberster Landesbehörde nach Osnabrück gesandt. Großen Einfluss hatten die adeligen Drosten, die als fürstliche Lehnsleute und Befehlshaber der Ämter und zumeist auch als Landräte sowohl enge persönliche Berater des Landesherrn als auch Sprachrohr der Ritterschaft waren. Dem Drosten oblag die Aufsicht über das Steuer- und Schatzwesen, die Rechtsprechung sowie die militärische Sicherung des Amtsbezirks, wozu ihm ein kleiner berittener Trupp von vier Soldaten zur Verfügung stand. Der Rentmeister, im Gegensatz zum Drosten ein bürgerlicher Amtsträger,[512] teilte die Hand- und Spanndienste der landesherrlichen Dienstpflichtigen ein und war für die Einziehung der landesherrlichen Steuern, Gefälle und Renten verantwortlich. Er hatte außerdem die fürstliche Residenz mit Naturalleistungen aus den Ämtern zu versorgen.[513]

---

510 Vgl. Klaus SCHREINER, Consanguinitas". „Verwandtschaft" als Strukturprinzip religiöser Gemeinschaften und Verfassungsbildung in Kirche und Mönchtum des Mittelalters, in: Irene Crusius (Hrsg.) Beiträge zu Geschichte und Struktur der mittelalterlichen Germania Sacra (Veröffentlichungen des Max-Planck-Instituts für Geschichte 93: Studien zur Germania Sacra 17), Göttingen 1989, S. 176-305, hier S. 231f.

511 HUFSCHMIDT, Adel im Weserraum, S. 148.

512 Ab 1572 wurde das Amt des Rentmeisters in seiner Funktion aufgewertet, wohingegen sich die Tätigkeit des Drosten nach und nach auf reine Repräsentationsaufgaben ohne reale Machtbefugnisse beschränkte. Christine VAN DEN HEUVEL, Beamtenschaft und Territorialstaat. Behördenentwicklung und Sozialstruktur der Beamtenschaft im Hochstift Osnabrück 1550-1800 (Osnabrücker Geschichtsquellen und Forschungen 24), Osnabrück 1984, S. 219ff.

513 Vgl. NLA OS Rep 100 Abschn. 265 Nr. 1 Bl. 88ff.

Der Drost zu Fürstenau und Vörden, Franz von Lüning, seit 1557 Herr zu Schlicht-horst, war wichtigster Berater Franz von Waldecks und kam auch nach dessen Tod 1553 noch einige Male nach Börstel. An allen Gerichtstagen der im Amt tagenden Gogerichte zu Fürstenau, Ankum und Quakenbrück führte der Drost den Vorsitz. Im Mai 1559 weilten er und sein Rentmeister Friedrich Röpenacker gen. Bremer im Stift und vertranken dabei gemeinsam mit den Damen die nicht unerhebliche Menge von vierzehn Kannen Wein (knapp 27 Liter). Im Juli 1562 und im Juni 1567[514] kam der Drost erneut, jetzt mit dem neuen Rentmeister Hermann Toidtmann. Ein weite-res Mal sprach Lüning im November 1567 in Börstel vor.

Häufige Besucher aus dem Niederstift Münster waren die Drosten zu Vechta, Johann von Dinklage d. Ä., und zu Cloppenburg, Johann von Dinklage d. J., die die Äbtissin zwischen 1556 und 1571 häufig aufsuchten bzw. ihren Knecht oder Vogt mit einer Nachricht absandten. Im September 1560 ist der Drost zu Cloppenburg Wilken Steding zu Besuch.

Während der Drost den Vorsitz an den Gerichtstagen führte, oblag die Rechts-sprechungsbefugnis dem Gografen. Zwölfmal zwischen 1559 und 1572 ist der Richter zu Haselünne Roleff Monnich (†1611) zum Eickhof und Harme zu Besuch. Die Beziehung des Stifts zur Familie Monnich bestand über Generationen. Unters-ter, gleichwohl wichtigster Beamter in der Verwaltungshierarchie war der Vogt, der die Drosten, Rentmeister und Gografen in ihren Aufgaben unterstützte und für die Durchsetzung aller von diesen verfügten administrativen, fiskalischen und judika-tiven Maßnahmen im Land zuständig war. Im Laufe der Zeit wurde er zur wichtigs-ten Kontrollinstanz des Landesherrn über seine Untertanen, was zu zahlreichen Kon-flikten führte.[515] In Börstel war der Vogt zu Berge zuständig, dessen Besuche am Vorabend von Pfingsten 1573 und im April 1574 belegt sind.

Neben den landesherrlichen Beamten zählten Vertreter des Domkapitels zu den offiziellen Besuchern Börstels. Bei dem 1556 verstorbenen Domscholaster Hermann Brawe hatte sich bereits Äbtissin Beata Schade die erwähnten 110 Gulden geliehen. Der Domscholaster Giselbert Budde war der erste, der nach Mettes Wahl 1556 in Gesmold benachrichtigt wurde. 1565 und 1568 besuchte der als *sanckmester* be-zeichnete Domherr Nicolaus von Bar[516] das Stift. Ende September 1570 ist Reineke Hake zu Scheventorf in Begleitung von zwei weiteren Domherren für zwei Tage zu Gast.[517] Von Bar und von Hake werden beide 1574 Mitglieder des Regierungskol-legiums.[518] Was auch immer verhandelt wurde, ob die Besuche in Börstel privater

---

514 NLA OS Dep 91 b Akz. 2011/059 Nr. 781 22r: *Vor 1 daler wyn vor schenketh, do de droste und renthemester hyr waren gudensdages na Johannes Baptisti dage.*

515 Vgl. die Prozesse des Stifts gegen die Vögte Hieronymus und Heinrich Krimpenfort in Berge im 17. Jahrhundert: NLA OS Dep 91 b Akz. 2011/059 Nr. 1608 u. 1609.

516 Nicolaus von Bar (*1537, †1604), Kanoniker von 1546 bis 1604, 1561 Propst zu Qua-kenbrück, 1600 Dompropst, HOFFMANN, Domherren, Nr. 8. Grabplatte und Epitaph be-fanden sich bis zum 19. Jahrhundert im Dom zu Osnabrück. WEHKING, Inschriften, Nr. 196 und 197.

517 NLA OS Dep 91 b Akz. 2011/059 Nr. 784 20r: *Item up dach Cosme und Damiani* (26.9.) *Reyneke Hake und twen domheren xx sch haveren twe dage vor vii perde gemetten.*

518 VAN DEN HEUVEL, Beamtenschaft, S. 79.

oder dienstlicher Natur waren, lässt sich nicht ermitteln. Der Eindruck aber festigt sich, dass Börstel mit vielen prominenten Vertretern der Landstände im Austausch stand.

3.3. Ein kostspieliger Landesfürst: Bischof Johann von Hoya (1554-1574)

Im Oktober 1553 hatte das Domkapitel als Nachfolger des verstorbenen Franz von Waldeck den Grafen Johann von Hoya[519] gewählt und nach päpstlicher und kaiserlicher Konfirmation im Oktober 1554 als Fürstbischof eingesetzt. Johann, 1529 in Finnland als Sohn des Statthalters von Wiborg Johann von Hoya und seiner Frau Margarethe, der Tochter des schwedischen Königs Gustav Wasa geboren, studierte in Paris und in Italien und knüpfte dort Kontakte zum römischen Klerus. Zeitgenossen beschrieben ihn als klugen und gebildeten Mann, der Kenntnisse in sieben Sprachen hatte. Seine berufliche Karriere begann er am Reichskammergericht in Speyer, zu dessen Präsidenten er 1556 bestellt wurde. Politisch stand Johann auf Seiten Kaiser Karls V., an dessen Hoflager in Brüssel er sich wiederholt aufhielt. Mit König Philipp von Spanien, dem Erben der Niederlande, schloss er 1555 auf zehn Jahre ein Schutzbündnis für sein Land ab.

Aufgrund der zahlreichen Privilegien und autonomen Rechte, die Osnabrück als Domstadt genoss, zogen es die Fürstbischöfe bis weit in das 17. Jahrhundert vor, auf den außerhalb der Stadt gelegenen Burgen zu residieren.[520] Hatte Franz von Waldeck seinen Wohnsitz zumeist auf der Iburg genommen, so zog Johann von Hoya die Festung Fürstenau vor und trat durch die geographische Nähe in vielfältige Beziehungen zum Stift. Die alte Burg ließ er zu einem Renaissanceschloss ausbauen und künstliche Gärten mit Wasserleitungen und Springbrunnen anlegen.[521] Die Festungswerke wurden verstärkt und eine Garnison mit einer ständigen Besatzung eingerichtet.[522] Vom Bauherrn selbst zeugt das 1555 am Pallas angebrachte hoyasche Wappen.[523]

Die juristischen und verwaltungstechnischen Erfahrungen, die Johann bei seiner Tätigkeit am Reichskammergericht gewonnen hatte, flossen in zahlreiche Reformen des Verwaltungsbereichs ein und bahnten dem Hochstift Osnabrück den Weg zum frühmodernen Territorialstaat. Die im Februar 1556 für Drosten, Rentmeister und Vögte erlassene Amtsordnung regelte die Kompetenzen der Beamten und legte die Grundlagen für die Einführung des römischen Rechts.[524] Die finanzielle Situation im Hochstift war allerdings desolat: angewachsene alte Schulden in Höhe von 50.000 Reichstalern[525] überschatteten den Regierungsantritt Johanns, zu denen in der zwei-

---

519 Alois SCHRÖER, Art. Johann, Graf von Hoya zu Stolzenau, in: Gatz, Bischöfe, S. 320-321.
520 Anton SCHINDLING, Reformation, Gegenreformation und Katholische Reform im Osnabrücker Land und im Emsland. Zum Problem der Konfessionalisierung in Nordwestdeutschland, in: OM 94 (1989), S. 35-60, hier S. 36.
521 STÜVE, Geschichte 2, S. 174.
522 Dazu gehörten zwölf Landsknechte, zwei Büchsenmacher, vier Wallknechte, ein Türmer nebst Trommelschläger, ein Pförtner und ein Schließer. VOM BRUCH, Osnabrück, S. 323.
523 Bernd U. HUCKER, Die Grafen von Hoya, Hoya 1991, S. 97ff.
524 VAN DEN HEUVEL, Beamtenschaft, S. 62ff.
525 STÜVE, Geschichte 2, S. 151.

ten Hälfte des 16. Jahrhunderts die wachsenden Abgaben an Reichs- und Kreissteuern hinzutraten. Eine von den Landständen im Juli 1557 bewilligte Entrichtung eines außerordentlichen Erbschatzes[526] galt ausnahmsweise für alle geistlichen und weltlichen Stände, so dass auch Stift Börstel zum Abtrag der Schuldenlast hinzugezogen wurde. Für alle wehrpflichtigen Erben hatte das Stift einen Taler, für die Halberben einen halben Taler und für die Kotten einen viertel Taler zu entrichten. Die Summe, die das Stift zur Minderung der Landschaftsschulden – *to afflegynge der lantschap beswerynge*[527] – abzuliefern hatte, belief sich für die Erben im Hochstift auf 71 Taler und die im Niederstift Münster auf sieben Taler. Während im Hochstift mit Geld bezahlt wurde, berechnete man die Steuer im Niederstift in Naturalien: Das Äquivalent für einen Taler waren sechs Scheffel Roggen. Im September 1559 folgte die Erhebung eines Viehschatzes, für den das Stift fünfzehn Taler für die fünf Erben im Kirchspiel Löningen, drei Taler für einen Hof in Haselünne und eineinhalb Taler für einen Hof in Herzlake zu entrichten hatte.[528]

Hohe Unkosten verursachten die Hofhaltung und die aufwändige Lebensführung des Landesherrn. Obwohl ihm die Stände die Einkünfte des reichsten Amtes Iburg zur persönlichen Nutzung bewilligt hatten, häufte Johann bis 1559 1.113 Taler Schulden bei seinem Küchenschreiber[529] an sowie weitere Schulden von 2.779 Talern bei anderen Kreditgebern, hauptsächlich bei Kölner und Mainzer Bürgern.[530] Zur Finanzierung seiner üppigen Hofhaltung verpfändete er die Einkünfte des Osnabrücker Augustiner- und des Barfüßerklosters, von Städten und Ämtern. Ein Licht auf Johanns Lebensweise wirft die Klage des Weinhändlers Sixti, der 1562 die Zahlung von 1.000 Talern für die Lieferung von Wein im Jahr 1560 anmahnte.[531] Da Johann zahlungsunfähig war, überwies Sixti die Angelegenheit an das Reichskammergericht in Speyer.

Den Hang Johanns zu luxuriöser Lebensführung, vor allem zu „rauschenden Festen und Trinkgelagen",[532] bekam auch das Stift zu spüren. Alljährlich weilte Johann zu einem längeren Jagdaufenthalt in Börstel, und da das Stift die so genannte Gastungspflicht hatte, musste er mit seinem Gefolge bewirtet und beherbergt werden. Kurz nach der Einführung Mette Maneels im August 1556 waren für die Bewirtung

---

526 Agnes MEYER, Beiträge zur Geschichte des Bischofs von Osnabrück Johanns von Hoya und seiner Zeit (Diss.), Münster 1941.
527 NLA OS Dep 91 b Akz. 2011/059 Nr. 772 (1557/58) 22r: *Men hefft dyth iar mothen geven eyn erffschattynge, tho gelathen van den heren van dem capittell und gemenen adell und guthheren to stur und afflegynge der lantschap beswerynge, welcker schattynge solde syn van waerfftygen erve eyn daller, van den halven erve eyn halven daller, welck syck hyr yn den land belopt to lxxi daller und i orth, de hyr myth geld betalet synnen und yn den stychte van Monster vii jochymdaller und i orth, dar de menne eyn yder vor hebben ynne beholth van erer pacht vor den daller vi sch roggen vor den halben iii sch roggen.*
528 NLA OS Dep 91 b Akz. 2011/059 Nr. 774 25r:. *Item xv iochymdaler gegeven vor v stucke erves yn dem kerspell van Lonnynge vor erff schattynge, noch iii iochymdaler vor dath Purdyckhuyß yn dem kerspell van Lünne gegeven und i ½ iochymdaler vor dath Volckhuyß yn dem kerspell van Hesselcke.*
529 MEYER, Beiträge, S. 19.
530 VAN DEN HEUVEL, Beamtenschaft, S. 65, Anm. 61.
531 MEYER, Beiträge, S. 20.
532 Wilhelm KOHL, Johann von Hoya, in: Hohmann (Hrsg.), Westfälische Lebensbilder 10 (1970), S. 1-18, hier S. 13.

des Bischofs und seiner Begleitung rund sechzig Taler für Wein, Weißbrot, Kuchen und Gewürze und sechs Taler für zwei Schlachtrinder auszugeben.[533] Der Koch und der Weißbäcker des Bischofs erhielten je einen, der Weinschenk einen halben Taler. Bei einer durchschnittlichen Jahreseinnahme des Stifts von 350 Talern betrugen die Kosten für die Bewirtung des Bischofs in Höhe von knapp 70 Talern ein Fünftel des Jahresetats. Auch wenn die Besuche des Bischofs wohl als Wertschätzung empfunden wurden und Abwechslung in den Alltag brachten, entwickelten sie sich in ihrer Häufung zu einer großen finanziellen Belastung. Zu Jahresbeginn 1558 schlug der Bischof erneut sein Quartier in Börstel auf. Diesmal begleiteten fürstliche Trompeter die Gesellschaft, die für ihre Tätigkeit mit einem halben Taler entlohnt wurden.[534] Um fürstliche Beamte zu befördern und Güter zu transportieren, verfügte Johann nach Belieben über Pferde und Wagen des Stifts. Am Gründonnerstag 1558 forderte ein Diener des Fürsten das Gespann mit fünf Pferden an. Vom Osterabend bis zum Dienstag war das Stiftsgespann erneut mit drei Pferden für den Bischof unterwegs.

Am 10. Juni 1559 brach Johann von Fürstenau aus zu einer Reise nach Schweden auf,[535] um dort am 1. Oktober der Hochzeit seiner Cousine Katharina mit Edzard II. von Ostfriesland beizuwohnen. Wichtiger als das Familientreffen waren für Johann finanzielle Erwägungen. Sein Plan, sich aufgrund seiner finanziellen Nöte von seinem Oheim mit einem schwedischen Bistum versehen zu lassen,[536] ging jedoch nicht auf. Da Drost Franz von Lüning Johann auf seiner Reise nach Schweden begleitete, wurde der Drost zu Grönenberg, Wittlage und Hunteburg, Jasper von Varendorp,[537] zwischenzeitlich als Statthalter in Fürstenau eingesetzt.[538] Selbstverständlich reiste er zur Kirchmesse nach Börstel, wobei sein Durst (und der der anwesenden Jungfern) mit dreizehn Kannen Wein zu Buche schlug. Kurz nach Epiphanias 1560 kehrte Johann wiederum über Börstel[539] in sein Fürstentum[540] zurück.

Ende Juli 1563 stattete der Kanzler Dr. Servatius Eick Börstel einen Besuch ab, dessen Gattin bei dieser Gelegenheit zwei Taler verehrt wurden. Johann selbst folgte wenig später zur Kirchmesse im Oktober und erfreute sich an den vom Turm herab spielenden Trompetern.[541] Im Folgejahr, kurz nach Johannis 1564, erschien Johann

533 NLA OS Dep 91 b Akz. 2011/059 Nr. 771 5r, 5v.
534 NLA OS Dep 91 b Akz. 2011/059 Nr. 772 21r: *Item myns g ff und heren trammeters ½ jochymdaller gegeven sabbato.*
535 NLA OS Rep 350 Fü Nr. 220 (1559-1560) Rentmeister Friedrich Bremer notiert unter den Ausgaben für die Reise: *Item Frederech tor Westen Ostfreßlandischen cantzler quitirt als m g f und hern up vorg sonnavent den 10. Junii von der Furstenouwe upgebrocken, vordaen an wine so umb gelt ingeholt.*
536 KOHL, Johann von Hoya, S. 6.
537 Jasper von Varendorf (†1576) ∞ mit Beke von Langen, 1565 Besitzer des Gutes Buddemühlen. VOM BRUCH, Osnabrück, S. 216.
538 NLA OS Rep 350 Fü Nr. 220 (1559-1560) *Alßdan de ock erntfeste Jaspar van Varendorp, drost thor Witlage, in stadt gemeltes drosten Frantz Luinynck up hochberomptes fursten m g hern behusunge Furstenawe tom stadtholder verordnet.*
539 NLA OS Dep 91 b Akz. 2011/059 Nr. 774 19r: *Item den donderdach na Epiphanie ii sch haveren gemetten vor de perde up myns g f und hern wederkumpft to voren.*
540 MEYER, Beiträge, S. 12.
541 NLA OS Dep 91 b Akz. 2011/059 Nr. 777 23r: *Item thor kerckmysse myns g f und hern trummeter up den torn i daler geschenketh.*

erneut mit elf Pferden. Der Besuch Johanns und seiner Begleitung zu Lichtmess 1566 verschlang mit den Ankauf von einem Fass Wein, von Weißbrot, Weizenmehl, Gewürzen, Zucker und Kuchen aus Osnabrück sowie von drei Tonnen Bier aus Quakenbrück ein weiteres Mal Kosten von 40 Talern. Laurenz, der Spielmann, und der Koch erhielten je einen Taler. Mariae Lichtmess scheint als besonderes Fest begangen worden zu sein, denn es wurde nicht nur der Spielmann engagiert, sondern auch die Dörnse,[542] wohl der Kapitelsaal, hell erleuchtet, wozu zwei Pfund Wachs für Licht gekauft wurden.[543]

Zu Pfingsten 1566 kam der Bischof ein letztes Mal,[544] wobei ihm diesmal neben Wein, Weißbrot und Reis der Jahreszeit entsprechend Schollen und Salat serviert wurden. Die im Oktober 1566 erfolgte Wahl des jetzt 38jährigen zum Bischof von Münster ließ ihm – ob zur Erleichterung oder zum Bedauern des Konvents sei dahingestellt – keinen Spielraum mehr für das Jagdvergnügen in Börstel. Fortan nahm er seinen Wohnsitz auf der Burg Bevergern[545] und auf Schloss Wolbeck, später dann auf der Burg Ahaus westlich von Münster. Bis zu seinem frühen Tod mit 45 Jahren im April 1574 widmete er sich der Reform des Staatswesens, vor allem der Rechtspflege und der Finanzverwaltung in seinen Bistümern. Trotz des Wohnsitzwechsels war das Stift weiterhin im Auftrag des Bischofs tätig. Im Herbst 1566 und 1567 musste das Gespann jeweils ein Fass Wein für den Bischof von Meppen nach Iburg transportieren. Zum Palmsonntag 1567 kehrte der fürstliche Wildschütz in Börstel ein. Am Nikolaustag 1567 hatte man dem Bischof auf Anweisung des Rentmeisters zu Fürstenau zwei Heckrinder zu senden. Noch im September 1570 und zu Karfreitag 1573 sind Fuhrmann und Knechte des Bischofs in unbekannter Mission in Börstel.

Exkurs: Treffen in Fürstenau?

Möglicherweise im Zusammenhang mit der seit der Münsteraner Wahl verstärkten altkirchlichen Positionierung des Bischofs standen Besuche von Territorialherren in Fürstenau. Ende Oktober und Anfang November 1569 hatte das Stift sein Pferdegespann für den Transport eines Pfalzgrafen und eines Markgrafen von Fürstenau aus zur Burg Bevergern sowie des Grafen von Friesland nach Meppen bereitzustellen.[546] Neben Edzard II. von Ostfriesland könnte es sich bei den namentlich nicht

---

542 Dornse – ein heizbares Zimmer, Stube, Saal.
543 NLA OS Dep 91 b Akz. 2011/059 Nr. 780 25v: *Item twe punth wasses yn tornzen vormaketh, dath punth iii ß, summa vi ß.*
544 Ebd. 26r.
545 Die ehemals tecklenburgische, am westlichen Ausläufer des Teutoburger Waldes gelegene Burg wurde nach der münsterschen Stiftsfehde um 1400 von Fürstbischof Otto IV. von Hoya zu einer bedeutenden Festung umgebaut und 1680 von Fürstbischof Ferdinand von Fürstenberg gesprengt. Edgar F. WARNECKE, Burgen und Schlösser im Land von Hase und Ems, Osnabrück 1985, S. 43f.
546 NLA OS Dep 91 b Akz. 2011/059 Nr. 784 19v: *Item up dach Severini Confessores* (23.10.) *iiii sch haveren gemetten vor dath span do men den palsgraven na den Bevergern varn scholl, dat is wederupgebracht. Item Vrygdages na Omnez Sanctores iiii sch haveren gemetten vor daht span do men den graven van Vreslant na Meppen voren schold. Item up dach Martini iiii sch haveren gemetten vor daht span do men den marckgraven varen scholl na den Bevergern.*

genannten Grafen um den Pfalzgrafen Friedrich III. und den Markgrafen Joachim II. von Brandenburg gehandelt haben.[547] Das zeitliche Zusammentreffen der drei Landesfürsten in Fürstenau lässt einen gemeinsamen Hintergrund vermuten und rechtfertigt daher einen näheren Blick auf die Protagonisten.

Pfalzgraf Friedrich[548] war seit 1546 Anhänger der Reformation und stand mit allen Gegnern der habsburgisch-katholischen Partei in England, Frankreich und den Niederlanden in Verbindung. Ab 1560 trat er in der Parteiung zwischen Lutheranern und Reformierten für die Sache der letzteren auf. 1563 führte er in der Pfalz den Heidelberger Katechismus ein und vertrat 1566 die Calvinisten auf dem Augsburger Reichstag.

Joachim II. von Brandenburg[549] hatte die Reformation 1539 in der Mark Brandenburg eingeführt und gemeinsam mit Friedrichs Vorgänger Ottheinrich von der Pfalz 1558 den Frankfurter Rezess unterzeichnet. In dieser von Philipp Melanchthon entworfenen und von seinem Schüler Ulrich Sitzinger redigierten Erklärung bekannten sich mehrere deutsche Fürsten zur Augsburgischen Konfession und ihrer Apologie.

Als Dritter im Bunde war Edzard II. von Ostfriesland aus dem Hause Cirksena[550] ebenfalls Lutheraner.[551] Die allen drei Besuchern gemeinsame Involvierung in die strittige Auslegung der lutherisch-calvinistischen Lehrmeinungen legt die Vermutung nahe, dass sich in Fürstenau Anhänger des Calvinismus und des Luthertums in Religionsangelegenheiten ausgetauscht haben. Obwohl über Inhalt und Ergebnis der Erörterungen nur spekuliert werden kann, wirft das Treffen doch ein überraschendes Licht auf einen bislang nicht wahrgenommenen konfessionellen Diskurs, der offensichtlich mit Johann von Hoya gepflegt wurde.[552]

---

547 In Frage käme auch Markgraf Karl II. (1529-1577) Regent von 1552 bis 1577, der 1555 in Baden-Durlach die Reformation einführte und sich 1561 zur unveränderten Augsburger Konfession bekannte. Eine Reise nach Fürstenau lässt sich jedoch laut Auskunft des Generallandesarchivs Karlsruhe nicht nachweisen.

548 Friedrich III. von der Pfalz, der Fromme (1515-1576) wurde 1559 Nachfolger des Kurfürsten Ottheinrichs von der Pfalz-Neuburg (1502-1559), der 1557 den Protestantismus in der Kurpfalz eingeführt hatte. Vgl. KLUCKHORN, Artikel „Friedrich III.", in: Allgemeine Deutsche Biographie (im Folgenden ADB), Bd. 7, S. 606f.

549 Markgraf Joachim II. Hector von Brandenburg (1505-1571), von 1535 bis 1571 Kurfürst von Brandenburg und Herzog von Preußen.

550 Edzard II. (1532-1599), von 1560-1599 Graf von Ostfriesland ∞ mit Katharina von Schweden aus der Wasa-Dynastie.

551 1595 führte die so genannte zweite Reformation zur Vertreibung der Cirksena aus dem calvinistischen Emden.

552 Allerdings ließen sich weder durch das Bayerische Hauptstaatsarchiv München, das Brandenburgische Landeshauptarchiv Potsdam noch durch das Geheime Staatsarchiv Berlin Hinweise auf Reisen der genannten Kurfürsten 1569 in das Hochstift Osnabrück ermitteln, was allerdings auch den nur sporadisch erhaltenen Quellen geschuldet ist. Zur fürstbischöflichen Hofhaltung haben sich für die Regierungszeit Johann von Hoyas lediglich zwei Rechnungsregister des Amtes Fürstenau (NLA OS Rep 350 Fü Nr. 220, 221) erhalten, die das Jahr 1569 nicht betreffen.

3.4. Die Einforderung alter Rechte

3.4.1. Vorladung nach Oldenburg

Auch andere Landesherren streckten ihre Fühler nach Börstel aus. Für Beunruhigung sorgte im Spätsommer 1558 eine Delegation des Grafen Anton I. von Oldenburg (1529-1573), die sich mit dem stiftseigenen Pferdegespann aus Menslage abholen ließ.[553] Die Gesandten Antons waren unterwegs, um ein Register zu überprüfen, in dem alter Lehnsbesitz des Hauses Oldenburg in der Gegend um Menslage verzeichnet war. Dieses Lehnsregister war zwischen 1273 und 1278 entstanden, als die damals regierenden Grafen von Oldenburg, Christian III. (1266, 1285) und Otto II. (1272, 1304) die Rebellion verschiedener oldenburgischer und osnabrückischer Ministerialer niederschlagen mussten.[554] Als Folge dieses Aufstandes der Ritterschaft ließen die Oldenburger die Pflichten ihrer Lehnsmannschaft durch ihre in den jeweiligen Gebieten ansässigen Lehnsmänner aufzeichnen. Für die in der Diözese Osnabrück gelegenen Lehnsgüter übernahm der zur Quakenbrücker Burgmannschaft gehörende Ritter Otto Proyt die Aufzeichnung. Die einleitende Begründung, *up dat nicht dorch twedracht der bosen, [...] unse gravescup und herscup an eren herlich-eiden und rechte qwatlicken varen und verderf liden,*[555] macht die Intention der Verzeichnung deutlich. Bedeutende Teile des oldenburgischen Güterbesitzes lagen zu jener Zeit noch im Gebiet der alten Grafschaft Tecklenburg, in der Gegend von Menslage, Bersenbrück, Fürstenau, Lingen und Meppen und sollten auf diese Weise gesichert werden. Zwischenzeitlich hatten die Oldenburger ihre Herrschaft aus dem alten Zentrum nach Norden verlegt und Teile des ursprünglichen Stammgutes veräußert oder zu Bestandteilen von Schenkungen gemacht. Die ursprünglich enge Beziehung des Hauses Oldenburg zu ihrer Stiftung Menslage/Börstel war nach und nach in Vergessenheit geraten.[556]

Das alte Lehnsregister gewann erst für Graf Anton wieder Bedeutung, der es als Mittel zur Stärkung seiner landesherrlichen Gewalt einsetzte und mit der Geltendmachung veralteter Ansprüche den lose gewordenen mittelalterlichen Lehnsverband zu erneuern suchte. Die ausgesandte Delegation quartierte sich bis zum 16. Oktober in Börstel ein und begab sich, mit einem Fragenkatalog versehen, in die im Register verzeichneten Ortschaften, um die dort gemachten Angaben zu überprüfen. Abgesehen davon, dass sich die Örtlichkeiten verändert hatten und viele Hofstellen nicht mehr ausfindig zu machen waren, wussten die aufgefundenen Hofbesitzer in der Regel nichts mehr von den alten oldenburgischen Lehnsrechten. Auch im Stift Börstel war man ahnungslos und begegnete den unerwartet geltend gemachten Ansprüchen der Oldenburger mit Zurückhaltung. Dies vor allem deshalb, weil auch hier bekannt war, in welcher Weise Graf Anton die reformatorische Bewegung zur Stär-

---

553 NLA OS Dep 91 b Akz. 2011/059 Nr. 772 18r: *Item der ffrouwe i sch haveren gedaen do ith na Menslage varen scholde und de heren van Oldenborch halen.*
554 Vgl. Hermann ONCKEN, Die ältesten Lehnsregister der Grafen von Oldenburg und Oldenburg-Bruchhausen, Oldenburg 1898, S. 13ff.
555 ONCKEN, Lehnsregister, S. 17f.
556 Vgl. OLDERMANN, Oldenburgische Familienstiftung.

kung seiner fürstlichen Autorität zu nutzen gewusst und mit der Einziehung von Kirchen- und Klostergut für die eigene Bereicherung gesorgt hatte. Die Säkularisation der Klöster Hude und Rastede durch Anton und seinen geistlichen Bruder Christoph von Oldenburg stand dem Konvent als warnendes Beispiel vor Augen. Als das Kloster Hude nach 1547 gemeinsam mit Delmenhorst in den Besitz Antons gekommen war, hatte dieser die Klostergebäude abreißen oder verfallen lassen. Rastede wurde 1566 gräfliches Vorwerk. Die Politik Graf Antons gegenüber den kirchlichen Institutionen stand fern jeglichen geistlichen oder kirchlichen Interesses ganz im Zeichen der Stabilisierung seiner eigenen obrigkeitlichen Befugnisse und des Ausbaus des landesherrlichen Kirchenregiments. Erleichterung wird sich von daher in Börstel breit gemacht haben, als sich die Beamten nach Beendigung ihrer Mission nach Cloppenburg zurückfahren ließen.[557]

Einige Jahre hörte man nichts weiter, bis 1565 ein Bote ein Schreiben Graf Antons überbrachte, mit dem das Stift für den 27. August 1565 zu einem Lehnstag nach Oldenburg einberufen wurde. Dort sollte es *ihre lehn wie sich geburt entfangen, gepührliche lehenspflicht thuen und dagegen reversal geben.*[558] (Abb. 9) Mette Maneell fuhr daraufhin mit ihren Amtsjungfern nach Fürstenau, um sich mit Drost Franz von Lüning und dem Rentmeister darüber zu beraten, wie man sich wegen der Vorladung nach Oldenburg verhalten solle.[559] Lüning trug daraufhin gemeinsam mit dem Stiftsschreiber Rotger Dobbelhoff die Angelegenheit dem bischöflichen Sekretär Wilhelm von Vlatten in Osnabrück vor, der offensichtlich den Rat gab, die Aufforderung aus Oldenburg zu ignorieren.

Als im Dezember 1565 der Oldenburger Bote ein weiteres Mal erschien, um eine erneute Vorladung – *eyn citate des leenes* – des Grafen zu bringen, reagierte Äbtissin Mette Maneel auch diesmal nicht, und zum Glück für Börstel wurde die Angelegenheit nicht weiter verfolgt. Wie sehr jedoch die Vorladungen aus Oldenburg für Verunsicherung sorgten, wird daraus deutlich, dass ein mit den Verhältnissen in Börstel Vertrauter – vermutlich Kaplan Johannes Buschmann – diejenigen Urkunden zusammenstellte und mit einem diesbezüglichen Rückvermerk versah, welche die aus dem Hause Oldenburg herrührenden Rechte und Besitzungen Börstels betrafen.[560]

---

557 NLA OS Dep 91 b Akz. 2011/059 Nr. 773 (1558/59) 20r: *Item (up dach Galli) der ffrouwen span iii sch haveren gedaen, do ydt de hern van Oldenborch na der Kloppenborch wech vorden.*

558 NLA OS Dep 91 b Akz. 2011/059 Nr. 277.

559 NLA OS Dep 91 b Akz. 2011/059 Nr. 779 23v: *Item [...] do de frouwe myth ytlyken junffern was by dem drosten umme rades tho nemmen myth dem drosten des leendages halven.*

560 Vgl. Werner DELBANCO, Ein Leben im Verborgenen. Rückvermerke auf den Urkunden des Stifts Börstel, in: OM 103 (1998), S. 43-70, hier , S. 61.

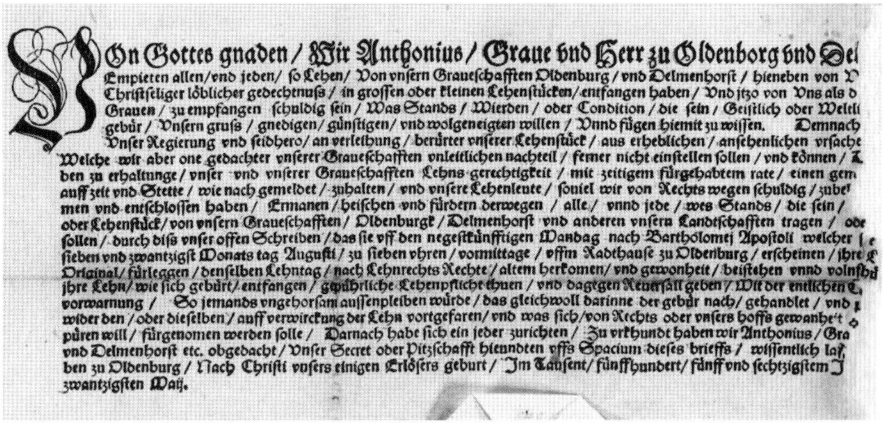

VOn Gottes gnaden / Wir Anthonius / Graue vnd Herr zu Oldenborg vnd Del
Empieten allen/vnd jeden/ so Lehen/ Von vnsern Graueschafften Oldenburg / vnd Delmenhorst / hieneben von V
Christseliger löblicher gedechtnuss / in grossen oder kleinen Lehenstücken/ entfangen haben / Vnd jtzo von Vns als d
Grauen / zu empfangen schuldig sein / Was Stands / Wierden / oder Condition / die sein / Geistlich oder Weltl
gebür / Vnsern gruss / gnedigen/ günstigen/ vnd wolgeneigten willen / Vnnd fügen hiemit zu wissen. Demnach
Vnser Regierung vnd seidhero/ an verleihung / berürter vnserer Lehenstück / aus erheblichen / ansehenlichen vrsache
Welche wir aber one gedachter vnserer Graueschafften vnleitlichen nachteil / ferner nicht einstellen sollen / vnd können / I
ben zu erhaltunge / vnser vnd vnserer Graueschafften Lehns gerechtigkeit / mit zeitigem fürgehabtem rate / einen gem
auff zeit vnd Stette / wie nach gemeldet / zuhalten / vnd vnsere Lehenleute / souiel wir von Rechts wegen schuldig / zube
men vnd entschlossen haben / Ermanen / heischen vnd fürdern derwegen / alle / vnnd jede / wes Stands / die sein /
oder Lehenstück / von vnsern Graueschafften / Oldenburgk / Delmenhorst vnd anderen vnsern Landtschafften tragen / ode
sollen / durch diss vnser offen Schreiben / das sie vff den negestkünfftigen Mandag nach Bartholomej Apostoli welcher i
sieben vnd zwantzigst Monats tag Augusti / zu sieben vhren / vormittage / vffm Radthause zu Oldenburg / erscheinen / jhre
Original / fürleggen / denselben Lehntag / nach Lehnrechts Rechte / altem herkomen / vnd gewonheit / beistehen vnnd volnfü
jhre Lehn / wie sich gebürt / entfangen / gebührliche Lehenpflicht thuen / vnd dagegen Reuersall geben / Mit der entlichen
vorwarnung / So jemands vngehorsam aussenpleiben würde / das gleichwoll darinne der gebür nach / gehandlet / vnd
wider den / oder dieselben / auff verwirckung der Lehn vortgefaren / vnd was sich / von Rechts oder vnsers hoffs gewanhe
püren will / fürgenomen werden solle / Darnach habe sich ein jeder zurichten / Zu vrkhundt haben wir Anthonius / Gra
vnd Delmenhorst etc. obgedacht / Vnser Secret oder Pitzschafft hienndten vffs Spacium dieses brieffs / wissentlich la
ben zu Oldenburg / Nach Christi vnsers einigen Erlösers geburt / Im Tausent / fünffhundert / fünff vnd sechtzigstem J
zwantzigsten Maij.

Abb. 9: Einberufung zum Lehnstag nach Oldenburg, 1565. NLA OS Dep 91 b Akz. 2011/059 Nr. 277

3.4.2. Die Rechte des Abtes von Corvey

1559 meldete sich ein weiterer Lehnsherr, um alte Rechte geltend zu machen. Am 25. Juli forderte Bernhard Kreyenfenger,[561] Pastor in Sögeln, im Auftrag des Abtes zu Corvey zwei Schilling jährlicher Rente, die über vierzehn Jahre nicht bezahlt worden seien. Beziehungen zum Kloster Corvey hatte Börstel ebenfalls aus seiner Gründungszeit, als Abt Hermann von Corvey 1247 die Erlaubnis zur Klostergründung in Menslage gegeben und die Neugründung mit einer aus verschiedenen Ortschaften seines Kirchspiels Löningen bestehenden Pfarre ausgestattet hatte. Im Verlauf des 13. und 14. Jahrhunderts bestätigten die Corveyer Äbte drei weitere Male Eigentumsübertragungen von Corveyer Lehnsbesitz an das Kloster Börstel.[562] Ein letztes Mal erfolgte eine Belehnung des Konvents mit dem Hof Woeste in Hartlage im Jahre 1421.[563] Das Lehnsrecht Corveys an diesem Hof hatte das Kloster mit der Zahlung von jährlich zwei Schilling abzugelten, die jedoch in Vergessenheit geraten war. In einem Notandum auf der Rückseite der Urkunde war dementsprechend vermerkt: *eß wirtt jerlings dem stiftt Corfey 2 schilling Osnabrücker müntz wieder geben, daß gleiwoll allhie nicht gedacht wirtt.* In Corvey hatte man sich dagegen offensichtlich dieser Einnahmemöglichkeit erinnert. Pastor Kreyenfenger, der als Beauftragter des Corveyer Abtes im Emsland tätig war, erschien von nun an in unregelmäßigen Abständen im Frühsommer und zog die Rente für einen Zeitraum von jeweils mehreren Jahren ein.[564]

561 Bernhard Kreyenfenger, von 1545-1578 Pastor in Sögel. Sein Sohn Heinrich war Lehnsvogt des Stiftes Corvey. UNGER, Niederstift Münster, S. 68, 290.

562 UB 38 (1280), 97 (1321) und 147 (1365).

563 UB 181.

564 NLA OS Dep 91 b Akz. 2011/059 Nr. 781 (1566/67) 23r: *Item vi ß gegeven eynen prester, genanth de kreyen venger und is pastor tho Sogelen, van wegen des abbates van Corbeyen van iar lxv, lxvi und lxvii ede iar ii ß vorschenen, gescheen up dach Abdon und Sennes.* (30.7.)

4. Die konfessionelle Entwicklung

4.1. Bemühungen um eine katholische Reform im Hochstift

Die weitere Entwicklung der kirchlichen Verhältnisse im Hochstift Osnabrück war geprägt durch die Reformbemühungen Bischof Johanns von Hoya.[565] Das Domkapitel hatte die beiden weiteren Anwärter für den Bischofsstuhl, den Domdechanten Herbord von Bar d. Ä.[566] und Graf Christoph von Oldenburg, den ersten wegen seiner entschiedenen Gegnerschaft zur Reformation, den letzten wegen seiner dezidiert reformatorischen Einstellung, abgelehnt. Der katholische und vom Kaiser empfohlene Johann von Hoya erschien als Mann der Mitte und versprach ein energisches, aber maßvolles Vorgehen gegen die reformatorischen Erneuerer. Der Passauer Vertrag von 1552 und der Augsburger Religionsfriede von 1555 hatten die Gleichberechtigung der Konfessionsangehörigen beider Bekenntnisse hergestellt, so dass sowohl Katholiken als auch Lutheraner gleichen Schutz und gleiche Rechtssicherheit beanspruchen konnten.[567] Dieser Reichsschutz galt allerdings nicht in den geistlichen Territorien, in denen nach dem so genannten Geistlichen Vorbehalt Bischöfe bei Konversion ihr Amt verlieren und die Gläubigen im katholischen Bekenntnisstand verbleiben sollten. Den Landständen war in einer Zusatzerklärung, der so genannten *Declaratio Ferdinandea*, die Religionsausübung nach der Augsburgischen Konfession zugestanden worden, diese war jedoch kein Bestandteil des reichsrechtlich geschützten Religionsfriedens. In dieser in der Bekenntnisfrage offenen Situation respektierte Johann die konfessionelle Entwicklung der überwiegend evangelischen Bürgerschaft und Ritterschaft von Stadt und Hochstift und unternahm nichts, um das katholische Bekenntnis gewaltsam durchzusetzen. Sein Plan war es, die katholische Reform in seiner Diözese durch die Anstellung gut ausgebildeter katholischer Geistlicher und Lehrer zu befördern,[568] zu deren Ausbildung er in Osnabrück ein Jesuitenkolleg errichten wollte. Unterstützung für sein Anliegen suchte er bei mehreren katholischen Würdenträgern. Im Juni 1561 empfing er in Fürstenau[569] den päpstlichen Legaten Johann Commendone, mit dem er gemeinsam fast den gesamten Osnabrücker Sprengel bereiste.[570] Johann erwies dem Legaten die größte

---

565 Vgl. zum Folg. Alois SCHRÖER, Die Kirche in Westfalen im Zeichen der Erneuerung (1555-1648), Bd. 1: Die katholische Reform in den geistlichen Landesherrschaften, Münster 1986, S. 74ff.

566 Herbord von Bar d. Ä., Kanoniker 1513 bis 1557, 1517 Domherr zu Münster, 1536 Domdechant (Christian HOFFMANN, Adel, S. 224, Anm. 5). Grabplatte und Epitaph befanden sich bis zum 19. Jahrhundert im Dom zu Osnabrück (WEHKING, Inschriften, Nr. 108 und 109).

567 Heinz SCHILLING, Die Konfessionalisierung im Reich. Religiöser und gesellschaftlicher Wandel in Deutschland zwischen 1555 und 1620, in: Historische Zeitschrift 246 (1988), S. 1-45; Anton SCHINDLING, Reichskirche und Reformation. Zu Glaubensspaltung und Konfessionalisierung in den geistlichen Fürstentümern des Reiches, in: Zeitschrift für historische Forschung, Beiheft 3: Neue Studien zur frühneuzeitlichen Reichsgeschichte, Berlin 1987, S. 81-112.

568 Vgl. zum folg. GROßE-KRACHT, Trienter Konzil, S. 24ff.

569 SCHRÖER, Erneuerung 1, S. 90.

570 Wilhelm E. SCHWARZ, Die Anfänge des münsterischen Fürstbischofs Johann von Hoya (1566-1568), in: Zeitschrift des Vereins für westfälische Geschichte 69 (1911), S. 14-71, hier S. 24 und Beilage 3.

Gastfreundschaft und bezog offensichtlich auch Stift Börstel in die Bewirtung seines hohen Gastes ein. Bereits im Juni 1561 ist als Vorhut der Besuch von drei fürstlichen Dienern erwähnt. Ende August traf dann Johann und seine Begleitung mit vierzehn Pferden ein,[571] wobei es sich um die Gesandtschaft des päpstlichen Nuntius' gehandelt haben könnte.

Im Sommer 1562 predigte auch der aus Köln angereiste Pater Heinrich Dionysius in Fürstenau,[572] der möglicherweise zu der Gesandtschaft gehörte, die im Juni 1562 gemeinsam mit dem Kanzler Servatius Eick in Börstel Quartier nahm,[573] und wo wiederum der Trompeter aufspielte. Johann selbst reiste im Dezember nach Köln, um die Einzelheiten der Gründung des Jesuitenkollegs zu besprechen. Doch obwohl der Ordensgeneral Pater Laynez im November 1562 seine Zustimmung zur Errichtung des Kollegs gab, ließ der Mangel an entsprechend ausgebildeten katholischen Geistlichen das Projekt scheitern. Die Überlegung, den Jesuiten die Osnabrücker Domschule zu übergeben, war nicht zu realisieren, da sich die Mehrheit der Lehrenden am Gymnasium Carolinum zur Augsburgischen Konfession bekannte.[574] Als dritter hoher Jesuit weilte 1565 für mehrere Wochen der päpstliche Legat Petrus Canisius in Fürstenau,[575] der dort in der Advents- und Weihnachtszeit mehrmals predigte und möglicherweise zu den Besuchern des bereits erwähnten Lichtmessfestes 1566 in Börstel gehörte.

Die Möglichkeit zur Stärkung der katholischen Position ergab sich für Johann erst mit seiner Wahl zum Bischof von Münster im Oktober 1566. Gleich nach der Wahl unterschrieb er am 13. Dezember die vom Papst vorgeschriebene *Professio Fidei Tridentina*[576] und bemühte sich fortan, die Grundsätze des Tridentinischen Konzils in seinen drei Bistümern[577] durchzusetzen. Bereits im Januar 1567 erschien eine Deputation Münsteraner Domherren in Fürstenau, die den gewählten, aber von der Kurie noch nicht bestätigten Bischof um Aufnahme seiner Regierungstätigkeit baten. Begründet wurde diese Eile mit der Kriegsgefahr, in der das Hochstift seit dem Herbst 1566 durch den Ausbruch der religiös-politischen Unruhen in den Niederlanden schwebte. Johann zögerte nicht lange und erklärte sich am 21. Januar trotz der noch ausstehenden päpstlichen Konfirmation[578] bereit, bei der Ausführung der Staatsgeschäfte mitzuwirken. Auch diese Delegation wurde nach Börstel einge-

---

571 NLA OS Dep 91 b Akz. 2011/059 Nr. 775 21v: *Item saturdages na Decollationes Iohannis* (29.8.) *vor myns g f und heren perde xiiii sch haveren gemetten.*
572 GROßE-KRACHT, Trienter Konzil, S. 28; SCHRÖER, Erneuerung 1, S. 85.
573 NLA OS Dep 91 b Akz. 2011/059 Nr. 776 18r: *Item den vrygdach na Corpores Christe eyner genant schagen* (sic) *van myns gg ff und heren dener iii sch haveren gemetten vor ii perde.* 18v: *Item den dach Bonefacii* (5.6.) *myns g f und heren trametter i sch haveren vor i perd gemetten. Item den vrydach vor Viti* (15.6.) *iii sch haveren vor der frouwen gemetten, de ydt de kentzelerschen voren scholde na Ossenbrugge.*
574 SCHWARZ, Anfänge, S. 25.
575 SCHWARZ, Anfänge, S. 26f.; GROßE-KRACHT, Trienter Konzil, S. 29f.; Otto BRAUNSBERGER, Petrus Canisius, Freibug 1921, S. 154.
576 GROßE-KRACHT, Trienter Konzil, S. 18; SCHWARZ, Anfänge, S. 41.
577 1568 war er auch im Hochstift Paderborn zum Bischof gewählt worden und suchte dort die Ausbreitung der Reformation energisch zu verhindern.
578 Die Konfirmation erfolgte im Juli und die kaiserliche Belehnung im Oktober 1567.

laden[579] und mit Wein und einem üppigen Essen bewirtet, für das Feigen und Safran eingekauft wurden.[580] Die Ausgabe von 4 Molt Hafer lässt auf ein zahlreiches Gefolge schließen, das über mehrere Tage zu bewirten war.

4.2. Lutherische Prediger in Börstel

Die Wiederbelebung des katholischen religiösen Lebens in der Diözese Osnabrück scheiterte wie gezeigt am Mangel entsprechend ausgebildeter Pastoren. Hinzu kam, dass die amtierenden evangelischen Pastoren sich einer „Umschulung" verweigerten. Johann ließ daher im Februar 1565 noch von Fürstenau aus ein Mandat verfertigen, in dem er seine Beamten aufforderte, den bischöflichen Offizial Conrad von der Burg im Vorgehen gegen evangelische Pastoren zu unterstützen. Widersetzliche Pastoren, „die in ihrem Ungehorsam verharren und die kirchlichen Strafen verachten",[581] sollten mit Pfändung und anderen Mitteln zur Rückkehr zum katholischen Ritus gezwungen werden. Nach seiner Wahl zum Bischof von Münster lud Johann im Februar 1570 zur Osnabrücker Diözesansynode ein, auf der die Geistlichkeit des Hochstifts Osnabrück und des Niederstifts Münster bei Strafe von sechzig Gulden auf die tridentinischen Beschlüsse verpflichtet werden sollte.[582] Obwohl Conrad von der Burg für diese Synode ausdrücklich bezeugte, dass alle Pfarrer und das Domkapitel anwesend waren, entsandte Börstel offensichtlich niemanden. Stattdessen nahm der Offizial Christian Prasse zu Ostern 1570 die Abwesenheitsgelder der Börsteler Pastoren in Höhe von einer Mark in Empfang.[583]

Die Abwesenheit der Börsteler Pastoren bei den Synoden hatte Tradition, denn nach Ausweis der für die Jahre 1549 bis 1558 erhaltenen Synodallisten[584] zahlte das Stift bereits 1549, 1551 und von 1553 bis 1555 eine derartige Strafgebühr.[585] Ab 1557 ist dann die jährlich wiederkehrende, zu Michaelis und zu Oculi zu zahlende Abwesenheitsgebühr von einer Mark an den Offizial in Osnabrück in den Registern nachzuweisen.[586]

---

579   NLA OS Dep 91 b Akz. 2011/059 Nr. 781 19r: *Item sondages na Anthonii* (17.1.), *do myn g ff und her hyr was, iiii molt haveren weniger ii sch vor syner g perde gemetten.*

580   NLA OS Dep 91 b Akz. 2011/059 Nr. 781 22r: *Item Holt Alberd gegeven xi ß vor xii punt vegen, dat punt gegolden xi d. Item v ß gegeven vor i loth safferanes van Holt Alberd gekofft. Item do myn g her und ff hyr was sondages vor Septuagesima den koke i daler gegeven.*

581   GROßE-KRACHT, Trienter Konzil, S. 26.

582   GROßE-KRACHT, Trienter Konzil, S. 40, Fußn. 9, Anlagen 1 und 3.

583   NLA OS Dep 91 b Akz. 2011/059 Nr. 784 25r: *Item kegen Passchen do de vor na Ossenbrugge was* [...] *und dem offitiaell i mark vor twe apsentens des synodes gesanth de Christianus Prasse entfangen hefft.*

584   Bistumsarchiv Osnabrück (weierhin BAOs) 03-09-01/02: Verzeichnis der zur Synode verpflichteten Institute 1549-1558.

585   Die Aussage GROßE-KRACHTS (Trienter Konzil, S. 35) die Diözesansynode von 1570 sei die erste Synode seit 1553 gewesen, lässt sich nach Ausweis der Synodallisten so nicht aufrechterhalten. Da jedoch die Domkapitelsprotokolle für die Zeit Johanns von 1539 bis 1572 nicht mehr vorhanden sind (MEYER, Beiträge, S. 26, Fn. 10; SCHRÖER, Erneuerung 1, S. 82) ließ sich zum Ablauf der Synoden nichts Näheres ermitteln.

586   NLA OS Dep 91 b Akz. 2011/059 Nr. 771a (1556/57) 25r: *Item eyn marck gegeven vor absentens synodales.*

Lutherische Prediger in Börstel waren die bei der Wahl Beata Schades 1532 als Zeugen anwesenden Kapläne Bartholomäus Niggemann und Ludolf Erffmann. Wie bereits gezeigt predigte Niggemann bis 1556 auch in Berge. 1556 ist er nicht mehr im Amt, die Einsegnung Mette Maneels nahm daher der Pastor zu Badbergen vor. Nach Pfingsten 1557 führte der Konvent in Ausübung seines Patronatsrechts in Berge einen neuen Pastor namens Hermann Huls ein. Den Akt nahm der Badberger Pastor vor, der zusammen mit Kantor, Küster und Läutejunge vom Stift entlohnt wurde, was auf einen festlichen Gottesdienst schließen lässt.[587] Hermann Huls erhielt für sein Amt von nun an vom Stift eine jährliche Kornrente von einem Molt Roggen.[588] Im November 1561 vertrat er den Schreiber Rotger Dobelhoff als Zeugen bei der jährlichen Rechenschaftslegung des Stifts.[589] Hermann Huls war mit Frau Grethe verheiratet, die 1562 die Kornrente in Berge in Empfang nahm.[590]

Auf der Fastensynode 1571[591] verbot Bischof Johann erneut und diesmal bei Strafe von 500 rheinischen Gulden die weitere Amtsausübung protestantischer Prediger, die keine eidliche Versicherung ablegten, zur alten Religion zurückzukehren.[592] Dies stieß besonders in der Stadt Quakenbrück auf erheblichen Widerstand, deren Bevölkerung am evangelischen Gottesdienst festhielt.[593] Zu diesen widersetzlichen Pastoren gehörten auch die Börsteler und Berger Geistlichen, die die Diözesansynoden in Osnabrück trotz erhöhter Gebühr weiterhin nicht besuchten. Seit 1574 waren statt zwölf nun vierzehn Schilling zu bezahlen.[594] Diese für die Abwesenheit der Pastoren von den Synoden gezahlte dauerhafte Strafgebühr belegt das Festhalten am lutherischen Gottesdienst in Börstel.

4.3. Das Patronatsrecht in Menslage

Neben Berge besaß das Stift auch das Patronatsrecht in der Pfarrkirche Menslage, dessen Desavouierung im März 1565 drohte, als Pastor Friedrich tom Vorde die von ihm seit 1539[595] innegehabte Vikarie *Trium Regum* resignierte.[596] Die Pfarre zu

---

587 NLA OS Dep 91 b Akz. 2011/059 Nr. 771a (1556/57) 26r: *Item dem pastoer tho Badbergen gegeven i ryder gulden, do wy de kercke to Berge letten ynnemen, item synen kanether gegeven i lubesschen, ii tugen marck i brabanschen dem koester, vor luden i schrekenberger.*
588 NLA OS Dep 91 b Akz. 2011/059 Nr. 771a (1556/57) 9v: *Item de pastoer tho Berge eyn molt roggen entfangen maendages na Invocavit.*
589 NLA OS Dep 91 b Akz. 2011/059 Nr. 775 31v: *Yn bywesen des achtparen und frommen heren Hermanne Huls pastor tho Berge.*
590 NLA OS Dep 91 b Akz. 2011/059 Nr. 777 12v: *Item de pastor tho Berge i molt roggen gudensdages na dem Pynxteren, dath syn frouwe Grethe entfangen hefft.*
591 Den Nachweis, dass es 1571 nicht um die Einführung des gesamten Tridentinums gegangen ist, sondern diese im Nachhinein im Auftrag von Bischof Franz Wilhelm von Wartenberg in die 1653 gedruckten *Acta Synodalia Osnabrugensis ecclesiae* hinein manipuliert wurde, führt Hansgeorg MOLITOR, Der Kampf um die konfessionellen Besitzstände im Fürstbistum Osnabrück nach 1648. Johann von Hoya, Franz Wilhelm von Wartenberg und die Einführung des Tridentiniums, in: OM 93 (1988), S. 69-75.
592 GROßE-KRACHT, Trienter Konzil, S. 51f.; SCHRÖER, Erneuerung 1, S. 97.
593 STÜVE, Geschichte 2, S. 214f.
594 NLA OS Dep 91 b Akz. 2011/059 Nr. 788 27r: *14 ß Prassen gegeven vor twe absentes des synodes.*
595 UB 257.

Menslage war wie ausgeführt 1250 von Graf Otto I. von Oldenburg geschenkt, die Vikarie zu Ehren der Apostel Petrus und Paulus und der Heiligen Drei Könige 1366 durch die Brüder von Hekese eingerichtet worden.[597] Die Fundationsurkunde hält die Dotierung des in der Kirche aufgestellten Altars aus verschiedenen Erben des Kirchspiels Menslage sowie die Personalresidenz des Vikars fest und überträgt das Patronatsrecht der Börsteler Äbtissin Alveradis und dem Konvent. Zu den Aufgaben des Messpriesters zählten die Einhaltung der kanonischen Gebetszeiten, die Messen zu Ehren der Patrone und die Vigilfeiern zum Gedenken an die verstorbenen Mitglieder der Familie von Hekese und ihrer Freunde.

Friedrich tom Vorde, der von 1554 bis 1558 als lutherischer Pastor in Menslage nachgewiesen ist,[598] hatte das besondere Vertrauen Bischof Franz von Waldecks, der ihm und seinen Erben 1539 *uth besunderen gnaden* ein Haus mit Scheune, Speicher und Garten in Menslage übereignet hatte. Nach dem Rücktrittsgesuch Friedrich tom Vordes, das dieser *ut sunderlingen darto bewegendenn orsakenn* – wohl seines fortgeschrittenen Alters wegen – gestellt hatte, nahm der Konvent sein herkömmliches Benefizialrecht in Anspruch und präsentierte der Gemeinde als Nachfolger den Osnabrücker Pastor Nicolaus Voß. Nach erfolgter Wahl wurde dieser durch den Archidiakon[599] von Menslage, Friedrich Schmising,[600] investiert und vor Notar und Zeugen als neuer Vikar eingesetzt. Kurz darauf machte jedoch ein weiterer Geistlicher namens Hieronymus Hoegebert seinen Anspruch auf die Vikarie geltend. Der Konvent und der rechtmäßig präsentierte und investierte Pastor Voß fühlten sich in ihren Rechten beschnitten und zeigten dem Archidiakon die unberechtigte Inbesitznahme an. Mette Maneel beklagte die eigenmächtige Besetzung – *my unbewust mit wat rechte, tittell unnd gestalt* – und bat um Schutz ihres angestammten Patronatsrechts. Sollten sie und der Konvent in ihrer *oldenn lanckwiriger collation und gerechticheit* beeinträchtigt werden, so die Äbtissin, wollte man die Besetzungsfrage der bischöflichen Jurisdiktion überstellen.

Denkbar ist es, dass die Besuche des Dompropstes Nicolaus von Bar bei der Äbtissin gegen Ostern 1565 und im Oktober 1568 im Zusammenhang mit der Patronatsangelegenheit standen. Von Bar, der als dezidierter Vertreter der alten Kirche[601] galt, könnte mit Hoegebert einen katholischen Anwärter favorisiert haben. Dreißig Jahre später, 1597, machte von Bar in seiner Eigenschaft als Archidiakon einen ersten Versuch, im Amt Vechta eine katholische Reform durchzuführen. Allein Pastoren und Kapläne appellierten 1599 unter Berufung auf den Augsburger Religionsfrieden

---

596 NLA OS Dep 91 b Akz. 2011/059 Nr. 1342.
597 UB 149.
598 H. DÜHNE, Geschichte der Kirchen und der Reformation im Fürstenthume Osnabrück, Osnabrück 1897, S. 84.
599 Die Archidiakone hatten seit dem Mittelalter die Aufsicht über die Pfarreien, sie übten die geistliche Gerichtsbarkeit aus und hatte das Recht, Pfarrer und Vikare zu investieren.
600 Friedrich von Korff-Schmising, Kanoniker von 1546-1592, Domscholaster 1576, (William C., SCHRADER, Osnabrücker Domherren 1591-1651, in: OM 95 (1990), S. 9-39, Nr. 5; HOFFMANN, Domherren, Nr. 9; STÜVE Geschichte 2, S. 221, 267, 369). Die Grabplatte befand sich bis zum 19. Jahrhundert im Dom zu Osnabrück. WEHKING, Inschriften, Nr. 163.
601 HOFFMANN, Adel, S. 228f.

an Fürstbischof Philipp Sigismund, der von Bar anwies, von weiteren Reformversuchen Abstand zu nehmen.[602]

Aus der Todesanzeige des Nicolaus Voß von 1602 ist abzulesen, dass das Stift sein Patronatsrecht gewahrt und Voß sein Amt als Vikar angetreten hatte.[603] Allerdings waren Pastor und Gemeinde unzufrieden mit der Amtsausübung des Vikars. Nachdem dieser 1584 zum Osnabrücker Offizial und Generalvikar ernannt worden war,[604] habe er – wie die Gemeinde beklagt – den Altardienst nicht mehr selbst versehen, weshalb der zuständige Pastor in Menslage, Barjon Hallevort,[605] den Offizial Voß mehrfach um Resignation auf die Vikarie gedrängt habe. Voß aber habe darauf bestanden, die Vikarie als ein Benefizium zeit seines Lebens zu behalten. Pastor Hallevort musste dem Kirchspiel allein vorstehen, wozu er im fortgeschrittenen Alter und damit verbundener körperlicher Schwäche nicht mehr in der Lage war. Äbtissin Lucretia von Langen versprach ihm daher, seinen Sohn mit der Vikarie zu versehen. Nach dem Tod des Offizials Voß 1602 schlug das Domkapitel jedoch als Nachfolger den Sohn des verstorbenen Dompropstes Konrad Kettler[606] vor. Wer letztendlich Vikar in Menslage wurde, lässt sich den Archivalien nicht mit Sicherheit entnehmen.

Der Vorgang zeigt zum einen, dass das Vikariatsamt auch nach der Reformation eine begehrte Pfründe war, um das einzelne Klerikerdynastien konkurrierten. An dem für das späte Mittelalter charakteristischen Pfründensystem hatten auch die lutherischen Reformen nichts geändert, und so bestanden auch die damit verbundenen Konflikte wegen der Personalresidenz in der Gemeinde offensichtlich noch eine längere Zeit fort. Zum anderen wird deutlich, dass der zu vermutende Versuch des Archidiakons Nikolaus von Bar, seinen Einfluss zugunsten eines Vertreters der katholischen Konfession geltend zu machen, an dem Einsatz Mette Maneels für die Wahrung des Börsteler Patronatsrechts scheiterte.

4.4. Geistliches Leben in Börstel

Wenn nach allem davon auszugehen ist, dass in Börstel und Berge bereits seit 1532 evangelisch gepredigt und ab 1543 der lutherische Gottesdienst nach der Kirchenordnung des Hermann Bonnus mit der *communio sub utraque* gefeiert wurde, so wird sich ein ausgeprägteres konfessionelles Bewusstsein doch erst im Laufe der Zeit entwickelt haben. Erst der Nachweis, dass die Börsteler Pastoren die unter Strafandrohung ausgestellten Mandate Bischof Johanns zur Teilnahme an den Syno-

---

602 SCHWEGMANN, Visitationen im Niederstift, S. 45; UNGER, Niederstift Münster, S. 50f.

603 NLA OS Dep 91 b Akz. 2011/059 Nr. 1342.

604 BAOs, Klerikerkartei (im Folgenden KK): U1 Okt 7 1584. Wird 1599 als Offizial unter Philipp Sigismund erwähnt. Bernard BECKSCHÄFER, Geschichte des Dominikanerklosters zum hl. Kreuz in Osnabrück, in: OM 37 (1912), S. 1-107; STÜVE, Geschichte 2, 370, 424.

605 Barjon Hallevort, 1575-1625 Pastor in Menslage. Er soll 1625 bereits 95 Jahre alt gewesen sein. DÜHNE, Kirchen, S. 84.

606 Konrad Kettler, Kanoniker von 1527-1594, 1582 Dompropst, Pastor in Damme, HOFFMANN, Domherren, Nr. 2; SCHRADER, Domherren, Nr. 4; STÜVE, Geschichte 2, S. 267, 369, 626, 683, 778.

den von 1570 und 1571 ignorierten, lässt Rückschlüsse auf ein dezidierteres evangelisches Bekenntnis zu.

Bis zu diesem Zeitpunkt wird zwar die Liturgie des Gottesdienstes der lutherischen Theologie angepasst worden sein, doch lassen sich auch weiterhin Relikte des altkirchlichen Ritus nachweisen, die eine Kontinuität zur vorreformatorischen Kirche herstellten. So ließ Mette Maneel während ihrer gesamten Amtszeit am Gründonnerstag ein Licht vor dem Heiligen Sakrament – also vor dem Tabernakel – anzünden, was sich durch den jährlichen Ankauf von einem Pfund Wachs nachweisen lässt.[607] Dass das nicht überall üblich war, zeigt ein Blick auf die Verhältnisse in angrenzenden Territorien. In einem Bericht über den 1532 in Herford ausgebrochenen Bildersturm wird zu den Veränderungen der Gottesdienstliturgie im Gefolge der Reformation unter anderem gezählt, dass *dat hoichwerdige hillige sacrament uht den kerken genommen* wurde.[608]

Wie die bereits erwähnten Einkäufe zur Fastenzeit deutlich machen, wurde diese vor Weihnachten und vor Ostern noch lange eingehalten, obwohl das Fasten nach lutherischem Verständnis keinen vor Gott gerecht machenden Stellenwert hatte. Gleiches gilt für einige katholische Festtage, die der Konvent weiterhin beging. Ein Hinweis auf die besondere Bedeutung solcher Tage ist die Zusatzkost in Form von frischen Fischen, die den Jungfern jeweils am Vorabend dieser Feste gereicht wurde und die nicht gleichzusetzen ist mit den gesalzenen Fischen während der Fastenzeiten. Die auf diese Weise herausgehobenen Tage waren das Kirchweihfest, Advent, Silvester,[609] Epiphanias,[610] Ostern und weiterhin Mariae Lichtmess (2.2.), Mariä Verkündigung (25.3.), Fronleichnam und das Johannesfest. Einen Widerschein der zahllosen Feste von Heiligen, derer man in Börstel vor der Reformation gedacht hatte, bietet der bereits erwähnte vielgestaltige Festkalender des Kaplans Johann Buschmann, der bis zum Ende der Amtszeit Mettes beibehalten wurde.

Tradition hatte weiterhin die Mildtätigkeit gegenüber den Armen, in der am deutlichsten die monastische Verpflichtung zur Nachfolge Christi zum Ausdruck kommt. Jeweils am Gründonnerstag teilte Küster Rembert sechs Stiegen (=120) Heringe für die Börsteler Hausarmen aus.[611] Ergänzend wurde um diese Zeit in der Kirche der aus einem Eichenstamm gefertigte Opferstock aufgestellt, in den die Kirchenkollekten und die Gebühren für die Amtshandlungen flossen, mit denen der Pfarrer und die Armen der Gemeinde unterstützt wurden.

---

607 NLA OS Dep 91 b Akz. 2011/059 Nr. 771a (1556/57) 25v: *ii ½ ß gegeven vor eyn punth wasses to bernen vor dem hyllygen sacrament up guden donderdach.*

608 Vgl. Alfred COHAUSZ, Anmerkungen zum Herforder Bildersturm im Jahre 1532, in: Paderbornensis Ecclesia, München/Paderborn/Wien 1972, S. 207-221, hier S. 217. Allein in den beiden Stiftskirchen konnte der Gottesdienst noch bis 1547 von katholischen Klerikern gehalten werden.

609 NLA OS Dep 91 b Akz. 2011/059 Nr. 784 (1569/70) 25r: *Item v ß gegeven vor verssche vessche kegen dath Nye Jar, den avent dar mede tho holden.*

610 Ebd.: *Item up Octava Epiphanie ½ daler vor verssche vessche gegeven und den junfferen gedeleth.*

611 NLA OS Dep 91 b Akz. 2011/059 Nr. 780 (1565/66) 25v: *Item kosters Remberd gegeven xv ß vor vi stige herynge, dat stuck ii ß, war kegen guden donderdach vor de armen.*

Weitere Ausgaben für soziale Zwecke werden in der Unterstützung von Menschen deutlich, die durch Brand geschädigt waren. Zweimal, im Winter 1559 und zu Fronleichnam 1560, kommen von weither Abgesandte mit einem gesiegelten Brief, um Spenden für eine verbrannte Stadt zu sammeln,[612] die zwei bzw. eineinhalb Taler erhalten. 1566 wird ein halber Taler zugunsten einer weiteren verbrannten Stadt gegeben, auch diesmal *myth bewyß segell und breven* bescheinigt. Ausgebrannt sind auch die Jungfern von St. Katharinen in Almelo, für die ein Abgesandter 1567 zwei Taler erhält. 1571 schließlich schickte die Äbtissin von Bersenbrück, Adelheid von Langen,[613] einen Mönch nach Börstel, der aus dem weit entfernten Zisterzienserkloster Hardehausen[614] bei Warburg kam und zwei Taler als Spende für die abgebrannten Klostergebäude erhielt. Das aufgrund der überwiegenden Fachwerkbauweise weit verbreitete Brandrisiko findet so auch in den Börsteler Registern seinen Niederschlag. Auch Einzelpersonen wurden bedacht. Offensichtlich galt weiterhin die Regel des Benediktus, „Alle Fremden, die kommen, sollen aufgenommen werden wie Christus" (RB 53,1). Als sich 1570 ein Dachdecker beim Sturz von der Kirche beide Beine gebrochen hat, wird er mit einem halben Taler unterstützt. 1573 erhält ein aus dem Krieg heimkehrender Mann aus Bramsche drei Scheffel Hafer für seine Pferde. Das Stift leistete auf diese Weise einen nicht geringen Beitrag zur Sozialfürsorge der unteren Bevölkerungsschichten.

---

612 NLA OS Dep 91 b Akz. 2011/059 Nr. 775 24r: *Item ii jochymdaler gegeven ii gesellen, de myt eynem besegelden breve umme gangen und beden tho behoeff eyner stadt van weden vorbranth.* 24v: *Item i ½ jochymdaler gegeven ii gesellen den maendach na Corporis, de tho eyner vorbranden stadt to bathe beden.*
613 Äbtissin von 1542-1595. AHLERS, Art. Bersenbrück, in: Faust (Hrsg.), Die Männer- und Frauenklöster, S. 63-89, hier S. 80.
614 Das im Stift Paderborn gelegene Kloster Hardehausen war das Mutterkloster der Abtei Marienfeld im Oberstift Münster. Wilhelm KUHNE, Art. Hardehausen, in: Hengst (Hrsg.), Westfälisches Klosterbuch, 1, S. 389-395.

II. 3. Äbtissin Lucretia von Langen gen. Kreyenribbe (1575-1611)

1. Der Konvent

1.1. Die Wahl

Am 20. Juli 1575 starb Äbtissin Mette Maneel,[615] und bereits am 25. Juli ließ sich der neue Landesherr, Bischof Heinrich von Sachsen-Lauenburg (1574-1585), mit der Mahnung an den Konvent vernehmen: *das ir in dieser ewer bevorstehenden election auß ewerem mittel fürnemblich zu einer betagten gotsfürchtigen person, die dem almachtigen und dem stifft zun eheren und besten sein und furstehen, […] verdacht sein und dieselbe widerumb zu ewer abbatissin erwhelen wollen.*[616] (Abb. 10) Sein Wunsch war es, die betagte Unterpriorin Anna von Dinklage d. J. (1556-1592), Schwester des Cloppenburger Drosten Hugo von Dinklage, mit dem Amt zu betrauen. Der Konvent ließ sich jedoch in seiner Entscheidung nicht beeinflussen und wählte nach altem Herkommen, *tempore et loco consueto,* eine jüngere Stiftsjungfer, Lucretia von Langen, zur neuen Äbtissin. In der Wahlanzeige vom 10. August 1575 zeigen „Die Priorin Katharina von Dedem, Seniorin, und alle geistlichen Kapitularinnen des Hauses Börstel (*virgines capitulares subscriptae venerabilis ac religiosae domus in Borstel*) [...] dem Erzbischof von Bremen und Fürstbischof von Osnabrück, Heinrich von Sachsen-Lauenburg, an, daß nach dem Tod der Äbtissin Mette Maneel am 20. Juli 1575 die Neuwahl der Konventsmitglieder auf ihre Mitkapitularin Lucke von Langen, genannt Kreienribbe gefallen ist und bitten den Fürstbischof um die Bestätigung der Wahl. Unterzeichnet (wurde die Anzeige) von der Priorin Katharina von Dedem, Margarethe Budde, Anna von Brawe, Gertrud von Langen, Agnese Voß, Adelheid von Dedem, Agnes von Dorgelo und Gertrud von dem Oldenhus."[617] Nicht unterzeichnet haben Anna von Dinklage d. J., Sophia von Wullen, Heilwig von Langen, Lucke Steding und Benedicta von Beesten.

Bei der Wahl anwesend war der Bruder der Erwählten, Herbord von Langen genannt Kreyenribbe, der ein Wahlprotokoll erstellte, das dem Landesherrn über den Fürstenauer Drosten Asche von Langen[618] zugestellt wurde. In seinem Bericht räumt er ein, dass der Konvent dem Wunsch des Bischofs gern nachgekommen wäre, am Wahltag jedoch, als die Jungfern fast alle auf dem Chor erschienen seien, habe es sich zugetragen, dass *ire mitstifftsjunffer Lucke von Langen auß gotlicher fursehunge und ingebungh des heyligen geistes zur abdissen und domina gekoren* worden sei.[619] Bischof Heinrich akzeptierte die durch die Eingebung des Heiligen

---

615 NLA OS Dep 91 b Akz. 2011/059 Nr. 1 1575 Juli 21: *Anno millesimo quingentesimo septuagesimo quinto, vigesime die mensis Julii, obiit reverendißima domina abbatissa Metta Manneell et […] dan na tempore et loco consueto religiosam at honestum virginem Luken a Langen dictum Kreienribben wedderumbe in abbatissam gekoren.*

616 NLA OS Dep 91 b Akz. 2011/059 Nr. 1.

617 NLA OS Rep 16 Akz. 2006/026 Nr. 12 (ehemals NLA Stade Rep 5b Fach 82 Nr. 200) (Regest). Für diesen Hinweis danke ich Herrn Dr. Christian Hoffmann, NLA - Standort Hannover.

618 Asche von Langen (†1575), Drost zu Vörden (1549), zu Iburg und Grönenberg und Fürstenau (1573). STÜVE, Geschichte 2, S. 233. VOM BRUCH, Osnabrück, S. 122.

619 NLA OS Rep 100 Abschn. 338a Nr. 3 Fol. 9r-10v.

Geistes geschehene Wahl Lucretias und stellte am 2. September die Konfirmation mit den Worten aus: *Nachdem wir auß referirter werbunge befunden, das solche election durch versehunge des Almechtigen und ordenliche richtige und gebreuchliche wahle geschehn, so haben wir auff des convents demutigst ersuchen und anruffen, sie die eligirte gnedigst confirmiret.* Dem Drosten trägt er auf, falls es notwendig würde, *an unser statt den junfern* zu *gebieten ir, der abtissin, geburliche eehre und gehorsam zu leisten.*[620]

Der Konvent hatte sein Recht der freien Äbtissinnenwahl gegenüber dem Landesherrn ohne größere Schwierigkeiten durchsetzen können. Dass auch der Drost von Fürstenau mit der Wahl zufrieden war, lässt sich seiner Bemerkung entnehmen, dass die neue Äbtissin von *zuchtigem bestendichem gemuet* sei und sich auch der Widerstand Anna von Dinklages gegen die Wahl gelegt habe: *Und soll auch, wie man sagt, junffer Annen von Dincklage ihren widderwillen zur election verendert und abgestelt haben.*[621]

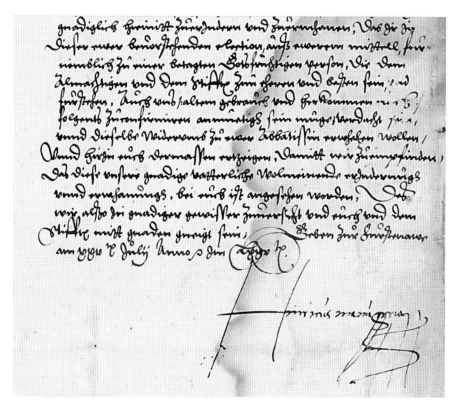

Abb. 10: Schreiben Bischof Heinrich von Sachsen-Lauenburg vom 20.7.1575. NLA OS Dep 91 b Akz. 2011/059 Nr. 1

620 NLA OS Rep 100 Abschn. 338a Nr. 3 Fol. 11r (Konzept).
621 NLA OS Rep 100 Abschn. 338a Nr. 3 Fol. 22r.

1.2. Die Kandidatin

Lucretia von Langen, gen. Kreyenribbe (1556-1611), war auf dem Rittergut Beesten in der Bauerschaft Schardingen geboren, wo die Herren von Beesten um 1400 neben ihrer Mühle einen ersten Wohnsitz ausgebaut hatten. Dort steht auf dem Hof Beestermöller noch heute das alte Leibzuchtshaus von 1592.[622] Später errichtete die Familie südlich des Ortes Beesten ein neues Herrenhaus, das um 1900 abgebrochen wurde und von dem sich heute noch ein Gedenkstein mit dem Wappen der Herren von Beesten, dem sechsspeichigen Rad, findet. Während eine Linie der Herren von Beesten im 15. Jahrhundert auf Schloss Dankern ansässig wurde, kam das Rittergut Beesten um 1535 über eine Erbtochter an die Familie von Langen. In der um die Mitte des 15. Jahrhunderts errichteten St. Servatius-Kirche im Kirchdorf Beesten wird Lucretia getauft worden sein.

Schwestern von Lucretias Vaters Gerhard von Langen waren Anna von Langen, von 1550 bis 1562 Priorin, und Margarethe von Langen, 1587 Konventualin im Kloster Gertrudenberg.[623] Im Gegensatz zu den weitläufigen Verbindungen Mette Maneels beschränken sich die familiären Beziehungen Lucretias auf ihre nächsten Angehörigen, hauptsächlich auf Bruder und Schwester. Die entscheidende Rolle, die ihr Bruder Herbord von Langen bei der Wahl Lucretias spielte, hatte sich schon zuvor angekündigt. Bereits seit 1560 war Herbord einer der häufigsten Besucher Börstels (1568 erschien er allein zehnmal), was wohl mit dem wechselvollen Schicksal der Grafschaft Lingen zusammenhing, über dessen Verlauf er den Konvent mit Nachrichten versorgt haben wird. 1555 war die Grafschaft Lingen mit den burgundischen Ländern an Philipp II. von Spanien übergegangen und dadurch der Grund gelegt für einen lange währenden Religions- und Unabhängigkeitskrieg zwischen Spanien und den Niederlanden. Die strategisch wichtige geographische Lage der Grafschaft zwischen den Niederlanden und Westfalen ließ das Land in besonderem Maße zum Spielball der niederländischen und spanischen Parteien werden.

Drei Besuche sind von Lucretias Schwester Göste von Langen nachgewiesen, die zu Ostern 1571 gemeinsam mit ihrem Bruder aus Beesten kam und bis Ende August blieb.[624] 1572 wurde sie zu Mitwinter aus Bersenbrück[625] abgeholt und blieb bis nach Epiphanias 1573 in Börstel. Auch als 1599 die Pest in Osnabrück herrschte, flüchtete sich Göste nach Börstel.[626] Fünfmal zwischen 1559 und 1567

---

622 Die Jahreszahl befindet sich im Nordwest-Giebel, 1776 wurde das Haus zum Heuerhaus umgebaut. Für diese Auskunft danke ich Herrn Hermann Beestermöller.

623 POPPE, Art. Gertrudenberg, in: Faust (Hrsg.), Frauenklöster, S. 475-486, hier. S. 484.

624 NLA OS Dep 91 b Akz. 2011/059 Nr. 785 21r: *Item den vrigdach vor Vocem Jocundetates* (Rogate) *Kreyenrebben ii sch haveren gemetten, de junffer Goesten her weder brachten van Beesten.*

625 NLA OS Dep 91 b Akz. 2011/059 Nr. 787 21v: *Item donderdages en iiii dach vor mydtwinter der frouwen span tho Bessenbruggen ii sch haveren gemetten vor ere span, do se Goeste Kreenrebbe her brachte.*

626 NLA OS Dep 91 b Akz. 2011/059 Nr. 812 17v: *Item alß unsere wage der w. frouwen suster, de umb de peste van Osenbrugh waß gewechtenn, wedder nach Osenbrugge brachte, vor de perde gedan iv schepell.*

ist Otto Kreyenribbe zu Besuch, zuletzt gemeinsam mit Sergius Kreyenribbe, dem Bruder von Lucretias Vater. Als Herbord von Langen 1590 kinderlos verstarb, verkauften die beiden Schwestern die väterlichen Güter Beesten und Kreyenribbe 1594 an ihren Vetter Diedrich von Voß, der danach – und nach seinem Tod auch seine Witwe Bertha – häufig in Börstel verweilte. Als Lucretia im Januar 1597 ihr Testament[627] aufsetzte, waren auch seine Schwestern Anna und Johanna von Voß zugegen. In diesem Testament setzte sie für ihren Vetter und seine Frau *auß sonderlieger affection und zuneigunck* ein Legat über 200 Reichstaler aus. Am 28. März 1598 stellte sie darüber einen Rentenbrief aus, ließ jedoch ungeachtet der verwandtschaftlichen Beziehungen von den Erben einen Revers mit der Versicherung unterzeichnen, die Summe nicht vor ihrem Lebensende einzufordern.

Die Quellen zeigen Lucretia als eine resolute und tatkräftige Frau. Im Schreiben eher ungeübt (Abb. 11), scheint sie dafür praktisch veranlagt gewesen zu sein. Eine Notiz aus dem Frühsommer 1574 hält fest, dass sie sechs Tage damit beschäftigt war, fünf Stiegen (=100 Bündel) Reet auf dem Dach der alten Küche zu verlegen.[628] Für ihre Tätigkeit erhielt sie einen Taler Lohn. Dies wird nicht die Regel gewesen sein, zeigt aber doch, dass geistliche Frauen auch eher unübliche handwerkliche Tätigkeiten verrichten konnten.

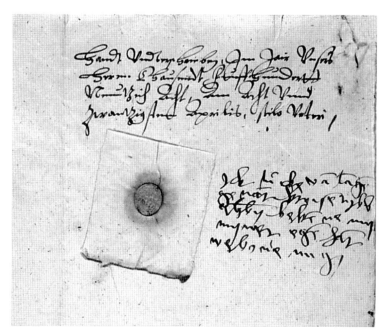

Abb. 11: Autograph Lucretia von Langen, 1598, NLA OS Dep 91 b Akz. 2011/059 Nr. 1

627 NLA OS Dep 91 b Akz. 2011/059 Nr. 1.
628 NLA OS Dep 91 b Akz. 2011/059 Nr. 788 27r: *Item junffer Kreyenrebbe i daler gedaen vor v styge dackes up de olden koken gedecketh.*

1.3. Sechs Biographien

Zum Zeitpunkt der Wahl bestand der Konvent aus dreizehn Jungfern. Erste Neuaufnahme war 1577[629] Amelia Steinhaus (*1564, 1577-1606), eine Tochter des Wilhelm Steinhaus zu Steinburg und der Engel von Stempel aus der Grafschaft Tecklenburg. Amelia, 1564 geboren, war bei ihrer Einführung dreizehn Jahre alt. Im Juni 1581 beurkundete sie gemeinsam mit Lucretia den Ankauf des Menslager Zehnten.[630] Regelmäßigen Kontakt hatte Amelia zu ihrer Schwester Clara, die 1595 zu Besuch in Börstel weilte und 1600 Domina des Klosters Gertrudenberg wurde.[631] Im Sommer 1602 reiste Clara Steinhaus ihrer neuen Würde entsprechend mit vier Pferden an und blieb mehrere Tage. Zu Ostern 1603 schickte sie einen Wagen zum Gegenbesuch Amelias auf dem Gertrudenberg. 1605 weilte Amelia erneut zweimal bei ihrer Schwester. Ein weiterer Kontakt lässt sich zur Äbtissin des Stifts auf dem Berge vor Herford, Magdalena von der Lippe,[632] nachweisen, die sie 1600 mit ihrem eigenen Wagen nach Börstel zurückbringen lässt.[633] 1604 beerbte Amelia ihren Bruder Victor Steinhaus, der zu Pfingsten 1599 ebenfalls in Börstel weilte.

1605 bahnte sich ihre Eheschließung mit Hugo von Dincklage zu Loxten an, der eine ungewöhnliche, wenn auch für die Zeit nicht untypische Biographie aufwies. Hugo war seit 1569 Osnabrücker Domherr, hatte 1572 in Köln die *Artes liberales* studiert und gleichzeitig als Rittmeister in spanischen Diensten gegen die aufständischen Niederländer gekämpft. 1578 war er im Feldlager des Juan d'Austria in eine Auseinandersetzung verwickelt worden, in deren Verlauf sein Gegner starb. Den deshalb vor dem Osnabrücker Domkapitel stattfindenden Prozess entschied Papst Gregor XIII. 1581 dahingehend, dass Hugo zwar von geistlichen und weltlichen Strafen befreit, jedoch von der Ausübung jeglicher geistlicher Handlungen ausgeschlossen wurde. Dies belastete ihn offensichtlich schwer, denn obwohl das Domkapitel ihn 1585 wieder in seine alten Rechte einsetzte, bezeichnete er sich seither weder als Domherr noch als geistlich und resignierte 1591 sein Domkanonikat.

Bis Weihnachten 1605 ist Hugo zweimal zu Besuch bei Jungfer Steinhaus. Kurz vor Weihnachten fährt auch Lucretia von Langen nach Loxten, vielleicht um dort wegen der weiteren Zukunft ihrer Stiftsjungfer zu verhandeln. Anschließend sucht Hugo von Dincklage seine Auserwählte bis Ostern dreimal und danach weitere zweimal auf. Bezeichnend für die Selbstbestimmung, die die evangelischen Stiftsjungfern mittlerweile errungen hatten, ist es, dass Hugo ganz offiziell im Haus Amelias übernachtet: *Item Hugo van Dincklage zu Loxten hir gewest by j. Steenhuß geherbergt eine nacht.*[634] Im Herbst des Jahres 1606 heiraten die beiden, so dass Amelia an der

---

629 NLA OS Dep 91 b Akz. 2011/059 Nr. 790 8r: *Item dertich daler enfangen vann wegen den semptlichen junffern, ist xxx daler.*

630 UB 318.

631 Stüve, Geschichte 2, S. 384.

632 von Boeselager, Im Schatten der Reichsabtei, S. 114.

633 NLA OS Dep 91 b Akz. 2011/059 Nr. 813 16v: *Item alß junffer Amelia Steinhuß durch de w. frouwen upm Berge hirher wordt geschicket mit erer eigen wagen, de vorman ii nachte hir gebleven, vor de perde gedan 4 schepell.*

634 NLA OS Dep 91 b Akz. 2011/059 Nr. 819 20r: *Vor syn pert den morgen ½ schepl haver.*

Verteilung des weihnachtlichen Opfergeldes keinen Anteil mehr hat, da sie *inmiddels* [...] *affgetreden ist.* Hugo von Dincklage dagegen wurde durch seine Heirat mit Amelia auch Herr zu Steinburg. Von beiden Ehepartnern haben sich Porträts aus dem Jahr 1604 erhalten.[635] (Abb. 12 und 13) Hugo starb 1619, Amelia 1620 im Alter von 56 Jahren.

Abb. 12 und 13: Eheleute Hugo und Amelie von Dincklage zu Loxten, 1604

Die Einführungsgelder für Elisabeth Kerstapel (1578-1652) wurden 1578 bezahlt.[636] Elisabeth stammte von der Schleppenburg im Amt Iburg und war Tochter von Johann von Borghorst gen. Kerstapel und Katharina von der Streithorst. Zwischen Ostern und Pfingsten 1582 verbrachte Johann Kerstapel gemeinsam mit Johann von Quernheim drei Tage in Börstel,[637] vielleicht um nach seiner Tochter zu sehen. 1590 und 1591 lebte auch ihre Schwester Catharina in Börstel. 1591 kommt ihre Mutter, *die Kerstapelsche,* für zwei Tage nach Börstel, um ihre Töchter zu besuchen, im Herbst 1597 und 1600 weilt Elisabeth bei ihrer Mutter.

Elisabeth war von ihrer Cousine Sophie von Wullen – als ihre *hertleve wesche* – 1608 als Erbin ihrer beiden Häuser eingesetzt worden. Das neben Sophies eigener Schlafkoje im Inventar erwähnte Bett mit Zubehör wird Elisabeth als Schlafgelegenheit gedient haben,[638] ein Hinweis auf die Einrichtung von Doppelhaushalten, was in der Wahlkapitulation von 1611 bestätigt werden wird. Als Elisabeth zu

---

635 Porträt Öl auf Leinwand. Inv. BÖR C B 7. Und BÖR C B 8.
636 NLA OS Dep 91 b Akz. 2011/059 Nr. 791 8v: *Item die w. frouw wegen den junffern* [...] *entfangen verdehalf stige dalers, ist hir lxx daler.*
637 NLA OS Dep 91 b Akz. 2011/059 Nr. 795 31v: *Item Johan van Qwernhem und Johan Kerstapell hir gewesen 3 nachte vor ihre perde x sch havern.*
638 NLA OS Dep 91 b Akz. 2011/059 Nr. 18: *Und ein bedde mit syner tobehoer, dartho myne koye.*

Weihnachten 1602 in Begleitung der Einkaufsfuhre auf dem Rückweg von Osnabrück nach Börstel war, brach sie sich den Arm: *da junffer Kerstapell den arm entwe vull und dat ungelucke bequam.*[639] Von einer weiteren Krankheit erfahren wir im April 1610, als sie wegen *lyves schwackheit* bei der Rechnungsabnahme abwesend war. Beziehungen außerhalb des Stifts pflegte Elisabeth kaum. Bis auf eine Reise 1594 gemeinsam mit der Stiftsjungfer Eva Hake[640] erhielt sie lediglich 1614 Besuch von einem Junker Kerstapel, vielleicht ihrem Bruder Egbert und 1631 von einer Frau Kerstapel, vielleicht ihrer Schwägerin Elisabeth, geborene von Snetlage zu Lonne. Im November 1623 kam sie von einem Besuch in Osnabrück zurück, der vielleicht im Zusammenhang mit der Übergabe der Familiengüter an ihren Neffen Hans Wilhelm Kerstapel stand.[641] Von 1628 bis 1632 übte Elisabeth das Amt der Priorin aus, von 1635 bis 1646 war sie Küsterin.

Gemeinsam mit Elisabeth Kerstapel trat Anna von Dincklage (1578-1602), die Tochter des Drosten von Cloppenburg, Johann von Dincklage d. J. († 1590) und der Gertrud von Merfeld in den Konvent ein. Anna war eine Enkelin des Drosten zu Cloppenburg Hugo von Dincklage (†1575) und eine Großnichte der Unterpriorin Anna von Dincklage d. J. Vermutlich übernahm Anna nach dem Tod ihrer Tante 1592 deren Haushalt, den eine Magd Trine versorgte.[642] Zweimal verkaufte sie dem Stift aus ihren Vorräten Speckseiten und Bohnen. 1587 lieh sie Herman und Allike zu Rosinck in Schmone zwanzig Taler.[643] Von 1588 bis zu ihrem Tod gegen Ostern 1602[644] ist sie als Küsterin nachgewiesen.[645]

1593 brachte Sybille Hake ihre Tochter Eva (1593-∞1603, †1653) ins Stift. Evas Vater war der Iburger Burgmann Johann Hake zu Scheventorf, ihre Mutter Sybille geb. von Raesfeld, ihr Großvater das Regierungsmitglied Reineke Hake (†1592). 1598 besuchte sie ihren Vetter Johann von Dincklage[646] zu Loxten in Quakenbrück. Im selben Jahr erhielt sie Besuch von ihrem Vater. Als Eva gegen Ostern 1602 von einem Besuch bei ihrer Schwester Johanna Elisabeth, der Frau des Drosten zu Fürstenau, Koboldt von Tambach,[647] zurückkehrte, starb Anna von Dincklage. Anscheinend infizierte sich Eva, denn auch sie erkrankte und wurde alsbald von ihrer Mutter zur Pflege nach Osnabrück geholt.[648] Gegen Pfingsten 1603 kehrte sie noch einmal

---

639 NLA OS Dep 91 b Akz. 2011/059 Nr. 816 9r.
640 NLA OS Dep 91 b Akz. 2011/059 Nr. 808 22v: *Item alß Eveke Hake und Elisabet Kerstapell wedder to huiß quemen, vor ire perde iii sch havern.*
641 VOM BRUCH, Osnabrück, S. 41.
642 NLA OS Dep 91 b Akz. 2011/059 Nr. 807 21r: *Item junffer Dincklagen Trine ock in den arne geholpen.*
643 NLA OS Dep 91 b Akz. 2011/059 Nr. 474.
644 NLA OS Dep 91 b Akz. 2011/059 Nr. 815 25r: *Item junffer Eva Hake jegen oistern wedder to huiß quam junffer Dinklage desulven dach dodt.*
645 NLA OS Dep 91 b Akz. 2011/059 Nr. 802 (1588/89) 15r: *Item jegen winachten […] wegen der kosterie, so j. Dincklage vor de armen gegeven, ock verbacken seß sch roggen.*
646 Johann von Dincklage zu Loxten (†1618) 1593 ∞ mit Else von Dorgelo zu Schleppenburg und Lethe, Besitzer eines Burgmannshofes in Quakenbrück. VOM BRUCH, Osnabrück, S. 346f.
647 VOM BRUCH, Emsland, S. 97.
648 NLA OS Dep 91 b Akz. 2011/059 Nr. 815 26r: *Item alß de Hakesche ere dochter Eva in ere krankheit alhir besochte und dieselve mit sich na Osenbrugh nahm.*

für zwei Tage nach Börstel zurück. Bald danach heiratete sie Jasper von Dorgelo zu Lethe,[649] mit dem sie im Oktober drei Tage lang die Kirchmesse in Börstel feierte. Eva starb nach 50jähriger kinderloser Ehe 1653, Jasper 1654.

Deutlich wird der verwandtschaftliche Kontakt der drei aus dem Amt Iburg stammenden Jungfern im Testament der Sophie von Wullen, die nicht nur Elisabeth Kerstapel als Erbin ihres Hauses einsetzte, sondern auch *Eva Haken, frauwe Dorgelo zur Lette, als ihrer hertlieben weschen und blueds vorwantinne* 204 Taler vermachte.[650]

1594 ist Margarethe von Dorgelo zu Brettberg (1594-1606), die 1574 geborene Schwester Agneses, Stiftsjungfer in Börstel. Von ihr ist nicht vielmehr bekannt, als dass sie 1595 einen Besuch bei ihrer Tante, der Äbtissin Engel von Dorgelo in Malgarten machte. Margarethe scheint nicht dauerhaft in Börstel gelebt zu haben, denn sie wird nur zu Ostern 1604 und 1606 erwähnt, als ihr Bruder Otto von Dorgelo sie mit Pferd und Wagen für zwei Tage nach Börstel zurückbrachte.[651] Ihr Todesdatum ist ungewiss, den Armen vermachte sie ein Legat von sechzig Reichstalern.[652]

Anfang 1594 brachte Nicolaus von Snetlage zu Lonne seine Tochter Elisabeth (Elske) von Snetlage (1594-1607) nach Börstel,[653] nachdem seine Frau Ilse geb. von Monnich zu Eickhoff schon 1588 um ihre Aufnahme nachgesucht hatte.[654] Als Elske schon in der Osterwoche erkrankt, wird sie von ihrem Vater zurückgeholt.[655] Zu Weihnachten 1597 erhält sie zwei Tage Besuch von ihrer Mutter. Häufiger Besucher ist ihr Bruder Rudolf von Snetlage, der u. a. 1602 zur Kirchmesse anwesend ist und sie und Gertrud von Althaus nach Weihnachten zu einem Besuch in Lonne abholt. Eine weitere Verwandte, Gertrud von Snetlage zur Schwackenburg, wird im Januar 1606 von starkem Eis überrascht und muss, da sie nicht allein zurückreiten kann, mit dem Stiftsgespann zurückgebracht werden.[656] Elske führte in ihrem Haus, dessen Haushaltung die Magd Taleke versorgte, offensichtlich ein recht freies Leben. Als sie 1601 Besuch von Johann von Dorgelo zu Alfhausen mit zwei Begleitern erhält, bleiben diese zwei Tage und Nächte bei ihr.[657] 1602 ist Johanns Bruder Jacob mit einem Freund ebenfalls vier Nächte, 1603 erneut zwei Nächte – wie es heißt – bei

---

649 Nieberding, Niederstift 2, S. 402; Nutzhorn, Familie von Dorgelo, S. 30.
650 NLA OS Dep 91 b Akz. 2011/059 Nr. 18.
651 NLA OS Dep 91 b Akz. 2011/059 Nr. 817 23r: *Item alß juffer Margrete Dorgelo jegen Paschen wedder her to huß quam, hefft her Ottho Dorgeloe, ihr liebden broder, se weder her gesant mit sinen egen wagen und perden, sindt 2 nachte hir gebleven, davor 4 sch haver.*
652 NLA OS Dep 91 b Akz. 2011/059 Nr. 185, P. 344.
653 NLA OS Dep 91 b Akz. 2011/059 Nr. 807 23r: *Niclaws v. Sneetlage hir 1 nacht gewest mit 3 reisige wagen perde, darvor an haveren iii sch.*
654 NLA OS Dep 91 b Akz. 2011/059 Nr. 802 17r: *Item de Sneetlagesche hir gewest 2 nacht vor ihre perde iiii sch haver.*
655 NLA OS Dep 91 b Akz. 2011/059 Nr. 807 23v: *Item alß j. Elseken von Sneetlage in der Osterwecke kranck geworden, ihr vader se von hir halen laten, vor de perde i sch.*
656 NLA OS Dep 91 b Akz. 2011/059 Nr. 819 20r: *Item am dage Conversionis Pauli* (25. 1.) *ist j. Gerdrudt van Schnetlage mit unsern perden van Borstell beß tor Swakenborch gefoeret, dewile men des ises halven mit slehen* (schlechten) *perden nicht konde varen.*
657 NLA OS Dep 91 b Akz. 2011/059 Nr. 814 22r: *Item Johan van Dorgelo to Alfhusen mit twe ander [...] by junffer Snetlage twe nachte gewesen, vor ehre perde gedaen 2 schepel.*

ihr eingezogen.[658] Vermutlich in diesem Zusammenhang fand 1604 eine kleine Familienkonferenz statt, zu der ihr Bruder Rudolf, ihre Schwägerin Stine, ihre Mutter und Schwester sie in Börstel aufsuchten, wohl um Elske ins Gewissen zu reden, *do he sulffander gereden*.[659] Als sie 1607 stirbt, werden zu ihrem Andenken vier Scheffel Roggen an die Armen ausgeteilt,[660] denen sie außerdem ein Legat von zehn Talern aussetzte.[661]

Ein ähnlich gelagerter Konflikt um Gertrud von Langen, die 1574 als letzte Stiftsjungfer von Mette Maneel aufgenommen worden war, beschäftigte den Konvent zu Weihnachten 1596. Nicht nur die in Stein gehauene visuelle Präsenz ihrer Eltern in der Martinskirche zu Bramsche verbindet mit Gertrud, auch die schriftlichen Quellen ermöglichen einen tieferen Einblick in das Leben dieser Stiftsjungfer. Gertrud war häufig zu Besuch bei ihren Eltern auf Gut Sögeln und hatte ab 1592 engen Kontakt zu ihrem Vetter, dem Domherrn Gottschalk von Ledebur,[662] der auf der Eversburg bei Osnabrück ansässig war. Erstmals erfahren wir von dieser Beziehung, als Gottschalk sie zu Weihnachten 1592 persönlich nach Börstel zurückfährt. Als Ledebur 1594 Dompropst wird, zieht Gertrud ganz zu ihm, versorgt seinen Haushalt und schenkt ihm – wie Stüve zu berichten weiß – auch Nachkommen.[663] Trotz ihres nunmehrigen Lebensmittelpunkts in Osnabrück kehrte Gertrud jeweils zum Oster-, Pfingst- und Weihnachtsfest nach Börstel zurück, wie der Schreiber 1594 vermerkt: *Item der domprovest to Osenbrug hefft junffer Gerdrudt von Langen mit sinen kutschwagen jegen winachten tom Borstel gesandt*.[664] Zu Weihnachten 1595 ist sie allerdings lediglich drei Tage in Börstel, bevor sie wieder nach Osnabrück zurückfährt.[665] Ein letztes Mal ist sie zu Ostern 1596 anwesend und kehrt auch zum folgenden Weihnachtsfest nicht nach Börstel zurück. Äbtissin Lucretia ist darüber so verärgert, dass sie persönlich nach Osnabrück fährt, um ihre ungehorsame Stiftsjungfer zur Rede zu stellen und die Gründe für ihr ungenehmigtes Ausbleiben zu erfahren.[666] Hier wird sie mit der Ursache des Ungehorsams, Gertruds Mutterschaft, konfrontiert

---

658 NLA OS Dep 91 b Akz. 2011/059 Nr. 817 22r: *Item Jacob Dorgelo hir gewest twe nacht, ist by juffer Snetlagen ingetogen, vor sine twe perde 4 sch haver.*

659 NLA OS Dep 91 b Akz. 2011/059 Nr. 817 23v: *Item Rodolph van Schnetlage hir gewest mit sin l husfrowen, moemen und suster, do he sulffander gereden, waß 1 nacht, vor de perde gedan 2 sch haver.*

660 NLA OS Dep 91 b Akz. 2011/059 Nr. 820 17r: *Item alß juffer Snetlage saliger gedechtnus verscheiden, domals vor de armen iiii sch roggen.*

661 *Die hochwürdige hochwohlgeborene Fräulein Capitularinn Elisabeth von Schneetlage [...] denen Armen vermachet 10 Rt.* NLA OS Dep 91 b Akz. 2011/059 Nr. 185, P. 344.

662 Kanoniker von 1563 bis 1600, 1594 Dompropst. HOFFMANN, Domherren, Nr. 23; VOM BRUCH, Osnabrück, S. 280.

663 STÜVE, Geschichte 2, S. 394, 418.

664 NLA OS Dep 91 b Akz. 2011/059 Nr. 808 22v.

665 NLA OS Dep 91 b Akz. 2011/059 Nr. 809 15r: *Item alß j. Gerdrudt van Langen jegen Winnachten to huiß quam, hefft se deß domprovestes kutscher gebracht mit dren perden, sint her 3 nachte gewesen, vor de perde gedaen vi schepel.*

666 NLA OS Dep 91 b Akz. 2011/059 Nr. 810 15r: *Item alß de w. frouwen wegen j. Gerdrudt von Langen eres utheblivens halven na dem domprovest to Osenbrugh, darby sie waß getogen, und darby to vernemmen, uth watt orsaken sie so ungehorsam sy gewest und ere gebarliche tidt eres wehrkomens nicht geachtet und geholden hebbe p., vor de perde metgenhommen iiii schepel.*

worden sein. Auch die Familie wird informiert, zweimal kommt der Bruder ihres Vaters, Engelbert von Langen zu Westkreyenburg, nach Börstel und für zwei Tage ihre Mutter. Gertruds Zeit in Börstel ist nun endgültig abgelaufen. Doch auch in Osnabrück wartet Unheil auf sie. 1598 wird sie erlebt haben, wie die Holländer auf ihren Streifzügen den Dompropst auf der Eversburg zunächst gefangen nahmen und dann nach Lingen abführten.[667] Am 11. Januar 1600 stirbt Gottschalk von Ledebur im Alter von 50 Jahren, Gertrud wird seine Erbin und widmet sich fortan der Erziehung der gemeinsamen Kinder. Ein letztes Mal erfahren wir von Gertrud, als ihre Mutter – *Hinrich van Langen to Sogelen sine husfrouwe* – 1606 noch einmal nach Börstel kommt, um die finanziellen Verhältnisse ihrer Tochter zu regeln, der 1607 eine noch ausstehende Kornrente ausgezahlt wird.[668]

Gottschalk erhält ein seinem Stand und seinem Ansehen entsprechendes angemessenes Begräbnis im Osnabrücker Dom, wo sich noch bis zur Umgestaltung des Doms in der zweiten Hälfte des 19. Jahrhunderts seine Grabplatte und sein Epitaph befanden.[669] Sozial- und geistesgeschichtlich interessant ist es, dass Gottschalks mehrfach erwähnte dezidiert altkirchliche Haltung, die ihn 1591 veranlasste, sich bei der Wahl Bischof Philipp Sigismunds der Stimme zu enthalten, seiner Beziehung zu der Stiftsjungfer Gertrud von Langen und einer Vaterschaft offenbar nicht im Wege stand.[670]

1.4. Die soziale Ordnung

Die konstante Belegung des Stifts mit dreizehn bis fünfzehn Stiftsjungfern zeigt die hohe Akzeptanz Börstels auch nach der Einführung der Reformation. Von den sechs neu aufgenommenen Stiftsjungfern stammten zwei aus dem Niederstift und eine aus der Grafschaft Tecklenburg. Drei Frauen stammten aus dem Hochstift, davon zwei aus dem Amt Iburg und eine aus dem Amt Fürstenau.

Wie schon zuvor lässt sich das enge verwandtschaftliche Netzwerk in den Beziehungen der Konventualinnen untereinander und im Kontakt zu weiblichen Verwandten in anderen Klöstern erkennen. Elisabeth Kerstapel und Eva Hake haben eine Cousine – Sophie von Wullen –, Anna von Dincklage hat eine Großtante und Margarethe von Dorgelo ihre Schwester Agnese in Börstel. Amelia Steinhaus hat Kontakt zu ihrer Schwester Clara, der Domina des Klosters Gertrudenberg, Margarethe von Dorgelo zu ihrer Tante, der Äbtissin Engel von Malgarten. Familiäre Beziehungen zu fürstlichen Beamten hat Eva Hake, deren Schwester mit dem Drost zu Fürstenau verheiratet ist und deren Großvater von 1585 bis 1592 Mitglied des Regierungskollegiums war.

---

667 GOLDSCHMIDT, Lingen, S. 80.
668 NLA OS Dep 91 b Akz. 2011/059 Nr. 820 17v: *Item juffer Gerdrudteen Langen wegen resterender rente betalt v schepel roggen.*
669 WEHKING, Inschriften, Nr. 178 und 179.
670 HOFFMANN, Domherren, S. 37, bezeichnet beides als „Nicht ungewöhnlich für einen Mann seines Standes in dieser Zeit."

Eigenständiger und selbstbestimmter ist die Lebensführung der Stiftsjungfern geworden. Einen eigenen Haushalt, in dem eine Magd beschäftigt ist, führen Elisabeth Kerstapel, Anna von Dincklage und Elisabeth von Snetlage. Vermögend genug, um Legate für die Armen auszusetzen, sind Elisabeth von Snetlage und Margarethe von Dorgelo. Häufiger als zuvor zeichnen sich in den hier betrachteten Viten persönliche Befindlichkeiten ab. Elisabeth Kerstapel bricht sich den Arm und leidet an körperlicher Schwäche. Anna von Dincklage stirbt unvermutet, möglicherweise an der Pest. Deutlicher tritt auch die Fürsorge der Eltern für ihre Töchter hervor. Als Eva Hake und Elisabeth von Snetlage erkrankten, wurden beide von Mutter bzw. Vater zur Pflege nach Hause geholt.

Regelmäßig erhielten die jungen Damen Besuche von ihrer Verwandtschaft oder begaben sich selbst zu ihren Herkunfts- oder zu befreundeten Familien. Besonders Elisabeth von Snetlage fällt durch häufige Besuche ihrer Freunde auf. Mit Margarethe von Dorgelo ist die erste dauerhaft nicht residente Stiftsjungfer auszumachen. Jedoch nicht diese beiden, sondern Amelia Steinhaus und Eva Hake treten nachweislich in den Ehestand. Offensichtlich ließen sich die Wünsche der Frauen hinsichtlich des Kontakts nach außen und des Austritts im Falle einer gewünschten Verheiratung mit dem Modell einer geistlichen Lebensform in Einklang bringen. Deutlich wird allerdings, dass alle abwesenden Damen jeweils zu Weihnachten, Ostern oder Pfingsten nach Börstel zurückzukehren hatten. Die hohen Festtage wurden weiterhin gemeinsam gefeiert. Hielt sich eine der Jungfern nicht an diese Regel, holte die Äbtissin sie zurück, wie das Beispiel Gertrud von Langens beweist. Auch scheint wie im Falle Elisabeth von Snetlages die Familie ein Auge auf das Wohlverhalten der Töchter gehabt zu haben.

Eine Intervention des Landesherrn hinsichtlich des Sozialverhaltens der Konventualinnen scheint es in Börstel anders als in den übrigen Klöstern des Hochstifts nicht gegeben zu haben. Herzebrock, Gertrudenberg, Oesede, Malgarten, Rulle und Bersenbrück waren im beginnenden 17. Jahrhundert mehrfach das Ziel geistlicher Visitationen. Grund waren die negativen Berichte über das Verhalten der Stiftsjungfern, wie sie der bischöfliche Visitationsbefehl von 1602 deutlich macht. Dort heißt es, dass in den Klöstern Rulle, Bersenbrück und Gertrudenberg, *die closter persohnen daselbst ein gantz [...] unordentlich leben, ihrem geistlichem standt zuweder, nuhn vast eine zeithero getrieben, durch allerhand verbottene excessen, welche auch der weltlichen obrigkeit zu straffen obliggen und gepueren, [...] damit* (wodurch) *nitt allein ihr geistlicher standt vernichtiget, sonder auch ihre der cloister gutter merklich beschweret, veralienirt* (entfremdet) *und zu untergangk gepracht worden sein sollen.* [671] Zu den von den Visitatoren beklagten so genannten Exzessen zählten die fehlende Rechnungsführung und die Tag und Nacht währende Öffnung des Klosters. Die Gebäude hätten daher *allen in- und außlendischen leichtfertigen personen und gesinde offen gestanden,* Laienschwestern und Klosterjungfern seien davongelaufen, die verbliebenen Jungfern hätten ihren Habit abgelegt und würden in weltlichen Kleidern die Wirtshäuser besuchen. Darüber herrsche im Konvent Hader, Zank und Neid.

---

671 NLA OS Rep 100 Abschn. 338 Nr. 11 Fol. 3r.

So weit scheint es in Börstel nicht gekommen zu sein, wenn sich auch aus den Quellen ablesen lässt, dass sich die Stiftsjungfern genügend Freiheiten erkämpft hatten, um ein ihren Wünschen entsprechendes Leben zu führen. Die individuellere Lebensweise hinsichtlich des Wohnens und die Wahrnehmung der persönlichen Mobilität ließen sich jedoch offensichtlich noch mit einem dem geistlichen Stand entsprechenden Wohlverhalten vereinbaren, so dass das Eingreifen des Bischofs *alß ihr ordinarius und oberhaupt* nicht nötig wurde.

Für die nicht heiratenden Töchter der Ritterschaft bot das Stift somit eine angemessene Ausbildung und Versorgung wie auch eine befriedigende Lebensaufgabe. Aber auch für die Familien war die Aufnahme ihrer Töchter von Vorteil, und dies nicht nur in materieller Hinsicht. Eine als Stiftsjungfer lebende Tochter bedeutete auch eine Stärkung des sozialen Prestiges der Familie und erhöhte die Heiratschancen der unverheirateten Schwestern und Söhne. Den Status der Töchter zu betonen, war daher auch ein Anliegen der Familien, das in dem komplexen Beziehungsgeflecht von Besuchen und Gegenbesuchen der Familienmitglieder deutlich wird. Das auf diese Weise gestärkte Selbstverständnis der adeligen landsässigen Familien führte in der Folgezeit zu den immer engmaschiger werdenden Aufnahmevoraussetzungen, die schließlich den Nachweis von Adel und Stiftsfähigkeit unumgänglich notwendig machten. Wie die Durchsetzung der eigenen Kandidatin bei der Äbtissinnenwahl 1575 zeigt, bewahrte sich der Konvent eine relative Unabhängigkeit auch gegenüber der Obrigkeit. Unterstützt wurde diese stiftische Freiheit durch die enge familiäre und freundschaftliche Bindung an den regional ansässigen Adel, der so auch zum Garanten für die Weiterexistenz des Stifts nach der lutherischen Reform wurde.

2. Das tägliche Leben

Mit dem Amtsantritt der Äbtissin Lucretia wehte sogleich ein neuer Wind in Börstel. Johann Buschmann erwarb für zweihundert Taler eine Pröve des Stifts und zog sich aufs Altenteil zurück. Er wird als der alte Herr Johann, der seinen jährlichen Taler Opfergeld erhält, noch bis 1584 erwähnt. Mit ihm verschwand die alte, an den Gedenktagen der Heiligen ausgerichtete Kalenderführung. Neuer Verwalter wurde Gerhard Arsneck, der auf genaue Tagesbezeichnungen verzichtete.

2.1. Einrichtung und Gebäude

Aus eigener Erfahrung als Stiftsjungfer wusste Lucretia, welche Neuerungen im Stift nötig waren. Einen Einblick in die vielfältige Ausstattung des Haushalts gibt das bei ihrem Amtsantritt aufgestellte Inventar,[672] das Hausgerätschaften und Mobiliar auf-

---

672 Das Inventar enthält 23 Schüsseln aus Zinn auf der Stube, ein Dutzend neuer Teller, 2 hohe Viertelkannen, 3 Kannen, 1 Kanne zu zwei Vierteln, 3 Weinkannen zu einem Viertel, 2 große Weinkannen zu zwei Viertel, 2 große Schüsseln auf dem Tresor, 2 Handbecken, 4 Messingleuchter, 13 große und kleine Töpfe, 8 Kessel, 3 Tiegel, 4 Schüsseln aus Zinn in der Küche und ein Dutzend Zinnteller, 2 Roste, 2 Bratpfannen, 2 Bratspieße, 2 Eierkuchenpfannen, 4 Kisten und 6 Tische, 2 Tresore, einer auf dem Haus und einer auf der Stube, 4 Kissengehäuse, 2 Betten in der alten Küche und 2 Betten auf der Kammer.

zählt. Zunächst ließ sie die Ausstattung der Küche überholen, den Ofen reparieren, Kessel, Töpfe und Tiegel ausbessern und neue Leuchter, Becken, Schüsseln und Schalen anschaffen. Beim Neukauf eines großen Kessels von 28 Pfund nahm der Kesselflicker den alten in Zahlung, so dass statt fünfeinhalb Taler nur noch eineinhalb Taler zu zahlen waren. Auch der Bestand an Bettwäsche musste ergänzt werden.[673] Anne Borch, die Weberin, stellte für die Betten der Stiftsjungfern 39 neue Laken her und fertigte Gardinen für ein Bett an. Unterstützt wurde sie von der Küchenmagd Elseke, die auch als Weberin tätig war.[674] Das Spinnen des Garns besorgten Engel Lucke und die Hausmagd von Sophia von Wullen, Talecke. Ein Hauch von Luxus umwehte das Stift, als Lucretia 1580 einen Goldschmied, Meister Hermann aus Haselünne, mit der Anfertigung von einigen silbernen Schalen für fünf Taler beauftragte.[675]

Erneuerungsbedürftig waren auch die Stiftsgebäude. Die Dächer von Kemenate, der *kemna,* und Kapitelhaus, dem *dormeter,* wurden gedeckt. Die Kammern in der Kemenate erhielten neue Schlösser, die Stuben einen frischen Anstrich und neue Kachelöfen. Auf dem Dach der Kemenate wurden Docken gesteckt und 1582 2.000 neue, in Friesland für sechzehn Taler gekaufte Pfannen aufgebracht.[676] Alles in allem werden 31 Reichstaler verbaut. Im Zusammengang mit diesen Baumaßnahmen wird für die Kemenate erstmals der Begriff Abtei gewählt,[677] zeitgleich verschwindet der Begriff Kemenate aus den Registern. Die neue Äbtissin residiert in der Abtei.

Ausbesserungsarbeiten am Kirchendach für zweieinhalb Taler sind 1588 erwähnt. 1609 ist auch der Kirchturm *dackbrokich* und muss für zweieinhalb Taler neu gedeckt werden. Renovierungsbedürftig waren auch die Wohnung des Kaplans Buschmann und die Kammer des Schreibers im ehemaligen Propsteigebäude. Fenster und Bettstellen wurden erneuert, ein Kachelofen gesetzt und in der Küche eine neue Richtbank eingebaut. Die Türen dort und in der Gästekammer erhielten neue Schlösser. 1601 wird für die Ausbesserung des Kachelofens auf der *dornisch*[678] ein Taler an den Kachelmacher in Löningen gezahlt. Auch die Ausstattung der im Tobenhaus untergebrachten Gesinderäume, der Werkzeugkammer und der Webstube wurde ergänzt. Für etwas mehr Komfort im Außenbereich sorgte die Reparatur des Steinwegs über den Hof, was besonders bei Regenwetter eine Wohltat gewesen sein muss. Ein „Baumhof" vor der Holzpforte erhielt einen neuen Zaun.

---

673 An Textilien weist das Inventar 15 Stuhlkissen, 14 Hauptkissen, 4 Pelzdecken, 6 Wolldecken, 10 Betten, 8 Paar Bettlaken und 2 Bettdecken, 6 Paar Laken, 5 Tischdecken, 8 Handtücher, 17 Servietten, 2 Tischdecken aus Kleindrell aus.

674 NLA OS Dep 91 b Akz. 2011/059 Nr. 802 13r: *Item Elseken der kockenmaget, die dar worcket, tom jahre ii daler.*

675 NLA OS Dep 91 b Akz. 2011/059 Nr. 793 20v: *Item meister Herman de goltsmedt to Haselunne vor de sulveren schalen de by die abdie gemaket sint, vor sin sulver, dat he darto gedan, und sin makelone insampt gegeven v daler.*

676 NLA OS Dep 91 b Akz. 2011/059 Nr. 795 22r: *Item ii dusendt pannen steine in Freißlande, de up de abdie gekomen sint, kopen laten und de unkost gekostet xvi dlr 1ß.*

677 NLA OS Dep 91 b Akz. 2011/059 Nr. 792 20r: *Und hebben ock docken up der abdie gestecken.*

678 Dornse – ein heizbares Zimmer.

Knapp sechzig Taler verschlingt der Neubau einer Mühle, den Lucretia 1582 auf eigene Kosten *to dieser stedde best und nutz* errichten lässt. Von den Zinsen, die ihr für den gewährten Kredit zustehen, lässt sie jährlich anderthalb Molt Roggen zu Brot für die Armen verbacken. Reparaturbedürftig ist 1609 auch die unterste Mühle, deren Reparatur dreiundzwanzig Taler verschlingt. Die Anlage eines neuen Mühlenstaus kostet siebenzwanzig Taler.

2.2. Verpflegung

Hinsichtlich der Ernährung gibt sich Lucretia großzügiger als ihre Vorgängerin. Der Jahresverbrauch von bislang sechs Fässern Butter und zwölf Tonnen Salz erhöht sich während ihrer Amtszeit bei gleich bleibender Anzahl der Stiftsjungfern auf elf Fässer Butter und dreizehn Tonnen Salz. Die Ausgaben für Butter und Käse aus Friesland wie auch für die Fastenkost aus Bremen verdoppelten sich von jeweils fünfzig auf hundert Taler. 1594 werden bereits mehr als die Hälfte der Gesamtausgaben von 853 Talern – 462 Taler – für Lebensmittel aufgewendet. Dabei ist allerdings zu berücksichtigen, dass sich seit etwa 1550 das Preisniveau für Agrarprodukte deutlich nach oben verschoben hatte, was mit der relativen Knappheit der wirtschaftlichen Güter bei gleichzeitigem Bevölkerungswachstum zu tun hatte.[679] Dennoch ist die qualitative Verbesserung der Ernährung besonders zu den Festtagen festzustellen. So gibt es zu Weihnachten frische Fische, Gemüse aus Tecklenburg und Weißbrot aus Quakenbrück oder Rheine. Am Fastnachtsabend werden einmal zwei fette Rinder, ein andermal ein junges Kalb geschlachtet. Zu Ostern wird neben Weißbrot erstmals auch Rheinwein für zweieinhalb Taler ausgeschenkt, außerdem ein Mastrind für drei Taler geschlachtet. Zum Michaelistag werden sogar sechs Mastrinder im Wert von fünfundzwanzig Talern eingekauft. Das Ende der Erntezeit wird mit der Darreichung von grauem Käse für zwei Taler gefeiert. Zu den besonderen Festzeiten kaufte der Schreiber außerdem in Emden Reis – sechzehn Pfund für einen Reichstaler – und weißes Baumöl – zweiundzwanzig Kannen für einen Reichstaler.[680] Die Einkäufe auf dem Michaelismarkt in Osnabrück erledigte Lucretia überwiegend selbst. Im Zusammenhang mit Käufen in Emden und Weener werden erstmals Reichstaler in Zahlung gebracht, die fortan bei allen Geschäften verwendet werden, die in Friesland getätigt werden.

Auch für den persönlichen Bedarf lässt die neue Äbtissin ihren Stiftsschwestern mehr Naturalien und finanzielle Mittel zukommen. Zusätzlich zur Präbende erhält jede Jungfer zweieinhalb Molt Roggen und einen Molt Hafer. Anstelle des jährlichen Schillings für Schuhe und Kleider und den anteiligen Einkünften von zwei-

---

679 Besonders die Preise des Roggens hatten sich im Vergleich zum Spätmittelalter um etwa das Vierfache erhöht. Vgl. Wilhelm ABEL, Geschichte der deutschen Landwirtschaft, Stuttgart ³1978, S. 190ff.; Diedrich SAALFELD, Ländliche Wirtschafts- und Sozialgeschichte vom Beginn des 16. bis zur Mitte des 17. Jahrhunderts, in: Geschichte Niedersachsens, Bd. 3/1: Politik, Wirtschaft und Gesellschaft von der Reformation bis zum Beginn des 19. Jahrhunderts, hrsg. von Christine van den Heuvel/Manfred von Boetticher, Hannover 1998, S. 635-688, hier S. 661-664.

680 NLA OS Dep 91 b Akz. 2011/059 Nr. 790 10r: *Item 22 kannen witten olie, kostet mit dem vate xii ½ daler. Item sestein punt rises kosten i daler.*

einhalb Talern aus der Stiftung Westerwolde erhalten die Jungfern jetzt zu Weihnachten jede zwei Taler so genanntes Opfergeld, eine gegenüber den bisherigen Einkünften von ca. fünf Schilling (bei 13 Jungfern) äußerst großzügige „Gehaltserhöhung." Hinzu kommen weiterhin die anteiligen Zinsen aus dem Legat der Äbtissin von Dedem (1496-1529) in Höhe von jährlich fünfzehneinhalb Talern.

2.3. Wirtschaftsführung

In der Führung des Stiftshaushaltes erwies sich Lucretia als ausgabenfreudiger und risikobereiter als Mette Maneel. Nicht nur der Konvent, auch das Gesinde kam in den Genuss einer Gehaltserhöhung. Schlüter und Müller, Vieh- und Ochsenknecht erhielten einen Taler mehr, der Koch dagegen einen Taler weniger. Ab 1591 wurden zwei Webermägde mit jährlich zwei Talern entlohnt. Die Dienstlöhne, die während der Amtszeit Mette Maneels bei fünfzig Talern gelegen hatten, betrugen nun fünfundsiebzig Taler. Diese Erhöhung war dringend notwendig, da, wie nachgewiesen ist,[681] die Preise für landwirtschaftliche Erzeugnisse bis zum letzten Viertel des 16. Jahrhunderts bedeutend stärker gestiegen waren als die Löhne. Allerdings waren die Börsteler Dienstleute durch die ihnen unverändert gewährte Kost und Unterkunft besser gestellt als andere Lohnempfänger.

Noch 1581 brachte das Stift die gewaltige Summe von 1.500 Talern auf, um vom Osnabrücker Domkapitel die Zehnten in den Bauerschaften Renslage, Wierup und Klein Mimmelage im Kirchspiel Menslage zu erwerben. Die Kaufsumme sollte zu Michaelis 1582, das Weinkaufsgeld von hundert Talern zu Ostern 1582 gezahlt werden.[682] Unterhändler von Seiten des Domkapitels waren die Domherren Wilhelm von Schenking,[683] Konrad Kettler, Herbord von Bar d. J.,[684] Nicolaus von Bar, Friedrich von Korff-Schmiesing, Lambert von Oer[685] und Benedikt Korff.[686] Auf Stiftsseiten verhandelten die Äbtissin, die Stiftsjungfer Amelia Steinhaus, der befreundete Junker Johann von Quernheim, der Rentmeister zu Fürstenau, Hermann Thoitman, sowie Cord Glandorf. Zum vereinbarten Zahlungstermin zahlte das Stift zunächst nur 952 Taler und die hundert Taler Weinkaufsgeld.[687] Die restlichen 548 Taler händigte der Schreiber Sigfried Hollenberg dem Sekretär des Domkapitels, Oswald Vorheyden, in Osnabrück am 21.12.1582 aus.[688] Aus welchen Mitteln das Stift diese gewaltige Summe aufbrachte, ließ sich nicht ermitteln. In der Rechnungsführung des Stiftshaushaltes taucht die Kaufsumme nicht auf, es ist daher nicht unwahrscheinlich, dass Lucretia den Erwerb des Zehnten aus eigenen Mitteln finanzierte.

---

681 ABEL, Landwirtschaft, S. 190ff.
682 UB 318, 1581 Juni 30.
683 Wilhelm von Schenking, Kanoniker von 1557 bis 1585. HOFFMANN, Domherren, Nr. 16.
684 Herbord von Bar d. J. Kanoniker von 1541-1597, 1582 Domküster, 1585 Domdechant. HOFFMANN, Domherren, Nr. 6.
685 Lambert von Oer Kanoniker von 1557 bis 1601, 1600 Domküster. HOFFMANN, Domherren, Nr. 15.
686 Benedikt Korff Kanoniker von 1562 bis 1617, 1597 Domdechant. HOFFMANN, Domherren, Nr. 22. Der Grabstein befand sich bis zum 19. Jahrhundert im Dom zu Osnabrück. WEHKING, Inschriften, Nr. 253.
687 UB 322, 1582 Oktober 9.
688 Ebd.

Nach alledem ist es nicht verwunderlich, dass in der Haushaltsführung des Stifts langfristig eine starke Verschuldung eintrat, was jedoch nicht nur Lucretias Großzügigkeit und den Preissteigerungen geschuldet war, sondern auch den äußeren Widrigkeiten, Epidemien, Missernten, mit denen sie während ihres Abbatiats zu kämpfen hatte, sowie den Auswirkungen des Unabhängigkeitskrieges der Niederlande. Gleich im ersten Jahr 1575/76 ihrer Amtszeit stiegen die Ausgaben für den Stiftshaushalt auf 587, im zweiten Jahr sogar auf 631 Taler. Danach erreichten sie durchschnittlich 460 Taler, lagen also beträchtlich über der Durchschnittsausgabe Mette Maneels von 350 Talern. Diese Mehrausgaben konnten in den ersten Jahren zunächst durch den Verkauf von Pröven an den Schreiber und altgediente Dienstleute wie den Schäfer und den Ochsenknecht, die sich aufs Altenteil zurückzogen, aufgefangen werden.[689]

Weitere Einnahmen bezog das Stift aus der Unterbringung und Versorgung von Kostgängern. Zusätzliche Bewohnerinnen des Stifts waren von 1576 bis 1580 eine Frau Morrien, 1584 Jungfer Wendelen Mulert, die Tochter des Lingener Drosten, 1594 und 1595 die Schwestern Elske und Wendel Schwenke[690] sowie die Tochter des Pastors von Löningen, die ein jährliches Kostgeld von fünfzehn Talern zahlten. Ab 1584 wurden Rotger Dorgelo, Johann von Dumbstorf und ab 1585 Johann von Haren im Stift verköstigt, die zwölf Taler jährlich zahlten.

Gerne nahmen auch Verwandte der Stiftsjungfern die Möglichkeit der Versorgung im Stift in Anspruch. Ab 1589 lebte für drei Jahre Catharina Kerstapel bei ihrer Schwester und zahlte ein ermäßigtes Kostgeld von jährlich acht Talern. 1590 und 1591 zahlten Herbert von Dinklage und Enneken Maneel sechzehn Taler.

1583/84 überstiegen die Ausgaben die Einnahmen erstmals um vierundzwanzig Taler. Von nun an mussten Kredite aufgenommen werden, und Jahr für Jahr verschuldete sich das Stift mehr. Zunächst gab der Drost zu Lingen, Ernst Mulert, einen Kredit über hundert Taler, der zu drei Prozent verzinst wurde. Außerdem löste Lucretia einen Kredit über zweihundert Goldgulden auf, den sie Roleff Voß zur Mundelnburg gewährt hatte, wofür sie einschließlich Zins und Umrechnung 230 Taler zurückerhielt. Dennoch lagen die Ausgaben bereits 1585/86 wieder um 218 Taler über den Einnahmen von 324 Talern.

In diesem Jahr musste das Opfergeld für die Jungfern bei Heinrich Dabelhoff in Fürstenau geliehen werden. Freiwillig verzichteten die Jungfern auf einen Teil ihrer Kornpräbende: statt mit zweieinhalb Molt Roggen gaben sie sich mit einem Molt zufrieden. Das eingesparte Geld wurde zum Kauf der Maibutter verwendet. Diesen Verzicht leisteten die Jungfern von nun an Jahr für Jahr.[691]

---

689 Der Schäfer erwarb (1577/78) eine Pröve für 28 Taler und der Ochsenknecht Johann (1583/84) für 47 Taler.
690 Wohl Töchter des Arndt Schwenke (†1618) zu Fresenburg und der Petronella von Offeler. VOM BRUCH, Emsland, S. 9.
691 NLA OS Dep 91 b Akz. 2011/059 Nr. 800 21r: *Item den semptlichen junffern […] hebben overst noch vor dit jaer wie ock int negst vorgande jaer jeder i ½ molt quit gelaten und entfangen jeder ein molt roggen, doet hir 14 molt.*

Da alle Anleihen nicht halfen, das Loch im Haushalt zu stopfen, entschloss sich Lucretia 1587 zum Verkauf der Darlager Mühle, jener Mühle, für deren Betrieb Beata Schade jahrelang gestritten hatte. Das Kirchspiel Menslage zahlte dem Stift für die Mühlengerechtigkeit an der Hase 250 Taler,[692] Müller Willken für die zugehörigen Äcker und Wiesen achtzig, für das Mühlenhaus und den Mühlenstein fünfzig sowie für eine weitere Hausstätte fünfzehn Taler. Als Verkaufserlös konnte das Stift somit 395 Taler verbuchen. Doch bereits 1589 übertrafen die Ausgaben die Einnahmen wiederum um 282 Taler.[693]

Trotz ihrer großzügigen Wirtschaftsführung und dem offenbaren Unvermögen, Einnahmen und Ausgaben im Gleichklang zu halten, ist Lucretia ein sorgsamer Umgang mit den Rechtstiteln des Stifts nicht abzusprechen. Wie aus den Dorsalvermerken der Börsteler Urkunden hervorgeht,[694] kommentierte sie die Urkunden über getätigte Rentengeschäfte und den Status der Eigenbehörigen mit kurzen Betreff-Vermerken. Dieser Ordnungsversuch, der alle Urkunden ab 1416 bis zu ihrem Amtsantritt betrifft, diente offenbar dem Vergleich mit neuen Rechtsgeschäften. Ihre Ordnungsbemühungen gingen soweit, dass sie diese Gruppe von Rechtstiteln von anderen Vorgängen separierte und – worauf Delbanco hinwies – in einer *capsull* bewahrte.[695] Lucretia war also redlich bemüht, Ordnung in die Rechtsgeschäfte des Stifts zu bringen.

3. Das soziale Umfeld

3.1. Besucherinnen

Deutlich erhöht ist im Jahr von Lucretias Amtsantritt der Anteil der weiblichen Besucherinnen unter den Gästen des Stifts, die der neuen Äbtissin ihre Aufwartung machten. Zweimal ist die Drostin zu Fürstenau, Margarethe von Pladiese,[696] einmal die Drostin zu Cloppenburg, Gertrud von Dinklage,[697] außerdem die Töchter Wilhelm von Elsens sowie Sophie von Stael zu Sutthausen[698] zu Besuch. In den folgenden Jahren stellen sich 1578 und 1580 die Frau des Drosten von Lingen, Cunera Mulert,[699] und 1583 die Frau des Rentmeisters zu Fürstenau, Hermann Toidtmann sowie Elisabeth Monnich zum Eickhof,[700] die Frau des Richters aus Haselünne, ein.

---

692 NLA OS Dep 91 b Akz. 2011/059 Nr. 800 14r.
693 NLA OS Dep 91 b Akz. 2011/059 Nr. 802 14v.
694 DELBANCO, Rückvermerke, S. 52ff.
695 UB 332.
696 Margarethe geb. von Leden zu Ledenburg ∞ mit Herbord von Ennigloh, gen. von Pladiese (†1589). VOM BRUCH, Osnabrück, S. 116ff.
697 Gertrud geb. von Merfeld ∞ mit Johann von Dinklage († 1596), Drost zu Cloppenburg 1571-1588. NIEBERDING, Niederstift 2, S. 394.
698 Sophie geb. von Dincklage ∞ mit Dietrich von Stael zu Sutthausen (†1591). VOM BRUCH, Osnabrück, S. 82.
699 Cunera geb. von dem Campe 1560 ∞ mit Ernst Mulert zu Grumsmühlen und Thuine (†1588), Drost zu Lingen. VOM BRUCH, Emsland, S. 128.
700 Elisabeth geb. von Langen zu Westkreyenburg (†1589) 1568 ∞ mit Roleff Monnich zum Eickhof (†1611). NIEBERDING, Niederstift 2, S. 373; VOM BRUCH, Emsland, S. 94.

Die Zahl der aus der Umgebung anreisenden adeligen Damen, die vermutlich wegen der gewünschten Aufnahme ihrer Töchter vorsprachen, ist im Vergleich zum Abbatiat Mette Maneels deutlich geringer. Lediglich in den ersten fünfzehn Jahren sind Besuche von Anna Voss zum Dyke,[701] Elisabeth Grothaus zu Vehr,[702] Elisabeth von Langen zu Crollage,[703] Petronella Budde zu Hange[704] und Letma von Heede[705] verzeichnet. Danach wird die Zahl der Besucher insgesamt weniger, was offensichtlich mit dem überschuldeten Haushalt zusammenhing, der das Stift für die adligen Töchter unattraktiv machte.

Gesellschaftliche Verbindungen Lucretias werden deutlich in den Einladungen zu Hochzeiten und Kindtaufen, an denen sie in der Regel nicht selbst teilnimmt, sondern sich durch eine Zuwendung erkenntlich zeigt. Als 1577 sowohl die Tochter des Vogts von Berge als auch Marten, der Kornschreiber von Fürstenau, heiraten, erhalten beide einen Taler zum Hochzeitsessen.[706] Zu den Festen der Kindtaufe beim Rentmeister zu Fürstenau, Hermann Toidtmann, schenkt Lucretia auf Bitten des stolzen Vaters 1580 einen Goldgulden,[707] 1582 noch einmal vier Taler. Im selben Jahr ist auch der Kornschreiber Marten Vater geworden und erhält einen Taler.[708] 1587 ließ einer der fürstlichen Lakaien Bischof Bernhard von Waldecks den Konvent zu seiner Hochzeit einladen, an der jedoch die Börsteler Damen nicht teilnahmen, sondern einen Taler und einen Goldgulden schickten.[709]

3.2. Die Eigenbehörigen

Ein weites Aufgabenfeld erwuchs Lucretia aus der Wahrnehmung der grundherrschaftlichen Rechte und Pflichten gegenüber den Eigenbehörigen. Diese hatten zahlreiche Beschwerden wegen ungerecht verteilter und zu häufig für das Amt Fürstenau zu leistender Spanndienste vorgebracht. Die Äbtissin richtete daraufhin im September 1585 eine Eingabe an die Domherren Nicolaus von Bar und Benedikt Korff, die während der eingetretenen Sedisvakanzzeit nach dem Tod Bischof Heinrichs von

701 Anna geb. von Quernheim zu Bokel 1556 ∞ mit Heinrich Voss zum Dyke. NIEBERDING, Niederstift 2, S. 388.
702 Elisabeth geb. von Smerten zu Vehr 1540 ∞ mit Johann Caspar Grothaus zu Mesenburg (†1560). NIEBERDING, Niederstift 2, S. 435.
703 Elisabeth geb. von Gröpeling ∞ mit Herbord von Langen zu Lonne und Crollage. VOM BRUCH, Emsland, S. 110.
704 Petronella geb. Budde 1587 ∞ mit Otto von Schade zu Ihorst. VOM BRUCH, Emsland, S. 145.
705 Letma geb. von Campe zu Campe ∞ mit Melchior van Heede (t 1594). VOM BRUCH, Emsland, S. 31.
706 NLA OS Dep 91 b Akz. 2011/059 Nr. 790 9r: *Item de voget to Berge up sine dochter hochtides kost, die w. frouwe gebeden, dem geschickt i daler. Item dem kornschriver tor Furstenow up sine hochtids kost (darto die w. frouwe gebeden) geschickt i daler.*
707 NLA OS Dep 91 b Akz. 2011/059 Nr. 793 15v: *Item de renthemeister tor Furstenouwe up sine kinder dope, de w. frouwe gebedden, eme gesandt i goltgulden.*
708 NLA OS Dep 91 b Akz. 2011/059 Nr. 795 20r: *Item de kornschriver Marten, de w. frouwen ock up sine kynder dope gebedden, eme geschicket i daler.*
709 NLA OS Dep 91 b Akz. 2011/059 Nr. 800 (1586/87) 17v: *Item alß unsers gnedigen fursten und hern syn lackeye unß up syne brudtkost bidden laten, dem geschickt i daler und i goltgl, facit ii daler ii schill.*

Sachsen-Lauenburg die Regierungsgeschäfte wahrnahmen, in der sie um Behebung der Ungerechtigkeiten bat. Die Regierungsvertreter legten daraufhin Umfang und Art der zu leistenden Dienste in der Weise fest, dass die Eigenbehörigen nicht mehr als vier Dienste pro Jahr fahren und im darauf folgenden Jahr davon gänzlich befreit sein sollten.[710]

Mehrere Jahre beschäftigte die Äbtissin die Auseinandersetzung um die Erbfolge und die Eigenbehörigkeit auf dem Kotten des Kolon Hölscher in Anten.[711] Ab 1576 fand dazu jährlich ein Gerichtstag unter Vorsitz des Drosten zu Fürstenau Herbord Pladiese[712] und des Rentmeisters Hermann Toidtmann in Fürstenau statt.[713] Zur Besetzung gehörten ferner der Richter, ein Schreiber und der *ordelwiser* (Urteils-weiser), die alle vom Stift entlohnt werden mussten. Neben Lucretia, die selbst an-wesend war, reisten als Beistand ihre Verwandten, der Drost zu Vechta Johann von Dinklage d. Ä., ihr Bruder Herbord von Langen und Nicolaus von Snetlage an. 1580 gewann das Stift den Streit um den Kotten. Das Schiedsurteil des Drosten und Rentmeisters bestimmte, dass derjenige unter den Geschwistern Hölscher Eigen-behöriger des Stifts sein sollte, der den Kotten in der Bauerschaft Anten über-nähme.[714] Die Geschwister Hölscher mussten sich mit zehn Talern und zwei Schlachtrindern an den Unkosten beteiligen.[715] Das Stift hatte für die Aufsetzung des Vertrags dem Gerichtsschreiber einen Taler zu zahlen.

Drei Männer, zwei Ehepaare und eine Witwe traten bis 1588 in die Eigenbehörigkeit des Stifts ein. Zahlreiche weitere Eigenbehörige wurden mit benachbarten adeligen Gutsherrschaften – Hinrich Steding, Friedrich von Limborg, Metta von Smerten, der Witwe Grothaus, der Witwe Ilsa von Dinklage, Nicolaus und Else von Snetlage und fünfmal mit dem Domherrn Nicolaus von Bar[716] – gewechselt.[717] Eines dieser Tauschgeschäfte verdient besondere Beachtung, da hier sowohl die seltenen Kom-munikationszusammenhänge Börstels mit einer anderen monastischen Einrichtung als auch die sozialgeschichtlich interessanten Bedingungen für eine Eheschließung unter Eigenbehörigen deutlich werden. 1586 heiratete die dem Stift eigenbehörige Geseke zu Restrup aus dem Kirchspiel Ankum auf das den Mönchen zum Oster-berg[718] gehörende Erbe Hinrichs zur Harbeke im Kirchspiel Bippen ein.[719] Im Aus-

---

710 UB 325, 1585 September 28.
711 NLA OS Dep 91 b Akz. 2011/059 Nr. 1547 und NLA OS Dep 91 b Akz. 2011/059 Nr. 1606.
712 Herbord von Ennigloh, gen von Pladiese (t 1589), Drost zu Fürstenau und Vörden 1574-1586. VOM BRUCH, Osnabrück, S. 116ff.
713 NLA OS Dep 91 b Akz. 2011/059 Nr. 790 15v; NLA OS Dep 91 b Akz. 2011/059 Nr. 791 16r; NLA OS Dep 91 b Akz. 2011/059 Nr. 792 24v.
714 UB 317, 1580 Juni 18.
715 NLA OS Dep 91 b Akz. 2011/059 Nr. 793 (1579/80) 13r: *Item alß de Holschers to An-then wegen eres kotten, darumb sie mit uns ein tidtlanck strihtet und rechtet, uns de ein-gendomb darut to verwisen, wy averst ein rechte erholden, dar nach hebben sie mit uns die uncost verdragen, darvor gegeven an gelde neven ii slachte beeste v daler.*
716 Nicolaus von Bar (1537-1604) hatte für seinen illegitimen Sohn Gut Hassebrock gekauft. VOM BRUCH, Osnabrück, S. 280.
717 NLA OS Dep 91 b Akz. 2011/059 Nr. 1779.
718 Kloster Osterberg, 1537 durch Graf Konrad von Tecklenburg reformiert, 1538 von die-sem geplündert, seit 1555 weiter bestehend. WEIß, Art. OSTERBERG, in: Hengst (Hrsg.), Westfälisches Klosterbuch 2, S. 173.

tausch dafür gaben der Prior des Klosters Osterberg, Johannes von Bockeren (1584-1602), und der Konventuale Nicolaus Ladinck einen Sohn dieses Erbes, *Gert thor Haerpecke*, nach Börstel. Für die auf den Hof Harbecke einheiratende Geseke musste demnach ein Bruder ihres Mannes in die Eigenbehörigkeit Börstels übergehen. Die Beziehungen zu dem tecklenburgischen Kloster Osterberg, die hier erneut deutlich werden, waren möglicherweise bereits älterer Natur und könnten ihre Wurzeln in deren Reformtätigkeit in Börstel in der zweiten Hälfte des 15. Jahrhunderts gehabt haben.[720]

Ab 1587 sind weder Wechsel noch Freikäufe verzeichnet, stattdessen hatte Lucretia als Grundherrin eine Hofübergabe und mehrere Leibzuchtvereinbarungen zu beurkunden sowie Konsense zur Verpfändung und Verkauf von Stiftseigentum und Renten auszustellen. Die Verschlechterung der Lage der ländlichen Bevölkerung in Folge der fortschreitenden Kriegswirren ließ keine kostspieligen Freikäufe mehr zu, dagegen häuften sich die Verpfändungsgesuche, die zwischen 1595 und 1609 zwölfmal beantragt und vom Stift bewilligt wurden.

Der Umgang mit den Schicksalen einzelner Eigenbehöriger ist von Verantwortlichkeit und Augenmaß geprägt. Dies zeigt sich besonders bei der Erhebung der so genannten Sterbefallgebühr, die dem Stift bei jedem Todesfall zustand und die ein für die bäuerliche Bevölkerung besonders ruinöses Rudiment der grundherrlichen Verfassung darstellte. Die Gebühr richtete sich nach der Größenordnung des Nachlasses und machte in der Regel die Hälfte des errechneten Nachlasswertes aus, modern interpretiert entsprach das einer Erbschaftssteuer von 50 Prozent. Jahr für Jahr lassen sich die Fälle verfolgen, in denen die Betroffenen wegen großer Armut um Dispens von dieser Gebühr bitten und die ein Licht auf die Lebensumstände der Ärmsten der Armen, vor allem der Witwen werfen. Dazu ein paar besonders aussagekräftige Beispiele: 1576 bittet die Witwe des verstorbenen Johann Moer aus Grafeld, ihr den geringen Nachlass ihres Mannes *wegen groter armoet und geswinder schulde halven umb Gotts willen* freizugeben.[721] 1580 lässt das Stift der Witwe Haverkamp aus Menslage den Nachlass ihres Mannes für einen Taler *van wegen groter schuldt halven, ock umb Gades willen, dewile dar ock armoit waß*.[722] Auch bei Hurdell Feienhuß in Grafeld wurde 1581 lediglich ein Taler berechnet, *dewile dar ock nichts waß*.[723] 1584 erlässt Lucretia einer armen Witwe, die ihren Mann verloren hat, *umb groter schuldt und erer vellen kleinen kinder* diese Gebühr. Immerhin requirierte das Stift zwei Rinder.[724]

Auch den Freikauf von Eigenbehörigen bewilligt die Äbtissin bei großer Armut, *umb Gades willen,* zu einer reduzierten Gebühr. 1582 kommen die alte Lübbe und ihre Tochter Anneken auf deren flehentliches Bitten wegen großer Armut für nur

---

719 NLA OS Dep 91 b Akz. 2011/059 Nr. 1779.
720 Vgl. Kap. I.2.3.
721 NLA OS Dep 91 b Akz. 2011/059 Nr. 789 9r.
722 NLA OS Dep 91 b Akz. 2011/059 Nr. 793 12r.
723 NLA OS Dep 91 b Akz. 2011/059 Nr. 794 10v.
724 NLA OS Dep 91 b Akz. 2011/059 Nr. 797 12r.

einen Taler frei.[725] Im gleichen Jahr wird auch die Gebühr für die Freilassung von Engel Coer zu Grafeld auf einen Taler reduziert, *dewile se eine arme persone waß und ock ehr zalige moder van dem Coerhuse to Graffel nichts hadde.*[726]

Alles in allem zeigt sich, dass Lucretia der Blick für das Schicksal ihrer Untergebenen nicht verstellt war. Auch im weiteren Umfeld wird ihre karitative Einstellung gegenüber Menschen in Not spürbar. Hauptursache aller Nöte, in die viele Menschen gerieten, war die große Brandgefahr, in der sich alle Häuser befanden. 1578 erhielt der Kaplan von Ankum zwei Scheffel Roggen vom Stift, als ihm sein Haus abbrannte.[727] 1584 werden eine Frau aus Fürstenau, deren Haus Opfer von Flammen wurde, und ein armer Mensch *umb Gods willen* mit je einem Scheffel Roggen unterstützt. Als das Haus des Kolonen Manshorst in Menslage niederbrannte,[728] kommt ihm das Stift mit vier Scheffeln Roggen zur Hilfe. Weitere brandgeschädigte Leute aus Lengerich bekommen ebenfalls sechs Scheffel. Selbst ein Kaufmann aus Quakenbrück, dessen Hab und Gut Opfer der Freibeuter (!) geworden ist, erhält einen Scheffel Roggen.

Neben Brandgefahr und Armut bedrohten Verheerung durch Wetterunbill, Krankheiten und Epidemien die Bewohner Börstels und der Umgebung. Vor Weihnachten 1580 und 1587 brach jeweils ein so schweres Unwetter aus, dass die Stiftsdiener nicht von ihrer Einkaufsfahrt nach Osnabrück zurückkehren konnten und dort drei Nächte übernachten mussten.[729]

Zu Beginn der 80er Jahre wütete die Pest im Osnabrücker Land. Den Bewohnern des davon betroffenen Alvershofes in Menslage schickte man sieben Scheffel Roggen. Im nächsten Jahr erhielten die Alvers wiederum einen Molt und vier Scheffel Roggen. Inzwischen war auch auf dem Hof Vechtemöller die Pest ausgebrochen, deren Bewohner ebenfalls mit einem Molt Roggen unterstützt wurden. 1585 waren alle Bewohner des Hofes Merschendorp im Kirchspiel Menslage an der Pest gestorben. Dem allein auf dem Hof zurückgebliebenen Knecht wurden zwei Scheffel Roggen geschickt.

Noch schlimmer wütete die Pest zwischen 1597 und 1599 in der Stadt Osnabrück, als ihr 4.000 Menschen zum Opfer gefallen sein sollen.[730] Die Bedrohung durch die Pest, die als Strafe für vielfältige Sünden empfunden wurde, suchte man durch die Ansetzung von allgemeinen Gebetstagen zu mildern, deren Wirksamkeit Bischof Philipp Sigismund im September 1605 in einem Schreiben an das Domkapitel und die Stadt Osnabrück hervorhebt:

---

725 NLA OS Dep 91 b Akz. 2011/059 Nr. 795 14v.
726 NLA OS Dep 91 b Akz. 2011/059 Nr. 795 15r.
727 NLA OS Dep 91 b Akz. 2011/059 Nr. 791 20v: *Item dem cappelan to Anckum alß em syn huis affgebrant, wedder to bate gegeven ii sch roggen.*
728 NLA OS Dep 91 b Akz. 2011/059 Nr. 801 21v: *Item Manßhorst to Menßlage alß em sin huiß affgebrant, em weder to bate gegeven iiii sch roggen.*
729 NLA OS Dep 91 b Akz. 2011/059 Nr. 801 14v: *Dewile it so böse weder waß, dat se dre nachte uthe bliven mosten.*
730 Noch 1613 sollen der Pest in Haselünne und den umliegenden Bauerschaften 2000 Menschen zum Opfer gefallen sein. GOLDSCHMID, Lingen, S. 90, Anm. 4.

Nachdem der almugender barmhertziger Godt auff negstmalige in diesen unsern stifft Oßenbrugh außgesatzte drei algemeine gebetstage nach seiner vatterliche zusage unser gebett gnedigst erhoret, die damalß für augen so wol in alß ausserhalb der stadt Oßenbrugh herfürblickende und wegen unser vielfaltigen sunde von uns wolverdiente straff und gefahr der abscheulichen krankheit der pest, wo nit ganz abgewendet, dannoch nach seiner almachtt und grundtloß barmhertzigkeit gnedigst gelindert.[731]

3.3. Die Geistlichkeit

Bei der Auswahl der Kleriker hatte Lucretia offensichtlich wenig Glück, denn nicht weniger als zwölf Pastoren versahen während ihres Abbatiats nacheinander den Predigtdienst in der Kirche.[732] Aussagen über die fachliche Qualifikation, über Weihe und Investitur lassen sich den Quellen nur begrenzt entnehmen, lediglich die materielle Versorgung der Kandidaten schlägt sich in den Registern nieder. 1575 erhält ein geistlicher Herr namens Claudius ein Jahresgehalt von vierzehn Talern, das ihm augenscheinlich nicht ausreichte und ihn weiterziehen ließ. Das Jahresgehalt des folgenden Herrn Christoffer betrug zwanzig Taler, dazu einen Taler zum Weinkauf, doch trotz besserer Bezahlung ging auch er. 1579 folgte Herr Heinrich, der nach drei Jahren auf einen besseren Posten in der Osnabrücker Kanzlei wechselte. Weder Herr Claudius, Herr Christopher noch Herr Heinrich reisten zu den Synoden nach Osnabrück, weshalb zweimal jährlich die bereits erwähnten vierzehn Schilling Absenzgelder an den Offizial Christian Prasse zu entrichten waren. Herr Christopher ließ immerhin zu Weihnachten 1576 einen großen Almanach aus Osnabrück kommen, für den der Rektor der Domschule einen Taler erhielt,[733] einer der seltenen Hinweise auf geistliche Weiterbildung.

Der Abdankung des folgenden Kaplans, Johann Gigas aus Joachimsthal, scheinen einige Querelen vorausgegangen zu sein. In der Quittung über den Erhalt von zwanzig Talern Salär betont er, dass die Äbtissin und er *mitt gutten willen und frieden von einander geschieden* sind.[734] Gleichzeitig nennt er die Leute Lügner, die behaupten, *als hette ich ein liedt und gesang weder* (wider) *die würdige fraw zum Borstel gedichtet und an tag gegeben.* Er versichert, dass er niemandes Feind in Börstel sei, auch gegen niemanden *einen widerwillen forthan habe* und nicht die Absicht hätte, etwas Böses anzustellen, sondern mit jedermann Frieden halten wolle. Diese Aussage wird der Äbtissin unterschrieben und besiegelt übergeben. Leicht drängt sich der Verdacht auf, dass hinter den vielen gegenteiligen Beteuerungen ein Fünkchen Wahrheit steckte.

---

731 NLA OS Rep 100 Abschn. 367 Nr. 10.
732 Die Untersuchung Philipp MEYERs (Die Pastoren der Landeskirchen Hannovers und Schaumburg-Lippes seit der Reformation, 3 Bde., Göttingen 1941-1953) ist anhand der Registereinträge zu ergänzen. S. Anhang 4. Geistliche seit der Reformation.
733 NLA OS Dep 91 b Akz. 2011/059 Nr. 790 9v: *Item dem rector to Osenbrug, so hir einen groten almanach geschickt, darvor wedder gesandt i daler.* Die Lehrenden am Gymnasium Carolinum in Osnabrück waren lutherisch ausgerichtet. Vgl. SCHWARZ, Anfänge, S. 25.
734 NLA OS Dep 91 b Akz. 2011/059 Nr. 1265.

In der Patronatskirche Berge folgte nach dem Tod des Pastors Hermann Huls dessen Sohn gleichen Namens und mit Frau Tobe Borch verheiratet.[735] 1585 wird der evangelische Pastor Jürgen Neermann eingeführt, dessen Anstellungsvertrag das erste schriftliche Zeugnis eines vom Stift angestellten evangelischen Pastors ist. Darin heißt es:

Datt ich demsulvigen angenhemenen kerkendienst negst verleninge gotlicker genaden dermathen getruwliken nach Gottes worde, rechten waren gebruck vehdelinge des hoch wedigen sacramenten und ahndern christlicken ceremonien atministreren vorseyn unnd bedenen schal und will.[736] Um die konfessionelle Intention des Gelöbnisses zu verdeutlichen, sei ihm der Eid des katholischen Priesters Bertold Schulte aus Hilter von 1614 zur Seite gestellt, in dem es heißt:

Ich Bertoldus Schulte [...] gelobe und verspreche bei meinen christ- und priesterlichen ehren, [...], das ich nicht allein für meine person als ein rechter chatholischer priester ihm leben und wandel mich pühkken und verhalten, bey der uhralten heiligen catholischen allein salighmachenden religion, [...] leben und sterben, sondern auch mein ampt und kirchendienst, in lehre und bethienungh dero heiligen sacramenten, nach ordnungh und geprauch dero uhralten catholischen kirchen, getrewlich leisten und verrichten wolle.[737] Aus dieser Gegenüberstellung wird deutlich, dass sich die konfessionelle Absichtserklärung des Pastors Neermann vom rechten Gebrauch der Sakramente auf die lutherische Sakramentsauffassung bezog.

In Börstel ging es indessen weiter mit dem Wechsel der Kapläne. Auch den 1584 eingestellten Herrn Antonius hielt es nicht lange, obwohl sein Salär auf zweiundzwanzig Taler erhöht wurde. 1586 folgte Herr Frederich, der, verheiratet mit Frau Geseke, vom Stift zusätzlich acht Scheffel Roggen als Brotkorn im Jahr erhielt. Doch auch seine Amtszeit ist nicht von Dauer, bereits 1592 tritt ein Herr Johann seinen Dienst an.

Erst der 1595 verpflichtete, aus Lingen stammende Robert Behrends alias Schlo verweilte etwas länger, obwohl er zunächst nur achtzehn Taler verdiente. 1601 nimmt er einmal an der Herbstsynode in Osnabrück teil.[738] Erst 1603 hat er *besloßen, sich uff andere orter zu begeben.* Lucretia attestiert ihm, dass er dem Stift als Prediger und Seelsorger des göttlichen Wortes *erbawlich* gedient und auch *den Gotesdinst mit guter christlicher zermonie trewlichen und auch fleißiglichen verrichtet* hat, wofür sie und ihre Stiftsjungfern sich *hochlichen* bedanken.[739] 1604 ist Herr Robert Kaplan in Rheine, wo er aber von seinem Amt suspendiert wird.[740] 1607 wird er Pastor in Damme und bleibt mit dem Stift wegen eines Kredits über sechzig Taler, den er zur Verfügung gestellt hat, in dauerhafter Verbindung.[741]

---

735 UB 350.
736 NLA OS Dep 91 b Akz. 2011/059 Nr. 1354.
737 GROßE-KRACHT, Trienter Konzil, S. 66.
738 BAOs 03-09-01/02.
739 NLA OS Dep 91 b Akz. 2011/059 Nr. 1265.
740 BAOs KK.
741 NLA OS Dep 91 b Akz. 2011/059 Nr. 821 13r: *Item heren Roberto itz to Damme van sestich daler hovetsumme eines jahres rente ist iii daler iii ordt.*

Der folgende Prediger Rudolf Hundeling hat bereits 1604 etwas Besseres gefunden und teilt dem Konvent mit, dass er *von guten hern und freunden mit einer pastorei soll begunstiget werden*.[742] Äbtissin und Stiftsjungfern bestätigen ihm, dass er *eine tidt lanck vor einen capellan und diener am worde Godes erlick truwelich uprecht und fromelick, als einen guden seellsorger woll thosteidt, vorgestanden und gedenet, der gestaldt, dat wy uns seines truwen denstes hochlich don bedanken und begerden, en in dem valle woll mer und lenger tho beholden.* Jedoch, so heißt es weiter, habe sich Herr Rudolphus gedrängt gefühlt, Gottes Wort vor einer größeren Gemeinde zu predigen, und da ihm nun ein besserer Dienst in Aussicht stünde, ließe man ihn in Güte, Liebe und Freundschaft ziehen. Erstmals wird in diesem Zeugnis die persönliche Eignung des lutherischen Seelsorgers – ehrlich, treu, aufrecht und fromm – hervorgehoben. Hundeling wurde anschließend Pastor in Oesede.[743]

Für eineinhalb Jahre folgte ihm im Sommer 1604 der Prediger Johann Seelen aus Quakenbrück,[744] der jedoch das Missfallen des Domkantors Nicolaus Vincke[745] erregte. Im März 1605 zitierte dieser ihn nach Osnabrück, um dort anhand *seinen documentem und beweißthumb* zu überprüfen, *daß ehr ordentlich zum priester beruffen und geweihet*.[746] Offensichtlich fiel die Überprüfung negativ aus, denn Lucretia wandte sich im August mit der Bitte, sich um einen *erhliebenden kirchendiner* für Börstel zu bemühen, an den Komtur in Lage, Pastor Johann Kramer. Im September 1605 kündigte Pastor Kramer sein Kommen an, um einen neuen Pastor, Herrn Christian, vorzustellen. Dieser erhielt auch einen Taler Weinkauf auf seine Stelle, trat sie jedoch niemals an.[747]

Als neuer Pastor wurde 1605 Hermann Meyer gewonnen, der im August 1606 als *prediger und dener godtliches wordes und der hilligen kercken tom Borstell*[748] auch bei der Rechnungslegung anwesend ist. Neben Robert Behrends ist Hermann Meyer der zweite Pastor, der im Frühjahr 1607 einmal auf der Synode in Osnabrück zu finden ist. Bereits 1610 hat er Börstel wieder verlassen und ist 1617 Offizial am Osnabrücker Hof.[749]

Waren die Hinweise auf geistliches Leben während der Amtszeit Mette Maneels schon spärlich, so versiegen sie unter Lucretia von Langen fast ganz. Abgesehen von dem ständigen Wechsel der Prediger, dessen Ursache wohl die geringen Bezüge und die bescheidenen Lebensverhältnisse in Börstel waren, lassen die Register fast keine Ausgaben erkennen, die sich auf das gottesdienstliche Leben beziehen. Ausgaben

---

742 NLA OS Dep 91 b Akz. 2011/059 Nr. 1266.
743 BAOs KK.
744 NLA OS Dep 91 b Akz. 2011/059 Nr. 817 13v: *Darna her Johan in synde stede gekomen, dem ock vor ein halff jahr tein daler.*
745 Nicolaus Vincke, Kanoniker von 1562 bis 1616, 1591 Kantor. Schrader, Domherren, Nr. 13; Hoffmann, Domherren, Nr. 21.
746 NLA OS Dep 91 b Akz. 2011/059 Nr. 1268.
747 NLA OS Dep 91 b Akz. 2011/059 Nr. 818 12r: *Item einen prester, hern Christian to winkop, dat hie hir in denst wolde, gegeven ein rdaler, ist evenwol vorhindernus vorgefallen dat he hir nicht gekomen i daler.*
748 NLA OS Dep 91 b Akz. 2011/059 Nr. 818 22r.
749 BAOs KK: U1 1617 Febr. 5.

für das Wachs zum Osterlicht, wie zur Zeit Mettes üblich, fehlen. Eine Nachricht über die Reparatur der Chorbücher 1588 belegt jedoch, dass die Stiftsjungfern weiterhin das Chorgebet verrichteten.[750] Abgesehen von diesem Hinweis lässt sich lediglich die Einhaltung der Fastenzeiten als Relikt altkirchlichen geistlichen Lebens ausmachen.

Stärker als die Hinweise auf das liturgisch-sakramentale Zeremoniell treten während Lucretias Abbatiat die Indizien für ihr Engagement im karitativen Bereich hervor: Jeweils am Gründonnerstag, zu Pfingsten und zu Weihnachten werden mehrere Scheffel Roggen zu Brot für notleidende Menschen verbacken.[751] Auch Abgesandte anderer geistlicher Korporationen werden finanziell unterstützt. 1578 erhalten zwei Mönche aus Bielefeld einen halben Taler. 1579 wird den Mönchen des Klosters zum Osterberg ein Taler für eine neue Orgel in ihrer Kirche gespendet. Als 1581 ein schwerer Brand im Kloster Iburg ausbrach, beteiligte sich das Stift auf Bitten des Iburger Abtes mit vier Talern am Wiederaufbau. An die Stelle des stellvertretenden Gottesdienstes für alle Gläubigen ist der christliche Liebesdienst als „Programm" der protestantischen Äbtissin getreten.

4. Die Beziehungen zum Landesherrn

4.1. Heinrich von Sachsen-Lauenburg (1574-1585)

Während ihrer Amtszeit stand Lucretia in Verbindung zu drei nacheinander regierenden lutherischen Landesherren. Als Nachfolger Johann von Hoyas war im Juni 1574 Heinrich von Sachsen-Lauenburg postuliert worden, der bereits seit 1567 Administrator des Erzbistums Bremen war.[752] Heinrich entstammte einer hochadeligen Familie und hatte verwandtschaftliche Beziehungen zu den schwedischen und dänischen Königshäusern, den fürstlichen Familien Braunschweig und Mecklenburg sowie zum Oldenburger Grafenhaus. Von Haus aus Lutheraner, versprach Heinrich bei Regierungsantritt dennoch sich treu zur katholischen Kirche zu halten. Obwohl er die päpstliche Admission aufgrund von Bedenken der Deutschen Kongregation[753] in Rom weder für Bremen noch für Osnabrück erlangte, übertrug das Domkapitel dem Postulierten im März 1575 die Regierungsgeschäfte. Auch die Belehnung des Kaisers erfolgte, und am 11. Mai 1575 hielt Heinrich als Landesherr Einzug in Osnabrück. Die von der Kurie gegen ihn gehegten Vorbehalte bestätigten sich, als er fünf Monate nach seiner Wahl zum Administrator von Osnabrück, im Oktober 1575, die heimliche Ehe mit der Tochter eines Kölner Ratsherrn, Anna von Broich,

---

750 NLA OS Dep 91 b Akz. 2011/059 Nr. 801 22r: *Item einem bockbinder, so der junffern chorboeker wedder gereparert, vor arbeit gegeven v sch roggen.*

751 NLA OS Dep 91 b Akz. 2011/059 Nr. 797 (1583/84) 24r: *Wat […] an roggen […] verbacken ist: jegen Pingstern vor de armen ii ½ molt. Item jegen guden donerdach vor de armen i molt.*

752 Michael REIMANN, Art. Heinrich, Herzog von Sachsen-Lauenburg, in: Gatz, Bischöfe, S. 270-272.

753 Die Kongregation für die Glaubenslehre (*Congregatio pro doctrina fidei*) wurde von Papst Paul III mit der Konstitution "Licet ab initio" vom 21. Juli 1542 als *Congregatio Romanae et universalis Inquisitionis* gegründet, um die Kirche vor Irrlehren zu schützen.

schloss.[754] Während seiner zehnjährigen Regierungstätigkeit wurden seine Kräfte weitgehend von der münsterschen Bischofswahl in Anspruch genommen, bei der Heinrich als Wunschkandidat der protestantischen Partei kandidierte,[755] sich jedoch nicht gegen den von Rom favorisierten Kandidaten der katholischen Fraktion, Herzog Ernst von Bayern, durchsetzen konnte. Unterstützung fand Heinrich vor allem in den Niederlanden, deren Vertreter Wilhelm von Oranien ein starkes Interesse an einem protestantischen Nachfolger in dem benachbarten Stift hatte. Im Verlauf des münsterschen Postulationsstreites bekannte sich Heinrich immer offener zum Augsburgischen Bekenntnis.

4.1.1. Grenzverlauf im Hahnenmoor

Äbtissin und Konvent wurden während Heinrichs Regierungszeit durch die Streitigkeiten mit den Bauerschaften des Kirchspiels Menslage um den Grenzverlauf im Hahnenmoor[756] in Atem gehalten, und es zeigte sich bald, dass der Landesherr aufgrund seiner persönlichen, auf andere Bistümer gerichteten Ambitionen dem Stift in diesem Konflikt wenig hilfreich war. Bereits während der Amtszeit Mette Maneels war es mit den fünf Menslager Bauerschaften – Hahlen, Renslage, Andorf, Klein Mimmelage und Wierup – zu Streitigkeiten um das Gebiet bei der so genannten Monneken Riede[757] gekommen, das beide Parteien für sich beanspruchten. Aus der Sicht des Stifts hatten die Menslager Übergriffe auf Börsteler Territorium vorgenommen, dort Torf gestochen, Soden und Heide gemäht und gebrannt sowie neue Wege angelegt.[758]

Dieser Konflikt berührt ein zentrales Thema der frühneuzeitlichen Gesellschaft, den Kampf um die Verteilung der natürlichen Ressourcen zwischen den verschiedenen Parteien, den Grundherren und den Bauern.[759] Grundlage des Überlebens der bäuerlichen Gesellschaft war neben dem Ackerbau die für die Tierhaltung notwendige Weide und Mast. Im lichten Laubwald konnten Rinder, Pferde und Ziegen geweidet werden, die Heide bot die Voraussetzungen zur Schnuckenzucht. Der Wald mit seinen Erträgen an Eicheln und Bucheckern sicherte die Mast der Schweine, die regelmäßig im Herbst in die Wälder getrieben wurden. Nüsse, Beeren und Pilze dienten den Menschen als Nahrungsergänzung. Abgetragenes Laub und Waldhumus wurden als Plaggenstreu[760] zur Verbesserung der Ackerbodenkrume verwendet.

---

754 F. W. WIEDEMANN, Geschichte des Herzogthums Bremen, 2. Bde., Stade 1866, S. 177.

755 Wilhelm KOHL, Westfälische Geschichte 1. Von den Anfängen bis zum Ende des alten Reichs (Veröffentlichungen der Historischen Kommission für Westfalen 43), Düsseldorf 1983, S. 503ff.; Heinrich FORST, Heinrich von Sachsen-Lauenburg, in: OM 18 (1893), S. 15-102, hier S. 20.

756 NLA OS Dep 91 b Akz. 2011/059 Nr. 430.

757 Ride, ryde – kleiner Bach oder Graben auf dem Feld.

758 UB 305, 1569 Juni 11.

759 Vgl. Ernst SCHUBERT, Alltag im Mittelalter. Natürliches Lebensumfeld und menschliches Miteinander, Darmstadt 2002, S. 37ff.; detailliert zum Hochstift Osnabrück Heike DÜSELDER, Die cultivirte Welt bedarf des Waldes, wie sie des Weines bedarf." Ressourcenmanagement im Fürstbistum Osnabrück in der Frühen Neuzeit, in: OM 116 (2011) S. 103-124.

760 Bei der Plaggenmaht wurden abgestochene Soden von Gras- oder Waldboden in den Ställen zur Düngung ausgelegt und später wieder auf die Felder aufgebracht. Dieses Ver-

Mast- und Hutgerechtigkeiten waren mit dem Grundbesitz verbundene Berechtigungen. Mit dem Ankauf der *warandia*, dem Nutzungsrecht am südlichen Teil des Börsteler Waldes, hatte sich der Konvent 1281 die Berechtigung an Waldweide, Schweinemast und der Gewinnung von Nutzholz in diesem Gebiet gesichert.[761] Anders sah es im nördlich gelegenen Hahnenmoor aus, wo die Kirchspiele Menslage, Herzlake und Löningen gleichzeitig die Landesgrenze des Hochstifts Osnabrück gegenüber dem Niederstift Münster bildeten. Der in der frühen Neuzeit noch nicht festgehaltene Grenzverlauf zog zahllose Streitigkeiten wegen der Missachtung der Jagdgerechtigkeit, unerlaubter Schweinemast, Wasserableitung und besagten Plaggenmähens nach sich. Diese Rechte des Stifts im Hahnenmoor waren bereits 1569 Gegenstand von Verhandlungen gewesen, als Drost Franz von Lüning und der Richter von Schwagstorf, Karsten Pohlmann, auf dem Wirtschaftshof in Börstel Gericht gehalten und ein Zeugenverhör durchgeführt hatten.[762] Das darüber geführte Protokoll berichtet von *twist und erronge* zwischen der Äbtissin und den Menslagern, die *up dem moer mit suddenmeigen, heitmeigen und bernen* und der Anlage von neuen Wegen gegen altes Herkommen verstoßen hätten, was den Börsteler Rechten im Moor zu merklichem Nachteil und Schaden geraten sei. Einer der Zeugen in dem Verhör, der 90jährige Bernd zur Gevermöhle, erinnerte sich, *dat sick de Menslager und Bergesschen alle tit vor de Mummeken Riden gewent und gekert hebben und den cloester holte nicht neger synnen gekomen.* Keiner der Zeugen hatte je gehört, dass die Menslager in der Monneken Riede das Recht zu mähen gehabt hätten, was sie sich in den letzten Jahren herausgenommen hätten.

Doch obwohl nach Aussage der Zeugen die Übergriffe der Menslager tatsächlich im Klosterholz, also auf Börsteler Besitz, stattfanden, änderte sich an dem Verhalten der Menslager nichts. Das hatte einerseits damit zu tun, dass den Markgenossen der Begriff des persönlichen Eigentums am Walde noch fremd war, für sie gab es nur das allerdings an die Einhaltung bestimmter Regeln gebundene Recht, sich die Erzeugnisse des Waldes anzueigenen,[763] was die Anrainer in ihrem Schreiben bewegend zum Ausdruck bringen:

Wie es dan auch gleicher gestaldt, nach fleißiger erwegungh unserer armen gelegenheitt uns beschwerlich, auff solche mittell, nach denen wir des moers und torffs, des orts, deßen wir alle zeitt in besitz und gebrauch geweßen, keines weges zu versorgungh unsers landes und ackers, auch bestellungh der notturfftigen feuerungh entrathen konnen [...] und das wenige, welchs uns von unseren elteren und vorfahren ruhlich angeerbtt alß ohne wiederstattungh nachzugebenn.[764]

---

fahren schädigte die Waldböden, denen die für das Wachstum des Waldes notwendigen Mineralstoffe entzogen wurden. Unter der abgetragenen Erde blieb unfruchtbarer Boden zurück.

761 UB 39, 1281 (1280) März 9.˙
762 UB 305, 1569 Juni 11.
763 Vgl. Walter KREMSER, Niedersächsische Forstgeschichte. Eine integrierte Kulturgeschichte des nordwestdeutschen Forstwesens, Rotenburg (Wümme) 1990, S. 96ff.
764 NLA OS Dep 91 b Akz. 2011/059 Nr. 430 1579 Februar 26 1v.

Zum anderen gab es in der frühen Neuzeit noch kein allgemeingültiges öffentliches, auf Normen gestütztes Zivilrecht, sondern nur für den jeweiligen Einzelfall geltende Vorrechte, die jeweils individuell ausgehandelt, erkämpft und verteidigt wurden. Auch im Hochstift gab es kein schriftlich fixiertes Markenrecht. Die Rechte und Nutzungsmöglichkeiten der Markgenossen am Waldeigentum waren nicht festgeschrieben – eine erste Holzgerichtsordnung erging erst 1671 –, und so mussten die Gewohnheitsrechte der einzelnen Interessengruppen immer wieder in aufwändigen Erörterungen und Befragungen ermittelt werden. Dabei wurden so genannte Urteilsweiser, *ordelswiser*,[765] eingesetzt, die nach eingehender Meinungserhebung und Beratung ein Urteil beschlossen, dass dann von einem Richter vollstreckt werden konnte.

Zu einem solchen Tag des Moores lud Lucretia im Frühjahr 1576 zahlreiche Freunde und fürstliche Beamte ein, um mit ihnen die Vorgehensweise gegen die Menslager zu erörtern. Zu den Beratern zählten die Drosten von Vechta und Cloppenburg, Johann von Dinklage d. Ä. und Johann von Dinklage d. J., der Fürstenauer Rentmeister Hermann Toidtmann, der Domkantor Wilhelm Schencking sowie Engelbert von Langen und Lucretias Bruder Herbord von Langen. Zu Michaelis 1576 reiste sie persönlich nach Osnabrück,[766] um *ettliche dagsfrunde* um Unterstützung zu bitten, wobei der Kanzleisekretär Hartmann Möring mit einer Roggenlieferung gewonnen werden sollte.[767] Bei dem daraufhin stattfindenden Verhörtag in Börstel wurden weder Kosten noch Mühen gescheut, um die Berater gewogen zu stimmen, ein Rind wurde für fünf Taler geschlachtet und Wein für zehn Taler eingekauft.[768]

Zunächst schien Lucretia Erfolg beschieden und Bischof Heinrich von Sachsen als oberster Holzgraf[769] für die Verhandlungen mit den Markgenossen gewonnen worden zu sein. Doch sein Besuch zu Pfingsten 1577, für den bereits die entsprechenden Einkäufe getätigt worden waren,[770] kam nicht zustande. Im Juli fand stattdessen eine erneute Untersuchung durch den Drosten zu Fürstenau Herbord Pladiese statt, zu der auch der Domkantor Nicolaus Vincke und die Hofjunker Christoffer Saltz und Trop erschienen. Dieser zweite Moortag wurde noch üppiger begangen, Wein für achtzehn Taler, Branntwein und Bier aus Haselünne für zwei Taler gekauft, dazu wiede-

---

765 NLA OS Dep 91 b Akz. 2011/059 Nr. 791 (1577/78) 16r: *Den ordelwisers v ß.*
766 NLA OS Dep 91 b Akz. 2011/059 Nr. 789 15r: *Item alß die werdige frowe van wegen deß moers na Osenbrug waß, umb ettliche dagsfrunde to bidden, ist vorteret und sunsten noetwendich uthgegeven vehr daler geringr im ordt, ist iii ½ daler i ordt.*
767 NLA OS Dep 91 b Akz. 2011/059 Nr. 789 21r: *Item Hardtman, dem secretario up der Osenbrugschen cantzelei van wegen deß moers [...] gegevev i molt roggen.*
768 NLA OS Dep 91 b Akz. 2011/059 Nr. 789 15r: *Jegen de dageleistunge deßulven moers ein ohm wynß gekofft vor 10 daler. Oek to behoeff deßelven ein vett beist vor 5 daler.*
769 Die Oberholzgrafschaft, das Recht der Verwaltung der Marken, zu denen das von den Bauern gemeinsam genutzte Land, Ackerfluren, Weide- und Waldflächen gehörten, stand den Osnabrücker Fürstbischöfen seit dem Ende des 15. Jahrhunderts zu. Vgl. BEHR, Forst und Jagd, S. 126.
770 NLA OS Dep 91 b Akz. 2011/059 Nr. 790 11v: *Item iegen unsers gnedigen fürsten und heren ankumpft gekofft ein meste rindt vor dre daler und wiewoll sin f. g. datmal nicht gekomen, ist euerwol betalt vor dat rindt hir iii daler.*

rum ein Mastrind geschlachtet, Sekretär Möring und andere Fürsprecher mit Geldgeschenken bedacht.[771] Dennoch verlief das Verhör unbefriedigend, weshalb Lucretia sich bei Möring darüber beschwerte, dass Pladiese zwar *die gelegenheidt allenthalben besichtiget* habe, jedoch *auff anhaltunk gemelter bawren von Menslage* die Einwände des Stifts abgetan hätte, worüber sie sich *zum hogsten* beschwerte.[772] Möring antwortete darauf im Oktober, dass weitere Entscheidungen wegen anderer notwendiger Angelegenheiten verschoben werden müssten, aber – *sobaldt eß der annahenden winterlichen zeit halber* möglich sei – getroffen würden. Ein Arrest der Schuldigen, um den Lucretia nachgesucht hatte, lasse sich derzeit nicht verhängen, dazu müsse die Rückkehr des Landesfürsten abgewartet werden, ohne dessen *furwissen* nichts unternommen werden könne.

Dabei blieb es. Auch ein dritter und vierter Verhörtag, im März und Juli 1578, scheiterte an der Tatsache, dass sich der Landesherr im Stift Paderborn aufhielt und – so der Senior des Domkapitels Konrad Ketteler – es zu befürchten sei, dass *seine f. g. umb parthei sachen* sich *anhero nicht begeben werde.* Wider Erwarten kam dann doch noch der Vorschlag von Regierungsseite, das Moor zwischen der Lechterker und Monneken Rieden in der Mitte zu teilen, so dass jede Partei Heide, Sudden und Plaggenmaht auf ihrer Seite nutzen könne. Zur Annahme des Vorschlags wurden zwei Monate Bedenkzeit gewährt. Die Bedenken des Stifts und seiner Freunde galten der Nutzung des Torfgrabens, für den sie verlangten, dass er nicht *verdeichett* […] *verdiepett* und *verstouwett* werden solle. Die Menslager ließen die Frist von zwei Monaten verstreichen und äußerten sich gar nicht. Sie sahen sich im Recht und hatten die Macht des Gesetzes noch nicht zu fürchten.

4.1.2. Eine private Fürsprecherin – die Briefe der Anna von Broich

Um die Jahreswende 1578/1579 schlug Bischof Heinrich erstmals sein Hoflager in Fürstenau auf. Aus diesem Anlass erhielten seine vier Trompeter je einen Taler Opfergeld, das ihnen – so der Vermerk des Schreibers – nach altem Herkommen zustünde, wenn der Fürst das erste Mal ins Land komme.[773] Der Aufenthalt war jedoch nur kurz, und auch diesmal blieb der Besuch des Bischofs in Börstel aus. Statt dessen hatte das Stift ein Fass Wein von Fürstenau nach Iburg zu transportieren. Die Enttäuschung in Börstel war groß, und so wandte sich Lucretia an Heinrichs Frau, Anna von Broich, mit der sie offensichtlich bekannt war, und bat um Unterstützung in den Querelen mit den Menslagern. Diese besprach sich mit ihrem Mann und teilte Lucretia im Januar 1579 mit, Heinrich habe die Börsteler Angelegenheit

---

771 NLA OS Dep 91 b Akz. 2011/059 Nr. 790 15r: *Item denen vörsprakern gegeven vehr daler und einen goltgl, tosamen v daler ii schill.* Item des capittuls secretariis gegeven einen goltgl, ist i daler ii schill.

772 NLA OS Dep 91 b Akz. 2011/059 Nr. 430 (Konzept o Dat.)

773 NLA OS Dep 91 b Akz. 2011/059 Nr. 792 19r: *Item unsers gnedigen fursten und heren bisschop Hinrich sine trameters, alß sine f. g. tor Furstenauwe sin hoflager hadde, erer veer umb dat offergeldt, so enne geburet wanner ein furste ersten to lande kumpt und sunsten nicht mer, alß einmall to fordern gehort, enne insambt gegeven und averschicket iiii daler.*

seinem Kanzler und den Räten übergeben.[774] Am 1. April 1579 bestätigte Kanzler Hermann Heußchen[775] den Bescheid.[776]

Der Ton in den beiden erhaltenen Briefen Annas an Lucretia geht über das offizielle Anliegen hinaus. Neben den verbindlichen Demutskurialien findet sich die gegenseitige Anteilnahme am Gesundheitszustand der anderen. Dass Anna auf Lucretias Frage hin bestätigt, *das ich (Gott lob und danck) noch gesundt und woll zufrieden bin,* legt die Vermutung nahe, dass ihr körperliches Befinden derzeit besonders heikel war. Dass andererseits Lucretia davon Kenntnis hat, lässt eine persönlichere oder sogar freundschaftliche Beziehung vermuten.

Anna ihrerseits bekundet ihr Bedauern, die Freundin so lange nicht gesehen zu haben: Obwohl sie doch ganz in der Nähe, in Fürstenau, gewesen sei, habe der Besuch nicht stattfinden können, da *min gnädigster her nun hirher nach Iburgk vorrucket.* Sie hoffe aber, dass sich die Gelegenheit noch einmal ergäbe, die Freundin *einsmals in ewerm closter* zu *besuchen,* bevor sie ganz aus dem Stift wegzögen. Die Briefe Anna von Broichs sind nicht nur deswegen von Bedeutung, weil über ihr Leben wenig bekannt ist, sondern auch, weil sie eine seltene Quelle sind für die Hilfestellung, die sich weibliche Personen untereinander geben konnten.

Erst Ende Februar 1579 lag die abschlägige Antwort der Menslager zu einer Teilung des Hahnenmoors vor. Die lange Frist, die sie hatten verstreichen lassen, und ihre Uneinsichtigkeit erbosten Heinrich, der den Fürstenauer Beamten durch Hartmann Möring im April den Befehl zukommen ließ, die Menslager jetzt endlich zur Annahme der Erklärung zu bewegen oder ihnen mit den Kosten zu drohen, die eine gerichtliche Untersuchung und Urteilsfindung verursachen würde.

Erst jetzt reagierten die Menslager und erklärten sich umgehend bereit, die strittige Angelegenheit in Güte und ohne den Rechtsweg klären zu wollen. Den erneuten Verhörtag im August boykottieren sie jedoch in jeder Hinsicht. Nicht nur, dass keiner der Betroffenen erschien, sie zogen auch ihre Erklärung vom April zurück, und Kanzler und Räte mussten ein weiteres Mal unverrichteter Dinge abziehen.

Zwei Jahre ruhte die Angelegenheit, dann wurden erneut die alljährlichen Moortage einberufen mit allen dabei entstehenden Kosten für die Bewirtung der Beamten und der Freunde sowie der Verehrung für Kanzler und Sekretär, *vor den kümer aftoschaffen.*[777] 1582 betrugen allein die Kosten für den reichlich fließenden Wein knapp dreißig Taler.[778]

---

774 NLA OS Dep 91 b Akz. 2011/059 Nr. 1: *Das ewer erwürden in ihren sachen furderlichst solle rechtens verholffen werden, wie ewer erwürden dan auch bald darauf werden bescheid bekommen.*

775 Dr. jur. Hermann Heußchen, Kanzler 1576-1581. VAN DEN HEUVEL, Beamtenschaft, S. 72.

776 NLA OS Dep 91 b Akz. 2011/059 Nr. 277.

777 NLA OS Dep 91 b Akz. 2011/059 Nr. 795 (1581/82) 26v: *Item in de cantzelie vor den kümer aftoschaffen geschicket ii daler.*

778 NLA OS Dep 91 b Akz. 2011/059 Nr. 795 25v: *Item wat de dageleistunge des moers noch wedderumb gekostet [...] Item dem cantzeler i goltgl, dem secretarius Hardtmann i dlr, vor vi schilling frischfleisch, i oem wins vor xviii daler und iii ort brandewein vor vi*

Nach Pfingsten 1583 kündigte Heinrich zum dritten Mal seinen Besuch an, kam aber auch diesmal nicht.[779] Wiederum wurden kostspielige Vorbereitungen getroffen, Weißbrot, getrockneter Lachs, frischer Salm, *raff und rekelink* sowie Gewürze *und sunsten specerie* aus Osnabrück eingekauft. Die fünfzehn Taler für den Wein beglich Lucretia aus eigener Tasche.

Im Herbst 1583 kam es dann wenigstens noch zu dem geplanten Besuch Anna von Broichs, die eine Nacht in Börstel weilte. Dass es sich bei der als Frau Anna Bezeichneten um die Frau des Bischofs handelte, geht schon aus der großen Menge des verfütterten Hafers hervor. Während sonstige Besucherinnen für ihr Pferd einen Scheffel erhielten, kam Frau Anna mit einem größeren Gespann, an das zwölf Scheffel verfüttert wurden.[780] Ein Besuch Heinrichs kam dagegen nicht mehr zustande, da er am 2. Mai 1585 während eines Aufenthalts im Erzbistum Bremen im Schloss zu Bremervörde an den Folgen eines Reitunfalls starb.[781] Anna von Broich verbrachte ihre Witwenzeit auf dem Gut Beverstedter Mühle, und von einem weiteren Besuch in Börstel ist nichts bekannt. Der Konflikt mit den Menslager Bauern beschäftigte Lucretia auch in der Folgezeit – und mehrere Generationen nach ihr – weiterhin. Bei jedem Wechsel in der Landesherrschaft versuchten die Menslager, mit neuen Gesuchen den jeweiligen Bischof auf ihre Seite zu ziehen und ihre Ansprüche an dem Gebiet bei der Mummeken Riede geltend zu machen. Erst im 18. Jahrhundert kam es zur endgültigen Grenzziehung und zur Aufrichtung einer Grenzsäule.[782]

4.2. Bernhard von Waldeck (1586-1591)

Dem nur vier Tage, vom 20. bis zum 24. Juli 1585, amtierenden Bischof Wilhelm von Schenking,[783] der für Börstel in der strittigen Moorsache interveniert hatte, folgte am 25. Oktober 1585 die Postulation des Grafen Bernhard von Waldeck.[784] Der 25jährige Bernhard war der fünfte Sohn des Grafen Johann von Waldeck-Landau und dessen Ehefrau Anna, Gräfin von Lippe, und hatte zuvor als Domherr in Köln und Straßburg gelebt. Obwohl in einem streng protestantischen Elternhaus aufgewachsen, legte auch er den Eid auf das tridentinische Glaubensbekenntnis ab. Päpstliche Bestätigung und kaiserliche Regalien blieben jedoch aus. Der Akt wurde von päpstlicher Seite als Heuchelei bezeichnet. Aufgrund der unsicheren politischen Verhältnisse im Hochstift entschlossen sich die Landstände dennoch, dem Postu-

---

schillinge. 26v: Item ½ oem wins alß de cantzelie alhir to gaste waß vertert, de gekostet vii daler. Baven dusse ome wins ist noch van der Furstenauwe vor iiii daler win gehalet, ist de gantze summa xi dlr.

779 NLA OS Dep 91 b Akz. 2011/059 Nr. 796 18r: *Item alß unser gnedige furste und herr, bisschop Hinrich, uns willens wahr tobesuchen und darnach nicht geschach, ist derwegen an krudt und sunsten specerie jegen siner f. g. ankumpft van Osenburgge geholet.*

780 NLA OS Dep 91 b Akz. 2011/059 Nr. 797 26v: *Item frow Anna hir gewest i nacht vor ihre perde i molt haver.*

781 WIEDEMANN, Herzogthum Bremen 2, S. 183, nennt den 22. April 1585.

782 Vgl. Friedrich Wilhelm FAUST, Der Balzplatz an der Roten Säule. Streit um die „Mummelken Riede", in: Heimatjahrbuch des Altkreises Bersenbrück 1973, S. 31-37, hier S. 31ff.

783 Michael FELDKAMP, Art. Wilhelm von Schenking zu Bevern, in: Gatz, Bischöfe, S. 633-634.

784 Michael FELDKAMP, Art. Bernhard, Graf von Waldeck, in: Gatz, Bischöfe, S. 48-49.

lierten die Regierung und die Stiftshäuser zu übertragen.[785] Seinen Einzug in Iburg hielt der neue Landesherr am 19. August 1586.

Seit 1565 schwelte in den Nachbarlanden der spanisch-niederländische Religionskrieg, der 1572 durch den Abfall der sieben nördlichen niederländischen Provinzen von Spanien zum spanisch-niederländischen Unabhängigkeitskrieg angewachsen war und in den das Hochstift aufgrund seiner Nachbarschaft zu den Niederlanden hineingezogen wurde.[786] Die Nähe zu den umstrittenen Niederlanden zog vor allem den Hasegau in das Kriegsgeschehen hinein, wo zwar keine Schlachten stattfanden, die Bevölkerung aber von den auf Selbstversorgung angewiesenen Söldnern aufs äußerste gebrandschatzt und ausgeplündert wurde.[787] Die Grenzen des sich zersetzenden alten Reichs waren ungeschützt, und der Bischof von Osnabrück besaß fast keine Streitkräfte, um Einfälle aus den benachbarten Territorien zu verhindern. Als 1578 die Grafschaft Lingen als Lehen des spanischen Königs Philipp an Prinz Wilhelm I. von Oranien abgetreten, dieser jedoch 1580 in die Acht erklärt wurde, war Lingen quasi herrenlos. Die Auswirkungen des Konflikts durch brandschatzende Streifzüge beider Parteien bekam nun auch Stift Börstel bedrohlich zu spüren. Insbesondere der Kampf um die im deutsch-niederländischen Grenzraum gelegene, in spanischer Hand befindliche Stadt Groningen führte ab 1587 zu vermehrten Durchzügen beider Kriegsparteien, die die Bevölkerung mit Kontributions- und Lebensmittelforderungen schwer belasteten. In dieser Situation erhielt das Stift 1587 zwar zwei Schutzwachen aus Lingen,[788] Soldaten beider Seiten suchten zur Nahrungsbeschaffung dennoch immer wieder auch Börstel heim. 1587 und 1588 pressten spanische Landsknechte der Äbtissin jeweils fünfzehn Taler ab, im August 1591 wurde ihr zudem ein Pferd geraubt.[789]

Bereits im April 1587 war eine fürstliche Delegation aus Kanzler und Domküster in Fürstenau eingetroffen und von dort weiter nach Thuine gezogen, um mit dem Drosten von Lingen Verhandlungen aufzunehmen. Zu Pfingsten 1587 weilte Bischof Bernhard, der aufgrund der fehlenden Admission als *Confirmatus Osnabrugensis* zeichnete, persönlich im Nordland und nahm für zwei Tage Quartier im Stift.[790] Das

---

785 Unter dem Eindruck politisch-militärischer Gefahren stellte auch das Konsistorium in Rom am 25. Mai 1587 die Osnabrücker Admission aus. Das Dokument selbst wurde erst am 26. März 1588 dem Domkapitel zugeleitet, am 25. Mai 1588 erfolgte die kaiserliche Belehnung mit den Stiftsregalien.

786 STÜVE, Geschichte 2, S. 317; GOLDSCHMIDT, Lingen, S. 62ff.; Heiner SCHÜPP, Das Amt Meppen im Dreißigjährigen Krieg. Ereignisse und Politik, in: Steinwascher (Hrsg.), Krieg – Konfessionalisierung, S. 133-156, hier S. 134.

787 Wilhelm NESEMANN, Räubereien der Spanier und Niederländer im Hasegau und den benachbarten Gebieten vor dem Ausbruch des 30jährigen Krieges, in: Mitteilungen des Vereins für Geschichte und Altertumskunde des Hasegaus Heft 6 (1897) S. 45-58, hier S. 45ff.

788 NLA OS Dep 91 b Akz. 2011/059 Nr. 801 14v: *Item den beiden soldaten von Linge, de alhir wären de salvagarde tho vordedigen, idern gegeven vehr daler und i daler tor kerckmiße, summa ix dalr.*

789 NLA OS Dep 91 b Akz. 2011/059 Nr. 804 11r: *Item de w. frouwe in ihr spann (alß ehr w. de perde durch de nacht rovers [...] affgenomen weren) ein perdt gekofft darvor gegeven xvi dalr.*

790 NLA OS Dep 91 b Akz. 2011/059 Nr. 800 16r: *Item alß unser gnediger fürste und her mit syner f. g. frow moder alhir tom Borstell waß twe nachte, ist vorteret worden wie volget.*

entsprechende Festmahl für den Bischof, seine ihn begleitende Mutter, Anna von Waldeck, und den Hofstaat kam das Stift mit Kosten von knapp sechzig Talern teuer zu stehen. Allein der Wein kostete vierzig Taler. Wiederum wurden für das Festessen eine Mastkuh geschlachtet und Weißbrot, Konfekt und Käse gereicht. Koch, Küchenschreiber und Weinschenk des Landesherrn erhielten einen Taler Lohn. Hinzu kamen die Kosten für den fürstlichen Wagendienst, zu dem das Stift verpflichtet war, womit wiederum Ausgaben an die Kanzlei, den Koch und den Kammerherrn verbunden waren.[791] Auf inständiges Bitten des Stifts fand sich Bischof Bernhard im August 1587 zumindest bereit, Äbtissin und Konvent Zeit seines Lebens vom Dienst mit dem Klostergespann zu befreien.[792]

Als Bernhard 1588 erneut seine Hofhaltung in Fürstenau aufschlug, weilte der Jäger des Bischofs mehrfach im Stift, um den fürstlichen Haushalt mit frischem Wild zu versorgen. Im Sommer kam erneut Anna von Waldeck mit einem großen Gespann, das zwei Molt Hafer verbrauchte.[793] Gegen Weihnachten mussten die Fürstenauer Dienerschaft, der Trompeter und der Küchenmeister mit einem Taler Opfergeld bedacht werden.

Aufgrund der Kriegswirren waren auch die altbewährten Handelswege nach Friesland nicht mehr sicher. Seit 1584 musste der Schreiber für drei Reichstaler Passierscheine für den Transport von eingekauften Nahrungsmitteln bei einem Admiral an der Schanze erwerben. Als er zu Mittsommer 1590 in Weener fünf Fässer rote Butter und einen halben grauen Käse kaufte, geriet die Ware in die Hände von Freibeutern, die ein Lösegeld von vier Talern erpressten.[794] Nun waren die Wege gar nicht mehr zu befahren, *angesehen de Osenbrugschen durch dat stifft Munster nicht varen dorfften, unfredens halven.*[795] Stattdessen kaufte man die Fastenkost im weiter entfernten Bremen ein, wodurch zusätzliche Kosten für Fahrt und Unterkunft entstanden.

4.2.1. Wachsende Verschuldung

Kein Wunder, dass das Stift trotz des gerade erfolgten Verkaufes der Darlager Mühle weitere Gelder aufnehmen musste: 1587 werden je hundert Taler zu sechs Prozent Zinsen bei dem Osnabrücker Domvikar Gerhard Rastrup und bei Heinrich Dabelhoff zu Fürstenau geliehen.[796] Weitere Kreditgeberinnen sind 1588 Wobbeken, *deß zaligen drosten tor Vechte (Johann von Dincklagen) nagelatene personen* mit

---

791 NLA OS Dep 91 b Akz. 2011/059 Nr. 800 17v: *Item alß die w. frouwe unsern wagendienst von dem furste de tydt syner regerunge bekommen aff, hefft gekostet in de cantzelie i dalr, ock inde kocken gegeven i daler und up de kamer ½ dalr, summa ii ½ dal.*

792 NLA OS Dep 91 b Akz. 2011/059 Nr. 422.

793 NLA OS Dep 91 b Akz. 2011/059 Nr. 801 24r: *Item unsers g fursten und hern frow moder hir gewest, vor ire perde ii molt haver.*

794 NLA OS Dep 91 b Akz. 2011/059 Nr. 803 13v: *Item to S. Johannis to middensommer Brock Bartholt to Wener inn Frießlant to unser behoeff gekofft vyff vatt rode botter [...] do ist diese botter van den frybuters genomen und wechgevoret worden na Rheide inn de Schantzen p.*

795 NLA OS Dep 91 b Akz. 2011/059 Nr. 803 (1589/90) 17r.

796 NLA OS Dep 91 b Akz. 2011/059 Nr. 800 17v: *Item Rastrup vicarius im dome to Osenbrugh vor ein jahr rente betalet, vi dal.*

sechzig Talern, Margareta von Dedem aus dem Kloster Weerselo mit vierzig[797] und ihre Schwester Anna aus dem Kloster Wietmarschen mit zweihundert Talern,[798] beide Schwestern der Priorin Adelheid von Dedem.

Doch alle Anleihen waren nur ein Tropfen auf dem heißen Stein. 1586 musste das weihnachtliche Opfergeld für die dreizehn Stiftsjungfern von zwei auf einen Taler reduziert werden. 1590 verzichteten die Jungfern ganz auf die Auszahlung des Geldes und ließen davon Torf kaufen.[799] Auch die Zinsen aus dem Legat der Äbtissin Margareta van Dedem wurden nicht ausgezahlt, lediglich Gertrud von Althaus und Anna Brawe erhielten einen Taler.[800] Die Liste der Kreditgeber wurde immer länger. Neben die Genannten traten jetzt noch der alte Koch Gerd,[801] der dem Stift hundert und Heinrich Buschmann aus Lengerich, der zweiundvierzig Taler zur Verfügung stellte.

Ein weiteres Problem bestand in der nachlassenden Produktivität der bäuerlichen Bevölkerung. Die Einnahmen aus den ungewissen Gefällen sanken 1589 von durchschnittlichen 350 auf 250 Taler und 1592 auf nur noch 145 Taler. 1591 herrschte zudem eine so große Dürre im Land, dass Hafer zugekauft werden musste, weil weder die Pächter noch das Vorwerk wegen der großen Trockenheit das Saatgut aufbringen konnten.[802] 1592 konnten die Eigenbehörigen gar kein Pachtkorn mehr abliefern und mussten stattdessen Geld zahlen.[803] In diesem Jahr erreichten die Mehrausgaben des Stiftshaushalts die außerordentliche Summe von 512 Talern. Lucretia sah sich gezwungen, 214 bei Caspar von Ledebur belegte Taler zurückzufordern, um davon die dringendsten Nahrungsmittel – Butter, Salz und Hering – einzukaufen. Im Dezember 1592 stellten ihr die Kellnerin Agnesa Voß, die Priorin Adelheid von Dedem, Anna von Dinklage und Sophie von Wullen eine Schuldverschreibung über 500 Taler aus, die Lucretia dem Stift – wie es heißt – in den herrschenden Notzeiten aus ihrem eigenen Vermögen zinslos zur Verfügung gestellt hatte, um davon Nahrungsmittel, Fastenkost, Dienstlohn, Schuhgeld und Opfergeld zu Weihnachten und zu Ostern sowie die in diesen Jahren angefallenen Kriegsschat-

---

797 NLA OS Dep 91 b Akz. 2011/059 Nr. 801 18v: *Item j Margareta van Dedem vor ein jaer rente betalt ii ½ daler, de hovetsumme is vertich daler*; UB 330, 1587 November 11.

798 NLA OS Dep 91 b Akz. 2011/059 Nr. 814 13v: *Item j. Anna van Dedem, kelnerssche to Widtmarschen van twehundert daler hovertstoill eine jaer rente betalte 10 dlr.*

799 NLA OS Dep 91 b Akz. 2011/059 Nr. 803 12r: *Item weß dem offergelde vor de semptlichen junffern belangende datsulve hebben se der w. frouwen quydt gegeven, alß der torff gehalet wordt, iß also gavor hir gerecknet nichts.*

800 NLA OS Dep 91 b Akz. 2011/059 Nr. 803 12v: *Item van wegen saligen J. Margareta van Dedem hebben j. Olthuiß und j. Brawe jeder entfangen ein daler, de andern semptlichen junfferen hebben ihre quota der w. frouwen quydt gegeven wegen deß erledenen schaden des krigs p, ergo berecknet hir de ii dalr.*

801 NLA OS Dep 91 b Akz. 2011/059 Nr. 804 14r: *Item unser olden kock Gertenn vor ein jahr rente betält seß dalr, de hovetstoil ist einhundert dalr, b vi dal.*

802 NLA OS Dep 91 b Akz. 2011/059 Nr. 804 13r: *Item vor ingekofften havern gegeven vyff dalr, welcher haver to verseyen iß genomen, dewilen de pacht und bouwet so vele nicht konde upbringen, angesehen dit jahr de sommersaet nicht woll gedegen waß wegen groter droichte also dat men de insaet nicht konnde wedder erlangen p, ist v dalr.*

803 NLA OS Dep 91 b Akz. 2011/059 Nr. 805 9r: *Item van unsern eichenhorigen, de ere schuldt oder pachtkorn nicht alle konnen geven, hebben se darvan wat mit gelde betalet.*

zungen zu bezahlen. 1593 gelang es Lucretia, durch den Verkauf einer Pröve die Einnahmen kurzfristig auf 535 Taler zu erhöhen. Käufer der Pröve auf Lebenszeit waren Johann und Anna Timpe, die sich für achtzehn Jahre als Schulte und Meiersche im Vorwerk verdingten und dafür 145 Taler zahlten. Dennoch übertrafen die Ausgaben die Einnahmen um 230 Taler, woran auch der Besuch Bischof Philipp Sigismunds im Februar 1593 seinen Anteil hatte, der mit fast neunzig Talern zu Buche schlug.

4.3. Philipp Sigismund von Braunschweig-Wolfenbüttel (1591-1623)

Nach dem Tod von Bischof Bernhard am 1. März 1591 wählte das Domkapitel mit Herzog Philipp Sigismund[804] zum dritten Mal einen lutherischen Landesherrn. Der Postulierte, der bereits seit 1586 das Stift Verden verwaltete, war der zweite Sohn des Herzogs Julius von Wolfenbüttel und seiner Gemahlin Hedwig von Brandenburg und Bruder des einflussreichen Herzogs von Wolfenbüttel, Heinrich Julius. Das zu diesem Zeitpunkt konfessionell gemischte Osnabrücker Domkapitel hatte sich für Philipp Sigismund entschieden, da es mit einem starken, vom Hause Braunschweig-Lüneburg unterstützten Fürsten die territoriale Hoheit und Sicherheit des Landes am besten gewährleistet sah.[805] Aufgrund der Unruhen im niederländischen Grenzgebiet entschieden sich die Domkapitulare entgegen den Vorstellungen von Papst und Nuntiatur für einen nichtkatholischen Kandidaten und erteilten diesem auch alsbald die Regierungsbefugnisse.[806] Philipp Sigismund blieb überzeugter Lutheraner und ließ sich trotz aller Bemühungen seitens der katholischen Kirche nicht zu einer Konversion bewegen. 1595 verweigerte er endgültig die Unterzeichnung des tridentinischen Glaubensbekenntnisses und musste dafür zahlreiche Nachteile in Kauf nehmen. Während seiner mehr als dreißigjährigen Regentschaft erhielt er weder die päpstliche noch die kaiserliche Approbation. Vom Kaiser erwirkte er 1598 lediglich ein befristetes und 1604 ein endgültiges Regalienindult. Seine kirchenrechtliche Stellung war daher Zeit seines Lebens unsicher, und das Domkapitel blieb formell Inhaber der politischen Hoheitsrechte und somit der Steuerhoheit.

Am 2. September 1591 hielt Philipp Sigismund seinen Einzug in Osnabrück und nahm anschließend Besitz von den Amtshäusern, zunächst von dem im bedrohten Nordland gelegenen Amtshaus Fürstenau. Für Börstel war die Ankunft des neuen Landesherrn zunächst mit Kosten für ein neues Bett verbunden, das bei seinem Einzug auf die Burg Fürstenau zur Verfügung zu stellen war.[807] Erstmals geben die Quellen den Nachweis dieser nach altem Herkommen zu leistenden Reverenz an jeden neuen Landesherrn, die erst 1820 von König Georg IV. aufgehoben wurde.

---

804 Michael F. FELDKAMP, Art. Philipp Sigismund, Herzog von Braunschweig-Wolfenbüttel, in: Gatz, Bischöfe, S. 531-532.

805 Abdruck der Wahlkapitulation bei Gerd STEINWASCHER, Krieg – Frieden – Toleranz, Quellen zum Dreißigjährigen Krieg und Westfälischen Frieden aus dem Fürstbistum Osnabrück (Schriften zur Kulturgeschichte des Osnabrücker Landes 7), Osnabrück 1996, S. 5.

806 Zu den Umständen von Wahl und Amtsübernahme vgl. KRUSCH, Wahlen, S. 242ff.

807 NLA OS Dep 91 b Akz. 2011/059 Nr. 805 (1591/92) 15v: *Item vor de beddeß bueren de up deß fursten bedde quam, (dat men upt huiß Furstenow gevenn moste) darvor gegeven vyff dalr, ist v dalr.*

Weitere Kosten verursachten die Einquartierung und Verpflegung von sechzehn Soldaten mit zwei Frauen und Kindern und die Versorgung einer Jagdgesellschaft von fünf Hofjunkern in Börstel.

4.3.1. Plünderungen im Hasegau

Ab 1591 häuften sich die Kriegsereignisse, deren Kunde auch nach Börstel drang: Im Februar nahmen die Spanier die Stadt Vechta ein, plünderten im Oberstift Münster das Kloster Kleinburlo aus und erschlugen dort siebenundzwanzig Bauern. Im Mai 1591 überfiel holländisches Kriegsvolk das Kloster Oesede und erpresste 900 Reichstaler. Im Januar 1592 wurde gar die Priorin des Stifts Borghorst erstochen.[808]

Im Oktober 1591 schlugen Truppen des Herzogs Moritz von Sachsen-Lauenburg zur Unterstützung des spanischen Herzogs von Parma ihr Quartier auf dem ehemals zum Stift gehörenden Meierhof in Menslage auf. Von dort kamen vier Soldaten nach Börstel, forderten ein Lösegeld von vierzig Reichstalern und drohten bei Zahlungsverweigerung mit der Einquartierung von Söldnern. Durch geschickte Verhandlungen gelang es Lucretia, die Summe auf sechzehn Reichstaler und einen Goldgulden zu verringern. Das Stift musste jedoch zusätzlich das Lager des Herzogs mit Hafer beliefern und Brot für ihn backen.[809] Nach Intervention Philipp Sigismunds durch seinen Hauptmann Dumstorf entsandte Herzog Moritz im Dezember zwei Soldaten als Schutz nach Börstel, damit – wie der Schreiber vermerkt – *uns henferner kein leit soll widerfaren.* Der Konvent misstraute jedoch dem Schutzversprechen und entschloss sich 1592 zur vorübergehenden Flucht aus Börstel. Dietrich Voß zu Beesten, der Vetter Lucretias, kundschaftete für den Konvent die Lage bei dem Drosten zu Lingen aus.[810]

Im Februar 1593 nahm Philipp Sigismund erneut sein Quartier an der Nordgrenze des Hochstifts, um die politische und konfessionelle Neutralität des Fürstbistums gegenüber den spanischen und den Truppen der Generalstaaten zu verteidigen. Zwei Tage lang quartierte sich der Bischof in Börstel ein, mit ihm sein gesamter Hofstaat, zu dem vier Marschälle, ein Trompeter, vier Lakaien, zwei Trabanten, ein Silberknecht, ein Arzt, ein Weinschenk, ein Mundschenk, mehrere Köche und Jäger gehörten. Sie alle mussten untergebracht und verpflegt, dazu neununddreißig Pferde versorgt werden. Die Bewirtung des Bischofs und seines Gefolges mit Wein, Bier, Branntwein sowie Konfekt, Gewürzen, Weißbrot, Käse und Schlachtvieh verschlang siebzig Reichstaler. Dem Hofstaat wurden siebzehn Reichstaler und vor Ort geweb-

---

808 GOLDSCHMIDT, Lingen, S. 75.
809 NLA OS Dep 91 b Akz. 2011/059 Nr. 805 (1591/1592) 17v: *Item [...] alß herztogh Moritz van Saßen up den meyerhove to Menßlage lach, dar ock vor moeten backen, belopt dit in alles an roggen xvi molt iiii scheffel.*
810 NLA OS Dep 91 b Akz. 2011/059 Nr. 805 (1591/92) 13r: *Item alß wy ock darnach deß kriges gefaer halven van den Borstell afftehn musten, hefft de w. frouwe Diderich Voß do Beisten na Linge gehatt umb kundtschop van Indefeldt to halen, off wir nicht mochten wederumb to huiß tehen, dem tor terunge mit gedaen einen dalr, ist i dalr.* (gemeint ist Micault von Indefeld, 1606 Drost zu Lingen. STÜVE, Geschichte 2, S. 458).

tes Hemdlaken geschenkt. Vor dem Hintergrund der wachsenden Verschuldung des Stifts war der Besuch des Bischofs kaum zu finanzieren.

Äußerst unruhig war das Jahr 1594,[811] als das Stift gleich zu Beginn von dem mit 350 spanischen Reitern im Kirchspiel Berge liegenden Oberst Caspar von Budberg[812] bedroht wurde. Da Philipp Sigismund sich in seinem Bistum Verden aufhielt und in Rotenburg Hoflager hielt, – das Stift hatte seine Pferde für den *rustewagen*[813] des Bischofs zur Verfügung stellen müssen – rief Lucretia den Drosten von Fürstenau, Heinrich von Langen,[814] zur Hilfe. Dieser rückte in einer Januarnacht zusammen mit Nikolaus von Snetlage zur Verteidigung Börstels an und brachte die vier noch verbliebenen Stiftspferde nach Fürstenau in Sicherheit. Beide Junker hatten Töchter in Börstel und kamen von daher bereitwillig zur Hilfe. Philipp Sigismund ließ derweil Gebetstage ansetzen, *wegen des mordtgirigen erffeindes des Turcken sines infallens in die Christenheit* die *der Almechtige Gott afwenden wolle in gnaden,*[815] wofür das Stift dem Offizial einen viertel Taler schicken musste. Die Gebete halfen wenig, denn in Börstel brannte die Bockmühle ab und musste mit Kosten von fünfundzwanzig Talern wieder aufgebaut werden. Zwei Jahre später wurde auch das Brauhaus zerschlagen. In diesem Jahr übertrafen die Ausgaben von 854 die Einnahme von 294 um die exorbitante Summe von 560 Talern.

Bereits im August des Jahres 1595 führten politische Missionen Philipp Sigismund erneut ins Osnabrücker Nordland, wo er nochmals Quartier in Börstel nahm. Dieses Mal kam er in Begleitung seiner Schwester, der Gräfin von Schaumburg, und eines entsprechend großen Gefolges. Vierundachtzig Pferde mussten im Reisigenstall untergebracht und für die zahlreiche Dienerschaft Unterkunft und Verpflegung bereitgestellt werden. Die Bewirtungskosten betrugen 43 Reichstaler, das Hofgesinde erhielt 20 Taler. Allein acht Molt Hafer (fast die Hälfte der Jahresernte) benötigten die Pferde des Landesherrn.

Als im Juli 1597 den Truppen der Generalstaaten unter Prinz Moritz von Nassau-Oranien die Eroberung Groningens und im November die Einnahme Lingens gelang, sprengten *geusische* (niederländische) Soldaten auf der Suche nach flüchtigen Spaniern in Börstel ein und verlangten die Herausgabe von Flachstuch. In den folgenden Jahren hatte das Stift Jahr für Jahr Haferrationen entweder an spanische oder an niederländische Reiter auszugeben sowie die drohende Einquartierung von Soldaten durch Zahlung von Lösegeldern abzuwenden.[816] Zum Schutz vor niederländischen Reitern nach der Kapitulation Lingens stellte Philipp Sigismund für vierzehn Tage Franz Kerstapel ab, vermutlich einen Angehörigen der Stiftsjungfer Elisabeth

---

811 Vgl. STÜVE, Geschichte 2, S. 358; GOLDSCHMIDT, Lingen, S. 75.
812 STÜVE, Geschichte 2, S. 347f., 400.
813 Ein Planwagen zum Transport von Frachten und Kriegsmaterial.
814 Heinrich von Langen zu Sögeln, Drost zu Fürstenau und Vörden 1592-1598.
815 NLA OS Dep 91 b Akz. 2011/059 Nr. 807 (1593/94) 13r.
816 Vgl. zu den unzähligen Plünderungszügen im Osnabrücker Nordland: NESEMANN, Räubereien im Hasegau, S. 45ff.

Kerstapel.[817] Eine Kiste mit den Stiftsurkunden brachte man vorsichtshalber nach Osnabrück in Sicherheit.[818]

Gefahr drohte auch von dem spanischen Heerführer Graf Friedrich von dem Berge, der zu den Verteidigern der Festung Lingen gehört hatte. Warnung vor Friedrichs Truppen, die 1599 das Nordland heimsuchten, erhielt Börstel durch den Rentmeister von Fürstenau. Wiederum hielt sich Franz Kerstapel für zehn Tage zum Schutz des Stiftes bereit. Schließlich gelang es dem Vogt von Lengerich, Wichmann mit Namen, Graf Friedrich eine Schutzwache für Börstel abzuringen.

Nachdem im August 1605 der spanische Feldherr Spinola die Festung Lingen zurückerobert hatte, fielen wiederum Soldaten der niederländischen und vor allem der spanischen Partei auf der Suche nach Lebensmitteln und Fourage in Börstel ein. Im selben Jahr bediente sich auch der Landesherr erneut der Ressourcen des Stifts. Auf einer Reise nach Braunschweig zu seinem Bruder Heinrich Julius ließ Philipp Sigismund seinem Rustewagen Börsteler Stiftspferde vorspannen und Hafer für die Reise aufladen. Zwar hatte er 1595 den Erlass Bischof Bernhards zur Befreiung des Stifts von landesherrlichen Spanndiensten bekräftigt, allerdings mit der Einschränkung, bei dringender Notwendigkeit solche Dienste eigenhändig unterschrieben fordern zu können.[819] Erst im April 1609, nach dem in Antwerpen zwischen Spanien und den Niederlanden geschlossenen Waffenstillstand, hörten die Plünderungszüge der Spanier auf, und das Land kam für die nächsten zwölf Jahre zur Ruhe.

4.3.2. Die Neuordnung der Stiftswirtschaft – der Rezess von 1601

Bis zum Ende des 16. Jahrhunderst hatte sich die wirtschaftliche Lage des Stifts dramatisch verschlechtert. Mehrausgaben von 500 Talern und darüber konnten nur noch durch den Verkauf von Grundbesitz kompensiert werden. Im September 1598 verkaufte Lucretia der Witwe Debbeke Klop und ihren Kindern das Erbe Klop in Wettrup für 300 Reichstaler.[820] Zwar wurde der Vorbehalt des Rückkaufs vereinbart, doch konnte das Geld nie aufgebracht werden, so dass der Hof dem Stift verloren ging. Im Jahr 1598 wurden erstmals die Ausgaben für Lebensmittel eingeschränkt. Statt elf Fässern Butter wie noch 1594 wurden nur fünfeinhalb Fässer gekauft. Die Ausgaben für die Fastenkost sanken von hundert auf dreiundvierzig Taler. Auch der Verbrauch an Salz ging von dreizehn auf elf Tonnen zurück, da aber der Preis inzwischen von zwei auf dreieinhalb Taler pro Tonne gestiegen war, verdoppelten sich die Ausgaben fast. Die Mehrausgaben lagen in diesem Jahr lediglich bei 157 Talern, doch bereits im Folgejahr betrugen sie wieder 300 Taler. Die Ausgaben erreichten 1599 insgesamt 800 Taler, wobei allein die Zinszahlungen 263 Taler ausmachten.

---

817 NLA OS Dep 91 b Akz. 2011/059 Nr. 811 (1597/1598) 17v: *Item alß Linge wegen den Staten wardt belegert und ingenhommen, iß Johan Frantz Kerstapell hir gewesen, unse salvagarde, de wy van seine exelentien hadden bekhommen, to verdedigen.*

818 Zurückgeholt wurden sie 1599: NLA OS Dep 91 b Akz. 2011/059 Nr. 812 (1598/99) 17v: *Item alß de kiste mit den versegelden breven von Osenbrugh wedder gehalelt wardt.*

819 NLA OS Dep 91 b Akz. 2011/059 Nr. 422.

820 UB 353, 1598 September 29.

Um den Unterhalt der Stiftsjungfern sicher zu stellen, Schulden abzuzahlen und die Stiftsmühle wieder aufzubauen, stellte Lucretia 2.000 Taler aus eigenem Vermögen zinslos zur Verfügung. Diese Summe war ihr durch Erbschaften zugefallen und setzte sich aus dem Vermögen ihres Onkels, des Drosten zu Vechta, Johann von Dinklage d. Ä., der kinderlos verstorben war, und dem nach dem Tod ihres Bruders Herbord von Langen 1590 angefallenen väterlichen Erbe zusammen. Im Juli 1598 beglaubigte Philipp Sigismund diese Schuldverschreibung[821] und bestätigte die dem Stift zugefügten Kriegsschäden: Die Güter des Stifts seien durch die seit dreißig Jahren andauernden niederländischen Kriegsunruhen in Mitleidenschaft gezogen, Pferde und Vorräte zu unterschiedlichen Malen geraubt, auch die Mühlen abgebrannt und etliche tausend Taler Schulden aufgelaufen. Missernten hätten zudem die Pachtzahlung der Eigenbehörigen verhindert.

Im Jahr 1600 bat der Konvent Philipp Sigismund um die Erlaubnis, weiteren Grundbesitz zur Reduzierung der Schulden zu veräußern. Der Landesherr setzte jedoch zunächst eine Kommission ein,[822] die im April 1601 unter Vorsitz des Drosten zu Fürstenau Friedrich Werpup und des Rentmeisters Hermann Morrien mit Äbtissin und Konvent Mittel und Wege zur Reduzierung der Schuldenlast finden sollte.[823] Zur Kommission gehörten *alß allerseidts gebettener herrn und freunden* die Domherren Boldewin Voß, Rudolph von Dincklage und Otto von Dorgelo (der Bruder der Agnese von Dorgelo), der Richter Roleff Monnich zum Eikhof, Herbord von Haren zu Hopen, Christoffer von Closter, Gise Voß zur Mundelnburg, Johann von Dincklage zu Loxten, Dietrich Hermelinck und Hugo Lenthe. Die Kommission tagte drei Tage lang, um eine Liste aller Gläubiger, deren Kredite sich auf 2.500 Taler beliefen, zu erstellen. Nach umfänglichen Beratungen entschied man sich zum Verkauf und zur Verpachtung etlicher Güter und einer Neuorganisation der Stiftswirtschaft. In einem darüber am 26. Juli 1601 vom Konvent verfassten Rezess heißt es: *Als dem stifft Borstell wegen beschwerlicher kriegsemporung und beraubung, so woll an ihm selbst, als beraubung derselben eigenbehorigen leuthe, dan auch der eingefallenen unfruchtbaren und theuren jaren und nachlessigkeit des gesindes, allerhandt beschwer unvermeitlich aufgewachßen und sich leider je lengk je mehr noch teglichs heuffet, so hat man erwogen:*[824] die Heuwiese in Grafeld zu verkaufen, den Zehnten aus der Bauerschaft Ehren zu versetzen und die Eigenbetriebe zu verpachten. Für die Grafelder Wiese wurden vierhundert Taler erzielt, für den Ehrener Zehnten 1.250 Taler[825], die in zwei Raten von 650 und 600 Talern gezahlt wer-

---

821 Schuldverschreibung über 2.500 Reichstaler, inklusive der bereits 1592 attestierten fünfhundert Reichstaler. UB 352, 1598 Juli 31 Fürstenau.
822 NLA OS Dep 91 b Akz. 2011/059 Nr. 1238.
823 NLA OS Dep 91 b Akz. 2011/059 Nr. 814 (1600/01) 23v: *Item alß de abdißinne und die sembtliche junffern ere fronde tom Borstell hedden, umb radt und troist to geven, wo wy muchten unsere beswerunge, dewile wy in schuldt weren geraden, vorkommen, ist damalß ahn havern verdaen wie volgett.*
824 NLA OS Dep 91 b Akz. 2011/059 Nr. 181.
825 NLA OS Dep 91 b Akz. 2011/059 Nr. 814 (1600/601) 8v: *Erstlich eine wisch to Graffell, gelegen wie in besageten recessen specificirt, verkofft vor 400 daler. Item up den tegeden to Eren, dath up eine wedder inlose genommen, ein dusendt twehundert und vifftich rikesdaler.*

den sollten. Aus dem Verkaufserlös des ersten Jahres von 1.050 Talern wurden der Rentmeister zu Iburg, Rudolf Valkenborch, mit 300 Talern, Heinrich von Langen zu Sögeln mit 50 Talern, Albert Ham, Bürger aus Osnabrück, mit 250 Talern, die Krusebeckersche mit 50 Talern sowie Gert von der Recke mit 300 Talern abgefunden. Pastor Robert Behrends erhielt seinen seit vier Jahren überfälligen Jahreslohn über 100 Taler und weitere 20 Taler, die er dem Stift geliehen hatte. Mit diesem zinslosen Kredit hatte er sich als ein wahrhaft treuer Diener nicht nur des göttlichen Wortes, sondern auch des Stifts erwiesen. 1602 wurden dem Pfennigmeister und einem Herrn Ruffeld je 300 Taler zurückgezahlt. Die Schulden hatten sich nach diesen Verkäufen halbiert, die Zinszahlungen verminderten sich um 73 Taler, es verblieb jedoch eine jährliche Zinslast von 65 Talern.

Der Zehnte zu Menslage wurde auf ein Jahr verpachtet und erbrachte 1603 Einnahmen von 48 Molt Roggen und 40 Talern. Für die auf vier Jahre verpachteten Mahl-, Öl- und Bockmühlen zahlte der Müller Friedrich Möller jährlich 110 Taler.[826] Die Rinderherde wurde für 72 Taler verkauft. Lediglich Schafzucht und Schweinehaltung blieben beim Stift. Das Vorwerk pachteten ebenfalls für vier Jahre die Heuerleute Dietrich und Catharina Sievers,[827] die daraus die vierte Garbe – 1603 waren das 17 Molt Roggen und 30 Taler für das Heu – zu liefern hatten. Der bisherige Pächter des Vorwerks, seit 1579 der Schulte Johann Timpe, zahlte dem Stift 40 Taler für die Entlassung aus dem Prövenvertrag zurück. Da seine Hausfrau schwach und zur Arbeit *unvermugen gewesen,* erließ man ihr zunächst diese Rückzahlung mit der Bemerkung, wie nun weiter damit verfahren werden soll, *stehet to der abdißinnen und sembtlichen junffern gefallendt.*[828] Trotz aller finanziellen Bedrängnis blieb man im Umgang mit den Untergebenen maßvoll.

Einsparungen im Stiftshaushalt gelangen durch die Reduzierung des Gesindes sowie die Beschränkung der Ausgaben auf das Notwendigste, wozu auch die Einschränkung der Hundehaltung zählte. 1602 waren neben dem Prediger und dem Schreiber nur noch ein Bäcker, ein Koch, eine Küchenmagd, die *teppersche* (Töpferin), die Viehmagd im Tobenhaus, zwei *swepker* (Brauknechte) und der Schäfer beschäftigt. 1604 wurde ein Diener namens Claus neu eingestellt. Die Ausgaben für den Dienstlohn konnten von 72 auf 42 Taler reduziert werden. Die nicht mehr benötigten Arbeiter, der Schlachter Bernd Lampe und der Ochsenhirt Arend Berchmann, hatten sich für zwei bzw. drei Taler freigekauft.[829]

---

826 NLA OS Dep 91 b Akz. 2011/059 Nr. 630.
827 NLA OS Dep 91 b Akz. 2011/059 Nr. 629.
828 NLA OS Dep 91 b Akz. 2011/059 Nr. 814 (1600/01) 8v: *Item alß dat vorwerk up jarmalen* (auf eine festgesetzte Reihe von Jahren) *verpachtet und der olde schulte Johan Timpe solch vorwerck noch etliche jare to bedenen schuldich gewesen, so heft ehr der jarmalen vor sin person up 40 daler abgehandelt, und weile sin husfrouwe etwas swack und unvermugen gewesen, is solchs vor ehr person hengeschoven worden, wie nu damit eine gelegenheit hebben sol, stehet to der abdißinnen und sembtlichen junffern gefallendt.*
829 NLA OS Dep 91 b Akz. 2011/059 Nr. 815 (1601/02) 7r: *Item am 19 Junii hefft Berendt Lampe de sluter sich dorchslachtig vrigh gekofft, darvor gegeven und darup gelaten 2 dlr. Item am sulven obgd. dage hefft sich unse ossen herde, Arendt Berchman geheten, dorchslachtig vrigh gekofft, darvor gegeven und darup gelaten 3 dlr.*

Zu den strukturellen Veränderungen in der Stiftswirtschaft gehörte auch der Beschluss, das Konventsbrot, das bislang aus der Abteiküche verteilt wurde, zukünftig selber zu backen.[830] Alle anwesenden Jungfern erhielten dazu alle zwei Wochen zwei Scheffel Roggen aus dem Kornspeicher, die sie im Backhaus verbacken ließen. Dass die Präsenzpflicht des Konvents bereits um die Jahrhundertwende aufgehoben war, wird anhand der Roggenausgaben ersichtlich, die im Verlauf des Jahres lediglich an vier bis sieben Jungfern gingen. In der Abteiküche wurde weiterhin für den Stiftshaushalt – für Dienstleute, den Prediger zur Morgenmahlzeit, die Pröver, die Armen und herumziehende Soldaten – gebacken und Brei gekocht. Auch das Konventsbier wurde im Brauhaus für die Gemeinschaft gebraut. Die Einkünfte der Stiftsjungfern sollten aber (und hier wird deutlich, dass Verwandte und Freunde den Vorschlag ausgearbeitet hatten) *alles nach altem gebrauche* weiterhin gezahlt werden. Modifiziert wurden nur die Auszahlungstermine: Ein Taler Opfergeld, jetzt nach dem Auszahlungstermin umbenannt in Weihnachtsgeld, und ein Taler aus der Stiftung der Äbtissin Margareta von Dedem zu Ostern, jetzt Paschegeld genannt. Die Einnahmen aus der Stiftung der Witwe Westerwolde,[831] aus der Jungfern und Äbtissin bislang Geld und zu Ostern jede eine Kanne Wein erhalten hatten,[832] wurden ab Weihnachten 1607, nun unter der Bezeichnung Präsenzgeld, nur noch unter die jeweils anwesenden Jungfern aufgeteilt. Der Zeitpunkt Dezember 1607 markiert somit den Zeitpunkt der offiziellen Aufhebung der Residenzpflicht der Stiftsjungfern.

Viel half die Neuordnung der Stiftswirtschaft nicht, denn auch in den folgenden Jahren musste Lucretia Jahr für Jahr Summen zwischen dreißig und achtzig Talern zum Unterhalt der Stiftsgemeinschaft *für vette und mager beiste, auch botter und molt*[833] aufnehmen. 1608 wurde daher die Vereinbarung getroffen, auch die Austeilung von frischem Rind- und Schweinefleisch in eine jährliche Geldausgabe umzuwandeln. Jede Jungfer erhielt als Äquivalent für das Rindfleisch einen Taler und für das Schweinefleisch einen halben Taler.[834] Nur diejenigen, die einen eigenen Haushalt führten, bekamen ein Schwein, zwei Schafe und zwei Hühner pro Jahr aus dem Fleischzehnten. Insgesamt standen den Stiftsjungfern nun dreieinhalb Taler regelmäßige Barmittel zuzüglich des zwischen einem halben und einem Taler variierenden Präsenzgeldes zu. Aus weiteren Stiftungsgeldern der Frau Westerwolde wurde

830 NLA OS Dep 91 b Akz. 2011/059 Nr. 814 (1600/01) 16r: *Alß nu de verhurunge is gescheen, hebben de sembtlichen junffern mit der abdißinnen ein contract gemaket, also dat sie sulven willen eher brodt backen und eigen roggen, wannehr de tidt is und geburett, van den spiker hebben. [...] Erstlich am 24 aprilis 7 junffern gedaen von pacht 14 sch roggen.*
831 UB 241,1531 August 28. Die Stiftung über 50 Gulden war 1531 gegen eine Rente von 2,5 Talern an die damalige Stiftskellnerin Beata Schade verkauft worden.
832 NLA OS Dep 91 b Akz. 2011/059 Nr. 814 (1600/01) 10v: *Item van wegen der Westerwoleschen einer ideren junfferen einen halven daler, erer sint teien, maket mit der abdißinnen 5 ½ daler. Ock einer ideren junfferen eine kanne wines van der Westerwoleschen gelde jegen Oistern gegeven.*
833 NLA OS Dep 91 b Akz. 2011/059 Nr. 1238 (1603).
834 NLA OS Dep 91 b Akz. 2011/059 Nr. 815 (1601/02) 11r.

den Armen alljährlich Graulaken im Wert von zwei Talern ausgeteilt.[835] Erstmals und einmalig während ihres 30jährigen Regiments gelang Lucretia 1605 ein schuldenfreier Abschluss des Haushalts, in dem sogar 34 Taler übrig blieben.

4.3.3. Zwei Neuaufnahmen

Die Sanierungsbemühungen verliehen dem Stift offensichtlich neue Attraktivität. Anders ist der – gegenüber den ruhigen Vorjahren – auffällige Ansturm von Besucherinnen im Jahr 1601 nicht zu erklären. Zweimal ist Jungfer Gertrud van Aßwede zu Arkenstede für ein bis zwei Nächte zu Gast. Einmal kommt Margarethe von Haren zu Hopen. Weitere Besucherinnen sind die Drostin Gertrud von Dinklage, Frau von Ledebur und Frau von Langen zur Schwakenburg. Mit Sicherheit war es das Anliegen Margarethe von Harens wegen ihrer Töchter vorzusprechen, von denen zwei – Margareta 1607 und Lucretia 1614 – Aufnahme im Stift fanden.

Mehr als zwölf Jahre lang waren in Anbetracht der hohen Verschuldung nur neun Stiftsstellen besetzt worden. Erst 1607 wurden zwei neue Mädchen aufgenommen. Eine davon war Ida Elisabeth von Munster (1607-1631), die Tochter des Rudolph von Munster zur Surenburg aus dem zum Oberstift Münster gehörenden Amt Bevergern. Ida Elisabeth hielt engen Kontakt zu ihrem Elternhaus. Bereits bei der Rechnungsabnahme im April 1610 heißt es, dass Ida von Munster nach ihren oldern gewesen sei.[836] In den folgenden Jahren weilte sie entweder auf der Surenburg oder erhielt Besuch von ihrer Familie in Börstel. Ida Elisabeth scheint bei ihrer Aufnahme noch sehr jung gewesen zu sein, denn 1617 musste noch Elisabeth Kerstapel für sie die Rechnungsabnahme unterschreiben. Zwei Jahre später, 1619, belegen ihre eigenen ungelenken Schriftzüge, dass sie mittlerweile schreiben gelernt hat (Abb. 14). 1618 verbringt Rudolph von Munster den Fastnachtsabend in Börstel. Im April 1624 unterzeichnet Ida letztmalig die Stiftsrechnung. 1631 scheint sie gestorben oder ausgetreten zu sein, denn 1632 erhielt sie kein Präsenzgeld mehr.

Ebenfalls 1607 trat Margareta von Haren (*1594, 1607-1669) in das Stift ein, eine Tochter des Herbord von Haren zu Hopen und der Margarethe von Schade zu Ihorst. Margareta war auf Gut Hopen im Amt Vechta im Niederstift Münster aufgewachsen, und aufgrund ihres erhaltenen Grabmals wissen wir, dass sie bei ihrer Aufnahme dreizehn Jahre alt war. Margareta stammte aus einer dezidiert protestantischen Familie und war mit den Äbtissinnen von Schade und von Langen verwandt. Schon vor Margaretas Aufnahme pflegte die Familie engen Kontakt zum Stift. Zur Kirchmesse 1600 waren die Brüder ihrer Mutter – Wilhelm und Otto von Schade, Drosten zu Wildeshausen und Vechta – zu Besuch in Börstel. Beide

---

835 NLA OS Dep 91 b Akz. 2011/059 Nr. 814 (1600/01) 10v: *Noch van der Westerwoleschen gelde genommen tobehoff eines grawen laken, dat den armen wartt utgedelet, 2 dlr.* Dokumentiert auch im Statutenbuch des Stifts: NLA OS Dep 91 b Akz. 2011/059 Nr. 185, P. 344 6. *Die seel Fraw Westerwoldsche hat denen Armen vermacht 30 Reichstaler.*

836 NLA OS Dep 91 b Akz. 2011/059 Nr. 822 (1608/09) 21r.

Stiftsjungfern zahlten bei ihrer Einführung dreißig Taler Statutengelder und ein Entgelt für Kissen und Bett,[837] letzteres auch eine Neuerung nach der Neustrukturierung des Haushalts. Nachdem Margareta ihr Schuljahr abgeleistet hatte, ist sie 1609 bei der Rechnungsabnahme anwesend. Bereits 1613 zählte die inzwischen 19jährige Margareta zu den Kreditgeberinnen des Stifts über dreißig Reichstaler. 1618 bezog sie ein eigenes Haus, zu dem ein Hof, ein Stall für zwei Kühe und zwei Gärten gehörten.[838] Eine Magd namens Katharina versorgte den Haushalt. Von 1628 bis 1629 ist Margareta Kellnerin, von 1640 bis 1646 Stellvertreterin für die erkrankte Äbtissin. Für die Armen setzte sie nach ihrem Tod 1669 ein Legat über dreißig Reichstaler aus.[839]

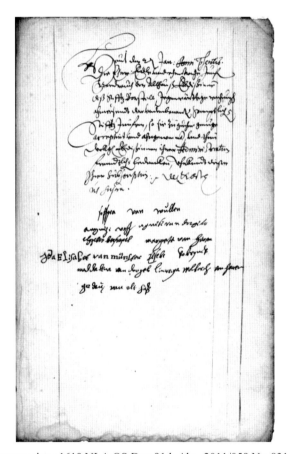

Abb. 14: Rechnungsregister 1619 NLA OS Dep 91 b Akz. 2011/059 Nr. 831

---

837 NLA OS Dep 91 b Akz. 2011/059 Nr. 820 (1606/07) 8v: *Item dersulvige tydt junffer Ida Elisabet van Munster in ihren geistlichen standt bestediget, ist glichfals darvan bekomen dertich daler mit noch ein goltgulden und ein daler vor ein bedde, summa xxxii daler und ii schilling.*
838 NLA OS Dep 91 b Akz. 2011/059 Nr. 208.
839 NLA OS Dep 91 b Akz. 2011/059 Nr. 1238.

4. Lucretia von Langen – Resümee

Lucretia von Langen verstarb am 8. Mai 1611, nachdem sie bereits eine längere Zeit krank gewesen war. Am Osterdienstag hatte man einen Arzt hinzugezogen, der mit fünf Talern entlohnt wurde. Bis zuletzt war sie tätig gewesen und hatte noch am 20. April ihre Unterschrift unter eine Obligation von fünfzig Reichstalern gesetzt.[840] Ihre persönliche Großzügigkeit spiegelt sich ein letztes Mal in der Bemerkung des Rechnungsführers wider, dass die selige Frau Äbtissin die Pfingsteinkäufe für den Konvent kurz vor ihrem Tod auf eigene Kosten habe tätigen lassen.[841] Nach Lucretias Tod wurden Boten mit Trauerbriefen zur Familie von Haren nach Hopen und zu ihrer Schwester Gösta Wichmann nach Osnabrück gesandt und für das Begräbnis Weißbrot eingekauft. Ihr Testament hat sich nicht erhalten, wohl jedoch Quittungen über Legate von zwanzig Reichstalern an die Familie des Amtmannes Sievert Hollenberg und von zweihundert Reichstalern zugunsten ihres Vetters Dietrich Voß.[842]

Lucretias Zugehörigkeit zu Börstel erstreckte sich über mehr als 55 Jahre. Es ist nicht bekannt, wann sie nach Börstel kam, jedoch gehörte sie bereits 1556 bei der Wahl Mette Maneels zum Konvent. 1575 selbst zur Äbtissin gewählt, übte sie dieses Amt fast 36 Jahre lang aus. Lucretia stammte aus einer protestantischen Familie, deren Einfluss auf das Stift prägend war. Ihr Onkel, Johann von Dincklage d. Ä., war ein enger Vertrauter Franz von Waldecks und zählte zu den besonderen Protektoren Börstels. Daneben hatte Lucretia in ihrem Bruder Herbord von Langen einen zuverlässigen Berater, der sie bis zu seinem Tod 1590 unterstützte. In allen Börsteler Angelegenheiten wusste Lucretia sich die Hilfe der Ritterschaft und des Domkapitels zu Nutze zu machen, wie der Prozess um den Grenzverlauf im Hahnenmoor gezeigt hat. Hier erwies sie sich als konsequente Verteidigerin der Rechte des Stifts, die durch zahllose Schreiben und Reisen nach Osnabrück unermüdlich auf eine Klärung der unerfreulichen Auseinandersetzungen mit den Menslager Bauern drängte.

Ihre Haushaltsführung trieb das Stift allerdings tief in die roten Zahlen. Die Ausgaben verdoppelten sich gegenüber der Amtsperiode ihrer Vorgängerin, und trotz aller Bemühungen hinterließ sie ihrer Nachfolgerin einen überschuldeten Haushalt. Ursachen dieser ständig zunehmenden finanziellen Misere waren zum einen die außerordentlichen Belastungen, die der niederländisch-spanische Krieg mit Plünderungen, Kontributionsforderungen und Einquartierungen mit sich brachte. Zum anderen brachten nachlassende Produktivität der Landwirtschaft durch witterungsbedingte Missernten und Plünderungen sowie die Dezimierung der Eigenbehörigen in Folge der Pest weitere Einbrüche in das Finanzgefüge des Stifts. Gleichwohl waren auch die veränderten Lebensverhältnisse in Börstel ursächlich verantwortlich

---

840 NLA OS Dep 91 b Akz. 2011/059 Nr. 824.
841 NLA OS Dep 91 b Akz. 2011/059 Nr. 824 (1610/11) 9r: *Item waß de salige frow abdißin gegen Pingsten van Osenbrugh mach metgebracht hebben, so to des stiffts besten gekomen und in reckninge behorde to stellen, darvan hefft ihr erw. nicht anreken laten, derwegen hir darvan to stellen nichts.*
842 NLA OS Dep 91 b Akz. 2011/059 Nr. 1.

für die steigenden Schulden. Nachdem sich schon unter Mette Maneel die Pforten des Stifts für Besucher geöffnet hatten, gewannen die Stiftsjungfern zu Lucretias Zeiten an Selbständigkeit, führten eigene Haushalte und stellten vermehrte Ansprüche an die Lebensführung. Diesen verständlichen Wünschen kam Lucretia bei ihrem Amtsantritt mit einer Erhöhung des Einkommens ihrer Mitschwestern und der Verbesserung der Verpflegung nach. Aus eigener Erfahrung wusste sie, dass der Lebensunterhalt sich frei bewegender Stiftsjungfern kostenintensiver war als der einer in Klausur lebenden Konventualin. Der Spagat zwischen der Befriedigung der Wünsche ihrer Mitschwestern und den begrenzten Einkünften aus der Stiftswirtschaft bestimmte letztlich ihre gesamte Amtszeit. Es spricht für ihre persönliche Großzügigkeit und ihre Loyalität zu Börstel, dass sie einen Großteil ihres persönlichen Vermögens dazu verwendete, die Löcher des Stiftshaushalts zu stopfen.

In geistlicher Hinsicht weist Lucretia deutliche Züge einer von neuen Inhalten geprägten protestantischen Persönlichkeit auf. Signifikant für ein neues Verständnis von Spiritualität, das nicht mehr wie zuvor durch das stellvertretende Gotteslob geprägt ist, ist ihre immer wieder deutlich werdende karitative Einstellung. Dazu zählen die Zuwendungen an in Not geratene Bittsteller, die auch während der größten Notzeiten des Stifts nicht abgewiesen wurden, und die Brotkornzuteilungen an die von der Pest betroffenen Eigenbehörigen. Jährlich zu Ostern und Pfingsten ließ sie zudem Brot für die Armen backen und ihnen graues Leinen austeilen. Zu dieser Haltung passt es, dass Lucretia für die weitere Versorgung der Armen nach ihrem Tod ein Legat über hundert Reichstaler aussetzte.[843] Insgesamt wird deutlich, dass im nachreformatorischen Stift nicht mehr allein das Gebet zählte, sondern in zunehmendem Maße die Diakonie das Selbstverständnis der protestantischen geistlichen Lebensgemeinschaft bestimmte.

---

843 NLA OS Dep 91 b Akz. 2011/059 Nr. 105, P. 344: *Obige 350 Rt. sind von nachfolgenden der Armen Cassa legiret. Als 1. Die hochwürdige hochwohlgeb. Lucretia von Langen hat denen Armen vermachet 100 Rt.*

II. 4. Äbtissin Gertrud von Althaus (1611-1646)

1. Die innere Ordnung

Am 6. Juli 1611 wählte der Konvent Gertrud von Althaus zur neuen Äbtissin. Die anschließende landesherrliche Konfirmation war mit insgesamt siebzig Talern nicht billig zu haben. Bischof Philipp Sigismund erhielt dreißig Taler, der Kanzler Dr. Gotthard von Fürstenberg[844] fünfundzwanzig, der Drost Caspar von der Wenge,[845] der Rentmeister Arnold und der Gerichtsschreiber je fünf Taler.

Äbtissin Gertrud von Althaus, Tochter des Dietrich von Althaus (†1585), war auf der Burg Olthus im bentheimischen Kirchspiel Veldhausen aufgewachsen. Die ehemalige Rundburg[846] lag auf einer fünf Meter hohen Warft am linken Ufer der Vechte und war von einer jetzt zugeschütteten kreisrunden Gräfte umgeben. Von der alten Anlage ist der Burgplatz mit dem Hügel noch deutlich zu erkennen. Seit 1606 leitete die ehemalige Priorin den Chorgesang[847] und wurde 1611 als Sangmeisterin[848] bezeichnet. Diese Benennung und die Dotierung des Amts mit sechs Scheffeln Roggen zeigen, dass die Tradition der zisterziensischen liturgischen Musik noch immer eine bedeutende Rolle spielte.

Wie ihre Vorgängerinnen konnte auch Äbtissin Gertrud auf die Unterstützung ihrer Familie zählen. Fast alljährlich waren ihr Bruder Johann von Althaus, zeitweilig auch ihr Bruder Wennemann sowie ihr Schwager, Junker Lubbert Steveninck aus Schüttorf, zu Besuch in Börstel. Auch mit ihren beiden Schwestern Elisabeth und Anna stand sie im Kontakt. Elisabeth, Äbtissin im Kloster Weersel, war 1604 und 1618 in Börstel; 1616 werden Ausgaben für Gertruds Reise nach Weersel verbucht. 1613 besucht Gertrud ihre Schwester Anna im Stift Wietmarschen, die im Gegenzug im März 1618 nach Börstel kommt. Zu Anna scheint das Verhältnis besonders eng gewesen zu sein, sie ist in den Jahren 1628 bis 1631 jährlich ein bis zweimal Gast bei ihrer Schwester, während Gertrud im Mai und im September 1629 zu einem Gegenbesuch in Wietmarschen weilt. Zwischen den Schwestern in gleicher Lebenssituation fand ein intensiver Austausch statt, bei dem sicherlich die mit dem Amt verbundenen Aufgaben und Anforderungen zur Sprache kamen und wobei sich die drei mit Rat und Tat zur Seite standen. Aber auch der verheirateten Schwester Heilwig Steveninck in Schüttorf stattete Gertrud im August 1631 und September 1632 Besuche ab.

---

844 Kanzler von 1586-1617. VAN DEN HEUVEL, Beamtenschaft, S. 89; STÜVE, Geschichte 2, S. 312, 508.
845 Caspar von der Wenge (†1617) zur Eggermühle, Drost zu Fürstenau, 1606-1614. VOM BRUCH, Osnabrück, S. 340.
846 Die Burg, ein Lehn der Grafen von Bentheim, wurde 1385 im Gegensatz zur Burg Dinkelrode, dem späteren Neuenhaus, das Olthus genannt, VOM BRUCH, Emsland S. 192f.
847 NLA OS Dep 91 b Akz. 2011/059 Nr. 820 (1606/1607) 16v: *Item junffer Oldthuse wegen des cöhrs vi schepel roggen.*
848 NLA OS Dep 91 b Akz. 2011/059 Nr. 824 (1610/11) 13v: *Item der sanckmesterschen 6 schepel roggen.*

1.1. Die Statuten von 1611

Vor der Wahl der Äbtissin berief der Konvent einen Konferenztag ein, um angesichts der immensen Verschuldung des Stifts die Haushaltsverhältnisse erneut zu ordnen. Zur Beratung erschienen Ende Juni Vertreter des Domkapitels und der fürstlichen Kanzlei sowie Freunde der Stiftsjungfern, die zunächst wie üblich mit Bier, Wein, Fleisch, verschiedenen Sorten Fisch (Stockfisch, Schollen und Bremer Aal), Weißbrot und Konfekt für 46 Taler großzügig bewirtet wurden.

Am 29. Juni beschlossen die Konventualinnen unter Federführung von Johann von Dincklage zu Loxten und Bernd Gier Voß zu Bakum, dem Neffen von Agnese Voß, einen Rezess, in dem Rechte und Pflichten des Konvents festgelegt und die Verwaltung des Stifts reformiert wurden.[849] In der Begründung heißt es, dass sich die „Beschwernisse" des Stifts seit dem Entschuldungsplan von 1601 nur unwesentlich verringert hätten und weiterhin hohe Schulden und damit verbundene Zinsverpflichtungen auf dem Stift lasteten. Die Neuerungen des Rezesses reflektieren die veränderten konfessionellen und sozialen Verhältnisse nach der Reformation und stellen neue Regeln für die Lebensführung des Konvents, den Erhalt des Stifts und die Organisation des Stiftshaushaltes auf.

Vorrangig wird vereinbart, dass eine künftige Äbtissin in der christlichen Religion keine Erneuerungen vornehmen und nichts gegen das Wort Gottes unternehmen darf, sondern den Kirchendienst so wie bisher üblich halten lassen muss. Frei gewordene Präbenden sind vom Konvent zu vergeben, jedoch sollen wegen der schlechten wirtschaftlichen Lage derzeit keine neuen Damen aufgenommen werden. Die einen eigenen Haushalt führenden Stiftsjungfern erhalten pro Woche einen Scheffel Roggen, die Äbtissin zwei und wegen ihrer zahlreichen offiziellen Aufgaben auch das Doppelte an Bargeld. Um den Besitzstand der Abtei zu wahren, wird künftig nach dem Tod einer Äbtissin ein Inventar über das Vieh, die Hausgerätschaften sowie die Urkunden, Briefe und Siegel aufgestellt. Das Inventar und das darin verzeichnete Mobiliar sollen einer neuen Äbtissin *in qualitate et quantitate* von den Erben der Vorgängerin übergeben werden.

Der Amtmann wird zur jährlichen Rechenschaft über Einnahmen und Ausgaben verpflichtet. Genau werden die Ausgaben des Stiftshaushaltes festgelegt: Für das in der Abteiküche zu verpflegende Gesinde, Prediger, Schreiber und Prövener werden sechzehn Molt Roggen, für die Beköstigung der Meier bei Ablieferung der Pachtzinsen sowie für die Armen weitere sechs Molt Roggen vorgesehen. Hühner und Butter aus den Abgaben der Eigenbehörigen, eine Tonne Stockfisch, zwei Tonnen Hering und zwei Eimer Salz werden zur Verpflegung des Gesindes veranschlagt. Zulagen erhält die Äbtissin für die Anschaffung von Leinwand, den Ankauf von Schlachtvieh und die Haltung des Kleinviehs. Erträge aus Wiesen und Kämpen dienen der Unterhaltung der eigenen und der Pferde von Gästen.

---

849 NLA OS Dep 91 b Akz. 2011/059 Nr. 181.

Die genaue Neukalkulation des Abteihaushalts zeigt die bisherigen Schwachstellen auf. Um die beträchtliche Anzahl von hungrigen Mäulern zu stopfen, waren bislang immer wieder Geldmittel aufgenommen worden, die – wie es jeweils hieß – zum Ankauf von Butter und Schlachtvieh oder schlicht zu Nutz und Besten des Stifts verwendet wurden. Zusätzlich hatte Äbtissin Lucretia oft genug in die eigene Tasche gegriffen und private Geldmittel beigesteuert. Um dieser permanenten Neuverschuldung entgegenzuwirken, legte der Konvent jetzt die zur Ernährung der Stiftsfamilie zu verwendenden Naturalien genau fest und begrenzte die Zahl der Präbenden. Während Lucretia Jahr für Jahr neue Schulden angehäuft hatte, nahm ihre Nachfolgerin keine neuen Gelder mehr auf, sondern war um Rückzahlung der bestehenden Schulden in kleinen Summen von zehn bis zwanzig Talern bemüht.

Die Entschuldung des Stiftshaushalts war jedoch durch Einsparungen allein nicht zu erreichen, sondern erforderte weitere Maßnahmen. Gleich nach der Wahl rief Gertrud daher die Eigenbehörigen nach Börstel,[850] um sie zum einen auf die beim Amtsantritt jeder neuen Äbtissin zu leistenden Weinkaufsgelder in Höhe von 210 Talern zu verpflichten und ihnen zum anderen den bisher verpachteten Menslager Zehnten, der dem Stift – wie es heißt – bisher wenig eingebracht hatte, für 364 Taler zu verkaufen.[851] Auf diese Weise kam die stolze Summe von 574 Talern zusammen.

Im September tagte dann in Fürstenau[852] im Beisein von Konvent, Drost und Rentmeister erneut eine fürstliche Kommission zur Entschuldung des Stiftshaushalts,[853] bei der 52 Kreditoren ihre Forderungen zu Protokoll gaben.[854] Zu deren Abfindung einigte man sich auf den Verkauf verschiedener Erben und Kotten, die 1613 nach Eingang der landesfürstlichen Erlaubnis einen Erlös von 1.760 Talern einbrachten.[855] Von diesen Einkünften wurde zunächst der 1601 verpfändete Ehrener Zehnte für 1250 Taler wieder ausgelöst.[856]

Ein ausgeglichener Haushalt gelang dennoch nicht, da ab 1613 ein kostspieliger Prozess mit der Schwester der verstorbenen Äbtissin Lucretia, Gösta Wichmann, um deren Erbansprüche zu führen war. Trotz intensiver Bemühungen und zahlreicher

---

850 NLA OS Dep 91 b Akz. 2011/059 Nr. 824 (1610/11) 11r: *Item ihr erw. gekofft vyff tunne bier, darvan die twe tunne verbruckt […] und de dre tunnen alß die egenhorigen hir by einander bescheiden.*

851 NLA OS Dep 91 b Akz. 2011/059 Nr. 826 (1612/1613) 2v: *Von den eigenbehorigen dieses stiffts zur ehrgabe in ihr erw. antritt p. 210 tlr. 17 ß 6 d.* 2v: *vom verkaufften zehenden, […] und man bißhero weinigh oder nichtz davonn genoßen, bekommen 364 tlr.*

852 NLA OS Dep 91 b Akz. 2011/059 Nr. 824 (1610/11) 11r: *Item noch ihr erw. sampt bywesende junffern tor Furstenow gewest, in des hern drosten kocken vorehret einen halven daler und den soldaten in den porten einen ordt, facit 15 ß 9 d.*

853 NLA OS Dep 91 b Akz. 2011/059 Nr. 824 (1610/11) 11v: *Item volgens alß (am 26 7br) up f gnaden commission die hern commißarien, drost und rentmeister sodanes vor de handt genomen und to werck gestellet, sint ihr erw. abdißin und junfferen ock dar zugegen gewest.*

854 NLA OS Dep 91 b Akz. 2011/059 Nr. 210.

855 NLA OS Dep 91 b Akz. 2011/059 Nr. 827 (1613/14) 3r: *Einnham gellt von verkaufften zehenden, erb und kotten uff gnedige landtsfürstliche ratification […] latus 1760 tlr.*

856 NLA OS Dep 91 b Akz. 2011/059 Nr. 827 (1613/14) 7v: *Ihr ehrw behuff dieses stiffts den versatzten Ernern zehenden hinwedder redimirtt und eingelosett 1250 tlr.*

Suppliken an Bischof und Domkapitel musste das Stift auf Befehl Philipp Sigismunds der Klägerin die von ihr verlangten 1.300 Taler zahlen, die nur durch neue Anleihen finanziert werden konnten. Kreditgeber waren der Verdener Kanzler Georg Möring und seine Frau Kunigunde geb. Vullen, mit 1000, Gertruds Schwester Elisabeth von Althaus, Äbtissin zu Weersel, mit 200 und Jungfer Agnese von Dorgelo mit 100 Talern.[857] Dafür mussten allein dem Kanzler (und ab 1619 seiner Witwe) jährlich 50 Taler Zinsen entrichtet werden.

Unverkennbar ist das Bemühen Gertruds, die wirtschaftlichen Verhältnisse des Stifts zu sanieren. Nachdem der Schreiber Siegfried Hollenberg nach langen Jahren der „Leibesschwachheit", in denen er kein Gehalt bezogen hatte (!), verstorben war, stellte sie als neuen Amtmann Arnold Kennings (1611-1628) ein, dessen Töchter Catharina und Anne als Köchin und Magd ebenfalls im Stiftshaushalt tätig waren. Durch Kennings lässt die Äbtissin ein Protokoll- und Lagerbuch[858] sowie ein Verzeichnis der Eigenbehörigen[859] des Stifts anlegen. Das Rechnungsregister wird von nun an zweifach ausgefertigt und nach gehaltener Rechnungsvorlage von den Jungfern eigenhändig unterschrieben.

Auch bei den Lebenshaltungskosten versuchte Gertrud einzusparen. Statt der zuvor üblichen sieben ließ sie nur noch zwei Fässer Butter in Friesland einkaufen,[860] wofür ca. fünfzig Taler veranschlagt wurden. Der Verbrauch an Salz blieb mit sieben Tonnen zunächst konstant. Symptomatisch für die prekäre Haushaltslage des Stifts ist die Tatsache, dass als einzige Anschaffung nach ihrem Amtsantritt ein silberner Löffel für die Abtei erwähnt wird, für den drei Scheffel Roggen gezahlt wurden. Mit den Pachteinnahmen des Heuermanns für das Vorwerk von siebzig und der Mühlenpacht von 90 Talern sowie von rund 150 Talern für verkauften Roggen und 35 für verkaufte Wolle und Felle ergab sich eine finanzielle Basis des Stiftshaushalts von ca. 350 Talern, zu denen die unständigen Einkünfte aus Sterbefällen und Auffahrten hinzukamen. Dennoch wurde der Haushalt in den folgenden Jahren weiterhin um jährlich etwa 100 Taler überzogen, die Gertrud von Althaus durch Gelder aus ihrer Privatschatulle ausgleichen musste.

1.2. Der Konvent – vier Neuaufnahmen

Von den fünfzehn Stiftsjungfern zu Beginn von Lucretias Amtszeit lebten nur noch sieben. Neben Gertrud von Althaus waren dies die Seniorin Sophia von Wullen, die Kellnerin Agnese Voß, die Priorin Agnese von Dorgelo, Elisabeth Kerstapel, Ida Elisabeth von Munster und Margareta von Haren. Zu Beginn ihrer Amtszeit nahm Gertrud vier neue Konventualinnen auf, die bis auf eine aus dem Amt Vechta im

---

857 NLA OS Dep 91 b Akz. 2011/059 Nr. 826 (1612/1613) 3r: *waß an hohen summen diß jhar man uff pension uffzunehmen notrenglichens verursachtt.*
858 NLA OS Dep 91 b Akz. 2011/059 Nr. 311.
859 NLA OS Dep 91 b Akz. 2011/059 Nr. 1780.
860 NLA OS Dep 91 b Akz. 2011/059 Nr. 827 (1613/14) 5r: *Für zwo faß butter, in Freißlandt eingekaufft, daß faß für 23 rtlr. Für siben tonnen saltz zu Oldenburgk, jede tonne 2 tlr. 2 ½ ß ohne fhur […], 14 tlr. 17 ß 6 d.*

Niederstift Münster stammten (Abb. 15). Elisabeth von Kobrinck (1611-∞1636), Tochter des Rötger von Kobrinck zu Altenoythe und der Margaretha von Reden, wurde 1611 als Schulmädchen aufgenommen. Als vollwertige Stiftsjungfer unterschrieb sie erstmals im September 1613 die Stiftsrechnung und übte ab 1629 das Amt der Kellnerin aus.[861] Regen Kontakt hielt sie zu ihrer Familie, die sie Jahr für Jahr aufsuchte. Zurückgebracht wurde sie jeweils gemeinsam mit Agnese Voß von Bernd Gier Voß zu Bakum. Im August 1618 und zu Jahresbeginn 1619 erhält sie Besuch von ihrem Vater, *Monsieur* Kobrinck, und im Juni 1619 von ihrer Schwester. Auch ihre Brüder Bernd und Caspar von Kobrinck weilten häufig in Börstel. Im November 1636 heiratete Elisabeth den Landdrosten Herbord von Bar zu Barenau (1582-1640). Noch am 12. Oktober hatte sie zur Einsaat ihres Ackers fünf Scheffel Roggen und am 20. Oktober ihren Anteil am *woestemehl* erhalten. Nach ihrer Verheiratung ist sie am 21. Dezember erneut in Börstel,[862] um Roggen und Malz in Empfang zu nehmen. Bereits im April 1638 besuchte sie als Frau „Landdrostin" für zwei Tage ihre ehemaligen Mitschwestern.

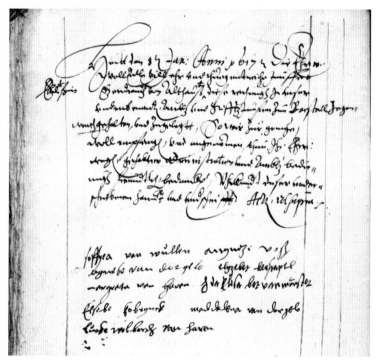

Abb. 15: Autographe unter dem Rechnungsregister von 1617. NLA OS Dep 91 b Akz. 2011/059 Nr. 829

---

861 NLA OS Dep 91 b Akz. 2011/059 Nr. 850 (1636/37) 2r: *Den 8. Februaris j. Kobrinck wegen der drei molt kelnereye gemessen 6 sch roggen.*
862 NLA OS Dep 91 b Akz. 2011/059 Nr. 850 (1636/37) 6r: *Den 21. 10bris für deß heren landdroste pferde 5 sch.*

Zu Michaelis 1614 wurde die Schwester Margareta von Harens, Lucretia von Haren zu Hopen (1614-1675), eingeführt.[863] Beide Schwestern standen in engem Austausch mit ihrer Familie, zu der fünf Schwestern und ebenso viele Brüder zählten. 1626 ist Bruder Johann zu Laer, von 1628 bis 1632 jährlich Bruder Heinrich zu Hopen und 1630 und 1631 Bruder Caspar zu Gast. 1621 bringt Melchior von Heede, der Ehemann der Schwester Anna Sophia, Margareta von Haren zurück nach Börstel. Mehrfach ist auch Junker Franz Engelbert von Beesten zu Dankern, Ehemann der Schwester Anna Catharina, zu Besuch. Daneben gab es regen Austausch mit der Herkunftsfamilie der Mutter Margarethe von Schade, die zwischen 1618 und 1630 selbst ihre beiden Töchter aufsucht. 1621 holt Junker Schade, einer der Brüder Margarethes, die Jungfern Kobrinck und Haren ab und ist erneut 1622 in Börstel. 1632 kommt die *Schadensche zu Ihorst* (die Frau des Drosten zu Vechta, Otto von Schade, Petronella geb. Budde) zu einem Familientreffen gemeinsam mit den Dorgelos zu Brettberg und zu Welpe ins Stift.

Gemeinsam mit Lucretia trat 1614 Magdalena von Dorgelo (*1594, 1614-1674) in den Konvent ein. Ihre Eltern waren Johann von Dorgelo zu Querlenburg,[864] Kirchspiel Lohne, und Fredeke von Bernefeur. Magdalena war eine Nichte der katholischen Agnese von Dorgelo zum Brettberg, gehörte aber anders als diese zum protestantischen Zweig der Familie von Dorgelo. Gemeinsam mit den Familien von Haren zu Hopen und von Schade zu Ihorst hatten die Dorgelos das Patronat über die Kirche St. Gertrud in Lohne inne. Zwei Schwestern ihres Vaters, Anna (†1580) und Gisela (†1612) von Dorgelo, hatten im Stift Fischbeck an der Weser gelebt. Magdalena hatte drei Brüder[865] und zwei Schwestern.[866] Während ihres Schuljahres verbrachte Magdalena das Weihnachtsfest 1613 bei ihrer Familie. Bereits Osterdienstag 1614 bekam sie Besuch von ihrem Vater und ihrem Bruder Heinrich. In den folgenden Jahren, von 1627 bis 1636, weilten ihre Brüder Heinrich und Caspar häufig zu Neujahr und zu Ostern in Börstel. 1627 und 1630[867] wird ihr Vater genannt. Magdalena unterschrieb die Stiftsrechnung nach Ableistung ihres Schuljahres erstmals im Februar 1616. Pfingsten 1619 und Ostern 1627 ritt sie für eine Woche nach Hause. Sie bewohnte ein *am porticu belegenes* Haus,[868] das in den der Kirche vorgelagerten Kreuzgang integriert war.

---

863 NLA OS Dep 91 b Akz. 2011/059 Nr. 827 (1613/14) 2v: *Von den beiden jungen stiffts junffern Lucretien Wollburgh von Haren und Magdalenen von Dorgelo zu stiffts gebur 60 tlr.*

864 Der Adelssitz lag in der Bauerschaft Brockdorf zwischen Dinklage und Lohne im Amt Vechta. Das Gutshaus existierte bis zum Beginn des 19. Jahrhunderts, heute erinnert an den früheren Adelssitz nur noch die Straßenbezeichnung „An der Querlenburg". Clemens HEITMANN, Die Querlenburg, (Mschr.) 1998, Kapitel 1.3.

865 Die drei Brüder Anton Wolf († vor 1660, Werner Caspar (†1670) und Heinrich (*1597, † vor 1660) verstarben kinderlos. Erbe des Gutes wurde Ulrich Johan Albrecht von Jemgum. HEITMANN, Querlenburg, Kapitel 2.3.

866 Elisabeth Lucia (1600-1683) 1620 mit ∞ Ebo von Jemgum (†1620) aus Norden in Ostfriesland, der noch im Jahr der Eheschließung von spanischen Soldaten nach Oldenzaal entführt wurde und dort verstarb. Gertrud heiratete auf das Gut Schott in Ostfriesland. NLA OS Dep 91 b Akz. 2011/059 Nr. 3.

867 Zum letzten Mal in Börstel anwesend: NLA OS Dep 91 b Akz. 2011/059 Nr. 845 (1629/30) 13r: *den 4. Januaris für j. Magdalenen Dorgeloes vatters pferde 1 sch.*

868 NLA OS Dep 91 b Akz. 2011/059 Nr. 3. Testament 1660.

1617 wurde mit Gertrud von Althaus (1617-∞1636), der Großnichte der Äbtissin gleichen Namens, für lange Zeit die letzte Stiftsjungfer aufgenommen.[869] Sie war die Tochter von Johann Diederich von Althaus und wurde Jahr für Jahr von ihrem Vater von Besuchen zu Hause zurückgebracht. Von 1629 bis 1633 amtierte Gertrud als Spiekerjungfrau und kümmerte sich um die Zukäufe von Gerste und Hafer. Im Januar 1632 verreiste sie nach *Aldenhaus,* und im Dezember 1633 unterzeichnete sie ein letztes Mal die Stiftsrechnung. 1636 trat sie aus dem Konvent aus und heiratete den Leutnant Melchior Vogts.[870]

1.3. Soziale Beziehungen

Neben den familiären Verbindungen pflegten die Stiftsjungfern soziale Kontakte zu den weiblichen Familienmitgliedern der fürstlichen Beamtenschaft, an deren familiären Angelegenheiten offensichtlich reger Anteil genommen wurde. Als im Herbst 1613 Gertrud Morrien, die Tochter des Rentmeisters Hermann Morrien, heiratete, erhielt sie als Brautgeschenk vom Stift fünf Taler. Ebenso wurde Anna von Fürstenberg, die Tochter des Kanzlers Dr. Gotthard von Fürstenberg (†1617), anlässlich ihrer Verehelichung mit dem fürstlichen Rat und Gografen von Iburg, Dr. Lubbert von Bar[871], zu ihrem *ehrentage* 1616 mit vier Talern beschenkt. Niemand ahnte zu diesem Zeitpunkt, welches Schicksal der jungen Frau zwei Jahrzehnte später bevorstand: 1637, während der Regierungszeit des Osnabrücker Bürgermeisters Dr. Peltzer (1636-1640), wurde Anna von Bar als Hexe hingerichtet.[872] Nur auf Grund der Tatsache, dass sie „nicht geringen sondern hohen Standts" war, und unter Zahlung von 500 Talern an den Rat der Stadt Osnabrück erwirkte Lubbert von Bar die Gnade einer privaten Hinrichtung und einer ehrenvollen Bestattung.[873]

Enge Beziehungen bestanden auch zur Familie des Verdener Kanzlers Georg Möring, der 1613 als Geldgeber anlässlich der Forderungen Gösta Wichmanns eingesprungen und mehrfach – im September 1615 mit seiner Tochter Beate – in Börstel anwesend war.[874] Als Beate Möring 1630 heiratet, bittet sie um die Rückzahlung der ihr aus dem Erbe ihres Vaters zustehenden 1000 Taler. Um die notwendige neue Obligation aufzunehmen, ist das Stift auf das Einverständnis Bischof Franz Wil-

---

869 NLA OS Dep 91 b Akz. 2011/059 Nr. 830 (1616/17) 2r: *Junfer Gerdrauten von Althauß statuten gelt, fürs bedde und auff das kußen 32 tlr.*

870 NLA OS Dep 91 b Akz. 2011/059 Nr. 851 (1637/38) 2v: *Den 15. Aprilis für leutenambt Melchioren Vogtts pferden an statt haberen 1 sch. roggen.*

871 VAN DEN HEUVEL, Beamtenschaft, S. 94.

872 SPECHTER, Mittelalterliches Patriziat, S. 562; Gerhard SCHORMANN, Die Hexenprozesse in den 1580er und 1630er Jahren, in: Kaster/Steinwascher (Hrsg.), 450 Jahre Reformation, S. 571-586, hier S. 573ff.

873 Heinz-Jürgen STEBEL, Die Osnabrücker Hexenprozesse, Osnabrück 1969, S. 41f. Die Funktion der Hexenprozesse innerhalb des städtischen Gemeinwesens erörtert Gisela WILBERTZ, Hexenprozesse und Zauberglaube im Hochstift Osnabrück, in: OM 84 (1978), S. 33-50.

874 NLA OS Dep 91 b Akz. 2011/059 Nr. 828 (1614/15) 21r: *Saterdach Misericordias Dmi für cantzler Morings pferde. Item Sontagh für dieselben 6 sch.* 21v: *Den 12. 7br für cantzler Morings pferde, so dessen dochter nach der Furstenaw gholett 1 sch.*

helms angewiesen,[875] das dieser erst nach mehrfacher Anfrage am 25. März 1631 in Verden gab[876] und wofür neunzehn Taler zu entrichten waren. Die Schuldentilgung erforderte die Aufnahme neuer Schulden: 600 Taler steuerten Gertruds Schwager Lubbert Steveninck aus Schüttorf und 400 der Gerichtsschreiber zu Fürstenau Johann Glandorf bei.

Auch Sophia von dem Knesebeck, die Tochter des Drosten zu Fürstenau, Kaspar von dem Knesebeck[877], war im Juni 1622 zu Besuch im Stift. Zu Beginn des Jahres 1630 trafen sich ihre Mutter, die Drostin von dem Knesebeck, und die Frau des Osnabrücker Kanzlers, Dr. Wilhelm Henseler,[878] mit ihren Töchtern in Börstel und vertranken gemeinsam mit dem Rentmeister Eberhard Morrien[879] und anderen Besuchern Wein für vier Taler. Anschließend wurden die Töchter mit je einem Goldgulden und Kleinleinen beschenkt.[880]

Enge Beziehungen unterhielt das Stift ebenfalls zur Familie des bereits als Geldgeber erwähnten Gerichtsschreibers Johann Glandorf aus Fürstenau. 1630 erhielt dessen Tochter zu ihrer Hochzeit vier Taler und im Juli 1638 eine weitere Tochter, die den Schreiber des Drosten zu Fürstenau heiratete, sechs Taler.[881] Im November 1640 wurde Johanns Sohn, der Gerichtsschreiber Nicolaus Glandorf,[882] zur Kindtaufe mit drei[883] und 1643 ein weiterer Sohn, Rudolf Glandorf, zu seiner Hochzeit mit zweieinhalb Reichstalern beschenkt.[884] Im Oktober 1639 erhielt der Richter zu Ankum, Friedrich Monnich, zu seiner Hochzeit sechs Taler,[885] und 1643 der neue Stiftsamtmann Conrad Busch (1641-1651) vier Taler.

Auffallend häufig sind über die Zuwendungen zu Hochzeiten und Kindtaufe Kontakte zu den Töchtern der fürstlichen Beamten zu erkennen. Offensichtlich bestan-

---

875 NLA OS Dep 91 b Akz. 2011/059 Nr. 846 (1630/31) 2v: *Nochmallen derselbe nach Osnabrugh und Iburgh an i. f. g. geschickt und wiederumb umb die newe bewilligung der 1000 rthll. sollicitirt und entlich selbige erhalten und sechß thage außgewesen.*

876 NLA OS Dep 91 b Akz. 2011/059 Nr. 1238.

877 Kaspar von dem Knesebeck, Drost 1620-1625. NLA OS Erw A 14 Nr. 35.

878 Kanzler von 1624-1631. VAN DEN HEUVEL, Beamtenschaft, S. 99f.

879 Eberhard Morrien (†1657) ∞ mit Catharina Hermeling, erw. 1625, während der Schwedenzeit abgesetzt, NLA OS Erw A 14 Nr. 35. Von ihm unterzeichnete Quittungen in Börsteler Registern 1641 bis 1652.

880 NLA OS Dep 91 b Akz. 2011/059 Nr. 845 (1629/30) 2r: *Alß die fraw drostin und cantzlersche zu Oßnabrugh neben dem rentmeister und anderen alhir gewesen, an wein vertruncken 4 tlr. Der fraw drostinen zur Furstenaw und cantzlerschen zu Oßnabrugh iren tochtern verehrt jeden 1 goltgiulde und klein lenen, auch iß 2 tlr. 10 ß 6 d.*

881 NLA OS Dep 91 b Akz. 2011/059 Nr. 851 (1637/38) 11v: *Den 11. Julii auß bevelch auf des gerichtschreibers zur Fürstenaw tochter und des hern drosten schreibers daselbsten hochzeit, wegen des stiffts geschickt 6 tl.*

882 Nikolaus Glandorf ∞ mit Margarete von Varendorf (NLA OS Dep 91 b Akz. 2011/059 Nr. 311, S. 62) war von 1629 bis 1640 Amtmann des Stifts.

883 NLA OS Dep 91 b Akz. 2011/059 Nr. 855 (1640/41) 16r: *Den 11 Novembris auß befelch ihr ehrw. juffer Kerstapell und juffer Harren, dehm hern gerichtschreiber auff sein kindt tauffen verehrt 3 rthlr.*

884 NLA OS Dep 91 b Akz. 2011/059 Nr. 858 (1643/44) 3r: *Rudolff Glandorff auff seine hochzeit verehrt 2 rthlr. 5 ß 3 d.*

885 NLA OS Dep 91 b Akz. 2011/059 Nr. 852 (1638/39) 16r: *Noch uff des richters zu Anckum hochzeit geschickt 6 tl.*

den Freundschaften zu den ansässigen Stiftsdamen, mit denen zu verkehren sicherlich als besonders prestigeträchtig angesehen und von den Eltern gefördert wurde. Für das Stift ergab sich im Gegenzug die Möglichkeit, nicht nur den Rat der einflussreichen Väter einzuholen, sondern wie im Falle des Kanzlers von Verden, Georg Möring, auch von dessen finanziellen Möglichkeiten zu profitieren. Dass das Stift mehr als alle in der Region gelegenen Rittergüter die Funktion einer Nachrichtenbörse hatte, ist bei der Vielzahl der hochrangigen Besucher, deren Neuigkeiten sicherlich begierig abgefragt wurden, leicht vorstellbar.

Nur einmal wird ein Besuch außerhalb des Stifts aktenkundig, als im Dezember 1642 Äbtissin und Konvent zu Gast beim Vogt zu Berge sind, der sie durch seinen Knecht abholen lässt.[886] Ein enges persönliches Verhältnis bestand zwischen Äbtissin Gertrud und dem Pastor der Patronatspfarre Berge, Johannes Hector, der als Nachfolger Jürgen Neermanns etwa seit Beginn des Jahrhunderts sein Amt ausübte. Zwar bezeichnete er sich bei der Visitation im April 1625 als katholisch geweiht, hatte aber nach Auskunft der Gemeindeglieder bis zum Osterfest 1625 das Abendmahl in beiderlei Gestalt ausgeteilt und war Vater von zwölf Kindern.[887] Ein mentalitätsgeschichtlich interessanter Brief Hectors[888] an Äbtissin Gertrud gibt einen kleinen Einblick in die Sorgen und Nöte jener Jahre und zeigt gleichzeitig den neuen Typ des Seelsorgers, der mit seiner Familie im Pfarrhaus residiert und sich als sorgenvoller Familienvater in seinen Lebensverhältnissen und -nöten nicht von denen seiner Gemeindeglieder unterscheidet:

Ende Mai 1624 erkrankte Hectors Tochter Katarina schwer, weshalb er sich an Äbtissin Gertrud mit der Bitte wendet, ihm *ein weinich einhorn*[889] *oder sonst etwass dienlichs* zur Verfügung zu stellen. Katarina klage über *kribbbelen in den beinen, stiget hernha dem hertzen, volgens durch brust, arme und alle gelitmate* (Gliedmaße) *nha dem heupte, dass ehr selbest immer ihm sinne ligt, sie nhu sterben muisse.* Nicht nur der Hinweis auf die Verwendung von Einhorn, dem allenfalls magische Heilkräfte zugeschrieben werden können, auch die Beschreibung der Krankheitssymptome seiner Tochter und ihre Angst, sterben zu müssen, sind seltene Belege für die physische und mentale Verfassung von Menschen jener Zeit. Hector bietet an, die Medizin zu bezahlen und sendet als Zeichen seiner Verehrung eine Gabe, die er als einen *kleinen potthast*[890] beschreibt. Gertrud allerdings weiß offensichtlich nicht zu helfen, resigniert vermerkt sie auf dem Schreiben: *Daß weiß Gott.*

---

886 NLA OS Dep 91 b Akz. 2011/059 Nr. 857 (1642/43) 4r: *Dem vogt zu Berge, wie er die werdigen frawen und juffern zu gaste geladen, in die küchen geben 10 ß 6 d. Seinem knecht, so die werdigen frawen p gefüret 2 ß 6 d.*

887 Wilfried PABST, Konfessionelles Nebeneinander im Geistlichen Fürstentum Osnabrück. Protokolle des Generalvikars Albert Lucenius über die Visitation der Kirchen und Klöster im Osnabrücker Land (1624/25), Osnabrück 1997, S. 73.

888 NLA OS Dep 91 b Akz. 2011/059 Nr. 291.

889 Das Einhorn gilt als das edelste aller Fabeltiere und steht als Symbol für das Gute. Ihm wurden magische Fähigkeiten zugeschrieben, so zum Beispiel, dass es Gift neutralisieren könne.

890 Ein ursprünglich aus den Abfällen beim Schlachten mit Gemüse zusammen gekochtes Gericht.

Eine dauerhafte Verpflichtung bestand gegenüber den so genannten Stiftsarmen, einer festen Gruppe von Menschen, die alljährlich zu Weihnachten graue Leinwand für siebeneinhalb Taler und über das Jahr verteilt etliche Scheffel Roggen erhielten. Daneben fand eine Vielzahl von in Not geratener Menschen eine warme Mahlzeit und finanzielle Unterstützung im Stift. Ein von den Türken aus Zypern vertriebener Benediktiner-Ordensherr erhielt 1614 zwei Taler, ein Mönch des Dominikanerklosters Natrup[891] in Osnabrück zum Aufbau seines abgebrannten Klosters drei Taler. Ebenfalls brandgeschädigt waren die Osnabrücker Domschwestern, denen mit zwei Talern, und eine Frau von Haxt, der mit fünfzehn Schilling geholfen wurde. 1627 wurden dem Kloster Marienstätte[892] in Osnabrück auf Bitten des *vicarii in spirituali* ein Taler, und 1629 den Franziskaner-Mönchen in Osnabrück drei sowie einem Bettelmönch aus Italien zwei Taler gegeben.

Auch ein armer Student aus Menslage wird mit einem Zuschuss zu seiner Reise an die Universität bedacht und ein adliger Hauptmann vom Bodensee, der *spolirt gewesen*, erhält einen Taler. 1618 ist es eine verarmte adlige Frau aus dem Fürstentum Lüneburg, die mit einem, und 1619 eine arme vertriebene Pastorenfrau, die mit einem halben Taler beschenkt wird. Seltene Belege für medizinische Hilfe sind der halbe Taler, der für ein Medikament (*ein wasser*) für den am Bein verletzten Müller bezahlt wird, und ein viertel Taler, um ihn anschließend zur Ader zu lassen.

2. Die konfessionelle Entwicklung

2.1. Die Visitation von 1617

Wie bereits gezeigt gab es für den Landesherrn keinen Anlass zum Eingreifen in die Entwicklung der konfessionellen Verhältnisse. Anders als der Konvent des benachbarten ehemaligen Zisterzienserinnenklosters Bersenbrück konnten die Börsteler Stiftsjungfern bei ihrer lutherischen Konfessionszugehörigkeit bleiben. Auch die Bersenbrücker Konventualinnen hatten sich frühzeitig der Reformation zugewandt.[893] Als 1602 der Abt von Marienfeld[894] im Anschluss an eine Visitation den Konvent zur Rückkehr zum katholischen Ritus aufforderte, verteidigte Äbtissin Margaretha von Meverden die reformatorische Position mit dem Hinweis, dass der Konvent sich seit mehr als fünfzig Jahren an die Chor- und Kirchenordnung (des Hermann Bonnus) gehalten habe und das Abendmahl in beiderlei Gestalt gereicht

---

891 Das Dominikanerkloster lag an der Stadtmauer neben dem Natruper Tor in dem zur Butenborg-Laischaft gehörenden alten Ort Nortrup und wurde deshalb auch als Nortruper oder Natruper Kloster bezeichnet. Beckschäfer, Dominikanerkloster, S 2f.; Gerd-Ulrich PIESCH, Klöster und Stifte im Osnabrücker Land, Regensburg 2006, S. 70.

892 1449 zunächst als Gemeinschaft von Beginen gegründet, 1469 Annahme der Augustinerregel. Vgl. Maria LAMMERS, Geschichte des Klosters Marienstätte in Osnabrück, in: OM 45 (1922), S. 57f.

893 AHLERS, Art. Bersenbrück, in: Faust (Hrsg.), Frauenklöster, S. 63-89.

894 Im Oberstift Münster bei Gütersloh gelegenes Zisterzienserkloster. Vgl. Paul LEIDINGER, Art. Marienfeld, in: Hengst (Hrsg.) Westfälisches Klosterbuch 1, S. 560-568. Der Abt von Marienfeld übte seit 1465 die Paternität über Bersenbrück aus.

worden sei.[895] Von dem neuen, aus Marienfeld abgesandten katholischen Priester hofften die Frauen, dass dieser *sich auch gegen edell und unedle taglichs ankommende geste unverweißlich halten und [...] den gottesdienst in unser pfarrkirchen mit predigen, psalmen singen und die heiligen sacramente nach obenangezogenem gewontlichem geprauche fleissig zu verwalten und zu reichen, sich verpflichten [...] wolle.*[896] Wie der Hinweis auf den täglichen Besucherverkehr erkennen lässt, war auch in Bersenbrück die Klausur längst aufgehoben und die Austeilung des Sakraments in beiderlei Gestalt seit einem halben Jahrhundert üblich. Dieses bestätigte auch der neue Klosterkaplan, der Zisterziensermönch Severinus Raeckmann, in seiner Klosterchronik mit den Worten, dass *über Menschen Andenken die Lutersche Religion in exercitio* gewesen sei.[897]

Trotz seiner tradierten lutherischen Position wurde der Konvent nach 1614 rekatholisiert. Die auf den ersten Blick erstaunliche Tatsache, dass der protestantische Landesherr Philipp Sigismund seinen Einfluss nicht zugunsten der lutherischen Konventualinnen geltend machte, ist wohl mit der unsicheren Position des vom Papst nicht konfirmierten und vom Kaiser lediglich tolerierten Postulierten zu erklären.[898] Die Visitationen in den Klöstern Rulle, Bersenbrück und Gertrudenberg hatte er *aus landesfürstlicher Obrigkeit, als ihr Ordinarius und Oberhaupt* veranlasst, das heißt als Landesherr und postulierter Bischof gleichermaßen. Während er als Landesherr gegen die so genannten Exzesse, also gegen die Verweltlichung des Klosterlebens vorgehen musste, konnte er die Ordinariatsgewalt nur im altkirchlichen Rahmen ausüben. Einer anderen Haltung stand der von ihm in der Wahlkapitulation geleistete Eid, an der alten Religion nichts verändern zu wollen, entgegen. Diese Festlegung nutzten die Vertreter des Zisterzienserordens aus, um katholische Reformen in Bersenbrück und Rulle durchzuführen. Philipp Sigismund schaltete sich zwar ein, indem er 1613 mit der im Umkehrschluss verwendeten Berufung auf seine Wahlkapitulation, niemanden in seiner Konfessionsentscheidung hindern zu wollen, die Visitation untersagte. Das inzwischen weitgehend tridentinisch gesonnene Domkapitel stellte sich jedoch dagegen und bestärkte den Marienfelder Abt in der Fortsetzung der katholischen Reform.

Auch in Börstel kam es – was bisher nicht bekannt war – im November 1617 zu einer Visitation durch den Abt von Marienfeld,[899] der allerdings hier anders als in Bersenbrück und Rulle keine Paternität ausübte. Bis auf den Registereintrag bieten die Quellen keinen weiteren Aufschluss über das Ergebnis der Visitation. Da es hier zu einer Auflösung des Klosterlebens, zu den so genannten Exzessen, nicht gekom-

---

895 *Wegen unserer nun länger alß fur funffzig jharen gehaltener und continuirter chor- und kirchen ordnung und ublichen geprauch des herrn nachtmals in zweierlei gestalten zue reichen.* NLA OS Rep 100 Abschn. 338 Nr. 11 Pag 2r, März 1604.
896 NLA OS Rep 100 Abschn. 338 Nr. 11 Pag 2v.
897 Otto ZU HOENE, Die Raeckmann Chronik 1609-1639, Bersenbrück 1966, S. 119.
898 Vgl. Theodor PENNERS, Die Klöster im Bistum Osnabrück unter den protestantischen Fürstbischöfen um 1600, in: Westfalen 51 (1973), S. 197-209, hier S. 198f.
899 NLA OS Dep 91 b Akz. 2011/059 Nr. 831 (1617/18) 17r: *Den 14. 9br für deß abtes zu Marienfeld pferde 1 scheffel.* Abt in Marienfeld war von 1603-1610 Hermann Koelte.

men war und der Landesherr mit einer Wiederherstellung der Ordensregel nicht in die Pflicht genommen war, wurde die Visitation, anders als in den Paralleleinrichtungen, nicht dokumentiert.

Obwohl sich Philipp Sigismund an seinen in der Wahlkapitulation geleisteten Eid hielt, die katholische Religion zu schützen und keine Eingriffe in das katholische Kirchenleben vorzunehmen, förderte er die Ausbreitung und Festigung des lutherischen Bekenntnisses. Für Börstel wurde die von Herzog Christian von Braunschweig-Lüneburg herausgegebene evangelische Lüneburger Stifts- und Klosterordnung von 1619 „*Wie es in den Stifften und Clöstern zu halten*"[900] verbindlich, von der sich ein Exemplar in den landesfürstlichen Verwaltungsakten der Klöster und Stifte des Hochstifts befindet.[901] Sie schrieb mit der Verpflichtung auf die lutherische Sakramentsauffassung und den in deutscher Sprache zu haltenden Gottesdienst die Erneuerung des geistlichen Gehalts monastischer Lebensführung fest. Mit ihren Geboten zum Offenlegen der wirtschaftlichen und personellen Verhältnisse ermöglichte die Ordnung andererseits aber auch die umfassende obrigkeitliche Verwaltung der Klöster und etablierte damit das die nächsten Jahrhunderte bestimmende landesherrliche Kirchenregiment.

2.2. Pastoren in Börstel

Bei der Rechnungsabnahme im April 1610 ist als neuer Pastor Ludolph Gresell anwesend,[902] der bereits 1612 als Pastor nach Lohne geht. In dem von ihm erbetenen Zeugnis bescheinigt ihm Äbtissin von Althaus, dass er den Kirchendienst zufriedenstellend ausgeübt habe:

(wie sollichs alhir herkommens und im ublichen gebrauche) gehrne und fleißigh (und alß daß einem frommen prediger obligen und geburen thutt) zeitt seines alhir bei unß [...] verrichtet, auch in lehre und lebendt sich dermaßen bezeiget, daß ich und andere ambtz und stifftsjunffern damitt fridlich gewesen.[903]

Wie bereits im Zeugnis seines Vorgängers Hundeling wird auch bei Gresell deutlich, dass die Bewertung der Persönlichkeit des Pfarrers einen zunehmenden Stellenwert errungen hat. Hervorgehoben werden sein Fleiß, seine Frömmigkeit, seine persönliche Integrität und sein respektvoller Umgang mit dem Konvent. Der Bekenntnisstand allerdings wird nur verklausuliert wiedergegeben, war doch die lutherische Konfession zwar durch den Augsburger Religionsfrieden geschützt, die Lage in den geistlichen Fürstentümern jedoch durch den geistlichen Vorbehalt noch immer unsicher. Zum Besuch der Osnabrücker Synode fand sich Gresell nicht bereit, weshalb dem Offizial 1611 für zwei Jahre neun Schilling Absenzgebühr gezahlt werden mussten.

---

900 Die Kirchenordnung Herzog Christians wurde unverändert wiedergegeben in der Kirchenordnung Herzog Friedrichs von Braunschweig-Lüneburg, Lüneburg 1643 (Neudruck Hannover 1853).
901 NLA OS Rep 100 Abschn. 338 Nr. 12.
902 NLA OS Dep 91 b Akz. 2011/059 Nr. 822 (1608/1609) 21r: *Geschein in met anwesen heren Ludolphus Gresell prediger unnd kerckendiener darsulvest.*
903 NLA OS Dep 91 b Akz. 2011/059 Nr. 311 32r.

Sein Amt übernimmt für drei Jahre der 23-jährige Pfarrer Johann Klinkhammer, für den es die erste Anstellung nach seiner Weihe 1611 ist. Nach Ausweis der Synodallisten nahm Klinkhammer 1613 an der Synode in Osnabrück teil[904] und trat 1614 an die Stelle des lutherischen Pfarrers Hermann Borgel in der zum Niederstift Münster gehörenden Börsteler Patronatspfarre Herzlake.[905] Borgel war von dem münsterschen Generalvikar Dr. Johannes Hartmann abgesetzt worden, als 1612 Kurerzbischof Ferdinand von Bayern durch die von ihm betriebene Gegenreformation für eine Änderung der konfessionellen Verhältnisse sorgte.[906] Gertrud von Althaus bemühte sich im Oktober 1614 mit einer Eingabe an den Osnabrücker Domprediger und Kommissar des Emslandes, Wilhelm Deffte,[907] die Absetzung des Pastors Borgel zu verhindern.[908] Doch ihre Bemühungen waren ergebnislos. Borgel, der sein Amt seit 1589 ausgeübt hatte, musste aufgeben und sich außer Landes begeben. Das Stift zahlte daher seiner Frau Ilse 1614 eine geliehene Summe von sieben Talern zurück.[909]

Zu Ostern 1615 tritt Gresell erneut für drei Jahre in Börstel an. Der Vertrag[910] zwischen ihm und Gertrud von Althaus regelt überwiegend die materiellen Bedingungen, die den neuen Amtsträger erwarten: Anstelle des bisher üblichen freien Tisches in der Abtei bezieht der Pastor eine Wohnung im Pastorat mit Garten und Stallgebäude. Neben einem jährlichen Salär von zwanzig Talern erhält er zwei Molt und vier Scheffel Roggen, je einen Scheffel Bohnen und Salz, alle drei Wochen zwei Ringel[911] gewöhnliches Bier und viermal jährlich einen halben Ringel vom besten Bier. Dazu stehen ihm ein Schwein oder dessen Gegenwert von drei Talern zu, ein Schlachtschaf und alle vierzehn Tage zwei Pfund Butter. In der Fastenzeit erhält er zehn Pfund Stockfisch, jede Woche sechs Heringe und ein Pfund Baumöl. Außerdem gehören zum jährlichen Bedarf eines Pfarrers zwei Pfund Kerzen oder Talglichte, drei Pfund Öl oder Tran sowie sechs Fuder Torf und Holz. Jedes Jahr bekommt er zwei Hemdlaken und ein *Lobbelaken*. An hohen Festtagen und – wenn es

904 BAOs 03-09-01/02.
905 UNGER, Niederstift Münster, S. 269. Doch auch dort wurden 1618 Klagen gegen ihn vorgebracht, die die Auslegung der Katechese betrafen (BÖLSKER-SCHLICHT, Gegenreformation, S. 191). 1619 wurde er für die Pfarrkirche zu Essen präsentiert (HOFFMANN, Streit um das Reichsrecht, S. 256). 1644 ist er als Pastor in Ueffeln und 1653 als Pastor in Merzen nachgewiesen (BAOs KK).
906 Heinrich HACHMÖLLER, Die Rekatholisierung des Oldenburger Münsterlandes (1613-1624), in: Jahrbuch für das Oldenburger Münsterland 1986, S. 77-110, hier S. 79ff; BÖLSKER-SCHLICHT, Gegenreformation, S. 164.
907 Über dessen unrühmliche Rolle bei der Durchsetzung der Gegenreformation im Niederstift vgl. STÜVE, Geschichte 2, S. 485, 497ff.
908 NLA OS Dep 91 b Akz. 2011/059 Nr. 1316: *Waß maßen ich zeigern dieses unsers stifftzdienern und ambtman Arnoldum Kennings ettlicher werbungh halber (ab deßen ahn mich jungst den ersten huijus abgangangners (!) unnd eingehendigten monitorii, die kirche zu Heßlake betreffendt) mit genuchsamer instruction wollmeintlichen abgeferttigt, sollichs pliebet e g und gestr (negst anderpietungh meines freundtlichen ehrngrußes, und waß ich liebs unnd gutes vermagh) unverhalten.*
909 NLA OS Dep 91 b Akz. 2011/059 Nr. 828 (1614/15) 5v: *Ilschen der alten pastorschen zu Heßlake 7 th.*
910 NLA OS Dep 91 b Akz. 2011/059 Nr. 1269.
911 Ringel - ein hölzerner Zuber.

der Äbtissin gefällt – auch am Sonntag nach der Predigt wird er zur Mahlzeit in die Abtei geladen. Die Kündigungsfrist beträgt ein halbes Jahr. Die Neuregelung der Anstellungsmodalitäten des Pastors macht einen weiteren Schritt auf dem Wege der Konfessionalisierung in Börstel deutlich. Der lutherische Pfarrer ist kein Einzelgänger mehr, der am Tisch der Äbtissin verpflegt wird, er bringt eine Familie mit, die einen eigenen Hausstand führt. Ab Ostern 1618 folgte als neuer Pastor Anton Hollmann, der mit einer Ehefrau namens Anne verheiratet war. Von 1621 bis 1624 war Heinrich Brüning Pastor.[912]

2.3. Die Kirchenausstattung: Altäre und Bilder

Auf die Festigung des lutherischen Bekenntnisses verweisen wie gezeigt die entsprechenden Passagen in der Wahlkapitulation von 1611, in denen es heißt, dass eine künftige Äbtissin in der christlichen Religion keine Erneuerungen vornehmen und nichts gegen das Wort Gottes unternehmen dürfe. Ähnlich werden die Amtspflichten im Vertrag Pastor Gresells 1615 mit den Worten beschrieben, er habe den Kirchendienst zu Börstel *wie eß herkommens* und *in cerimonien und sonsten* so zu halten, *wie es hier und auch von ihm in persona eine zeittlangk exercirt* worden ist. Die Augsburgische Konfession hat achtzig Jahre nach Einführung der Reformation in den Augen der Verantwortlichen also bereits den Status des „alten Herkommens". Wie sich diese Auffassung in der liturgischen Praxis widerspiegelt, lässt sich genauer fassen, wenn man neben den schriftlichen Zeugnissen auch die in der Kirche erhaltenen Artefakte hinzuzieht und auf ihre Aussagen hin überprüft. Zu Beginn des 17. Jahrhunderts befanden sich die *ornamenta ecclesiae* in Börstel noch weitgehend in dem aus vorreformatorischer Zeit überkommenen Zustand, den Generalvikar Lucenius bei der Visitation 1625 wie folgt protokollierte:[913]

„In der Kirche drei Altäre. Der Chor, der [...] im hinteren Teil der Kirche erhöht ist, besteht aus einem Gewölbe. Ebendort im Chor ist das Sakrament in einer vergoldeten und verschlossenen Silberbüchse in der Wand mit einem angefügten brennenden Licht aufbewahrt und der Altar in der Mitte des Chores mit vielen Bildern und Reliquien geschmückt und zwischen anderen Reliquien in einer Hülle in Glas eingeschlossen ein Abbild der Gottesgebärerin, die einen kleinen Knaben in den Armen hält mit der Länge nach ausgestrecktem Finger, wovon gesagt wird, daß es der Ursprung der Gründung gewesen sei, [...]. Im Jungfernchor, der im übrigen fast schmucklos und verworfen ist, gibt es auch einige alte Bücher und alte Urkunden des Zisterzienserordens. Im Inneren des Gotteshauses sind die drei Altäre noch ehrenvoll genug bedeckt mit bäuerlich geschmückten Bildern. Es heißt, daß die Fürsorge für die Horen die katholische Seniorin Agnes Durgloe habe. Paramente noch würdig. Drei Kelche."

---

912 Brüning war 1613 Kaplan in Altenoythe. UNGER, Niederstift Münster, S. 270.
913 NLA OS Dep 91 b Akz. 2011/059 Nr. 278 (Abschrift und Übersetzung). Übersetzung bei PABST, Konfessionelles Nebeneinander, S. 75 f.; Vgl. Max BÄR, Das Protokoll des Albert Lucenius über die Kirchenvisitation von 1624/25, in: OM 25 (1900), S. 230-282.

Von den ehemals vier Altären waren demzufolge während der Amtszeit von Äbtissin Gertrud noch drei erhalten, der Hauptaltar auf dem Hochchor, der Johannesaltar auf dem Jungfernchor sowie einer der beiden Nebenaltäre in der Unterkirche. Auf dem Marienaltar befand sich das Marienbild mit dem Jesuskind, bemerkenswerterweise besonders geschützt durch eine Glaskugel. Daneben standen, wie es heißt, viele andere Bilder und Reliquien, von denen sich die Figuren des hl. Nikolaus, die beiden Standfiguren der hl. Katharina und eines Apostels mit Buch bis heute erhalten haben. Diese sowie die spätmittelalterliche Gruppe der Anna Selbdritt und die Skulptur des Christus am Kalvarienberg dienten weiterhin als Andachtsbilder.

Offensichtlich entsprach die Ausstattung der Kirche hinsichtlich der *invocatio sanctorum* den Ausführungen der Confessio Augustana, die im Artikel XXI. „Vom Dienst der Heiligen" erläutert: „Vom Heiligendienst wird von den Unseren also gelehret, daß man der Heiligen gedenken soll, auf daß wir unsern Glauben stärken, so wir sehen, wie ihnen Gnad widerfahren, auch wie ihnen durch Glauben geholfen ist; darzu daß man Exempel nehme von ihren guten Werken, ein jeder nach seinem Beruf."[914] Als Mittel zur Beförderung der Andacht sowie als Anschauungsmaterial für die nicht lesenden Gläubigen hatten die Heiligenfiguren demnach auch nach der Reformation ihren Stellenwert. Die lutherische Theologie wandte sich allein gegen die Anbetung der bildlichen Objekte und ihre besondere Verehrung durch Wallfahrten und Prozessionen sowie gegen die Zuweisung einer kultischen Funktion, die die bildlichen Objekte als Träger heiliger Kräfte begriff. Im Vertrauen auf den gnädigen Gott wurden keine Heiligenbilder mehr benötigt, musste Gottes Gnade nicht mehr erkauft werden.[915]

Auch drei Kelche, eine Patene, eine Hostiendose und die Textilornate (die „würdigen" Paramente) behielten ihren Platz im Ablauf des lutherischen liturgischen Zeremoniells wie auch die Verwendung einer – bei Lucenius nicht aufgeführten – mittelalterlichen Kusstafel. Diese bemalte Holztafel zählt zu den aussagekräftigsten Liturgika, die sich in Börstel erhalten haben, führt sie doch einen Brauch vor Augen, der darin bestand, den liturgischen Friedenskuss symbolisch von Hand zu Hand weiterzugeben. Die Beschreibung der Ausstattung zeugt von dem behutsamen Umgang mit dem Überlieferten, wie er sich in den Anweisungen vieler evangelischer Kirchenordnungen niederschlug, nach denen bemalte Tafeln, biblische Figuren und Bilder bleiben konnten, solange sie nicht Gegenstand des Glaubens und der Verehrung waren.[916] Die Lübecker Kirchenordnung von 1531 bringt diese Haltung auf den Punkt: Bilder de nicht hinderlick sint in der karcken, late wi staen.[917] Bilder zu haben, sei allein nicht unchristlich, solange sie nicht abgöttisch seien und angebetet

---

914 Confessio Augustana, Das Augsburgische Bekenntnis (1530), Lateinischer Text: Bekenntnisschriften der evangelisch-lutherischen Kirche (1930), Göttingen ⁴1959, S. 50-137, hier S. 83b.
915 Weimarer Ausgabe (im Folgenden WA): Martin LUTHER, Werke. Kritische Gesamtausgabe, Weimar 1883ff., 1. 399, S. 10-27.
916 Von der bewahrenden Kraft des Luthertums sprechen in diesem Zusammenhang verschiedene Autoren in dem Beitragsband von FRITZ (Hrsg.), Luthertum.
917 EKO 5, 513b.

würden. Die „Abgöttischen" jedoch müssten durch die Obrigkeit entfernt werden. An diesen Ausführungen wird einmal mehr deutlich, dass die lutherischen Theologen die Reformation des Kirchenwesens nicht als eine Abspaltung von der alten Kirche begriffen, sondern „als Bewahrung und Reformation dieser una ecclesia."[918] Zu berücksichtigen ist darüber hinaus auch, dass das religiöse Brauchtum auf dem Lande ein gegenüber der Stadt größeres Beharrungsvermögen hatte.[919] Schubert wertet das „Festhalten am Alten" geradezu als Kennzeichen der „niedersächsischen Frömmigkeitslandschaft".[920]

Die Fülle des Bewahrten bedeutete allerdings nicht, dass im Umgang mit Bildern und Gegenständen des Kultus keine Veränderung eintrat und alles beim Alten belassen wurde. Entfernt wurde die Reliquie des hl. Blutes, vor der täglich die sieben Horen von den Leiden Christi gesungen worden waren, und gegen deren Verehrung Luther an anderer Stelle heftig polemisiert hatte.[921] Auch die Memorienverpflichtungen für die Stifter wurden nicht weiter wahrgenommen. Selbst die Memorie für das Haus Oldenburg fiel dem Vergessen anheim, lediglich die Madonnenfigur aus dem Stiftungsgut erinnerte noch an die Ursprünge des Klosters. Auch Fahnen und Prozessionskreuze, Vasa sacra wie Monstranzen und Weihrauchfässer, die zur Ausstattung eines mittelalterlichen Frauenkonvents gehörten, wurden entfernt.

Über den Nonnenchor berichtet Lucenius, er sei entleert, zwar gäbe es noch einiges Schrifttum, jedoch keine Bilder mehr. Die Stiftsjungfern übten zwar noch ihren Chorgesang, beteten jedoch keine Bilder mehr an. Die Sprache der Verkündigung war deutsch, die Kenntnis der lateinischen Sprache wurde von den Stiftsjungfern – wie noch zu erläutern sein wird – nicht weiter gepflegt. Das vorreformatorische liturgische Schriftgut – Psalter, Brevier, Missale, lateinische Bibel und lateinisches Vokabular – hatte ausgedient. Die Buchseiten der nicht mehr benutzten liturgischen Bücher verwendete man als Einbandmaterial.[922] Ein Rechnungsregister des Amtes Fürstenau von 1621, das im Besitz des Stifts verblieben ist, ist das älteste archivalische Zeugnis, das mit Fragmenten einer lateinischen Bibel verstärkt wurde.[923]

Und auch Neues trat hinzu: Gertrud von Althaus erwarb 1612 ein neues Kreuz für den Chor, dessen Kosten von mehr als sieben Talern der Äbtissin trotz des strapa-

---

918 UNGER, Niederstift Münster, S. 143. Hier auch der Verweis auf Werner ELERT, Morphologie des Luthertums Bd. 1: Theologie und Weltanschauung des Luthertums hauptsächlich im 16. und 17. Jahrhundert, München ³1965, I, S. 240-245.

919 Werner FREITAG, Tridentinische Pfarrer und die Kirche im Dorf, in: Norbert Haag, Sabine Holtz u. a. (Hrsg.), Ländliche Frömmigkeit. Konfessionskulturen und Lebenswelten 1500-1850, Stuttgart 2002, S. 85.

920 Ernst SCHUBERT, Kirche und Volksfrömmigkeit im späten Mittelalter, in: Hucker u.a. (Hrsg.), Niedersächsische Geschichte, S. 268-274.

921 WA 38, S. 103f.

922 An Handschriftenfragmenten finden sich im Stiftsarchiv zwei Blätter aus einem Brevier und Fragmente einer lateinischen Bibel aus dem 14. Jh. sowie ein Blatt eines lateinischen Vokabulars aus der ersten Hälfte des 14. Jahrhunderts. Für die Identifizierung der Fragmente danke ich Dr. Sven Limbeck von der Herzog August Bibliothek Wolfenbüttel.

923 Mit Makulatur verstärkt wurde ebenfalls die Abschrift eines Auszuges aus der *Capitulatio Perpetua* von 1650. (NLA OS Dep 91 b Akz. 2011/059 Nr. 278).

zierten Stiftshaushaltes nicht zu hoch erschienen.[924] Die Annahme wird nicht falsch sein, dass Gertrud mit der Aufstellung eines Kreuzes dem Chor, der nun nicht mehr dem Klerus vorbehalten war, sondern als Abendmahlsraum genutzt wurde, eine besondere Würde verleihen wollte. Austeilung des Abendmahls bedeutete – *wie eß herkommens* – Darreichung in beiderlei Gestalt. Der Streit um den Laienkelch, der andernorts – vor allem in den Frauenklöstern des Fürstentums Lüneburg[925] – generationenlang die Gemüter bewegte, lässt sich für Börstel nicht nachweisen.

Die langsam sich vollziehende Konfessionalisierung wird auch im Profanbereich deutlich, wobei der Wandel des Sprachgebrauchs Aufschluss über die veränderte Funktion der Baulichkeiten gibt. Zu den Wohngebäuden zählte neben der Abtei das Nonnenhaus im Westflügel. Von der sprachlichen Umwandlung der alten Kemenate Mette Maneels in die Abtei Lucretia von Langens war schon die Rede. Für das ehemalige Nonnenhaus im Westflügel wählten beide Äbtissinnen während des Jahrhunderts der Reformation den Begriff „Steinhaus" oder „Dormitorium." Erst unter Gertrud von Althaus heißt es 1618, dass das Dach des *stiftz gebew* repariert wurde. Die Benennung verdeutlicht, dass die Klausur aufgehoben ist und sich einige Stiftsdamen im Westflügel eigene Wohnungen eingerichtet haben. 1654 wird erstmals die Bezeichnung *capittelhauß* verwendet. Der konfessionell bedingte Funktionswandel des Gebäudes vom Schlafsaal der Nonnen zu einzelnen Wohnungen der Stiftsjungfern fließt ein in den Sprachgebrauch des Konvents und gibt somit Auskunft über dessen Selbstverständnis. Ähnliches gilt für das außerhalb der Klausur gelegene Propsteigebäude, das Wohnhaus der Amtspersonen, ursprünglich des Propstes, später des Priesters. Noch Lucretia von Langen ließ dort 1576 die Kammern des „Kaplans" renovieren. Erst seit Amtsbeginn Äbtissin Gertruds wird von den Fenstern in der *pastorey* gesprochen, später dann vom Pastorat. Die sich ändernden konfessionellen Verhältnisse schlugen sich auf diese Weise auch in der Bezeichnung des Propsteigebäudes nieder.

3. Die Außenwelt

3.1. Börstels Beitrag zum Lustschloss Freudenthal

Die ersten zehn Jahre zwischen dem Waffenstillstand von Antwerpen 1609 und dem Ausbruch des 30jährigen Krieges, waren die einzigen ruhigen Jahre der Regierungszeit von Äbtissin von Althaus. Im Oktober 1614 hatte der spanische Generalleutnant Ambrosius Spinola in seinem Feldlager vor Wesel in einem Schutzbrief für das Hochstift Osnabrück seinen Soldaten bei Leibesstrafe befohlen, *des landes und capittels zu Oßnabrugk underthanen und guterenn keinen schaden zu thuen, dieselben nicht zu beschweren oder zu benhemmen, noch auch gegen einigen vorgedachten landes Oßnabrugk eingesessenen keiner ungepuer sich zu betzeigenn.* Eine Kopie dieses Schutzbriefes war auch dem Stift ausgestellt worden.[926]

---

924 NLA OS Dep 91 b Akz. 2011/059 Nr. 825 (1611/12) 4v: *Für ein neweß creutz, daß chor zu sollichen sthenen und die spillen zu stälen und ander werk 7 tlr. 3 ß 6 d.*
925 Vgl. OLDERMANN, Kloster Walsrode, S. 61ff.
926 NLA OS Dep 91 b Akz. 2011/059 Nr. 277.

Gravierend schlugen allerdings erneut die Kosten für die Besuche Philipp Sigismunds zu Buche, der sich im Frühjahr 1618 mit Beamten, Hofdienern und Junkern einquartierte. Neben Wein, Bier und Konfekt musste das Stift für sechzig Taler achtzehn Molt Hafer zur Versorgung der Pferde zukaufen. Der Futtermarschall Johann Sack erhielt eine „Verehrung", wohl in der Hoffnung ihn freundlich zu stimmen und die Zahl der Einlogierten geringer zu halten.[927] Als der Speckvorrat zur Versorgung der Hofdiener verbraucht war, mussten zusätzlich zwei feiste Schweine für dreizehneinhalb Taler gekauft werden. Ein weiteres Mal wurden die fürstlichen Pferde im Oktober und November 1620 in Börstel untergestellt und mit insgesamt zehn Molt Hafer versorgt.

1622, ein Jahr vor dem Tod des Bischofs, verlangte dieser zudem eine ungewöhnliche Zuwendung. Das Stift sollte dem Fürsten *zu untertheniger verehrungh* zehn Taler senden, die zu *ewiger gedechtnuß* des Stifts für das in Iburg gelegene Lustschlösschen Freudenthal verwendet wurden.[928] Dieses Gebäude hatte Philipp Sigismund zwischen 1594 bis 1597 auf dem ehemaligen bischöflichen Vorwerk, der Poggenburg, errichten[929] und dazu einen mit schönen Bildsäulen geschmückten Lustgarten anlegen lassen, über den es im vierten Teil der Osnabrücker Chronik heißt: *darneben ließ Ihre Fürstliche Durchlauchtigkeit einen trefflichen, schönen Lustgarten bereiten, welcher alle diejenigen, so darin kamen, nicht wenig belustigete, und wurd derselbe Lustgarte der Freudenthal genennet.*[930] Die Frage stellt sich, in welcher Weise die zehn Taler am Haus Freudenthal zur Verwendung kamen. Richtet man den Blick auf das Obergeschoss, so fällt auf, dass der Außenbereich des hier ehemals gelegenen Festsaals mit insgesamt vierundzwanzig farbig gefassten Eichenholzfiguren geschmückt ist, von denen sich die Reihen an der Südfront und den beiden Schmalseiten bis heute erhalten haben. Vorstellbar ist es, dass das Stift sich mit der Stiftung einer oder mehrerer der vierundzwanzig Figuren, die dem Bildhauer Adam Stenelt zugeschrieben werden,[931] das besagte „ewige Gedächtnis" erwerben musste (in Anbetracht der Haushaltslage des Stifts wird es sich kaum um einen freiwilligen Beitrag gehandelt haben), während die übrigen Figuren von anderen Institutionen – Domkapitel, Klöstern oder Vertretern der Amtsbezirke und Städte – finanziert wurden. Offensichtlich war es ein Anliegen Philipp Sigismunds, seinen

927 NLA OS Dep 91 b Akz. 2011/059 Nr. 831 (1617/18) 4v: *Item dem futter marschalk Johan Sack zu verehrungh, daß mitt einlosierungh der anschlagh mögte gelindertt werden, 1 golfl. und 1 rthl., facit 2 tlr. 1 orth.*
928 NLA OS Dep 91 b Akz. 2011/059 Nr. 836 (1621/1622) 3r: *Fürstl. G. zu untertheniger verehrungh und diesem Stifft Borstell ewiger gedechtnuß am Frewdenthall bei Iburgk p. 10 tlr.*
929 VOM BRUCH, Osnabrück, S. 35.
930 Erdmann-Lilie-Chronik, S. 87. – Zitiert nach Stüve, Carl (Hrsg), Annales monasterii S. Clementis in Iburg collectore Mauro abbate. Die Iburger Klosterannalen des Abts Maurus Rost (Osnabrücker Geschichtsquellen und Forschungen 3), Osnabrück 1895 (Nachdruck Osnabrück 1977), S. 265.
931 Marie THIELEMANN, Philipp Sigismund, Fürstbischof von Osnabrück und Verden, in seiner kulturellen Wirksamkeit (1586-1623), in: OM 78 (1971), S. 81-94, hier S. 86f.; Reinhard KARRENBROCK, Adam Stenelt, in: Hans Galen, Helmut Ottenjann (Hrsg.), Westfalen in Niedersachsen. Kulturelle Verflechtungen: Münster - Osnabrück - Emsland - Oldenburger Münsterland, Cloppenburg 1993, S. 215-219.

Rang und Status, dessen Renommee durch die verweigerte päpstliche Bestätigung geschmälert war, durch eine vermehrte Bautätigkeit zu visualisieren.[932] Davon zeugt nicht nur der Ausbau der Iburger Residenz, sondern auch die Errichtung des Lustschlösschens Freudenthal, zu dem auch Börstel einen Beitrag leisten durfte.

Neben der Vorliebe für Architektur und Kunst attestierten Zeitgenossen Philipp Sigismund auch ein ausgeprägtes Interesse an Geschichte und Wissenschaften.[933] Dazu zählte unter anderem die Förderung des Geographen Johannes Gigas,[934] der sich durch die Erstellung exakter geographischer Karten einen Namen gemacht hatte. Eine von ihm gezeichnete Landkarte (heute von unschätzbarem Wert, aber leider verloren) erwarb das Stift 1629 für zwei Taler.[935]

3.2. Die Sedisvakanzregierung

Inzwischen wurden die Auswirkungen der ersten Phase des Dreißigjährigen Krieges, des böhmisch-pfälzischen Krieges, auch im Nordwesten des Reiches spürbar. Im Sommer 1620 sorgte zunächst die Inhaftierung des alten Stiftsdieners Hannibal Köhne in der Festung Bourtange für Aufregung.[936] Er hatte sich auf dem Wege nach Friesland befunden, um die jährlichen Butter- und Heringseinkäufe zu tätigen. Zur Auslösung Köhnes musste das Stift den Soldaten in *Benninghwaldersiel* neben einem Hemdlaken und einem Eichelschinken fünfzig Taler zahlen.[937] Als Hannibal zurückkehrte, erhielt er *für erlittene und außgestanden schmach* zwei Taler Schmerzensgeld.

Im Spätherbst 1622 fiel der Parteigänger des Winterkönigs Friedrich V. von der Pfalz, Graf Ernst von Mansfeld, mit seinen wegen ihrer Disziplinlosigkeit gefürchteten Truppen in das Niederstift Münster ein und besetzte im November die befestigten Städte Meppen, Haselünne und Vechta.[938] Im Frühjahr 1623 war auch Herzog Christian von Braunschweig-Lüneburg auf dem Weg nach Ostfriesland, um sich den mansfeldischen Truppen anzuschließen. Herzog Christian hatte bereits im Januar 1622 in seinem Hauptquartier in Lippstadt einen Schutzbrief ausstellen lassen, in

---

932 Zu den Bemühungen Philipp Sigismunds, seine Stellung durch das Mittel der „ikonographischen Selbstinszenierung" zu legitimieren vgl. Klaus NIEHR, Nützliche Geschichte: Über Konzeption und Medialität des Osnabrücker Bischofsbuchs, in: OM 113 (2008), S. 11-60.
933 NIEHR, Nützliche Geschichte, S. 56; STÜVE, Geschichte 2, S. 556.
934 Dr. Johannes Gigas (1582-1637) verfasste gegen 1616 die so genannte "Schaukarte vom Bistum Münster". Vier Jahre später erschien in Köln der Gigas-Atlas "Prodomus Geographicus", heute nur noch in 10 Exemplaren vorhanden. Josef Bernhard NORDHOFF, Artikel Johann Gigas, in: ADB Bd.9, S.167f.
935 NLA OS Dep 91 b Akz. 2011/059 Nr. 845 (1629/30) 2v: *Vür die landtkarte, so doctor Gigas geschickt, gegeben 2 tlr.*
936 NLA OS Dep 91 b Akz. 2011/059 Nr. 834 (1619/1620) 4v: *Wegen deßenn, daß Haniball Köhne, dieses stifftz alter diener, in der Burtangen unfueglichen und wider alle billigkeit, gefencklichen angehalten worden, zu außungskosten, schlauttgelt und bottenlohn erlagen mußen 14 tlr.*
937 Dasselbe Schicksal ereilte 1624 den Pfarrer von Herzlake, für den ebenfalls ein Lösegeld von 50 Reichstalern gezahlt werden musste. BÖLSKER-SCHLICHT, Gegenreformation, S. 222.
938 Vgl. Georg SCHMIDT, Der Dreißigjährige Krieg, München 1995.

dem er aus besonderem Wohlwollen und wegen der nahen Verwandtschaft zu Bischof Philipp Sigismund[939] das Hochstift Osnabrück verschonen wollte: *mit allen undergehörigen kloisteren, stedtten, dörpfferen, flecken und baurschafftenn, [...] von allen gewaldtt, beraubungenn, plünderungen, brennungen und inquartirungen, allerdings befreyet und unbeschedigt sehenn und haben wöllenn.* Eine beglaubigte Abschrift dieser *Salvaguardi* war auch dem Stift Börstel zugestellt worden.[940]

Am 22. März 1623 starb Bischof Philipp Sigismund, über den Abt Maurus Rost in seinen Annalen berichtete,[941] er sei weder krank noch altersschwach gewesen, son-dern von Kummer ausgezehrt, vor allem wegen der Kriegszüge seines Neffen, Her-zog Christian von Braunschweig-Lüneburg. Darüber hinaus attestierte er ihm ein gutes Verhältnis zum Domkapitel und zu seinen Untertanen. Nach seinem Tod wurde das Stift in den Strudel der politischen Auseinandersetzungen um die Nach-folge des Bischofs hineingezogen.[942] Philipp Sigismund hatte seit Kriegsbeginn mit einer strengen Neutralitätspolitik das Ziel verfolgt, das Hochstift aus den Kämpfen zwischen Protestanten und Katholiken herauszuhalten. In seinen Bemühungen um einen protestantischen Nachfolger hatte er 1618 seinem Favoriten, dem dänischen Prinzen Friedrich, eine Pfründe im Osnabrücker Domkapitel verschafft. Das An-wachsen gegenreformatorischer Kräfte unter den Domkapitularen seit Beginn des Jahrhunderts hatte jedoch dessen Wahl verhindert. Die vom Domkapitel eingesetzte Sedisvakanzregierung postulierte daher am 17. April 1623 in geheimer Wahl einen süddeutschen Fürsten zum Bischof, den der Kurie und dem Kölner Kurfürsten nahe-stehenden Kardinal Eitel Friedrich von Hohenzollern. Eitel Friedrich, der bereits 1612 in Vorschlag gebracht worden war,[943] hielt sich in Rom auf und nahm die Wahl erst im Juni 1623 an. Er blieb auch weiterhin in Rom, bis die päpstliche Kon-firmation im Oktober 1623 und die Übergabe der Stiftsregalien im März 1624 er-folgte. Während dieser achtzehn Monate dauernden Vakanzzeit wurde das Amtshaus Fürstenau von Interimsbeamten, dem Dompropst Sixtus von Liaukema[944] und dem Dechanten Theodor (Dietrich) Morrien,[945] Bruder des Rentmeisters Hermann Morrien, verwaltet, zu deren Ankunft Stift Börstel einmal mehr Wein und Gewürze beisteuern musste.[946]

---

939 Philipp Sigismund war der Bruder von Christians Vater Heinrich Julius von Braun-schweig-Lüneburg.

940 NLA OS Dep 91 b Akz. 2011/059 Nr. 277.

941 STEINWASCHER, Quellen zum Dreißigjährigen Krieg, Die Iburger Klosterannalen des Abtes Maurus Rost, S. 42.

942 Vgl. Friedhelm JÜRGENSMEIER, Konfessionelle Weichenstellung für das Bistum Osna-brück in den Jahren 1623 und 1625, in: Kaster/Steinwascher (Hrsg.), 450 Jahre Reforma-tion, S. 587-602, hier S. 594ff.

943 Vgl. Friedrich RUNGE, Die Wahl des Kardinals Eitel Friedrich von Hohenzollern zum Bischof von Osnabrück, in: OM 24 (1899), S. 156-199, hier S. 156ff; GROßE-KRACHT, Trienter Konzil, S. 82.

944 Sixtus von Liaukema, Kanoniker von 1594 bis 1638, Dompropst seit 1617. HOFFMANN, Domherren, Nr. 41.

945 Theodor (Dietrich) Morrien, Kanoniker von 1582 bis 1633 (HOFFMANN, Domherren, Nr. 35). Der Grabstein befand sich bis zum 19. Jahrhundert im Dom zu Osnabrück (WEHKING, Inschriften, Nr. 285).

946 NLA OS Dep 91 b Akz. 2011/059 Nr. 837 (1622/1623) 2v: *Uff der itzigen hern sede-vacante befellighhabere zur Furstenaw ankunfft, ahn wein und gewurtz 4 tlr. 5 ß 3 d.*

Nach dem Rückzug der protestantischen Truppen aus dem Nordland besetzten vom Januar bis Juli 1623 zwei ligistische Reiterregimenter unter dem Kommando des Feldmarschalls Johann Jakob von Anholt[947] die Städte Quakenbrück und Vörden. Zu Ostern bedrohten einundzwanzig Reiter Anholts auf der Suche nach Lebensmitteln das Stift und mussten verköstigt werden. Dabei plünderten sie auch die Felder des Heuermanns und raubten seine besten Rinder. Im August 1623 folgten die kaiserlich-ligistischen Truppen des bayerischen Feldherrn Tilly, um den verbündeten Spaniern gegen die aufständischen Niederlande zu Hilfe zu kommen. In dieser Zeit durchzogen protestantische und kaiserliche Truppenverbände sowie spanische und niederländische Soldaten die Osnabrücker Nordlande. Das Stift erwirkte von Generalleutnant Tilly in Quakenbrück zunächst einen Schutzbrief,[948] danach zusätzlich zwei Schutzwachen, für die acht Taler zur „Verehrung" entrichtet werden mussten.[949] Doch auch diese beiden, Baron Merode und der Kavalier Johann Rudolf Puchart, die sich im August mit ihren Reisigen – ihren Knechten und Dienern – in Börstel einquartierten, konnten keinen dauerhaften Schutz gewähren. Das Land hatte weniger unter direkten Kampfhandlungen als unter der Art der Kriegsführung, den zahlreichen Einquartierungen und den hohen Kontributionsforderungen zu leiden. Konnten diese ohne Rechtsgrundlage allein nach den Bedürfnissen der Heerführer erhobenen Forderungen von der Bevölkerung nicht aufgebracht werden, blieben die Befehlshaber ihren Soldaten den Sold schuldig. Das wiederum zwang die Söldner dazu, ihren Lebensunterhalt aus den Vorräten der Bevölkerung zu requirieren. Kleine Haufen versprengter Soldaten, die zur Selbstunterhaltung gezwungen waren, durchstreiften plündernd das Land und erzwangen die Herausgabe von Lebensmitteln. Am Silvesterabend 1623 sandte der Berger Pastor Hector der Äbtissin eine von überschwänglichen guten Wünschen für das neue Jahr begleitete, leider nicht näher beschriebene persönliche Neujahrsgabe. Deutlich wird aus seinem Seufzer: *Gott lob und danck diss olde böse jair verflossen undt hinwegh ist*,[950] dass den Menschen offensichtlich viel Leid widerfahren war.

1624 hatte sich das Stift an den Kontributionszahlungen für die in Quakenbrück liegenden kaiserlichen Soldaten zu beteiligen. Daneben waren Erpressungsgelder an einen ligistischen Korporal mit fünfundzwanzig Soldaten sowie an sechzig königlich-spanische Reiter zu zahlen, weil das Stift ihnen kein Bier vorsetzen konnte.[951]

1625 musste Börstel siebenundfünfzig Taler an Abzugsgeldern zahlen, als Söldner der in Fürstenau stationierten Schutztruppe des kaiserlichen Obristen zur Nersen[952] hier *wie an andern ortten, stifft und clostern geschehen, husen wollten*.[953] Um den

---

947 Johann Jakob Graf von Bronckhorst, Graf von Anholt, (1580-1630) war General der katholischen Liga im Dienste Maximilians I. von Bayern, 1629 im Dienst Wallensteins.
948 NLA OS Dep 91 b Akz. 2011/059 Nr. 837 (1622-1623) 2v: *Für eine schrifftliche salvaguardiam, von Quakenbrugh beim obersten alda außgewurkt 3 tlr.*
949 Ebd.: *Item eine andere salvaguard, und dabei eine lebendige außpracht, kostet an verehrungh und schreibgeltt 8 tlr.*
950 NLA OS Dep 91 b Akz. 2011/059 Nr. 291.
951 NLA OS Dep 91 b Akz. 2011/059 Nr. 838 (1623/1624) 3r: *Zu abkauffungh 60 konningscher soldaten in mangell biers p geben 2 tlr.*
952 STÜVE, Geschichte 3, S. 48.
953 NLA OS Dep 91 b Akz. 2011/059 Nr. 839 (1624-1625) 3v.

drohenden Raub des Viehbestandes zu verhindern, war außerdem ein Lösegeld von achtundzwanzig Talern zu entrichten. In beiden Jahren waren die ligistischen Kapitäne Luttersheim und Metternich in Börstel einquartiert und mussten mit ihren Pferden verpflegt werden.

Bei all diesen Plünderungen und Bedrohungen war das Stift auf sich selbst gestellt. Von der schwachen Sedisvakanzregierung war kein Schutz zu erwarten, sie wartete auf die Ankunft ihres Postulierten, die sich bis zum Herbst 1624 hinzog. Der Äbtissin wurde am 23. Mai 1624 lediglich eine Anweisung zugestellt, in welcher der Offizial Jost Friedrich von Vincke[954] die drei ersten Freitage des Monats Juni zu Gebetstagen erklärte. Die Gebetstage seien so zu begehen, *das ihre anbefohlene zu wahrer bueß auch besserungh ihres lebents bevorab zu diesen betrubten zeiten ernstlich ermahnet und Gott Almechtigen umb gnedigh abwendungh für augen schwebender kriegsgefahr, tewere zeit, auch beschwerlichen kranckheiten und sonst fleissigst erpetten.*[955]

3.3. Die Einleitung der Gegenreformation durch Bischof Eitel Friedrich von Hohenzollern (1623-1625)

Erst nach vielfachem Drängen traf Bischof Eitel Friedrich[956] im Oktober 1624 in Iburg und am 13. Dezember zur Einführung in Osnabrück ein.[957] Für Börstel bedeutete der Einzug des Bischofs zunächst die Lieferung des herkömmlichen „unsträflichen" Bettes mit *pfull, hovetkußen und decken* für zehn Reichstaler.[958] Darüber hinaus erhielt auch der Osnabrücker Kanzler neben einem *schöne*(n) *naßtuch*[959] noch einen Goldgulden. Selbstverständlich zahlte das Stift auch die Überbringungskosten und die Trinkgelder für die Bediensteten des Bischofs.

Nachdem die überwiegend evangelischen Bischöfe des Reformationsjahrhunderts sich in ihren Konfessionalisierungsbemühungen weitgehend zurückgehalten hatten, leitete Eitel Friedrich sofort eine breit angelegte Gegenreformation im Hochstift ein. Ziel seiner geistlichen Reformarbeit war die Reformierung des Klerus im Sinne des Tridentinums. Als erste Regierungshandlung verfügte er die Entlassung aller lutherischen Prediger, das Verbot des Laienkelchs, die Verpflichtung der Priester auf das Zölibat und die Reform der Liturgie im tridentinischen Sinne. Mit der zunächst notwendigen Bestandsaufnahme des kirchlichen Lebens im Hochstift beauftragte er im Amt des Generalvikars Albert Lucenius,[960] der vom 27. November 1624 bis zum 17. Mai 1625 die Visitation aller Kirchspiele, Klöster und Stifte im Osnabrücker Land

---

954 Jost Friedrich von Vincke, Kanoniker von 1619 bis1660. HOFFMANN, Domherren, Nr. 68.
955 NLA OS Dep 91 b Akz. 2011/059 Nr. 1240.
956 Michael FELDKAMP, Art. Eitel Friedrich, Graf von Hohenzollern-Siegmaringen, in: Gatz (Hrsg.), Bischöfe, S. 149-150.
957 GROSSE-KRACHT, Trienter Konzil, S. 86.
958 NLA OS Dep 91 b Akz. 2011/059 Nr. 839 (1624/1625) 2v.
959 Wohl ein Handtuch oder ein Waschlappen.
960 Zu den Aufgaben und der Rolle des Generalvikars vgl. ausführlich GROSSE-KRACHT, Trienter Konzil, S. 96ff.; Kurzbiografie von Theodor PENNERS in: Rainer Hehemann, (Hrsg.), Biographisches Handbuch zur Geschichte der Region Osnabrück, Bramsche 1990, S. 187.

durchführte.[961] Neben der Überprüfung der Einkünfte und des Zustandes von Kirchen und deren Ausstattung stand die Beurteilung von Bildung, persönlichen Lebensumständen und Amtsverständnis der Seelsorger im Zentrum des Interesses. In der Frage nach dem Bekenntnis von Gemeinde und Pastoren offenbarten die Visitationsprotokolle eine bunte Gemengelage von Auskünften. Zahlreiche Prediger waren eine Ehe eingegangen und spendeten das Sakrament in beiderlei Gestalt. Sie wurden von Lucenius aber dennoch nicht der evangelischen Konfession zugerechnet, sondern nur diejenigen, die sich offen zur Augsburgischen Konfession bekannten,[962] galten als nicht-katholisch, mit der Folge, dass sie ihrer Stelle enthoben wurden.[963]

In Börstel traf der *vicarius in spiritualibus* Lucenius am 15. April 1625 mit sechs Pferden ein.[964] Das Protokoll der am 2. Mai 1625 in der Stiftskirche stattfindenden Visitation[965] bestätigt die spezielle Form des geistlichen Lebens, die sich in Börstel entwickelt hatte: Fünf evangelische, zwei katholische und drei konfessionell unentschiedene Stiftsjungfern hielten gemeinschaftlich Gottesdienst. Als katholisch bezeichneten sich gegenüber Lucenius die Priorin Agnese von Dorgelo und Elisabeth Kerstapel. Zum lutherischen Glauben bekannten sich Äbtissin Gertrud von Althaus und die vier Damen aus dem Niederstift, die beiden Schwestern von Haren, Magdalena von Dorgelo und Elisabeth Kobrinck. Die bereits sehr betagte Seniorin Sophie von Wullen und die beiden jüngsten Stiftsjungfern Ida Elisabeth von Munster und Gertrud von Althaus bezeichneten sich als *dubiae fidei*. Ihnen erschien es vermutlich sicherer, erst einmal abzuwarten, welche Maßnahmen der neue katholische Landesherr ergreifen würde. Dass auch die *dubiae fidei* das Abendmahl in beiderlei Gestalt nahmen, geht aus der Aussage Magdalena von Dorgelos aus dem Jahre 1656[966] (zu dieser Zeit Äbtissin) hervor, nach der 1625 lediglich zwei katholische Stiftsdamen an hohen Festtagen in anderen Kirchen kommuniziert hätten.[967] Alle übrigen (also auch die *dubiae fidei*) hätten das Abendmahl in beiderlei Gestalt in Börstel gefeiert. Es war von daher folgerichtig, dass bei der konfessionellen Zuordnung Börstels zur *Confessio Augustana* in der *Capitulatio Perpetua* von 1650, die *dubiae fidei* den lutherischen zugezählt wurden.

---

961 Wilhelm WÖBKING, Der Konfessionsstand der Landgemeinden des Bistums Osnabrück am 1. Januar 1624, in: OM 23 (1898), S. 134-201, hier S. 95-97.

962 Nach STÜVE, Geschichte 3, S. 42, bezeichneten sich 12 von 54 Geistlichen als lutherisch, 7 bis 8 als katholisch. Nach GROßE-KRACHT, Trienter Konzil, S. 108, waren 16 von 69 visitierten Geistlichen evangelisch.

963 So GROßE-KRACHT, Trienter Konzil, S. 107.

964 NLA OS Dep 91 b Akz. 2011/059 Nr. 839 (1624/1625) 14v: *Den 15. Aprilis […] für deß vicarii in spir. 6 pferde 2 sch.*

965 BÄR, Protokoll, S. 272f.; PABST, Konfessionelles Nebeneinander, S. 75ff.

966 Hier ist WÖBKING, Konfessionsstand, S. 96, zu korrigieren, der vom Jahr 1649 und von einer katholischen Jungfer spricht.

967 NLA OS Dep 91 b Akz. 2011/059 Nr. 278 (7. Februar 1656) 1v: *Doch konnen die zwei catholische prabenden wie sie ao. 1624 gewesen in alles pleiben, auch auff die hohen festtage die zwei catholische junffern ihren catholischen dienst nach ihren belieben an anderen ortern abzuhalten.*

Zum Zeitpunkt der Visitation fand in Börstel bereits seit neunzig Jahren lutherischer Gottesdienst statt. Auf den bisherigen Amtsträger Heinrich Brüning war gegen Advent 1624 Pastor Conrad Cruse (1624-1644) gefolgt, der erste Pastor, der in Börstel fast zwanzig Jahre lang Dienst tat.[968] Cruse entstammte einer Pastorendynastie und war 1590 als Sohn des gleichnamigen lutherischen Pfarrers und Enkel des Pfarrers Heinrich Cruse in Hagen geboren.[969] 1620 in Köln geweiht, wurde er zunächst Kaplan in Hagen.[970] In seinem Anstellungsvertrag vom 11. November 1624 heißt es nur vage, dass er sich mit seinen *documentis ordinationum* als eine *genuchsamb qualificirte person* ausgewiesen habe.[971] Nach der Postulation Eitel Friedrichs hielt sich Äbtissin von Althaus in der Beschreibung der Amtspflichten des Predigers offensichtlich lieber zurück. Dass die gegenreformatorischen Maßnahmen Eitel Friederichs in Börstel zunächst nicht griffen, zeigt der enge Kontakt, den das Stift gerade zu denjenigen Domkapitularen hielt, die 1623 der Wahl Eitel Friedrichs widersprochen bzw. sich enthalten hatten.[972] Einer davon, der Domkantor Heinrich von Mallinckrodt,[973] war im Oktober 1624 gemeinsam mit Rentmeister Eberhard Morrien zu Besuch in Börstel.[974] Ein weiterer, der Domscholaster Ludolph von Varendorf,[975] besuchte im Mai 1630 gemeinsam mit dem Kapitelsekretär Börstel und vertrank mit Äbtissin und Konventualinnen einige Maß Wein.[976] Varendorf war das einzige Mitglied des Domkapitels, das sich noch Ende 1626 standhaft weigerte, sich von seiner Frau zu trennen.[977] Nur aufgrund seiner hohen Position konnte Lucenius gegen ihn nicht mit derselben Strenge vorgehen wie gegenüber den niederen Klerikern, die er bei Festhalten an der Priesterehe mit Suspendierung vom Amt bestrafte.

---

968 NLA OS Dep 91 b Akz. 2011/059 Nr. 839 (1624/1625) 2v: *Domino Conrado Krusio itziger pastori sp. archae 1 tlr.* 4r: *Domino Pastori Con. Krusio uff ein jahr 20 tlr.* Diese Registereinträge korrigieren die Annahmen DÜRINGS (Stift Börstel, S. 61), der als Einstellungsdatum bereits Ostern 1624 und WÖBKINGS (Konfessionsstand, S. 96), der Ostern 1625 annimmt. Von wirklicher Bedeutung ist allerdings nur, wie auch Wöbking feststellte, dass am 1. Januar 1624 zweifelsfrei Heinrich Brüning im Amt war.

969 Aussage des Vaters Konrad Cruse in den Visitationsprotokollen. Vgl. WÖBKING, Konfessionsstand, S. 97, und PABST, Konfessionelles Nebeneinander, S. 17.

970 BAOs KK.

971 NLA OS Dep 91 b Akz. 2011/059 Nr. 1271.

972 STÜVE, Geschichte 3, S. 19.

973 Heinrich von Mallinckrodt, Kanoniker von 1597 bis 1646. Domkantor seit 1616, 1622 Dompropst von St. Johann. HOFFMANN, Domherren, Nr. 47.

974 NLA OS Dep 91 b Akz. 2011/059 Nr. 839 (1624/1625) 2v: *Jegen deß hern sankmeisters Hen. Mallinghurth ankunfft für wein 3 tlr. 6 ß.* 14v: *Den 5. und 6. Octobris für des hern sankmeisters und Eberhard Morrien pferde 7 sch.*

975 Ludolph von Varendorf, Kanoniker von 1585 bis 1631. HOFFMANN, Domherren, Nr. 36.

976 NLA OS Dep 91 b Akz. 2011/059 Nr. 845 (1629/30) 2r: *Alß der thumbscholaster Warendorff in Osnabrugh neben eins hochehrw. thumbcapitulls secretario daselbsten alhir gewesen an wein getruncken vür 2 tlr 10 ß 6 d.*

977 GROßE-KRACHT, Trienter Konzil, S. 158f.

3.4. Bischof Franz Wilhelm von Wartenberg (1627-1661) und der Einfall der Dänen

Nachdem Eitel Friedrich bereits am 19. September 1625 auf der Iburg gestorben war, setzten sich mit der Wahl des jesuitisch erzogenen Franz Wilhelm Graf von Wartenberg[978] am 27. Oktober 1625 erneut die Vertreter der katholischen Gegenreformation im Osnabrücker Land durch. Der aus der Dynastie der bayerischen Wittelsbacher, jedoch aus morganatischer Ehe[979] stammende Franz Wilhelm stand seit 1621 als engster Vertrauter in den Diensten des Kölner Erzbischofs Ferdinand, seines Vetters, der ihn mit der Oberaufsicht über die Finanzverwaltung des Erzstifts betraut hatte. Wie der Kölner Kurfürst betrieb auch Franz Wilhelm eine gegenreformatorisch-absolutistische Regierungspolitik.[980] Nach der Unterzeichnung der Wahlkapitulation und dem Eingang der päpstlichen Approbation, beides im April 1626,[981] konnte er die Regierung aufgrund der militärischen Besetzung des Landes durch dänische und braunschweigische Truppen zunächst nicht antreten und erteilte seine Verwaltungsanweisungen von Bonn und Münster aus. Unter Führung von Herzog Johann Ernst von Weimar fiel 1626 ein dänisches Heer in das Hochstift ein, belagerte Osnabrück und besetzte im März 1626 mit zweihundertfünfzig Mann die Festung Fürstenau.

Die Auswirkungen des dänischen Einfalls bekamen die Stiftsjungfern im Februar und März 1626 zu spüren, als einmal fünfundvierzig Reiter, dann siebzehn niederländische Reiter und schließlich hundertfünfundzwanzig spanische Soldaten insgesamt hundertzehn Taler erpressten.[982] Vor den Klöstern machten weder die spanischen Soldaten noch die protestantischen Niederländer halt. Rittmeister Gerhard von Dincklage[983] zu Schulenburg erwirkte eine Schutzwache, für die er sowohl dem dänischen Heerführer von Weimar als auch dem Rentmeister Eberhard Morrien fünf bzw. fünfundzwanzig Taler zahlte. Der Rentmeister erhielt zu seinem Amtsantritt außerdem einen Goldgulden, ein „Nasstuch" und eine Nachtmütze. Die Wache selbst – Christian Richard von Monnichau – bekam neben sechs Talern ein *Beffen* und ebenfalls ein „Nasstuch". Nach der Einnahme Fürstenaus „verehrte" man dem neuen Kommandanten, Kapitän Moritz von Damnitz, einen Goldgulden, einen Reichstaler, ein Hemdlaken und das unvermeidliche Nasstuch. Später im Jahr erbat man von Damnitz *zu gefattern* des Stifts, was dieser sich mit zehn Talern honorieren ließ. Weitere zehn Reichstaler forderte der Quartiermeister von Fürstenau als Müh-

---

978 Karl HAUSBERGER, Art. Franz Wilhelm von Wartenberg, in: Gatz (Hrsg.), Bischöfe, S. 558-561.

979 Zur Stellung Franz Wilhelms aus dynastischer Perspektive vgl. Siegrid WESTPHAL, Fürstbischof Franz Wilhelm von Wartenberg, in: Susanne Tauss (Hrsg.), Der Rittersaal der Iburg. Zur fürstbischöflichen Residenz Franz Wilhelms von Wartenberg (Kulturregion Osnabrück 26), Osnabrück 2007, S. 121-136.

980 Zur Tätigkeit Franz Wilhelms als Landesherr vgl. VAN DEN HEUVEL, Beamtenschaft, S. 97ff.

981 Die landesherrlichen Hoheitsrechte erhielt er im Januar 1628, seinen Einzug in Osnabrück hielt er am 12. März 1628. Vgl. GROẞE-KRACHT, Trienter Konzil, S. 90ff.

982 NLA OS Dep 91 b Akz. 2011/059 Nr. 840 (1625-1626) 2r.

983 Gerhard von Dincklage (†1663) Sohn des Hermann von Dincklage zu Schulenburg, hatte 1607 die väterlichen Güter übernommen. VOM BRUCH, Osnabrück, S. 364.

lenzins. Als das dänische Heer im August 1626 in der Schlacht bei Lutter am Baren-
berge geschlagen wurde, rückten erneut ligistische Truppen in das Hochstift ein.
Daraufhin ließ sich das Stift von dem in Quakenbrück stationierten ligistischen
Oberstleutnant Woldecker eine Schutzwache stellen, wofür neben etlichen Ellen
Leinwand fünf Taler zu zahlen waren.[984]

In diesem Jahr waren nicht nur die Wege in Richtung Osnabrück äußerst unsicher,
sondern es herrschte auch die Pest,[985] so dass der Stiftsdiener Johann Wilmanns
keine Einkäufe in Osnabrück tätigen konnte. Die Stiftsjungfern suchten nach Möglichkeit Zuflucht bei ihren Familien. Im Juni 1627 heißt es daher bei der Abnahme
der Stiftsrechnung: *Daß aber diese und folgende rechnung nicht ehr gehalten, ist
die uhrsach, daß wegen itziger zeitt kriegswesen, und daß die mehren theill obg.
stifft junffern nicht einheimisch gewesen sind.*[986] 1627 endete und 1628 begann mit
Einfällen von Soldaten der Generalstaaten, die *alles zerschlagen und zunichte gemacht.*[987] Diesen „Nachtdieben" mussten einmal dreißig und einmal sechzig Taler an
Erpressungsgeld gezahlt werden. Einem Extrakt aus den Rechnungsregistern für die
Jahre 1617 bis 1627 ist zu entnehmen, dass das Stift während dieses Zeitraums insgesamt 564 Reichstaler an Kosten aufgebracht hatte, die durch die Kriegswirren
entstanden waren.[988]

Da Bischof Franz Wilhelm seine Regierung weiterhin nicht antreten konnte, stand
der Konvent ohne Schutz der fürstlichen Regierung da.[989] In dieser Situation entschlossen sich Margareta und Lucretia von Haren sowie Elisabeth Kobrinck zu einer
Reise nach Groningen, um dort bei dem Statthalter der Provinzen Groningen und
Friesland, Graf Ernst Kasimir von Nassau, *über sulchen mutwillen zu klagen.*
Dringlich baten sie, das Stift von weiteren Plünderungen zu verschonen und ihnen
einen Schutzbrief auszustellen.[990] Die Reisekosten, die Verpflegung von Pferden
und Dienern sowie die „Verehrung" für den Statthalter beliefen sich auf insgesamt
siebzig Taler. Die mutige Reise der drei Stiftsjungfern durch ein von versprengten
Soldaten und Plünderungen bedrohtes Gebiet wirft ein Licht auf die unerträglichen
Zustände, die im Stift geherrscht haben müssen. Dass das zu dieser Zeit evangelische Stift von dem Befehlshaber der protestantischen Niederlande einen Schutz-

---

984 NLA OS Dep 91 b Akz. 2011/059 Nr. 841 (1626-1627) 2r.

985 Davon berichtet auch Franz Wilhelm in seiner *Relatio status.* Da mehrere Personen in
     seiner näheren Umgebung an der durch die Ansammlung von Soldaten ausgebrochenen
     Pest erkrankt seien, habe er die Stadt Wiedenbrück wieder verlassen müssen. Wilhelm
     BERNING, Die Relatio status des Osnabrücker Bischofs Franz Wilhelm von Wartenberg
     aus dem Jahre 1641, in: OM 60 (1940), S. 133-152, hier S. 140.

986 NLA OS Dep 91 b Akz. 2011/059 Nr. 840 (1625/26) 15r.

987 NLA OS Dep 91 b Akz. 2011/059 Nr. 842 (1627/28) 2r.

988 NLA OS Dep 91 b Akz. 2011/059 Nr. 1204.

989 In ähnlicher Weise betroffen waren die Nonnen des Klosters Malgarten. Sie richteten
     einen Hilferuf an das Osnabrücker Domkapitel. Vgl. STEINWASCHER, Quellen zum Drei-
     ßigjährigen Krieg, S. 47.

990 NLA OS Dep 91 b Akz. 2011/059 Nr. 842 (1627/28) 2r: *Als die geschwesterr von Haren
     und juffer Kohbring nach Groningen an graff Ernst Casmir uff beliebung und begehr
     dieses stiffts verreiset geweßen, uber sulchen muhtwillen zu klagen und remedia zu bit-
     ten, um gnedige salvag.: ußgewirckt, neben ihren pferden und dener in alles verzert und
     spendirt 66 thlr. 10 ß 6 g.*

brief benötigte, zeigt zudem, wie wenig die Konfessionszugehörigkeit in diesem Krieg eine Rolle spielte.

Mit der Einnahme der Stadt Osnabrück durch Soldaten der katholischen Liga unter Feldmarschall Graf Anholt und der Vertreibung der Dänen aus Fürstenau im Januar 1628 kehrte vorübergehend Ruhe im Hochstift ein. Im März 1628 konnte Bischof Franz Wilhelm feierlich seine Amtsübernahme in Osnabrück begehen. Auch diesmal hatte das Stift die Ausstattung für ein neues Bett zu stellen,[991] und im Herbst 1628 begaben sich die Jungfern, wohl zur Begrüßung des neuen Landesherrn, nach Fürstenau.[992] Um seine politische Macht gegenüber der Osnabrücker Bürgerschaft[993] zu sichern, begann Friedrich Wilhelm umgehend mit dem Bau einer landesherrlichen Festung, der Petersburg, vor den Toren Osnabrücks.[994] An dem Bau der im Südosten der Stadt gelegenen Zitadelle musste sich – wie die gesamte Osnabrücker Landbevölkerung[995] – auch Stift Börstel mit Spanndiensten beteiligen. 1629 hatte der neue Amtmann Nicolaus Glandorf (1628-1640) für fünfundzwanzig Reichstaler vier Eichenbäume zum Ausbau der Festung anzukaufen und nach Osnabrück zu liefern.[996] Zudem musste das Stift alljährlich seinen Anteil an der neu eingeführten Personenschatzung entrichten.[997]

3.4.1. Die Durchführung der Gegenreformation

Zielsetzung Franz Wilhelms in geistlicher Hinsicht war die völlige Zurückführung des Bistums zum katholischen Glauben und der Ausbau Osnabrücks zu einem wissenschaftlichen und religiösen Zentrum Nordwestdeutschlands.[998] Als Bischof der katholischen Reform vertrat er „die innere geistige und moralische Erneuerung der alten Kirche"[999] und führte mit den Zwangsmitteln des Landesherrn in Stadt und Stift eine radikale Gegenreformation durch. Unterstützt wurde er durch den Generalvikar Lucenius und seit 1631 durch den Weihbischof Kaspar Münster, Titularbischof von Aureliopolis.[1000] In Osnabrück erhob er Anspruch auf die protestantischen Kirchen St. Marien und St. Katharinen, auf dem Lande ließ er die evangelischen Pfarrer ihres Amtes entheben und den Besuch des katholischen Gottesdienstes bei hoher Geldstrafe erzwingen. In den Kirchen wurde die tridentinische

---

991 NLA OS Dep 91 b Akz. 2011/059 Nr. 842 (1627/28) 2v.
992 NLA OS Dep 91 b Akz. 2011/059 Nr. 843 (1628/29) 2v: *Alß ich neben den junffern nach Fürstenawe gewesen an drinckgelt, zehrungh und in die wacht gegeben 2 tlr.*
993 Vgl. Gerd STEINWASCHER, Osnabrück und der Westfälische Frieden. Die Geschichte der Verhandlungsstadt 1641-1650 (Osnabrücker Geschichtsquellen und Forschungen 42), Osnabrück 2000.
994 Vgl. Christian HOFFMANN, Residenz, Hofhaltung und Hofdienerschaft im Hochstift Osnabrück 1625-1661, in: Tauss, (Hrsg.) Der Rittersaal der Iburg, S. 153-189, hier S. 176f.
995 STEINWASCHER, Quellen zum Dreißigjährigen Krieg, Klage der Ankumer, 1629, S. 32.
996 NLA OS Dep 91 b Akz. 2011/059 Nr. 845 (1628/29) 2v.
997 Die Quittung des Stiftspfennigmeisters Hermann Staell von 29.11.1629 über die Hauptschatzung weist einen Beitrag des Stifts von vierundzwanzig Reichstalern aus. NLA OS Dep 91 b Akz. 2011/059 Nr. 853 (Quittungen).
998 BERNING, Relatio status, S. 135, 149.
999 SCHINDLING, Reformation, S. 45.
1000 BERNING, Relatio status, S. 151.

lateinische Messliturgie eingeführt, der Laienkelch verboten und die Priester auf das Zölibat verpflichtet. Auf der Diözesansynode am 28. März 1628 verkündete Franz Wilhelm die Beschlüsse des Konzils von Trient[1001] und den römischen Ritus sowie erneut die Einsetzung des Gregorianischen Kalenders.[1002] Diese Politik der Missachtung der gewachsenen konfessionellen Entwicklung brüskierte nicht nur die Stadt Osnabrück, in der er einen katholischen Rat einsetzte und die städtische Wehrhoheit durch den Zitadellenbau beseitigte, sondern auch den lutherischen Adel, in dessen Patronatsbefugnisse er mit der Vertreibung der evangelischen Prediger aus deren Privatkapellen eingriff.

Die Auswirkungen der Gegenreformation auf das geistliche Leben in Börstel blieben zunächst moderat. Um der drohenden Ausweisung aus ihren Pfarren zu entgehen,[1003] wechselten viele Pfarrer – so wohl auch Conrad Cruse – jetzt zur katholischen Konfession. Cruse hatte bereits im März 1625[1004] an der von Eitel Friedrich einberufenen Synode in Osnabrück teilgenommen. Daran anschließend übersandte das Osnabrücker Offizialat 1625 ein neues deutsches Agendenbuch nach Börstel.[1005] Auch im März 1630[1006] nahm Cruse an der von Franz Wilhelm einberufenen Kirchensynode teil, in deren Anschluss der Bischof durch den Pastor aus Badbergen[1007] zwei weitere, nicht näher bezeichnete liturgische Bücher übersenden ließ.[1008] Dabei wird es sich um das 1628 in Köln erschienene deutsche Gesangbuch und das 1629 in Ingolstadt gedruckte ‚Pastorale Romanum Pro Usu Diocesis Osnabrugensis‘ gehandelt haben,[1009] das Franz Wilhelm auf der großen Synode 1628 zur Vereinheitlichung der unterschiedlichen liturgischen Praxis in Aussicht gestellt hatte. Einflüsse auf das liturgische Zeremoniell sind zu diesem Zeitpunkt für Börstel jedoch nicht nachzuweisen.

Auch von der Durchführung des von Kaiser Ferdinand am 6. März 1629 unterzeichneten Restitutionsedikts, mit dem der gesamte nach 1555 lutherisch gewordene ehemalige Kirchenbesitz in die Hände der ursprünglichen Eigentümer zurückgeführt

---

1001 Zur Durchführung der tridentinischen Reformbeschlüsse in Osnabrück vgl. GROßE-KRACHT, Trienter Konzil.

1002 Die Einführung des Gregorianischen Kalenders hatte bereits Eitel Friedrich zum 14. November alter, bzw. 24. November neuer Zählung 1624 verfügt. 1625 war er jedoch von der Stadt Osnabrück wieder abgeschafft worden.

1003 WÖBKING, Konfessionsstand, S. 76ff.

1004 NLA OS Dep 91 b Akz. 2011/059 Nr. 839 (1624/1625) 2v: *Pastorn alhir zu synodalgelt und zerungh nach Oßenbrugh 2 tlr.*

1005 NLA OS Dep 91 b Akz. 2011/059 Nr. 839 (1624/1625) 3r: *Fur ein new D. agendenbuch 1 tlr. 10 ß 6 d.*

1006 NLA OS Dep 91 b Akz. 2011/059 Nr. 845 (1629/30) 13v: *Den 3. Martii alß unser pastor naher Osnabrugh ufen synodo reisete, vur die pferde 1 sch.*

1007 1624 Johann Jütting. Vgl. Heinrich BÖNING, Glaubenskämpfe im Osnabrücker Nordland im 16. und 17. Jahrhundert (Schriftenreihe des Kreisheimatbundes Bersenbrück 18), Berge 1981, S. 34.

1008 NLA OS Dep 91 b Akz. 2011/059 Nr. 846 (1630/31) 3v: *Vür zwei bücher, so i. f. g. durch den pastoren zu Batbergen anhero in die kirchen geschickt, 2 tl 10 ß 6 g.*

1009 Vgl. Heinrich KRAIENHORST, Die Erneuerung des geistlichen Lebens unter Franz Wilhelm von Wartenberg, in: Tauss (Hrsg.), Der Rittersaal der Iburg, S. 137-152, hier S. 145; Jürgensmeier, Konfessionelle Weichenstellung, S. 595f.

werden sollte,[1010] blieb Börstel verschont. Die Durchführung des Restitutionsedikts im niederrheinisch-westfälischen Kreis lag in den Händen Franz Wilhelms, der mit seinen Maßnahmen vor allem außerhalb des Hochstifts vielfach erfolgreich war.[1011] In den Börstel vergleichbaren Einrichtungen wie den Stiften Fischbeck, Bassum, Obernkirchen oder Schildesche setzte er die kaiserlichen Anweisungen erfolgreich durch. In dem im Bistum Minden gelegenen Stift Fischbeck wurden die lutherischen Stiftsdamen ausgewiesen, und während eines Zeitraumes von drei Jahren feierten jesuitische Geistliche wieder die katholische Messe, während evangelische Gottesdienste derweil auf den Dörfern der Umgebung gehalten wurden.[1012] Auch in Schildesche konnte evangelischer Gottesdienst drei Jahre lang nur im Freien auf dem Kirchhof unter der Linde gefeiert werden.[1013] Stift Börstel blieb von derartigen Maßnahmen verschont, da es bereits vor dem Passauer Vertrag von 1552 protestantisch geworden war.

3.5. Gustav von Wasaburg und die schwedische Besetzung

Die Niederlage der protestantischen Kriegsparteien hatte 1630 den schwedischen König Gustav II. Adolf auf den Plan gerufen und während des nun beginnenden schwedischen Krieges (1630-1635) erlitt der Konvent die schlimmsten Repressalien. 1631 befahl Franz Wilhelm allen Klöstern seines Territoriums zur Unterstützung des kaiserlichen Heeres ein voll ausgerüstetes Pferd nach Osnabrück zu liefern. Zur Erfüllung dieser Auflage musste Stift Börstel fünfundvierzig Taler aufbringen.[1014] Im März 1632 hatte das Stift auf Befehl der fürstlichen Räte ein schweres Geschütz von Lingen nach Osnabrück zu überführen. Dieses aufwändige Unternehmen, das ein gewisser Lull Hermann durchführte, verursachte Unkosten von zwölf Talern.[1015] Hintergrund der Aktion war die Übergabe der seit 1605 in spanischer Hand befindlichen Festung Lingen an die katholische Liga. 1630 wurde die Stadt von kaiserlichen Truppen besetzt, die Festung geschleift und das vorhandene Kriegsmaterial, Munition und Geschütze nach Osnabrück in die Festung Petersburg gebracht.

1010 Vgl. Onno KLOPP, Das Restitutionsedikt im nordwestlichen Deutschland (Forschungen zur deutschen Geschichte I), Göttingen 1862.

1011 Aufgrund des Machtzuwachses nach dem Sieg über die dänisch-niederländischen Kriegsparteien gelang es der kaiserlichen Partei, zwei Erzbistümer, fünf Bistümer, zwei Reichsabteien, 150 Kirchen, Klöster und Stifte zur katholischen Religion zurückzuführen. Vgl. Hubert JEDIN, Reformation, katholische Reform und Gegenreformation (Handbuch der Kirchengeschichte 4), Freiburg 1985, S. 664.

1012 OLDERMANN, Stift Fischbeck, S. 132ff.

1013 Ulrich ANDERMANN, Kirche und Stift Schildesche, 939-1810, Festschrift zur 1050-Jahr-Feier, Bielefeld 1989, S. 67-110.

1014 NLA OS Dep 91 b Akz. 2011/059 Nr. 846 (1630/31) 3r: *Vür ein pferdt, so i. f. g. in behueff der kayserlichen armada bekommen, und durch drost Heiden von thumbhern Casparen von Nehem zu Osnabrugh eingekaufft vür 45 tl.*

1015 NLA OS Dep 91 b Akz. 2011/059 Nr. 847 (1631/32) 2v: *Alß dies stifft Borstell, auß bevelch und gesinnen der fürstl. hern rhete zu Oßnab. ein grob geschütz von Linge biß Oßnab. uberfuhren soll, wozu Lull Herman gewunnen, so in alles mit botte lohn und anderen unkosten gekostet und uffgangen zu 11tr. 10 ß 6d.*

Vollends in den Strudel der Ereignisse geriet Börstel im Februar 1633, als Herzog Georg von Braunschweig-Lüneburg zusammen mit General Dodo von Knyphausen an der Spitze schwedischer Verbände von Norddeutschland aus einen Feldzug Richtung Westfalen zur Vernichtung des kaiserlichen Heeres startete. Ende Februar hatten die beiden Feldherren Vechta, Quakenbrück, Cloppenburg, Meppen und Fürstenau eingenommen. Der schwedische Hauptmann Küster stationierte zweihundert Mann in Fürstenau und ließ die Festung modernisieren.[1016] Stift Börstel erhielt zunächst einen Schutzbrief, später zwei Schutzwachen aus Fürstenau. Diese beiden Wachen – Christopher und Bertold mit Namen – blieben fünf Wochen im Stift und empfingen eine Entlohnung von rund fünfundfünfzig Talern. Daneben vertranken sie etliches an Branntwein und eine beträchtliche Menge an Bier.[1017] Für die „Verleihung" der Wachen nahm ein Leutnant Müller zwanzig Taler in Empfang. Weitere vier Schutzwachen – Paul, Balthasar, Anton und Henrich – stellte der Quartiermeister Melchior, der dafür vierundzwanzig Taler verlangte. Diesen Wachsoldaten wurde ein Sold von insgesamt fünfundzwanzig Talern gezahlt, Hauptmann Küster erhielt *klein laken zu zwei dicken kragen.*[1018]

Anfang 1633 war Lingen in den Besitz des niederländischen Hauses Oranien übergegangen. Viermal hatte das Stift daraufhin Erpressungsgelder in Höhe von insgesamt vierundvierzig Talern an Soldaten der Generalstaaten zu entrichten,[1019] bis der Amtmann einen weiteren Schutzbrief für zwanzig Taler von den Niederländern erwirkte. Neben den verschiedenen Schutzwachen erhielt auch ein zu Fürstenau amtierender Feldprediger zwei Taler und ein neues Hemd.

Im September 1633 kapitulierte die Stadt Osnabrück nach vierwöchiger Belagerung vor der schwedischen Übermacht und verblieb fortan für zehn Jahre unter schwedischer Besatzung. Neuer Landesherr wurde der schwedische Prinz und illegitime Sohn Gustav Adolfs, Gustav Gustavson, später Graf von Wasaburg. Franz Wilhelm flüchtete nach Münster und versuchte von dort sowie von Köln und Regensburg aus über seine Kanzlei weiterhin Einfluss auf die innenpolitische Entwicklung im Hochstift zu nehmen. Die kirchlichen Verhältnisse in Osnabrück wurden nun wieder auf den Stand der Regierungszeit Philipp Sigismunds gebracht, die Bürgerkirchen an die lutherischen Konfessionsangehörigen zurückgegeben und auch in der Sylvesterkirche in Quakenbrück evangelische Pastoren eingesetzt.[1020] Nach der Kapitulation hatte die Stadt Osnabrück 40.000 und das Domkapitel 20.000 Reichstaler an die Schweden zu entrichten. Als Anteil der Forderungen an das Domkapitel musste Stift Börstel 200 Reichstaler aufbringen, andernfalls die militärische *execution* angedroht

---

1016 Lothar LENSKI, Verteidigung des Schlosses und Städtleins Fürstenau durch den Drosten Michael Koboldt Wilhelm von Tambach i. J. 1647, in: OM104 (1999), S. 227-252, hier S. 234.

1017 NLA OS Dep 91 b Akz. 2011/059 Nr. 848 (1632/1633) 4r: *Vür brandwein, so die salvaguarden vür und nach getrunken, sonderlich Christoffer und Bartholt 16 ß. Drei tonnen biers, so vor und nach eingekaufft und die salvaguarden getruncken 5 tr 15 ß 9 d.*

1018 NLA OS Dep 91 b Akz. 2011/059 Nr. 848 (1632/1633) 2v.

1019 NLA OS Dep 91 b Akz. 2011/059 Nr. 848 (1632/1633) 2r.

1020 Vgl. F. SCHULZ, Das Quakenbrücker Silvesterstift bis zu seiner Auflösung 1650, in: OM 47 (1925).

wurde. Um das Geld aufzubringen, verkaufte das Stift die noch verbliebenen Kühe und Pferde weit unter Wert an den Heuermann Johann Sievers. Wie groß die Not der Stiftsjungfern war, die zu diesem letzten Mittel griffen, wird aus dem Vertrag mit dem Heuermann deutlich, in dem es heißt, dass sie *wegen unserer kentlichen unvermeigenheit die gelder zu nehmen gantz keine mittel wissen, damit die militerische execution, womit wir starck angedrawet, aufgehalten* werde.[1021]

Während der vierwöchigen Belagerung der Stadt Osnabrück durch General von Knyphausen lieferte das Stift Proviant ins Lager der Schweden. Getreulich notierte Amtmann Nicolaus Glandorf, was Kriegskommissar Klauberg an *küchen provisiones* entgegennahm: zwei feiste Schweine, ein feistes Kalb, zwei Kühe, zwei Schlachtrinder, zwei Schinken und mehrere Schafe sowie drei Tonnen Bier und zwei Scheffel Roggen. Anlässlich des Amtsantritts des schwedischen Herrschers ließ der Konvent durch seinen Amtmann zweimal eine „Verehrung" an die Küchen des Quartiermeisters und des Generalproviantmeisters des Prinzen reichen, wohl in der Hoffnung, von weiteren Forderungen verschont zu bleiben.[1022] Doch diese Hoffnung erfüllte sich nicht. Im Oktober 1634 erschien der Hofmeister des schwedischen Generalmajors von Redewin, um eine Inventarisierung des Stiftseigentums vorzunehmen. Das Stift besaß jedoch nur noch einige Schafe. Im Kreuzgang standen die Kisten der Stiftsjungfern, die einige wenige Scheffel Roggen enthielten. In der Stiftskirche ließ Redewin die Kisten der Börsteler „Hausleute", wohl der Heuerleute, öffnen, die auf seinen Befehl *ihr gezeugh* herausnehmen mussten. Diese Bemerkung zeigt, dass der Kirchenraum als einziger für alle zugänglicher Steinbau neben seiner sakralen Funktion auch als Ort wahrgenommen wurde, an dem wertvolles Gut – Kleider- und Wäschetruhen sowie Getreidekisten – vor Brandgefahr geschützt werden konnte. Was der Hofmeister an *gezeuge* mitnehmen ließ, konnten die Konventualinnen nicht mehr feststellen, da schon zuvor viel abhanden gekommen war. Das von ihnen aufgesetzte Protokoll schließen sie mit der Eingabe: *bitten also umb Gottes willen, unser anoch weinigh habendes guth zu lassen, darmit wir als adliche persohnen mit dem bedelstab nicht davon gehen mogen.*[1023] Nicht mit dem Bettelstab, jedoch mit wenig mehr als dem mussten die Stiftsjungfern in der nun folgenden Zeit mehrfach ihr Kloster verlassen.

Im September 1634 mussten die Schweden in Nördlingen eine verheerende Niederlage einstecken, womit ihnen Süddeutschland, wohin sich das eigentliche Kriegsgeschehen weitgehend verlagert hatte, verloren ging. Nachdem es 1635 im Frieden von Prag zu einer Verständigung zwischen dem Kaiser, der Liga, Herzog Georg von Braunschweig-Lüneburg und dem Kurfürsten von Sachsen gekommen war, schien der Frieden in greifbare Nähe gerückt. Das Fürstbistum erlebte jedoch weiterhin die Durchzüge verschiedener Kriegsparteien. Im Oktober 1635 rückten kaiserliche Truppen in den Nordwesten des Hochstifts vor, wo sie auf General von Knyphausen

1021 NLA OS Dep 91 b Akz. 2011/059 Nr. 1204.
1022 NLA OS Dep 91 b Akz. 2011/059 Nr. 848 (1632/1633) 3r.
1023 NLA OS Dep 91 b Akz. 2011/059 Nr. 1204.

trafen, der den Oberbefehl über die schwedischen Truppen in Westfalen hatte.[1024]
Als dieser am 1. Januar 1636 in einem Gefecht mit kaiserlichen Truppen bei Ha-
selünne zu Tode kam,[1025] gewann die katholische Partei die Oberhand. Die schwedi-
schen Verbündeten – nun unter dem Kommando des schottischen Feldmarschalls
Leslie – mussten das Fürstbistum bis auf die Stadt Osnabrück und die Festung Mep-
pen räumen. Bereits Ende Februar 1636 eroberten kaiserliche Truppen unter der
Führung des Grafen Ferdinand Lorenz von Wartenberg, Bruder Franz Wilhelms, die
Festung Fürstenau zurück.

Erst von diesem Zeitpunkt an wird der Einfluss der Gegenreformation auch in Bör-
stel deutlich. Erstmals im Januar 1636 verweist die Entlohnung des Sohnes des
Müllers, Frerk, auf veränderte liturgische Gepflogenheiten Conrad Cruses. Dafür,
daß er dem pastor zur messe gedienet, erhielt Frerk fünf Schilling und drei
Denare.[1026] Zu Weihnachten 1636 wurde – und von da an Jahr für Jahr – für zwei
Taler Wachs für die Kirche bereitgestellt.[1027] 1638 ließ Cruse siebzehn Ellen Lüner
Laken zur Anfertigung neuer Alben und Kelchtücher für den Altar anschaffen.[1028]
1638 und 1639 holte man geweihte Hostien – *neben einer doseken datzu*[1029] – aus
Münster und 1640 und 1641 aus Osnabrück. 1640 fungierte als Messdiener der Sohn
des Amtmanns Kennings.[1030]

3.5.1. Die Flucht des Konvents aus Börstel

Die Landgebiete des Hochstifts sahen sich derweil ständiger Bedrohung ausgesetzt,
waren doch die Stadt Osnabrück und die Festung Meppen von schwedischen Truppen besetzt, die Festungen Fürstenau und Vechta dagegen in kaiserlicher Hand. Im
Januar und Februar 1636 erpressten zwölf schwedische Reiter aus Meppen und
fünfundzwanzig Soldaten der Generalstaaten Lösegeld vom Stift. Im März wurde
der Stiftsamtmann Opfer eines nächtlichen Überfalls, als ein Trupp Soldaten sein
Haus aufbrach und zwei Reichstaler mitgehen ließ. Der Kommandant von Fürstenau, Hauptmann Wendel Bergknecht, gewährte daraufhin zwei kaiserliche
Schutzwachen und erhielt dafür, *daß ehr dieses stifts patron sein soll,* neben sechs
Reichstalern auch ein *starke klein linnen tuch.*[1031] Aus seinem Hauptquartier in Qua-

---

1024 Für seine militärischen Verdienste war er mit dem Amt Meppen belohnt worden. Vgl. Johann
    Bernhard DIEPENBROCK, Geschichte des vormaligen münsterschen Amtes Meppen, Lingen
    1885, S. 431ff.; Walter ORDEMANN, Der schwedische Feldmarschall Reichsfreiherr Dodo zu
    Inn- und Knyphausen, Herrscher im Emsland, in: JEHB 27 (1981), S. 55-76, hier S. 64f.
1025 Vgl. Heiner SCHÜPP, „... so dass dero über 1000. aufm Platz blieben...“- Die Schlacht
    vom 1./11. Januar 1636 bei Haselünne im Spiegel der Quellen, in: JEHB 45 (1999),
    S. 293-308. hier S. 294ff.
1026 NLA OS Dep 91 b Akz. 2011/059 Nr. 850 (1636/37) 10r.
1027 Ebd.: *Und für zwei thlr wachß zur kirchen außgethaen.*
1028 NLA OS Dep 91 b Akz. 2011/059 Nr. 851 (1637/38) 8v: *Den 28. Martii 17 ellen Lüner
    laken zue newen alffen und kellich tücher zum altare, dafür geben in sampt 3 tr. 7 ß.*
1029 NLA OS Dep 91 b Akz. 2011/059 Nr. 852 (1638/39) 13v: *Den 4. Aprilis für grosse und
    kleine ostien in die kirchen, neben einer doseken datzu, so von Munster geholet 3 ß.*
1030 NLA OS Dep 91 b Akz. 2011/059 Nr. 854 (1639/40) 11v: *Den 27ten Maii sahligen
    ambtman Kenniges sohne, daß ehr heisigen pastor zur meße deinet und in der kirchen
    uffwartet, zum newen kleide auß bevelch geben 2 thlr.*
1031 NLA OS Dep 91 b Akz. 2011/059 Nr. 849 (1635/1636) 10r.

kenbrück übersandte Graf Ferdinand Lorenz von Wartenberg den Befehl, große Geschütze von Quakenbrück abzuholen, stellte dann aber im März einen Schutzbrief aus.[1032] Als im Juli die Bedrohung durch schwedische Verbände erneut wuchs, musste zunächst ein Eigenbehöriger des Stifts zwei Nächte lang Wache schieben. Anschließend gelang es, für zehn Reichstaler einen schwedischen Schutzbrief zu erwerben, wofür allerdings von Juni bis Dezember Proviant – hauptsächlich Gänse und Schinken – nach Meppen geliefert werden musste.

Die Lage eskalierte, als es 1637 den schwedisch-hessischen Garnisonen gelang, die Festungen Fürstenau und Vechta zurückzuerobern. Während dieses Jahres mussten die in Börstel verbliebenen Stiftsjungfern gleich zweimal vor der anrückenden Soldateska fliehen. Seit Dezember 1636 zählten neben der Äbtissin nur noch vier Frauen – Elisabeth Kerstapel, Margarete und Lucretia von Haren sowie Magdalena von Dorgelo – zum Konvent. Die ältesten Stiftsjungfern Agnese Voß, Sophia von Wullen und Agnese von Dorgelo waren 1623, 1625 und 1631 gestorben. Elisabeth Kobrinck und die jüngere Gertrud von Althaus hatten 1636 geheiratet. Neue Priorin war die Seniorin Elisabeth Kerstapel, Siegeljungfer Margareta von Haren, Kellnerin ihre Schwester Lucretia. Bis auf Gertrud von Althaus und Elisabeth Kerstapel, die dauerhaft in Börstel blieben, waren die drei übrigen Frauen in diesen Jahren nur unregelmäßig anwesend. Sie hielten sich wegen der zunehmenden Bedrohung durch die wechselnden schwedischen und kaiserlichen Kriegsparteien überwiegend bei ihren Familien auf Gut Hopen und der Querlenburg auf.

Anfang Juni 1637 flohen Gertrud von Althaus, Elisabeth Kerstapel und Magdalena von Dorgelo mit ihrem beweglichen Hab und Gut auf die Wasserburg Lonne, die im Besitz von Gertruds Vetter Rudolf von Snetlage war.[1033] Die alte Wasserburg, die von drei breiten Gräften und Ringwällen umgeben und nur über eine Zugbrücke zu erreichen war, versprach einigen Schutz. Neben dem Herrenhaus, einem zweistöckigen Steinwerk mit Treppengiebel befanden sich Kapelle und ein Wirtschaftsgebäude auf dem Burggelände.[1034] Dennoch wuchs auch hier die Bedrohung, so dass die drei Frauen am 14. Juni nach Lengerich und am 17. Juni in das von dem Prinzen von Oranien besetzte reformierte Lingen flohen.[1035] In Lingen erbaten die Damen von dem hessischen, im Dienst des Prinzen von Oranien stehenden Generalleutnant Melander[1036] Schutzbrief und Schutzwache. Erst nach Eintreffen dieser Schutzwache, Ende August, kehrten die drei Frauen nach Börstel zurück. Während ihres Aufenthalts in Lingen hatten die Frauen die Nachricht von der Plünderung des Stifts

---

1032 NLA OS Dep 91 b Akz. 2011/059 Nr. 849 (1635/1636) 10v: *Den 15 Martii für eine schriftliche salvaguar. von graflichen gnaden von Warttenbergh 4 thlr.*
1033 NLA OS Dep 91 b Akz. 2011/059 Nr. 850 (1636/1637) 13r: *Den 14ten Junii wie die abdissinne und jufferen von Lonne getzogen, dem pforttener daselbsten geben1 ß 6 d.*
1034 Vgl. WARNECKE, Burgen, S. 143f.
1035 NLA OS Dep 91 b Akz. 2011/059 Nr. 850 (1636/1637) 13r: *Den 17ten Junii den dreen wagen, so die abdissinnen und juffern von Lengerke neben ihrer getzeuge nach Linge gefuhret, zue biergelde jedern wagen 6 stuver 7 ß 6 d.*
1036 Peter Alexander Melander, Reichsgraf von Holzappel (1585-1648), 1633 hessischer Generalleutnant, seit 1641 in kaiserlichen Diensten, 1642 Feldmarschall.

durch in der Festung Vechta liegende schwedische Soldaten erhalten.[1037] Obwohl der allein in Börstel zurückgebliebene Amtmann Nicolaus Glandorf einundzwanzig Reichstaler Schutzgeld gezahlt hatte, transportierten die Schweden fünfzehn Molt Roggen ab und zerschlugen die Schlösser von Kornspeicher, Reisigenstall, Heuscheune und Kirchentüren. Im November mussten ein neuer Querbalken, ein Schloss und Schlüssel für die Chortür angefertigt werden, die noch heute Spuren der damaligen Gewaltanwendung zeigt (vgl. Kap. I. Abb. 6).

Und es kam noch schlimmer. Ende Juli 1637 erschien ein Bote des schwedischen Generalmajors von Redewin aus Vechta, um eine hohe Lösegeldforderung zu überbringen. Als Glandorf daraufhin die Jungfern von Haren auf Gut Hopen benachrichtigte, fand sich die couragierte Lucretia von Haren bereit, nach Vechta zu reiten[1038] und mit Redewin über die Höhe der Kontributionsgelder zu verhandeln, blieb jedoch erfolglos. In dieser Situation bewährten sich die verwandtschaftlichen Beziehungen, denn es fand sich Anna von Althaus aus dem Stift Wietmarschen, die ebenfalls nach Lingen geflüchtete Schwester Gertruds, bereit, dem Stift hundert Taler zu leihen.[1039] Als Nicolaus Glandorf im November nach Lingen reiste, um sich die Summe aushändigen zu lassen, vertranken er und Anna von Althaus einige Maß Wein für zwei Reichstaler, wie er in seiner Abrechnung getreulich notierte. Am 20. November nahm Generalmajor von Redewin in Vechta von Nicolaus Glandorf für sämtliche Schutzdienste und Unkosten die stolze Summe von hundertachtundfünfzig Reichstalern in Empfang. Welchem Schicksal Börstel durch die Lösegeldzahlung entgangen war, zeigen die Ereignisse im Stift Wietmarschen, das 1639 von Königin Christine von Schweden einem schwedischen Obristen mit allem Zubehör zum Geschenk gemacht wurde.[1040] Da die Äbtissin, die sich mit ihrem Konvent nach Lingen in Sicherheit gebracht hatte, zu Verhandlungen nicht bereit war, machten sich dreihundert Reiter auf dem Weg nach Wietmarschen, um es in Brand zu stecken. Dies konnte nur dadurch verhindert werden, dass der Befehlshaber von den Kaiserlichen gefangen und in Fürstenau in Gewahrsam genommen wurde.

Obwohl die Belagerung Fürstenaus durch schwedische und hessische Truppen im August 1637 abgebrochen wurde[1041] und die Festung zunächst in bischöflicher Hand blieb, wurde das Stift weiterhin von schwedisch-hessischen Soldaten bedroht. Am 3. September mussten Gertrud von Althaus und Elisabeth Kerstapel erneut auf das

---

1037 NLA OS Dep 91 b Akz. 2011/059 Nr. 850 (1636/1637) 6v: *Den 2. Julii, wie daß kornspicker besehen und alles korn bei der Vechtischen belagerungh wegh genommen, befinde lauth register, daß solches sich neben der krimpf belauffet zue 15 molt, 3 ½ scheffel* (Roggen).

1038 NLA OS Dep 91 b Akz. 2011/059 Nr. 850 (1636/37) 14v: *Den ersten Novembris Juffer Lucretia Wollbrigh von Haren, welches sie newlich zur Vechta außgelacht, wieder zugestellet 2 tl 5 ß 3 d.*

1039 Aufgrund größter Sparsamkeit in der Haushaltsführung war es möglich, Anna von Althaus bereits im März 1639 die im November 1637 geliehenen einhundert Taler zurückzuerstatten.

1040 Peter VEDDELER, Die Grafschaft Bentheim im Dreißigjährigen Krieg, in: Steinwascher (Hrsg.), Krieg – Konfessionalisierung, S. 19-132, hier S. 98f.

1041 LENSKI, Verteidigung des Schlosses Fürstenau, S.236.

Wasserschloss Lonne fliehen.[1042] Zum Weihnachtsfest war das Stift bis auf die Äbtissin und die Priorin völlig verwaist. Im Nordland wütete zusätzlich die Pest, an der auf dem Hof Hennings zu Menslage alle Einwohner verstarben. Dennoch ging das Leben weiter. In der vorösterlichen Zeit des Jahres 1638 kaufte der Diener wie gewohnt die Fastenspeise, Stockfisch und Heringe, ein. Zu Ostern empfingen die beiden Frauen für die vier *hochzeitlichen thage(n)* acht Maß Wein. Dass die Verpflegung für eine größere Anzahl von Damen nicht gereicht hätte, geht aus einem Restantenverzeichnis hervor, nach dem die Eigenbehörigen des Stifts zwischen 1636 und 1639 194 Molt Roggen, Korn und Hafer schuldig geblieben waren.[1043] Nur wenige Besucher wagten sich nach Börstel. In der Woche nach Ostern kam lediglich Elisabeth Kobrinck, jetzt Frau Landdrostin von Bar, zu Besuch. Das Korn für die Schwestern von Haren und Magdalena von Dorgelo nahmen deren Mägde Catharina und Dorothea in Empfang.

Im Mai fuhr Pastor Cruse nach Lingen, um einen Kelch, der bei der Flucht mitgenommen und dort vergessen worden war, zurückzuholen. Im Juni reisten die Mägde und ein Bote nach Lingen, um das ausgelagerte Hab und Gut des Konvents in einem anderen Haus unterzubringen. Im August wurde schließlich, wiederum mit Hilfe Pastor Cruses, alles *getzeugh* nach Fürstenau umgelagert. Nicht ausgelagert hatte man die bei der Visitation 1624 beschriebenen Heiligenfiguren, die den Hochaltar zierten. Diese hatte Gertrud von Althaus in weiser Vorsorge im Altarstipes vermauern lassen, wo sie tatsächlich von den Schweden unentdeckt und damit vor Zerstörung und Verbringung bewahrt blieben. Die Figuren galten seither als verschollen und blieben es mehr als dreihundert Jahre lang. In den Wirren der Kriegszeiten hielt es keine der Stiftsjungfern für angebracht, sie wieder an das Tageslicht zu holen, und schließlich nahmen alle, die eingeweiht waren, ihr Wissen mit ins Grab. Erst durch die Aufmerksamkeit eines Maurermeisters aus Bersenbrück wurden die Skulpturen in ihrer ursprünglichen Fassung bei Restaurierungsarbeiten 1963 wiederentdeckt.[1044]

Nachdem es den Kaiserlichen im Mai 1638 gelungen war, die Festung Meppen zurückzuerobern, mussten Gertrud und Elisabeth auf der Flucht vor schwedischen Soldaten im September zum dritten Mal die sichernden Mauern des Rittergutes Lonne aufsuchen.[1045] Erst im November entspannte sich die Lage soweit, dass die Beiden die Rückkehr wagen konnten. Erstmals nach einеinhalb Jahren waren zu Weihnachten Margareta von Haren und Magdalena von Dorgelo wieder in Börstel anwesend.

1042 NLA OS Dep 91 b Akz. 2011/059 Nr. 850 (1636/1637) 3v: *Den 3. Septembris nach Lonne die abdissinne und juffer Kerstapell mit genohmen 1 m 4 sch* (Roggen).
1043 NLA OS Dep 91 b Akz. 2011/059 Nr. 291.
1044 Vgl. POPPE, Mittelalterliche Plastik, S. 133ff.
1045 NLA OS Dep 91 b Akz. 2011/059 Nr. 851 (1637/1638) 13v: *Den 18 Septembris zwei botten zu nachtzeiten von Lengerke uff Loenne, wie die abdissin und junffer Kerstapell aldha gewesen, und zeitunge gepracht, daß etlich volck nach Borstell commendirt, geben 4 ß.*

Und noch ein viertes Mal brachten sich Äbtissin, Priorin und Siegeljungfer im April 1639 für fünf Tage auf Burg Lonne vor schwedischen Söldnern in Sicherheit.[1046] 1640 waren Gertrud und Elisabeth wieder überwiegend allein in Börstel, bis im Oktober Lucretia von Haren erstmals für vier Wochen zurückkehrte. Zu den wenigen Besuchern zählten im September 1641 Drost, Rentmeister und Gerichtsschreiber aus Fürstenau mit zwei Begleitern und fünfzehn Pferden, die Börstel zu einer Wolfsjagd aufsuchten.[1047] Die Population der Wölfe, die im 17. Jahrhundert noch als gewöhnliches Wild in den unwirtlichen Gegenden des Nordlandes vertreten waren, hatte im Verlauf des Dreißigjährigen Krieges derart zugenommen, dass sie zu einer Gefahr für Mensch und Vieh geworden waren, derer man mit großen Wolfsjagden Herr zu werden suchte.[1048]

4. Die Stellvertreterin Margareta von Haren (1640-1646)

4.1. In der Ferne der Friedensschluss

Auch die folgenden Jahre ließen keine langfristigen Aufenthalte der Stiftsjungfern in Börstel zu. Zwar wurden Ende des Jahres 1641 in Hamburg vorläufige Friedensbestimmungen getroffen und Osnabrück und Münster zu Kongressorten bestimmt, doch erst im Herbst 1643 kamen die schwedischen und kaiserlichen Gesandten in Osnabrück zusammen. Bischof Franz Wilhelm, der nicht nur für seine Diözesen Osnabrück, Verden und Minden, sondern auch als Bevollmächtigter des Kurfürsten-Kollegiums beteiligt war, traf erst im November 1644 in Münster ein. Die verbliebenen Frauen pendelten daher weiterhin zwischen ihren Familiensitzen und Börstel hin und her. Als Nikolaus Glandorf im Dezember 1640 zur Rechnungsabnahme erschien, konnte diese *wegen absens* von Magdalena von Dorgelo und Lucretia von Haren nicht stattfinden. Inzwischen war Gertrud von Althaus erkrankt. Sie wird zu diesem Zeitpunkt etwa siebzig Jahre alt gewesen sein, von denen sie dreiundsechzig Jahre im Stift verbracht hatte. Die Aufregungen und Entbehrungen der schwedischen Besatzungszeit, während der sie das Stift getreulich bewacht und nur in größter Not verlassen hatte, müssen an ihren Kräften gezehrt haben. Am 3. November 1640 hatte sie daher in einem Schreiben an das Domkapitel wegen fortwährender *leibßschwachheit* um die Beiordnung einer Koadjutorin gebeten. In Anbetracht der von der Äbtissin geltend gemachten *molestien, unruhe und überläuffs* entsprach man ihrer Bitte.[1049]

Die Aufsicht über das Stift als Koadjutorin übernahm Ende 1640 Margareta von Haren, die für das neue Amt ein zusätzliches Molt Roggen erhielt und als erste Amtshandlung den Archivschrank aus der Abtei in ihr Haus bringen und die zwei

---

1046 NLA OS Dep 91 b Akz. 2011/059 Nr. 852 (1638/1639) 14r: *Den 30. Aprilis, wie die ehrw. abdissin, j. Kerstapell und j. Margareta von Haren zu Loenne derzeit sich uffgehalten, zu biergelde geben 1 tl. 10 ß 6d.*

1047 NLA OS Dep 91 b Akz. 2011/059 Nr. 855 (1640/41) 10r: *7. Septembris [...] Übermahls wie der herr rentemeister und gerichtschreiber von der wulffejagt kommen 2 sch.* (Hafer).

1048 Vgl. DOBELMANN, Jagd und Fischerei, S. 59ff.

1049 NLA OS Dep 91 b Akz. 2011/059 Nr. 2.

Vorhängeschlösser reparieren ließ. Als Nicolaus Glandorf als Gerichtsschreiber nach Fürstenau wechselte, stellte sie als neuen Amtmann Conrad Busch an, der im April 1642 erstmals die Stiftsrechnung vorlegte. Margaretas neue Verantwortung für das Stift wird vor allem an der Sanierung der Stiftsgebäude deutlich. Im April 1641 ließ sie den Roggenspeicher neu eindecken, anschließend das Dach des Tobenhauses und die darin befindlichen Ställe ausbessern. Im Juni 1642 wurden Kirche und Abtei neu eingedeckt, durch deren Dächer es nach einer Notiz des Amtmannes Busch[1050] seit längerem hereingeregnet hatte. Vierzehn Tage waren fünf Maurer mit Dacharbeiten beschäftigt; für Arbeitslohn und Materialkosten wurden mehr als sechsundvierzig Reichstaler ausgegeben. 1643 legte man im Backhaus einen neuen großen Backofen an und reparierte den durchbrochenen Jungferndeich. 1644 wurden Reparaturen an der Bockmühle durchgeführt, eine neue Asse und ein Rad hergestellt, das Dach gedeckt und die auf das Stiftsgelände führende Holzpforte erneuert.

Ab 1644 nahm Margareta von Haren außerdem mehrere neue landschaftliche Projekte in Angriff. An der Abtei wurde ein Garten angelegt und darin Lein[1051] gesät. Im November 1644 folgte die Anlage eines neuen Fischteichs, ein *fische garden*, vermutlich der östlich des Stifts gelegene große Teich. Das größte Projekt jedoch war die Kultivierung eines neuen Landstückes, des *rovekamps*,[1052] das eingezäunt, mit Gerste besät und mit Eichensetzlingen bepflanzt wurde. Dies ist ein früher Beleg für eine bewusste Steuerung gegen die damals übliche Gewohnheit, dem Waldbestand nach Bedarf Bau-, Nutz- und Brennholz zu entnehmen, ohne für Zuwachs oder Ersatz zu sorgen. Primäre Funktion des Sundern war die Hude, der Vieheintrieb und die Schweinemast, die Erhaltung und Verjüngung des Waldes wurde allein der Natur überlassen.[1053] Mit der frühzeitigen Anlage einer Eichenkämpe und dem damit verbundenen Gedanken der Nachhaltigkeit erwies sich Margareta als geradezu innovativ, denn eine erste Holzgerichtsordnung für das Fürstbistum Osnabrück, die den desolaten Zustand der Gehölze verbessern und unter anderem die Neuanpflanzung von Eichen fördern sollte, erging erst 1671 unter Bischof Ernst August I. Allerdings waren die Schäden, die der Dreißigjährige Krieg an den Waldbeständen des Landes angerichtet hatte, und die Lücken, die die vermehrte Nachfrage nach Bauholz zum

1050 NLA OS Dep 91 b Akz. 2011/059 Nr. 856 (1641/42) 19r: *Notandum, selbigen jahres, den 26. Maii, wie augenschein- und befindtlich wesen, daß weder hiesige stiffts kirche und gotteshauß, wie auch die abdey, dach und schuerloes, ist mit meister Johan zu Lintlage und muer Johan accordiret und gehandelt worden, daß sie bey ihrer aigen kost und bier angenommen, obgedachte kirchen und eine seiten der abdey, die pannen ummezuhangen, zu docken, vast und giebeln, wie getreuen meurleuthen gepüret, zu bestreichen und in zuverlaßigs schur zu lieffern für 24 rthlr. arbeits lohn und ein rthlr. zu weinkauffe.*
1051 NLA OS Dep 91 b Akz. 2011/059 Nr. 858 (1643/44) 3v: *Ein vierter theill kordt lein, so in den kemna garten geseyet worden.* Aus Lein – wie auch aus Hanf, Raps, Rüben und Mohn – wurde Öl geschlagen.
1052 NLA OS Dep 91 b Akz. 2011/059 Nr. 858 (1643/44) 3v: *Drey scheffel und ein viertell gersten, so auff das newe landt im Rovekamp und in garten geseyet, dafür gegeben 1 rthlr 3 ß.* 5r: *Den 25. Aprilis, sieben leuthe gehabt, so das newe landt im Rovekampe umbgraben helffen, denselben gegeben 7 ß.*
1053 Zu dieser als Plenterbetrieb bezeichneten Form der Waldwirtschaft vgl. Friedrich Wilhelm FAUST, Vom Börsteler Sundern zum Wirtschaftswald. Ein Streifzug durch die Waldgeschichte des Stiftes Börstel von 1244 bis 1967, in: OM 76 (1969), S. 76-99, hier S.79.

Wiederaufbau von Wohngebäuden und Ställen gerissen hatte, sicherlich immens und auch für Börstel einschneidend. Die Pflege des Eichengartens, später auch die Anpflanzung von Buchen, Weiden und Pappeln betrieben im Anschluss an Margareta von Haren alle weiteren Äbtissinnen.[1054]

Auch die Außenkontakte mehrten sich wieder. Während zur Zeit der schwedischen Besatzung Bettelzüge durch das Hochstift nicht möglich waren, tauchten mit Beginn der Friedensverhandlungen wieder vermehrt hilfesuchende Menschen auf. Zwischen 1642 und 1646 erschienen mehrfach im Jahr Dominikanermönche aus dem Kloster Natrup in Osnabrück, die jeweils einen oder einen halben Reichstaler erhielten.[1055] Nach dem Verlust ihres Grundbesitzes während der Reformationszeit und einem Brand 1613 errichteten die Natruper Mönche in der zweiten Hälfte des 17. Jahrhunderts eine neue Klosteranlage.[1056] 1644 ließ der Prior Tapper Fenster und Chorgestühl der Klosterkirche erneuern und Bilder von Heiligen des Dominikanerordens aufstellen.[1057] An der Erneuerung dieser Fenster beteiligte sich Stift Börstel mit zwei Reichstalern.[1058] In gleicher Weise wurden auch die Barfüßermönche aus Vechta unterstützt.[1059] Daneben empfingen zwischen 1642 und 1646 brandgeschädigte Arme aus der Bauerschaft Lahr einen halben Reichstaler, Brandopfer aus Ankum und Einwohner aus Steinfeld für den Aufbau ihres Kirchturms die gleiche Summe. 1644 erbat Kolon Voß zum Bruning[1060] eine Beihilfe zum Wiederaufbau seiner Mühle, *so ihme die heßische kriegs armade abgebrandt,*[1061] und erhielt einen Reichstaler.

Gewissenhaft erfasste Conrad Busch die Gelder für die Armen nach ihrer Herkunft: Die Zinsen aus den Legaten der Witwe Westerwolde, der Stiftsjungfern Elisabeth Snetlage und Agnese von Dorgelo sowie der Äbtissin Lucretia von Langen ergaben insgesamt 9,5 Reichstaler.[1062] Darüber hinaus erhielten die Armen zu Weihnachten sieben Scheffel Roggen und ein für sie gemästetes Schwein.

1054 Vgl. Renate OLDERMANN, Herrschaft über Wald und Flur. Der Einfluss adeliger Frauen des Stifts Börstel auf die natürliche Umwelt, in: Düselder u.a. (Hrsg.), Adel und Umwelt., S. 131-156, hier S. 144ff.

1055 NLA OS Dep 91 b Akz. 2011/059 Nr. 856 (1641/42) 17r: (24. Juli) *Dem Dominicaner monicho, ministro Joh.,* […] *1 rthlr.* 17v (30. Sept.) *Wiederumb obged. mönnich kommen und empfangen 10 ß 6 d.* NLA OS Dep 91 b Akz. 2011/059 Nr. 857 (1642/43) 3v: *Einem mönnich von Oßnabr. 10 ß 6 d.* 4r: *einem Dominicaner monicho geben 10 ß 6 d.*

1056 SEEGRÜN, Ordensinstitute, in: Kaster/Steinwascher (Hrsg.), 450 Jahre Reformation, S. 223, und Katalogbeschreibung 11.10. S. 229f.

1057 BECKSCHÄFER, Dominikanerkloster, S 48f.

1058 NLA OS Dep 91 b Akz. 2011/059 Nr. 858 (1643/44) 3r: *Den Monchen zu Nortrupff zu newen fenstern verehret 2 rthlr.*

1059 NLA OS Dep 91 b Akz. 2011/059 Nr. 857 (1642/43) 3v: *Einem Barfüßer monnicho von der Vechte, so buttern oder fleisch gebettelt, geben 10 ß 6 d.*

1060 Gut Bruning bei Ankum, Amt Fürstenau, VOM BRUCH, Osnabrück, S. 337.

1061 NLA OS Dep 91 b Akz. 2011/059 Nr. 859 (1644/45) 3r.

1062 NLA OS Dep 91 b Akz. 2011/059 Nr. 859 (1644/45) 3v: *Den armen jährlichs vermacht, auß unsern stiffts gütern zu entrichten, nach außweise des registers, wegen der s Westerwohlischen 1 thlr 10 ß 6 d, wegen sahlige juffern Schneidtlage 10 ß 6 d, wegen s. j. Agnesen van Dorgelohe 2 thlr 10 ß 6 d, wegen weilandt Lucke van Langen 5 rthlr. rente, machet insampt 9 thlr 10 ß 6 d.*

4.2. Die Einführung der Ahnenprobe

Erstmals seit vielen Jahren versammelten sich alle Stiftsjungfern am 9. Januar 1643 zur Unterzeichnung der Stiftsrechnung. Erstmals auch seit Jahren fand wieder eine Stiftsjungfer Eingang in den Konvent: Anna Maria Voß, Tochter des Rütger Voß zu Rodenberg und der Agnese von Althaus, war eine Großnichte von Äbtissin Gertrud. Die Familie war auf dem Wasserschloss Rodenberg an der Emscher ansässig, heute in Dortmund-Aplerbeck gelegen.[1063] Bereits im Juni 1631 hatte Anna Maria auf Ersuchen des Drosten zu Fürstenau, Arnold von Böhmer,[1064] eine Exspektanz erhalten. Im Oktober 1639 und im Frühjahr 1640 suchte Rütger Voß ungeachtet der widrigen Zeitumstände als einer der wenigen Besucher Äbtissin von Althaus auf, um die Aufnahme seiner Tochter vorzubereiten. Am 28. Oktober 1643 zahlte Voß die Statutengelder,[1065] und zwei Tage später, am 30. Oktober, wurde Anna Maria als Schuljungfer aufgenommen.[1066] Nicht einverstanden mit der neuen Anwärterin war Lucretia von Haren, die am 26. Oktober zu einer Reise nach Emden aufbrach, um der Aufnahme nicht beiwohnen zu müssen. Sie war mit Anna Maria in einen heftigen Streit um deren „untadelige" adelige Abstammung und um ihre Eignung als Stiftsdame geraten. Als Rütger Voß deshalb bei Bischof Franz Wilhelm intervenierte, entzog dieser im September 1644 Lucretia die Präbende und ließ sie aus Börstel ausweisen.[1067] Lucretia begab sich nach Emden und betrieb von dort aus ihre Wiedereinsetzung in die Stiftsstelle, womit sie erst im September 1651 Erfolg hatte. Anna Maria Voß leistete zunächst ihr Schuljahr ab und nahm erstmals zu Weihnachten 1645 ihre Geldpräbende in Empfang. Im folgenden Jahre 1646 hielt sie sich nur noch einmal für vier Wochen in Börstel auf. Danach heiratete sie den Steuereinnehmer Dietrich Zwicker aus Münster, der später als Dietrich de Swerker zum fürstlich münsterschen Richter von Coesfeld avancierte.

Aus dem Streit um die Stiftsfähigkeit der Anna Maria Voß zog der Konvent die Konsequenz, die Aufnahmebedingungen für künftige Exspektantinnen aufzuzeichnen. Leider haben sich diese Statuten nicht erhalten. Kenntnis über ihre Existenz vermittelt jedoch ein Registereintrag, aus dem ersichtlich ist, dass das Stift am 17. Dezember 1643 für eine Abschrift dieser Artikel sowie die Unterschrift und die Anerkennung durch das Domkapitel und durch Vertreter des Adels drei Schilling zahlte.[1068] Inhalt dieser Artikel war die Verpflichtung zur adeligen Ahnenprobe, aufgrund derer fortan nur noch Damen mit sechzehn adeligen Vorfahren Aufnahme in die sich nun als Kapitel bezeichnende Stiftsgemeinschaft fanden. Bereits das

---

1063 Udo VON ALVENSLEBEN, Haus Rodenberg an der Emscher, In: Deutsches Adelsarchiv, 16 (1960), S. 46-47.

1064 Arnold von Böhmer, 1631 entlassen. NLA OS Erw A 14 Nr. 35.

1065 NLA OS Dep 91 b Akz. 2011/059 Nr. 858 (1643/44) 1r: *28. Octobris von juffer Anna Marien Voß entfangen 30 Rhtlr.*

1066 NLA OS Dep 91 b Akz. 2011/059 Nr. 858 (1643/44) 2v: *Juffer Anna Maria Voß ist ahm 30 Octobris inuestiirt und hat [....] vor zwo wochen roggen 1 sch.*

1067 Vgl. Renate Oldermann, Eine Stiftsjungfer im Dreissigjährigen Krieg. Das Leben der westfälischen Adligen Lucretia von Haren (1605-1675), Köln, Weimar, Wien 2013.

1068 NLA OS Dep 91 b Akz. 2011/059 Nr. 857 (1642/43) 4r: *Den 17. Decembris fur abschrifft der articulen, so vom thumbcapitull und ettelleuthen unterschrieben und placidiret, geben 3 ß.*

Rechnungsregister des Jahres 1642/43 wird erstmalig – und fortan alle weiteren – unter der Bezeichnung „adeliges Stift Börstel" geführt.[1069] Auch bei der Aufnahme von zwei weiteren Exspektantinnen im März 1644 zeigte sich das neue Selbstverständnis des Stifts. Maria von Haren (1644-1650), Tochter Heinrichs von Haren zu Hopen und Nichte der Schwestern von Haren, sowie Anna Catharina von Dinklage (*1627, 1644-1649) zu Loxten entrichteten nicht nur dreißig Reichstaler Statutengeld, sondern wurden bei ihrer Aufnahme auch erstmals als adelige, in den geistlichen Stand aufgenommene Kapitularinnen bezeichnet.[1070]

4.3. Der Tod Gertruds von Althaus

Der Gesundheitszustand Gertruds hatte sich zunehmend verschlechtert. Bereits im Oktober 1640 waren ihre beide Schwestern Anna und Heilwig im Stift erschienen und kamen von nun an Jahr für Jahr, im Frühjahr und Herbst, einzeln oder zu zweit, um ihrer Schwester beizustehen. Am 28. Dezember 1640 – *in den heiligen Weinachten tagen* – traf der Gerichtsschreiber Nikolaus Glandorf ein, um *ihr ehrwürden in der kranckheit zu besuchen.*[1071] Im Dezember 1641 stattete er der Äbtissin gemeinsam mit seiner Ehefrau und den Kindern erneut einen Besuch über drei Tage ab. Anfang Dezember 1645 verschlechterte sich Gertruds Zustand so, dass der Diener ihre Schwester Anna von Althaus benachrichtigte. Am 14. Februar 1646 starb Gertrud von Althaus,[1072] woraufhin Boten an die abwesenden Kapitularinnen Magdalena von Dorgelo[1073] und Anna Maria Voß geschickt wurden. Am 21. Februar erschienen der Drost zu Fürstenau, Koboldt von Tambach, und der Richter Johannes Sennef im Stift, um auf Befehl Franz Wilhelms den Nachlass der Äbtissin zu versiegeln. In der Vollmacht heißt es: *daß [...] ihro hochfürstliche gnaden gnädigster wille und befelch wehre, der abgestorbenen fraw abdissinnen selb uffgerichtetes testament und verlassenschafft biß fernerer gnädigster verordnungh inn gueter verwahrungh zu nemmen.*[1074] Dieser Eingriff des Bischofs in die Übergabe des Äbtissinnenamtes wird für großen Unmut gesorgt haben und als Eingriff in die Rechte und Freiheiten des Stifts empfunden worden sein. Dennoch wurden die Mobilien inventarisiert, versiegelt und auf *einen wollverwarten sicheren ort* gebracht, das Vieh gezählt und bei Strafe von hundert Goldgulden in die Obhut des Heuermanns gegeben.

Die Beerdigung, bei der neben den Kapitularinnen Nicolaus Glandorf, Anna von Althaus und der Rittmeister Johann Edwin von Dincklage[1075] aus Loxten anwesend

1069 NLA OS Dep 91 b Akz. 2011/059 Nr. 857 (1642/43) Titelblatt: *Rechnungh der Einnahme und Außgabe Geldes des adelichn Stiffts Börstell de anno 1642.*
1070 NLA OS Dep 91 b Akz. 2011/059 Nr. 858 (1643/44) 3v: *Junffer Maria von Haren und junffer Anna Catharina Dincklage sein den 3. Martii alhir adelich dem geistlichen standt capitulariter investiiret, und hat nun j. Maria von Haren den 12 Martii ihren ersten roggen empfangen 1 sch.*
1071 NLA OS Dep 91 b Akz. 2011/059 Nr. 855 (1640/41) 9r.
1072 NLA OS Dep 91 b Akz. 2011/059 Nr. 3 1v (Autograph Magdalena von Dorgelos).
1073 NLA OS Dep 91 b Akz. 2011/059 Nr. 860 (1645/46) 4v: *Ao 1646 den 29ten Febr. alß die ehrwerdige fraw verstorben, einen botten nachr Quellenburgh gehabt 5 ß 3 d.*
1074 NLA OS Dep 91 b Akz. 2011/059 Nr. 2.
1075 Johann Edwin (†1649) war einziger Sohn des Gerhard von Dincklage zu Loxten und Bruder der Kapitularin Anna Catharina von Dinklage. VOM BRUCH, Osnabrück, S. 348.

waren, fand am 24. März statt.[1076] Zur festlichen Beleuchtung der Kirche wurden unter anderem zwei Pfund Wachs und zwei Pfund Tran gekauft. Für die beim Begräbnis zu haltende *leich oder trostpredige* hatte die Verstorbene den Bippener Pastor Alhardt Behlen bestimmt und ihm für diesen Dienst fünf Reichstaler ausgesetzt. Erst am 3. April wurde das Testament[1077] der Verstorbenen eröffnet, in dem sie aus einem Kapital von rund 2.500 Reichstalern zahlreiche Legate ausgesetzt hatte. Zu Testamentsvollstreckern hatte Gertrud ihre Schwester Anna von Althaus[1078] und ihre langjährigen Vertrauten Elisabeth Kerstapel und Nikolaus Glandorf eingesetzt, die für ihre Mühen jeweils zwanzig Reichstaler und einen Silberlöffel erhielten. Den bei ihrem Begräbnis anwesenden Stiftsjungfern vermachte sie einen Dukaten und einen Reichstaler, den vier Pastoren aus Berge, Herzlake, Menslage und Börstel jeweils zwei und dem anwesenden Küster einen Reichstaler.

Außerordentlich großzügig erwies sie sich gegenüber Stiftsjungfern und Stiftsarmen, denen sie aus einem Kapital von jeweils hundert Reichstalern eine jährliche Rente von fünf Reichstalern vermachte. Die Kapitularinnen sollten diese untereinander aufteilen und die Armen damit am Karfreitag beschenkt werden. Das Vermächtnis für die Stiftsjungfern verband Gertrud von Althaus mit der Bitte *meiner dabei zu gedencken,* das Legat für die Armen mit dem Zusatz, es solle zu *Gottes ehr befürdert werden.* Zur Verwendung für den Altar hatte sie eine jährliche Rente von fünf Reichstalern bestimmt. Außerdem bestimmte sie Textilien zur Verwendung als Altarparamente: Ein Stück Kleinleinen *zu renovierungh undt erhaltungh deß hohen altars* sowie *uff der junfferen choer undt altare daselbsten ein schaep lacken.* Dem Abteibesitz übertrug sie einige Bettlaken *auß meiner groessen weisen laden oder schreine,* ein Tischlaken, ein Handtuch, sechs Schüsseln und sechs Teller aus Zinn, alles mit dem Zusatz *zur gedechtnuß.*

Ausführlich gedachte die Äbtissin ihrer Verwandtschaft. Ihre beiden Schwestern Heilwich und Anna erhielten jeweils zweihundert Reichstaler, dazu geschnittene und ungeschnittene Laken, zwei silberne Becher und zwei Löffel, zwei Betten mit *getzeugh undt leinengewandt* aus der weißen Lade sowie jede einen Rosenobel,[1079] alles von der Bitte begleitet: *meiner dabei zu gedencken.* Außerdem ging das von ihrer 1637 verstorbenen Schwester Elisabeth geerbte Kapital in unbekannter Höhe an die Schwestern Heilwich und Anna. Ihr Neffe Johann Diedrich von Althaus und seine Tochter Gertrud, die ehemalige Stiftsjungfer, jetzt verheiratete Frau Vogts, erhielten jeweils hundert Reichstaler, Johann Dietrich dazu einen silbernen Pokal, Gertrud die goldene Kette ihrer Patin. Die beiden weiteren Nichten Anne Schwicker und Agnese Voß zum Rodenberg bekamen unterschiedliche Geldsummen. Ihre Großnichte Anna Maria Voß zum Rodenberg wurde Erbin ihres Wohnhauses in

---

1076 NLA OS Dep 91 b Akz. 2011/059 Nr. 860 (1645/46) 3v: *Den 24. eiusdem* (März) *wie juffer Dorgelohe auff der s. werdigen frawen begräbnus 1 sch* (Roggen).
1077 NLA OS Dep 91 b Akz. 2011/059 Nr. 2.
1078 NLA OS Dep 91 b Akz. 2011/059 Nr. 860 (1645/46) 6v: *Den 3. Aprilis juffer Anna von Aldthauß kommen, ihro pferden, wie das testament i. ehrw. eroffnet 2 sch* (Hafer).
1079 Engl. Goldmünze im Wert von 2 1/4 Dukaten, mit einer auf die Kehrseite der Münze geprägten Rose.

Börstel und erhielt zweihundert Reichstaler. Die Einrichtung des Hauses, zu dem ein Viehstall und ein Garten gehörten, sowie den Inhalt einer schwarzen Kiste hatte sie sich mit einer weiteren Verwandten zu teilen. Ein Bett mit Zubehör sollte für Anna Maria verbleiben, ebenso die Kühe der Verstorbenen.

Bei der Aussetzung weiterer Legate zeigte sich Gertruds enge Verbundenheit zu ihren Untergebenen. Der ehemalige Stiftsamtmann Nicolaus Glandorf und seine Tochter Gertrud Agnes – *alß meiner paden* – erhielten siebzig bzw. zwanzig Reichstaler. Die Witwe, Sohn und Töchter des verstorbenen Amtmanns Arnold Kennings wurden mit jeweils zwanzig Reichstalern bedacht. Der Magd Taleke vermachte sie, *imfall sie biß an meinen sterbtagh bei mir im dienste verpleiben wirt,* ebenfalls zwanzig Reichstaler *undt eine meiner jungen kuhe beester*. Die Magd Margarethe Niehaus bekam sogar dreißig Reichstaler, dazu ein paar Bettlaken und ebenfalls eine junge Kuh.

Das 1639 aufgesetzte Testament Gertrud von Althaus' und das der Sophia von Wullen von 1625 sind die ältesten Verfügungen von Kapitularinnen, die sich im Archiv erhalten haben. Sie gewähren einen Einblick in die Zeitvorstellungen und Bewusstseinsinhalte der geistlichen Frauen jener Zeit. Im Testament von Äbtissin Gertrud wird dabei besonders die Verknüpfung der vorreformatorischen Memoria mit dem klaren Bekenntnis zur neuen Lehre deutlich. Mit jedem Legat verband Gertrud die eindringliche Bitte um Gedächtnis nach dem Tode. Die Wiederholung der immer gleichen Wendung *meiner dabei zu gedencken* scheint zwar formelhaft, muss aber im Vergleich mit dem Testament der Sophia von Wullen, in dem eine solche Wendung fehlt, als ein individueller Wunsch gewertet werden. Diese Gedächtnis-Formel zeigt, wie sehr Gertrud der mittelalterlichen Vorstellung von der Wirkung der Gebetsleistung für einen verstorbenen Menschen über dessen Tod hinaus und der Vorstellung vom Eingebundensein in die familiäre und stiftische Gemeinschaft weiterhin verhaftet war.

Darüber hinaus stiftete sie für den achten Tag nach ihrem Begräbnis ein *almussen*, eine aus Brot, Fleisch und Butter bestehende Armenspeisung.[1080] Hier werden Relikte der Verknüpfung von Totengedenken und Armenspeisung deutlich, die seit dem frühen Mittelalter bezeugt ist und auf den Brauch der vorchristlichen Totenfeiern zurückgeht.[1081] Die Speisung der Armen während oder nach der Totenfeier oder die Austeilung von Gaben an die Armen zielten in der vorreformatorischen Kirche auf Fürbitte und Gebet der Armen für den Almosengeber ab und sollten so

---

1080 NLA OS Dep 91 b Akz. 2011/059 Nr. 2, p. 8: *Uff den achten tagh nach meiner gehaltenen begrebnuß soll von meinen executorn den armen zum Borstell eine unverweißliche almussen an brode, fleische undt butteren von den meinigen gegeben werden.*

1081 Die heidnischen Totenmähler am Grab eines Verstorbenen, bei denen dieser als wirklich Teilnehmender erlebt wurde, wandelte die christliche Liturgie in Mahlfeiern zum Gedächtnis der Toten um, wobei stellvertretend für die Toten den Armen die Speisung zu Gute kam. Totengedenken und Armenspende blieben daher in den monastischen Gemeinschaften eng miteinander verknüpft. Vgl. Joachim WOLLASCH, Gemeinschaftsbewußtsein und soziale Leistung im Mittelalter, in: Frühmittelalterliche Studien 9 (1975), S. 268-286; OEXLE, Memoria, S. 81.

zur Erweiterung und Vertiefung von dessen Memoria beitragen. Dieser Art von Memorienwesen als Teil der Werkgerechtigkeit hatten die Reformatoren eine klare Absage erteilt: Nicht mehr zum Gewinn des eigenen Seelenheils sollten Legate ausgesetzt werden, sondern um der Empfänger, der Armen selbst willen. In der stiftischen Begräbnispraxis während der ersten Hälfte des 17. Jahrhunderts blieb der Zusammenhang von Totenmemoria und Armenspeisung zwar noch erhalten., jedoch in einer veränderten Bedeutung. Die Praxis der Armenspeisung als Bestandteil des ursprünglichen Totenmahls und die Aussetzung von jährlichen Armen-Legaten wurden nicht – wie es vor der Reformation üblich war – an die Bedingungen des fürbittenden Gebets geknüpft, sondern sollten allein der Ehre Gottes dienen: *Damit auch mit diesem meinen letzten willen Gottes ehr befürdert undt der armen gedacht, gebe den armen zum Borstell von obgt. summen auch einhundert reichßthaler.*[1082] Losgelöst aus der ursprünglichen Verknüpfung von Gabe und Gebet wurde in nachreformatorischer Zeit die Fürsorge für die Armen zum Teil der Fürsorge für die Gemeinschaft.[1083]

Und noch ein weiterer Aspekt wird in der Narratio deutlich, in der es heißt: *Demnegst will ich [...] nach meinen absterben den corper nach christ- undt adelichen geprauche zur begrebnusse alhie zum Borstell zubestatten undt nach volebrachter eine leichpredige zu halten undt von dem von mir datzu begerten pastoren zu verrichten.* Die Bitte um die bei ihrem Begräbnis zu haltende *leich oder trostpredige* zeugt von einer typisch protestantischen Auffassung der Erinnerung an einen Verstorbenen, dessen Leistungen gewürdigt und der Nachwelt überliefert werden sollten. Im Testament der Verstorbenen verbinden sich auf diese Weise altgläubige monastische Traditionen mit neuen Impulsen der lutherischen Theologie, wie sie für das Jahrhundert der Nachreformation typisch waren.

1082 NLA OS Dep 91 b Akz. 2011/059 Nr. 2, p.3.
1083 Vgl. QUECKENSTEDT, Die Armen, S. 71ff.

II. 5. Äbtissin Magdalena von Dorgelo (1646-1674)

1. Die Konsequenzen des Friedensschlusses

1.1. Wahl und Amtsbeginn

Nach der Beisetzung Gertrud von Althaus' machte sich der Stiftsbote Cord Bö-decker auf den Weg zum Domkapitel nach Osnabrück[1084] und am Tag darauf Amt-mann Conrad Busch zur bischöflichen Exilkanzlei nach Münster[1085], um den Todes-fall anzuzeigen und die Erlaubnis zur Neuwahl einer Äbtissin einzuholen. In der von Sekretär Ernst Schnur ausgefertigten bischöflichen Genehmigung vom 9. März 1646 heißt es in Anbetracht der eingeschränkten Zuständigkeit des Landesherrn:

Haben zwarn hochgedachte ihre hochfürstl. gnaden solches nicht zu behindern, sondern können es in gnaden gestatten, Dieser gestaldt doch, daß eine solche an-nehmliche qualificirte person, servatis servandis, erwellet werde, damit hochstgte. i. hochfürstl. gnaden solche zur administation zu laßen, oder confirmiren mögen.[1086]

Im Beisein des Notars Schmiesing aus Bramsche, der dem *gewönlichen actui beizu-wonnen* hatte, wählte das Kapitel am 21. März Magdalena von Dorgelo zur neuen Äbtissin. Die bischöfliche Konfirmation stellte Franz Wilhelm erst 1651 nach seiner Rückkehr nach Iburg aus.[1087]

Magdalenas Amtsantritt war von neuen kriegerischen Ereignissen überschattet, denn im Mai 1646 erfolgte während der bereits laufenden Friedensvorverhandlungen unter General Hans Christoph Graf von Königsmarck[1088] ein erneuter Angriff schwedischer Truppen auf das stark befestigte Vechta. Obwohl Stift Börstel einen kaiserlichen Schutzbrief erwarb und aus Fürstenau zwei Schutzwachen gestellt wur-den, entschieden sich Magdalena von Dorgelo und die neue Kapitularin Maria von Haren Börstel zu verlassen. Beide kehrten erst zu Michaelis zurück. Wie groß die Not am Ende des Dreißigjährigen Krieges in Börstel war, lässt sich aus dem Inventar ablesen, das Notar Hilmar Voß im September 1646 anlässlich des Amtsantritts von Magdalena aufnahm. Die Kornregister des Stifts wurden mit der Bemerkung kom-mentiert: *und ist also nun kein korn uf den spieker im vorrath verhanden.*[1089] Neben zwei Pferden gab es nur einige wenige Kühe und Schweine sowie lediglich fünfzig

---

1084 NLA OS Dep 91 b Akz. 2011/059 Nr. 864 (Quittungen): *Anno 1646, den 24. Febr. bin ich im nahmen dieses stiffts wegen der wahl einer newen abdißinnen nacher Oßnabrugh gesandt worden und verzehrett.*

1085 Ebd.: *Anno 1646 den 25. Febr. auff sontagh Reminiscere bin ich zu pferdt nachr Münster abgefertigtt an ihro hochfürstl. gnaden wegen der newen wahll einer abtißinnen consens zu erholen.*

1086 NLA OS Dep 91 b Akz. 2011/059 Nr. 3.

1087 NLA OS Dep 91 b Akz. 2011/059 Nr. 863 (1650/51) 2v: *Für der abdissinnen confir-mation von ihro hochfürstl. gnaden 26 rthallr. Umb welche confirmation Cort einmahl nach Osnabrugh und einmahl nach Iburg reisen müßen, verzehrt 1 rhtallr.*

1088 Hans Christoph von Königsmarck (1600-1663) 1620 in kaiserlichen, ab 1629 in schwe-dischen Diensten, 1644 Generalleutnant der Kavallerie, 1648 Feldmarschall-Leutnant.

1089 NLA OS Dep 91 b Akz. 2011/059 Nr. 3 Inventar 1v.

Schafe. Nicht besser sah die finanzielle Situation des Stifts aus. Das Schuldenregister des Stifts wies Kapitalschulden in Höhe von 3.225 Reichstalern auf. Beträchtlich waren auch die ausstehenden Lohnrückstände. Dem Amtmann Conrad Busch schuldete das Stift das Kostgeld für zwei Jahre. Der neue Pastor Bernhard Harnhoven forderte ausstehenden Lohn und Kostgeld für ein Vierteljahr sowie Geldauslagen in Höhe von acht Reichstalern für die Beköstigung von auswärtigen Pastoren und Freunden des Stifts, die Börstel zur Kirchmesse besucht hatten. Das Gesinde hatte seit einem halben Jahr keinen Lohn mehr erhalten. Margareta von Haren konnten zwanzig Reichstaler, die sie zum Kauf einer Stute geliehen hatte, nicht zurückgezahlt werden.

Auch der mobile Besitz war äußerst bescheiden. In der Abtei waren lediglich einige Stücke an Leinen und Drell vorhanden, dazu ein paar Bettlaken, Hand- und Tischtücher, Kissen und Pfühle. An Zinngeschirr fanden sich nur ein Becher, sechs Teller und sechs Becken sowie ein zerbrochener Leuchter. Die Inventarisierung endet mit der Feststellung, dass die Abtei ganz leergeräumt und kein Vorrat vorhanden sei, mit dem die Küche wieder „angestellt" werden könne. Kurzum, es fehlten die nötigsten Nahrungsmittel, um den bevorstehenden Winter überleben zu können. Elisabeth Kerstapel, Margareta und Maria von Haren beschlossen daher, *daß die abbatissa für erst einen gueten freundt besuchen und ein stucke geldt davon endtliehen mugte*.[1090] Von diesem Geld sollten Lebensmittel eingekauft und die Küche mit dem Nötigsten ausgestattet werden. Die beiden Jungfern von Haren zogen sich nach Hopen zurück, und bis Weihnachten blieben Magdalena von Dorgelo und Elisabeth Kerstapel allein in Börstel zurück.

Als zu Ostern 1647 Maria und Margaretha von Haren die Rückkehr wagten, wurden sie alsbald Zeugen erneuter Kriegsereignisse. Nach kurzer Belagerung der Festung Fürstenau durch den schwedischen Generalmajor Christoph von Hammerstein musste sich Kommandant Michael Wilhelm Koboldt von Tambach Anfang Juni ergeben und den Schweden auch diese Festung überlassen.[1091] Während dieser Belagerung wurden in Börstel ein letztes Mal Salz und Roggen geraubt, so dass erneut kein Brot mehr gebacken werden konnte.[1092] Nach der Einnahme Vechtas und Fürstenaus lag die staatliche Gewalt bis zum Kriegsende wiederum in der Hand der Schweden, die auch in konfessioneller Hinsicht eine erneute Wende herbeiführten und umgehend die Wiederherstellung des evangelischen Gottesdienstes im Osnabrücker Nordland veranlassten.

1090 NLA OS Dep 91 b Akz. 2011/059 Nr. 3. Inventar 3r.
1091 August SCHRÖDER, Zur Geschichte des Dreißigjährigen Krieges im Osnabrücker Nordland unter besonderer Berücksichtigung der Belagerung der Landesfeste Fürstenau im Jahre 1647, in: MKHB 8 (1960), S. 5-29; LENSKI, Verteidigung des Schlosses Fürstenau, S. 244ff.
1092 NLA OS Dep 91 b Akz. 2011/059 Nr. 862 (1647/48) 7v: *Weill in Fürstenawscher belagerungh der roggen von hier alle weggenommen worden, daß nichts übrigh verplieben.*

1.2. Die Klärung der konfessionellen Verhältnisse in Börstel

Nach langwierigen Verhandlungen wurde im August 1648 zwischen dem Kaiser und der Krone Schwedens der Friedensvertrag zu Osnabrück und im Oktober zwischen dem Kaiser und Frankreich der Vertrag zu Münster verabschiedet. In Osnabrück standen neben dem Friedensabkommen mit Schweden auch so bedeutende Themen wie die Reform der deutschen Reichsverfassung und der Reichs-Religionsfrieden zwischen deutschen Katholiken und deutschen Protestanten auf der Tagesordnung. Das in Osnabrück erarbeitete Friedensinstrument, das *Instrumentum Pacis Osnabrugensis* (IPO), wurde zur grundgesetzlichen Verfassungsurkunde bis zum Ende des Alten Reiches und so zum maßgebenden Rechtssystem der öffentlichen Ordnung in Deutschland.[1093] Für die Regelung der schwer zu entwirrenden deutschen Konfessionsverhältnisse legte man im Osnabrücker Frieden den Zustand vom 1. Januar 1624 (den so genannten Normaljahrestermin) zugrunde. Die konfessionellen Besitzansprüche sollten nach dem zu diesem Termin innegehabten Besitz- und Konfessionsstand der Pfarren entschieden und so der Bekenntnisstand der Landeskirchen und ihrer Mitglieder festgelegt werden.

Für die konfessionelle Einordnung des Bistums Osnabrück wurde nach zähen Verhandlungen im Art. XIII des IPO ein Kompromiss festgeschrieben, der zwar die Rückgabe des Bistums an Bischof Franz Wilhelm vorsah, gleichzeitig aber für die Zukunft die reichsrechtlich einmalige alternierende Regierung zwischen einem katholischen Bischof und einem protestantischen Fürsten aus dem Hause Braunschweig-Lüneburg vereinbarte.[1094] Diese so genannte Osnabrücker alternative Sukzession bestimmte als Nachfolger für Franz Wilhelm Herzog Ernst August von Braunschweig-Lüneburg. Über strittige Fragen insbesondere konfessioneller Art handelte das Osnabrücker Domkapitel mit Franz Wilhelm und seinem designierten Nachfolger Ernst August separat ein eigenes Vertragsdokument aus. Inhalt dieser *Capitulatio Perpetua* waren Bestimmungen über die Rechte des Landesherrn, die Stellung der Stände und der Untertanen, die Befugnisse eines evangelischen Konsistoriums, des katholischen Offizialats und der Archidiakone sowie über die Rechte und Pflichten der Patronatsherren.[1095]

Im Verlauf der Friedensverhandlungen bemühten sich auch die Vertreter der Osnabrücker Ritterschaft, die konfessionellen Verhältnisse im Hochstift im Normaljahr 1624 durch Zeugenbefragungen zu ermitteln.[1096] Die entsprechende Untersuchung in

---

1093 Anton SCHINDLING, Der Westfälische Frieden 1648: Die Regelung im konfessionellen Nebeneinander, in: Kaster/Steinwascher (Hrsg.), 450 Jahre Reformation, S. 623-634, hier S. 623ff.

1094 Abdruck des Artikels XIII bei STEINWASCHER, Quellen zum Dreißigjährigen Krieg, S. 113f.; Vgl. STEINERT, Die alternative Sukzession.

1095 Vgl. Johannes FRECKMANN, Die capitulatio perpetua und ihre verfassungsrechtliche Bedeutung für das Hochstift Osnabrück (1648-1650), in: OM 31 (1906), S. 129 ff.; Erich FINK, Die Drucke der Capitulatio Perpetua Osnabrugensis, in: OM 46 (1924) S. 1-48, hier S. 3f.; Wolfgang SEEGRÜN/Gerd STEINWASCHER, 350 Jahre Capitulatio perpetua Osnabrugensis (1650-2000). Entstehung – Folgen – Text, Osnabrück 2000.

1096 Vgl. Theodor PENNERS, Zur Konfessionsbildung im Fürstbistum Osnabrück. Die ländliche Bevölkerung im Wechsel der Reformationen des 17. Jahrhunderts, in: JGNKG 72 (1974), S. 25-50, hier S. 28.

Börstel führte der Syndikus der Osnabrücker Ritterschaft Dr. Eberhard Vette[1097] durch.[1098] Mit Schreiben vom 23. Juli 1648 an Äbtissin und Kapitel erläuterte Eberhard Vette die Position der evangelischen Stiftsstände, die es *bei dem ietzo auffm lande über alle üblichen exercitio der Augspurg. confession oder Evangel. religion gäntzlich verpleiben*[1099] lassen wollten. Um *des stiffts Börstel stands beschaffenheit zu wissen*, erbat Vette Auskunft über das zahlenmäßige Verhältnis von evangelischen zu katholischen Jungfern und über die konfessionelle Ausrichtung des Gottesdienstes am Normaljahrstermin vom 1. Januar 1624. Daran knüpfen sich die Fragen, wann die letzte katholische Stiftsjungfer verstorben, von welchem Jahr an die Augsburgische Konfession die allein gültige gewesen sei und wie viele evangelische Jungfern derzeit in Börstel anwesend seien. In Börstel hielt man es offensichtlich für ratsam, nicht zu antworten, denn am 1. November 1648 erging erneut die Frage nach dem Konfessionsstand vom 1. Januar 1624. Diesmal war es der erste lutherische Landessuperintendent, Vitus Büscher[1100] aus Quakenbrück, der zu wissen begehrte: *Wer in dem jahr alda den gottesdienst verrichte; ob das abendmahl in beyder gestalt ausgetheilet; ob auch die psalmen Jesus Christus unser heyland ec. […] und andre Evangelische psalmen da gesungen worden, auch wievil Evangelische adliche persohnen und bediente alda gewesen* seien. Auch diesmal antwortete das Kapitel nicht, so dass sich der Osnabrücker Regierungsrat und Notar Johannes Witte am 1. Juni 1649 gezwungen sah, mit einem Express-Schreiben die gewünschten Auskünfte über die Konfession und den Namen des im Januar 1624 amtierenden Pastors einzuholen. Nun endlich scheinen Äbtissin und Kapitel reagiert zu haben, denn am 24. September 1649 bestätigt Vitus Büscher, dass aufgrund der Verhandlungen der schwedischen und braunschweig-lüneburgischen Parteien Stift Börstel *gantz frey der Evangelischen religion halber gelaßen werden wird*. Der Information über diese für die Zukunft Börstels bedeutende Festlegung folgte umgehend der pekunäre Aspekt: Der Kanzleidirektor Dr. Hast[1101] hätte den braunschweig-lüneburgischen Gesandten in Münster eine *verehrung* in Höhe von drei Reichstalern für ihr Gutachten zahlen müssen, die die Äbtissin wie auch die anderen Stifte, Städte und Kirchspiele zurückzuerstatten habe.[1102] Für seine eigenen Reisekosten und seine Mühewaltung erhoffte

---

1097 Eberhard Vette, Syndikus, Ratsherr, 1670 Bürgermeister von Osnabrück. Olaf SPECHTER, Die Osnabrücker Oberschicht im 17. und 18. Jahrhundert. Eine sozial- und verfassungsgeschichtliche Untersuchung (Osnabrücker Geschichtsquellen und Forschungen 20), Osnabrück 1975, S. 148.

1098 NLA OS Dep 91 b Akz. 2011/059 Nr. 862 (1647/48) 3v: *Doctori Fetten, der ritterschafft sindico zu Osnabrugh 4 rthlr.*

1099 NLA OS Dep 91 b Akz. 2011/059 Nr. 278. Hier auch die folgenden Zitate.

1100 Kurzbiografie von Rainer HEHEMANN, in: Hehemann, Biographisches Handbuch, S. 52f.; Hermann ROTHERT, Quakenbrück im dreißigjährigen Krieg, Quakenbrück 1923 (Nachdruck 1998), S. 69.

1101 Dr. jur. Joachim Wilhelm Hast, seit 1634 als Gograf zu Iburg in schwedischen Diensten tätig, schwedischer Rat und Kanzler, 1656 und 1657 erster Bürgermeister. SPECHTER, Oberschicht, S. 23; VAN DEN HEUVEL, Beamtenschaft, S. 101.

1102 NLA OS Dep 91 b Akz. 2011/059 Nr. 863 (1648/49) 3v: *Der magister Vitus Buscherus zu Quakenbrugge von ihro ehrw. gefordert 3 thaller, so Doctor Hast für diß stifft sol außgethan haben, 3 rthallr.*

er sich aus Freundschaft ebenfalls ein kleines Entgelt, was ihm in Form von zwei Reichstalern gewährt wurde.[1103]

Zum Abschluss kamen die Verhandlungen um die *Capitulatio Perpetua* am 28. Juli 1650 in Nürnberg.[1104] Wichtigster Artikel war der im so genannten Volmar'schen Durchschlag vereinbarte Beschluss, die Konfessionsverhältnisse im Osnabrücker Land nach dem Normaljahrestermin vom 1. Januar 1624 wiederherzustellen und die Konfession der einzelnen Pfarrstellen entsprechend der zu diesem Termin vorgefundenen Verhältnisse festzulegen. Bei dieser konfessionellen Aufteilung der Kirchspiele wurde Stift Börstel als einziges Kloster im Hochstift der evangelischen Seite zugezählt. *Börstel cum coenobio* heißt es im Volmar'schen Durchschlag, beinhaltete also die Pfarrstelle und die Bewohner des Stifts.[1105] Entsprechend der konfessionellen Zusammensetzung des Kapitels vom 1. Januar 1624 – nachgewiesen durch das Protokoll des Generalvikars Lucenius – wurden zwei Plätze für katholische Stiftsdamen reserviert. Börstel war mithin das einzige Kloster im Hochstift, das den Lutheranern verblieb. Die Klosterkirche blieb zudem Stützpunkt der evangelischen Einwohner des den Katholiken zugesprochenen Kirchspiels Berge und wurde so zum „Garanten der Bikonfessionalität".[1106]

Erst nach Abschluss dieser Verhandlungen und dem Rückzug der Schweden konnte Franz Wilhelm in das Hochstift zurückkehren und die weltliche Regierung antreten. Zuvor waren allerdings die zwischen dem Kaiser und der Krone Schwedens vereinbarten fünf Millionen Reichstaler an Abzugsgeldern aufzubringen, woran sich per Personenanschlag vom 10. Oktober 1649 auch die Äbtissin mit acht und jede „Canonisse"[1107] mit drei Reichstalern zu beteiligen hatten.[1108] Der Abzug der Schweden erfolgte allerdings nur langsam; erst im Mai 1654 räumten sie nach Zahlung hoher Bestechungsgelder die letzte von ihnen besetzte Festung Vechta.[1109] Von nun an setzte sich Franz Wilhelm mit allen Mitteln für die katholische Reform und die territoriale Entwicklung des Fürstbistums ein, der einzigen Landesherrschaft, die ihm nach dem Verlust der Bistümer Verden und Minden geblieben war. Am 27. November 1650 nahm er die bischöfliche Residenz in Iburg in Besitz,[1110] und am 18. Dezember hielt er nach 17jähriger Abwesenheit seinen Einzug in die Stadt Osna-

---

1103 Ebd.: *Der Magister für sich eine verehrungh gefordert, weilen er für diesem stiffte gereiset 2 rthallr.*

1104 FINK, Drucke, S. 1-48.

1105 Während WÖBKING, Konfessionsstand, S. 97, die eigenständige Pfarrgemeinde bezweifelt, spricht DÖKEL, Geschichtliche Mitteilungen, S. 42, von dem Pastorat Börstel.

1106 STEINWASCHER, Konfession und Kirchspiel im Hochstift Osnabrück in der Frühen Neuzeit, in: Christine van den Heuvel/Bernd Kappelhoff/Thomas Vogtherr (Hrsg.), Land, Dorf und Kirche, Gemeindebildungen, Hannover 2009, S. 69-111, hier S. 111.

1107 Die Bewohnerinnen der übrigen katholischen Klöster wurden weiterhin als Jungfern bezeichnet.

1108 NLA OS Dep 91 b Akz. 2011/059 Nr. 277.

1109 KOHL, Vechta 1, S. 82.

1110 Bernhard Anton GOLDSCHMIDT, Lebensgeschichte des Kardinal-Priesters Franz Wilhelm, Grafen von Wartenberg, Fürstbischofs von Osnabrück und Regensburg, Minden und Verden, Osnabrück 1866, S. 157. STEINWASCHER, Osnabrück, S. 353, gibt den 3. Dezember an.

brück, wo er an diesem und am folgenden Tage die Huldigung der Geistlichkeit und der Landstände entgegennahm. Bereits am 12. Dezember berief er eine Synode zur Regelung der konfessionellen Verhältnisse in den Pfarren des Hochstifts ein, die am 14. März 1651 in Osnabrück stattfand. Den Verhältnissen des Normaljahres entsprechend ließ er katholische und evangelische Geistliche in den der jeweiligen Konfession zugesprochenen Pfarren ein- bzw. umsetzen.[1111]

1.3. Die Besetzung der Börsteler Pfarrstelle

Der seit 1624 in Börstel tätige und unter dem Druck der Gegenreformation 1636 konvertierte Pfarrer Conrad Cruse hatte im Januar 1644 die Pfarrstelle in Menslage übernommen.[1112] Während sich das Kapitel in den Gemeinden Sutthausen, Damme und Gravenhorst um einen Nachfolger für die vakante Pfarrstelle bemühte, predigten in Börstel sowohl der Pastor aus Berge als auch einmalig einer der Mönche aus dem Dominikanerkloster Natrup, der dafür mit Butter entlohnt wurde.[1113] Endlich im Mai 1645 gelang es dem Abgesandten des Gerichtsschreibers zu Fürstenau, Henricus von Eye, in Münster einen neuen Pastor für Börstel zu gewinnen.[1114] Der neue Pastor Bernhard Harnoven war katholisch und nicht verheiratet und nahm daher den freien Tisch in der Abtei in Anspruch. Im Einstellungsvertrag Bernhard Harnovens vom 22. Mai 1645 heißt es:

Daß ermelter dominus Harnhoven nuhn hinfurter den Gottesdienst, und was deme anhängich und gebräuchlich, mitt coelebriren und predigen alhir in der kirchen zum Börstell der gepur bedienen soll und wölle, warauff wir denselben, alten herkommens und unsern gewonlichn gebrauch nach, subahrrirt, auff und angenommen.[1115]

In diesen noch von der Gegenreformation bestimmten Jahren wurde lutherisch gepredigt und gleichzeitig die Messe gefeiert, denn es heißt, dass der Sohn des Müllers, Klaus, dem neuen Pastor bei der Messe assistierte.[1116] Harnoven ließ auch das Glas vor dem Marienbild erneuern[1117] und im folgenden Jahr mehrere Kännchen aus Zinn und neue Paramente für den Altar anschaffen.[1118] Die Messfeiern endeten

---

1111 Vgl. Gerd STEINWASCHER, Die konfessionellen Folgen des Westfälischen Friedens für das Fürstbistum Osnabrück, in: Niedersächsisches Jahrbuch für Landesgeschichte 71 (1990), S. 53-80, hier S. 55f.
1112 NLA OS Dep 91 b Akz. 2011/059 Nr. 858 (1643/44) 2v: *Pastori in Menßlage, wie er nach Osnabrügk zum archidiacano wegen der investitur gangen 2 rthlr.*
1113 NLA OS Dep 91 b Akz. 2011/059 Nr. 858 (1643/44) 3r: *Dem münche von Nortrupff, so den 3. Julii alhir gepredigt, zu buttern geben 1 rthlr.*
1114 NLA OS Dep 91 b Akz. 2011/059 Nr. 859 (1644/45) 4r: *Diesem unsern newen angenommenen pastor hern Bernhardo Harnhoven, weill er nuhn selb derde hirher gekommen, zu weingeldt 3 rthlr.*
1115 NLA OS Dep 91 b Akz. 2011/059 Nr. 1272 1r.
1116 NLA OS Dep 91 b Akz. 2011/059 Nr. 863 (1648/49) 3v: *Des müllers Clauwes, der dem pastori Hamhoven anno 1646 in der kirchen zur miße gedienet, dafür 2 rthallr.*
1117 NLA OS Dep 91 b Akz. 2011/059 Nr. 859 (1644/45) 4r: *In der kirchen für das marienbildt glaß laßen machen, dafür 5 ß 3 d.*
1118 NLA OS Dep 91 b Akz. 2011/059 Nr. 860 (1645/46) 4r: *Den 5. Novembris für die gardinen, so umme das altar 1 rthlr 2 ß 6 d. 5v: Der Pastor zinnern kennechens uffs altar, dafür 9 ß.*

1647, als Schweden den evangelischen Gottesdienst wieder einführte, mit dessen praktischer Durchführung Magister Vitus Büscher beauftragt wurde.[1119] Als Harnoven daraufhin das Stift verließ, predigten in Börstel zunächst wieder die evangelischen Pastoren aus Berge und Bippen.[1120]

Im Januar 1649 berief das Kapitel den aus Norden stammenden Theologiestudenten Henricus Nicolai zum neuen evangelischen Pfarrer.[1121] Vorsichtshalber wandte sich dieser an Vitus Büscher, um zu erfahren, *ob das stifft Börstell bey dem reinen exercitio religionis könne inskünfftige verbleiben.*[1122] Büscher bestätigte das und instruierte das Kapitel, bei den Konsistorialräten in Osnabrück um die Ordination Nicolais nachzusuchen. Entsprechend jetzt gültiger landesherrlicher Verordnung müssten alle berufenen *Evangelische*(n) *studiosi theologiae* von den Osnabrücker Konsistorialräten *examiniert, ordiniret* (und) *introduciret* werden und es reiche keineswegs, sie selbst einzusetzen. Um Bedenken seitens des Kapitels gegen die neu eingerichtete Instanz vorzubeugen, versicherte er, dass die Äbtissin *ihr jus patronatus wie jederzeit zuvor also auch inskünfftige behalten* werde. In ihrem Schreiben an das Konsistorium solle sie darauf hinweisen, dass sie, *altem Gottseligen gebrauch nach ihrem stifft einen Evangelischen prediger anzusetzen* gewillt sei.

Nicolai wurde noch vor Weihnachten 1649 ordiniert[1123] und reiste zu Beginn 1650 nach Iburg, um seine Konfirmation abzuholen.[1124] Nicolai scheint der erste Börsteler Pfarrer gewesen zu sein, der ein theologisches Studium absolviert hatte und dessen Amtsverständnis von den Vorgaben der Amtskirche bestimmt war. Darauf deutet hin, dass er gleich nach seinem Amtsantritt ein Exemplar der evangelischen Kirchenordnung anschaffen ließ.[1125] Um welche Kirchenordnung es sich dabei handelte, lässt sich den Quellen nicht entnehmen. Vermutlich handelte es sich um die Lüneburger Kirchenordnung von 1619/43,[1126] deren Gebrauch auch aus anderen Kirchspielen belegt ist.[1127] Nicht auszuschließen ist es allerdings, dass es sich um die 1634 im Auftrag der schwedischen Regierung durch den Superintendenten Johannes Gisenius[1128] erlassene vorläufige lutherische Kirchenordnung gehandelt hat.[1129] In

---

1119 BÖNING, Glaubenskämpfe, S. 30ff.

1120 NLA OS Dep 91 b Akz. 2011/059 Nr. 863 (1648/49) 2v: *Denen pastoribus zu Bippen und Berge uff ihre hochzeit, weil sie hir offte geprediget, verehret 2 rthallr.*

1121 Ebd.: *Dem pastori Henrico Nicolaii zum weinkauff und zur zehrung auff der langen reise von Norden hirher geben 3 rthallr.*

1122 NLA OS Dep 91 b Akz. 2011/059 Nr. 278, 1649 Januar 12, hier auch die folgenden Zitate.

1123 NLA OS Dep 91 b Akz. 2011/059 Nr. 863 (1649/50) 3r: *Dem pastori Henrico Nicolaii zu seinen unkosten, alß er ordinieret worden, verehret 3 rthallr.*

1124 NLA OS Dep 91 b Akz. 2011/059 Nr. 863 (1650/51) 2v: *Dem pastori Henrico Nicolai, alß er sein confirmation von ihro hochfürstl. gnaden abholete von Iburch, zu zehrgelt verehret 1 rthallr.*

1125 NLA OS Dep 91 b Akz. 2011/059 Nr. 863 (1649/50) 3v: *Für die kirchenordnungh uff dem altar 1 rthallr. 5 ß 3 d.*

1126 Vgl. EKO, Bd. 7, II. 1. S. 221.

1127 Vgl. für das Kirchspiel Essen DÖKEL, Geschichtliche Mitteilungen, S. 81.

1128 Kurzbiografie von Werner DELBANCO in: Hehemann, Biographisches Handbuch, S. 104.

1129 Abdruck der Kirchenordnung von 1634 in: KASTER/STEINWASCHER (Hrsg.) 450 Jahre Reformation, S. 618-621. Unter den die KO seinerzeit unterzeichnenden Pfarrern fehlen allerdings sämtliche Vertreter des Osnabrücker Nordlandes.

Frage käme schließlich auch die von Philipp Sigismund 1606 für Verden erlassene Kirchenordnung, die 1624 in einigen Kirchen in Gebrauch war.[1130] Die Landkirchenordnung von 1543 fand dagegen nach 1548 kaum noch Beachtung, zumal sie nie gedruckt wurde. 1651 veranlasste Nicolai ebenfalls die Anschaffung eines großen Almanachs für die Kirche.[1131] Neben seiner Tätigkeit als Prediger der kleinen Gemeinde war er der Äbtissin auch bei der Abfassung von Briefen und Verträgen behilflich und vertrat das Stift 1650 bei einer Versammlung der Ritterschaft in Ankum.

Nicolai war mit Magdalena Jansen verheiratet und erhielt ein jährliches Gehalt von zwanzig Reichstalern, dazu dreizehn Schilling für ein Paar Schuhe. Erneut wurde das Pastorenhaus (Abb. 16) renoviert, der Schornstein ausgebessert, ein grüner Kachelofen gesetzt, das ganze Haus geweißt und zu seinem Einzug ein neues Federbett angefertigt. Die Sanierungsmaßnahmen zeugen von einer neuen Wertschätzung des Pfarrers als Amtsträger, die ihren Ausdruck auch darin fand, ihm eine seiner Stellung entsprechende bessere Unterbringung und Ausstattung zukommen zu lassen.[1132] Das Einkommen des neuen Pfarrers setzte sich weiterhin aus den traditionellen Bestandteilen, den Naturalabgaben und dem freien Wohnen sowie ungeachtet seiner verbesserten Qualifikation aus der gleichbleibenden Gehaltszahlung von zwanzig Talern zusammen. Als Ersatz für ein feistes Schwein, *so zu sein kost gehöret*, erhielt er drei und als Ersatz für die Butter vier Reichstaler. Mit der Umwandlung der Schweineaufzucht in eine Geldabgabe wurde die Abkehr vom Dasein des landwirtschaftlich tätigen Pfarrers eingeleitet. 1655 kam es offensichtlich zu Unstimmigkeiten mit dem Kapitel. Wie sich aus einem Schreiben Franz Wilhelms vom 30. Januar 1656 ergibt, hatte das Kapitel Klage gegen Nicolai erhoben,[1133] der sich nach seiner Entlassung als Pastor nach Hollen begab.[1134]

Neuer Pastor wurde 1656 Johann Henricus Voß (1656-1698), der ebenfalls zur Konfirmation und Ordination zum Konsistorium nach Iburg reiste, was mit Unkosten von vier Reichstalern verbunden war, die etwas unwillig verbucht wurden.[1135] Voß, 1630 geboren, blieb bis zu seinem Tod, 1698, Prediger in Börstel und erhielt ein Grabmal in der Kirche. Die lesbaren Reste der Umschrift des heute im Fußboden der Unterkirche eingelassenen Steines lauten *Domini Joannis Henrici Voss nati Ao. 1630 denati Ao. 1698 21 Junii / Pastoris [...] / [...] Annos quadraginta duos aetatis annorum 68 corpus hic quiescit / [...]*.

1130 KASTER/STEINWASCHER (Hrsg.) 450 Jahre Reformation, S. 617.
1131 NLA OS Dep 91 b Akz. 2011/059 Nr. 863 (1651/52) 3v: *Für ein groß almanach in der kirchen 5 ß 6 d.*
1132 Vgl. Thomas SPOHN (Hrsg.), Pfarrhäuser in Nordwestdeutschland, Münster 2000.
1133 NLA OS Dep 91 b Akz. 2011/059 Nr. 278: *1. Demnach der prediger aldah Henricus Nicolai die in nahmen der abdissinnen undt sämbtlichen capitularenn gegen ihn eingegeben klagken meistentheilß leugnen thete, also wolle eine notturfft sein, dass ex parte der clägerinne die angebene puncta bescheinet und respective gebierendt beandtwortet werden.*
1134 NLA OS Dep 91 b Akz. 2011/059 Nr. 3 (Testament der Äbtissin von Dorgelo) *1660 Herren Heinrich Nicolai, pastoris in Hollen, seiner frawen Magdalenen Jansen legire ich zehen rthlr.*
1135 NLA OS Dep 91 b Akz. 2011/059 Nr. 869 (1656/57) 2v: *Noch da er große unkosten getrieben umb erhaltung der confirmation von ihro hochfl. gnaden und sonsten zur ordination 4 rt.*

Abb. 16: Börstel, Pastorenhaus (um 1950)

Die Börsteler Patronatspfarre zu Menslage war indessen im Anschluss an die *Capitulatio perpetua* den Evangelischen, die Menslager Vikarie den Katholiken zugefallen. Der in der Pfarre seit 1644 tätige Pastor Conrad Cruse wechselte deshalb 1650 an den Altar *Trium Regum* in Menslage.[1136] Zum evangelischen Pastor in Menslage wurde Dr. Heinrich Sprick gewählt. Nach dem Tod Cruses 1652 betreute der katholische Pfarrer zu Berge die katholische Vikarie in Menslage,[1137] was zu Unmut unter den Menslagern führte. Im April 1657 beklagten sie sich in einer Eingabe an Bischof Franz Wilhelm, dass die Geistlichen zwar die Einkünfte aus der Vikarie beziehen, jedoch ihren Pflichten nicht nachkommen würden: *sintemahlen zu Menslage ein vicariat verhanden, wovon der pastor zu Bergen die intraden genießen thuet, der pastor zu Lönningen auch sein jähliches meßkorn empfanget, dagegen aber keine dienste von beyden praestiret werden.* Sie baten daher, *daß in der gegendt etwa ein*

1136 NLA OS Dep 91 b Akz. 2011/059 Nr. 1317 und NLA OS Dep 91 b Akz. 2011/059 Nr. 1318. GOLDSCHMIDT, Lebensgeschichte S. 159, berichtet, dass der „höchst unwissende" Pastor von Menslage von Franz Wilhelm für die Vikarie Menslage empfohlen worden sei, mit der Auflage, in Osnabrück „die vernachlässigten Studien nachzuholen."

1137 Während der Pfarrer wirtschaftlich durch ein *beneficium* (Wohnhaus mit Garten, Ackerland und Weideflächen) abgesichert war, musste der Vikar mit den meist unzureichenden Zinserträgen eines *stipendiums* (einer Kapitalstiftung) zurechtkommen. Die Vikarien wurden daher zumeist anderen Pfarrstellen angegliedert. Vgl. Franz FLASKAMP, Eine wiederentdeckte Geschichtsquelle: Bernhard Matthiae's Visitation von 1653 im Bistum Osnabrück, in: OM 86 (1980), S. 24-54, hier S. 58.

ohrt ausgesehen würde, in welchen man die heylige sonn und festtage eine meß und exhortation haben und hören konnte.[1138] Zu dieser Zeit verfolgte Franz Wilhelm noch seinen Plan eines Austausches der evangelischen Pfarre in Ueffeln, über die er das Patronatsrecht ausübte, gegen die katholische Vikarie in Menslage, in der dem Stift dieses Recht zustand. Im Verlauf des Jahres 1658 ersuchte er die Äbtissin zweimal um die Herausgabe der Menslager *beneficii, fundation, brieffschafften undt was etwa daßelbe concerniren mögten.* 1659 ließ er den Plan jedoch fallen.

1.4. Das Kapitel

Die Kriegsereignisse und die schlechte Versorgungslage hatten die Kapitularinnen immer wieder gezwungen, Schutz und Unterhalt bei ihrer Verwandtschaft zu suchen. Margareta von Haren und Magdalena von Dorgelo pendelten zwischen Börstel und den Gütern Hopen und Querlenburg hin und her, nur die betagte Elisabeth Kerstapel blieb konstant in Börstel. 1644 waren – wie bereits erwähnt – dennoch zwei neue Stiftsjungfern aufgenommen worden, die allerdings beide nicht lange in Börstel blieben. Maria von Haren (1644-1650) versah ab 1647 das Amt der Küsterin, heiratete jedoch bereits 1650 Christoph von Schele zu Kuhof.[1139] Nachdem ihr Mann 1660 starb, übernahm sie als Witwe die Leitung des Gutes und die Vormundschaft für den ältesten Sohn Daniel, der später den Besitz weiterführte.[1140]

Der zweiten jungen Frau, Anna Catharina von Dincklage (*1627, 1644-1649) blieb aus anderen Gründen eine Zukunft in Börstel versagt. Die 1649 auf sie gehaltene Leichenpredigt[1141] gewährt einen genaueren Einblick in das Leben der jungen Frau, das hier exemplarisch für das vieler ihrer weniger bekannten Mitschwestern aufgezeigt werden soll.

1.4.1. Die Familie von Dincklage zu Loxten

Anna Catharina stammte aus einer der angesehensten ritterschaftlichen Familien des Osnabrücker Nordlandes, deren Werdegang beispielhaft steht für den Aufstieg aus dem ehemals unfreien Ministerialenstand.[1142] Den Rittersitz Loxten hatte Anna Catharinas Vorfahre Johann von Dincklage, der einem Seitenzweig des niederstiftischen Stammgutes zu Dinklage entstammte, 1417 aus verschiedenen Allodialgütern in der Bauerschaft Nortrup errichtet.[1143] Durch die Mitgift der Ehefrauen in den folgenden Generationen konnte der Güterbesitz erheblich erweitert werden. In der zweiten Generation besaß der ebenfalls Johann genannte Sohn bereits einen Sitz in der Quakenbrücker Burgmannschaft, sein Sohn Hugo war 1556 auf dem Landtag zu Osnabrück anwesend. Der Vertreter der vierten Generation, wiederum Johann,

---

1138 NLA OS Dep 91 b Akz. 2011/059 Nr. 1317. Hier auch das nächste Zitat.
1139 NLA OS Dep 91 b Akz. 2011/059 Nr. 863 (1650/51) 3r: *Frau Maria von Stele* (unter Stele steht durchgestrichen Haren) *für 2 molt nachstendige roggen wegen des küsterey ampts im jahre 1649 10 rthallr.*
1140 Vgl. VOM BRUCH, Osnabrück, S. 260f.
1141 Kommunalarchiv Minden, Leichenpredigt Nr. 26. Hier die folgenden Zitate.
1142 Vgl. VOM BRUCH, Osnabrück, S. 1-15.
1143 Hans SUDENDORF, Geschichte der Herren von Dincklage, Zweites Heft, Hannover 1844, S. 40-47, hier S. 21ff.; VOM BRUCH, S. 347f.

erhielt auf dem Lehnstag 1561 von Bischof Johann von Hoya die Belehnung mit Gütern aus der Familie seiner Mutter Gertrud von Horne und 1563 von Gräfin Anna von Tecklenburg die Belehnung für neu erworbene Tecklenburger Güter. Im Erbvertrag, 1586, mit seinen drei Brüdern und vier Schwestern vereinbarte dieser Johann, der Großvater Anna Catharinas, die zahlreichen ererbten Güter unzertrennt und ungeteilt zu verwalten. Zu den abgefundenen Geschwistern Johanns zählte neben Anna von Dincklage, die als Konventualin im Kloster Bersenbrück lebte,[1144] auch Hugo von Dincklage zu Steinburg, der Osnabrücker Domherr[1145] und Rittmeister in spanischen Diensten, der sich 1606 mit der Stiftsjungfer Amelia von Steinhaus vermählt hatte.[1146] Ein weiterer Bruder Heinrich war von 1559 bis 1593 Kanoniker.[1147]

Johann vermählte sich 1593 mit Else von Dorgelo zu Lethe und Schleppenburg, die als Brautschatz neben Ausstattung und Kleinodien sowie einem Hof im Kirchspiel Löningen auch die beachtliche Summe von 2.000 Talern einbrachte. Zu ihrer Leibzucht wurden ihr Hof, Garten und Ländereien zu Quakenbrück sowie Einkünfte aus Zehnten, Holz- und Mastrechte zugesichert. Johann hatte nicht nur eine glückliche Hand bei der Erweiterung seines Güterbesitzes, sondern gewann auch an politischem Einfluss und nahm bis zu seinem Tod 1618 eine führende Position innerhalb der Osnabrücker Ritterschaft ein. Neben verschiedenen Landstücken kaufte er 1590 die Holzgrafschaft über die ganze Nortruper Mark, womit das Recht zur Ahndung leichterer Vergehen verbunden war, und den im Kirchspiel Ankum gelegenen Schultenhof samt Eigenbehörigen, allen Nutzungen, Rechten und Gerechtigkeiten. 1591 war er bei der Wahlkapitulation Philipp Sigismunds zugegen, 1600 wohnte er dem von diesem gehaltenen Lehnstag bei. 1602 avancierte Johann zum fürstlich osnabrückischen Landrat und verhandelte 1605 an der Spitze des Ausschusses der ritterschaftlichen Stände im Kloster Oesede über die Reform der Jurisdiktion. In engere Beziehung zu Börstel trat Johann im April 1601 als Mitglied der von Philipp Sigismund eingesetzten Kommission zur Neuordnung der Stiftswirtschaft des Stifts.[1148] Am 19. August gehörte er gemeinsam mit Rudolph Monnich zum Eikhof zu jenen Landsassen, die erstmals die Rechnungsabnahme im Stift vornahmen.

Johanns Sohn, der Rittmeister Gerhard von Dincklage, wurde bei einer Erbteilung mit seinen Geschwistern 1624 alleiniger Herr zu Loxten. Am 4. Juli 1624 heiratate er Anna Sophia Nagel zu Lehdenburg, Tochter des Drosten zu Esens in Ostfriesland. Als drittes Kind dieser Ehe wurde Anna Catharina am 5. Oktober 1627 zu Loxten geboren und vermutlich in der St. Nikolaus-Kirche zu Ankum getauft. Gerhard, der wie viele seiner Standesgenossen zur Aufbesserung der landwirtschaftlichen Ein-

---

1144 Hier irrt SUDENDORF, Geschichte der Herren von Dincklage, der S. 37 Anna von Dincklage mit der 1592 in Börstel anwesenden Stiftsjungfer gleichen Namens gleichsetzt, die aber als Johanns Tochter bezeichnet wird und aus der Stammlinie zu Dincklage im Amt Vechta stammte. Vgl. Kap. II. 3.1.1.
1145 HOFFMANN, Domherren, Nr. 26.
1146 Vgl. Kap. II.3.1.3.
1147 HOFFMANN, Domherren, Nr. 18; BEHR, Die Haltung der Osnabrücker Ritterschaft, S. 532, S. 536.
1148 Vg. Kap. II.4.1.1.

künfte eine militärische Laufbahn ergriffen hatte, verlor 1633 als Oberstleutnant sein Leben *in öffentlicher Feldschlacht* bei Hameln. Anna Catharinas Mutter starb im gleichen Jahr im Kindbett. Die sechsjährige Anna Catharina, ihr älterer Bruder Johann Erdwin und ihre drei Schwestern wurden von der verwitweten Großmutter väterlicherseits, Else von Dorgelo, wie es in der Leichenpredigt heißt: *in der Zucht und Vermahnung zum Herrn,* im lutherischen Bekenntnis aufgezogen. Was das bedeutete und wie sehr der familiäre Bekenntnisstand mit den politischen Ereignissen verknüpft war, zeigt ein Blick auf die Brüder des Vaters. Ihr Onkel, Johann von Dincklage, hatte zunächst in oranischen Diensten gestanden und sich 1620 für den Pfalzgrafen anwerben lassen. Aus Sorge um seine Güter war er jedoch später zum katholischen Glauben konvertiert und in kaiserliche Dienste getreten, dann Drost von Limburg geworden.[1149] Anna Catharinas Vater Gerhard beteiligte sich 1626 bis 1628 am Krieg gegen die Kaiserlichen, wechselte dann ebenfalls die Seite und wurde 1632 vom kaiserlichen Feldherrn von Pappenheim zum Oberstleutnant befördert, mit dem er an der Schlacht bei Lützen teilnahm. Da er in kaiserlichen Diensten gestanden hatte, drohte die schwedische Regierung in Osnabrück, Gut Loxten einzuziehen.[1150] Der dritte der Brüder, Hugo von Dincklage zu Steinburg, der Vormund der minderjährigen Kinder seines Bruders, trat daraufhin als Rittmeister in schwedische Dienste und konnte so die Güter für seine Schutzbefohlenen retten.

Anna Catharinas Bruder Johann Edwin (1625-1649) besuchte die Schule in Osnabrück und zog – nach Ausweis der Leichenpredigt – zum Studium nach Deventer und Groningen, wo er Kenntnisse der lateinischen und französischen Sprache erwarb. Die ältere Schwester Lucretia Elsabe, 1626 geboren, trat als Kapitularin in das tecklenburgische Stift Leeden[1151] ein und heiratete später den Rittmeister Franz von Freitag, der nach dem Tod seiner Frau Erbe der Güter von Loxten wurde.[1152] Die jüngere Schwester Helena Gertrud folgte ihrer Schwester nach Leeden und heiratete später Hermann von Diepenbrock. Die jüngste Schwester Anna Sofia vermählte sich mit Hermann von Dincklage zu Stockum in der Grafschaft Ravensberg.

Anna Catharina kam im März 1644 mit sechzehn Jahren als Schuljungfer nach Börstel. Zwei Jahre später wurde sie als Kapitularin aufgeschworen, *in welchem Stande* – so der Wortlaut der Leichenpredigt – *sich dieselbe auch also rühmlich und Christliche verhalten.* Von ihr und ihren Schwestern wird in der Leichenpredigt berichtet, dass sie lesen und schreiben lernten und neben *allen Adelichen Tugenden* auch *andere Jungfrewliche Arbeit.* Während Lucretia Elsabe bereits in Leeden lebte, blieben die beiden jüngeren Schwestern Helena Gertrud und Anna Sofia zunächst in Loxten. Anna Catharina fühlte sich für deren Wohl offensichtlich besonders verantwortlich,

---

1149 STÜVE, Geschichte 3, S. 133.

1150 In der Auswertung der Erkundung der Religionsverhältnisse der Osnabrücker Ritterschaft von 1625 wird Gerd von Dincklage als katholisch bezeichnet. ROTHERT, Glaubensbekenntnis, S. 146.

1151 Vgl. Wolfgang SEEGRÜN, Art. Leeden, in: Hengst (Hrsg.), Westfälisches Klosterbuch 1, S. 495-499.

1152 Sein Sohn Gerhard von Freitag verkaufte Loxten an Christian Günther von Hammerstein, der 1691 mit dem Bau des noch heute existierenden Herrenhauses begann. SUDENDORF, Geschichte der Herren von Dincklage, S. 50; WARNECKE, Burgen, S. 157.

denn sie reiste nach Ableistung ihres Schuljahres im April 1646 zurück nach Loxten, wo sie sich den Rest des Jahres um ihre Schwestern kümmerte. Zwar verbrachte sie das Weihnachtsfest in Börstel, reiste aber bereits am Montag nach Epiphanias 1647 wieder zurück nach Loxten.[1153] Im Laufe des Jahres kehrte sie nur einmal nach Börstel zurück, um das Haus Elisabeth Kerstapels am Kreuzgang zu kaufen, in dem bis dahin Magdalena von Dorgelo gewohnt hatte. Diesen Kaufvertrag bezeugten im November 1647 ihr Bruder Johann Edwin und im Dezember 1648 ihr Vormund, der Rittmeister Hugo von Dincklage. Das aus diesem Anlass aufgenommene Inventar[1154] vermittelt einen Eindruck von der bescheidenen Ausstattung des Hauses, in dem sich neben vier Betten und einem Tisch nur drei Schränke und eine große Kornkiste befanden. Geschirr und sonstiger Hausrat waren lediglich aus Holz. Am 25. Januar 1648 unterzeichnete Anna Catharina erstmals die Stiftsrechnung und übernahm im Mai an Stelle der von Bischof von Wartenberg ausgeschlossenen Lucretia von Haren das Amt der Kellnerin.

Zu Beginn des Jahres 1649 wurde Haus Loxten von *der schädlichen Seuche der giftigen Blattern heimgesucht*. Dort war zu diesem Zeitpunkt eine Verwandte, Jungfer Nagel zu Lehdenburg, zu Besuch, die an diesen Blattern starb. Johann Erdwin von Dincklage überführte daraufhin seine Cousine zurück nach Lehdenburg, wo er Anfang Februar 1649 selbst von der Krankheit befallen wurde. Auf seinen Wunsch hin übernahm Anna Catharina seine Pflege in Lehdenburg. Jedoch auch ihr Bruder starb, und als sie nach Loxten heimkehrte, brach die Krankheit auch bei ihr aus. Anna Catharina starb am 12. März 1649 im Alter von 21 Jahren und wurde in der Kirche zu Ankum begraben. Nach dem Bericht Sudendorfs[1155] befand sich in der Kirche zu Börstel „ein Bild" (wohl ein Epitaph) von ihr, das sich leider nicht erhalten hat. Es war das Verantwortungsgefühl für ihre Familienangehörigen, das Anna Catharina den frühen Tod beschied. Zwar hatte sie eine Präbende in Börstel erhalten und hätte somit die Chance gehabt, ein im Rahmen der damaligen Möglichkeiten eigenständiges Leben mit einem eigenen Hausstand zu führen. Als in der Nähe ihres heimatlichen Gutes lebende Schwester stand sie jedoch auch in der Pflicht, sich um Schwestern und Bruder zu kümmern, was schließlich ihrem Leben ein frühes Ende setzte.

1.5. Acht neue Kapitularinnen

1649 traten vier neue Kapitularinnen ihr geistliches Jahr in Börstel an.[1156] Alle vier zahlten wie bisher dreißig Reichstaler Statutengeld, die Weinkaufsgebühr von einem Goldgulden und einen Reichstaler für das Bett. Das Kostgeld als Schuljungfer be-

---

1153 NLA OS Dep 91 b Akz. 2011/059 Nr. 861 (1646/47) 3v: *Juffer Dincklage auff weinachten alhir gewesen und auff montagh nach h. 3 koningen wieder vereiset.*
1154 NLA OS Dep 91 b Akz. 2011/059 Nr. 201: *Inventarium der haußgereitschafft in dem zum Borstell anß adeliche hauß Loxten gehorige hauße verhanden: zwey bettestette und eine bankbettestette, ein durck* (Schlafbutze), *ein tisch, ein newes schapff, noch ein schapff mit zweyen thüren und außzugk, noch ein alt schapff, eine große korn kiste.*
1155 SUDENDORF, Geschichte der Herren von Dincklage, S. 50.
1156 NLA OS Dep 91 b Akz. 2011/059 Nr. 863 (1649/50) 2v.

trug zwölf Reichstaler pro Jahr. Die vier neuen Kapitularinnen unterzeichneten erstmals 1653 die Rechnungen der vergangenen vier Jahre. Einmal mehr wird am Beispiel dieser jungen Frauen die Weitergabe der Stiftsplätze innerhalb des engsten Familienverbandes an Nichten und Großnichten deutlich. Anna Elisabeth von Heede (1649-1656) war die Tochter des Melchior von Heede zu Heede und Landegge und der Anna Sophia von Haren, einer Schwester von Margareta und Lucretia von Haren. Melchior von Heede, ein überzeugter Lutheraner, zählte zu den Unterzeichnern der 1613 an die Räte und das Domkapitel von Münster gegen die Rekatholisierung gerichteten Bittschrift.[1157] Bei der Visitation durch den Generalvikar Hartmann 1622 zählten Heede und der Junker von Scharfenberg zu den beiden einzigen bei der lutherischen Konfession verbliebenen emsländischen Adeligen des Kirchspiels.[1158] Anna Elisabeth unterzeichnete im Februar 1656 zuletzt eine gemeinsame Resolution der Stiftsjungfern und wird 1657 nicht mehr genannt. In der Zwischenzeit wird sie entweder verstorben oder wegen einer Eheschließung ausgetreten sein.

Maria Elisabeth Steding (1649-1661), Tochter von Christoph Ludolph Steding und Gertrud von Dinklage. stammte von dem an der kleinen Hase gelegenen Gut Huckelrieden. Aus ihrer Familie war von 1570 bis 1581 bereits Lucke Steding Stiftsjungfer in Börstel, eine Schwester ihres Großvaters Wilcke Steding, des Drosten zu Cloppenburg.

Margarete Magdalene von Stemshorn (1649-1666), die Tochter von Hilmar von Stemshorn aus Lemförde in der Grafschaft Diepholz, war eine Nichte zweiten Grades von Magdalena von Dorgelo.[1159] Sie übte ab 1663 das Amt der Kellnerin aus.

Am längsten verweilte Christina Maria von Langen zu Sögeln (1649-1675) im Stift, die Tochter des protestantischen Heinrich Adam von Langen zu Sögeln (†1652) und der Helene von Aswede aus dem Hause Arkenstede. Aus ihrer Familie waren bereits Heilwig und Gertrud von Langen Stiftsjungfern in Börstel gewesen. 1674 wird Christina Maria zur Äbtissin gewählt. Der Dreißigjährige Krieg hatte das Haus Sögeln schwer in Mitleidenschaft gezogen, denn in der Mitte des 17. Jahrhunderts lagen sechs Sögelner Höfe wüst. Von der alten Wasserburg Sögeln, auf der Christina Maria aufgewachsen war, sind heute nur noch die doppelten runden und der Torturm mit Dachreiter von 1600 sowie Teile des Vorwerks erhalten. Mehrfach präsent ist die Familie von Langen in der Martinskirche zu Bramsche. Das Allianzwappen ihrer Eltern ziert deren Grabmal in der Vorhalle der Kirche. Ein weiteres Doppelwappen ließ Christinas Bruder Heinrich Engelbert (1635-1675) über dem doppelstöckigen Altaraufsatz anbringen, den er 1669 mit seiner Gemahlin Anna Elisabeth von Steuben stiftete.

Die elterliche Fürsorge für die Stiftsjungfern wird erneut deutlich, liest man, dass Hilmar von Stemshorn, Gertrud Steding und Helene von Langen ihre in das Stift

---

1157 BÖLSKER-SCHLICHT, Gegenreformation, S. 179.
1158 HOFFMANN, Streit um das Reichsrecht, S. 258.
1159 Die Großmutter Margarete Magdalenas war eine Schwester von Magdalena von Dorgelos Vater. NUTZHORN, Familie von Dorgelo, S. 43f.

eintretenden Töchter persönlich nach Börstel begleiteten. Die familiären Kontakte von Margarete Magdalene von Stemshorn und Maria Elisabeth Steding sind bis zum Ende ihrer Lebenszeiten nachzuweisen. Jahr für Jahr sind Vater oder Mutter zu Besuch bei ihren Töchtern. Ein letztes Mal erhält Maria Elisabeth Steding 1658 viermal Besuch von ihrem Vater und einmal von ihrer Mutter. Da sie 1661 nicht mehr anwesend ist, scheint sie entweder gestorben zu sein oder sich verheiratet zu haben. Magdalena von Stemshorn scheint nicht unvermögend gewesen zu sein. Sie verleiht dem Stift 1658 ein Kapital von fünfzig Reichstalern, das ihr jährlich drei Reichstaler Zinsen einbringt.[1160] Als sie 1666 stirbt, ist ihr Nachlass so umfangreich, dass ein Wagen aus Welpe geschickt werden muss, um ihr Mobiliar abzuholen.[1161] Das gleiche gilt für Christina Maria von Langen, die in der Lage ist, dem Stift 1665 ein Kapital von vierhundert (!) Reichstalern zur Verfügung zu stellen, das ihr jährlich mit zwanzig Reichstalern verzinst wird.[1162] Auffällig gegenüber den Lebensbildern der Vorkriegsjungfern ist es, dass deutlich weniger Reisen vermerkt sind. Auch heißt es nicht mehr wie früher, dass ein Junker eine Jungfer abgeholt oder zurückgebracht hat und daher Hafer für die Pferde ausgegeben wurde. Nicht nur der stiftische Lebensstil mit eigener Haushaltung hatte sich mittlerweile etabliert, die jungen Frauen sind nun auch finanziell in der Lage, eigene Pferde zu halten und sind nicht mehr auf die Gespanne ihrer Verwandtschaft angewiesen. Diese Pferde werden mit dem eigenen und nur selten mit dem Stiftshafer gefüttert, weshalb die Reisen in den Stiftsregistern kaum noch auftauchen.

Nicht alle jungen Mädchen traten nach Ableistung ihres Schuljahres in das Kapitel ein. Ein Fräulein Schleppegrell und Beata Catharina Steding, die Schwester von Maria Elisabeth Steding, lebten 1651 als Kostjungfern im Haushalt der Äbtissin,[1163] entschieden sich dann aber für ein Leben außerhalb des Stifts. Eine andere Kapitularin, Lucretia von Haren, kam dagegen 1651 zurück. Ihre Biografie steht als Beispiel für den unbedingten Wunsch des Verbleibens in Börstel, der nicht allein durch den Versorgungsaspekt begründet gewesen sein kann. Um die Rückkehr aus ihrem Exil zu erreichen, mobilisierte sie von Emden aus jahrelang den Einfluss all ihrer Freunde und Verwandten und war schließlich erfolgreich. Am 17. Dezember 1651 erging der lang ersehnte Befehl Franz Wilhelms, Lucretia von Haren wieder in ihre alten Rechte einzusetzen. In der bischöflichen Resolution heißt es, dass:

2 do [...] des cloisters vagirende junffer Haren in gnädigster ansehung verschiedener für selbiger eingekommener intercessionen wiederum zu dem cloister kommen und daß ihrige geniesen moge, jedoch daß dieselbe friedtlich und ruhig lehbe und mit ihren nebenjunferen sich dermaßen verhalte, damit alle klagten dieserthalben

1160 NLA OS Dep 91 b Akz. 2011/059 Nr. 870 (1657/58) 4r: *Außgab renthe: j. Marg. Magdalenen von Stemßhorn 3 rt.*
1161 NLA OS Dep 91 b Akz. 2011/059 Nr. 880 (1666/67) 12v: *Denen pferden von der Welpe, so sähl j. Stemßhorn zeug abholeten 2 sch.*
1162 NLA OS Dep 91 b Akz. 2011/059 Nr. 879 (1665/66) 5v: *Außgabe rente: Juffer Christinen Marien von Langen 20 rt.*
1163 NLA OS Dep 91 b Akz. 2011/059 Nr. 863 (1650/51) 2r: *Von juffer Schlegreel ein halb jahr kostgeld 8 rthallr. Von juffer Beata Catharina Stedink ein jahr kostgeld 16 rthallr.*

außer wegk pleiben, sonsten ihro hochfürstl. gnaden nicht unterlaßen würden, sie gäntzlich zu priviren und alle hoffnung zu einiger restitution abzuschneiden.[1164]

Zu Beginn des Jahres 1652 verstarb die mit Abstand älteste Kapitularin Elisabeth Kerstapel, die insgesamt siebzig Jahre in Börstel verbracht und bis zu ihrem Tod sämtliche Ämter innegehabt und die Geschicke des Stifts begleitet hatte. Über die Beisetzung der Seniorin unterrichtet ein Registereintrag von 1651/52: die *Außgab geldt sahligen juffer Elisabeth Kerstapels begreffnuß betreffendt.*[1165] Danach wurden ein Sarg für einen Reichstaler und ein Pfosten mit einem Kreuz für die Begräbnisstätte auf dem Kreuzhof für acht Schilling angefertigt. Todesanzeigen gingen an die Familie Kerstapel und nach Osnabrück, was dem Boten mit je einem Reichstaler honoriert wurde. Zur Auskleidung der Kirche erwarb man in Quakenbrück *want, lindt und kenrok*[1166] für sechs Reichstaler. Die zur Beisetzung auf dem Kirchhof anwesenden Stiftsjungfern, die Äbtissin, der Pastor und der Küster erhielten zusammen dreizehn Reichstaler. Für den Leichenschmaus wurden Wein, Branntwein, Malz, Weißbrot, ein Käse, Butter und Gewürze eingekauft, zwei Kälber geschlachtet und ein Kuchen gebacken. Das Gesinde erhielt eine Tonne Bier. Für die Armen wurden sechs Scheffel Roggen zu Brot verbacken. Insgesamt verwendete man 32 Reichstaler *zu einer ehrlichen begrebnus ihres corpers.* In ihrem Testament hatte Elisabeth Äbtissin Magdalena von Dorgelo mit einer Schuldverschreibung über fünfzig Reichstaler begünstigt. Die jährlichen Zinsen von zwei Obligationen über zwanzig Reichstaler waren den Stiftsjungfern und den Armen zugedacht. Je zwanzig Reichstaler erhielten Magdalena von Dorgelo, Margareta von Haren und Pastor Henricus Nicolai für die Testamentsverwaltung, zehn Reichstaler die Magd, die sie bis zu ihrem Tod gepflegt hatte. Zur Ausstattung der Klosterkirche stiftete Elisabeth zehn Reichstaler, dem Stift vermachte sie ein Paar der besten Bettlaken aus ihrer *grönen lade*, eine weiße Bettdecke und den Geldwert einer Zinnkanne. Weiteres wurde ihren Verwandten vermacht. Wie Gertrud von Althaus verfügte auch Elisabeth Kerstapel neben dem Legat für die Armen eine Armenspeisung zur Erinnerung an die Verstorbene. Sowohl die Katholikin Elisabeth wie auch die Lutheranerin Gertrud hielten demnach an dem jahrhundertealten Brauch der Armenspende zum Zeitpunkt des Todes und des Begräbnisses fest, wobei auch bei Elisabeth Kerstapel das Gedächtnismahl ganz im Sinne der Reformatoren von der liturgischen Memoria abgekoppelt worden ist.[1167]

Erneut wurden 1654 zu den unveränderten Bedingungen vier neue Kapitularinnen aufgenommen, die bereits im März 1655 die Stiftsrechnung unterschrieben.[1168] Auch

---

1164 NLA OS Dep 91 b Akz. 2011/059 Nr. 278 1v, 2r.
1165 NLA OS Dep 91 b Akz. 2011/059 Nr. 863 (1651/52) 5r.
1166 Kienrauch wurde zum Schwärzen verwendet.
1167 NLA OS Dep 91 b Akz. 2011/059 Nr. 19, p. 2: *Also sollen auch die armen jährlichs zum Börstell von den zwantzigh rthlrn., welche zum Brinckhause in Graffell austendigh, dero pensionen genießen. Item den armen von funff rthlrn. capitall, so in dem Mollenhoffe zu Wede wegen sahlig juffern Wullen garten belagt und außgegeben, iährlichs ufff Winachten einen reiches ordt rente zu genießen.*
1168 NLA OS Dep 91 b Akz. 2011/059 Nr. 866 (1653/54) 1v: *Von den 4 juffern, alß sie in ihren geistlichen standt getreten empfangen alß …*

diesmal waren die Mütter bei der Aufnahme ihrer Töchter anwesend. Elisabeth von Haren (1654-1673) war eine weitere Tochter von Heinrich und Anna Sophie von Haren und Schwester der Maria von Haren. Als Elisabeth 1673 stirbt, findet sich in der Lade des Schrankes in ihrer Kammer ein Chormantel,[1169] ein singulärer Beweis für die Fortsetzung der Tradition des Stundengebetes.

Lucretia Margareta von Bar (1654-1707) wurde am 30. Juni 1639 auf Gut Arkenstede geboren und war die zweite Tochter der ehemaligen Stiftsjungfer Elisabeth von Kobrinck und des Erblanddrosten (1608-1640) Herbord von Bar zu Barenaue. Nach dem Tod Herbords hatte sich seine Gattin mit den beiden Töchtern auf ihren Witwensitz, das südlich von Alt-Barenaue gelegene Gut Rothenburg, zurückgezogen. Dort verbrachten die Schwestern ihre Kindheit, bis Lucretia Margareta als Vierzehnjährige ihr Schuljahr in Börstel begann.[1170] Ihre Schwester Agnes Sophie zog 1657 in das freiweltliche adelige Damenstift Levern.[1171] Der Bruder der beiden aus der ersten Ehe des Vaters, Nikolaus Herbord von Bar, der die Nachfolge seines Vaters als Erblanddrost (1651-1716) des Hochstifts Osnabrück antrat, stand Stift Börstel ein Leben lang als Berater zur Seite. Lucretia Margareta übernahm 1669 das Amt der Kellnerin und wurde 1680 zur Äbtissin gewählt. Die Tochter des Erblanddrosten stammte aus dem einflussreichsten Adelsgeschlecht des Hochstifts und war überaus wohlhabend. Sie verfügte nicht nur über eigene Reitpferde, sondern war 1680 auch in der Lage, den Nordflügel des mittlerweile halb verfallenen Kapitelhauses für 2.000 Taler auf eigene Kosten sanieren und zu ihrem privaten Wohnhaus umbauen zu lassen. In ihrem Testament setzte sie 1685 aus einem Vermögen von knapp 4.000 Reichstalern Legate an ihre Verwandtschaft aus, wovon allein 1.000 Taler an ihre Nichte Sophia von Bar, die Tochter des Erblanddrosten, gingen.[1172] Mit Lucretia von Bar begann der Zuzug von Stiftsdamen nach Börstel, deren eigene finanzielle Möglichkeiten die bescheidenen Verhältnisse des Stifts weit überstiegen.

Neben Elisabeth von Haren und Lucretia Margareta von Bar, die beide evangelischer Konfession waren, wurden zwei katholische Stiftsjungfern aufgeschworen. Mit Clara Adelheid Odilia von Droste zu Hülshoff (1654-1721) fand erstmals eine Adelige aus dem Oberstift Münster Aufnahme in Börstel. Ihr Vater, Heinrich II. von Droste zu Hülshoff (1597-1666), Erbe des zwischen Havixbeck und Roxel gelegenen Wasserschlosses, und ihre Mutter Clara Anna von Nehem zu Niederwerries, schenkten zwölf Kindern das Leben. Der Junker zu Hülshoff, ein überzeugter Katholik, der als erster eine Kapelle auf der Burg Hülshoff erbauen ließ, hatte schon 1650 und 1653 wegen einer Präbende für seine Tochter vorgesprochen.[1173] Clara stammte aus einer renommierten Erbmännerfamilie der katholischen münsterschen

---

1169 NLA OS Dep 91 b Akz. 2011/059 Nr. 25.
1170 Renate OLDERMANN, *Entsprossen aus dem Stamm der Baeren*. Leben und Wirken der Äbtissin Lucretia Margarethe von Bar (1680-1707), in: Heimat-Jahrbuch Osnabrücker Land (2009), S. 233-248.
1171 Vgl. Hans NORDSIEK, Art. Levern, in: Hengst (Hrsg.), Westfälisches Klosterbuch 1, S. 517-521.
1172 NLA OS Dep 91 b Akz. 2011/059 Nr. 6.
1173 NLA OS Dep 91 b Akz. 2011/059 Nr. 863 (1649/50) 9v: *Jr. Drosten zu Hulsen.*

Stiftsritterschaft, die seit Jahrhunderten Schöffen, Ratsmitglieder und Bürgermeister der Stadt Münster gestellt hatte. Ihr Großvater Bernhard II. (1542-1624), ebenfalls Ratsherr und Bürgermeister in Münster, hatte gemeinsam mit seiner Gemahlin Richmod von Travelmann-Ebeling (†1613) das von Droste'sche Armenhaus für die Bürger von Roxel gestiftet, für das Clara in ihrem Testament fünfzig Reichstaler aussetzte.[1174] Eine von Claras Schwestern, Margareta Benedikta (†1679),[1175] von der sie seit Ende der 60er Jahre mehrfach Besuch erhielt,[1176] war Äbtissin in dem katholischen Kloster Wietmarschen. Enge Beziehungen pflegte Clara auch zum Domscholaster, mit dessen Pferden sie mehrfach nach Börstel zurückkehrte.[1177] Wie Lucretia von Bar war auch Clara von Droste solvent genug, sich an der Sanierung des Kapitelhauses zu beteiligen, dessen südlichen Teil sie instandsetzen ließ und als privates Wohnhaus bezog. 1719 legierte die gläubige Katholikin in ihrem Testament 1.000 Taler zur Stiftung einer Elf-Uhr-Messe an Sonn- und Feiertagen im Dom zu Osnabrück. In einem besonders engen Verhältnis scheint sie zu dem Vikar an St. Johann in Osnabrück, Johann Albert Busch, gestanden zu haben, den sie nicht nur zum Testamentsverwalter einsetzte, sondern dem sie auch ihren gesamten Bestand an silbernem Hausgerät und den Inhalt des Leinenschranks auf ihrer Schlafkammer vermachte. Wie weit sich mittlerweile die Ausstattung einer adeligen Stiftsdame von dem bescheidenen Hab und Gut der Vorkriegsdamen entfernt hatte, lässt sich aus der Verzeichnung von Claras *Vorraht an Silber* ablesen, zu dem *sechs silberen löpffelen, noch dergleichen löpffelen sechs, wie auch meine silberne messer und forquetten mit einem grossen silbernen Löpffel oder einleger, annebst die zwey grosseste silberne Leuchtere mit einer Lichtschere, dazu eine silberne schale mit dem deckel, und einen Silbernen becher, nebst noch einen kleinen silbernen becher auswendig verguldet* gehörten.[1178]

Die zweite Katholikin, Catharina Gertrud von Monnich zum Eickhof (1654-1657), war eine Tochter des Rudolf Lubbert von Monnich (†1683) zum Eickhof und der Anna Gertrud von Grothaus zu Mesenburg.[1179] Catharina Gertrud zählte zur fünften Generation der Monnichs, die mit insgesamt vier Äbtissinnen des Stifts in engerem Kontakt gestanden hatten. Dieses ausgeprägte wechselseitige Beziehungsgeflecht gibt die Gelegenheit, die Beziehungen des Stifts zu den ritterschaftlichen Familien des näheren Umfeldes anhand der Familie Monnich exemplarisch darzustellen.

1174 NLA OS Dep 91 b Akz. 2011/059 Nr. 23: *50 Rt. an das gross Elterliches gestifftetes armenhaus zu Roxsel, so ich daran hiemit also legire und vermache, das die armen auff meinen sterbtag für mine seele eine messe lesen lassen und in inbrünstigen gebett meiner und der familie gedencken sollen.*

1175 Auf der Rückseite des ehemaligen Äbtissinnenhauses in Wietmarschen findet sich das Sandsteinwappen der Äbtissin Margareta Benedikta von Droste zu Hülshoff und eine Inschrift, die von ihren Bemühungen um den Ausbau der Abtei berichtet.

1176 NLA OS Dep 91 b Akz. 2011/059 Nr. 882 (1668/69) 14v: *Juffer Drosten pferde vom Wiedmerschen 2 sch.* NLA OS Dep 91 b Akz. 2011/059 Nr. 885 (1670/71) 13v: *den 20. Maii juffer Drosten schwester vom Wiedtmärschen ankommen, auf deren 4 pferde in 2 tagen abgemeßen 4 sch.*

1177 NLA OS Dep 91 b Akz. 2011/059 Nr. 867 (1654/55) 11r: *Des hern thumscholasters pferde, die juffer Drosten wieder brachten 1 sch.*

1178 NLA OS Dep 91 b Akz. 2011/059 Nr. 23.

1179 NIEBERDING, Niederstift 2, S. 373; VOM BRUCH, Emsland, S. 94f.

1.5.1. Die Familie Monnich zum Eickhof

Catharina Gertruds Ururgroßvater Roleff Monnich d. Ä. (†1565), seit 1532 mit Elisabeth von Brawe zu Harme verheiratet, war von 1529 bis 1555 Richter in Haselünne. Er war Besitzer des in der Bauerschaft Andrup südlich von Haselünne gelegenen Gutes Eickhof und zweier Burgmannshöfe in Nienburg und Haselünne. Seine beiden Brüder, Johann (†1563) und Engelbert Monnich (†1577), waren Kanoniker[1180] an St. Johann zu Osnabrück und stifteten ein Armenhaus, das sich noch bis zum 2. Weltkrieg in der Kommenderiestraße in Osnabrück befand.[1181]

Ihr Urgroßvater gleichen Namens (†1611) war ebenfalls Richter in Haselünne und zählte zwischen 1559 und 1572 zu den häufigsten Besuchern Mette Maneels. 1569 fungierte er als Richter in der Konkurssache Schlump, 1601 gehörte er zu der vom Landesherrn in Börstel eingesetzten Schuldenkommission. Seine Frau Elisabeth geb. von Langen zu Westkreyenburg, mit der er seit 1568 verheiratet war, eine entfernte Verwandte Lucretia von Langens, war 1583 bei dieser zu Gast in Börstel. Zwischen 1569 und 1573 war auch Roleffs Bruder Cord (†1600) häufig in Börstel anzutreffen. Ein weiterer Bruder, Kaspar Monnich (†1597), war seit 1563 Kanoniker an St. Johann. Eine Schwester des Roleff, Ilse von Monnich, vermählte sich ca 1568 mit Claus von Snetlage (†1596) zu Lonne und brachte 1594 ihre Tochter Elske als Stiftsjungfer nach Börstel.

In der dritten Generation stand Roleffs Sohn, Caspar von Monnich (†1662), der Großvater Catharina Gertruds, während der Kriegsjahre in engem Kontakt zum Stift, dem er 1631 ein Kapital von vierhundert Reichstalern zur Verfügung stellte.[1182] Caspar von Monnich hatte wie Melchior von Heede 1613 die Bittschrift des lutherischen Adels an das münstersche Domkapitel unterschrieben.[1183] Die Bürgerschaft der damals größten Stadt im Emsland, Haselünne, blieb über viele Jahre ein „Hort des Widerstands gegen die katholische Reform".[1184] Geschlossen verweigerte die Gemeinde die Rückkehr zur katholischen Kirche und richtete 1618 eine Eingabe an Fürstbischof Ferdinand, in der sie sich auf den Religionsfrieden von 1555 und ihre Gewissenfreiheit in Glaubenssachen berief. An Caspar und seine 1645 verstorbene Frau Gertrud von Wendt erinnert in der St. Vincentiuskirche in Haselünne ein eindrucksvolles, von dem Bildhauer Meiering d. Ä. geschaffenes Epitaph.[1185] Roleffs Tochter Catharina heiratete 1598 Rotger von Dorgelo zum Brettberg (1613), einen Bruder der Stiftsjungfer Agnese von Dorgelo.

In der vierten Generation leistete wiederum ein Familienmitglied dem Stift finanzielle Hilfestellung. Friedrich Monnich, Richter zu Ankum, borgte 1633 Äbtissin

---

1180 Ein Epitaph für beide Brüder befindet sich in St. Johann. WEHKING, Inschriften, Nr. 137.
1181 Die Gründungsurkunde stammt von 1580. QUECKENSTEDT, Die Armen, S. 235f.
1182 NLA OS Dep 91 b Akz. 2011/059 Nr. 311, S. 51.
1183 BÖLSKER-SCHLICHT, Gegenreformation, S. 179.
1184 BÖLSKER-SCHLICHT, Gegenreformation, S. 192.
1185 Die Inschrift lautete: „Anno 1662 den 6. Dezember ist Caspar v. Monnich, Herr zum Eickhof usw. Burgmann zu Haselünne, und 1645 den 6. Juni dessen Ehefrau Gertrud v. Wendt selig im Herrn entschlafen. – Renovatum 1859 bis 1909". VOM BRUCH, Emsland, S. 94.

Gertrud von Althaus 700 Reichstaler. Im Gegenzug bedachte sie ihn 1639 mit einem Hochzeitsgeschenk von sechs Talern. Sein Bruder schließlich, Rudolf Lubbert von Monnich (†1683), übergab seine Tochter in die Fürsorge des Stifts.

Die generationenübergreifende institutionelle und private Vernetzung der Familie Monnich mit den Äbtissinnen des Stifts Börstel steht beispielhaft für die lange Dauer und die stabilisierende Funktion der familiären Beziehungen der adeligen Stiftsdamen in der frühen Neuzeit. Juristischer Sachverstand und finanzielle Möglichkeiten mehrerer Familienangehöriger wirkten unterstützend und erhaltend auf die besonders während der Kriegszeiten bedrohte Lebenswelt des Stifts. Aufgabe der weiblichen Familienangehörigen war die Kontaktpflege und die Anbahnung von standesgemäßen ehelichen Verbindungen. Die Komplexität des verwandtschaftlichen Netzwerks der Monnichs, von denen mehrere Generationen zur Geistlichkeit von St. Johann in Osnabrück zählten, wirkte durch die denkbaren Kommunikationsabläufe auch auf die Mitglieder des Kapitels zurück.

2. Franz Wilhelm von Wartenberg – Ein absolutistischer Landesherr

2.1. Das Ringen um die katholischen Präbenden

Catharina Gertrud von Monnich war im Kloster Freckenhorst katholisch erzogen worden[1186] und verursachte Aufregung, als sie sich schon kurz nach ihrer Einführung in Börstel zur evangelischen Konfession bekannte. Diese Konversion wollte Franz Wilhelm nicht zulassen und wies die Äbtissin im März 1656 an, Catharina von Monnich den weiteren Aufenthalt in Börstel zu verbieten, ihre Einkünfte einzubehalten und ihm darüber Rechenschaft abzulegen. Diesem Ansinnen folgte Magdalena von Dorgelo jedoch nicht. Catharina blieb dennoch nicht mehr lange in Börstel. Bereits bei der Rechnungsabnahme am 23. Mai 1657 ist sie abwesend. Sie heiratete den Neffen Magdalenas, Ulrich Johann Albrecht von Jemgum,[1187] und trat so auch in eine verwandtschaftliche Beziehung zu Magdalena von Dorgelo.

Nach der Ausweisung Lucretia von Harens 1644 war die Anweisung Franz Wilhelms, Catharina von Monnich die Präbende zu entziehen, ein weiterer Eingriff in die Autonomie des Stifts. Dahinter stand nicht nur der Versuch, landesherrliches Kirchenregiment im Stift durchzusetzen, sondern auch die Intention des Bischofs, die Konfessionsentscheidungen des Friedensschlusses in seinem Sinne zu modifizieren. Im Hinblick auf die Konfessionsfrage hatte der Westfälische Friedensschluss nämlich keineswegs Frieden beschert, was Obrigkeit und Kirchenleitung besonders in Osnabrück zu spüren bekamen. Franz Wilhelm war einer der Wenigen, die den Friedensvertrag konsequent ablehnten und denen jedes Mittel recht war, den Katholizismus im Hochstift zu retten. Wie Hansgeorg Molitor nachgewiesen hat, scheute

---

1186 Landesarchiv NRW Abteilung Westfalen: Altertumsverein Münster (Dep) MSc. Nr. 376 Bd. 5, Blatt 635.

1187 Aus der Ehe stammten fünf Töchter und ein Sohn. Eine Tochter, Clara Petronella, trat 1692 in das Kloster Rulle ein, die übrigen Töchter heirateten. Der 1672 geborene Sohn Rudolf Kaspar übernahm nach dem Tod des Vaters als letzter Vertreter der Familie von Dorgelo die Querlenburg. Vgl. HEITMANN, Die Querlenburg; VOM BRUCH, Emsland, S. 95.

der Bischof nicht davor zurück, durch eine Manipulation der Synodalakten die Einführung des Tridentinums, das erst auf der Frühjahrssynode 1625 durch seinen Vorgänger Eitel Friedrich promulgiert worden war, auf die Diözesansynoden 1570 und 1571 unter Johann von Hoya vorzuverlegen.[1188] Diese Fälschung zugunsten einer längeren Tradition des Tridentinums im Hochstift sollte wohl das Manko ausgleichen, dass die katholische Konfession zum Stichtag des Normaljahres rechtlich noch nicht verankert war.

Auch in Börstel unterließ Franz Wilhelm nichts, um dort eine zumindest teilweise Rekatholisierung durchzuführen. Dies widersprach nicht nur den Bestimmungen des Friedensvertrages, der allen Einwohnern im Artikel V persönliche Religionsfreiheit garantiert, sondern auch den Ausführungen der Capitulatio von 1650, die den konfessionellen Status des Stifts festgeschrieben hatte. In seinem Bestreben, den Katholizismus im Hochstift zu stärken, setzte sich Franz Wilhelm selbstherrlich über alle Vertragstexte hinweg. Im Juli 1651 brach er persönlich zu einer Visitationsreise auf, die ihn zunächst in die Dekanate Reckenberg, Grönenberg und Vörden, ab August in das Emsland und anschließend nach Iburg führte. Die Visitationen im Dekanat Fürstenau und dem Amt Bevergern wurden auf Juni 1652 vertagt. Zwischenzeitlich, im Oktober 1651, fand die Osnabrücker Herbstsynode statt, die zwei einschneidende Ergebnisse für Börstel nach sich zog. Zum einen ließ Franz Wilhelm durch seinen Offizial Börsteler Kirchengut abziehen: *Für ihro hochfürstl. gnaden pferde alß der official das kirchengudt holete 4 sch.*[1189] Dieser bislang nicht bekannte Hinweis zeigt, dass offensichtlich auch nach dem Dreißigjährigen Kriege noch Kirchenkleinodien vorhanden waren, die den Plünderungen der Söldnerheere nicht zum Opfer gefallen waren und nun in den Besitz des Bischofs übergingen.

Zum anderen befahl Franz Wilhelm eine Visitation Börstels, zu der er streng genommen gar nicht mehr berechtigt war. Als Beauftragte sandte er den Kommissar des Emslandes, Pastor Engelbert Müseler aus Haselünne, und den Drosten zu Fürstenau, Koboldt von Tambach.[1190] Im Visitationsschreiben, datiert vom 17. Dezember 1651, ließ Franz Wilhelm dem Kapitel mitteilen, dass er die Ausübung der Augsburgischen Konfession zwar gestatten wolle, mit den Prozessionen, den Gebräuchen und Zeremonien es aber so gehalten werden solle, wie es 1624 *in schwang gewesen* sei, allein das Amt der heiligen Messe könne unterbleiben. Auch den 1624 gebräuchlichen Habit sollten die Kapitularinnen innerhalb und außerhalb des Klosters tragen. Dies allein war schon ein Eingriff in die Religionsfreiheit des Kapitels und widersprach den Bestimmungen der Capitulatio, die eine landesherrliche Konfessionalisierungspolitik ausgeschlossen hatte. Eine weitere Passage des Visitationsbefehls, in der Auskunft über die Höhe der Einkünfte der katholischen Stiftsdamen gefordert wurde, entlarvt die eigentliche Intention des Bischofs. Im Originalton wünschte Franz Wilhelm zu wissen, *wie die catholische jungfern dahselbst lehben,*

1188 MOLITOR, Konfessionelle Besitzstände, S. 69ff.
1189 NLA OS Dep 91 b Akz. 2011/059 Nr. 863 (1650/51) 10r.
1190 Michael Wilhelm Koboldt von Tambach, Drost zu Fürstenau 1642-1661, ∞ mit Johanna Elisabeth Hake. VOM BRUCH, Osnabrück, S. 323 und 336.

wie sie gehalten werden, und wie weith sich in diesem cloister die renthen und jede praebenden erstrecken.[1191] Hier kündigte sich bereits seine Absicht an, die beiden katholischen Präbenden mit den daran geknüpften Einkünften ganz aus Börstel abzuziehen. Noch deutlicher wurde dieses Vorhaben wenig später, als Franz Wilhelm nach dem Tod Elisabeth Kerstapels im April 1652 befahl, die Stelle der verstorbenen katholischen Seniorin nicht wieder zu besetzen.

Zunächst konnte er dieses Vorhaben jedoch nicht weiter verfolgen, da er sich von Oktober 1652 bis Juni 1655 auf dem Reichstag zu Regensburg aufhielt. Erst nach seiner Rückkehr und der im Oktober abgehaltenen Herbstsynode wandte sich Franz Wilhelm wieder den Börsteler Angelegenheiten zu und ließ im Januar 1656 Äbtissin von Dorgelo auf seine Residenz in Iburg vorladen.[1192] Magdalena hielt sich zu diesem Zeitpunkt in Osnabrück auf, denn, so das Schreiben, *wann nun ihre hochfl. gnaden vernehmen, daß sie, abdißinne, sich in ihrer stadt Oßnabruck undt also in der nähe itz auffhalte, alß erachten dieselbe das negste undt vordrägligste mittell, [...] daß besagte abdißinne zu solchem ende sich morgen herauß begebe und ihrer hochfl. gnaden fernere gnädigste meinung vernehmen.*[1193] Zur Audienz erschien Magdalena nicht allein, sondern in Begleitung der beiden jüngsten Kapitularinnen Lucretia von Bar und Clara von Droste. Alle drei konfrontierte der Bischof mit der erneuten Forderung, den Gottesdienst auf den Stand von 1624 zu versetzen, der angeblich *mitt singen deß brevyrß, procession undt anders auff catholische weise gehalten* und durch die Äbtissin aus eigenem Antrieb, *propria authoritate* geändert worden sei.[1194] Weigerte sich das Kapitel, würde der Bischof die beiden katholischen Präbenden aus dem Stift ausgliedern.

Die drei Damen erbaten sich Bedenkzeit und erstellten gemeinsam mit dem Kapitel eine Resolution,[1195] die die Vertreter der Stiftsritterschaft, Otto von Kobrinck und Heinrich von Haren, am 26. Februar dem Bischof in Iburg persönlich vorlegten. Darin antwortete das Kapitel auf die Forderung nach Wiedereinführung katholischer Zeremonien, die heutigen Stiftsjungfern könnten den Gottesdienst nur auf Deutsch halten, weil sie des Lateins nicht mehr mächtig seien. Die Katholikinnen würden an den hohen Festtagen ihren Gottesdienst nach Belieben in anderen Kirchen feiern. Dem verlangten Nachweis aller Einkünfte, Schulden und Lasten der Abtei setzten sie entgegen, das Stift sei zu einer Offenlegung seiner wirtschaftlichen Verhältnisse nicht verpflichtet.[1196] Das Verlangen, schriftliche Statuten vorzulegen, sei ihnen

---

1191 NLA OS Dep 91 b Akz. 2011/059 Nr. 278.

1192 NLA OS Dep 91 b Akz. 2011/059 Nr. 868 (1655/56) 3r: *Die abdißinn nach Iburch bey ihro hochfürstl. Gnaden gewest und verehret und in der herberge verzehret 4 thallr. 10 ß 6 d.*

1193 NLA OS Dep 91 b Akz. 2011/059 Nr. 13.

1194 NLA OS Dep 91 b Akz. 2011/059 Nr. 278.

1195 Ebd. Anwesend bei dieser Sitzung am 7. Februar waren Margareta und Lucretia von Haren, Christina von Langen, Anna Elisabeth von Heede, Margarete Magdalene von Stemshorn, Maria Elisabeth Stedink und Clara von Droste.

1196 NLA OS Dep 91 b Akz. 2011/059 Nr. 868 (1655/56) 3r: *Unsrn verwanthen Henrich von Haren und Otto Kobringk zu Daren bey ihro hochfurstl. gnaden zu Osnabrugk abzuhandelen, das wir dieses unsres stiffts schuld und intraden nicht durften offenbahren, vehret und uff der reise und zu Osnabrugk verzehret insampt 23 thallr. 14 ß 6 d.*

nicht möglich, da die *uhralte observantz* lediglich mündlich von einer Äbtissin zur nächsten weitergegeben worden sei.

Die Erwiderung des Kapitels überzeugte nicht, im Gegenteil, bereits eine Woche später, am 6. März, drohte Franz Wilhelm mit Zwangsmitteln gegen das Stift, falls der Nachweis der Einnahmen aus den katholischen Präbenden nicht innerhalb von vierzehn Tagen vorläge. Danach sollten die Katholikinnen Börstel verlassen. Die Äbtissin sei zu bestrafen, weil sie die alten Bräuche und Gewohnheiten – Chorgesang und andere Zeremonien – habe zugrunde gehen lassen. Dass ein Statutenbuch – wie doch in allen anderen Klöstern üblich – in Börstel nicht vorläge, ließ er nicht gelten und verlangte, *all ewre gebreuch undt ordtnungen* sofort zu verzeichnen und der Kanzlei innerhalb von zwei Monaten einzusenden. Andernfalls würde er das Kapitel nicht nur mit einer Strafe von zweihundert Gulden belegen, sondern selbst durch eine Visitationskommission neue Statuten verordnen lassen.

Trotz dieser massiven Drohung – der Streichung zweier Stiftsstellen und der Verordnung neuer Statuten – ließen Äbtissin und Kapitel sich nicht beirren und die vierzehntägige Frist verstreichen. Erst am 19. April setzten sie dem angedrohten Einzug der katholischen Präbenden entgegen, dass auch zuvor, wenn Stiftsjungfern sich außerhalb Börstels aufgehalten hätten, deren Einkünfte der Gemeinschaft zugeschlagen und niemals vom Stift abgezogen worden seien. In der strittigen Frage der Gottesdienstliturgie verteidigte das Kapitel erneut sein Recht auf das Brevierlesen in deutscher Sprache: Zum einen sei das geistliche Leben während der Kriegszeiten fast völlig zum Erliegen gekommen. Zum anderen habe man sich an den benachbarten Stiften Augsburgischer Konfession orientiert, in denen die Gottesdienstliturgie ebenfalls in Deutsch abgehalten worden sei. Drittens wären die lateinischen Brevierbücher abhanden gekommen, so dass sie *in die eintfaltige meinung geraten, das wir gleich andern deutsch lesen sollen.*[1197] Die „untertänigste" Bitte, sie auch ferner bei dieser Gewohnheit zu belassen, verbanden die Stiftsjungfern mit dem Versprechen, die zwei katholischen Mitschwestern, Clara von Droste und Catharina von Monnich, ungehindert die Messe in der Kirche von Berge oder einer anderen Kirche besuchen zu lassen.[1198] Nachgiebig zeigte sich das Kapitel allein in der Bereitstellung der Haushaltsregister und dem Nachweis der Einkünfte, welche sich jedoch *wegen großer beschwer und vorgewesenen kriges leuffen mechtig verklenert* hätten. Einnahmen und Ausgaben des Stifts sowie den Anteil der Stiftsjungfern daran ließ das Kapitel durch den Osnabrücker Notar Dr. Johann Walefeld verzeichnen,[1199] der bereits 1613 den niederstiftischen Ständen juristischen Beistand in deren Bemühungen um die Freistellung der Augsburgischen Konfession geleistet hatte.[1200]

1197 NLA OS Dep 91 b Akz. 2011/059 Nr. 278. Hier auch das nächste Zitat.

1198 Diese Gepflogenheit wird auch durch Clara von Drostes Bitte an Äbtissin von Dorgelo dokumentiert, das anstehende Osterfest des Jahres 1664 in Osnabrück verbringen zu dürfen.

1199 NLA OS Dep 91 b Akz. 2011/059 Nr. 868 (1655/56) 3r: *Alß nun uff ihro hochfurstl. gnaden gnädigsten befelch die uffkunfften des stiffts Borstell, wie auch daß, waß eine jede juffer jarliches davon hette ein zukommen, und waß an gesinde lohn und renthen wieder abginge, auff gesetzet und i. f. g. eingeschicket müsten, herrn Doctori Walefeldt diß in ordenungh zu bringen, geben 8 thallr.*

1200 HOFFMANN, Streit um das Reichsrecht, S. 245.

2.2. Die Verzeichnung der Statuten 1656

Ein persönlicher Besuch des Bischofs im Frühsommer 1656 – *Ihr hochfürstl. gnaden pferden 1 molt 5 sch*.[1201] (Hafer) – machte dem Kapitel wohl auch die Notwendigkeit der Statutenverzeichnung deutlich, die es daraufhin in knapp formulierten neun Artikeln ebenfalls durch Walefeld erstellen ließ.[1202] Wichtigstes Recht des Kapitels – heißt es darin – sei die freie Wahl einer neuen Äbtissin aus den Reihen des Stiftskapitels, deren Bestätigung erst anschließend durch den Bischof einzuholen sei. Die Aufnahme einer Kapitularin erfolge durch einstimmigen Kapitelschluss und sei mit der Zahlung von 137 Reichstalern verbunden. Von dieser Summe gingen dreißig Reichstaler an das Stift und sieben an die Bediensteten. Die restlichen hundert Reichstaler, die ursprünglich für ein gemeinsames Mahl verwendet worden seien, würden unter die Kapitularinnen bei Einbeziehung der neuen verteilt. Die zur Aufschwörung erschienenen Freunde der neuen Stiftsjungfer hätten der Äbtissin zwei und den Mitschwestern je einen Reichstaler zu bezahlen.

Jede neue Stiftsjungfer bringe bei ihrem Eintritt einen silbernen Becher von acht Lot oder ein mit den Wappen von väterlicher und mütterlicher Seite besticktes Stuhlkissen mit sowie sechzehn Ellen Flachsleinen für Bettücher und zwölf Ellen *biltwercks* für Tisch- und Handtücher. Zu den Pflichten einer Kapitularin gehöre es, Gehorsam gegenüber der Äbtissin zu üben und regelmäßig am Chorgesang teilzunehmen. Das Stift dürfe nicht ohne Genehmigung der Äbtissin verlassen werden; besonders an den vier hohen Festtagen hätten alle am Gottesdienst teilzunehmen. Standesgemäßes Verhalten, friedliches Miteinanderleben, Sorge um den Bestand des Stifts und um Schadensabwendung seien weitere Regeln, auf die eine neue Kapitularin verpflichtet würde.

Verständlicherweise nahm das Kapitel die Statutenerstellung zum Anlass, seine Rechte hinsichtlich der freien Wahl der Äbtissin und der Aufnahme neuer Kapitularinnen aus dem eigenen Umfeld gegenüber dem Landesherrn zu stärken und festzuschreiben. Darüber hinaus ergriffen die Damen die Gelegenheit, die Statutengelder, die bislang (zuletzt 1654) dreißig Reichstaler betrugen, auf 137 zu erhöhen. Mit einer Erhöhung auf mehr als das Vierfache erwiesen sich die Damen als nicht gerade zimperlich. Offensichtlich galt die Meinung, sich den neuen Status als adeliges Stift angemessen honorieren lassen zu müssen. Die konsequente Haltung von Äbtissin und Kapitel zeigt deren unbedingten Willen, die stiftischen Freiheiten gegenüber der absolutistisch anmutenden Landesherrschaft des Bischofs zu verteidigen. Dabei waren konfessionelle und wirtschaftliche Beweggründe eng miteinander verknüpft. Zum Einen konnte sich das Stift auf die Ausführungen der *Capitulatio Perpetua* beziehen, die die Börsteler Konfessionsverhältnisse geregelt und das evangelische

---

1201 NLA OS Dep 91 b Akz. 2011/059 Nr. 868 (1655/56) 12r.

1202 Werner Delbanco erkannte in den Dorsalvermerken einiger Börsteler Urkunden eine Belegsammlung, deren Zweck die Klärung der kirchlich-konfessionellen Verfassungsfragen gewesen ist. Vermutlich ist der von Delbanco identifizierte Bearbeiter identisch mit dem Verfasser der Stiftsstatuten Dr. Johann Walefeld, auf jeden Fall aber sein Zulieferer in der Frage der Verfassung von Stift Börstel gewesen. Vgl. DELBANCO, Leben im Verborgenen, S. 59f.

Bekenntnis garantiert hatte. Zum Anderen war der Erhalt der katholischen Präbenden von existenzieller Notwendigkeit, denn der Zugriff des Landesherrn auf Börsteler Einkünfte hätte womöglich das Aus der Institution bedeutet. Vorsorglich erhöhte das Kapitel deshalb zu diesem Zeitpunkt, als der Erhalt der katholischen Stellen bedroht war, die Statutengelder.

In ihrem vehementen Einsatz für den Verbleib der katholischen Präbenden in Börstel zeigten die Kapitularinnen eine erstaunliche Risikobereitschaft. Die auf zwei Wochen begrenzte Auskunftsfrist wurde trotz der Drohung mit Zwangsmaßnahmen nicht eingehalten. Erst nach fünf Wochen ließ das Kapitel seine Antwort übermitteln. Auch wenn die Damen letztlich mit der Aushändigung der Rechnungsregister und der Zusammenstellung ihrer Stiftsstatuten ein kluges Entgegenkommen zeigten, sparten sie nicht mit versteckter Kritik am Landesherrn: Die Übersendung der Statuten erfolgte nicht ohne den Hinweis, dass, sofern *aber einige statuta alhir schrifftlich gewest sein, so musten dieselben ob tumultuum belli ad abditum locum verwarlich bei gelacht und gleich andern unsern vielen brieffschafften zur Fürstenaw wegen ewer druppen (so durch die landen gangen) vermunkelt (wie wir von unsern antecessoren gehoret) oder auß unser wissenschafft gekommen sein.*[1203] Des Bischofs eigene Beamte wurden also für den Verlust des während des Krieges verlorenen Statutenbuches verantwortlich gemacht.

2.3. Bischöfliches Reglement

Noch ein letztes Mal versuchte Franz Wilhelm 1659, seine Autorität in geistlichen und weltlichen Angelegenheiten unter Beweis zu stellen, indem er dem Kapitel am 7. Juli ein zwanzigseitiges Konvolut mit von ihm verfassten Statuten vorlegen ließ.[1204] Der Hauptakzent dieser Satzungen liegt auf den Ausführungen zum geistlichen Leben: Anstelle von Brevierlesen und katholischen Zeremonien wird das Kapitel auf das Singen und Lesen von vier Horen verpflichtet, die täglich von 6 bis 7, von 9 bis 10, von 2 bis 3 und von 4 bis 5 Uhr anzustimmen seien. An Feiertagen, mittwochs und freitags soll jeweils von 8 bis 9 gepredigt werden. Äbtissin und Kapitel sollten in weißen Mänteln mit dem *velum* auf dem Kopf erscheinen.

Ausführlich wird das Procedere bei Abtritt und Neuwahl einer Äbtissin erörtert, wobei kein Schritt ohne Wissen und Konsens des Landesherrn erfolgen soll. Durch ihn habe die Konfirmation zu erfolgen und vor dem Konsistorium sei der Eid abzulegen. Die Pflichten der Äbtissin werden neben der Aufsicht über Güter, Einnahmen und die Baulichkeiten des Stifts mit denen einer Mutter verglichen, die vor allem auf die regelmäßige Teilnahme am Gottesdienst zu achten und Stift und Kreuzgang über Nacht zu verschließen habe. Sie habe sich ganz in schwarz zu kleiden und alle modischen Accessoires zu vermeiden. Viermal jährlich habe sie eine Kapitelversammlung abzuhalten und die Statuten vorzulesen. „Verbrecherinnen", die gegen die Vorschriften handelten, seien nach vergeblicher Ermahnung unter Einzug ihres eingebrachten Gutes aus dem Kapitel auszuschließen.

1203 NLA OS Dep 91 b Akz. 2011/059 Nr. 278.
1204 NLA OS Rep 100 Abschn. 338a Nr. 4.

Die Anzahl der Kapitularinnen wird auf zwölf adelige Jungfern von „gutem alten Geschlecht" begrenzt, die bei ihrem Eintritt mindestens fünfzehn Jahre, bei ihrer Aufnahme ins Kapitel mindestens achtzehn Jahre alt sein sollten. Bei ihrem Eintritt hätten die Mädchen einen Eid auf das Stift abzulegen. Nicht nur für das Schuljahr, auch für die nachfolgende Zeit wird die Residenz vorgeschrieben, lediglich Reisen zu Eltern und Verwandten seien mit Konsens der Äbtissin erlaubt. Um Müßiggang zu vermeiden, hätten sie neben dem Gottesdienst ihre Zeit mit Hand- und Hausarbeit zu verbringen. In ihre Häuser dürften sie keine Fremden, vor allem keine „Manns-personen" einladen oder dort beherbergen und sich auch in keine Konversation mit ihnen einlassen. Im Stift sei Kleidung aus weißem Leinen zu tragen, bei Ausfahrten alle Üppigkeit und *alamodische manier* zu vermeiden. Vorrangig hätten sich die Damen in der Einsamkeit einzurichten und ein „stilles eingezogenes Leben" zu füh-ren. Spaziergänge, Reisen und die Teilnahme an Hochzeiten und Gastmählern seien zu vermeiden. Die jungen Mädchen, die von ihren Eltern zur Erziehung ins Stift gebracht würden, seien zu Ehrbarkeit und Tugendhaftigkeit zu erziehen.

Diese Ausführungen lesen sich wie ein Gegenentwurf zu der bisher in Börstel ent-wickelten Lebensform: Aufhebung der Residenzpflicht, Ausreisen und Teilnahme an Gastlichkeiten sowie die Unterbringung auch von „Mannspersonen" waren in Börs-tel seit einem halben Jahrhundert gang und gäbe. Und die neuen wohlhabenden Stiftsdamen werden es in ihrer persönlichen Ausstattung auch nicht an „Üppigkeit" haben fehlen lassen. Dass jedoch der Chordienst weiterhin wahrgenommen wurde, geht aus dem Bericht des mit den Börsteler Verhältnissen seit langem gut vertrauten Pastors Vitus Büscher hervor, der anlässlich der von Bischof Ernst August I. 1662 in Auftrag gegebenen Kirchenvisitation,[1205] das Stift als eine Gemeinschaft von acht evangelischen und zwei katholischen Jungfern beschreibt, die morgens von 7 bis 8 und nachmittags von 3 bis 4 auf den Chor gingen, wo sie aus dem Psalter und aus anderen Gebetbüchern lesen und beten würden. Diese geistlichen Übungen wurden nach Ausweis der 1763 aufgezeichneten Statuten[1206] auch im folgenden Jahrhundert beibehalten. Zur Residenzpflicht kehrte das Kapitel – wie an den verminderten Kornausgaben für die abwesenden Stiftsdamen abzulesen ist – nicht zurück. Im 19. Jahrhundert waren schließlich nur noch Äbtissin und Seniorin verpflichtet, dauerhaft im Stift zu leben.

Neben den bischöflichen Maßregeln, die gewiss ins Leere gingen, finden sich auch Anweisungen, die spezifische Börsteler Verhältnisse widerspiegeln. Dazu zählt die überraschende Aufforderung, weltlichen Personen das Wohnen im Kreuzgang bei Strafe von hundert Goldgulden zu verbieten. Bei diesen Personen wird es sich um die vielfach erwähnten Börsteler Hausarmen gehandelt haben, die hier ihren Schlaf-platz hatten. Die Ermahnung, Kirche und Kreuzgang in besserer Sauberkeit zu hal-ten, *dan wir im augenschein befunden,* bestätigt, dass Franz Wilhelm das Stift in eigener Person visitiert hatte.

1205 Richard BINDEL, Geistliche Polizei-Ordnung des Fürstentums Osnabrück vom Jahre 1662, in: OM 46 (1924), S. 49-141, hier S. 119f.
1206 NLA OS Dep 91 b Akz. 2011/059 Nr. 185.

2.4. Die Prezistin Catharina Hilburg Voß

Bis zuletzt wich Franz Wilhelm jedoch nicht von seinen Versuchen ab, Einfluss auf die Vergabe der katholischen Präbenden zu nehmen. Unmittelbar nach Erstellung der Statuten, am 30. August 1659, vergab er einen Prezesbrief[1207] an die katholische Catharina Hilborg Voß zu Mundelnburg (1661-1692), in dem er ihr eine Exspektanz auf die nächste frei werdende katholische Stelle versprach:

Wirt hirmitt und crafft dießes auß sonderbahren gnaden und bewegenden ursachen, Otto Andreaß von Voß zu Mundelenborgh, hochbeml. ihrer hochfürstl. durchl. hoffjunkeren, wegen trew geleisteter und noch leistender auffwartsamkeit die vertroistungh gethan, daß seine schwester, junffer Catharina Hilbrigh Voss, mitt der im adelichen junffern stifft Borstel, erste [...] heimfallende catholische praebendam begnadet und crafft dießes expectiviret sein solle.[1208]

Catharina war 1620 auf der in Klein Mimmelage, auf halbem Weg zwischen Menslage und Quakenbrück gelegenen Mundelnburg geboren und stammte aus einer alten Quakenbrücker Burgmannsfamilie. Ihre Eltern waren Otto Voß zu Mundelnburg (†1654)[1209] und Adelheid Mette von Schwenke zu Fresenburg, deren Eheschließung für das Jahr 1614 bezeugt ist. Catharinas Bruder Otto Andreas von Voß (†1697) war Hofjunker Franz Wilhelms und vermählt mit Adelheid von Langen zu Sögeln, einer Schwester der 1649 eingetretenen Kapitularin Christina Maria von Langen. Trotz der in den Statuten von 1656 als verbindlich erklärten 137 Reichstaler zahlte Catharina wie ihre Vorgängerinnen lediglich die üblichen dreißig Reichstaler, einen Goldgulden und den Taler für das Bett.[1210]

Auffällig ist, dass Franz Wilhelm sein Recht der ersten Bitte erst mehr als dreißig Jahre nach seiner Wahl zum Bischof geltend machte. Dieser Fakt und die zeitliche Nähe zur Statutengebung entlarven die Prezeserteilung als letzten Versuch, die katholischen Stiftsstellen in Börstel mit den Mitteln bischöflicher Autorität in seinem Sinne zu besetzen. Das Kapitel ließ sich jedoch Zeit mit der Aufnahme der Prezistin. Erst zwei Jahre nach seiner Ausstellung, am 8. Juni 1661, wurde Catharinas Prezesbrief dem Kapitel vorgelegt und ihre Aufnahme einstimmig beschlossen. Catharina Voß erhielt die Stelle von Catharina Gertrud von Monnich, die nach ihrer Verheiratung, bald nach 1657, zunächst unbesetzt geblieben war.

Catharina Voß unterschrieb erstmals 1663 die Stiftsrechnung und bezog in diesem Jahr das an die Kirche angrenzende so genannte Tempelhaus, das sie 1679 aus dem Besitz Catharina Gertrud von Monnichs, verheirateter Jemgum, erwarb. Der vom Bischof oktroyierten Einführung stand ihre Integration in das Kapitel nicht entgegen.

1207 Das Recht der ersten Bitte war seit 1510, als Bischof Erich von Grubenhagen Anna von Schagen als Prezistin berufen hatte, nicht mehr ausgeübt worden. Vgl. Kap. I.2.3.1.

1208 NLA OS Dep 91 b Akz. 2011/059 Nr. 22.

1209 In der Auswertung der Erkundung der Religionsverhältnisse der Osnabrücker Ritterschaft von 1625 wird Otto Voß zur Mundelnburg als lutherisch bezeichnet. ROTHERT, Glaubensbekenntnis, S. 146.

1210 NLA OS Dep 91 b Akz. 2011/059 Nr. 874 (1660/61) 1v: *J. Catharinen Hilborch Voß statutengelder 30 rt, item einen goldgulden 1 rt, 5ß, 3d, item einen bettedaler 1rt.*

Ab 1675 übte Catharina das Amt der Küsterin[1211] und ab 1676 das der Kellnerin[1212] aus. Eng befreundet war sie mit Christina Maria von Langen, mit der sie Jahr für Jahr die Familie ihres Bruders Andreas von Voß auf der Mundelnburg aufsuchte.[1213] Dort traf Christina auf ihre Schwester Adelheid, mit der sie offensichtlich gern auf die Jagd ging.[1214]

Im zeitlichen Vorgriff sei es erlaubt, die ungewöhnlichen Todesumstände der zuletzt als Siegeljungfer tätigen Catharina im Jahre 1692 zu schildern. Während einer längeren Krankheit war sie von ihrer Schwester Adelheid Elsabein Voß gepflegt worden, die sich bei ihr infizierte und wenige Tage später ebenfalls starb. Die Doppelung der Todesfälle fand eine ausführliche Würdigung im Protokollbuch des Stifts:[1215]

Den 25. Decembris 1692, als am ersten weynachts feßttage, umb 12 uhr mittages starb die weylandt hochwürdige und wohlgeb(orene) Cathrina Hilbrig Vos, capitularinne dieses stifftes und tochter von dem hause Mundelnburg, ward in hiesiger stifftes kirche in der capitularinnen begräbnis den 29sten dieses beygesetzet abends umb 8 uhr, und in selbiger nacht umb 3 uhr morgens starb dehroselben fräulein schwester, Alheit Elsabein Voss, welche einige dage vorher war anhero gekommen, ihre schwester zu besuchen und in ihrer krankheit zu bedienen, ward nach Menslage geführet und alda beygesetzet. Gott verleihe ihnen beiden eine frölice aufferstehung.

Die Rechnung über den zunächst auf dem Hochchor[1216] aufgestellten „Leichenstein" enthält zudem den interessanten Hinweis, dass die Bearbeitung des Sandsteins 1693 durch Johann Heinrich Jöllemann ausgeführt wurde,[1217] dem Bildschnitzer des wenige Jahre später (1707) in der Kirche aufgestellten barocken Altarretabels.[1218] Jöllemann war also als Bildhauer mit beiden Werkstoffen, Stein und Holz, vertraut. Die Inschrift des Steines, die durch ihre besonders schönen barocken Schriftzüge auffällt, lautet:

1211 NLA OS Dep 91 b Akz. 2011/059 Nr. 312 Bd.1, S. 29.
1212 NLA OS Dep 91 b Akz. 2011/059 Nr. 312 Bd.1, S. 49.
1213 NLA OS Dep 91 b Akz. 2011/059 Nr. 882 (1668/69) 14v: *Alß jkr. Voß zur Mundelborg jfr. Langen und jfr. Voss abgeholet und wiedergebracht auf 4 pferde sindt gelanget 4 sch.* NLA OS Dep 91 b Akz. 2011/059 Nr. 885 (1670/71) 13r: *Den 29. xbris alß jfr. Langen mit jkr. Voss seinen pferden nacher Mundelnborg geholet worden, sind für die pferde abgemeßen 2 sch.*
1214 NLA OS Dep 91 b Akz. 2011/059 Nr. 714 (1707): Zeugenbefragung in einem Prozess über einen Jagdfrevel: *31) Ob nicht wahr, die ehemahlige Abbatissa Langen und dieses von Vossen mutter zwe schwestern gewesen? 32) Ob nicht wahr, daß diese beyde schwestern öffter zusahmen gejaget und eine der andern die jagt geliehen?*
1215 NLA OS Dep 91 b Akz. 2011/059 Nr. 312 Bd.1, S. 227.
1216 Heute in der Unterkirche rechts vom Südeingang.
1217 NLA OS Dep 91 b Akz. 2011/059 Nr. 22 (*Specificatio* 1693, 2r): *2. für den leichstein lauth quitung 9 tr. Den stein zu behauwen mr. Hinrich Joelman 10 tr. 7 ß. Für unkosten als der stein in die kirche und auf das chor gebracht war 14 ß 4 d.*
1218 Vgl. Angelika SEIFERT, Der Werkstattkreis der Bildschnitzer- und Bildhauerfamilie Jöllemann, in: Mitteilungen des Landschaftsverbandes Osnabrück 7/8 (1993), S. 12-15, hier S.14; Reinhard KARRENBROCK, Barockskulptur im Oldenburger Münsterland. Bildwerke der Zeit zwischen 1600 und 1810, Oldenburg 1998, S. 28.

„Anno 1692 D 25. Decb. ist in den Herren / Gottsahlig verschieden die Hochw. und Wolgb. / Catharina Hilberich von Voss des Hochade / lichen Stifftes Börstell gewesene Siegel / (jungfer) und Capitularin, im 72. (Jahr ihres) Alters, dessen Sehle gott gnädig sey.“

In ihrem Testament[1219] vermachte Catharina dem Stift fünfzehn und den Armen zwölf Reichstaler. Der Amtmann erhielt fünf Reichstaler für einen Hut, den Trauerflor und das Aufsetzen der Trauerbriefe. Jeweils sechs und elf Reichstaler erbten ihr Bruder Otto Andreas und ihre Schwester Esther Voß in Quakenbrück.

Franz Wilhelm verstarb kurz nach der Prezeserteilung am 1. Dezember 1661 in Regensburg und schied damit als weitere Bedrohung für das Stift aus. Als Bischof Ernst August I., dessen Eventualhuldigung die Stände bereits im Juli 1651 vorgenommen hatten,[1220] am 30. September 1662 seinen feierlichen Einzug ins Hochstift hielt, war das Ringen um die konfessionelle Selbstständigkeit und um den Erhalt der katholischen Stellen endgültig beendet. Stift Börstel blieb eine evangelische Einrichtung, in der lutherischer Gottesdienst gehalten wurde. Äbtissin und sieben Stiftsdamen waren evangelischer Konfession und zwei der zehn Präbenden wurden an katholische Stiftsdamen vergeben.

3. Das neue Profil des Stifts: Konfessionalisierung und Adelsvorbehalt

3.1. Sakrale Stiftungen und adelige Präsentation

Knapp anderthalb Jahrhunderte nach Beginn der lutherischen Reformation hatte sich wie überall im Reich[1221] auch in Börstel die konfessionelle Spaltung verfestigt und die Konfessionalisierung fast aller Lebensbereiche nach sich gezogen. Im sakralen Bereich spiegelt sich die konfessionelle Identitätsbildung in zwei Stiftungen zur Ausstattung der Kirche wider: einer Orgel und eines neuen Altarretabels auf der ehemaligen Nonnenempore. 1656 ließ Seniorin Margareta von Haren auf eigene Kosten eine Orgel bauen, die laut Inschrift *zu Gottes ehren verehrt* wurde. Wie zur Bestätigung des mit Franz Wilhelm ausgefochtenen Tauziehens um die konfessionelle Identität Börstels stiftete die Seniorin ein Instrument, das im lutherischen Gottesdienst als Begleitung der nun deutschsprachig gesungenen Choräle eine wichtige Rolle spielte und die Gemeinde bei der aktiven Teilhabe am Gottesdienst unterstützte.[1222] Die musikalische Tradition des Chorgesangs war mit der Reformation nicht aufgegeben, sondern mit neuen Liedern und neuen Inhalten ergänzt und intensiviert worden. Die Orgel versah ihren Dienst über zwei Jahrhunderte und hatte auf diese Weise eine dauerhaft identitätsbildende Funktion für Gemeinde und Kapitel.

1219 NLA OS Dep 91 b Akz. 2011/059 Nr. 22 (*Specificatio* 1693, 2r).
1220 STEINERT, Die alternative Sukzession, S. 82ff.
1221 Vgl. SCHINDLING, Reformation, S. 51ff.
1222 Auf die Bedeutung der lutherischen Lieder für die Durchsetzung der Lehre in Niedersachsen verweist Schubert, der ihnen sogar einen größeren Stellenwert zuweist als den lutherischen Bekenntnisschriften. SCHUBERT, Die Reformation und ihre Folgen, S. 276f.

Erstmalig wurde mit Jürgen Heseding aus Gehrde ein Organist dauerhaft in Börstel tätig, der ab 1658 für dieses Amt zwei Reichstaler und zwei Molt Roggen erhielt.[1223]

Das zweite Beispiel für die konfessionelle Prägung der Kirchenausstattung ist das 1660 von Magdalena von Dorgelo gestiftete neue Altarretabel für die Nonnenempore, das den noch aus katholischer Zeit stammenden, dem Evangelisten Johannes geweihten Altaraufsatz ersetzte. Der Sinngehalt der Johannes-Verehrung hatte sich aus protestantischer Sicht gewandelt, sein Bildnis wurde daher durch eine Ikonographie mit christologischem Inhalt ersetzt. Das untere Ölbild des Altarretabels zeigt die Darstellung der Geburt Christi, das obere eine Ansicht des zwölfjährigen Jesus im Tempel. Die unten am Altaraufsatz angebrachte Inschrift: „I. Magdalena von Dorgelo, Aebtissin, hat dieß Altar zu Gottes Ehre verehret Anno 1660" verweist auf die Stifterin. Beide Dignitäten führten eine in vorreformatorischer Tradition stehende Stiftungstätigkeit fort und füllten sie mit neuen, der lutherischen Lehre entsprechenden Inhalten. Dementsprechend änderte sich auch der Impetus für die Schenkung. Nicht mehr, um – nach altkirchlicher Auffassung – das Himmelreich zu gewinnen, erfolgten die Stiftungen, sondern beide *zu Gottes Ehre*. Darüber hinaus wurde auch die weitere Ausstattung der ehemaligen Klosterkirche den Erfordernissen der lutherischen Liturgie angepasst und erweitert. 1676 wurde die bereits vorhandene Kanzel erneuert[1224] und 1697 ein Kirchengestühl für die dem Predigtgottesdienst nunmehr im Sitzen folgende Gemeinde eingebaut.[1225]

Doch nicht nur in konfessioneller, sondern auch in sozialer Hinsicht wirkte der Friedensschluss prägend auf die Identität des Kapitels. Diese Entwicklung hatte bereits in der Mitte des 16. Jahrhunderts eingesetzt, als mit der Wahl Lucretia von Langens im Jahr 1575 ein über mehr als vier Jahrhunderte sich erstreckendes Regiment ausschließlich adeliger Äbtissinnen begann. Parallel dazu veränderte sich die Sozialstruktur des Kapitels, in dem das bürgerliche Element im Verlaufe des 16. Jahrhunderts immer schwächer wurde. Während des 17. Jahrhunderts überwog bereits die adelige Herkunft der Konventualinnen, einzelne Frauen bürgerlicher Herkunft wurden jedoch noch zugelassen. Eine neue Qualität gewann die Abgrenzung gegen die nichtadelige Herkunft von Bewerberinnen in den 40er Jahren, als es darüber – wie gezeigt – zu einer Auseinandersetzung zwischen Lucretia von Haren und Anna Maria Voß gekommen war. Hintergrund des sich in Börstel formierenden und zu gleicher Zeit für das Osnabrücker Domkapitel festgeschriebenen Adelsvorbehalts auf gesellschaftlicher Ebene war die zunehmende Durchdringung der Gesellschaft durch gebildete bürgerliche Funktionsträger, denen der Adel mit dem verstärkten Hinweis auf die alte Herkunft zu begegnen suchte.[1226]

1223 NLA OS Dep 91 b Akz. 2011/059 Nr. 871 (1658/59) 3v: *Bedienten und Gesindelohn: Jürgen 2 rt. 7r: Dem organisten 2 molt roggen.*
1224 NLA OS Dep 91 b Akz. 2011/059 Nr. 891 (1676/77) 5v: *Mr. Joachim mit einem knechte von 8ten Febr. bis d. 9. Martii die newen holtzstüle gemacht und zum kirchenstule holtz geschnitten, thuet in 22 tagen 9rt 10 ß 6 d.*
1225 NLA OS Dep 91 b Akz. 2011/059 Nr. 914 (1697/98) 9r: *Als in der kirchen die stühle und bäncke gemachet worden, habe beide Johan und Gerdt, gebrüder Sommer aus Quakenbrück, […] daran verdienet. Summe 37 Rt 13 ß 3 d.*
1226 Vgl. dazu Anke HUFSCHMIDT, „Von uraltem Adel". Aspekte adligen Selbstverständ-

Forciert wurde die soziale Abgrenzung gegen nichtadelige Bewerberinnen in besonderer Weise durch die adeligen Stiftsdamen aus dem Niederstift Münster. Dort hatte der niederstiftische lutherische Stiftsadel eine weitgehend unabhängige Position behaupten und sich in besonderer Weise gegen die Gegenreformation durchsetzen können.[1227] Aufgrund der strittigen Kompetenzansprüche der kirchlich-osnabrückischen und weltlich-münsterischen Verwaltung hatte man die Frage der Kirchenaufsicht zunächst offen gelassen.[1228] Eine kirchenleitende Behörde zur Examination und Investitur von Geistlichen und zur Visitation der Gemeinden wurde nicht eingerichtet, das Amt des Superintendenten fehlte ganz. Fern ab vom Bischofssitz Münster und von der Einbindung in eine übergeordnete Kirchenhierarchie konnten Adel und Bürgertum des Niederstifts dadurch freie Hand in den kirchenpolitischen Entscheidungen gewinnen. Dieser Freiraum endete, als mit der Wahl Ferdinand von Bayerns 1612 nicht nur eine Personalunion zwischen dem Kurerzstift Köln und dem Hochstift Münster geschlossen, sondern auch die Gegenreformation im Niederstift eingeleitet wurde,[1229] die besonders im Amt Vechta auf ausgeprägte und lang anhaltende Gegenwehr stieß.[1230] Träger dieser Oppositionsbewegung waren die lokalen Adelsfamilien und die Bürgerschaft, die durch die breite Zustimmung der Bevölkerung getragen wurden und denen sich aufgrund der fehlenden lutherischen Aufsichtsbehörden[1231] „ein relativ großer Freiraum für eine eigenständige Konfessionsentscheidung eröffnet hatte".[1232] Zwar scheiterte der Versuch, die Anerkennung der Augsburgischen Konfession im Niederstift von Fürstbischof Ferdinand auf dem Verhandlungswege zu erreichen, die Stände resignierten jedoch nicht, sondern setzten auf das Prinzip der Verweigerung indem die adeligen Patronatsherren sich weigerten, katholische Pfarrer zu präsentieren.[1233] So kamen auch die Patronatsherren der Pfarrkirche in Dinklage Hugo von Dincklage, Dietrich von Ledebur, Herbord von Haren und Drost Otto von Schade 1615 der Aufforderung des Generalvikars Hartmann nach Präsentation eines katholischen Geistlichen nicht nach. Drost Otto von Schade zu Ihorst – Onkel Margareta und Lucretia von Harens – leistete bis zu seiner Ablösung 1620 entschiedenen Widerstand gegen die gegenreformatorischen Maßnahmen in Vechta.[1234]

---

nisses, in: Heiner Borggrefe/Vera Lüpkes (Hrsg.), Adel im Weserraum um 1600. Katalog zur Ausstellung im Weserrenaissance-Museum Schloß Brake, München/Berlin 1996, S. 25-42, hier S. 25ff; Heike DÜSELDER, Kultur und Herrschaft des Adels in der Frühen Neuzeit, in: Düselder (Hrsg.), Adel auf dem Lande, bes. S. 54ff.

1227 Franz FLASKAMP, Johannes Bischopincks Kirchenvisitation von 1653 im Hochstift Osnabrück, in: OM 83 (1977), S. 52-93, hier S. 54; FLASKAMP, Matthiaes Visitation, S. 32.

1228 Zu den Jurisdiktionsstreitigkeiten zwischen Münster und Osnabrück vgl. SCHWEGMANN, Die Visitationen im Niederstift, S. 33ff.; UNGER, Niederstift Münster, S. 45ff.

1229 BÖLSKER-SCHLICHT, Gegenreformation.

1230 HACHMÖLLER, Reformation im Oldenburger Münsterland, S. 106, STEINWASCHER, Reformation im Niederstift, S. 204.

1231 Episkopat und Archidiakonat blieben Aufsichtsbehörden der alten Kirche. Vgl. Tim UNGER, Einleitung, in: Schwegmann, Visitationen im Niederstift, S. 15.

1232 HOFFMANN, Von der Osnabrücker Fürstenreformation, S. 17.

1233 HOFFMANN, Streit um das Reichsrecht, S. 254.

1234 HACHMÖLLER, Reformation im Oldenburger Münsterland, S. 106, STEINWASCHER, Reformation im Niederstift, S. 204; HOFFMANN, Streit um das Reichsrecht, S. 259.

Noch bei den Visitationen 1651 und 1655 bekannte sich ein großer Teil des eingesessenen Adels im Amt Vechta zum Protestantismus. Für das Kirchspiel Lohne galt
das vor allem für Heinrich von Haren zu Hopen und Kaspar von Dorgelo zu Querlenburg, die sich den Rekatholisierungsmaßnahmen Fürstbischof Ferdinands dauerhaft verweigerten und sich auch durch landesherrliches Verbot nicht davon abhalten
ließen, protestantische Prediger auf ihren Gütern einzusetzen. Nachdem alle Versuche, die Freistellung der Augsburgischen Konfession zu erreichen, gescheitert waren, brachte der Friedenskongress doch noch eine Wende für die protestantischen
Adeligen. Auf den Plenarsitzungen der katholischen Reichsstände in Münster 1646
hatte sich die evangelische Ritterschaft der westfälischen Stifte erneut auf die Declaratio Ferdinandea berufen und darum gebeten, bei der Freiheit ihres Gewissens und
der Ausübung der Augsburgischen Confession verbleiben zu dürfen. Gegen den
Widerspruch Franz Wilhelms von Wartenberg und mit Unterstützung der evangelischen Reichsstände und Schwedens konnten sich die Protestanten schließlich durchsetzen. Die Anwendung der Normaljahrsregelung auch auf die Landstände in geistlichen Territorien gewährte den evangelischen Adeligen im Westfälischen Frieden
schließlich die langerkämpfte Religionsfreiheit.

Die beiden letzten bei der lutherischen Konfession gebliebenen Adelsfamilien im
Kirchspiel Lohne, von Haren und von Dorgelo, hatten Töchter in Börstel, bei denen
sich das Festhalten am lutherischen Bekenntnis mit der Demonstration adeligen
Selbstbewusstseins nach außen verband. Beide präsentierten ihre konfessionelle und
ständische Identität in ihren Stiftungen zur Ausstattung der Börsteler Kirche:
Magdalena von Dorgelo ließ über dem Altarretabel ihre Wappen Barnefur und Dor-
gelo anbringen, um so ihre adelige Herkunft zu dokumentieren (Abb. 17 und 18).
Auch ihr Grabmal wird wenige Jahre später, 1674, von den vier Wappen Dorgelo,
Barnefur, Quernheim und Südholte geziert.[1235]

Abb. 17: Wappen Dorgelo

Abb. 18: Wappen Barnefur

1235 Der Grabstein befindet sich heute an der Südwand des Hochchors.

In gleicher Weise handelte Margareta von Haren, die zusammen mit der Orgel eine Orgelprieche stiftete, deren Brüstung mit den sechzehn Wappen ihrer Vorfahren und mit Psalmversen versehen war.[1236] Orgel und Orgelempore fanden ihren Platz über dem Hauptaltar und verbargen von nun an für drei Jahrhunderte den Blick auf das Ostfenster der Kirche. Deutlich sichtbar waren dagegen für alle Kirchenbesucher die von Harenschen Wappen, die auf diese Weise eine Symbiose mit dem Klang der Orgel eingingen. Eingerahmt von den Psalmen 150 (Lobet den Herrn in seinem Heiligtum) und 66 (Jauchzet Gott alle Land) prangten die sechzehn adeligen Wappen der Stifterin aus den Häusern von Haren zu Lahr und Hopen[1237] und von Schade zu Huntlosen.[1238] Wappentafeln als Ausdruck adeligen Repräsentationsbedürfnisses und das durch das Orgelspiel unterstützte lutherische Bekenntnis verbanden sich. Die Wappenpräsentation nahm zudem die Funktion der kurze Zeit später in Börstel obligatorisch eingeführten Stammtafeln vorweg, die künftig als Beweis der adeligen Geburt dienen und die Einheit des adeligen Kollektivs sichern sollten. Der Siegeszug der Wappen als neue Qualität der adeligen Selbstvergewisserung im sakralen Bereich ließ sich von da an nicht mehr aufhalten. Als die Seniorin am 15. Oktober 1669 im Alter von 75 Jahren starb,[1239] wurde ihr Grabstein nicht nur mit dem Text *Christus ist mein Leben, Sterben ist mein Gewinn* geziert, sondern selbstverständlich auch mit je drei Wappen von mütterlicher und väterlicher Seite versehen.[1240] Die Kosten für die Ausführung des Steins – dem ältesten in Börstel erhaltenen Erinnerungsmal für eine Kapitularin – von dreißig Reichstalern hatte sie in ihrem Testament von 1669 neben Legaten für das Kapitel, den Pastor und Organisten sowie für die Armen eigenständig ausgewiesen.[1241] Und noch ein weiteres Mal fanden die Wappen der Familie von Haren Eingang in die Kirche. 1713 ist es Margareta Lucia von Haren (1675-1721), eine Großnichte Margaretas, die die Neudekoration der Kanzel mit den Bildern der Evangelisten finanziert und acht Wappen[1242] auf dem Schalldeckel der Kanzel anbringen lässt. Interessant ist es, dass sieben Wappen aus der Familie von Haren stammen, lediglich eines von ihrer Mutter Beata Agnes von Dincklage. Ob das Übergewicht der Harenschen Wappen der Finanzkraft der Familie, die die Stiftung ermöglichte, geschuldet war oder ob es andere Gründe gab, die mütterlichen Wappen hintanzustellen, darüber lässt sich nur spekulieren.

1236 Teile der alten Brüstung befinden sich heute rechts und links des Aufgangs zum Hochchor der Stiftskirche. Dabei ist die ursprüngliche Reihenfolge der Tafeln bei einer Restaurierung vertauscht worden. Auf der linken Seite stehen die drei Tafeln mit den ersten drei Versen des 150. Psalmes, es folgt eine Wappentafel, die Tafel mit Vers 5 „Lobet ihn mit hellen Cimbeln" ist fälschlicherweise auf der rechten Seite angebracht. (Vers 4 fehlt) Die vierte Schrifttafel auf der linken Seite gehört dagegen zum Psalm 66 auf der rechten Seite.

1237 Haren, Hoberg, Knehem, Monnich, Langen, Haren, Snetlage, Haren.

1238 Schade, Vullen, Dincklage, Weddesche, Stael, Langen, Oer, Middachten.

1239 NLA OS Dep 91 b Akz. 2011/059 Nr. 884 (1669/70) 3v: *Dem heurman alß derselbe bey der begräbnis sahl. jfrn Margreten von Haren 4 reißige pferde von Hopen mit hew versehen, dafür geben 10 ß 6d.*

1240 Mutter: Schade, Stael und Dinklage, Vater: Haren, Knehem und Langen. Der Grabstein befindet sich heute an der Nordwand des Hochchors.

1241 NLA OS Dep 91 b Akz. 2011/059 Nr. 25: *Auch sol der leichstein davon bezahlet werden, gebe darob meinen executoren dreyßig rthlr.*

1242 Von links nach rechts: Snetlage, Knehem, Langen, Haren, Schade, Stahl, Dincklage und Ohr.

Eine Ironie der Geschichte ist es, dass sich der Protestantismus im Niederstift dennoch langfristig nicht halten konnte. Aus verschiedenen Gründen gelangten in den Jahrzehnten nach dem Friedensschluss viele ehemals protestantische Adelsgüter entweder durch Erbgang oder durch Verkauf in die Hände katholischer Familien. Dazu gehörten auch die von Haren und von Dorgelo. 1721 erwarb der katholische Drost Heinrich von Galen nach dem Tod des letzten Besitzers Rudolf Kaspar von Jemgum (†1721), Sohn der ehemaligen Stiftsdame Gertrud von Monnich, das von Dorgelosche Gut Querlenburg. Rudolf Kaspar von Jemgum war 1703 zum Katholizismus übergetreten,[1243] seine Schwester Clara Petronella 1692 in das katholische Kloster Rulle eingetreten. Aus der Familie von Haren, die noch 1703 protestantisch war,[1244] trat Raban von Haren zu Hopen (t nach 1766), Urenkel Heinrichs von Haren, aus freien Stücken zum Katholizismus über.[1245]

3.2. Repräsentatives Wohnen in der Abtei

Die Äbtissin eines adeligen Damenstifts benötigte selbstverständlich auch eine standesgemäße Unterkunft. Wie beschrieben bewohnten die Vorgängerinnen Magdalena von Dorgelos ein Gebäude, das zunächst als Kemenate, ab 1578 dann als Abtei bezeichnet wurde. Naheliegend ist es, dass das Abteigebäude östlich an die Kirche anschloss, wie es für das 19. Jahrhundert durch eine im Stiftsmuseum bewahrte Federzeichnung belegt ist (Abb. 19). Zwischen Kirche und Ostflügel der Klausur bestand bis 1677 ein breiter Durchgang, der vom Stiftshof aus einen Zugang zum Kreuzhof ermöglichte. Die Positionierung des Abteigebäudes an diesem strategisch wichtigen Ort war sinnvoll, wurde doch so der Überblick über das Kommen und Gehen zwischen Klausur und Außenbereich und die Kontrolle der Äbtissin über den Zugang zu den Wohnungen der Konventualinnen und die Tätigkeit des Gesindes im Ostflügel gewährleistet. Nach ihrem Amtsantritt 1646 veranlasste Magdalena von Dorgelo die Instandsetzung und Erweiterung des während der Kriegsjahrzehnte vernachlässigten Gebäudes. Dass umfangreiche Arbeiten geplant waren, wird schon an der Ausgabe von vier Tonnen Bier für acht Reichstaler deutlich, die den Maurern, Zimmerleuten und Tagelöhnern bei Abschluss der Verträge ausgeschenkt wurden.[1246] Die Arbeiten zogen sich über zehn Jahre hin. Fünf Maurer erneuerten das Fundament der Abtei,[1247] Zimmerleute fertigten neue Türen, Fensterrahmen, Pforten und einen Zaun vor dem Gebäude. Ein Glaser reparierte in dem für die Besuche des Bischofs reservierten Zimmer das Fenster. In der Abteistube wurde ein grüner Kachelofen gesetzt und am *außstiche* (dem Erker) gearbeitet. Dachdecker erneuerten die Nordseite des

---

1243 Karl WILLOH, Geschichte der katholischen Pfarreien im Herzogtum Oldenburg, Köln 1898, 2, S. 112.
1244 WILLOH, Geschichte, S. 110.
1245 HOFFMANN, Streit um das Reichsrecht, S. 266ff.
1246 NLA OS Dep 91 b Akz. 2011/059 Nr. 860 (1645/46) 6r: *Wie die abdeii nuhn repariret 4 tonne bier dafür 8 rthlr.*
1247 NLA OS Dep 91 b Akz. 2011/059 Nr. 860 (1645/46) 7v: *Den 16. 7bris. die meurleuthe, alß m. Johan von Lindtlage selb fünffte, was an der abdey zu mühren und wieder zumachen wesen, so ihres ambts bedungen, uff ihre kost zu 9 rthlr.*

Daches und richteten einen Speckboden ein. Die Bierfässer im Keller wurden repariert. An der Hausecke entstand ein *secret heußlein,* ein Aborterker. Ab 1655 baute man einen Saal und ein Sälchen, die mit einem Schornstein versehen, und deren Dach in Kalk und Docken gelegt wurde. Unmengen von Nägeln wurden für Türen, Fenster, Dielen und Pforten des *neuwen salets* und des *selkens* benötigt,[1248] 32 *fenster rüthen*[1249] eingesetzt, das Mauerwerk gestrichen (*mit farbe abgezogen*) und im Inneren eine Wendeltreppe angelegt. Aus diesen Belegen ist die Erweiterung der alten Abtei mit zwei repräsentativen neuen Räumen, einem großen unteren und einem darüber liegenden kleinen Saal, ersichtlich, wie dies in den Wohnbauten der reichen städtischen Oberschicht Norddeutschlands bereits seit dem 15. Jahrhundert üblich war.[1250] Weiterhin wurde in Fachwerk gebaut, die Raumhöhe der Säle jedoch erhöht, Balkendecken eingezogen und mit Modelstuck gestaltet. Die Fenster wandelten sich von kleinen spitzbogigen Öffnungen zu hohen verglasten mehrbahnigen „Luchten", der Saal wurde mit einem Kamin geheizt. Die feingliedrig verglaste Fassade, der Fachwerkgiebel und der seitlich angebaute Erker sind durch das bereits erwähnte Aquarell dokumentiert und geben ein sinnfälliges Beispiel für das gewachsene Repräsentationsbedürfnis der Äbtissin und die wohl auch von den Herkunftsgütern der Kapitularinnen geprägten Wohnvorstellungen.

Abb. 19: Börstel Abtei (Zeichnung des 19. Jahrhunderts)

1248 NLA OS Dep 91 b Akz. 2011/059 Nr. 868 (1655/56) 4v: *Demselben für hengete und nägell an die thüren ins salet, an die pforten der abdie und 32 fenster rüthen, 500 delen negell zu dem glinde, thüren und pforten, 600 stiftte zu den fenstern 4 thallr 18 ß.*
1249 *fenster rüthen* - kleine viereckige Fensterscheiben.
1250 Vgl. Fred KASPAR, Bauen und Wohnen in einer alten Hansestadt, Münster 1985, S. 208-222.

Ab 1660 schlägt die Erneuerung der Inneneinrichtung der Abtei in den Registern zu Buche. Weiteres Mobiliar führt ein Inventarverzeichnis[1251] des Jahres 1674 auf. Aus beiden Quellen lassen sich Aussagen zur Lage, Funktion und Ausstattung der neuen Räume ablesen: Im Untergeschoss befanden sich die Abteiküche,[1252] der große Saal mit einer *utlugt*,[1253] dem Erker, die Abteistube und die Herrenkammer für den Bischof. Im großen Saal standen ein Tisch mit grünem Fuß und ein grüner Wandtisch, dazu vier hohe und zwei niedrige grüne und sechs hohe neue Stühle. Im Erker befand sich ein weiterer Tisch mit grüner Decke. Eine Bettstatt zur Rechten war mit grünen Gardinen und eine Schlafbank mit Deckel mit einer grünen Bettdecke ausgestattet. Neben Unter- und Überbetten sowie einem Pfuhl waren sechs alte und sechs neue Stuhlkissen vorhanden, bei denen es sich um die in den Statuten erwähnten, mit den Familienwappen der Kapitularinnen bestickten Kissen handelte. Die Räume waren farbig gekalkt, vor den Fenstern hingen an Messingstangen befestigte Raschgardinen.[1254] Diese Möblierung macht deutlich, dass der Saal gleichermaßen für offizielle wie für alltägliche Anlässe genutzt wurde. Die bestickten Stuhlkissen lassen die Nutzung des Saals als Kapitelsaal erkennen. Die zahlreichen Stühle weisen darauf hin, dass hier ebenfalls die Amtsgeschäfte getätigt wurden, die aus den Anliegen der Eigenbehörigen erwuchsen. Hier nahm der Amtmann die zahlreichen Protokolle auf, die die familiären und finanziellen Angelegenheiten der Pächter betrafen. Neben dieser offiziellen Funktion und der internen als Speise- und Festsaal diente der Saal auch als Schlafmöglichkeit für Besucher.

Daneben bildete sich jetzt ein Privatbereich der Äbtissin heraus, der mit der Erwähnung einer Abteistube im unteren und einer Schlafkammer im oberen Stockwerk dokumentiert ist. Die Abteistube war mit einem Tisch mit grünem Tischtuch und einem „Schap", wohl mit jenem Tresor, den Margareta von Haren in Sicherheit bringen ließ, möbliert. Die Einrichtung der Schlafkammer bestand aus einer Bettstatt mit „alten" Gardinen und einer weißen Bettdecke sowie aus zwei alten Bänken. Im oberen Stockwerk befand sich der kleine Saal, der lediglich mit einem Tisch und einer Bank möbliert war. Dieser Saal und eine weitere oben gelegene Schlafkammer mit zwei Betten wurden wohl von den Schülerinnen genutzt. Oben befanden sich auch die Mägdekammer mit zwei Betten sowie ein „Plunderkämmerchen" mit fünf Trögen. Ein Weinkeller, in dem drei Pökelfässer, drei Buttertonnen und ein Seifenfass standen, und ein Molkenkeller lagen unter dem Hochchor der Kirche.

Im Zusammenhang mit der Modernisierung der Abtei wurde offensichtlich auch die direkte Verbindung zwischen Kirche und Abtei geschaffen, von der es 1657 heißt, dass die Maurer ein Fenster an einer Seite (des Saals) durch die Mauer brachen.[1255]

1251 NLA OS Dep 91 b Akz. 2011/059 Nr. 232.
1252 NLA OS Dep 91 b Akz. 2011/059 Nr. 878 (1664/65) 4r: *Für floren* (Estrich auslegen) *in der abtey küchen 9rt 12 ß 4 d.*
1253 NLA OS Dep 91 b Akz. 2011/059 Nr. 877 (1663/64) 2v: *Noch Lambert an der utlugt in der abtey mit seinem Knechte gearbeitet 1 rt 3ß 8 d.*
1254 Rasch – ein dünnes, wollenes Gewebe.
1255 NLA OS Dep 91 b Akz. 2011/059 Nr. 869 (1656/57) 3v: *Den maurleuten, die den saal und selken in kalck und docken gelegt, mit farbe abgezogen, item fenster an der einen seiten durch die maur gehauen […] 5 rt 15 ß.*

Die Äbtissin hatte nun einen bequemen Zugang von ihrer Wohnung direkt in die Kirche. Die Vernichtung des an dieser Stelle gelegenen Sakramentshäuschens nahm man billigend in Kauf. 1660 wurden dann weitere Spuren altkirchlicher Vergangenheit getilgt, als das Mauerwerk der Kirche inwendig geweißt wurde und dadurch das Backsteinmauerwerk, die Zitate aus der Benediktsregel auf dem Nonnenchor und die zwölf Weihekreuze für drei Jahrhunderte unter einer Kalkschicht verschwanden.

3.3. Gelebte Traditionen: Fürsorge und Mildtätigkeit

Ungeachtet aller konfessionellen und ständischen Entwicklungen blieb das Stift ein Ort der Fürsorge für arme und in Not geratene Menschen, an dem wie eh und je jeweils zu Weihnachten und zum Gründonnerstag für die Stiftsarmen Brot gebacken wurde. Darüber hinaus entwickelte sich Börstel in den Jahren nach dem Friedensschluss geradezu zu einem Zentrum der Diakonie, wobei die Konfession derer, die um Unterstützung nachsuchten, nicht von Belang war. Ein häufiger Posten unter den Ausgaben waren Zuwendungen für Bautätigkeiten im sakralen Bereich, die Ergebnis der neuen konfessionellen Weichenstellung der Nachkriegszeit waren. Selbstverständlich beteiligte sich das Stift 1650 und 1651 mit zwei bis fünf Reichstalern sowohl an den Neubauten der evangelischen Kirchen in Melle und Bissendorf[1256] als auch 1653 am Bau der katholischen Marienkirche in Quakenbrück.[1257] 1655 erhielt die katholische Johannisgemeinde von Alfhausen einen halben Reichstaler für den Bau einer Orgel. 1658 wurde für die katholische Dreifaltigkeitskirche in Hunteburg und die Erweiterung der evangelisch-lutherischen St. Stefans-Kirche in Vlotho,[1258] 1659 für die Simultankirche in Vörden gesammelt. Hilfestellung leistete das Kapitel auch für monastische Einrichtungen, die während des Krieges geplündert und zerstört worden waren. Jahr für Jahr unterstützte das Stift die Dominikanermönche aus Osnabrück mit einem Reichstaler und einem Scheffel Roggen,[1259] 1651 erhielten Barfüßermönche aus Haselünne, 1652 Mönche aus Bocholt und 1655 ein Prediger aus Bremen, *deme daß seinige vom waßer uberschwemmet,* einen halben Reichstaler. Jahr für Jahr baten die 1652 neu angesiedelten Klarissen aus Haselünne um Hilfe. 1659 war auf Bitten des Osnabrücker Weihbischofs das Süsterkloster in Osnabrück zu unterstützen,[1260] im gleichen Jahr erhielten Mönche aus Köln und Rheine sowie Klosterjungfern aus dem Land Kleve Almosen zur *beßerung des klosters.* Und immer wieder ist von Brandschäden die Rede: 1656 und 1657 baten zwei Nonnen und zwei Dominikaner aus Münster um Hilfe für ihre vom Feuer beschädigten Klöster. 1658 sammelten Klosterjungfern zu *Blomendahl* in Beckum und

---

1256 NLA OS Dep 91 b Akz. 2011/059 Nr. 863 (1650/51) 3r: *Zu aufferbauwungh einer Evangelischen kirchen zu Mehlle zur ehre Gottes verehret 5 tr.* 3v: *Zu aufferbauwungh einer Evangelischen kirchen zu Bißendorff verehret 2 tr.*

1257 NLA OS Dep 91 b Akz. 2011/059 Nr. 865 (1652/53) 3v: *Zu erbauwungh einer kirchen zu Quakenbrugge verehrt 2 thallr.*

1258 Das im Jahre 1660 angebaute rechte Kirchenschiff trägt eine aus demselben Jahr stammende Sonnenuhr am Giebel.

1259 NLA OS Dep 91 b Akz. 2011/059 Nr. 874 (1660/61): *Denen p. p. Domin. wegen des windsturmes erlittenen schadens am brawhaße 1 rt.*

1260 NLA OS Dep 91 b Akz. 2011/059 Nr. 873 (1659/60) 2r: *An daß süster kloster zur Oßnabrugk, weil der herr weyhbischoff davor geschrieben 1 rt. 5 ß 3 d.*

aus Coesfeld für den Wiederaufbau ihrer abgebrannten Klöster. Als 1660 die Eversburg in Osnabrück, der Sitz des Dompropstes, in Flammen aufging, sprang das Stift auch hier mit vier Reichstalern ein.[1261]

Daneben traf in den 50er Jahren ein nicht enden wollender Strom Kriegsgeschädigter ein, darunter Brandopfer aus Steinfeld, Rheine, Melle, Bevergern, Beckum und Höxter, die mit Geld oder Roggen unterstützt wurden. Aber auch von weither eintreffende Vertriebene sprachen in Börstel vor. Darunter waren seit 1654 alljährlich Freiherren und Edelleute aus Irland,[1262] 1656 ein Mann aus Polen, der um Hilfe für seine verbrannte Kirche bat,[1263] und zwei polnische Edelleute, die in türkischer Gefangenschaft gewesen waren.[1264] 1660 war es ein Baron aus England, 1661 und 1662 gar *abgedankte(n) kayserl. völker, so auß Ungern kommen*, die ein Almosen erhielten. 1663 und 1664 sprachen vertriebene adelige Frauen mit Kindern aus Pommern und Schlesien vor, denen *das ihrige verbrandt*. Im Hinblick auf die Lage des Stifts abseits der großen Handelsstraßen drängt sich die Frage auf, wie vor allem die von weither geflüchteten Menschen ihren Weg nach Börstel gefunden haben. Wie hatten sie in einer an schriftlichen Informationen armen Zeit überhaupt Kenntnis von dem Vorhandensein des Stifts im Börsteler Wald? Hatte sich die Mildtätigkeit des Kapitels herumgesprochen oder waren es Zufälle, die diese „Migranten" der frühen Neuzeit nach Börstel führten? Im Stift wird man sie nicht länger als eine Nacht untergebracht haben können und die Frage bewegt, was aus ihnen wohl geworden sein mag.

3.4. Ein ausgeglichener Haushalt

Ungeachtet der ausgeprägten Bereitschaft, in Not geratene Menschen zu unterstützen, gelang es Magdalena im Gegensatz zu ihren beiden Vorgängerinnen fast immer, einen ausgeglichenen Haushalt abzuschließen. Bei der ersten Rechnungslegung für die Jahre 1648 bis 1651 übertrafen die Ausgaben die Einnahmen lediglich um zwei Schilling, eine – verglichen mit den Mehrausgaben von mehreren hundert Reichstalern vergangener Jahre – schier unglaublich geringe Summe. In den Folgejahren wurden selten Mehrausgaben von mehr als zehn Reichstalern verbucht, dagegen sogar Überschüsse bis zu 53 Reichstaler erzielt. Nach und nach löste Magdalena die Schuldverschreibungen ihrer Vorgängerin aus den 30er Jahren ab: 1654 zahlte sie die von den Eltern des Gerichtsschreibers Nicolaus Glandorf geliehenen 400 Reichstaler und 1662 die bei dem Richter Friedrich Monnich aufgenommenen 700 Reichstaler an die Erben zurück.[1265] Die Lebensführung der Nachkriegsjahre war allerdings äußerst sparsam: der Salzverbrauch war halbiert worden, Butter wurde gar

1261 NLA OS Dep 91 b Akz. 2011/059 Nr. 874 (1660/61) 2r: *Dem herrn Domprobst zu Oßnabrugk zur erbawung des abgebranten hauses zur Everßborg 4 rt.*
1262 NLA OS Dep 91 b Akz. 2011/059 Nr. 867 (1654/55) 4r: *Den vertriebenen freyherren und edelleuthen auß Irlandt zu 3 reisen geben 1 thallr, 15 ß.*
1263 NLA OS Dep 91 b Akz. 2011/059 Nr. 868 (1655/56) 3v: *Einem man auß Polen, bath zu einer abgebranthen kirchen, geben 5 ß 3 d.*
1264 NLA OS Dep 91 b Akz. 2011/059 Nr. 869 (1656/57) 3r: *Zween Polnischen edelleuten, so vom Türken gefangen gewest, zue behueff des rantzauns geben 1 rt.*
1265 NLA OS Dep 91 b Akz. 2011/059 Nr. 1238.

nicht mehr eingekauft. Erst 1648 waren die Eigenbehörigen wieder in der Lage, Butter abzuliefern, deren Menge sich bis 1651 von zunächst 88 Pfund auf 125 Pfund steigerte. Erst 1655 wurde zusätzlich ein Viertel Fass Butter eingekauft, *so den juffe-ren getheilet.*

Der schuldenfreie Haushalt war neben einer gewissenhaften Buchführung und sparsamen Verwendung der zur Verfügung stehenden Mittel auch der veränderten Lebensform im Stift geschuldet. Was die Stiftsjungfern des 16. Jahrhunderts langsam eingeführt hatten, war den Stiftsdamen des 17. Jahrhunderts mittlerweile zur Gewohnheit geworden. Sie lebten nicht mehr im Stift, sondern zunehmend auf den Gütern ihrer Familien, Verwandten oder Freunde. Auch die Anzahl der Stiftsdamen hatte sich verringert. Hatten Mette Maneel und Lucretia von Langen noch bis zu fünfzehn Stiftsjungfern zu versorgen, so bestand das Kapitel nun nur noch aus zehn Damen. Die Folge war, dass weniger Dienstpersonal notwendig war und sich die Einkäufe für den Stiftshaushalt verringerten. Hatte Mette Maneel noch acht Tonnen und Lucretia von Langen sogar zwölf Tonnen Salz gekauft, kam Magdalena von Dorgelo mit drei bis vier Tonnen aus. Verzehrte man im 16. Jahrhundert acht Tonnen Hering und zwei Tonnen Rötscher, so waren es 1661 nur noch je 1 ½ Tonnen beider Sorten.[1266] Der Butterverbrauch hatte sich von sieben Fässern zu Zeiten Mettes und Lucretias über zwei Fässer bei Amtsantritt Gertruds auf ein knappes Fass in den 60er Jahren reduziert. Die Ausgaben für die Fastenkost betrugen gegenüber der Amtszeit Lucretias mit rund fünfundsiebzig Reichstalern 1652 nur noch zwanzig Reichstaler.[1267]

Die Mehrausgaben, die der Abteiumbau und die Ablösung von Schulden verursachten, beglich Magdalena wie ihre Vorgängerinnen aus eigener Tasche. Auch sie befand sich dazu in der Lage, weil sie über eine größere Erbschaft aus ihrem Elternhaus verfügte.[1268] Wie ihren Vorgängerinnen standen auch Magdalena Familienange-hörige beratend zur Seite. Alljährlich erhielt sie Besuch von ihrem Bruder Caspar, von dem protestantischen Domherrn Johann Wulfert von Dorgelo[1269] und bis zu ihrem Tod von ihrem Neffen, dem Rittmeister Ulrich von Jemgum.

3.5. Drei Neuaufnahmen

Als 1662 der neue Landesherr Herzog Ernst August I. sein Amt antrat, stellte das Stift ihm in ungebrochener Tradition ein Bett mit Überbett, Kopfkissen und einem Hauptpfuhl zur Verfügung.[1270] Der neue Landesherr machte darüber hinaus 1662 mit

---

1266 NLA OS Dep 91 b Akz. 2011/059 Nr. 875 (1661/62) 2r: *Vor vier tonnen saltz 12 rt. Vor 1 ½ tonne hering 10 rt. 10 ß 6 d. Vor 300 lb roetscherr 12 rt. 10 ß 6 d. Vor 2 tonne rode friesische botter mit der überwage 59 rt. 18 ß 10 d.*
1267 NLA OS Dep 91 b Akz. 2011/059 Nr. 863 (1651/52) 3r: *Für die fastenkost 19 rt. 12 ß 6 d.*
1268 NLA OS Dep 91 b Akz. 2011/059 Nr. 869 (1656/57) 4v: *Itzigen abdissinnen wegen 300 rthlr., so sie […] außgeloset und durch ihre eigene mittel, welche sie, von ihren sahl. el-tern wegen von der Quelenborgh entfangen, an sich gebracht 15 rt.*
1269 STÜVE, Geschichte 2, S. 444.
1270 NLA OS Dep 91 b Akz. 2011/059 Nr. 875 (1661/62) 3v: *Für parchem zum uberbette und 2 hauptküßen mit der unkostunge 6 rt 17 ß 6 d. Item zum hauptpöhle ein hollandsche bure 1 rt 7 ß 6 d. Vor 18 lb feddern 4 rt 10 ß 6 d. Vor die pferde zu beschlagen, alß sie nach Iburg die bette gebracht 5 ß 6 d.*

der Erhebung einer Feuerstätten-Schatzung von acht Reichstalern auf sich aufmerksam. Im Gegensatz zu seinem Vorgänger Franz Wilhelm nahm er auch die alte Tradition wieder auf, das Stift als Ausgangspunkt für seine Jagdgesellschaften zu nutzen.

1666 nahm auch Ernst August sein Recht der ersten Bitte wahr und bestimmte Maria Gertrud Schulte (1666-1669) zur Stiftsdame, die für dreihundert Jahre die letzte nichtadelige Stiftsdame blieb und nur einmal bei der Rechnungsabnahme 1669 in Erscheinung trat.

Mit der Aufnahme von Judith Anna von Münster (*1655, 1668-1680) erhielt zum sechsten Mal seit Beginn des Jahrhunderts eine Angehörige der Familie von Haren eine Präbende.[1271] Judith Anna war die Tochter des Erbherrn Langen von Münster zu Surenburg und der Catharine Walburgis von Haren, einer weiteren Tochter Heinrich von Harens und Schwester der Stiftsdamen Maria und Elisabeth von Haren. Geboren war Judith Anna in der Grafschaft Tecklenburg auf dem Wasserschloss Surenburg in Hörstel-Riesenbeck. Bereits vor ihrer Geburt hatten ihr Vater und wenige Jahre nach ihrer Geburt ihre Mutter um eine Exspektanz gebeten.[1272] Judith Anna trat 1668 als Dreizehnjährige in das Stift ein und unterschrieb bereits 1670 die Jahresrechnung. Ihr Schuljahr leistete sie in dem Haus ihrer Großtante, der Seniorin Margareta von Haren, ab. Als die Seniorin 1669 starb, ging das Haus mit Hof und zwei Gärten zunächst an Elisabeth von Haren.[1273] Diese erhielt 1672 von ihrer Schwester Catharine Walburgis und ihrem Schwager Langen von Münster einen Zuschuss von vierzehn Reichstalern zur Reparatur des Hauses. Nach dem Tod Elisabeths 1673 erbte Judith Anna das Haus, für das sie wiederum neunzehn Reichstaler an Renovierungskosten ausgab. Auch Judith Anna repräsentierte den neuen Typ einer Stiftsdame, die nicht nur aus alter vornehmer Familie stammte, sondern von Haus aus auch mit den entsprechenden materiellen Gütern ausgestattet war. Ihrem Testament ist zu entnehmen,[1274] dass sie zwei schwarze Pferde und eine Kutsche ihr Eigen nannte und ihr Hausstand mit zahlreichen *kisten, kasten und schäppen* ausgestattet war, in denen sich neben dem gewöhnlichen auch silbernes Hausgerät befanden. Sie selbst kleidete sich in seidene Kleider und schmückte sich mit allerlei Kleinodien aus Gold und sonstigen Edelmetallen.

Die junge Stiftsdame machte eine erstaunliche Karriere, denn bereits 1675 – sie war jetzt zwanzig Jahre alt – wurde sie Äbtissin. In den ihr verbliebenen fünf Lebensjahren erwies sie sich als passionierte Baumeisterin und errichtete nicht weniger als fünf neue Wirtschaftsgebäude auf dem Stiftsgelände.[1275] Dauerhaft prägend war der

---

1271 NLA OS Dep 91 b Akz. 2011/059 Nr. 881 (1667/68) 2r: *Jungfraun Anna Judith von Münster statutengelder 30 rthlr. Item einen goldtgulden 1 rthlr. 5 ß 3 d. Item einen bette thaler 1 rthlr.*
1272 NLA OS Dep 91 b Akz. 2011/059 Nr. 863 (1648/49) 10r: *J. Münster zur Surenborch 2 sch.* NLA OS Dep 91 b Akz. 2011/059 Nr. 871 (1658/59): *Der frauen von Münster pferden 5 sch.*
1273 NLA OS Dep 91 b Akz. 2011/059 Nr. 25.
1274 NLA OS Dep 91 b Akz. 2011/059 Nr. 5.
1275 1676 baute sie ein neues Mühlenhaus, das bis 1880 Bestand hatte, 1677 Reisigenstall und Brauhaus am südlichen Ende des Ostflügels, beide noch heute existent, 1678 ein nicht mehr erhaltenes Backhaus und 1679 das erst kürzlich abgebrannte Jägerhaus.

Umbau der bis dahin noch im Erbauungszustand erhaltenen Klosterkirche, in der sie am 28. Juli 1680 den Teilabriss der Nonnenempore und den Einbau eines Begräbnisgewölbes vor dem Hochchor veranlasste.[1276] Kurz danach verstarb sie.

1671 trat Maria Helena von Quernheim (1671-1707), eine Tochter Hermann Caspar von Quernheims zu Harenburg, Amt Vörden, und der Helene Mathilde von Langen zu Sögeln in das Kapitel ein. Sie war die letzte Stiftsdame, die die Statutengelder in unveränderter Höhe von dreißig Reichstalern entrichtete.[1277] Maria Helene lebte überwiegend auf Gut Harenburg bei ihrem Bruder Philipp Johann Engelbert, den sie 1698 während einer schweren Krankheit pflegte, von der sie dem Börsteler Amtmann berichtete.[1278]

3.6. Das Ende Magdalena von Dorgelos

Am 25. April 1674 starb Magdalena im Alter von 79 Jahren. Sie sei, abends um zehn, *sanfft und seelig im herren entschlaffen,* heißt es in dem von Amtmann Nicolaus Gerding (1668-1706) aufgesetzten Protokoll.[1279] Zuvor hatte sie ein Jahr lang an einem Brustleiden und schwerem Husten gelitten. Doktor Johannes Kramer aus Quakenbrück verschrieb Tropfen zur Linderung ihrer Beschwerden und berichtete ihrem Neffen Ulrich von Jemgum, dass e*s reiniget die brust und befordert den othem, praeserviret vor andere accidenten als den schlag und erstickunge etc.*[1280] Ihr Neffe war am Todestag bei ihr, Lucretia von Bar und Clara von Droste reisten am folgenden Tag an.[1281] Die Beisetzung fand am 17. Mai im Beisein Ulrich von Jemgums, der Frau von Stemshorn und der Junker Monnich zu Welpe und Lipperheide zu Ihorst statt.[1282] Entsprechend ihrer testamentarischen Verfügung, *biß zum jüngsten tage unnd aufferstehung in der kirchen des adelichen freyweltlichen stiffts Borstels in sein ruhebette zur erden*[1283] zu liegen, fand Magdalena ihre letzte Ruhestätte vor dem Hochchor.

In ihrem Testament bedachte sie an erster Stelle – *weil Gott in seinem wort gebotten, den armen die hulffliche handt zu bieten* – die Stiftsarmen mit den jährlich anfallenden Zinsen aus einem Kapital von vierzig Reichstalern. Vierzig weitere Reichstaler gingen an die Stiftsjungfern, je zehn Reichstaler an den „Predigtstuhl" und an die

---

1276 Vgl. Renate OLDERMANN-MEIER, Die Stiftskirche zu Börstel nach der Reformation, in: JGNKG 96 (1998), S. 157-173, hier S. 162f.
1277 NLA OS Dep 91 b Akz. 2011/059 Nr. 885 (1670/71) 2r: *Jungfer Marie Helenen von Quernheim ihre statutengelder 30 rthlr. Item einen goltgulden und zum bette 1 rthlr.*
1278 NLA OS Dep 91 b Akz. 2011/059 Nr. 36.
1279 NLA OS Dep 91 b Akz. 2011/059 Nr. 312 Bd. 1, S. 1.
1280 NLA OS Dep 91 b Akz. 2011/059 Nr. 3 (1673 Juli 11).
1281 NLA OS Dep 91 b Akz. 2011/059 Nr. 888 (1673/74) 15r: *Den 22. Aprilis bis den 28. herr rittmr. Jembgum auf 2 pferde 7 sch. Den 26. jfr. Baer und jfr. Droste anhero gekommen, auf deren pferde 3 sch.*
1282 Ebd.: *Den 15. Maii herr rittmr. Jembgumb bis den 20sten auff 4 pferde 1 molt 1 sch. Den 14. bis den 17. die frau von Stembshorn auff 2 pferde 3 sch. Den 16. jkr. Monnich zur Welpe bis den 20. auf 4 pferde 7 sch. Dito jkr. Lipperheide zur Ihorst bis den 20. auf 3 pferde 4 sch.*
1283 NLA OS Dep 91 b Akz. 2011/059 Nr. 3. Hier auch die folgenden Zitate aus dem Testament.

Orgel. Pastor Johann Henricus Voß vermachte sie fünf Reichstaler für die Aufsetzung einer *leichpredigt*. Seinem Vorgänger Heinrich Nicolai und dessen Frau Magdalena setzte sie ein Legat über zehn Reichstaler aus. Der Stiftsdiener Conrad Gödeker erhielt zehn und Magdalenas Kammermagd fünf Reichstaler. Der Abtei übertrug sie Bettwäsche, eine Bettdecke und eine Kanne aus Zinn. Zur Ausstattung der Altäre der Kirche schenkte sie außerdem eine breite Rolle Leinen.

Der Hauptteil ihres Vermögens ging an die Familie. Haupterbe wurde ihr Neffe Ulrich von Jemgum. Das *am porticu belegene* Haus erbte Catharina Gertrud von Jemgum, die es 1679 an Catharina Voß verkaufte. Magdalenas Schwestern Elisabeth Lucia von Jemgum zu Norden und Gertrud Kück zu Schott und deren Kinder erhielten je hundert Reichstaler. Jeweils zehn Reichstaler hatte sie ihren beiden Patenkindern Magdalena von Stemshorn und Elisabeth von Haren sowie dem unehelichen Sohn des verstorbenen Bruders Anton Wulff, Johann Dorgelo, ausgesetzt. Die ebenfalls uneheliche Tochter Dorothea Dorgelo, die mit dem Stiftsdiener Conrad Gödeker verheiratet war, erhielt *das kleine hauß auff den hoffe* und *meinen garten bey der holtzpforten belegen, Dorgoloen sunder garte genant*, zur freien Nutzung, die beide nach dem Tod der Gödekers an das Stift zurückfallen sollten.[1284]

Der Rückblick auf das Leben Magdalenas macht deutlich, dass nahezu ihre gesamte Verweildauer in Börstel durch die Ereignisse des dreißig Jahre währenden Krieges und dessen Nachwirkungen bestimmt war. Kaum zehn friedliche Jahre hatte sie seit ihrer Aufnahme als Stiftsjungfer 1614 erlebt. Danach machten die stets drohende Gefahr, die von plündernden und brandschatzenden Söldnern ausging, und die zahlreichen Fluchten der Frauen ein Gemeinschaftsleben wie in den Jahrzehnten zuvor unmöglich. Geistliches und soziales Leben kamen weitgehend zum Erliegen, über einen Zeitraum von dreißig Jahren gab es keine Neuzugänge in den Konvent. Nur vier Getreue waren am Ende des Krieges übrig, als Magdalena die mühevolle Aufgabe übernahm, Börstel wieder mit Leben zu füllen. Als vorrangige Aufgabe stellte sich daher die Erneuerung des Kapitels. Die Aufnahme von acht neuen Kapitularinnen, die Erziehung der jungen Mädchen und ihre Unterhaltung als Kostjungfern in ihrem eigenen Haushalt konnten nur mit großem Organisationstalent und zusätzlichen Kosten bewältigt werden. Gleich zu Beginn ihrer Haushaltsführung führte sie beispielsweise einen neuen ständigen Rechnungsposten zur Pflege und Ergänzung des Leinenvorrats in der Abtei ein.[1285]

War diese Aufgabe allein schon eine Herausforderung, so wurde ihre Amtszeit durch die Auseinandersetzungen mit dem vom katholischen Reformeifer getriebenen Bischof Franz Wilhelm zusätzlich belastet, der seinen Widerstand gegen das für ihn nicht akzeptable Ergebnis der konfessionellen Zuordnung Börstels auf dem Rücken des Kapitels austrug. Gepaart war dieser Eifer mit dem Versuch, landesherrliches Kirchenregiment in Börstel in einem Umfang durchzusetzen, wie es vor ihm keiner

---

1284 Als Witwe bezog Dorothea Gödeker mit ihrem Sohn Anton eines der Heuerhäuser am Deich, Teichhaus 1 genannt. NLA OS Dep 91 b Akz. 2011/059 Nr. 633.
1285 NLA OS Dep 91 b Akz. 2011/059 Nr. 863 (1649/50) 8v: *In der abdeye zu leinewants unterhaltungh 1 molt roggen.*

seiner Vorgänger versucht hatte. Die Standhaftigkeit der Äbtissin und des Kapitels gegen die Vereinnahmungsversuche des konfessionspolitisch unerbittlichen Landesherrn zeigt einen überraschenden Handlungsspielraum von geistlichen Frauen in der frühen Neuzeit.

Daneben wird auch zukunftsorientiertes Handeln deutlich: Adeliger Vorbehalt und soziale Abgrenzung gegen das emporstrebende bürgerliche Patriziat sind als Versuch von Äbtissin und Kapitel zu werten, zu einer neuen Identität zu gelangen, die den Verbleib in der Gemeinschaft legitimieren und die Zukunft der evangelischen Institution sichern sollten. Ihren äußeren Ausdruck fand das neue Selbstverständnis in der Erweiterung der Abtei zu einem repräsentativen Gebäude, die ihre Impulse auch aus dem Austausch mit der heimatlichen adeligen Lebenswelt bezog. Der Wunsch nach Rückhalt im stiftischen Adel und nach Wahrung der Familientradition kommt überdies in ihren minutiös gefassten testamentarischen Verfügungen über irdisches Hab und Gut zum Ausdruck.

Aussagen persönlicher Art waren in der frühen Neuzeit nur selten Gegenstand der schriftlichen Aufzeichnung. Eine umso wichtigere Quelle sind daher die Testamente, die als einzige Zeugnisse Hinweise auf persönliche Lebenseinstellung und zeitbedingte Deutungen des eigenen Lebens geben können. Betrachtet man das Testament Magdalenas unter diesem Aspekt, so mag es überraschen, dass, obwohl ihr Leben – wie oben zusammengefasst – wenig mehr als Mühsal und Not bereitgehalten hat, die Narratio des Testaments mit dem Satz beginnt:

Anfenglich dancke ich Gott mit demutigen hertzen vor alle seine gnad unnd wolthat, so er mir zeit meines lebens an leib, seel, ehr unnd guett gnediglich verliehen hat, will auch allen menschen so mich etwa belediget von hertzen solches vergeben, unnd deßgleichen auch hinwiederumb von anderen begehret haben.

Hier spricht ein mit der Mühsal des irdischen Lebens nicht nur versöhnter, sondern sogar dankbarer Mensch. Eine Persönlichkeit wird deutlich, die vor allem erlittenen Unbill die Tatsache sieht, dass der Schöpfer ihr an *leib, seel, ehr unnd guett* Wohltaten erwiesen hat und dass sie ihr Leben im Einklang mit ihren Mitmenschen und der Gemeinschaft versöhnlich beschließen kann.

Der zweite Teil der Narratio gibt darüber hinaus Hinweise auf den historisch-sozialen Kontext ihrer Lebenswelt und spiegelt mit der Formulierung des lutherischen Bekenntnisses die inzwischen abgeschlossene konfessionelle Entwicklung im Hochstift wider:

Vor allen dingen aber wan Gott allmechtig mich aus diesen muheseligen zeitlichen leben abfordern wirt, so will ich meine seele alß unsterblich der unentlichen gnad unnd barmhertzigkeit Gottes zu sich in die ewige frewd unnd himlisches paradies auffzunehmen befohlen haben, mit hertzgruntlicher bitte, mich durch die gnad seines heiligen geistes in [...] beständigen glauben auff das einige seligmachende verdienst Jesu Christi biß an mein letztes endt unnd seufftzen gnädiglich zu erhalten.

Getreu den lutherischen Prämissen „sola fide, sola gratia, sola scriptura" bekannte sich Magdalena zur Grundlage lutherischer Theologie, die die Rechtfertigung des sündigen Menschen vor Gott einzig als Verdienst des Glaubens begreift. Nicht mehr die guten Werke im altgläubigen Verständnis sichern die Erlösung und das ewige Leben, sondern das Vertrauen auf das *seligmachende verdienst Jesu Christi,* das ihm durch die Leiden, die er auf sich genommen hat, zukommt. Diese Auffassung wird auch deutlich in ihren Verfügungen zur Armenfürsorge, die in der Dispositio an erster Stelle stehen, weil es Gott geboten habe, den Armen die hilfreiche Hand zu bieten. Für das Legat von vierzig Reichstalern verlangt auch sie wie zuvor schon Gertrud von Althaus keine Gegenleistung mehr.

Typisch für ihr lutherisches Bekenntnis ist es auch, für das ewige Gedenken in der Gemeinschaft auf Erden zu sorgen. Dies hatte für die Angehörige eines geistlichen Kapitels einen umso größeren Stellenwert, als sie keine Nachkommen hinterließ. Wie wichtig das Anliegen der zukünftigen memorialen Präsenz mittlerweile geworden ist, lässt sich neben ihrem Wunsch nach Aufstellung einer wappengeschmückten Grabplatte an ihrem Auftrag zur Abfassung einer Leichenpredigt ablesen. Die lutherische Leichenpredigt, die in der Begräbnisliturgie an die Stelle des altkirchlichen Requiems trat, rückte – wie das erhaltene Beispiel der Anna Catharina von Dinklage zeigt –, eingebettet in diverse Schriftzitate, die Tugenden und Leistungen des verstorbenen Menschen in den Mittelpunkt. Für Börstel lässt sich dieser im 17. Jahrhundert in protestantischen Kreisen zunehmend üblicher werdende Wunsch nach Würdigung und dauerhafter Bewahrung des eigenen Lebenswerks sowohl für Gertrud von Althaus als auch für Magdalena von Dorgelo nachweisen. Er verdeutlicht einmal mehr den Wandel im Selbstverständnis des protestantischen Menschen, dessen Streben nicht mehr ausschließlich auf die Vorsorge für das ewige Seelenheil, sondern auf das Gedenken auf Erden gerichtet war.

4. Ausblick: Der Weg in die Neuzeit

4.1. Äbtissin Christina Maria von Langen (1674-1675)

Nachfolgerin Magdalena von Dorgelos wurde am 29. Mai 1674 die dienstälteste Kapitularin und Seniorin Christina Maria von Langen zu Sögeln. Ihre Amtszeit währte nur sieben Monate und war somit die kürzeste aller Äbtissinnen und der Rücktritt von ihrem Amt sicherlich das am meisten beredete Ereignis jener Tage. Bereits am 2. Januar 1675 vermählte[1286] sie sich mit Arnold Philipp von Lutten zu Schwede.[1287] Das Ehepaar nahm seinen Wohnsitz zunächst auf dem mütterlichen Familiengut Christinas Klein-Arkenstede in Essen-Brokstreek. Dort wurde im April die Tochter Catharina Maria geboren und am 18. April 1675 in der St. Bartholomäus-Kirche in Essen getauft.[1288] Zwei weitere Töchter, Dorothea Maria, die bereits

---

1286 NLA OS Dep 91 b Akz. 2011/059 Nr. 312 Bd.1, S. 49.
1287 Kirchspiel Cappeln, Amt Vechta. NIEBERDING, Niederstift 2, S. 381.
1288 Diese Tochter heiratete am 27. April 1697 den Rittmeister Christoph Adolf von Milkau, dem sie das väterliche Gut Schwede zubrachte. NIEBERDING, Niederstift 2. S. 381.

mit knapp zwei Jahren starb, und Elisabeth Sophia, wurden 1677 und 1680 geboren.[1289]

Die Beziehung Christinas zu Arnold von Lutten lässt sich anhand der Stiftsregister gut verfolgen und ist ein schönes Beispiel für das inzwischen doch recht weltliche Gebaren der geistlichen Stiftsjungfern. Junker von Lutten war offensichtlich gut befreundet mit Andreas von Voß zu Mundelnburg, dem Ehemann von Christinas Schwester Adelheid. Am 19. Mai 1672 wird erstmals der Besuch der Junker von Lutten und von Voß in Börstel mit vier Pferden aktenkundig.[1290] Die beiden blieben fünf Tage, Zeit genug, um ausführlich dem Jagdvergnügen zu frönen. Kurz darauf weilte Christina gemeinsam mit der Kapitularin Catharina Voß, der Schwester des Andreas, zu einem Gegenbesuch auf der Mundelnburg.[1291] Am 28. Juli erschienen Voß und Lutten wiederum in Börstel. Dritter im Freundeskreis war der Rittmeister Christian Sigismund von Rochow zu Lage,[1292] der Christina und Catharina am 5. September aus Börstel abholen und am 12. zurückbringen ließ.[1293] Im folgenden Jahr erschien Junker von Lutten erneut im März 1673 und ein weiteres Mal im Mai gemeinsam mit von Rochow in Börstel. Bei einem Aufenthalt von fünf Tagen blieb wiederum ausreichend Zeit zur Jagd. Schließlich holte von Rochow die beiden Damen wie im Vorjahr Anfang September zu einem Besuch auf Gut Lage ab, wobei zu vermuten ist, dass zu diesem Zeitpunkt alljährlich ein Fest zu feiern war. Im November weilte Junker von Lutten wiederum für fünf Tage in Börstel.

Auch im Februar und im April 1674 hält sich Arnold von Lutten erneut für mehrere Tage in Börstel auf. Am 25. April stirbt Magdalena von Dorgelo. Am 29. Mai lässt sich Christina zur Äbtissin wählen. Bereits im Juni ist Christina wieder unterwegs zur Mundelnburg.[1294] Am 12. Juli ist Lutten erneut in Börstel. Neun Monate später wird ihrer beider Tochter geboren. Der Rücktritt Christinas von ihrem eben erst angetretenen Abbatiat und nach 25jähriger Zugehörigkeit zum Stiftskapitel lässt vermuten, dass diese Entscheidung von besonderer Zuneigung zu ihrem späteren Gatten geprägt war. Im Vorgriff sei berichtet, dass Frau von Lutten bereits im Juni 1683 Witwe wurde. Ihre lebenslange Verbundenheit zu Börstel fand Ausdruck in einer großzügigen Stiftung für die Kirche, der sie *aus christ-löblicher meinung und zu befoderung des Gottes dienstes alhir* einhundert Taler stiftete. Diese sollten *umb der donatricis gedächtnis* willen sicher angelegt und davon jährlich dem evangeli-

---

1289 Kirchenbücher der katholischen St. Bartholomäus Gemeinde in Essen/Oldbg.: Taufe Dorothea Maria 22.10.1677, gest. 25.9.1779, Taufe Elisabeth Sophia 29.12.1680. Nach freundlichem Hinweis von Clemens Bröring, Quakenbrück.

1290 NLA OS Dep 91 b Akz. 2011/059 Nr. 886 (1671/72) 11r: *Den 19. Maii jkr. Voss und jkr Lutten auf 4 pferden in 5 tagen 10 sch.*

1291 Ebd.: *Den 2. Junii als jkr Voss mit seinen pferden die jfren anhero pringen laßen, dafür 2 sch.*

1292 Bauerschaft Addrup, Kirchspiel Essen, Amt Cloppenburg. NIEBERDING, Niederstift 2, S. 434f.

1293 NLA OS Dep 91 b Akz. 2011/059 Nr. 886 (1671/72) 10v: *Den 5. 7bris alß jfr. Langen und jfr. Voss mit hern rittmeistern Rochawens pferden abgeholet und alß dieselbe den 12. wieder zurück kommen, dafur abgemeßen 2 sch.*

1294 NLA OS Dep 91 b Akz. 2011/059 Nr. 888 (1673/74) 15r: *Den 27. Junii die fr. abdißinn mit jkr. Voss seinen pferden wider anhero kommen, darauf abgemeßen1 sch.*

schen Prediger eine Rente von vier und dem Organisten von einem Reichstaler gezahlt werden.[1295]

Ungeachtet der Kürze ihrer Amtszeit war Christinas Wahl, deren Ablauf erstmals Eingang in das Protokollbuch des Stifts fand,[1296] für Börstel richtungsweisend. Zehn Tage zuvor hatte Christina einen Revers unterschrieben, in dem sie *bey adelichen ehren und glauben* gelobte, dem Stift eine treue und fleißige Vorsteherin zu sein und nichts gegen dessen Interessen zu unternehmen, wofür sie mit der Verpfändung ihres Besitzes und ihrer Güter bürgte.[1297] Am 29. Mai versammelte sich das Kapitel nach dem Morgengebet in Anwesenheit der evangelischen Domherren Otto Henrich von Ohr[1298] und Dietrich Ludwig von Korff[1299] sowie des Kapitänleutnants Wolfgang von Boeselager zur Stimmabgabe auf der ehemaligen Nonnenempore. Geleitet wurde die Wahl von dem Sekretär des Domkapitels, dem Notar Henricus Duicker, der gemeinsam mit Wolfgang von Boeselager die Voten entgegennahm und protokollierte. Anschließend verkündete Duicker die durch Stimmenmehrheit erfolgte Wahl Christina von Langens und übergab ihr die Bestallungsurkunde *per assignationem stalli.* Es folgte der feierliche Einzug in die Abtei, wo die Äbtissin in der Küche ein Herdfeuer entzündete und damit symbolisch Besitz von dem Gebäude ergriff und ihre Herrschaft antrat. Mit einem festlichen Mittagsmahl, zu dem die Mitschwestern, deren Verwandte und der Notar geladen waren, fand das Wahlzeremoniell seinen Abschluss. Noch am selben Tag ritt der Bote nach Osnabrück, um Bischof Ernst August I. die Wahl anzuzeigen und um Konfirmation zu bitten. Für diesen Rechtsakt waren sechsundzwanzig Reichstaler zu zahlen, dem Sekretär Duicker standen für seine Bemühungen acht Reichstaler zu.

4.2. Die Anpassung der Statuten 1674

Die Wahlkapitulation, die am Wahlmorgen feierlich verlesen und von allen unterschrieben und besiegelt wurde, (Abb. 20) enthielt erneuerte Stiftsstatuten, deren Zweck einmal mehr die Reform der Wirtschaftsführung des Stifts war. So heißt es, dass *ein zeithero wegen nicht wol eingerichteter oeconomii bey unserm adelichen stiffte allerhand confusiones und irrungen entstanden.*[1300] Mit Rat und Tat an der Abfassung der *Capitulatio Perpetua* des Stifts beteiligt waren als Vertreter des Domkapitels Otto Henrich von Ohr und Dietrich Ludwig von Korff sowie von Seiten der Ritterschaft der Erblanddrost Nikolaus Herbord von Bar, Christian Sigismund von Rochow und Wolfgang von Boeselager.[1301]

1295 NLA OS Dep 91 b Akz. 2011/059 Nr. 312 Bd.1, S. 133.

1296 NLA OS Dep 91 b Akz. 2011/059 Nr. 312 Bd.1, S. 3ff.

1297 NLA OS Dep 91 b Akz. 2011/059 Nr. 4.

1298 Dompropst und Mitglied des Domkapitels seit 1652. BECKSCHÄFER, Evangelische Domherren, S. 197.

1299 Domküster und Mitglied des Domkapitels seit 1654 (†1687). BECKSCHÄFER, Evangelische Domherren, S. 197.

1300 NLA OS Dep 91 b Akz. 2011/059 Nr. 181 1674 Mai 29 1r.

1301 NLA OS Dep 91 b Akz. 2011/059 Nr. 888 (1673/74) 15r: *Den 25 Maii der herr landtdroste Baer bis den 29. auff 5 pferde 11 sch. Dito herr rittmr. Rochau auf 2 pferde 2 sch. Dito ihro hochw. der herr thumbküster bis den 30ten auf 2 pferde 4 sch. Dito herr capitain leutenambt Bösellager auf 2 pferde 2 tage 2 sch. Den 29. et 30. ihro hochwürd. herr Ohr auf 1 pferd 1 sch.*

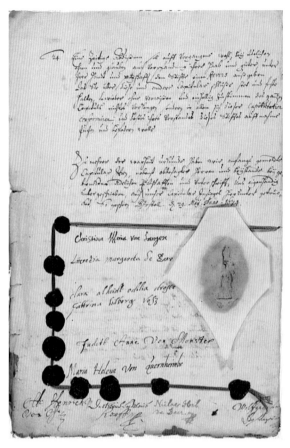

Abb. 20: Statuten, 1674. NLA OS Dep 91 b Akz. 2011/059 Nr. 181

Wesentlicher Punkt der neuen Statuten war die Anpassung der Einnahmen des Stiftshaushaltes an die Einzelwirtschaft der Stiftsdamen. Die Statuten legten fest, dass künftig die Äbtissin und die vier Kapitularinnen, die eigene Häuser bewohnten, die übrigen fünf Damen, für die kein Wohnraum vorhanden war, als „Kostfräulein" in ihrem Haushalt verpflegten, wobei auch Verwandte und Freunde der Kostfräulein mit versorgt werden mussten. Die Einnahmen des Stifts sollten den Kapitularinnen künftig in Form von Präsenzgeldern zu Weihnachten in Höhe von fünf Reichstalern und von verschiedenen Naturalien zur Verfügung gestellt werden. Eine Kapitularin mit eigenem Haushalt erhielt sechs Molt Roggen, vier Molt Gerste, einige Scheffel Bohnen, 80 Pfund Butter und 12 Hühner. Als Äquivalent für das Salz und die früher ausgeteilte Fastenspeise (Hering, Stockfisch, Erbsen und Reis) sowie die Sonderzuteilungen (Weißbrot, Wein und Baumöl) wurden sieben Reichstaler gezahlt. Darüber hinaus konnte jede Kapitularin drei Schweine mästen und über zwei Schafe aus Stiftsbesitz verfügen. Außerdem standen ihr Heu und Hafer zur Fütterung ihrer eigenen und der Pferde von Besuchern zu.

Die Äbtissin erhielt von allen Anteilen die doppelte Menge. Darüber hinaus bezog sie Sonderzulagen für die Versorgung der Stiftsarmen, zur Unterhaltung der Jagd und ihrer eigenen Pferde, zur Verpflegung von Tagelöhnern und der Eigenbehörigen bei Ablieferung der Pacht. Das bei der Jagd geschossene Wild wurde unter den haushaltenden Damen und der Äbtissin verteilt. Für die Erhebung der Stiftseinkünfte war der Amtmann zuständig, wobei die Schlüsselgewalt zu Kornböden und Kasse Amtmann und Äbtissin gleichermaßen zustand. Als Termin für die Rechnungslegung wurde die Woche nach Ostern festgelegt. Die aus den ungewissen Gefällen anfallenden Weinkaufsgelder sollten je zur Hälfte unter der Äbtissin und den zwei Amtsjungfern – Kellnerin und Küsterin – geteilt werden. Blieben noch die Kellnereieinkünfte, die zu gleichen Teilen an Äbtissin und Kapitel gingen.

Richtungsweisend für die nächsten Jahrhunderte war die Festsetzung der Aufnahmebedingungen, wonach zukünftig nur noch Stiftsdamen von ritterschaftlichem Adel eingeführt werden sollten, die sechzehn adelige Ahnen nachweisen und mit einer Stammtafel dokumentieren konnten. Neu war der förmliche Akt der Aufschwörung, bei der zwei nicht zur Verwandtschaft gehörende Angehörige der Ritterschaft die adelige Herkunft der Anwärterin zu beeiden hatten. Das Eintrittsalter der jungen Mädchen wurde auf mindestens zehn Jahre festgelegt; die Statutengelder betrugen wegen der Verbesserung der Präbenden zweihundert Reichstaler. Hundert Reichstaler gingen an das Stift, die übrigen hundert wurden durch zehn, also mit der Neugewählten, geteilt. Die neuen Kapitularinnen leisteten zunächst ein Schuljahr ab, währenddessen sie keine Einkünfte erhielten.[1302] Die drei ersten nach der Neuregelung Eingeführten waren Anna Sophia von Oer zum Bruche (1674-1685), Sophia von Bar zu Barenau (1674-1703) und Maria Hedwig von Rochow zu Lage (1675-1678), deren anteilige Statutengelder von hundert Reichstalern unter der *Extra Ordinar Einnahme* des Stifts aufgeführt wurden. Alle drei waren Angehörige der bei der Abfassung der Statuten beteiligten Stiftsritter. Anna Sophia von Oer war eine Nichte des Dompropstes Otto Heinrich von Oer, Sophia von Bar die Tochter des Erbbranddrosten Nicolaus Herbord von Bar und Maria Hedwig von Rochow Tochter Christian Sigismund von Rochows. Erster in Börstel erhaltener Stammbaum, der die Stiftsfähigkeit einer Anwärterin dokumentiert, ist der von Sophia von Bar aus dem Jahr 1674. Von Anna Sophia von Oer ist die erste Aufschwörungsformel erhalten, mit der Dietrich Ludwig von Korff und Wolfgang von Boeselager deren untadelige Geburt und Abstammung beeideten.[1303] Keine der neuen Stiftsdamen blieb lange in Börstel. Anna Sophia von Oer erbte 1685 das Gut Bruche und vermählte sich mit Abraham von Arnim zu Boitzenburg. Sophia von Bar heiratete 1703 Georg Otto von Münchhausen, Erbherr zu Lauenau.[1304] Maria Hedwig von Rochow starb bereits im August 1678 in Quakenbrück an einem „hitzigen Fieber".[1305]

Mit den Statuten von 1674 hatten das Kapitel und seine Berater den Wandel der inneren Verhältnisse während der vergangenen anderthalb Jahrhunderte in eine

---

1302 NLA OS Dep 91 b Akz. 2011/059 Nr. 888 2v.
1303 NLA OS Dep 91 b Akz. 2011/059 Nr. 27.
1304 NLA OS Dep 91 b Akz. 2011/059 Nr. 41.
1305 NLA OS Dep 91 b Akz. 2011/059 Nr. 311 Bd. 1, S. 65.

rechtsgültige Form gebracht. Endgültig wurde die Aufhebung der monastischen Lebensform besiegelt und die Grundlagen für das Fortleben des Stiftskapitels bis in die Neuzeit gelegt. Gleichzeitig war der ständische Abschluss der Töchter der Osnabrücker Ritterschaft gegenüber Damen bürgerlicher Herkunft festgeschrieben worden, der mehr als drei Jahrhunderte seine Gültigkeit behielt. Die Beschränkung auf den stiftsfähigen Adel wurde mit der Aufhebung des Stifts 1811 bis 1813 unter Kaiser Napoleon I. lediglich vorübergehend außer Kraft gesetzt. Aufgehoben wurde sie erst mit der Revision der Stiftsstatuten 1956. Zusätzlich zur Bezeichnung des Stifts als „hochadelig freiweltlich" legte sich die neue, am 19. Januar 1675 gewählte Äbtissin Judith Anna von Munster nun auch den Titel „Ihro Hochwürden" zu. Eine neue Zeit war angebrochen, in der die erst 20jährige nicht nur ein erstaunliches Selbstbewusstsein, sondern auch ein die nächsten Jahrhunderte bestimmendes ausgeprägtes adeliges Standesbewusstsein zum Ausdruck brachte.

II. 6. Resümee

Der um 1244 zunächst in Menslage gegründete und wenig später nach Börstel verlegte Frauenkonvent wurde von seinen Stiftern, den Grafen von Oldenburg, auf die Einhaltung der Zisterzienserregel verpflichtet und mit der Wahrung des Familiengedächtnisses für das oldenburgische Grafenhaus betraut. Obwohl das Kloster dem Zisterzienserorden nicht inkorporiert war, ist für das erste Jahrhundert nach der Gründung von der strengen Einhaltung der doppelten Klausur und einem klösterlichen Leben nach den Bestimmungen der Benediktsregel auszugehen. Memorialvereinbarungen weisen auf gemeinsame Mahlzeiten im Refektorium und gemeinsame Nachtruhe im Dormitorium ebenso hin wie auf das Vorhandensein einer Krankenstation. Signifikantestes Relikt zisterziensischen Geistes ist die ab 1250 errichtete Klosterkirche selbst, die in ihrer strengen Dreiteilung von Unterkirche, Nonnenempore und Hochchor den verschiedenen Gruppen der Gläubigen ihren Platz zuwies, ohne dass diese miteinander in Austausch oder Blickkontakt treten konnten. Getrennte Portale, die noch heute in situ vorhanden sind, gewährten den Sanktimonialen und den Laienschwestern den Zugang zur Kirche vom nördlich gelegenen Kreuzgang aus und der Laiengemeinde von der Südseite her. Neben der qualitätsvollen Ziegelbauweise der Umfassungsmauern der Klosterkirche ist es das Oratorium auf der Nonnenempore, das den Geist des zisterziensischen Opus Dei bis heute am stärksten bewahrt hat.

Schon früh lassen sich erste Auflösungserscheinungen des regelkonformen Klosterlebens erkennen. Einzelne Nonnen verfügten über Privateigentum, andere entwickelten mit Renten- und Immobilienkäufen Aktivitäten finanzieller Art. Mit der Einführung des Pfründensystems zu Beginn des 15. Jahrhunderts erhielten schließlich alle Nonnen eigene finanzielle Mittel. Als Hintergrund dieser Abweichungen von der Benediktsregel ist der langandauernde krisenhafte Fehdezustand anzusehen, in dem sich insbesondere das Osnabrücker Nordland während der Ausbildung der weltlichen Herrschaft der Bischöfe befand. Hinzu kam die offensichtlich schlechte Wirtschaftsführung der Pröpste, die den Konvent dazu veranlasste, die Wahrung seiner Existenzgrundlagen selbst in die Hand zu nehmen und sich mit eigenen finanziellen Mitteln zu versorgen. Gleichzeitig mit dieser Änderung der sozialen Ordnung verlor das Kloster an religiöser Akzeptanz in der Öffentlichkeit, was darin zum Ausdruck kam, dass die Reihe der Memorienstiftungen, die bis dahin von Mitgliedern des oldenburgischen Grafenhauses, begüterten Landadeligen und Angehörigen des Konvents ausgesetzt worden waren, zu Beginn des 15. Jahrhunderts ihren vorläufigen Abschluss fand.

Wohl aufgrund einer bischöflichen Reforminitiative wurde Kloster Börstel wie auch die übrigen Frauenkonvente des Hochstifts ab 1464 in den Prozess der monastischen Erneuerung eingebunden. Die Hinwendung zu einer neuen Spiritualität und die damit verbundene Liturgiereform fand ihren Niederschlag in einigen auf die Stärkung des Glaubens ausgerichteten Erwerbungen für den sakralen Bereich. Die Anfertigung von qualitätsvollen Skulpturen zur Beförderung von Kontemplation und Wiederbelebung der persönlichen Frömmigkeit lassen auf eine Intensivierung des geistlichen Lebens im Sinne der *Devotio Moderna* schließen. Zulauf von Gläubigen der Umgebung um der Heilig-Blut-Reliquie willen und das Wiederaufleben der Stiftungstätigkeit zeugen davon, dass die neue Frömmigkeit auch in der Öffentlichkeit wahrgenommen wurde. Dass auch das Gemeinschaftsleben einen neuen Impuls erfuhr, lässt sich an der Notwendigkeit der Errichtung eines neuen Wohngebäudes für den angewachsenen Konvent ablesen.

Neue Anforderungen stellten sich mit dem konfessionellen Umbruch nach der lutherischen Reformation und verlangten die Reflexion der theologischen Diskussion und die Überprüfung der überkommenen Glaubensgrundlagen. Nachrichten über die Reformation in Börstel lassen sich aus Urkundenformulierungen von 1531 und 1532 ablesen. Ab 1542 bezeichnet sich das Stift nicht mehr als dem Orden der Zisterzienser zugehörig, sondern urkundet als „Stift und Konvent zu Börstel". Ausschlaggebend für die Hinwendung zur reformatorischen Lehre war die Herkunft der Stiftsjungfern aus dem Niederadel des Niederstifts Münster und dem Patriziat der Stadt Osnabrück, wo sich die Lehre Luthers früh festigen konnte. Ausgeprägte verwandtschaftliche Beziehungen untereinander und ein starker Familienzusammenhalt bereiteten den Weg für die Akzeptanz des lutherischen Gedankenguts im Stift. Unter der ersten lutherischen Äbtissin Beata Schade kommt es ab 1532 zur Lockerung der Klausur und zur Einrichtung eigener Haushalte der Stiftsjungfern. Im Bereich des geistlichen Lebens lässt sich eine religiöse Mischform erkennen, bei der evangelisch gepredigt und das Abendmahl in beiderlei Gestalt ausgeteilt wurde, vertraute Zeremonien, der Chorgesang und die Ausstattung der Kirche aber erhalten blieben. In der Verteidigung hergebrachter Privilegien und im Umgang mit dem Landesherrn zeigten Äbtissin und Konvent eine erstaunliche Handlungsautonomie.

Der Blick auf das klösterliche Leben in Börstel lässt mit dem Amtsantritt der Äbtissin Mette Maneel um die Mitte des 16. Jahrhunderts genauere Einblicke zu. Mit dem Beginn des seriellen pragmatischen Schriftgutes in Form von Rechnungsregistern und der schriftlichen Dokumentation von strittigen Rechtsfällen und Administrationsaufgaben erweitert sich der Kenntnisstand über das Stift als Wirtschaftseinheit und als sozialer Lebens- und Kommunikationsraum. Die Strukturen des Klosters als Wirtschaftskomplex, die sich auch für die vorangegangenen Jahrhunderte voraussetzen lassen, ändern sich bis zur Entfeudalisierung der Landwirtschaft in der Mitte des 19. Jahrhunderts nur wenig. Die Versorgung mit Naturalien und monetären Mitteln aus der Verpachtung der Landwirtschaft blieb über Jahrhunderte die konstante Grundlage des klösterlich-stiftischen Jahres- und Lebensrhythmus'. Zu den Bewohnern des geistlichen Ortes Börstel zählte eine vielgliedrige Stiftsfamilie. Den äußeren Kreis bildeten die Eigenbehörigen, die als Hörige lebendes Inventar der Wirtschaftseinheit Börstel waren. Sie hatten das in den Kirchspielen Löningen, Herzlake, Menslage, Berge, Badbergen, Bippen, Ankum und Lengerich gelegene Börstelsche Eigentum an Grund und Boden als erblichen Besitz inne. In unmittelbarer Nähe siedelten die Heuerleute des Stifts, die für Arbeiten als Tagelöhner und Bauarbeiter jederzeit zur Verfügung zu stehen hatten. Im innersten Bereich, auf dem rund um Kirche und Klausur gelegenen Wirtschaftshof, war das Gesinde mit der Versorgung des Viehs, der Herstellung von Lebensmitteln und der Zubereitung der täglichen Mahlzeiten beschäftigt.

Die prosopographische Untersuchung der Mitglieder des Konvents, die aus der gesellschaftlichen Elite des Hochstifts Osnabrück, des Niederstifts Münster und der angrenzenden Grafschaften Tecklenburg, Lingen und Bentheim stammten, veranschaulicht ein dichtes Netz von sozialen und genealogischen Beziehungen und lässt ausgeprägte Kommunikationsstrukturen als Teil der Lebenswelt der Frauen deutlich werden. Während der Amtszeit Mette Maneels wird die Auflösung der Klausur fassbar an dem außerordentlichen Besucherstrom, der sich tagtäglich im Stift einfand. Neben den Angehörigen der Stiftsjungfern trafen Besucher aus der gesamten osnabrückischen und münsterschen Ritterschaft ein, fürstliche Beamte und Ständevertreter sowie häufig genug der Landesherr Johann von Hoya selbst. Die sozialen Netzwerke, die den Konvent nicht nur mit den eigenen Familienverbänden, sondern mit der gesamten territorialen Adelsgesellschaft verbanden, waren ein kaum zu überschätzender Faktor bei der Bewältigung der rechtlich-administrativen Aufgaben des Stifts. Juristischer Sachverstand und finanzielle Möglichkeiten von Familienangehörigen und Freunden erwiesen sich als stabilisierende Faktoren der Lebenswelt des Stifts.

Der Weg von der Mischkonfession des 16. Jahrhunderts zur Festigung des lutherischen Bekenntnisses im 17. Jahrhundert lässt sich während der Amtszeiten der einzelnen Äbtissinnen relativ gut verfolgen. Evangelische Predigt und altkirchlicher Ritus bestimmten das geistliche Leben während der Amtszeit Mette Maneels. Hinweise auf katholische Rituale versiegen während der Amtszeit Lucretia von Langens. Dafür treten als wichtige Vermittler der neuen Glaubensbotschaften die lutherischen Pastoren hervor, die in Börstel mit sporadisch kurzen und wechselvollen Amtszeiten eine sichtbare Spur der ungewissen und nicht institutionalisierten kirchlichen Versorgung hinterließen. Erst mit der verstärkten Konfessionalisierung im 17. Jahrhundert verfestigten sich auch die pfarramtlichen Strukturen, werden die geistlichen Profile der Pastoren deutlicher. Einen festen Platz erhält das Bekenntnis zur lutherischen Konfession in der Wahlkapitulation Gertrud von Althaus' im Jahr 1611. Die Überlieferung des Protokolls des Osnabrücker Generalvikars Albert Lucenius von 1625 erlaubt durch seine Beschreibung der kirchlichen Ausstattung einen genaueren Blick auf das liturgische Zeremoniell. Während zahlreiche altkirchliche Rituale zunächst überdauerten, fiel die Memorie für das Haus Oldenburg dem Vergessen anheim. Lediglich die Madonnenfigur erfuhr weiterhin Verehrung, wobei es fraglich ist, ob ihre Identität als Stiftungsgut der Oldenburger bekannt war. Die Geschichte der Erinnerung wurde auf diese Weise zur Geschichte des Vergessens. Tradition hatte dagegen zu allen Zeiten die Mildtätigkeit gegenüber den Armen. Das Stift leistete auf diese Weise einen nicht geringen Beitrag zur Sozialfürsorge der unteren Bevölkerungsschichten.

Überlagert und verdrängt wurde die geistlich-religiöse Entwicklung durch die Auswirkungen des Kriegsgeschehens, die Börstel aufgrund seiner spezifischen geographischen Lage nicht nur dreißig, sondern sechzig Jahre lang aufs Äußerste belasteten. Während dieser von ständiger existenzieller Bedrohung, zahlreichen Einquartierungen, Plünderungen und den immer aufs Neue aufzubringenden Kontributionszahlungen geprägten Krisenzeiten legten die im Stift verbliebenen Frauen ein erstaunliches Maß von weiblicher Selbstbehauptung an den Tag. Der in religiöser und territorialpolitischer Hinsicht von außen in den geistlichen Ort Börstel hereingetragene gesellschaftliche Wandel mündete schließlich im Friedensschluss von 1648. Die auf übergeordneter institutioneller Ebene erfolgte Klärung der konfessionellen Verhältnisse ordnete Börstel der Augsburgischen Konfession zu und garantierte die persönliche Religionsfreiheit seiner Bewohnerinnen. Die gegenreformatorischen Bestrebungen Franz von Wartenbergs forderten noch einmal den Widerstand des Kapitels heraus. Die Verteidigung des in der *Capitulatio Perpetua* von 1650 festgeschriebenen Konfessionsstandes des Stifts nahm einen breiten Raum unter den Aufgaben ein, denen sich Äbtissin Magdalena von Dorgelo während ihrer Regentschaft zu stellen hatte. Wie die Mehrzahl der evangelischen ritterschaftlichen Familien des Hochstifts Osnabrück und des Niederstifts Münster hielten auch die Börsteler Kapitularinnen am Luthertum fest.

Nach Abschluss der konfessionellen Auseinandersetzungen hatten geistiges Leben und soziale Ordnung in Börstel einen grundlegenden Funktions- und Bedeutungswandel erfahren. Die Herausforderung, die der Prozess der Konfessionalisierung über mehr als ein Jahrhundert für die betroffenen Frauen darstellte, betraf neben den geistlich-religiösen Grundlagen auch die soziale Ordnung und das Selbstverständnis der Gemeinschaft. Die Aufhebung der Klausur schuf veränderte Lebensbedingungen und führte langfristig zu einer Individualisierung der Lebensform. Eigenständiges Wohnen und die sukzessive Einführung eigener Haushalte verliehen Unabhängigkeit von der Gemeinschaft und verlagerten den Handlungsradius der Konventualinnen in die Außenwelt. Mit den Rezessen von 1601 und 1611 bemühte sich der Konvent, gemeinsam mit seinen Beratern diesen veränderten Lebensformen Rechnung zu tragen. Die beginnende Umwandlung von Naturallieferungen in Geldzahlungen und die Ausgabe individueller Nahrungsmittelkontingente schufen die Voraussetzungen für eine längerfristige Abwesenheit vom Stift und beendeten die Präsenzpflicht der Stiftsjungfern. Einige der den archivalischen Quellen entnommenen Beispiele zeugen bereits um 1600 von einer deutlich individuellen Lebensführung einzelner Frauen, die ganz selbstverständlich am weltlichen Leben teilnahmen. Die durch den großen Krieg unterbrochene Entwicklung setzte sich nach dem Friedensschluss unaufhaltsam fort. Eine neue Nachkriegsgeneration von begüterten, aus den ersten Adelsfamilien des Landes stammenden Kapitularinnen entwickelte einen aufwändigeren und unabhängigeren Lebensstil, dessen mentaler Kern das in Abgrenzung zum prosperierenden Bürgertum in den Mittelpunkt gerückte und nach außen demonstrierte adelige Selbstbewusstsein war. Heimatorte der Kapitularinnen von Bar, von Munster und von Droste waren repräsentative Wasserschlösser. Die jungen Frauen verfügten über ein beträchtliches eigenes Vermögen, eine gediegene Ausstattung und über eigene Reitpferde, die ihnen uneingeschränkte Mobilität sicherten. Sichtbar wird dieser Wandel auch auf dem Stiftsgelände selbst, auf dem Äbtissin von Dorgelo sich eine standesgemäße Residenz errichten ließ. Die Stiftsdamen der zweiten Hälfte des 17. Jahrhunderts lebten überwiegend nicht mehr im Stift, sondern nahmen an dem gesellschaftlichen Leben auf den Gütern ihrer Familien, Verwandten oder Freunde teil. Dies wiederum hatte Auswirkungen auf den Stiftshaushalt, für den weniger Einkäufe getätigt werden mussten und weniger Dienstboten benötigt wurden.

Auf diese Weise vorbereitet, etablierte sich bald nach der Jahrhundertmitte der Adelsvorbehalt, der die über Generationen nachzuweisende adelige Herkunft von 16 Ahnen zum Hauptkriterium der Aufnahme in das sich nunmehr als hochadelig bezeichnende Damenstift machte. Die beiden Dignitäten Margareta von Haren und Magdalena von Dorgelo betrieben die adelige Selbstrepräsentation durch die Darstellung von Wappen auf Grabdenkmälern und Wappentafeln. Sie stammten aus den letzten Familien des Niederstifts, die auch nach der dort unter Fürstbischof Ferdinand durchgeführten Gegenreformation an der lutherischen Konfession festhielten. Die von ihnen hergestellte Verknüpfung konfessioneller und standesmäßiger Identität wird in besonderer Weise in der nachreformatorischen Ausstattung der Börsteler Kirche sichtbar. Der zunächst als stiftischer Lebensstil mit eigener Haushaltung fassbare soziale Status der Stiftsjungfern des beginnenden 17. Jahrhunderts entwickelte sich nach dem Kriege weiter zu einem durch einflussreiche private Verbindungen geprägten adeligen Lebensstil. Diese neue Adelsgeneration legalisierte 1674 mit der Erarbeitung neuer Statuten die Weiterentwicklung der geistlichen Einrichtung und legte den Grundstein für die Weiterexistenz des evangelischen Damenstifts für die nächsten Jahrhunderte. Die Umwandlung des Klosters in ein adeliges Stift erfolgte auf Wunsch der Frauen selbst und mit der Hilfestellung von juristischen Beratern aus dem engsten Kreis der Kapitularinnen. Der Weg vom Kloster zum Stift stellt sich somit als ein endogener, von einer Herrschaftsentscheidung unabhängiger Prozess dar.

Die Statutengebung war von keiner äußeren Zustimmung abhängig, sie brachte mit der Einsetzung der Äbtissin allein durch das Kapitel und der offiziellen Aufhebung der Residenzpflicht Freiheit auf der institutionellen Ebene. Sie war gekennzeichnet durch die soziale Abgrenzung gegenüber den nichtadeligen Ständen und gepaart mit gegenseitiger konfessioneller Toleranz. Die für die verbliebenen Klöster des Hochstifts Osnabrück einmalige rechtliche Regelung des Miteinanders von acht evangelischen und zwei katholischen Kapitularinnen stellte für die Beteiligten keine Belastung dar. Zumindest innerhalb des Untersuchungszeitraums sind keine Konfliktsituationen zu erkennen.

In den Lebensbildern der einzelnen Äbtissinnen fokussiert sich die gesellschaftliche Entwicklung, die das Stift während des Untersuchungszeitraums durchlief. Mette Maneel, verantwortlich für die Öffnung des Stifts nach außen, wurde von Lucretia von Langen abgelöst, die sich bemühte, den mit dem neuen Lebensstil verbundenen Mehrbedarf an finanziellen Mitteln und materieller Ausstattung mit dem schwerfälligen Mechanismus des Wirtschaftsbetriebes in Einklang zu bringen. An Gertrud von Althaus wird beispielhaft deutlich, wie stark die Verhaftung in den Traditionen des alten Herkommens trotz äußerer Widrigkeiten geblieben war. Die neue Glaubensausrichtung erwies sich als eine stabile und tragfähige Größe, die keinen Gedanken an Aufgabe des immer wieder in Mitleidenschaft gezogenen und bedrohten geistlichen Ortes aufkommen ließ. Magdalena von Dorgelo schließlich gelang es, das geistliche Leben in der neuen Form gegen den Landesherrn zu verteidigen und das Kapitel mit zahlreichen Neuaufnahmen zu regenerieren und zu festigen. Mit der Statutengebung von 1674 zu Beginn des Amtsantritts der Äbtissin Christina von Langen wurde schließlich eine Entwicklung rechtlich festgeschrieben, die sich bereits über mehr als ein Jahrhundert vollzogen hatte.

Die Individualisierung des Lebensstils ist am Ende des 17. Jahrhunderts nicht mehr aufzuhalten, dennoch bleibt das geistliche Leben mit traditionellem Chorgesang und gottesdienstlichem Leben das geistliche Fundament der vor Ort lebenden Kapitularinnen. Die weitere Entwicklung während der folgenden Jahrhunderte nachzuzeichnen, wird die Auswertung der nun in umfangreicherem Maß vorliegenden persönlichen Quellen erfordern. Die Prognose jedoch ist zu wagen, dass bis in die Jetztzeit Herzensbildung und persönliches Charisma der einzelnen Äbtissinnen ausschlaggebend waren für den Zusammenhalt des Kapitels und die Weiterführung eines Gemeinschaftslebens auf christlicher Grundlage.

Anhang

1. Zeitschiene der Kapitularinnen

(jeweils erste und letzte Nennung im UB, ab 1532 archivalisch nachweisbar und aus dem Zusammenhang erschlossen)

(A. = Amt, Grf. = Grafschaft)

Name	Ämter	Herkunft
Hildegundis I. (1274-1283)	Äbtissin	
Hildegundis II. (1343,1344)	Äbtissin	
Petronilla (1343)		
Hokenese, Conegonde (1380-1399)		Osnabrück
Jutta von Lunne (1387)		Osnabrück (?)
Mette von Dincklage (1404-1422)	Äbtissin 1404-1422	
Elske Gliderinch (1406-1421)	Kämmerin	
Aberta Drake (1418-1422)	Priorin 1418-1422	
Taleke Brussel (1421)	Küsterin	
Elseke Randes (1422)		
Lucke Hesterberges (1431-1439)	Äbtissin 1439	
Oda von Knehem (1439-1491)	Priorin 1439, Äbtissin 1464	A. Fürstenau
Oda von Knehem (1439-1491)	Äbtissin 1464	
Cäcilia von Heede (1464-1496)	Äbtissin 1464-1496	A. Meppen
Mechthild Hekes (1464-1472)	Priorin 1464-1472	---
Margareta Tutinges (1464)	Seniorin 1464	Osnabrück (?)
Cäcilia von Heede	Äbtissin 1464-1496	
Beke Giffende (1472-1497)	Kellnerin 1472-1497	---

Name	Ämter	Herkunft
Figge Langhals (1482)		A. Meppen
Elisabeth von Knehem (1491-1496)		A. Fürstenau / Vörden
Margarethe von Dedem (1496-1531)	Äbtissin 1496-1531	Grf. Bentheim
Iuthmodis von Swendorp (1496-1497)	Priorin 1496-1497	---
Stynegunde von Brae (1496)	Unterpriorin 1496	A. Meppen
Elizabeth von Anten (1496)		A. Fürstenau
Margareta von Anten (1496)		A. Fürstenau
Cäcilia Eissinck (1496-1546)		A. Meppen
Beata Schade (1496-1556)	Kellnerin 1508-1532, Äbtissin 1532-1556	A. Meppen
Elisabeth Schütte (1496-1561)	Kämmerin 1506-1561, Seniorin 1556-1561	Osnabrück
Elisabeth Hermeling (1496-1562)	Küsterin/Priorin 1508-31, 1537-1562	Osnabrück
Margarethe von Dedem	Äbtissin 1496-1531	
Geseke von der Recke (1508-1575)	Unterpriorin 1508-1575	A. Meppen
Anna von Schagen (1510)		A. Vechta
Leneke von Vincke (1531-1532)	Äbtissin 1531-1532	A. Grönenberg
Anna von Knehem (1531-1535)	Priorin 1531-1535	A. Fürstenau / Vörden
Leneke von Vincke	Äbtissin 1531-1532	
Anna von Dincklage d.Ä. (*Herbords Tochter*) (1532-1564)	Kellnerin 1556-1564	A. Vechta
Anna von Smerten (1532-1543)		A. Meppen
Christina von Bra (1532)		A. Meppen
Beata Schade	Äbtissin 1532-1556	
Mette Maneel (1535-1575)	Kellnerin 1535-1556, Äbtissin 1556-1575	A. Meppen

Name	Ämter	Herkunft
Katharina von Dedem (1556-1587)	Priorin1562-1587, Seniorin 1577	Grf. Bentheim
Lyse von Dedem (1556)		Grf. Bentheim
Heyke von den Oldenhus (1556-1567)		Grf. Bentheim
Margaretha von Schagen (1556-1574)	Kellnerin 1565-1574	A. Vechta
Anna von Dincklage d.J. (*Johanns Tochter*) (1556-1592)	Unterpriorin 1575	A. Vechta
Margaretha Budde (1556-1575)		Grf. Lingen
Lucretia von Langen gen. Kreyenribbe (1556-1611)	Äbtissin 1575-1611	Grf. Lingen
Goswyne Droste (1557-1572)		A. Horstmar / Vörden

Mette Maneel	Äbtissin 1556-1575	
Sophie von Wullen (1558-1625)	Seniorin/Siegelj. 1600-1625	A. Iburg
Heilwig von Langen (1561-∞1580)		A. Meppen
Anna Brawe (1561-1600)	Seniorin/Siegelj. 1598-1600	A. Fürstenau
Agnese Voß (1562-1623)	Kellnerin 1577-1623	A. Vechta
Adelheid von Dedem (1566-1599)	Priorin 1587/Siegelj. 1598-1599	Grf. Bentheim
Agnese von Dorgelo (*1556, 1570-1631)	Priorin 1612-1628, Seniorin/Siegelj.1628	A. Vechta
Lucke Steding (1570-1581)		A. Cloppenburg
Gertrud von Althaus (1574-1646)	Priorin/Sangmeisterin 1600, Äbtissin 1611-1646	Grf. Bentheim
Benedicta von Beesten (1574-1587)		A. Meppen
Gertrud von Langen (1574-1600)		A. Meppen

Lucretia von Langen	Äbtissin 1575-1611	
Amelia Steinhaus (*1564, 1577-∞1606, †1620)		Grf. Tecklenburg
Elisabeth Kerstapel (1578-1652)	Priorin/Siegeljungfer 1628-1632 Seniorin 1632-1652 Küsterin 1635-1646	A. Iburg

Name	Ämter	Herkunft
Anna von Dincklage (1578-1602)	Küsterin 1588-1602	A. Vechta
Eva Hake (1593-∞1603, †1653)		A. Iburg
Elisabeth von Snetlage (1594-1607)		A. Fürstenau
Margarethe von Dorgelo (*1574, 1594-1606)		A. Vechta
Ida Elisabeth von Munster (1607-1631)		Grf. Tecklenburg
Margareta von Haren (*1594, 1607-1669)	Kellnerin1623-1629, Siegelj.1632, Koadjutorin 1640-1646, Seniorin1653	A. Vechta

Gertrud von Althaus	Äbtissin 1611-1646	
Elisabeth Kobrinck (1611-∞1636)	Kellnerin 1629	A. Vechta
Lucretia Wolborgh von Haren (1614-1675)	Kellnerin 1630-1644	A. Vechta
Magdalena von Dorgelo (*1594, 1614-1674)	Kämmerin1644, Äbtissin 1646-1674	A. Vechta
Gertrud von Althaus (1617-∞1636)	Spiekerjungfrau 1629-1633	Grf. Bentheim
Anna Maria Voß (1643-∞1647)		Grf. Mark
Maria von Haren (1644-∞1650)	Küsterin 1647-1649	A. Vechta
Anna Catharina von Dincklage (*1627, 1644-1649)	Kellnerin 1648-1649	A. Fürstenau

Magdalena von Dorgelo	Äbtissin 1646-1674	
Anna Elisabeth von Heede (1649-1656)		A. Meppen
Maria Elisabeth Steding (1649-1661)		A. Cloppenburg
Margareta Magdalena von Stemshorn (1649-1666)	Kellnerin 1663	Grf. Diepholz
Christina Maria von Langen (1649-∞1675)	Seniorin 1670, Äbtissin 1674-1675	A. Vörden
Catharina Gertraud Mönninch (1654-∞1657)		A. Meppen
Elisabeth von Haren (1654-1673)		A. Vechta

Name	Ämter	Herkunft
Lucretia von Bar (1654-1707)	Kellnerin 1669, Seniorin 1680, Äbtissin 1680-1707	A. Vörden
Clara Alheid Odilia von Droste (1654-1721)	Seniorin 1674	Oberstift Münster
Catharina Hilborg Voß (*1620, 1661-1692)	Küsterin 1675, Kellnerin 1676, Siegeljungfer	A. Fürstenau
Maria Gertrud Schulte (1666-1669)		
Anna Judith von Munster (*1655, 1668-1680)	Äbtissin 1675-1680	Grf. Tecklenburg
Maria Helena von Quernheim (1671-1707)		A. Vörden
Christina Maria von Langen	Äbtissin 1674-1675	
Anne Sophie Helene von Oer (1674-∞1685)		A. Grönenberg
Sophia von Bar (1674-∞1703)		A. Vörden
Maria Hedwig von Rochow (1675-1678)		A. Cloppenburg

2. Kurzbiographien der Konventualinnen

(Die Adelsprädikate werden entsprechend der originalen Schreibweise wiedergegeben. Die Jahreszahlen beziehen sich auf die Nennung in Urkunden und Archivalien. Äbtissinnen sind fett gedruckt. Die Kapitelnennung verweist auf den Haupt-
eintrag.)

Althaus, Gertrud von (1574-1646)
Priorin 1600-1611, Sangmeisterin 1606-1611, Äbtissin 1611-1646. Vermutlich
Tochter des Dietrich von Althaus (†1585), der 1578 mit dem Gut Oldenhaus gen.
Grasdorf, Kirchspiel Veldhausen, Obergrf. Bentheim belehnt wurde.[1306] Schwester
des Johann Dietrich von Althaus oo Apollonia von dem Berge,[1307] vermutlich Nichte
der Heike von dem Oldenhaus. Kap. II.2.1.3.; II.4.1.2.

Althaus, Gertrud von (1617-∞1636)
Spiekerjungfer 1629-1633. Tochter des Johann Diederich von Althaus zu Grasdorf,
Kirchspiel Veldhausen, Obergrf. Bentheim. Heiratete 1636 Leutnant Melchior
Vogts. Nichte der Äbtissin gleichen Namens. Kap. II.4.1.2.

Anten, Elisabeth von (1496)
Mögliche Angehörige des Johann von Anten, der 1422 zur Quakenbrücker Burgmannschaft gehörte.[1308] Kap. I.2.3.

Anten, Margareta von (1496)
Mögliche Angehörige des Johann von Anten, der 1422 zur Quakenbrücker Burgmannschaft gehörte.[1309] Kap. I.2.3.

Bar, Lucretia Margarete von (1654-1707)
Kellnerin 1669, Seniorin 1680, Äbtissin 1680-1707. Tochter des Erblanddrosten
(1608-1640) Herbord von Bar zu Barenau, Amt Vörden, und der Elisabeth von
Kobrinck zu Altenoythe, Amt Vechta.[1310] Schwester des Erblanddrosten (1651-
1716) Nikolaus Herbord von Bar. Kap. II.5.1.5.

Bar, Sophia von (1674-∞1703)
Tochter des Erblanddrosten (1651-1716) Nicolaus Herbord von Bar zu Barenau und
der Dorothea von Ledebur zu Königsbrück (†1670).[1311] Heiratete 1703 Georg Otto
von Münchhausen zu Lauenau. Nichte der Äbtissin Lucretia von Bar. Kap. II.6.2.

1306 VOM BRUCH, Emsland, S. 193.
1307 WAM GA Assen, Urkunden Bd. 7, 1729: 1593 November 23: Johann von Althuisz zum
  Althaus in Nordwalde und seine Ehefrau Apollonia von dem Berge bestätigen den Eingang der Mitgift.
1308 VOM BRUCH, Osnabrück, S. 372.
1309 VOM BRUCH, Osnabrück, S. 372.
1310 VOM BRUCH, Osnabrück, S. 306. HOFFMANN, Adel, S. 349; OLDERMANN, Stamm der
  Baeren, S. 234f.
1311 VOM BRUCH, Osnabrück, S. 306.

Beesten, Benedicta von (1574-1587)
Tochter des Franz von Beesten (†1588) zu Dankern, Amt Meppen, belehnt 1552, und der Benedikte von Plettenberg zu Walle und Overkamp, Amt Grönenberg.[1312] Schwester des Otto von Beesten, belehnt 1588, dessen Sohn Caspar von 1591-1602 in den münsterschen Landtagslisten verzeichnet ist. Ein Bruder ihrer Mutter Benedikte wohl Johann von Plettenberg (†1591) verheiratet mit Helene von Vincke zu Ostenwalde, 1584 Drost des Amtes Reckenberg.[1313] Kap. II.2.1.3.

Bra, Christina von (1532)
Mögliche Tochter des Friedrich von Bra zu Campe, Amt Meppen, und Schwester des Hermann von Bra, 1509 Lehnsmann der münsterischen Stiftsburg Nienhaus.[1314] Vermutlich eine Nichte der Stynegunde von Brae. Kap. II.1.2.

Brae, Stynegunde von (1496)
Unterpriorin 1496. Tochter aus dem Hause Campe, Amt Meppen.[1315] Kap. I.2.3.

Brawe, Anna (1561-1600)
Seniorin/Siegeljungfer 1598-1600. Tochter des Quakenbrücker Burgmannes Heinrich Brawe (†1560) zu Schleppenburg, Amt Fürstenau, und der Anna von Scharpenberg.[1316] Über seine Schwester Else, verheiratet mit Hermann von dem Campe, war Heinrich in den Besitz des Gutes Campe im Amt Meppen gekommen und hatte 1537 außerdem das Gut Diekhaus im Amt Vechta erworben. Ein Bruder Heinrichs war der Osnabrücker Domherr Hermann Brawe,[1317] ein enger Vertrauter Franz von Waldecks, mit dem Brawe im September 1547 zur Rechtfertigung des Vorwurfs der Ketzerei nach Rom zitiert worden war.[1318] Annas Bruder war Hermann Brawe zu Campe, der 1574 Else Schade zu Ihorst heiratete. Kap. II.2.1.3.

Brussel, Taleke (1421)
Küsterin. Kap. I.2.1.

Budde, Margaretha (1556-1575)
Tochter des Lambert Budde (†1552) zu Hange, Kirchspiel Freren, Grf. Lingen, und der (∞1528) Petronella von Snetlage.[1319] Schwester des Johann Budde (†1571), dessen Tochter Petronella ∞1587 Otto von Schade zu Ihorst, Drost zu Vechta.[1320] Eine Schwester Margarethas war vermutlich Elisabeth Budde, ∞1565 Rembert Bernefür (†1602) zur Querlenburg.[1321] Ihr Vetter, der Domherr Giselbert Budde,[1322] gehörte 1532 zum Wahlkapitel Franz von Waldecks.[1323] Kap. II.1.3.1.

1312 VOM BRUCH, Emsland, S. 46.
1313 VOM BRUCH, Osnabrück, S. 160.
1314 VOM BRUCH, Emsland S. 14, 27.
1315 VOM BRUCH, Emsland S. 14, 27.
1316 VOM BRUCH, Emsland, S. 25; NIEBERDING, Niederstift 2, S. 400.
1317 Kanoniker 1539 bis 1556, lebte im Konkubinat. HOFFMANN, Adel, S. 106-108, 127, 139, 242; NIEBERDING, Niederstift 2, S. 400.
1318 SCHRÖER, Reformation 2, S. 224.
1319 VOM BRUCH, Emsland, S. 148.
1320 GOLDSCHMIDT, Lingen, S. 100.
1321 NIEBERDING, Niederstift 2, S. 423.

Dedem, Adelheid von (1566-1599)
Priorin 1587, Siegeljungfer 1598-1599. Tochter des Balthasar von Dedem zu Schulenburg, Kirchspiel Veldhausen, Obergrf. Bentheim, der 1566 mit anderen Bentheimer Burgmännern am Landtag in Burgsteinfurt teilnahm.[1324] Balthasar war ein Bruder Katharina von Dedems, Adelheid ihre Nichte. Kap. II.2.1.3.

Dedem, Katharina von (1556-1587)
Priorin 1562-1587, Seniorin 1577-1587. Tochter des Arnold von Dedem zu Schulenburg, Kirchspiel Veldhausen, Obergrf. Bentheim.[1325] Arnolds Vater Hermann war ein Bruder der Äbtissin Margareta von Dedem, Katharina ihre Großnichte. Kap. II.1.3.1.

Dedem, Lyse von (1556)
wohl Schwester Katharina von Dedems. Kap. II.1.3.1.

Dedem, Margarethe von (1496-1531)
Äbtissin 1496-1531. Tochter des Arnold von Dedem zu Esche und der Adelheid von Schonefeld gen. von Grasdorf, Kirchspiel Veldhausen, Obergrf. Bentheim.[1326] Kap. I.2.3.; Kap. I.2.3.1.

Dincklage, Anna von, d.Ä. (1532-1564)
Kellnerin 1556-1564. Tochter des Herbord von Dincklage (†1522) und der Anna von Haren (†1547) zu Hopen, Amt Vechta.[1327] Schwester des Johann von Dincklage d.Ä., von 1540 bis 1557 Drost zu Vechta.[1328] Kap. II.1.2.

Dincklage, Anna von, d.J. (1556-1592)
Unterpriorin 1575. Tochter des Johann von Dincklage (†1560) zu Dinklage mit Sitz auf der Hugoburg[1329] und der Sophie von Dincklage, Amt Vechta.[1330] Schwester des Hugo von Dincklage (†1574), verheiratet mit Göste van Holle, von 1555 bis 1571 Drost zu Cloppenburg. Dessen Sohn Johann von Dincklage (†1590) von 1571 bis 1588 Drost zu Cloppenburg, die Söhne Heinrich und Roleff Domherren zu Osnabrück bzw. zu Bremen und Minden. Kap. II.1.3.1.

1322 Kanoniker von 1528 bis 1582. HOFFMANN, Domherren, Nr. 3.
1323 BEHR, Waldeck 1, S. 34. Epitaph und Grabstein Buddes befanden sich bis zum 19. Jahrhundert im Osnabrücker Dom (WEHKING, Inschriften, Nr. 139). STÜVE, Geschichte 2, S. 153, 193, 195.
1324 VOM BRUCH, Emsland, S. 195.
1325 VOM BRUCH, Emsland, S. 195.
1326 VOM BRUCH, Emsland, S. 193 und 195.
1327 NIEBERDING, Niederstift 2, S. 420.
1328 Johann von Dincklage zu Hopen (†1587) ∞ mit Rixa van Düren (†1574). NIEBERDING, Niederstift, 2, S. 419; BEHR, Waldeck 2, S. 66 Anm. 94.
1329 Auf den Grundmauern der ehemaligen Herbordsburg wurde später die Rentei errichtet. Bau- und Kunstdenkmäler des Herzogtums Oldenburg, Heft 2, S. 110.
1330 NIEBERDING, Niederstift 2, S. 392f.

Dincklage, Anna von (1578-1602)
Küsterin 1588-1602. Tochter des Drosten zu Cloppenburg, Johann von Dincklage (†1590) zu Dinklage (Hugoburg) und der Gertrud von Merfeld.[1331] Nichte der Anna von Dincklage d. J. Kap. II.3.1.3.

Dincklage, Anna Catharina von (*1627, 1644-1649)
Kellnerin 1648-1649. Tochter des Gerhard von Dincklage (†1633) zu Loxten, Bauerschaft Nortrup, Amt Fürstenau, und der Anna Sophia Nagels (†1633).[1332] Kap. II.5.1.4.1.

Dincklage, Mette von (1404-1422)
Äbtissin 1404-1422. Kap. I.2.1.

Dorgelo, Agnese von (*1556, 1570-1631)
Priorin 1612-1628, Seniorin/Siegeljungfer 1628-1631.
Tochter des Otto von Dorgelo (†1584) zu Brettberg, Kirchspiel Lohne, Amt Vechta, und der (∞1551) Elske von Korff-Schmiesing zu Tatenhausen (†1607).[1333] Schwester des Johann von Dorgelo (1557-1597), Kanoniker in Osnabrück und Herford und seit 1595 verheiratet mit Mette Nagel zu Königsbrück, dessen Epitaph sich an der Südseite der Propsteikirche St. Georg zu Vechta erhalten hat.[1334] Ihr Bruder Otto von Dorgelo (1565-1624) Osnabrücker Domherr und Propst zu Münster,[1335] ließ sich im Dom zu Münster ein Epitaph für 550 Reichstaler anfertigen.[1336] Das Grabdenkmal ihres Bruders Rotger von Dorgelo (1575-1613), seit 1598 verheiratet mit Catharina Monnich zum Eickhof, ist verschollen und wurde vermutlich in das Fundament der neuen Lohner Kirche eingemauert.[1337] Kap. II.2.1.3.

Dorgelo, Magdalena von (*1594, 1614-1674)
Kämmerin 1644, Äbtissin 1646-1674. Tochter des Johann von Dorgelo (*ca. 1560, † nach 1630) zu Querlenburg, Kirchspiel Lohne, Amt Vechta, und der (∞1590) Fredeke von Bernefuer (*ca. 1565, † nach 1616).[1338] Johanns Schwester Gisela (†1612) war von 1597 bis 1602 Priorin des Stifts Fischbeck[1339] und beteiligte sich 1583 maßgeblich an der Anfertigung des Fischbecker Wandteppichs.[1340] Kap. II.4.1.2.

Dorgelo, Margarethe von (*1574, 1594-1606)
Tochter des Otto von Dorgelo (†1584) zu Brettberg, Kirchspiel Lohne, Amt Vechta, und der Elske von Korff-Schmiesing zu Tatenhausen (†1607).[1341] Schwester der Agnese von Dorgelo. Kap. II.3.1.3.

1331 NIEBERDING, Niederstift 2, S. 392f.
1332 VOM BRUCH, Osnabrück, S. 346f.
1333 SCHIECKEL, Dorgelo auf Brettberg, S. 259-261.
1334 HELLBERND, Alte Grabplatten (1974), S. 179ff.
1335 Kapitular in Osnabrück von 1582 bis 1625. 1612 Propst am Dom zu Münster. HOFFMANN, Domherren, Nr. 34.
1336 HELLBERND, Alte Grabplatten (1974), S. 187.
1337 HELLBERND, Alte Grabplatten (1974), S. 189.
1338 NIEBERDING, Niederstift 2, S. 423.
1339 NUTZHORN, Familie von Dorgelo, S. 43f.
1340 OLDERMANN, Stift Fischbeck, S. 110.
1341 SCHIECKEL, Dorgelo auf Brettberg, S. 259-261.

Drake, Aberta (1418-1422)
Kap. I.2.1.

Droste, Clara Alheid Odilia von (1654-1721)
Seniorin 1674. Tochter des Heinrich II. von Droste zu Hülshoff (1597-1666) und der Clara Anna von Nehem zu Niederwerries, Oberstift Münster.[1342] Schwester des Bernhard III. von Droste zu Hülshoff (1634-1700), Ur-Ur-Großvater der Dichterin Annette von Droste zu Hülshoff. Kap. II.5.1.5.

Droste, Goswyne (1557-1572)
Vermutliche Angehörige des Heidenreich Droste zu Vischering, Drost zu Horstmar und Vörden, erw. 1536-1582, und der Caspara von Hoberg zu Kaldenhof.[1343] Mögliche Schwester des Heidenreich von Droste zu Vischering, Erbdrost des Bistums Münster, verheiratet mit Cornelia von Ketteler. Kap. II.1.3.1.

Eissinck, Cäcilia (1496-1546)
Mögliche Angehörige des Osnabrücker Offizials Reiner Eissinck, von 1488 bis 1520 Domvikar in Osnabrück,[1344] Stammsitz der Familie war Aschendorf im Emsland Kap. I.2.3.

Gliderinch, Elske (1406-1421)
Kämmerin. Kap. I.2.1.

Giffende, Beke (1472-1497)
Kellnerin 1472-1497. Kap. I.2.3.

Hake, Eva (1593-∞1603 †1653)
Tochter des Iburger Burgmannes Johann Hake zu Scheventorf, Amt Iburg, und der Sybille von Raesfeld, Enkelin des Mitglieds der Regierungskollegiums Reineke Hake (†1592).[1345] Schwester der Johanna Elisabeth, verheiratet mit dem Drosten zu Fürstenau, Michael Koboldt von Tambach.[1346] Eva heiratete 1603 Jaspar (Caspar) von Dorgelo (†1654) zu Lethe, Amt Vechta.[1347] Kap. II.3.1.3.

Haren, Elisabeth von (1654-1673)
Tochter des Heinrich von Haren zu Hopen, Amt Vechta, und der Anna Sophie von Harlingen.[1348] Schwester der Maria von Haren, Nichte von Lucretia und Margareta von Haren. Kap. II.5.1.5.

1342 Franz-Josef JAKOBI (Hg), Geschichte der Stadt Münster, Münster ³1994.
1343 BEHR, Waldeck 2, S. 463, Anm. 628.
1344 1471 und 1479 wird ein Hermann Eissinck erwähnt, der der Vater des Offizials gewesen sein könnte. Vgl. Josef PRINZ, Das Anschreibebuch des Osnabrücker Offizials Reiner Eissinck (1488-1509), in: OM 67 (1956), S. 81-115, hier S. 87f.
1345 VOM BRUCH, Osnabrück, S. 37.
1346 VOM BRUCH, Emsland, S. 97.
1347 NIEBERDING, Niederstift 2, S. 402; NUTZHORN, Familie von Dorgelo, S. 30.
1348 NIEBERDING, Niederstift 2, S. 421.

Haren, Lucretia Wolborgh von (1614-1675)
Kellnerin 1630-1644. Tochter des Herbord von Haren[1349] (†1616) zu Laer und Hopen, Amt Vechta, und der Margarethe von Schade zu Huntlosen.[1350] Herbord war Burgmann der Stiftsburg Grönenberg und Besitzer mehrerer Rittersitze. Herbords Großvater Caspar von Haren war ein Bruder Anna von Harens, verh. von Dincklage, der Großmutter der Äbtissin Lucretia von Langen. Margarethes Großvater Otto Schade war ein Bruder der Äbtissin Beata Schade. Kap. II.4.1.2.

Haren, Margareta von (*1594, 1607-1669)
Kellnerin 1623-1629, Siegeljungfer 1632-1648, Koadjutorin 1640-1646, Seniorin 1653. Wie zuvor. Kap. II.3.4.3.3.

Haren, Maria von (1644-∞1650)
Küsterin 1647-1649. Tochter des Heinrich von Haren zu Hopen, Amt Vechta, und der Anna Sophie von Harlingen.[1351] Schwester der Elisabeth von Haren, Nichte von Lucretia und Margareta von Haren. Heiratete 1650 Christoph von Schele zu Kuhof. Kap. II.5.1.4.

Heede, Anna Elisabeth von (1649-1656)
Tochter des Melchior von Heede zu Heede und Landegge, Amt Meppen, und der Anna Sophia von Haren zu Hopen.[1352] Nichte von Lucretia und Margareta von Haren. Kap. II.5.1.5.

Heede, Cäcilia von (1464-1496)
Äbtissin 1464-1496. Tochter des Werenbold von Heede zu Heede, Amt Meppen, und der Walburgis von Langhals zu Landegge, Amt Meppen.[1353] Kap. I.2.3.

Hekes, Mechthild (1464-1472)
Priorin 1464-1472. Kap. I.2.3.

Hermeling, Elisabeth (1496-1562)
Küsterin/Priorin 1508-1531/1537-1562.
Mögliche Angehörige der Osnabrücker Beamtenfamilie Hermeling. Hauptmann Hans Hermelinck ließ 1582 die Stiftung eines Armenhauses in Osnabrück beurkunden.[1354] Kap. I.2.3.

Hesterberges, Lucke (1431-1439)
Äbtissin 1439. Kap. I.2.1.

1349 VOM BRUCH, Emsland, S. 37f.
1350 NIEBERDING, Niederstift 2, S. 421; BRÜNGER, Die älteren Linien, S. 70.
1351 NIEBERDING, Niederstift 2, S. 421.
1352 VOM BRUCH, Emsland, S. 31.
1353 VOM BRUCH, Emsland, S. 31, 42.
1354 QUECKENSTEDT, Die Armen, S. 169ff. Für dessen vermutliche Tochter Christina Hermeling, verheiratet mit dem bischöflichen Rat Dr. Lorenz Schrader, hat sich ein Epitaph in der Marienkirche zu Osnabrück erhalten (WEHKING, Inschriften, S. 165f).

Hildegundis I. (1274-1283)
Äbtissin. Kap. I.1.3.1.

Hildegundis II. (1343,1344)
Äbtissin. Kap. I.1.3.2.

Hokenese, Conegonde (1380-1399)
Tochter des Osnabrücker Ratsherrn Johann Hokenese und seiner Frau Jutta.[1355] Kap. I.2.1.

Kerstapel, Elisabeth (1578-1652)
Priorin/Siegeljungfer 1628-1632, Seniorin 1632-1652, Küsterin 1635-1646. Tochter des Johann von Borghorst gen. Kerstapel (†1593) zur Schleppenburg, Amt Iburg, und der Katharina von der Streithorst.[1356] Johann Kerstapel wurde 1558 mit der Schleppenburg belehnt und erschien 1575 auf dem Osnabrücker Landtag. Schwester der Catharina von Borghorst gen. Kerstapel, seit 1609 verheiratet mit Cord von Amelunxen zu Gesmold. Catharina war evangelisch, Cord vormals Kanonikus zu St. Johann.[1357] Kap. II.3.1.3.

Knehem, Anna von (1531-1535)
Priorin 1531-1535. Tochter von den Gütern Schulenburg und Horst, Amt Fürstenau, oder Sögeln, Amt Vörden, auf denen verschiedene Zweige der Familie von Knehem ansässig waren.[1358] Kap. I.2.3.1.

Knehem, Elisabeth von (1491-1496)
Tochter von den Gütern Schulenburg und Horst, Amt Fürstenau, oder Sögeln, Amt Vörden, auf denen verschiedene Zweige der Familie von Knehem ansässig waren.[1359] Kap. I.2.3.

Knehem, Oda von (1439-1491)
Priorin 1439, Äbtissin 1464. Mögliche Tochter des Boldewin von Knehem, seit 1379 auf Gut Schulenburg, seit 1430 auf Gut Horst im Amt Fürstenau und seit 1412 auf Gut Sögeln im Amt Vörden ansässig.[1360] 1420 wurden seine Güter Schulenburg, Horst und Sögeln unter seine Söhne verteilt. Kap. I.2.1.

Kobrinck, Elisabeth (1611-∞1636)
Kellnerin 1629. Tochter des Rötger von Kobrinck zu Altenoyhte, Amt Vechta, und der Margaretha von Reden.[1361] Heiratete 1636 Herbord von Bar zu Barenau (1582-1640). Kap. II.4.1.2.

1355 QUECKENSTEDT, Die Armen, S. 87f.
1356 VOM BRUCH, Osnabrück, S. 41.
1357 VOM BRUCH, Osnabrück, S. 194.
1358 VOM BRUCH, Osnabrück, S. 363f., 284, 354.
1359 VOM BRUCH, Osnabrück, S. 363f., 284, 354.
1360 VOM BRUCH, Osnabrück, S. 353, 363f.
1361 HOFFMANN, Familie von Kobrinck, S. 222, 226.

Langen, Christina Maria von (1649-1675)
Seniorin 1670, Äbtissin 1674-1675. Tochter des Heinrich Adam von Langen
(†1652) zu Sögeln, Kirchspiel Bramsche, Amt Vörden, und der Helene von Aswede
zu Arkenstede.[1362] Christina Maria heiratete 1675 Arnold Philipp von Lutten zu
Schwede. Kap. II.5.1.5.; II.6.2.

Langen, Gertrud von (1574-1600)
Tochter des Heinrich von Langen (†1616) zur Westkreyenburg, Amt Meppen, und
der Hille von Aswede (†1606) zu Arkenstede.[1363] Heinrich, ein Bruder der Heilwig
von Langen, erwarb 1590 das Haus Sögeln, Kirchspiel Bramsche, Amt Vörden, und
war 1593 Drost zu Fürstenau und Vörden.[1364] Nach seinem Tod ging Sögeln an den
Sohn seines Bruders Engelbert (†1626), Heinrich Adam von Langen.[1365] Nichte der
Heilwig von Lagen. Kap. II.2.1.3.; Kap. II.3.1.3.

Langen, Heilwig von (1561-∞1580)
Tochter des Engelbert von Langen (†1590) zu Westkreyenburg, Kirchspiel Bokeloh,
Herr zu Fresenburg, Amt Meppen, und der Katharina von und zu Clae.[1366] Aus der
Aufteilung der Kreyenburg durch die Erben Engelbert (†1523) und Rudolf von Lan-
gen waren 1475 die Güter West- und Ostkreyenburg entstanden.[1367] Engelberts Sohn
Nicolaus von Langen (†1546) wurde Erbe der Westkreyenburg. Dessen Sohn Engel-
bert (†1590), Heilwigs Vater, wurde 1562 belehnt. Ihr Bruder war Engelbert von
Langen (†1626), verheiratet mit Adelheid von Voß zu Diek und Quakenbrück.
Heilwig heiratete 1580 Rembert von Bernefuer zu Querlenburg. Kap. II.2.1.3.

Langen gen. Kreyenribbe, Lucretia von (1556-1611)
Äbtissin 1575-1611. Tochter des Gerhard von Langen gen. Kreyenribbe (†1590) zu
Beesten, Kirchspiel Freren, Grf. Lingen, und der (∞1530) Margarethe von Dincklage.[1368] Mit Beesten wurden Gerhard und sein Bruder Sergius 1535 von Franz von
Waldeck belehnt. Bruder Margarethes war der Drost zu Vechta, Johann von Dincklage d.Ä. Lucretias Bruder Herbord von Langen ∞ mit Bertha von Keppel zu Nienburg erbte von diesem das Gut Hopen. Ihre Schwester Gösta heiratete den Osnabrücker Bürger Wichmann. Kap. II.1.3.1.; II.3.1.2.

Langhals, Figge (1482)
Tochter des Albert von Langhals (†1490) zu Landegge, Amt Meppen.[1369] Schwester
der Walburgis von Langhals, der Mutter von Cäcilia von Heede, und der Daye von
Langhals. Kap. I.2.3.

1362 VOM BRUCH, Osnabrück, S. 285.
1363 VOM BRUCH, Emsland, S. 113.
1364 VOM BRUCH, Osnabrück, S. 284f.
1365 HOFFMANN, Streit um das Reichsrecht, S. 234.
1366 VOM BRUCH, Emsland, S. 113.
1367 VOM BRUCH, Emsland, S. 110.
1368 VOM BRUCH, Emsland, S. 140ff.
1369 VOM BRUCH, Emsland, S. 31, 42.

Lunne, Jutta von (1387)
Mögliche Tochter des Friedrich von Lunne und seiner Frau Wobbe aus Osnabrück. Friedrich ist zwischen 1362 und 1379 als Zeuge belegt,[1370] 1383 stiftete das Ehepaar eine Rente für die Armen der Stadt Osnabrück.[1371] Kap. I.1.3.4.

Maneel, Mette (1535-1575)
Kellnerin 1535-1556, Äbtissin 1556-1575. Tochter des Gottschalk Maneel und der Agnes von Heede zu Klein-Landegge, Kirchspiel Haren, Amt Meppen.[1372] Agnes war eine Schwester der Äbtissin Cäcilia von Heede. Mettes Bruder, Hermann von Maneel, 1543 ∞ mit Clemense von Nagel, deren Sohn Gottschalk von Maneel (†1609) 1574 ∞ mit Beke von Hermeling, deren Söhne Johann (†1624) ∞ mit Anna Maria von Torney zu Beel und Nikolaus ∞ mit Katharina von Glaen. Mettes Schwester, Fye Maneel, war verheiratet mit Steven von Bra zu Campe (†1531), deren Sohn Hans von Brae (†1556) ∞ mit Elisabeth von Quernheim, deren Sohn Steven von Brae (†1597) ∞ mit Irmgard von Donop.[1373]
Kap. II.1.3.1.; II.2.1.2.

Monnich, Catharina Gertraud von (1654-∞1657)
Tochter des Rudolf Lubbert von Monnich (†1683) zum Eikhof, Harme und Nienburg, Bauerschaft Andrup, Amt Meppen, und der Anna Gertrud von Grothaus zu Mesenburg.[1374] Heiratete Ulrich von Jemgum zu Norden. Kap. II.5.1.5.

Munster, Anna Judith von (*1655, 1668-1680)
Äbtissin 1675-1680. Tochter des Langen von Munster zu Surenburg, Bauerschaft Bergeshövede bei Riesenbeck, Amt Bevergern, Grf. Tecklenburg,[1375] und der Catharine Walburgis von Haren zu Hopen, Schwester von Elisabeth und Maria von Haren. Enkelin des Georg von Munster (†1627) zu Meinhövel, verheiratet mit Judith von Langen zu Surenburg, seit 1612 im Besitz der Surenburg. Der Sohn des Paares erhielt den Familiennamen seiner Mutter, Langen, als Vornamen. Kap. II.5.3.6.

Munster, Ida Elisabeth von (1607-1631)
Tochter des Rudolph von Munster zu Surenburg, Bauerschaft Bergeshövede bei Riesenbeck, Amt Bevergern, Grf. Tecklenburg.[1376] Kap. II.3.4.3.3.

Oer, Anne Sophia Helene von (1674-∞1685)
Tochter des Johann Caspar von Oer (†1685) zum Bruche, Amt Grönenberg, Drost zu Iburg und Grönenberg, und der Hedwig Beate von Goertz.[1377] Heiratete 1685 den Generalfeldmarschall Abraham von Arnim zu Boitzenburg. Kap. II.6.2.

1370 QUECKENSTEDT, Die Armen, S. 95.
1371 Erich Fink, Stadtbuch, Nr. 102 und Nr. 114.
1372 VOM BRUCH, Emsland, S. 43.
1373 VOM BRUCH, Emsland, S. 14, 27.
1374 NIEBERDING, Niederstift 2, S. 373; VOM BRUCH, Emsland, S. 94f.
1375 Friedrich HUNSCHE, Rittersitze, adelige Häuser, Familien und Vasallen der ehemaligen Grafschaft Tecklenburg, 2 Bde., Tecklenburg 1988. Bd. 2, S. 86ff.
1376 Ebd.
1377 VOM BRUCH, Osnabrück, S. 163.

Oldenhus, Heyke von den (1556-1567)
Mögliche Tochter des Drosten zu Steinfurt, Ambrosius von Viermund, erwähnt 1556, der 1563 mit dem Gut Oldenhaus gen. Grasdorf, Kirchspiel Veldhausen, Obergrf. Bentheim, belehnt wurde.[1378] Kap. II.1.3.1.

Petronilla (1343)
Kap. I.1.3.3.

Quernheim, Maria Helena von (1671-1707)
Tochter des Hermann Caspar von Quernheim zu Harenburg, Amt Vörden, und der Helene Mathilde von Langen zu Sögeln.[1379] Kap. II.5.3.6.

Randes, Elseke (1422)
Kap. I.2.1.

Recke, Geseke von der (1508-1575)
Unterpriorin 1508-1575. Mögliche Tochter des Johann von der Recke, dessen Hof 1490 in Meppen (Burgstr. 6-7), erwähnt ist.[1380] Kap. I.2.2.3.1.

Rochow, Maria Hedwig von (1675-1678)
Tochter des Rittmeisters Christian Sigismund von Rochow und der Dorothea von Lutten zu Lage, Amt Cloppenburg, der 1667 einen Burgmannshof in Quakenbrück erworben hatte.[1381] Kap. II.6.2.

Schade, Beata (1496-1556)
Kellnerin 1508-1532, Äbtissin 1532-1556. Tochter des Heinrich Schade zu Wesuwe, Amt Meppen, und der Else von Vullen. Mit dem Erbgut Wesuwe war Heinrich 1489 belehnt und 1495 im Verzeichnis der münsterischen Ritterschaft aufgeführt worden.[1382] Schwester des Otto Schade (†1521), der durch seine Frau Fredeke von Dincklage 1513 die im Amt Vechta gelegenen Güter Bakum und Ihorst erbte.[1383] Sein Sohn Heinrich von Schade war 1540 Drost zu Wildeshausen und baute Ihorst zu einem Rittersitz aus. Dessen Sohn Otto von Schade wurde 1588 Drost zu Vechta. Kap. I.2.3.; Kap. II.1.3.1.

Schagen, Anna von (1510 Prezistin).
Mögliche Tochter des Rolf von Schagen (†1582) zu Norberding, Amt Vechta.[1384] Kap. I.2.3.1

Schagen, Margaretha von (1556-1574)
Kellnerin 1565-1574. Tochter des Roleff und der Armgard von Schagen zu Norberding, Amt Vechta.[1385] Kap. II.1.3.1.

1378 VOM BRUCH, Emsland, S. 192f.
1379 VOM BRUCH, Osnabrück, S. 278.
1380 VOM BRUCH, Emsland, S. 59f.
1381 NIEBERDING, Niederstift 2, S. 434f.; VOM BRUCH, Osnabrück, S. 373.
1382 VOM BRUCH, Emsland, S. 66.
1383 BRÜNGER, Familien von Schade, S. 67-74.
1384 NIEBERDING, Niederstift 2, S. 377.

Schulte, Maria Gertrud (1666-1669)
Kap. II.5.3.6.

Schütte, Elisabeth (1496-1561)
Kämmerin 1506-1561, Seniorin 1556-1561. Mögliche Angehörige des Osnabrücker Ratsherrn Johann Schütte (†1504) und seiner Frau Geseke.[1386] Kap. I.2.3.

Smerten, Anna von (1532-1543)
Mögliche Tochter des Herbord von Smerten, dessen Hof in Meppen (am Markt 18), 1490 erwähnt ist.[1387] Kap. II.1.1.2.

Snetlage, Elisabeth von (1594-1607)
Tochter des Nicolaus von Snetlage zu Lonne, Amt Fürstenau, und der Ilse von Monnich zu Eickhoff.[1388] Die Schwester des Nicolaus, Anna von Snetlage, wurde 1608 in Fürstenau als Hexe verbrannt. Schwester des Rudolf von Snetlage (†1653), verheiratet mit Stine von Steinwick, der 1597 mit Lonne belehnt wurde. Kap. II.3.1.3.

Steding, Lucke (1570-1581)
Tochter des Hendrick Steding zu Huckelrieden, Bauerschaft Angelbeck, Amt Cloppenburg, und der (∞1546) Johanna von Dinklage zu Schulenburg.[1389] Enkelin des Wilke Steding (†1570), Drost zu Wildeshausen, Delmenhorst, Cloppenburg, Harpstedt und Vechta.[1390] Schwester des Wilke Steding (†1612), Drost zu Cloppenburg von 1590-1612. Kap. II.2.1.3.

Steding, Maria Elisabeth (1649-1661)
Tochter des Christoph Ludolph von Steding zu Huckelrieden, Bauerschaft Angelbeck, Amt Cloppenburg, und der Gertrud von Dinklage.[1391] Enkelin des Drosten zu Cloppenburg, Wilken Steding (†1612), Großnichte der Lucke Steding. Kap. II.5.1.5.

Steinhaus, Amelia (*1564, 1577-∞1606, †1620)
Tochter des Wilhelm Steinhaus zu Steinburg, Bauerschaft Rieste, Grf. Tecklenburg, und der Engel von Stempel.[1392] Amelia heiratete 1606 den Osnabrücker Domherrn Hugo von Dincklage zu Loxten.[1393] Kap. II.3.1.3.

1385 NIEBERDING, Niederstift 2, S. 377.

1386 1491 gehörte Johann zum Kirchenrat der Marienkirche, 1496 ist er dort als Werkmeister erwähnt. 1493 war er Verwalter des Twente-Hospitals in Osnabrück, für das seine Witwe Geseke 1505 einen Kotten stiftete. QUECKENSTEDT, Die Armen, S. 260.

1387 VOM BRUCH, Emsland, S. 59f.

1388 VOM BRUCH, Osnabrück, S. 327; Emsland, S. 145.

1389 NIEBERDING Niederstift 2, S. 437f.

1390 Heinrich SCHMIDT, Art. Wilke Steding, in: Biographisches Handbuch, S. 695.

1391 NIEBERDING Niederstift 2, S. 438.

1392 VOM BRUCH, Osnabrück, S. 280.

1393 Hugo von Dincklage war ein Sohn des Hugo von Dincklage zu Loxten und der Gertrud von Horne. HOFFMANN, Domherren, Nr. 26.

Stemshorn, Margareta Magdalena von (1649-1666)
Kellnerin 1663. Tochter des Hilmar von Stemshorn, Kirchspiel Lemförde, Grf. Diepholz.[1394] Magdalenas Großmutter, Gertrud von Dorgelo zu Welpe, verheiratet mit Hartecke von Stemshorn, war eine Schwester Johanns von Dorgelo, des Vaters der Äbtissin Magdalena von Dorgelo. Großnichte der Magdalena von Dorgelo. Kap. II.5.1.5.

Swendorp, Iuthmodis (Jutte) von (1496-1497)
Priorin 1496-1497. Kap. I.2.3.

Tutinges, Margareta (1464)
Seniorin 1464. Mögliche Angehörige des Hermann Tuting, Osnabrücker Bürger, erwähnt 1424.[1395] Kap. I.2.3.

Vincke, Leneke (1531-1532)
Äbtissin 1531-1532. Mögliche Tochter des Rolf von Vincke (erw. 1435-1511) zu Ostenwalde, Amt Grönenberg.[1396] Kap. I.2.3.1.

Voß, Agnese (1562-1623)
Kellnerin 1577-1623. Tochter des Bernd Voß zu Bakum, Amt Vechta, und der (∞1527) Elske von Schade.[1397] Schwester des Jasper Gyse Voß, dessen Grabstein aus dem Erbbegräbnis in der 1905 abgebrochenen Kirche zu Bakum sich heute an einem Nebengebäude auf dem Gut Daren bei Bakum befindet.[1398] Erhalten hat sich in der Kirche zu Bakum das Epitaph der ersten Frau von Agneses Neffen Bernd Gier Voß, Agnesa von Schlon, die, erst 25 Jahre alt, bei der Geburt ihres ersten Sohnes im Jahr 1608 starb.[1399] Kap. II.2.1.3.

Voß, Anna Maria (1643-∞1647)
Tochter des Rütger Voß zu Rodenberg an der Emscher, Grf. Mark, und der Agnese von Althaus.[1400] Das Wasserschloss Rodenberg an der Emscher, heute in Dortmund-Aplerbeck gelegen, war seit 1422 im Besitz der Familie Voß zum Rodenberg. Großnichte der Äbtissin von Althaus, heiratete 1646 Dietrich Zwicker (Dietrich de Swerker) aus Münster, fürstlich münsterischer Richter von Coesfeld. Kap. II.4.4.2.

1394 NUTZHORN, Familie von Dorgelo, S. 43f.
1395 VOM BRUCH, Osnabrück, S. 89.
1396 Ernst Friedrich MOOYER, Grundzüge zur ältesten Geschichte und Genealogie des Geschlechts von Vincke, in: Zeitschrift für vaterländische Geschichte und Altertumskunde 9 (1846), S. 233-347; Otto VON DUNGERN, Die Ahnen Ludwig Vinckes, in: Beiträge zur westfälischen Ahnenforschung 5 (1944), S. 6-28, hier S. 16; VOM BRUCH, Osnabrück, S. 170.
1397 NIEBERDING, Niederstift 2, S. 347, 367.
1398 HELLBERND, Alte Grabplatten (1974), S. 181ff.
1399 HELLBERND, Alte Grabplatten (1975), S. 38ff.
1400 VON ALVENSLEBEN, Rodenberg, S. 46f.

Voß, Catharina Hilborg (*1620, 1661-1692 Prezistin)
Küsterin 1675, Kellnerin 1676, Siegeljungfer. Tochter des Otto Voß zu Mundelnburg (†1654) Amt Fürstenau, und der Adelheid Mette von Schwenke zu Fresenburg.[1401] Schwester des Otto Andreas von Voß (†1697) ∞ Adelheid von Langen zu
Sögeln, Hofjunker Franz Wilhelms. Kap. II.5.2.4.

Wullen, Sophie von (1558-1625)
Seniorin/Siegeljungfer 1600-1625. Tochter des Gerlach von Wullen zu Wullenburg,
Amt Iburg, und der Katharina von Dincklage.[1402] Gerlach von Wullen war um 1550
im Besitz der Wullenburg und erschien 1556 auf dem Osnabrücker Landtag. Der
1536 von Bischof Franz begnadigte Oberbefehlshaber der Täufer Gerlach von Wullen, verheiratet mit Mette von Buck, war möglicherweise der Großvater Sophies.[1403]
Kap. II.2.1.3.

1401 VOM BRUCH, Osnabrück, S. 367.
1402 VOM BRUCH, Osnabrück, S. 45.
1403 BEHR, Waldeck I, S. 166.

3. Verzeichnis der Pröpste
(urkundliche Erwähnung)

Albero (v. Bele ?)	1274
Gerhard	1277, 1291
Dietrich	1299
Lambert v. Snetlage	1303, 1314
Conrad	1316, 1339
Johannes Ezel	1343, 1352
Wolter	1357, 1360
Bertram	1363
Wessel de Bruzere	1365
Detmar	1384, 1387
Arend	1396, 1397
Egbert	1399
Friedrich v. Langen	1404, 1418
Matthias	1431, 1439

4. Geistliche seit der Reformation
(bis zum Ende des Untersuchungszeitraums)

1532	Bartholomäus Niggemann und Ludolf Erffmann
ab 1575	Pastoren Claudius, Christoffer, Heinrich
1581/82	Johann Gigas
ab 1583/84	Pastoren Antonius, Frederich, Johann
1595-1601	Prediger Robert Berends alias Schlo
1602-1604	Prediger Rudolf Hundeling
1604-1605	Prediger Johann Seelen, Quakenbrück
1605-1609	Prediger Hermann Meyer
1610-1613	Pastor Ludolph Gresell
1613-1614	Pastor Johann Christian Klinghammer
1615-1618	Pastor Gresell
1618-1621	Pastor Anton Hollmann
1621-1624	Pastor Heinrich Brüning
1624-1644	Pastor Conrad Cruse
1645-1648	Bernhard Harnoven
1648-1656	Henricus Nicolai
1656-1698	Johann Henricus Voß

5. Börsteler Jahreskalender
(ermittelt aus den Rechnungsregistern)

6.1.	Epiphanias, Trium Regum
14.1.	Felix von Nola
15.1.	Arnold
17.1	Antonius Abbatis
18.1.	Prisca
20.1.	Fabian und Sebastian
21.1.	Agnes zu Rom
22.1.	Vincentius
25.1.	Conversio Pauli (Bekehrung des Paulus)
26.1.	Timotheus
27.1.	Johann Chrysostomus
30.1.	Adelgunde
2.2.	Mariae Lichtmess - Purgificatio Mariae (Reinigung Marias)
3.2.	Blasius
5.2.	Agatha
6.2.	Dorothea
9.2.	Appolonia
10.2.	Scholastica virg.
14.2.	Valentin
22.2.	Cathedra Petri (Petri Stuhlfeier)
24.2.	Matthäus Apt.
3.3.	Kunigunde
12.3.	Gregorius
17.3.	Gertrud von Nivelles
25.3.	Annuntiatio Mariae (Mariae Verkündigung)
25.4.	Evangelist Markus
28.4.	Vitalis
1.5.	Philippus & Jacobus Apt.
3.5.	Inventio sancte Crucis (Kreuzes Findung)
6.5.	Johannes ante portas Latinas
13.5.	Servatius
14.5.	Paschalis
2.6.	Erasmus, Marcellinus und Petrus
5.6.	Bonifatius
13.6.	Antonius von Padua
15.6.	Veit, Vitus
19.6.	Gervasius und Protasius

24.6.	Nativitas Iohannis Baptiste (Geburt Johannes des Täufers)
29.6.	Peter & Paul
30.6	Commemorationis Pauli (Pauli Gedächtnis)
2.7.	Visitatio Mariae (Mariae Heimsuchung)
8.7.	Kilian und Gefährten
9.7.	Sieben Brüder
12.7.	Johannis Gualbertus
13.7.	Heinrich II., Silvanus, Margaretha
15.7.	Divisio Apostolorum (Apostel Teilung)
17.7.	Alexius
18.7.	Arnulf von Metz
20.7.	Lucanus von Säben
21.7.	Praxedes
22.7.	Maria Magdalena
23.7.	Liborius von Le Mans
24.7.	Apollinaris von Ravenna
25.7.	Jacobus Apt.
26.7.	Anna, Hieronymus
27.7.	Panthaleon
30.7.	Abdon und Sennen
31.7.	Justinus de Jacobis
1.8.	Vincula Petri (Petri Kettenfeier)
2.8.	Stephan
8.8.	Dominikus
9.8.	Laurentius
11.8.	Tiburtius, Übertragung der Dornenkrone des Herrn
12.8.	Clara von Assisi
13.8.	Hippolyt
15.8.	Assumptio Mariae (Mariae Himmelfahrt)
16.8.	Anna
20 8.	Bernhard von Clairvaux
22.8.	Oswald
24.8.	Bartholomäus
28.8.	Augustinus
29.8.	Decollatio Johannis (Enthauptung Johannis)
30.8.	Felix und Adauktus
1.9.	Ägidius
8.9.	Nativitas Mariae (Mariae Geburt)
11.9.	Protus
13.9.	Johannes Chrysostomus
14.9.	Exaltatio sancte Crucis (Kreuzerhebung)

15.9.	Mariä Schmerzen
16.9.	Cyprianus von Karthago
18.9.	Lambert von Maastricht
20.9.	Eustachius
21.9.	Evangelist Matthäus
22.9.	Mauritius
24.9.	Thyrsus und Felix
26./27.9.	Cosmas und Damian
28.9.	Wenzeslaus
29.9.	Michaelis
30.9.	Hieronymus
1.10.	Remigius
2.10.	Leodegar
3.10.	Ewald
4.10.	Franziskus von Assisi
5.10.	Meinolf von Paderborn
7.10.	Justina von Padua
9.10.	Dionysius
10.10.	Gereon von Köln / Victor von Xanten
14.10.	Kalixtus
15.10.	Gregorius Maurus Märtyrer
16.10.	Gallus
18.10.	Evangelist Lukas
20.10.	Vitalis
21.10.	Tag der elftausend Mägde
23.10.	Severin von Köln
25.10.	Crispin u. Crispinian
28.10.	Simon & Judas
1.11.	Omnium Sanctorum (Allerheiligen)
3.11.	Hubert von Lüttich
6.11.	Leonard von Limoges
9.11.	Theodor
11.11.	Martin, Bischof
12.11.	Kunibert
13.11.	Briktius
16.11.	Othmar von St. Gallen
19.11.	Elisabeth
20.11.	Bernward von Hildesheim
22.11.	Cäcilia
23.11.	Clementius, Papst
24.11.	Chrysogonus
25.11.	Katharina
30.11.	Andreas Apt.

4.12.	Barbara
6.12.	Nicolaus
8.12.	Conceptio Mariae (Mariae Empfängnis)
13.12.	Lucia
21.12.	Thomas Apt.
26.12.	Stephanus
27.12.	Evangelist Johannes
28.12.	Innocentium (Tag der unschuldigen Kinder)
31.12.	Silvester, Papst

Sonntage

9. Sonntag vor Ostern	Septuagesimae
8. Sonntag vor Ostern	Sexagesimae
7. Sonntag vor Ostern	Estomihi
6. Sonntag vor Ostern	Invocavit
5. Sonntag vor Ostern	Reminiscere
4. Sonntag vor Ostern	Okuli
3. Sonntag vor Ostern	Laetare
2. Sonntag vor Ostern	Judica
1. Sonntag vor Ostern	Palmarum

Ostern

1. Sonntag nach Ostern	Quasimodogeniti
2. Sonntag nach Ostern	Misericordias Domini
3. Sonntag nach Ostern	Jubilate
4. Sonntag nach Ostern	Cantate
5. Sonntag nach Ostern	Rogate (Vocem jucunditatis)
6. Sonntag nach Ostern	Exaudi

Ascensionis Domini (Himmelfahrt)
Pfingsten
3. Samstag nach Pfingsten - Maria immaculata (Unbeflecktes Herz Mariä)
Corpus Christi - Fronleichnam
Trinitatis
14. Sonntag nach Trinitatis, Kreuzerhebung

6. Die in Börstel gängigen Münzen, Maße und Gewichte

1. Münzen[1404]
1 Mark - 12 ß
1ß - 12 d
1ß - 8 krumstert, Kleinmünze in friesischen Gegenden
1 stuver - 5 d, niederländische Münze - ndl. stuiver

1 Taler - 21 ß
1 Taler - 252 d
1 Taler - 15 schap

1 Joachimstaler - 22 ß, 4 ½ d
1 Reichstaler (Rt) - 4 Mark
1 Rt - 2,5 Gulden
1 Rt - 50 stuver/Stüber

1 Gulden - 10 schap
1 Rheinischer Gulden -23 ß
1 Lübischer Gulden - 16 bis 17 ß
1 Brabanter Gulden - 20 Stüber - 16 Pfennig.
Rosenobel - engl. Goldmünze im Wert von 2 1/4 Dukaten, der Nobel mit einer auf die Kehrseite der Münze geprägten Rose

1 Schreckenberger - 1/7 Gulden, ab 1500 1/7 Taler   schwerer sächsischer Groschen, die Prägung der Münze wurde 1571 eingestellt.

2. Maße und Gewichte[1405]
1 Stiege - 20 Zähleinheiten

Für Osnabrück: 1 Molt (Malter) - 12 Scheffel - 18 Pfund
Für Berge: 1 Molt - 15 Scheffel
1 Malter Roggen - 264 kg
1 Malter Gerste - 240 kg
1 Malter Hafer - 180 kg.
1 Malter Weizen - 300kg

1 Fass - 2 Scheffel
1 Ringel - 2 Scheffel
1 Kanne (Hannover) 1,9 Liter
1 Quart - zwischen ½ und 1 Liter.
Kluwede - Gewichtsmaß für Wolle
1 Tonne (Hering) - ca. 240 Pfund

1404 Vgl. Tyll Kroha, Lexikon der Numismatik, Gütersloh 1977; Niklot Klüßendorf, Münzkunde (Hahnsche Historische Hilfswissenschaften 5), Hannover 2009.
1405 Vgl. Hans, Ziegler, Über alte Getreidemaße des niedersächsischen Raums, in: Braunschweiger Jahrbuch 51 (1970), S. 203-210.

7. Quellen- und Literaturverzeichnis

Abkürzungen

ADB = Allgemeine Deutsche Biographie, hg. von der Historischen Kommission bei der Bayerischen Akademie der Wissenschaften und der Bayerischen Staatsbibliothek, Bd. 1 - 56, Berlin 1875-1912. (Nachdruck Berlin 1967-1971, [4]2010)

HRG = Handwörterbuch zur deutschen Rechtsgeschichte, hrsg. von Albrecht Cordes, Heiner Lück u. a., 5 Bde., Berlin [2]2008-2010.

JEHB = Jahrbuch des Emsländischen Heimatbundes

JGNKG = Jahrbuch der Gesellschaft für Niedersächsische Kirchengeschichte

LMA = Lexikon des Mittelalters, hrsg. von Robert Auty, Robert-Henri Bautier, Peter Berghaus, Darmstadt 1999-2009.

LTK = Lexikon für Theologie und Kirche, begründet von Michael Buchenberger, Freiburg [3]1993-2001.

MKHB = Mitteilungen des Kreisheimatbundes Bersenbrück

OM = Osnabrücker Mitteilungen

RGG = Religion in Geschichte und Gegenwart, hrsg. von Kurt Galling, Tübingen 1998-2002.

SKHB = Schriftenreihe des Kreisheimatbundes Bersenbrück

Ungedruckte Quellen

NLA OL: Niedersächsisches Landesarchiv - Standort Oldenburg

NLA OS: Niedersächsisches Landesarchiv - Standort Osnabrück

BAOs: Bistumsarchiv Osnabrück

WAM: Westfälisches Archivamt Münster: Archiv Assen - Urkunden

Kommunalarchiv Minden

Gedruckte Quellen

Bär, Max, Das Protokoll des Albert Lucenius über die Kirchenvisitation von 1624/25. Nach der Urschrift herausgegeben, in: OM 25 (1900), S. 230-282.

Bindel, Richard, Geistliche Polizei-Ordnung des Fürstentums Osnabrück vom Jahre 1662, in: OM 46 (1924), S. 49-141.

Confessio Augustana, Das Augsburgische Bekenntnis (1530), Lateinischer Text: Bekenntnisschriften der evangelisch-lutherischen Kirche (1930), Göttingen [4]1959, S. 50-137, Deutscher Text nach BSLK.

Fink, Erich, Die Drucke der Capitulatio Perpetua Osnabrugensis, in: OM 46 (1924) S. 1-48.

Flaskamp, Franz, Anna Roedes spätere Chronik von Herzebrock. Eine westfälisch-mundartliche Quelle der Osnabrücker Klostergeschichte, in: JGNKG 68 (1970), S. 75-146.

Flaskamp, Franz, Johannes Bischopincks Kirchenvisitation von 1653 im Hochstift Osnabrück, in: OM 83 (1977), S. 52-93.

Flaskamp, Franz, Eine wiederentdeckte Geschichtsquelle: Bernhard Matthiae's Visitation von 1653 im Bistum Osnabrück, in: OM 86 (1980), S. 24-54.

Grube, Karl (Bearb.), Des Augustinerpropstes Johannes Busch Chronicon Windeshemense und Liber de reformatione monasterium (Geschichtsquellen der Provinz Sachsen und angrenzender Gebiete 19), Halle 1886.

Hoene, Otto zu (Hrsg.), Die Raeckmann Chronik 1609-1639, Bersenbrück 1966.

Jarck, Horst-Rüdiger (Bearb.), Urkundenbuch der Stadt Osnabrück 1301 - 1400 (Osnabrücker Urkundenbuch 6), Osnabrück 1989.

Kirchenordnung Herzog Friedrichs von Braunschweig-Lüneburg, Lüneburg 1643 (Neudruck Hannover 1853).

Luther, D. Martin Luthers Werke, Kritische Gesamtausgabe, Weimar 1883ff.

Petiscus, Max, Die Drosten, Rentmeister, Gografen und Vögte im Hochstift Osnabrück von etwas 1550-1800. Mskr. Osnabrück 1936-1938 (StAOs Erw A 14 Nr. 35.)

Prinz, Josef, Das Anschreibebuch des Osnabrücker Offizials Reiner Eissinck (1488-1509), in: OM 67 (1956), S. 81-115.

Regula Benedicti. Die Benediktusregel lateinisch/deutsch, hrsg. im Auftrag der Salzburger Äbtekonferenz, Beuron 1992.

Rölker, Roland / Delbanco, Werner (Bearb.), Urkundenbuch des Stifts Börstel (Osnabrücker Urkundenbuch 7), Osnabrück 1996.

Rothert, Hermann, Das Glaubensbekenntnis der Osnabrücker Ritterschaft im Jahre 1625, in: OM 46 (1924), S. 142-150.

Rüthning, Gustav (Bearb.), Grafschaft Oldenburg von 1482 bis 1550 (Oldenburgsches Urkundenbuch 3), Oldenburg 1927.

Rüthning, Gustav (Bearb.), Urkundenbuch von Süd-Oldenburg (Oldenburgisches Urkundenbuch 5), Oldenburg 1930.

Runge, Friedrich (Hrsg.), Die niederdeutsche Bischofschronik bis 1553: Übersetzung und Fortsetzung der lateinischen Chronik Ertwin Ertmans durch Dietrich Lilie. (Osnabrücker Geschichtsquellen und Forschungen 2), Osnabrück 1894 (Nachdruck Osnabrück 1977).

Sandhoff, Johann Itel, Die Gertrudenberger Chronik vom Jahre 1759. Hrsg. v. Hans-Hermann Breuer (Beiträge zur Geschichte und Kulturgeschichte des Bistums Osnabrück, 2), Osnabrück 1939.

Sehling, Emil (Hrsg.), Die evangelischen Kirchenordnungen des XVI. Jahrhunderts, Bd. 7.II.1, Tübingen 1963.

Stüve, Carl (Hrsg.), Annales monasterii S. Clementis in Iburg collectore Mauro abbate. Die Iburger Klosterannalen des Abts Maurus Rost (Osnabrücker Geschichtsquellen und Forschungen 3), Osnabrück 1895 (Nachdruck Osnabrück 1977).

Waitz, Georg (Hrsg.), Monumenta Germaniae Historica, Scriptores, Hannover 1880 (Nachdruck Stuttgart 1974).

Wehking, Sabine (Bearb.), Die Inschriften der Stadt Osnabrück (Die Deutschen Inschriften 26: Göttinger Reihe 3), Wiesbaden 1988.

Darstellungen

Abel, Wilhelm, Geschichte der deutschen Landwirtschaft, Stuttgart ³1978.

Ahlers, Gerd, Weibliches Zisterziensertum im Mittelalter und seine Klöster in Niedersachsen (Studien zur Geschichte, Kunst und Kultur der Zisterzienser 13), Berlin 2002.

Altenberend, Johannes / Vogelsang, Reinhard/Wibbing, Joachim (Hrsg.), St. Marien in Bielefeld 1293-1993. Geschichte und Kunst des Stifts und der Neustädter Kirche, Bielefeld 1993.

Althoff, Gerd, Die Bösen schrecken, die Guten belohnen. Bedingungen, Praxis und Legitimation mittelalterlicher Herrschaft, in: Gerd Althoff, Hans-Werner Goetz, Ernst Schubert (Hrsg.), Menschen im Schatten der Kathedrale, Darmstadt 1998.

Alvensleben, Udo von, Haus Rodenberg an der Emscher, In: Deutsches Adelsarchiv, 16 (1960), S. 46-47.

Andermann, Kurt (Hrsg.), Geistliches Leben und standesgemäßes Auskommen. Adelige Damenstifte in Vergangenheit und Gegenwart (Kraichtaler Kolloquien 1), Tübingen 1998.

Andermann, Ulrich, Kirche und Stift Schildesche, 939-1810, Festschrift zur 1050-Jahr-Feier, Bielefeld 1989.

Angenendt, Arnold, Geschichte der Religiosität im Mittelalter, Darmstadt 1997.

Angermann, Gertrud, Volksleben im Nordosten Westfalens zu Beginn der Neuzeit. Eine wachsende Bevölkerung im Kräftefeld von Reformation und Renaissance, Obrigkeit und Wirtschaft (Minden, Herford, Ravensberg, Lippe) (Beiträge zur Volkskultur in Nordwestdeutschland 89), Münster/New York 1995.

Arndt, Johannes, Möglichkeiten und Grenzen weiblicher Selbstbehauptung gegenüber männlicher Dominanz im Reichsgrafenstand des 17. und 18. Jahrhunderts, in: Vierteljahrschrift für Sozial- und Wirtschaftsgeschichte 77 (1990), S. 153-174.

Bär, Max, Abriß einer Verwaltungsgeschichte des Regierungsbezirks Osnabrück (Quellen und Darstellungen zur Geschichte Niedersachsens 5), Hannover/Leipzig, 1901.

Bastl, Beatrix, Tugend, Liebe, Ehre. Die adelige Frau in der Frühen Neuzeit, Wien/Köln 2000.

Bau- und Kunstdenkmäler des Herzogtums Oldenburg, Heft 2, Amt Vechta, 1900 (Nachdruck Osnabrück 1976).

Becker, Paulus, Benediktinische Reformbewegungen im Spätmittelalter, in: Untersuchungen zu Kloster und Stift (Studien zur Germania Sacra 14), Göttingen 1980, S. 167-187.

Beckschäfer, Bernard, Geschichte des Dominikanerklosters zum hl. Kreuz in Osnabrück, in: OM 37 (1912), S. 1-107.

Behr, Hans-Joachim, Forst und Jagd im Osnabrücker Raum vom 17. Jahrhundert bis zur Gegenwart, in: OM 77 (1970), S. 125-161.

Behr, Hans-Joachim, Die Haltung der Osnabrücker Ritterschaft zur Reformation, in: Kaster / Steinwascher (Hrsg.), 450 Jahre Reformation, S. 531-540.

Behr, Hans-Joachim, Franz von Waldeck, Fürstbischof zu Münster und Osnabrück, Administrator zu Minden (1491-1553). Sein Leben in seiner Zeit (Veröffentlichungen der Historischen Kommission für Westfalen XVIII: Westfälische Biographien 9), 2 Teilbände, Münster 1996, 1998.

Bei der Wieden, Brage, Außenwelt und Anschauungen Ludolf von Münchhausens (1570-1640) (Veröffentlichungen der Historischen Kommission für Niedersachsen und Bremen 32: Niedersächsische Biographien 5), Hannover 1993.

Benken, Alfred, Rund um St. Vitus Löningen, in: Löninger Blätter, Heft 1 (1993/94) (Materialien zur Heimatgeschichte im Oldenburger Münsterland, hrsg. vom Heimatverein Löningen), S. 3-5.

Berning, Wilhelm, Die Relatio status des Osnabrücker Bischofs Franz Wilhelm von Wartenberg aus dem Jahre 1641, in: OM 60 (1940), S. 133-152.

Bockhorst, Wolfgang, Geschichte des Niederstifts Münster (Veröffentlichungen der Historischen Kommission für Westfalen 22: Geschichtliche Arbeiten zur westfälischen Landesforschung 17), Münster 1985.

Bodarwé, Katrinette, Sanctimoniales litteratae. Schriftlichkeit und Bildung in den ottonischen Frauenkommunitäten Gandersheim, Essen und Quedlinburg, Münster 2004.

Boeselager, Johannes von, u. a., Im Schatten der Reichsabtei. Stift St. Mariae auf dem Berge vor Herford, in: Westfälische Zeitschrift 140 (1990), S. 49-130.

Bölsker-Schlicht, Franz, Die Gegenreformation im münsterschen Amt Meppen, in: Gerd Steinwascher (Hrsg.) Krieg – Konfessionalisierung – Westfälischer Frieden, S. 157-227.

Bölsker-Schlicht, Franz, Sozialgeschichte des ländlichen Raumes im ehemaligen Regierungsbezirk Osnabrück im 19. und frühen 20. Jahrhundert unter besonderer Berücksichtigung des Heuerlingswesens und einzelner Nebengewerbe, in: Westfälische Forschungen 40 (1990), S. 223-250.

Böning, Heinrich, Glaubenskämpfe im Osnabrücker Nordland im 16. und 17. Jahrhundert (SKHB 18), Berge 1981.

Borggrefe Heiner / Lüpkes, Vera (Hrsg.), Adel im Weserraum um 1600. Katalog zur Ausstellung im Weserrenaissance-Museum Schloß Brake, München/Berlin 1996.

Braunsberger, Otto, Petrus Canisius, Freibug 1921.

Brem, Hildegard / Altermatt, Alberich Martin (Hrsg.), Einmütig in der Liebe: Die frühesten Quellentexte von Cîteaux lateinisch-deutsch (Quellen und Studien zur Zisterzienserliteratur 1), Langwaden 1998.

Bruch, Rudolf vom, Die Rittersitze des Fürstentums Osnabrück, Osnabrück 1930, (Nachdruck Osnabrück 1983 und 2003).

Bruch, Rudolf vom, Die Rittersitze des Emslandes, Münster 1962.

Brünger, Haimar, Die älteren Linien der adeligen Familien von Schade, in: Jahrbuch für das Oldenburger Münsterland (1982), S. 67-74.

Campenhausen, Axel Frhr. von, Die kirchlichen Stiftungen in Vergangenheit und Gegenwart, in: JGNKG 82 (1984), S. 113-143.

Cohausz, Alfred, Anmerkungen zum Herforder Bildersturm im Jahre 1532, in: Paderbornensis Ecclesia, München/Paderborn/Wien 1972, S. 207-221.

Degler-Spengler, Brigitte, Die religiöse Frauenbewegung des Mittelalters. Konversen – Nonnen – Beginen, in: Rottenburger Jahrbuch für Kirchengeschichte 3 (1984), S. 75-88.

Dehio, Georg, Handbuch der Deutschen Kunstdenkmäler, Bremen Niedersachsen, Berlin/München 1992.

Delbanco, Werner, Ein Leben im Verborgenen. Rückvermerke auf den Urkunden des Stifts Börstel, in: OM 103 (1998), S. 43-70.

Della Valle, Hermann, Kirchen und altkirchliche Einrichtungen des Osnabrücker Landes, in: Osnabrücker Heimatbuch, 1. Heft, Heimatgeschichte, Osnabrück 1923, S. 82-93.

Diepenbrock, Johann Bernhard, Geschichte des vormaligen münsterschen Amtes Meppen, Lingen 1885.

Dingeldein, WH, Acht eeuwen Stift Weersclo, 1150-1950, Hengelo 1991.

Dinzelbacher, Peter / Bauer, Dieter (Hrsg.), Religiöse Frauenbewegung und mystische Frömmigkeit im Mittelalter, Köln/Wien 1988.

Dobelmann, Werner, Jagd und Fischerei im Osnabrücker Nordland, in: MKHB 9 (1961).

Dobelmann, Werner, Das Zehntwesen im Osnabrücker Nordland, in: MKHB 15 (1968), S. 43-106.

Dökel, O., Geschichtliche Mitteilungen über das Fürstentum Osnabrück, besonders über das Kirchspiel Essen, Bad Essen 1919.

Dose, Hanna, Evangelischer Klosteralltag. Leben in Lüneburger Frauenkonventen 1590-1710, untersucht am Beispiel Ebstorf (Veröffentlichungen der Historischen Kommission für Niedersachsen und Bremen 35: Quellen und Untersuchungen zur allgemeinen Geschichte Niedersachsens in der Neuzeit 12), Hannover 1994.

Duby, George, Die Kunst der Zisterzienser, Stuttgart 1993.

Dühne, H., Geschichte der Kirchen und der Reformation im Fürstenthume Osnabrück, Osnabrück 1897.

Dungern, Otto Frhr. von, Die Ahnen Ludwig Vinckes, in: Beiträge zur westfälischen Ahnenforschung 5 (1944), S. 6-28.

Düring, Adolf von, Geschichte des Stiftes Börstel, in: OM 18 (1893), S. 161-256, 19 (1894), S. 1-94, 20 (1895), S. 1-92.

Düselder, Heike (Hrsg.), Adel auf dem Lande. Kultur und Herrschaft des Adels zwischen Weser und Ems 16. bis 18. Jahrhundert (Materialien und Studien zur Alltagsgeschichte und Volkskultur Niedersachsens, Heft 36), Cloppenburg 2004.

Düselder, Heike, Kultur und Herrschaft des Adels in der Frühen Neuzeit, in: Heike Düselder (Hrsg.), Adel auf dem Lande. Kultur und Herrschaft des Adels zwischen Weser und Ems 16. bis 18. Jahrhundert (Materialien und Studien zur Alltagsgeschichte und Volkskultur Niedersachsens, Heft 36), Cloppenburg 2004, S. 15-178.

Düselder, Heike / Weckenbrock, Olga / Westphal, Siegrid (Hrsg.), Adel und Umwelt. Horizonte adeliger Existenz in der Frühen Neuzeit, Köln/Weimar/Wien 2008.

Düselder, Heike „Die cultivirte Welt bedarf des Waldes, wie sie des Weines bedarf." Ressourcenmanagement im Fürstbistum Osnabrück in der Frühen Neuzeit, in: OM 116 (2011), S. 103-124.

Eberhardt, Ilse, Van des stades wegene utgegeven unde betalt. Städtischer Alltag im Spiegel der Stadtrechnungen von Osnabrück (1459-1519) (Osnabrücker Geschichtsquellen und Forschungen 37), Osnabrück 1996.

Eckhardt, Albrecht, Stammtafeln, in: Heinrich Schmidt, Albrecht Eckhardt (Hrsg.), Geschichte des Landes Oldenburg, Oldenburg, 1987, [4]1994, S. 976f.

Elert, Werner, Morphologie des Luthertums Bd. 1: Theologie und Weltanschauung des Luthertums hauptsächlich im 16. und 17. Jahrhundert, München [3]1965.

Elm, Kaspar, Westfälisches Zisterziensertum und spätmittelalterliche Reformbewegung, in: Westfälische Zeitschrift 128 (1978), S. 9-32.

Elm, Kaspar, Verfall und Erneuerung des Ordenswesens im Spätmittelalter. Forschungen und Forschungsaufgaben, in: Untersuchungen zu Kloster und Stift (Studien zur Germania Sacra 14: Veröffentlichungen des Max-Planck-Instituts für Geschichte 68), Göttingen 1980, S. 188-238.

Elm, Kaspar (Hrsg.), Reformbemühungen und Observanzbestrebungen im spätmittelalterlichen Ordenswesen, Berlin 1989.

Elm, Kaspar, Monastische Reformen zwischen Humanismus und Reformation, in: Lothar Perlitt (Hrsg.), 900 Jahre Kloster Bursfelde, Göttingen 1994.

Elm, Kaspar/Joerißen, Peter/Roth, Hermann (Hrsg.), Die Zisterzienser. Ordensleben zwischen Ideal und Wirklichkeit [Katalog der Ausstellung des Landschaftsverbandes Rheinland, Rheinisches Museumsamt, Brauweiler, in Aachen vom 3. Juli bis zum 28. September 1980] (Schriften des Rheinischen Museumsamtes 10), Köln 1980

Ennen, Edith, Frauen im Mittelalter, München [5]1994.

Farge, Arlette / Zemon Davis, Natalie (Hrsg.), Geschichte der Frauen, 3. Bd., Frühe Neuzeit, Hamburg 1994.

Faust, Friedrich Wilhelm, Vom Börsteler Sundern zum Wirtschaftswald. Ein Streifzug durch die Waldgeschichte des Stiftes Börstel von 1244 bis 1967, in: OM 76 (1969), S. 76-99.

Faust, Friedrich Wilhelm, Der Balzplatz an der Roten Säule. Streit um die „Mummelken Riede", in: Heimatjahrbuch des Altkreises Bersenbrück 1973, S. 31-37.

Faust, Ulrich (Hrsg.), Die Benediktinerklöster in Niedersachsen, Schleswig-Holstein und Bremen (Germania Benedictina 6), St. Ottilien 1979.

Faust, Ulrich (Hrsg.), Die Frauenklöster in Niedersachsen, Schleswig-Holstein und Bremen (Germania Benedictina 11), St. Ottilien 1984.

Faust, Ulrich (Hrsg.), Die Männer- und Frauenklöster der Zisterzienser in Niedersachsen, Schleswig-Holstein und Hamburg (Germania Benedictina 12), München 1994.

Fink, Erich, Das älteste Stadtbuch von Osnabrück (Osnabrücker Geschichtsquellen 4), Osnabrück 1927.

Fischer, Franz, Die Reformationsversuche des Bischofs Franz von Waldeck im Fürstbistum Münster (Beiträge für die Geschichte Niedersachsens und Westfalen, Heft 6), Hildesheim 1907.

Flaskamp, Franz, Ein Zwischenbericht der Osnabrücker Reformationsgeschichte, in: JGNKG 58 (1960), S. 113-134.

Forst, Heinrich, Heinrich von Sachsen-Lauenburg, in: OM 18 (1893), S. 15-102.

Freckmann, Johannes, Die capitulatio perpetua und ihre verfassungsrechtliche Bedeutung für das Hochstift Osnabrück (1648-1650), in: OM 31 (1906), S. 129 ff.

Freitag, Werner, Tridentinische Pfarrer und die Kirche im Dorf, in: Norbert Haag, Sabine Holtz u. a. (Hrsg.), Ländliche Frömmigkeit. Konfessionskulturen und Lebenswelten 1500-1850, Stuttgart 2002.

Frings, Jutta (Hrsg.), Krone und Schleier. Kunst aus mittelalterlichen Frauenklöstern, Katalog der Essen-Bonner Doppelausstellung, München 2005.

Fritz, Johann Michael (Hrsg.), Die bewahrende Kraft des Luthertums. Mittelalterliche Kunstwerke in evangelischen Kirchen, Regensburg 1997.

Gatz, Erwin (Hrsg.), Die Bischöfe des Heiligen Römischen Reiches. Ein biographisches Lexikon, 3 Bde., Berlin 1990-2001.

Gatz, Erwin (Hrsg.), Die Bistümer des Heiligen Römischen Reiches von ihren Anfängen bis zur Säkularisation, Freiburg 2003.

Geschichte der Stadt Meppen, hrsg. von der Stadt Meppen, Endredaktion Regina Holzapfel, Meppen 2006.

Geza, Jaszai (Hrsg.), Monastisches Westfalen, Klöster und Stifte 800-1800, Katalog und Ausstellung, Münster 1982.

Gleba, Gudrun, Reformpraxis und materielle Kultur. Westfälische Frauenklöster im späten Mittelalter (Historische Schriften 462), Husum 2000.

Gleba, Gudrun / Eberhardt, Ilse, Summa Summarum: Spätmittelalterliche Wirtschaftsnachrichten und Rechnungsbücher des Osnabrücker Klosters Gertrudenberg; Transkription und Kommentar (Westfalen in der Vormoderne 9) Münster 2011.

Goeters, J.F.G., Die Reformation in der Grafschaft Bentheim und die Entstehung der reformierten Landeskirche, in: Reformiertes Bekenntnis in der Grafschaft Bentheim 1588-1988 (Das Bentheimer Land 114), Bad Bentheim 1988, S. 61-112.

Goetz, Hans-Werner, Frauen im Früh- und Hochmittelalter. Ergebnisse der Forschung, in: Annette Kuhn, Bea Lundt (Hrsg.), Lustgarten und Dämonenpein. Konzepte von Weiblichkeit in Mittelalter und Neuzeit, Dortmund 1997, S. 21-28.

Goldschmidt, Bernhard Anton, Geschichte der Grafschaft Lingen und ihres Kirchenwesens insbesondere, Osnabrück 1850 (Nachdruck Osnabrück 1975).

Goldschmidt, Bernhard Anton, Lebensgeschichte des Kardinal-Priesters Franz Wilhelm, Grafen von Wartenberg, Fürstbischofs von Osnabrück und Regensburg, Minden und Verden, Osnabrück 1866.

Große-Klönne, Bernhard, St. Gertrud Lohne, Lohne 1991.

Große-Kracht, Wilhelm-Josef, Das Bistum Osnabrück unter Einwirkung der Trienter Konzilsbeschlüsse bis zur großen Synode von 1628, Theol. Diss. (Mschr.), Freiburg 1944.

Grundmann, Herbert, Religiöse Bewegungen im Mittelalter. Untersuchungen über die geschichtlichen Zusammenhänge zwischen der Ketzerei, den Bettelorden und der religiösen Frauenbewegung im 12. und 13. Jahrhundert und über die geschichtlichen Grundlagen der Mystik, Darmstadt 1961.

Haag, Norbert / Holtz, Sabine u. a. (Hrsg.), Ländliche Frömmigkeit. Konfessionskulturen und Lebenswelten 1500-1850, Stuttgart 2002,

Hachmöller, Heinrich, Die Reformation im Oldenburger Münsterland, in: Jahrbuch für das Oldenburger Münsterland 1985, S. 96-108.

Hachmöller, Heinrich, Die Rekatholisierung des Oldenburger Münsterlandes (1613-1624), in: Jahrbuch für das Oldenburger Münsterland 1986, S. 77-110.

Hamburger, Jeffrey F. (Hrsg.), Frauen – Kloster – Kunst, Turnhout 2007.

Hanschmidt, Alwin, Stifte und Klöster in der Zeit der Reformation, der Katholischen Reform und der Aufklärung (ca. 1530-1803), in: Westfälisches Klosterbuch 3, Münster 2003, S. 201-244.

Hanschmidt, Alwin, Klosterpolitik der weltlichen und geistlichen Landesherren Westfalens in der Frühen Neuzeit (ca. 1530-1800), in: Westfälisches Klosterbuch 3, Münster 2003, S. 335-384.

Härtel, Helmar, Adressbuch der Sammlungen mittelalterlicher Handschriften in Niedersachsen (Mittelalterliche Handschriften in Niedersachsen Heft 1), Wolfenbüttel 1976.

Hausen, Karin / Wunder, Heide (Hrsg.), Frauengeschichte – Geschlechtergeschichte (Geschichte und Geschlechter 1), Frankfurt 1992.

Hehemann, Rainer (Bearb.), Biographisches Handbuch zur Geschichte der Region Osnabrück, Bramsche 1990.

Heimbucher, Max, Die Orden und Kongregationen der katholischen Kirche, München 1965.

Heinemeyer, Walter (Hrsg.), Richtlinien für die Edition landesgeschichtlicher Quellen, Marburg/Köln 1978.

Heitmann, Clemens, Die Querlenburg, Maschinenschrift 1998.

Hellbernd, Franz, Alte Grabplatten und Epitaphe in Südoldenburg, in: Jahrbuch für das Oldenburger Münsterland (1973), S. 196-207; (1974), S. 176-191; (1975), S. 32-52.

Hengst, Karl (Hrsg.), Westfälisches Klosterbuch: Lexikon der vor 1815 errichteten Stifte und Klöster von ihrer Gründung bis zur Aufhebung, Bde. 1-3, Ahlen/Münster 1992-2003.

Heutger, Nicolaus, Zisterzienser-Nonnen im mittelalterlichen Niedersachsen, in: Citeaux 38 (1987), S. 193-200.

Heuvel, Christine van den, Beamtenschaft und Territorialstaat. Behördenentwicklung und Sozialstruktur der Beamtenschaft im Hochstift Osnabrück 1550-1800 (Osnabrücker Geschichtsquellen und Forschungen 24), Osnabrück 1984.

Heuvel, Christine van den / Kappelhoff, Bernd / Vogtherr Thomas (Hrsg.), Land, Dorf und Kirche. Gemeindebildungen vom Mittelalter bis zur Neuzeit in Nordwestdeutschland (Veröffentlichungen der Historischen Kommission für Niedersachsen und Bremen 253), Hannover 2009.

Hinke, Johannes Nicolaas, Het Stift te Weerselo, 1999, [2]2002.

Hirschfelder, Heinrich, Herrschaftsordnung und Bauerntum im Hochstift Osnabrück im 16. und 17. Jahrhundert (Osnabrücker Geschichtsquellen und Forschungen 16), Osnabrück 1971.

Hlavacek, Ivan / Patschovsky, Alexander (Hrsg.), Reform von Kirche und Reich zur Zeit der Konzilien von Konstanz (1414-1418), Konstanz 1996.

Hoene, Otto zu, Die Apokalypse aus dem Kloster Bersenbrück, San Francisco 1970.

Hoene, Otto zu, Kloster Bersenbrück. Das ehemalige adelige Zisterzienserinnenkloster St. Marien zu Bersenbrück, 2 Bde., Osnabrück 1977-78.

Hoernes, Martin / Röckelein, Hedwig (Hrsg.), Gandersheim und Essen. Vergleichende Untersuchungen zu sächsischen Frauenstiften, Essen 2006.

Hoffmann, Christian, Osnabrücker Domherren 1567-1624. Geistliche Karriereprofile im konfessionellen Zeitalter, in: OM 100 (1995), S. 11-41.

Hoffmann, Christian, Ritterschaftlicher Adel im geistlichen Fürstentum. Die Familie von Bar und das Hochstift Osnabrück: Landständewesen, Kirche und Fürstenhof als Komponenten der adeligen Lebenswelt im Zeitalter der Reformation und Konfessionalisierung 1500-1651 (Osnabrücker Geschichtsquellen und Forschungen 39), Osnabrück 1996.

Hoffmann, Christian, Der Streit um das geltende Reichsrecht. Die Auseinandersetzung der Stände im Niederstift Münster mit Fürstbischof Ferdinand von Bayern um die Freistellung der Augsburgischen Konfession, in: Gerd Steinwascher (Hrsg.), Krieg – Konfessionalisierung – Westfälischer Frieden, S. 229-269.

Hoffmann, Christian, Die Familie von Kobrinck und ihre Besitzungen. Ein Adelsgeschlecht im Niederstift Münster und in den angrenzenden Territorien vom 14. bis zum 18. Jahrhundert, in: Heike Düselder (Hrsg.), Adel auf dem Lande, S. 213-252.

Hoffmann, Christian, Residenz, Hofhaltung und Hofdienerschaft im Hochstift Osnabrück 1625-1661, in: Susanne Tauss, (Hrsg.) Der Rittersaal der Iburg., S. 153-189.

Hoffmann, Christian, Von der Osnabrücker Fürstenreformation zur münsterischen Rekatholisierung, in: Michael Hirschfeld (Hrsg.) Region und religiöse Identität. Das Oldenburger Münsterland als konfessioneller Erinnerungsort, Cloppenburg 2008, S. 10-33.

Hoffmeyer, Ludwig, Chronik der Stadt Osnabrück, Osnabrück [6]1995.

Hoyer, Hugo, Untersuchungen über die Reformationsgeschichte des Fürstentums Osnabrück unter den Bischöfen Erich II. von Grubenhagen und Franz I. von Waldeck, in: JGNKG 32/33 (1927/28), S. 76-200.

Hucker, Bernd Ulrich, Die Grafen von Hoya, Hoya 1991.

Hucker, Bernd Ulrich, Stift Bassum. Eine 1100jährige Frauengemeinschaft in der Geschichte (Schriften des Instituts für Geschichte und Historische Landesforschung Vechta 3), Bremen 1995.

Hucker, Bernd Ulrich / Schubert, Ernst / Weisbrod, Bernd (Hrsg.), Niedersächsische Geschichte, Göttingen 1997.

Hufschmidt, Anke, „Von uraltem Adel". Aspekte adligen Selbstverständnisses, in: Heiner Borggrefe, Vera Lüpkes (Hrsg.), Adel im Weserraum um 1600. Katalog zur Ausstellung im Weserrenaissance-Museum Schloß Brake, München/Berlin 1996, S. 25-42.

Hufschmidt, Anke, Adlige Frauen im Weserraum zwischen 1570 und 1700: Status, Rollen, Lebenspraxis, Münster 2001.

Hugo, Otto, Der Meyerhof zu Menslage, in: Bersenbrücker Kreisblatt 13. und 15. September 1941.

Hunsche, Friedrich Ernst, Rittersitze, adelige Häuser, Familien und Vasallen der ehemaligen Grafschaft Tecklenburg, 2 Bde., Tecklenburg 1988.

Jakobi, Franz-Josef (Hrsg.), Geschichte der Stadt Münster, Münster [3]1994.

Jaritz, Gerhard, Die Reiner Rechnungsbücher (1399-1477) als Quelle zur klösterlichen Sachkultur des Spätmittelalters, in: Funktion der schriftlichen Quellen in der Sachkulturforschung (Veröffentlichungen des Instituts für Mittelalterliche Realienkunde 1), Wien 1976.

Jedin, Hubert, (Hrsg.) Reformation, katholische Reform und Gegenreformation (Handbuch der Kirchengeschichte 4), Freiburg 1985.

Jung, Martin H., Fliehen oder bleiben? Der reformatorische Disput um das Klosterleben, in: Heidemarie Wüst, Jutta Zahn (Hrsg.), Frauen der Reformation (Tagungstexte der Evangelischen Akademie Sachsen-Anhalt 5), Wittenberg 1999, S. 131-143.

Jung, Martin H., Nonnen, Prophetinnen und Kirchenmütter, Leipzig 2002.

Jürgensmeier, Friedhelm, Konfessionelle Weichenstellung für das Bistum Osnabrück in den Jahren 1623 und 1625, in: Kaster / Steinwascher, 450 Jahre Reformation, S. 587-602.

Karrenbrock, Reinhard, Adam Stenelt, in: Hans Galen, Helmut Ottenjann (Hrsg.), Westfalen in Niedersachsen. Kulturelle Verflechtungen: Münster – Osnabrück – Emsland – Oldenburger Münsterland, Cloppenburg 1993, S. 215-219.

Karrenbrock, Reinhard, Barockskulptur im Oldenburger Münsterland. Bildwerke der Zeit zwischen 1600 und 1810, Oldenburg 1998.

Kaspar, Fred, Bauen und Wohnen in einer alten Hansestadt. Zur Nutzung von Wohnbauten zwischen dem 16. und 19. Jahrhundert. Dargestellt am Beispiel der Stadt Lemgo (Schriften der Volkskundlichen Kommission für Westfalen 28), Münster 1985.

Kaster, Karl Georg / Steinwascher, Gerd (Hrsg.), 450 Jahre Reformation in Osnabrück. V.D.M.Æ. Gotte Wort bleibt in Ewwigkeit. Ausstellungskatalog (Osnabrücker Kulturdenkmäler 6), Bramsche 1993.

Kempen, Thomas von, Von der Nachfolge Christi, übers. von Albert Plag, Stuttgart 1960.

King, Margaret, Frauen in der Renaissance, München 1993.

Kirchhoff, Karl-Heinz, Das Reich der „Wiedertäufer" zu Münster, Münster [4]1984.

Klopp, Onno, Das Restitutionsedikt im nordwestlichen Deutschland (Forschungen zur deutschen Geschichte I), Göttingen 1862.

Klueting, Edeltraud, Das Kanonissenstift und Benediktinerinnenkloster Herzebrock (Germania Sacra, Neue Folge 21: Die Bistümer der Kirchenprovinz Köln: Das Bistum Osnabrück 1), Berlin/New York 1986.

Klüßendorf, Niklot, Münzkunde (Hahnsche Historische Hilfswissenschaften 5), Hannover 2009.

Kohl, Wilhelm, Johann von Hoya, in: Westfälische Lebensbilder 10 (1970) (Veröffentlichungen der Historischen Kommission für Westfalen 17 A), S. 1-18.

Kohl, Wilhelm, Die devotio moderna in Westfalen, in: Jaszai Geza (Hrsg.), Monastisches Westfalen, Klöster und Stifte 800-1800, Katalog und Ausstellung, Münster 1982, S. 203-207.

Kohl, Wilhelm, Westfälische Geschichte 1. Von den Anfängen bis zum Ende des alten Reichs (Veröffentlichungen der Historischen Kommission für Westfalen 43), Düsseldorf 1983.

Kohl, Wilhelm, Die Windesheimer Kongregation, in: Kaspar Elm (Hrsg.), Reformbemühungen und Observanzbestrebungen im spätmittelalterlichen Ordenswesen, Berlin 1989, S. 33-58.

Kohl, Wilhelm, Vechta unter münsterischer Herrschaft (1252-1803), in: Beiträge zur Geschichte der Stadt Vechta 1, Vechta 1992, S. 63-96.

Kraienhorst, Heinrich Bernhard, Die Erneuerung des geistlichen Lebens unter Franz Wilhelm von Wartenberg, in: Susanne Tauss (Hrsg.), Der Rittersaal der Iburg, S. 137-152.

Kremser, Walter, Niedersächsische Forstgeschichte. Eine integrierte Kulturgeschichte des nordwestdeutschen Forstwesens, Rotenburg (Wümme) 1990.

Kroha, Tyll, Lexikon der Numismatik, Gütersloh 1977.

Krumwiede, Hans-Walter, Die Bursfelder Reform. Zur Dialektik christlicher Existenz, in: JGNKG 76 (1978), S. 155-168.

Krusch, Bruno, Die Wahlen protestantischer Bischöfe von Osnabrück vor dem Westfälischen Frieden, in: OM 33 (1908) S. 217-274.

Kruse, Britta-Juliane, Witwen: Kulturgeschichte eines Standes in Spätmittelalter und Früher Neuzeit, Berlin 2007.

Kruse, Britta-Juliane, Rosenkränze und Seelengärten. Bildung und Frömmigkeit in niedersächsischen Frauenklöstern (Ausstellungskatalog der Herzog August Bibliothek Nr. 96), Wolfenbüttel 2013.

Kuhn, Annette u. a. (Hrsg.), Frauen in der Geschichte, 8 Bände, Düsseldorf 1979-1986.

Kuhn-Rehfus, Maren, Zisterzienserinnen in Deutschland, in: Elm, Kaspar/Joerißen, Peter/Roth, Hermann (Hrsg.), Die Zisterzienser. Ordensleben zwischen Ideal und Wirklichkeit. Katalog zur Ausstellung des Landschaftsverbandes Rheinland (Schriften des Rheinischen Museumsamtes 10), Köln 1981.

Kuhn, Annette / Lundt, Bea (Hrsg.), Lustgarten und Dämonenpein. Konzepte von Weiblichkeit in Mittelalter und Neuzeit, Dortmund 1997.

Küppers-Braun, Ute / Schilp, Thomas (Hrsg.) Katholisch-Lutherisch-Calvinistisch. Frauenkonvente im Zeitalter der Konfessionalisierung (Essener Forschungen zum Frauenstift 8), Essen 2010.

Lammers, Maria, Geschichte des Klosters Marienstätte in Osnabrück, in: OM 45 (1922), S. 57-127.

Lehmann, Hartmut (Hrsg.), Wege zu einer neuen Kulturgeschichte (Göttinger Gespräche zur Geschichtswissenschaft 1), Göttingen 1995.

Lenski, Lothar, Verteidigung des Schlosses und Städtleins Fürstenau durch den Drosten Michael Koboldt Wilhelm von Tambach i. J. 1647, in: OM 104 (1999), S. 227-252.

Leuschner, Joachim, Deutschland im späten Mittelalter (Joachim Leuschner (Hrsg.), Deutsche Geschichte, Bd. 3), Göttingen [2] 1983.

Linnemeyer, Bernd-Wilhelm, Stift Quernheim: Untersuchungen zum Alltagsleben eines Frauenkonvents an der Schwelle zur Reformation, in: Westfälische Zeitschrift 144 (1992), S. 21-88.

Lübbing, Hermann, Oldenburg. Historische Konturen, Festschrift zum 70. Geburtstag, Oldenburg 1971.

Mager, Inge, Bemühungen um die Klosterkonvente im fünfzehnten Jahrhundert. Grundzüge der Windesheimer und Bursfelder Reform, in: Jobst Reller, Martin Tamcke, Trinität und Christusdogma. Festschrift für Jouko Martikainen (Studien zur Orientalischen Kirchengeschichte 12), Münster 2001, S. 223-243.

Manske, Hans-Joachim, Der Meister von Osnabrück (Osnabrücker Geschichtsquellen und Forschungen 21), Osnabrück 1978.

Manske, Hans-Joachim, Der Meister von Osnabrück und sein Kreis. Plastik aus dem frühen 16. Jahrhundert. Ausstellungskatalog, Osnabrück 1979.

Mersch, Margit, Conversi und conversae in den Nonnenklöstern der Zisterzienser, in: Renate Oldermann (Hrsg.), Gebaute Klausur. Funktion und Architektur mittelalterlicher Klosterräume (Veröffentlichungen des Instituts für Historische Landesforschung der Universität Göttingen 52), Bielefeld 2008, S. 63-80.

Mertens, Dieter, Monastische Reformbewegungen des 15. Jahrhunderts. Ideen – Ziele – Resultat, in: Ivan Hlavacek / Alexander Patschovsky (Hrsg.), Reform von Kirche und Reich zur Zeit der Konzilien von Konstanz (1414-1418), Konstanz 1996, S. 157-182.

Meyer, Agnes, Beiträge zur Geschichte des Bischofs von Osnabrück Johanns von Hoya und seiner Zeit (Diss.), Münster 1941.

Meyer, Johannes, Johannes Busch und die Klosterreform des fünfzehnten Jahrhunderts, in: JGNKG 47 (1949), S. 43-53.

Meyer, Philipp, Die Pastoren der Landeskirchen Hannovers und Schaumburg-Lippes seit der Reformation, 3 Bde., Göttingen 1941-1953.

Moeller, Bernd, Frömmigkeit in Deutschland um 1500, in: Archiv für Reformationsgeschichte 56 (1956), S. 5-31.

Moeller, Bernd, Deutschland im Zeitalter der Reformation (Deutsche Geschichte 4), Göttingen ²1981.

Möller, Bernd, Die öffentliche Disputation des Predigers Dietrich Buthmann 1532, in: Kaster / Steinwascher (Hrsg.), 450 Jahre Reformation, S. 91-96.

Molitor, Hansgeorg, Der Kampf um die konfessionellen Besitzstände im Fürstbistum Osnabrück nach 1648. Johann von Hoya, Franz Wilhelm von Wartenberg und die Einführung des Tridentinums, in: OM 93 (1988), S. 69-75.

Mooyer, Ernst Friedrich, Grundzüge zur ältesten Geschichte und Genealogie des Geschlechts von Vincke, in: Zeitschrift für vaterländische Geschichte und Altertumskunde 9 (1846), S. 233-347.

Müller, Georg, Visitationsrezesse als Geschichtsquelle, in: Deutsche Geschichtsblätter 8 (1907), S. 287-316.

Müller, Heribert / Helmrath, Johannes (Hrsg.), Die Konzilien von Pisa (1409), Konstanz (1414-1418) und Basel (1431-1449). Institution und Personen (Vorträge und Forschungen LXVII), Stuttgart 2007.

Nesemann, Wilhelm, Räubereien der Spanier und Niederländer im Hasegau und den benachbarten Gebieten vor dem Ausbruch des 30jährigen Krieges, in: Mitteilungen des Vereins für Geschichte und Altertumskunde des Hasegaus Heft 6 (1897) S. 45-58 und Heft 7 (1898) S. 3-15.

Nieberding, Carl Heinrich, Geschichte des ehemaligen Niederstifts Münster und der angränzenden Grafschaften Diepholz, Wildeshausen usw. Ein Beitrag zur Geschichte und Verfassung Westphalens, 3 Bde., Vechta 1840-1852 (Nachdruck Vechta 1967).

Niehr, Klaus, Nützliche Geschichte: Über Konzeption und Medialität des Osnabrücker Bischofsbuchs, in: OM 113 (2008), S. 11-60.

Nutzhorn, Gustav, Zur Geschichte der Familie von Dorgelo, in: Oldenburgische Familienkunde 11, Heft 2 (1969), S. 23-45.

Oexle, Otto Gerhard, Memoria und Memorialüberlieferung im frühen Mittelalter, in: Frühmittelalterliche Studien 10 (1976), S. 70-95.

Oldermann-Meier, Renate, Die Stiftskirche zu Börstel nach der Reformation, in: JGNKG 96 (1998), S. 157-173.

Oldermann-Meier, Renate, Studien zur Geschichte von Stift Börstel. (Schriften zur Kulturgeschichte des Osnabrücker Landes 9), Osnabrück 1999.

Oldermann, Renate, Kloster Walsrode – Vom Kanonissenstift zum evangelischen Damenkloster. Sozial- und theologiegeschichtliche Grundlagen des Lebens in einem mittelalterlich-frühneuzeitlichen Konvent, Bremen 2004.

Oldermann, Renate, Stift Fischbeck – Eine geistliche Frauengemeinschaft in mehr als 1000jähriger Kontinuität (Schaumburger Studien 64), Bielefeld 2005, [2] 2010.

Oldermann, Renate, Herrschaft über Wald und Flur, Der Einfluss adeliger Frauen des Stifts Börstel auf die natürliche Umwelt, in: Heike Düselder u.a. (Hrsg.), Adel und Umwelt, S. 131-156.

Oldermann, Renate (Hrsg.), Gebaute Klausur. Funktion und Architektur mittelalterlicher Klosterräume (Veröffentlichungen des Instituts für Historische Landesforschung der Universität Göttingen 52), Bielefeld 2008.

Oldermann, Renate, Entsprossen aus dem Stamm der Baeren. Leben und Wirken der Äbtissin Lucretia Margarethe von Bar (1680-1707), in: Heimat-Jahrbuch Osnabrücker Land (2009), S. 233-248.

Oldermann, Renate, Stift Börstel, eine oldenburgische Familienstiftung, in: OM 114 (2009), S. 11-30.

Oldermann, Renate, Eine Stiftsjungfer im Dreißigjährigen Krieg. Das Leben der westfälischen Adligen Lucretia von Haren (1605-1675), Köln/Weimar/Wien 2013.

Oncken, Hermann, Zur Gründung des Cistercienserinnenklosters in Menslage-Börstel, in: OM 19 (1894), S. 207-209.

Oncken, Hermann, Die ältesten Lehnsregister der Grafen von Oldenburg und Oldenburg-Bruchhausen, Oldenburg 1898.

Opitz, Claudia, Frauenalltag im Mittelalter. Biographien des 13. und 14. Jahrhunderts (Ergebnisse der Frauenforschung 5), Weinheim/Basel 1985.

Ordemann, Walter, Der schwedische Feldmarschall Reichsfreiherr Dodo zu Inn- und Knyphausen, Herrscher im Emsland, in: JEHB 27 (1981), S. 55-76.

Pabst, Wilfried, Konfessionelles Nebeneinander im geistlichen Fürstentum Osnabrück. Protokolle des Generalvikars Albert Lucenius über die Visitation der Kirchen und Klöster im Osnabrücker Land (1624/25), Osnabrück 1997.

Parisse, Michel, Die Frauenstifte und Frauenklöster in Sachsen vom 10. bis zur Mitte des 12. Jahrhunderts, in: Stefan Weinfurter (Hrsg.), Die Salier und das Reich, Bd. 2: Die Reichskirche in der Salierzeit, Sigmaringen 1991, S. 465-501.

Penners, Theodor, Die Klöster im Bistum Osnabrück unter den protestantischen Fürstbischöfen um 1600, in: Westfalen 51 (1973), S. 197-209.

Penners, Theodor, Zur Konfessionsbildung im Fürstbistum Osnabrück. Die ländliche Bevölkerung im Wechsel der Reformationen des 17. Jahrhunderts, in: JGNKG 72 (1974), S. 25-50.

Perlitt, Lothar (Hrsg.), 900 Jahre Kloster Bursfelde, Göttingen 1994.

Pettke, Sabine, Hermann Bonnus – Ein Reformator der zweiten Generation, in: Kaster / Steinwascher (Hrsg.), 450 Jahre Reformation, S. 242-248.

Piesch, Gerd-Ulrich, Klöster und Stifte im Osnabrücker Land (Kulturregion Osnabrück 24), Regensburg 2006.

Poppe, Roswitha, Mittelalterliche Plastik in Börstel, in: Niederdeutsche Beiträge zur Kunstgeschichte 5 (1966), S. 133-160.

Queckenstedt, Hermann, Die Armen und die Toten. Sozialfürsorge und Totengedenken im spätmittelalterlich-frühneuzeitlichen Osnabrück (Kulturregion Osnabrück 8), Osnabrück 1997.

Riggert, Ida-Christine, Die Lüneburger Frauenklöster (Veröffentlichungen der Historischen Kommission für Niedersachsen und Bremen 37: Quellen und Untersuchungen zur Geschichte Niedersachsens im Mittelalter 19), Hannover 1996.

Rothert, Hermann, Quakenbrück im dreißigjährigen Krieg, Quakenbrück 1923 (Nachdruck 1998).

Rothert, Hermann, Hermann Bonnus, der Reformator des Osnabrücker Landes. Ein Lebensbild, in: Jahrbuch des Vereins für Westfälische Kirchengeschichte 51/52 (1958/59), S. 161-175.

Rübel, Rudolf, Graf Arnold von Bentheim-Steinfurt, in: Westfälische Lebensbilder 9 (1962) (Veröffentlichungen der Historischen Kommission für Westfalen XVIIA, Band IX), S. 18-33.

Runge, Friedrich, Die Wahl des Kardinals Eitel Friedrich von Hohenzollern zum Bischof von Osnabrück, in: OM 24 (1899), S. 156-199.

Rüthing, Heinrich, Sankt Marien vor der Reformation. Ein Einblick ins kirchliche Leben Bielefelds anhand von Rechnungsbüchern, in: Altenberend, Johannes/Vogelsang, Reinhard/Wibbing, Joachim (Hrsg.), St. Marien in Bielefeld 1293-1993. Geschichte und Kunst des Stifts und der Neustädter Kirche, Bielefeld 1993, S. 103-132.

Saalfeld, Diedrich, Ländliche Wirtschafts- und Sozialgeschichte vom Beginn des 16. bis zur Mitte des 17. Jahrhunderts, in: Christine van den Heuvel, Manfred von Boetticher, Geschichte Niedersachsens, Bd. 3/1: Politik, Wirtschaft und Gesellschaft von der Reformation bis zum Beginn des 19. Jahrhunderts, Hannover 1998, S. 635-688.

Savvidis, Petra, Van den festen und virdagen – Die reformatorische Umgestaltung des Kirchenjahres, in: Kaster / Steinwascher (Hrsg.), 450 Jahre Reformation, S. 327-349.

Schatkowsky, Martina (Hrsg.), Witwenschaft in der Frühen Neuzeit. Fürstliche und adelige Witwen zwischen Fremd- und Selbstbestimmung, Leipzig 2003.

Schieckel, Harald, Zur Familie von Dorgelo auf Brettberg im 16. Jahrhundert, in: Oldenburgische Familienkunde 12, Heft 4 (1970), S. 259-261.

Schiller, Karl / Lübben, August (Hrsg.), Mittelniederdeutsches Handwörterbuch, Bd. 1-6, Bremen 1875-1881 (Nachdruck Münster 1931).

Schilling, Heinz, Die Konfessionalisierung im Reich. Religiöser und gesellschaftlicher Wandel in Deutschland zwischen 1555 und 1620, in: Historische Zeitschrift 246 (1988), S. 1-45;

Schindling, Anton, Westfälischer Frieden und Altes Reich. Zur reichspolitischen Stellung Osnabrücks in der Frühen Neuzeit, in: OM 90 (1985), S. 97-120.

Schindling, Anton, Reichskirche und Reformation. Zu Glaubensspaltung und Konfessionalisierung in den geistlichen Fürstentümern des Reiches, in: Zeitschrift für historische Forschung, Beiheft 3: Neue Studien zur frühneuzeitlichen Reichsgeschichte, Berlin 1987, S. 81-112.

Schindling, Anton, Reformation, Gegenreformation und Katholische Reform im Osnabrücker Land und im Emsland. Zum Problem der Konfessionalisierung in Nordwestdeutschland, in: OM 94 (1989), S. 35-60.

Schindling, Anton, Der Westfälische Frieden 1648: Die Regelung im konfessionellen Nebeneinander, in: Kaster / Steinwascher (Hrsg.), 450 Jahre Reformation, S. 623-634.

Schirmeister, Olaf, Essen, Trinken und dem Herrgott wohlgefällig. Das Nahrungswesen des ehemaligen Reichsstifts Herford, in: Heimatjahrbuch für den Kreis Herford (1993), S. 25-54.

Schirmeister, Olaf (Hrsg.), Fromme Frauen und Ordensmänner. Klöster und Stifte im heiligen Herford, Bielefeld 2000.

Schmid, Karl / Wollasch, Joachim (Hrsg.), Der Liber Vitae der Abtei Corvey. 2 Bde. (Veröffentlichungen der Historischen Kommission für Westfalen 40: Westfälische Gedenkbücher und Nekrologien 2), Wiesbaden 1983.

Schmidt, Georg, Der Dreißigjährige Krieg, München 1995.

Schmidt, Heinrich / Eckhardt, Albrecht (Hrsg.), Geschichte des Landes Oldenburg, Oldenburg 1987, [4]1994.

Schmidt, Heinrich, Grafschaft Oldenburg und oldenburgisches Friesland in Mittelalter und Reformationszeit, in: Heinrich Schmidt, Albrecht Eckhardt (Hrsg.), Geschichte des Landes Oldenburg, Oldenburg 1987, [4]1994.

Schneider, Ambrosius (Hrsg.), Die Cistercienser. Geschichte, Geist und Kunst, Köln 1986.

Schormann, Gerhard, Die Hexenprozesse in den 1580er und 1630er Jahren, in: Kaster / Steinwascher (Hrsg.), 450 Jahre Reformation, S. 571-586.

Schrader, William C., Osnabrücker Domherren 1591-1651, in: OM 95 (1990), S. 9-39.

Schreiner, Klaus, „Consanguinitas". „Verwandtschaft" als Strukturprinzip religiöser Gemeinschaften und Verfassungsbildung in Kirche und Mönchtum des Mittelalters, in: Irene Crusius (Hrsg.), Beiträge zu Geschichte und Struktur der mittelalterlichen Germania Sacra (Veröffentlichungen des Max-Planck-Instituts für Geschichte 93: Studien zur Germania Sacra 17), Göttingen 1989, S. 176-305.

Schröder, August, Zur Geschichte des Dreißigjährigen Krieges im Osnabrücker Nordland unter besonderer Berücksichtigung der Belagerung der Landesfeste Fürstenau im Jahre 1647, in: MKHB, Heft 8 (1960), S. 5-29.

Schröer, Alois, Die Kirche in Westfalen vor der Reformation, 2 Bde., Münster 1967.

Schröer, Alois, Die Reformation in Westfalen. Der Glaubenskampf einer Landschaft, Bd. 2: Die evangelische Bewegung in den geistlichen Landesherrschaften und den Bischofsstädten Westfalens bis zum Augsburger Religionsfrieden (1555), Münster 1983.

Schröer, Alois, Die Kirche in Westfalen im Zeichen der Erneuerung (1555-1648), Bd. 1: Die katholische Reform in den geistlichen Landesherrschaften, Münster 1986.

Schubert, Ernst, Kirche und Volksfrömmigkeit im späten Mittelalter, in: Bernd Ulrich Hucker, Ernst Schubert, Bernd Weisbrod (Hrsg.), Niedersächsische Geschichte, Göttingen 1997, S. 268-274.

Schubert, Ernst, Die Reformation und ihre Folgen, in: Bernd Ulrich Hucker, Ernst Schubert, Bernd Weisbrod (Hrsg.), Niedersächsische Geschichte, Göttingen 1997, S. 274-280.

Schubert, Ernst, Vom Gebot zur Landesordnung. Der Wandel fürstlicher Herrschaft vom 15. zum 16. Jahrhundert, in: Thomas A. Brady (Hrsg.), Die deutsche Reformation zwischen Spätmittelalter und Früher Neuzeit, München 2001, S.19-61.

Schubert, Ernst, Alltag im Mittelalter. Natürliches Lebensumfeld und menschliches Miteinander, Darmstadt 2002.

Schulz, F., Das Quakenbrücker Silvesterstift bis zu seiner Auflösung 1650, in: OM 47 (1925).

Schultze, Johannes, Richtlinien für die äußere Textgestaltung bei Herausgabe von Quellen zur neueren deutschen Geschichte, in: Walter Heinemeyer (Hrsg.), Richtlinien für die Edition landesgeschichtlicher Quellen, Marburg / Köln 1978, S. 25-36.

Schüpp, Heiner, Das Amt Meppen im Dreißigjährigen Krieg. Ereignisse und Politik, in: Gerd Steinwascher (Hrsg.), Krieg – Konfessionalisierung – Westfälischer Frieden, S. 133-156.

Schüpp, Heiner, „... so dass dero über 1000. aufm Platz blieben..."– Die Schlacht vom 1./11. Januar 1636 bei Haselünne im Spiegel der Quellen, in: JEHB 45 (1999), S. 293-308.

Schwarz, Wilhelm Eberhard, Die Anfänge des münsterischen Fürstbischofs Johann von Hoya (1566-1568), in: Zeitschrift des Vereins für westfälische Geschichte 69 (1911), S. 14-71.

Schwegmann, Werner, Die Visitationen im Niederstift Münster 1613 bis 1631. Ein Beitrag zur Geschichte der Gegenreformation im Bistum Münster (Quellen und Beiträge zur Kirchengeschichte des Oldenburger Landes 3), (Diss. 1950), Vechta 1999.

Seegrün, Wolfgang, Die Ordensinstitute der Diözese Osnabrück in Erneuerung, Reformation und katholischer Konfession, in: Kaster / Steinwascher (Hrsg.), 450 Jahre Reformation, S. 217-235.

Seegrün, Wolfgang, Das Bistum Osnabrück, Bd. 1: Das Mittelalter (Geschichte des Bistums Osnabrück in 6 Bänden), Kehl 1995.

Seegrün, Wolfgang / Steinwascher, Gerd (Hrsg.), 350 Jahre Capitulatio perpetua Osnabrugensis (1650-2000). Entstehung – Folgen – Text (OGQuF 41), Osnabrück 2000.

Seeliger, Matthias (Bearb.), Rechnungsbuch des Stifts Obernkirchen 1475-1479 (Schaumburger Studien 47), Rinteln 1987.

Seidel, Kurt, Klosterrechnungen als Geschichtsquelle, in: Deutsche Geschichtsblätter 12 (1911), S. 292-297.

Seifert, Angelika, Der Werkstattkreis der Bildschnitzer- und Bildhauerfamilie Jöllemann, in: Mitteilungen des Landschaftsverbandes Osnabrück 7/8 (1993), S. 12-15

Signori, Gabriela, Frauengeschichte / Geschlechtergeschichte / Sozialgeschichte. Forschungsfelder – Forschungslücken: eine bibliographische Annäherung an das späte Mittelalter, in: Annette Kuhn, Bea Lundt (Hrsg.), Lustgarten und Dämonenpein. Konzepte von Weiblichkeit in Mittelalter und Neuzeit, Dortmund 1997, S. 29-53.

Spechter, Olaf, Die Osnabrücker Oberschicht im 17. und 18. Jahrhundert. Eine sozial- und verfassungsgeschichtliche Untersuchung (Osnabrücker Geschichtsquellen und Forschungen 20), Osnabrück 1975.

Spechter, Olaf, Vom mittelalterlichen Patriziat zum neuzeitlichen Honoratiorentum – Neue Formen der Elitebildung im 16. Jahrhundert, in: Kaster / Steinwascher (Hrsg.), 450 Jahre Reformation, S. 553-570.

Spohn, Thomas (Hrsg.), Pfarrhäuser in Nordwestdeutschland, Münster 2000.

Staab, Franz, Standesgemäße Lebensform und Frauenfrömmigkeit. Bemerkungen zu einem Langzeitphänomen, in: Kurt Andermann (Hrsg.), Geistliches Leben und standesgemäßes Auskommen. Adelige Damenstifte in Vergangenheit und Gegenwart (Kraichtaler Kolloquien 1), Tübingen 1998, S. 147-161.

Stebel, Heinz-Jürgen, Die Osnabrücker Hexenprozesse, Osnabrück 1969.

Steinert, Mark Alexander, Die alternative Sukzession im Hochstift Osnabrück. Bischofswechsel und das Herrschaftsrecht des Hauses Braunschweig-Lüneburg in Osnabrück 1648-1802 (Osnabrücker Geschichtsquellen und Forschungen 47), Osnabrück 2003.

Steinwascher, Gerd, Die konfessionellen Folgen des Westfälischen Friedens für das Fürstbistum Osnabrück, in: Niedersächsisches Jahrbuch für Landesgeschichte 71 (1990), S. 53-80.

Steinwascher, Gerd, Reformation und Gegenreformation im Niederstift Münster, in: Kaster / Steinwascher (Hrsg.), 450 Jahre Reformation, S. 201-209.

Steinwascher, Gerd, (Bearb.), Krieg – Frieden – Toleranz, Quellen zum Dreißigjährigen Krieg und Westfälischen Frieden aus dem Fürstbistum Osnabrück (Schriften zur Kulturgeschichte des Osnabrücker Landes 7), Osnabrück 1996.

Steinwascher, Gerd (Hrsg.), Krieg – Konfessionalisierung – Westfälischer Frieden. Das Emsland und die Grafschaft Bentheim in der Zeit des spanisch-niederländischen und des Dreißigjährigen Krieges (Emsland/Bentheim. Beiträge zur Geschichte 14), Sögel 1998.

Steinwascher, Gerd, Klöster im Emsland vom Spätmittelalter bis zur Mitte des 20. Jahrhunderts, in: JEHB 45 (1999), S. 108-143.

Steinwascher, Gerd, Osnabrück und der Westfälische Frieden. Die Geschichte der Verhandlungsstadt 1641-1650 (Osnabrücker Geschichtsquellen und Forschungen 42), Osnabrück 2000.

Steinwascher, Gerd, Konfession und Kirchspiel im Hochstift Osnabrück in der Frühen Neuzeit, in: Christine van den Heuvel, Bernd Kappelhoff, Thomas Vogtherr (Hrsg.), Land, Dorf und Kirche, Gemeindebildungen, Hannover 2009, S. 69-111.

Stratenwerth, Heide, Die Reformation in der Stadt Osnabrück (Veröffentlichungen des Instituts für Europäische Geschichte Mainz 61), Wiesbaden 1971.

Streich, Gerhard, Klöster, Stifte und Kommenden in Niedersachsen vor der Reformation (Veröffentlichungen der Historischen Kommission für Niedersachsen und Bremen 30), Hildesheim 1986.

Stupperich, Robert, Die Reformation in Deutschland, Gütersloh [2]1980.

Stupperich, Robert, Westfälische Reformationsgeschichte, Bielefeld 1993.

Stüve, Johann Carl Bertram, Geschichte des Hochstifts Osnabrück bis zum Jahre 1508, Jena Osnabrück 1853; Zweiter Teil von 1508 bis 1623, Jena 1872; Dritter Teil von 1623 bis 1648, Jena 1882 (Nachdruck Osnabrück 1980).

Stüve, Johann Carl Bertram, Gewerbswesen und Zünfte in Osnabrück, in: OM 7 (1864), S. 23-227.

Sudendorf, Hans, Beiträge zur Geschichte des Landes Osnabrück bis 1400, Osnabrück 1840.

Sudendorf, Hans, Geschichte der Herren von Dincklage, Zweites Heft, Hannover 1844, S. 40-47.

Sudmann, Stefan, Das Basler Konzil: Synodale Praxis zwischen Routine und Revolution (Tradition – Reform – Innovation, Studien zur Modernität des Mittelalters 8), Frankfurt 2005.

Tauss, Susanne (Hrsg.), Der Rittersaal der Iburg. Zur fürstbischöflichen Residenz Franz Wilhelms von Wartenberg (Kulturregion Osnabrück 26), Osnabrück 2007.

Tielemann, Marie, Philipp Sigismund, Fürstbischof von Osnabrück und Verden, in seiner kulturellen Wirksamkeit (1586-1623), in: OM 78 (1971), S. 81-94.

Twelbeck, Gerhard, Maße und Münzen im Gebiet des ehemaligen Bistums Osnabrück (masch.), Osnabrück 1964.

Unger, Tim, Das Niederstift Münster im Zeitalter der Reformation. Der Reformationsversuch von 1543 und seine Folgen bis 1620, Vechta 1996.

Veddeler, Peter, Die Grafschaft Bentheim im Dreißigjährigen Krieg, in: Gerd Steinwascher (Hrsg.), Krieg – Konfessionalisierung – Westfälischer Frieden, S. 19-132.

Vierhaus, Rudolf, Die Rekonstruktion historischer Lebenswelten, in: Hartmut Lehmann (Hrsg.), Wege zu einer neuen Kulturgeschichte (Göttinger Gespräche zur Geschichtswissenschaft 1), Göttingen 1995, S. 7-28.

Volk, Paulus, Fünfhundert Jahre Bursfelder Kongregation, Münster 1950.

Warnecke, Edgar F., Burgen und Schlösser im Land von Hase und Ems, Osnabrück 1985.

Weinfurter, Stefan (Hrsg.), Die Salier und das Reich, Bd. 2: Die Reichskirche in der Salierzeit, Sigmaringen 1991.

Westphal, Siegrid, Fürstbischof Franz Wilhelm von Wartenberg, in: Susanne Tauss (Hrsg.), Der Rittersaal der Iburg, S. 121-136.

Wiedemann, F. W., Geschichte des Herzogthums Bremen, 2. Bde., Stade 1866.

Wiemann, Hermann, Die Osnabrücker Stadtlegge, in: OM 35 (1910), S. 1-76.

Wilbertz, Gisela, Hexenprozesse und Zauberglaube im Hochstift Osnabrück, in: OM 84 (1978), S. 33-50.

Wilbertz, Gisela, Die Hexenprozesse in Stadt und Hochstift Osnabrück, in: Christian Degn (Hrsg.), Hexenprozesse, Neumünster 1983, S. 218-221.

Willoh, Karl, Geschichte der katholischen Pfarreien im Herzogtum Oldenburg, Köln 1898.

Wöbking, Wilhelm, Der Konfessionsstand der Landgemeinden des Bistums Osnabrück am 1. Januar 1624, in: OM 23 (1898), S. 134-201.

Wollasch, Joachim, Gemeinschaftsbewußtsein und soziale Leistung im Mittelalter, in: Frühmittelalterliche Studien 9 (1975), S. 268-286.

Wunder, Heide „Er ist die Sonn', sie ist der Mond". Frauen in der Frühen Neuzeit, München 1992.

Wunder, Heide (Hrsg.), Dynastie und Herrschaftssicherung. Geschlechter und Geschlecht, Berlin 2002.

Zeeden, Ernst Walter, Die Entstehung der Konfessionen. Grundlagen und Formen der Konfessionsbildung im Zeitalter der Glaubenskämpfe, München/Wien 1965.

Zeeden, Ernst Walter (Hrsg.), Kirche und Visitation, Beiträge zur Erforschung des frühneuzeitlichen Visitationswesens in Europa, Stuttgart 1984.

Ziegler, Hans, Über alte Getreidemaße des niedersächsischen Raums, in: Braunschweiger Jahrbuch 51 (1970), S. 203-210.

Ziegler, Walter, Die Bursfelder Kongregation in der Reformationszeit (Beiträge zur Geschichte des alten Mönchtums und des Benediktinerordens Heft 29), Münster 1968.

Zunker, Diana, Adel in Westfalen. Strukturen und Konzepte von Herrschaft (1106-1235) (Historische Studien 472), Husum 2003.

8. Abbildungsnachweis

Klosterkammer Hannover: Abb. 1, 12, 13, 19, Einband hinten: Stift Börstel, Standfigur der hl. Katharina.

Niedersächsisches Landesarchiv - Standort Osnabrück: Abb. 2, 9, 10, 11, 14, 15, 20.

Verfasserin: Abb. 3-8, 16-18, Einband hinten: Stift Börstel, Sonnenlicht projiziert die Umrisse eines Maßwerks aus einem Kreuzgangfenster auf eine dahinter liegende Backsteinwand.